विश्वनाथ प्रसाद तिवारी के नाम साहित्यकारों के पत्र

(खण्ड-1)

विश्वनाथ प्रसाद तिवारी के नाम
साहित्यकारों के पत्र
(खण्ड-1)

सम्पादक
अनन्तकीर्ति तिवारी

वाणी प्रकाशन

वाणी प्रकाशन

4695, 21-ए, दरियागंज, नयी दिल्ली 110 002

शाखा

अशोक राजपथ, पटना 800 004

फ़ोनः +91 11 23273167 फ़ैक्सः +91 11 23275710

www.vaniprakashan.in
vaniprakashan@gmail.com
sales@vaniprakashan.in

VISHWANATH PRASAD TIWARI KE NAAM
SAHITYAKARON KE PATRA-1
edited by Anantkeerti Tiwari

ISBN : 978-93-5229-541-8
Letter

प्रथम संस्करण

मूल्य : ₹ 1500 (प्रत्येक खण्ड)

हर्ष प्रिंटर्स, दिल्ली-110 093 में मुद्रित

वाणी प्रकाशन का लोगो मक़बूल फ़िदा हुसेन की कूची से

सभी पत्र लेखकों को सादर
जिन्होंने विश्वनाथप्रसाद तिवारी को
ये पत्र लिखे

कुछ शब्द

वर्तमान यांत्रिकी और सूचना क्रान्ति ने पत्र लेखन को बहुत क्षति पहुँचाई है। जिस वैश्विक गाँव की कल्पना साकार हुई है उसमें पत्र लिखना समय नष्ट करना है। एक ही गाँव में रहने वाले अपने गाँव के लोगों को चिट्ठियाँ थोड़े ही लिखते हैं। उनका काम तो मौखिक संवादों से चल जाता है। यही स्थिति आज पृथ्वी के प्रणियों की है। तुरत सन्देश, तुरन्त उत्तर। जरूरत भर की बातें, जरूरत भर का समय। हमारी शताब्दी में हाथ की लिखी चिट्ठियाँ संग्रहालयों की शोभा हो कर रह जायेंगी। यांत्रिकी का कला और भाव पर यह निर्मम प्रहार है। अब वे दिन नहीं रहे जब हम चिट्ठियों के लिए डाकिए की वैसे ही प्रतीक्षा करते थे जैसे प्रेमी-प्रेमिकाएँ एक-दूसरे की।

साहित्य की अन्य रचनात्मक विधाओं की तरह पत्र-लेखन भी एक रचनात्मक विधा है। इसका अपना अलग वैशिष्ट्य है। जैसे अन्य विधाओं में अनन्त रूपात्मक जगत अपने विविध रूपों, रंगों और तेवरों में व्यक्त होता है वैसे ही पत्रों में भी। उसी तीव्रता, उल्लास और वेदना के साथ। अन्य रचनाओं की तरह उनकी भी रचनात्मकता पत्र लेखक पर निर्भर करती हैं।

गुरुदेव रवीन्द्रनाथ अपनी भतीजी इंदिरा देवी चौधरानी (1873-1960) को एक पत्र (8 मार्च, 1895) में लिखते हैं,... "दुनिया में और बहुत से मूल्यवान उपहार हैं, किन्तु एक मामूली सी चिट्ठी कोई कम मूल्यवान उपहार नहीं है। पोस्टऑफिस के द्वारा चिट्ठियों के माध्यम से मनुष्य के एक नये सुख की वृद्धि होती रहती है। यह एक नये प्रकार का आनन्द है।...बातचीत में जो वस्तु छूट जाती है और एक निबन्ध में जो वस्तु कृत्रिम लगने लगती है, पत्र में वही चीज बड़ी सहजता से हमारी पकड़ में आजाती है।" विभिन्न भाषाओं में बहुत सारे पत्र हैं जो अन्य रचनाओं से ज्यादा पठनीय और आकर्षक हैं।

लेखकों के पत्र बहुत उपयोगी होते हैं। लेखक का स्वभाव, उसकी तत्कालीन मनःस्थिति, उसके अन्य लेखकों से सम्बन्ध, दूसरों की रचनाओं के बारे में उसकी राय, साहित्यिक विवादों के बारे में उसकी प्रतिक्रियाएँ आदि बहुत सी जानकारियाँ लेखकों के पत्रों से हासिल हो जाती हैं। पत्रों से लेखक के व्यक्तिगत जीवन के सम्बन्ध में भी दुर्लभ सूत्र मिल जाते हैं जो उसकी रचनाओं के कुछ रहस्यों का उद्घाटन करते हैं। इस दृष्टि से पत्र एक प्रकार से लेखक की जीवन कथा होते हैं। ज्यादा प्रामाणिक, क्योंकि उनमें अनायाशता होती है। पत्रों को मुख्य आधार बनाकर कई लेखकों की महत्त्वपूर्ण जीवनियाँ लिखी गयी हैं। हिन्दी में उस रूप में प्रेमचन्द की जीवनी (कलम का सिपाहीः अमृत राय) का लिखा जाना सम्भव नहीं था यदि 'जमाना' के सम्पादक मुंशी दयानारायण को लिखे उनके सैकड़ों पत्र उपलब्ध न हुए होते। प्रसिद्ध कवि डब्ल्यू. बी. ऐट्स की रचनाओं का एक नये कोंण से अध्ययन उनके पत्रों के आधार पर सम्भव हुआ।

विश्व की अनेक भाषाओं में महत्त्वपूर्ण लेखकों के पत्र प्रकाशित हो चुके हैं। हिन्दी में अभी पत्र संकलन अधिक नहीं छपे। हिन्दी लेखकों के पारिवारिक या प्रेम सम्बन्धी पत्र तो बिल्कुल ही नहीं छपे। पत्रों की इस अवसान वेला में मैं अपने नाम लिखे पत्रों को सार्वजनिक कर देना चाहता हूँ। इसका एक बड़ा कारण यह है कि ये पत्र लगभग जर्जर हो रहे हैं और दस-पाँच वर्षों में बिल्कुल

ही अपठनीय हो जायेंगे। यद्यपि ये मुझे सम्बोधित हैं फिर भी केवल मेरे नहीं हैं, ये अपने समय के साक्षी हैं। इनमें पत्र लेखकों की मानसिकता, उनकी प्रतिक्रिया और उनका रूचि-विचार सहज रूप में उद्घाटित है। ये कुछ सूत्र देते हैं जिनके सहारे तथ्यों की शेष कड़ियाँ जोड़ी जा सकती हैं। हस्तलिपियों के अध्येता तो हाथ की लिखावट के आधार पर लिखने वाले के स्वभाव, रूचि, उसके व्यक्तित्व और उसके भविष्य तक के बारे में बहुत कुछ बताने का दावा करते हैं। इस दृष्टि से भी इन पत्रों का महत्त्व है लेकिन इसके लिए पत्रों को मूल रूप में देखना होगा।

मेरा पत्र व्यवहार बहुत अधिक और वैविध्यपूर्ण रहा है। मेरे संकलन में राजनीतिक नेताओं, अफसरों, प्रकाशकों, पाठकों आदि के ढेरों पत्र हैं। मगर यहाँ साहित्यकार मित्रों के ही पत्र दिये जा रहे हैं। साहित्य ही मेरा वास्तविक क्षेत्र रहा है जिसमें जीवन का अधिकांश समय गुजरा है। मैंने स्वयं अपने जीवन का एक लम्बा समय चिट्ठियाँ लिखने में खपाया है। पर कौन जाने वे लोगों के पास सुरक्षित हैं या नहीं। उनका कोई साहित्यिक महत्त्व नहीं है फिर भी वे मेरे लेखन संघर्ष के गवाह है। पत्रव्यवहार अपने समकालीनो अर्थात अपने आयु वर्ग और अपने समान विचार वाले मित्रों के बीच ही अक्सर हुआ करता है। ये लेखक सम्भव है उतने महत्त्वपूर्ण न लगें, पर हैं ये साहित्य संसार के ही प्राणी। अतः इनके पत्र साहित्य के पाठकों के लिए उपयोगी होंगे। अनन्तकीर्ति को इन पत्रों के सम्पादन के लिए आशीर्वाद।

—विश्वनाथ प्रसाद तिवारी

भूमिका

इस संकलन में विश्वनाथ प्रसाद तिवारी के नाम दो सौ लेखकों के लगभग एक हजार पत्र प्रकाशित हो रहें हैं। ये 1970 से 2013 के बीच के अर्थात् 43 वर्षों के हैं। तिवारी जी का जीवन एक अति सक्रिय साहित्यिक जीवन है। मौलिक के अतिरिक्त उन्होंने कई पुस्तकों का सम्पादन किया है तथा 1978 से 'दस्तावेज' नाम की प्रसिद्ध त्रैमासिक पत्रिका का सम्पादन कर रहे हैं। अतः उनका पत्र व्यवहार विपुल है। यह हिन्दी और हिन्दी क्षेत्र तक ही सीमित नहीं बल्कि अनेक भाषाओं और पूरे देश में फैला हुआ है। पत्रों की इस विपुल राशि में से जितने पत्र चुने गये हैं उनके चार गुना छोड़ दिये गये हैं। लेकिन वे फाइलों में सुरक्षित हैं। यदि कोई शोधार्थी चाहे तो उनका उपयोग कर सकता है। हालाँकि अब वे जर्जर हो रहे हैं और कुछ दिनों में अपठनीय भी हो सकते हैं। तिवारी जी ने इन्हें अब तक सम्भाल कर सुरक्षित रखा, इसके लिए साहित्य जगत को उनका आभारी होना चाहिए। तिवारी जी को लिखे पत्रों में तमाम तो ऐसे हैं जो बहुत संक्षिप्त या कुशल क्षेम के लिए या 'दस्तावेज' में रचनाओं के प्रकाशन में लिए या अपनी पुस्तकों की समीक्षाएँ लिखवाने या लेखों की माँग या साहित्यिक आयोजनों में आमंत्रित करने आदि के बारे में हैं। ऐसे पत्रों को संकलन में नहीं रखा गया है। लेकिन ऐसे कुछ पत्र जो किसी लेखक या कृति के बारे में या 'दस्तावेज' में छपी किसी सामग्री पर प्रतिक्रिया व्यक्त करने वाले हैं, उन्हें शामिल करना उचित लगा क्योंकि उनसे साहित्य सम्बन्धी जानकारी हासिल होती है। हमारी कोशिश रही है कि संकलन में वे ही पत्र रखे जाँय जो पत्र लेखक के बारे में, तिवारी जी के बारे में, 'दस्तावेज' के बारे में या साहित्य के बारे में कुछ न कुछ उपयोगी हों। ऐसे पत्र प्रसिद्ध लेखकों के भी हो सकते हैं और अल्प परिचित लेखकों के भी। बहुत वरिष्ठ लेखकों के कुछ सामान्य पत्र भी शामिल कर लिये गये हैं। इसी प्रकार नये और युवतर लेखकों के पत्रों को भी शामिल किया गया है, ताकि उनके भी विचार प्रस्तुत हों।

अब पत्रों का युग समाप्त हो गया। इन पत्रों में साहित्य का एक युग, लेखकों का मनोविज्ञान, उनके सोच-विचार, उनके परस्पर सम्बन्ध और तत्कालीन साहित्यिक परिदृश्य लिपिबद्ध मिलेगा। पत्रों के चयन और सम्पादन में सारा समय तिवारी जी ने दिया है क्योंकि इनके सन्दर्भ आदि की जानकारी केवल उन्हीं को है। कुछ लेखकों की हस्तलिपि इतनी उलझावपूर्ण है कि तिवारी जी के बिना उनका पढ़ा जाना मुश्किल था।

इन पत्रों में अधिकांश 'दस्तावेज' के बारे में हैं जिनमें तिवारी जी की प्रंशसा वाले कई सौ पत्र निकाल दिये गये हैं फिर भी 'दस्तावेज' सम्बन्धी कुछ पत्रों को रखना जरूरी लगा। 'दस्तावेज' एक ऐसा सामाजिक काम है जो तिवारी जी को लेखकों से सीधे जोड़ता है। तिवारी जी को कुछ पत्रों को छापने में संकोच हो रहा था जिनमें दूसरे लेखकों की आलोचना है। मगर इन्हें छापना उपयुक्त लगा क्योंकि यह पत्र लेखकों की भावना और हिन्दी मानस का आदर करना है। ये पत्र 'दस्तावेज' में पाठकीय प्रतिक्रिया के रूप में छप चुके हैं। अतः इन्हें दुबारा प्रकाशित करना अनुचित नहीं है।

तिवारी जी को सबसे ज्यादा पत्र लिखे हैं— नन्दकिशोर नवल, गोपाल राय, मधुरेश, विश्वंभरनाथ उपाध्याय, रामदरश मिश्र, कमला प्रसाद, कमल किशोर गोयनका, चन्द्रकांत वांदिवडेकर, शिवकुमार

मिश्र, रेवतीरमण, रमेश कुन्तल मेघ, रमेशचन्द्र शाह, श्रीराम वर्मा, रामशंकर द्विवेदी, सूर्यप्रसाद दीक्षित आदि ने। इनके सारे पत्र किसी शोधार्थी के उपयोग में आ सकते हैं पर प्रस्तुत संकलन में इनके कुछ ही पत्र शामिल हैं।

पत्रों और पत्र लेखकों की विशाल संख्या से तिवारी जी के व्यापक सम्पर्क, उनके साहित्यिक संघर्ष और उनकी सक्रियता का पता चलता है। ये पत्र उनकी रचनात्मक और आलोचनात्मक स्वीकृति के भी प्रमाण हैं। लगभग आधी सदी तक लेखन की दुनिया में उनकी निरन्तर सक्रियता एक विरल उदाहरण है। 'दस्तावेज' को बिना पढ़े जो लोग एक शान्त, ठंडी पत्रिका कहते रहे या यह बताते रहे कि उसने नये लेखकों को आगे लाने का काम नहीं किया, इन पत्रों से उनका भ्रम टूट जायेगा। जो यह कहते हैं कि तिवारी जी की कविताओं की चर्चा नहीं हुई, वे भी महसूस करेंगे कि तिवारी जी की कविताओं को पाठकों ने कितना महत्त्व दिया है। वस्तुतः तिवारी जी कविता और आलोचना की मुख्य धारा में तो रहे पर मीडिया और आलोचकों के मुख्य विमर्श में नहीं। तिवारी जी में आलोचकों की कृपाकांक्षा या पुरस्कार और प्रचार की प्यास नहीं रही। इस सम्बन्ध में पत्र ही बोलेंगे, मैं अलग से कुछ कहना नहीं चाहता।

इस संकलन में हिन्दीतर भाषी लेखकों के पत्रों में यदि शब्द या वाक्य कुछ गलत लिखे गये हैं तो उन्हें उसी रूप में रखा गया है। उन्हें सुधारने पर पत्रों की मूल छवि नष्ट होती। हिन्दी लेखकों के पत्रों में भी विराम, पूर्ण विराम या वाक्य विन्यास की अशुद्धि को ठीक करने की कोशिश नहीं की गयी है। कुछ पत्र इतने अपठनीय हैं कि एक-दो शब्द बहुत कोशिश के बाद भी नहीं पढ़े जा सके। उनको छोड़ देना ही उचित लगा। इतने बड़े संग्रह में एक-दो नामों की भूल भी स्वाभाविक है। दस-पाँच ऐसे पत्र भी प्रकाशित किये जा रहे हैं जिन्हें न प्रकाशित करने का मन हुआ। ऐसे पत्र किसी शक्तिशाली लेखक या पुस्तक या प्रवृत्ति के विरोध में हैं। मगर साहित्य में लेखकों के परस्पर विरोधी विचार सामने आने ही चाहिए। उनसे साहित्य का वास्तविक इतिहास बनता है। ये इतिहास पर प्रकाश डालने वाले पत्र हैं जो साहित्य के पाठकों के लिए मूल्यवान हैं। अतः पाठकों की पूँजी उनको ही अर्पित।

–अनन्तकीर्ति तिवारी

अनुक्रम

अज्ञेय

दिल्ली 8-4-71

(1)

प्रियवर,

आपका 18-3-71 का पत्र बम्बई से लौटने पर परसों मिला। गोरखपुर आना नहीं हो सका क्योंकि बम्बई से 25 मार्च को छुट्टी नहीं हुई जैसी की आशा थी, 29 को हुई। अब कब आना होगा पता नहीं, लखनऊ तो निकट भविष्य में जाऊँगा। षष्टिपूर्ति का अवसर टल गया, अच्छा ही हुआ। आयु से जूझना भी तो व्यक्ति का निजी कर्म ही है, उसे सार्वजनिक रूप देना अच्छा नहीं लगता। हाँ, और बारह वर्ष बाद विश्राम लेने का निश्चय करूँगा, वह अगर सार्वजनिक बात समझी जायेगी तो जा सकेगी। षष्टि से हटकर मूल्याकन ग्रंथ हो, वही ग्रंथ के लिये भी अच्छा होगा मेरे लिए तो फलप्रद होगा ही। मुझसे कुछ पूछना चाहें तो अब पत्र द्वारा ही बात हो सकती है। उसकी प्रतीक्षा करूँगा।

साभिवादन

आपका

स. ही. वात्स्यायन

(2)

नया प्रतीक
223 राउज एवेन्यू,
नयी दिल्ली-110001

19-4-74

प्रियवर,

आपका 26 मार्च का पत्र मिला था। साथ में कवितायें भी। लम्बी कविता (शिनाख्त) नया प्रतीक के मई अंक में जा रही है। अप्रैल अंक तो आज छपकर आ गया है।

नया प्रतीक के बारे में आपने जो कुछ लिखा है मेरे लिये सन्तोष का विषय है। पर अभी तक बिक्री की दृष्टि से तो ऐसा नहीं लगा है कि साहित्यकारों के निष्पक्ष मंच का कोई विशेष आकर्षण है पाठक वर्ग में। न ही कहीं साहित्यकारों द्वारा समीक्षाओं में कुछ देखा है। यह नहीं कि यह नितान्त अनपेक्षित है-पक्षधरता आज कहीं अधिक आसान (और फायदेमंद) है-फिर भी..

साभिवादन

आपका

स॰ ही॰ वात्स्यायन

(3)

28-1-75

प्रियवर,

आपका पत्र और रचनायें मिलीं। धन्यवाद। यहाँ से आप एकाएक ही लापता हो गये थे, मैंने समझ लिया कि यह दिल्ली (या कहें नयी दिल्ली) का ही प्रताप होगा। रचनायें प्राप्त करके सुख हुआ।

कवितायें दोनों मार्च अंक में दे रहा हूँ। 'शुरूआत' का दृढ़ स्वर मुझे विशेष प्रीतिकर लगा। लेख भी दोनों अच्छे हैं, पर इतनी सब सामग्री प्रतीक में दे कब पाऊँगा, यह सोचकर एक लेख रख रहा हूँ, दूसरा लौटा रहा हूँ। आशा है इसे आप अन्यत्र तुरन्त भेज सकेंगे। उसके बारे में केवल एक बात कह दूँ। अस्तित्ववाद की दो शाखायें हैं जिनमें केवल एक नास्तिक है। यूरोपीय चौखटे में एक को प्रायः मसीही अस्तित्ववाद (क्रिश्चियन एक्जिस्टेंशलिज्म) और दूसरे को साहित्यिक अस्तित्ववाद (लिटरेरी एक्जिस्टेंशलिज्म) कहा जाता है, पर न तो एक जरूरी तौर पर ईसाइयत से बँधा है न दूसरा जरूरी तौर पर साहित्य में सीमित। सार्त्र दूसरे के पुरोधा हैं पर कियर्केगार्द को नास्तिक नहीं कहा जा सकता, न मार्सेल को, और पाल टिलिख आदि जब व्याख्या करते है तब ईसाइयत से बृहतर परिधि में ही आस्था का प्रश्न रखते हैं—इसके बावजूद कि वे है स्वयं न केवल ईसाई बल्कि उसी मत के प्रतिपादक भी। आशा है लेख फिर कहीं भेजते समय इस बात पर विचार कर लेंगे।

गर्मियां अभी तो दूर हैं : तब तक न जाने क्या हो! फिर भी, यह प्रतीक्षा मधुर है कि तब आप दिल्ली आकर अधिक समय देने की योजना बना रहे हैं।

सप्रीति अभिवादन के साथ

आपका

स॰ ही॰ वात्स्यायन

(4)

110, गोल्फ लिंक्स
नयी दिल्ली-3

दिसम्बर 27, 1976

प्रियवर,

आपका 15 दिसम्बर का पत्र मिला। उससे पहले भी एक पत्र के साथ अपनी बात चीत का ब्यौरा मुझे मिला था, पर वह बहुत ही अधूरा था और मेरी समझ में नहीं आ रहा था कि उसमें संशोधन भी मैं क्या कर सकता हूँ। यही सोचा था कि पूरी बातचीत नये सिरे से प्रश्नोंत्तर के रूप में बना कर लिख दूँगा और आपको भेज दूँगा। लेकिन अभी तक उसका समय ही नहीं मिला और जनवरी में भी कोई सम्भावना नहीं दीखती।

अब आपने पुस्तक प्रेस में दे ही दी है (या कि दे रहे हैं), इसलिये उसे सुधारने की बात तो नहीं उठती। रहा यह प्रश्न कि आप ही उसे दुबारा लिखेंगे या कि मैं उसे कोई रूप दें दूँ। (यों एक तीसरी सम्भावना भी है कि आप जब फिर आयें तो सारी बात फिर से हो और टेप पर टंकित कर ली जाय।) आपको जो बात रुचे मुझे सूचना दे दीजियेगा ताकि उसी के अनुसार काम कर लूँ।

आधुनिक/समकालीन कविओं पर आपकी पुस्तक 'प्रसाद' से 'धूमिल' तक है—इस सन्दर्भ में दोनों ही कवियों के नाम कितने प्रतीकात्मक हो गये हैं!

आपका फिर दिल्ली आना हो तो सूचना अवश्य दीजियेगा। यों जनवरी के अन्त में मेरे कुशीनगर जाने की बात उठी है। अभी कोई निश्चय नहीं हुआ है और यह भी नहीं जानता हूँ कि कितना समय मेरे पास होगा। अगर गया तो शायद गोरखपुर में भेंट हो सके।

सस्नेह

आपका

स. ही. वात्स्यायन

(5)

24-1-77

प्रियवर

आपका पत्र मिला। अभारी हूँ।

कुशीनगर मैं काशी से 28 जनवरी रात को पहुचूँगा-गाड़ी शायद देवरिया आठ बजे पहुँचती है। 29 को वहाँ दीक्षान्त समारोह है ही। इससे आगे अभी पक्का कार्यक्रम नहीं है सिवा इसके कि 31 जनवरी दोपहर को गोरखपुर से चलकर रात को लखनऊ पहुचूँगा। पडरौना का भी निमंत्रण हैं। उन्हें साथ ही पत्र लिख रहा हूँ कि यदि वे लोग 30 जनवरी को 10:30 बजे मुझे कुशीनगर से लिवा लें और अपने कार्यक्रम के बाद 4:30 बजे गोरखपुर पहुँचा दें तो मैं आ जाऊँगा, इसकी सूचना वे मुझे 28 को ही कुशीनगर दे दें।

यदि यह सम्भव होता है, तो मैं 30 की सायंकाल गोरखपुर हूँ, और 31 को दोपहर गाड़ी पकड़ने तक। इस बीच आपकी जैसी आज्ञा हो। मुझे तो सब लोगों से मिल लेना अच्छा ही लगेगा : बाकी कुछ बहुत औपचारिक कार्यक्रम न हो और विचार-विमर्श हो जाये तो अच्छा है। यों जो आप लोग चाहें। 30 को सायंकाल या 31 को प्रातःकाल ही कुछ हो सकता है : आप पडरौना दवालों से जैसे भी समय का सामंजस्य बैठा लें। यह आप कैसे करेंगे आप ही अधिक जानेगे : चाहे फोन से चाहे किसी को भेजकर/ बुलाकर चाहे कुशीनगर आकर...मेरा निवेदन यही है कि Formal व्याख्यान न हो तो अच्छा।

उत्तर दिल्ली देने का तो समय नहीं होगा : कुशीनगर में ही पक्का समाचार दे दीजियेगा। और कुशी नगर में ही भेंट हुई और पडरौना के प्रतिनिधि भी वहीं हुये तब तो वहीं प्रत्यक्ष निर्णय भी हो जायेगा।

इस बीच नया प्रतीक के लिए लोगों से सामग्री भी अभिप्रेरित करा देंगे तो मेरा और लाभ होगा।

और भेंट होने पर।

सप्रीति अभिवादन सहित

आपका

वात्स्यायन

(6)

ए 5- निजामुद्दीन पश्चिम
नयी दिल्ली-1100013

मार्च 3, 1980

प्रियवर,

आपका पत्र मिला। प्रसन्नता हुई।

गोरखपुर मैं 6 मार्च को पहुँचूँगा लेकिन पहुँचने का समय निश्चित नहीं है क्योंकि यह सम्भावना है कि लखनऊ में कुछ और मित्रों के साथ कार से ही गोरखपुर पहुँचूं। मेरा अनुमान यही है कि दिन छिपे-तक हम लोग गोरखपुर पहुँच जायेंगे। विद्यानिवास जी की सूचना के अनुसार गोरखपुर विश्वविद्यालय की अतिथिशाला में हमारे लिये जगह सुरक्षित की गयी है। अतः हम सीधे वहीं पहुँचेगे। कदाचित् उत्तम यही होगा कि सायंकाल छः-साढ़े छः बजे आप वहीं हमें मिलें—यह समय कार के लिए है, नहीं तो उस ट्रेन से पहुँचेगे जो आठ बजे पहुँचती है, यदि हम लोग पहले पहुँच गये तो आपकी प्रतीक्षा करेंगे और आप पहले पहुँच जाँय तो वहाँ प्रतीक्षा करना बहुत कष्टकर तो नही होगा!

आपने मुझे जो टेप दिया था उसे भरकर तो मैंने तभी तैयार कर लिया था और वह मेरे पास सुरक्षित रखा है। किसी के हाथ भेजने में मैंने जोखम समझा कि वह आप तक पहुँचेगा ही नहीं। डाक से भेज सकता था, लेकिन दो-एक बार इरादा करके भी स्थगित कर दिया क्योंकि यह संभावना बनती दीख रही थी कि आप से भेंट हो जायेगी। अब मैं अपने साथ लेता आऊँगा।

'दस्तावेज' के अंक तो मिले हैं। अभी तक उसके लिये कुछ लिख नहीं पाया हूँ, लेकिन अब मार्च के बाद आशा है कि लिखने-पढ़ने के लिये अधिक समय मिलेगा और तब अवश्य कुछ लिखूँगा।

आपका
वात्स्यायन

(7)

मई 1, 1980

प्रियवर विश्वनाथ जी,

आप का पत्र और उसके साथ का लेख मिला। लेख पढ़ कर अपनी राय लिख भेजूँगा, यद्यपि इस प्रसंग में मेरी राय का कोई महत्त्व तो नही है।

'दस्तावेज' के लिए अभी तक कुछ नहीं कर पाया हूँ। आप ने सार्त्र पर लेख माँगा है। वह तो नहीं कर पाऊँगा, लेकिन मैं एक दूसरा लेख भेज सकता हूँ। यदि अगला अंक भी जुड़वां अंक होने वाला हो और सार्त्र तक ही सीमित हो तब तो लेख की कोई जल्दी नहीं होगी, नहीं तो आप का पत्र आने पर भेज दूँगा।

उस टेप की रचनाएँ आप को पसन्द आ गयीं यह मेरे लिए सन्तोष का विषय है। गोरखपुर और कुशीनगर के दोनों आयोजन सुन्दर थे और आप सब के स्नेह की सुखद स्मृति मेरे पास बनी है। अभी एक पत्र से मालूम हुआ कि गोरखपुर में कुछ विरोध भी हुआ था। यह जान कर दुख हुआ। यों तो यह भी सोचता हूँ कि मुझसे सम्बद्ध किसी भी आयोजन में कुछ न कुछ मतभेद न हो तो आश्चर्य की ही बात होती है। लेकिन मेरे प्रति विरोध-भाव के कारण दूसरों को कष्ट उठाना पड़े यह अच्छा नहीं लगता।

सस्नेह,

आपका
वात्स्यायन

(8)

नयी दिल्ली 12-5-80

प्रियवर,

आपके पत्र के साथ डा॰ प्रेमस्वरूप गुप्त का लेख मिला था। अपने शरीर की आधि-व्याधि की चर्चा मैं भरसक नहीं करता, पर यह लेख पढ़ते हुए ध्यान आया कि मेरी वर्तमान अवस्था में इससे कुशलतर यन्त्रणा का आयोजन आप नहीं कर सकते थे। खैर, लेख मैं पढ़ गया हूँ। नहीं जानता कि क्या कहूँ। इतनी बात तो कह ही चुका हूँ कि सार्त्रीय अस्त्विवाद मुझे कभी ग्राह्म नहीं रहा और अपने-अपने अजनबी में मैंने उपन्यास विधा के चौखटे के भीतर उसका एक भारतीय उत्तर देने का प्रयत्न किया है या कि उसके समक्ष एक भारतीय अवधारणा रखी है। लेखक ने यह स्वीकार भी किया है और इसे स्पष्ट भी करने का प्रयत्न किया है, इसके लिये मैं आभारी हूँ। कई स्तरों की प्रतीकात्मकता की ओर भी उन्होंने संकेत किया है, यह बात भी मुझे अच्छी लगी, यद्यपि 'सेल्मा' अथवा 'एकेलोफ' की बात में अति जान पड़ती है। बर्फ की बात उन्होंने की है, अच्छी है, पर अधूरी छूट गई लगती है। बर्फ (उजली, धुंधली, काली) और नदी (जल, स्वच्छ, अथवा गँदला) के समान्तर काल को भी रखकर देखिये : एक प्रवहमान, एक शिलित रूप और क्या दो काल भी अपने-अपने नहीं हैं, और अपने-अपने अजनबी भी नहीं है? (योके शिलित काल द्वारा बन्दी की जाती है-बर्फ के नीचे-सेल्मा प्रवहमान काल द्वारा दीक्षित होती है—पुल पर) आधुनिक पश्चिम का एकदिक्, मरणोन्मुख काल, जो मृत्यु पर जाकर चुक जाता है (Time must have a step") और पूर्वीय (भारतीय) अवधारणा का अनेकायामी, चक्रगति काल, जो एक साथ ही बर्फ सा शीलित भी है, नदी सा प्रवहमान भी और सागर सा तरंगायित निश्चल भी...मैंने तो कई जगह कई बार दो अवधारणाओं को आमने-सामने रखा है। फ्रांसीसी लेखक Le condition Humain (अंग्रेजी में man's fate) की बात करते हैं, मैंने Condition के बदले Predicament की बात की है और मेरा तर्क है कि पश्चिम के Sense of History के बराबर भारत का Sense of Predicament रखना चाहिये...।

बाकी त्रिपुरा रहस्य के बारे में क्या कहूँगा। इतना तो है कि मेरी समझ में काल की भारतीय अवधारणा में सबसे गहरा चिन्तन शैवों का ही रहा : बौद्ध तार्किकों ने पहले कुछ पहलुओं का विचार किया था जिससे आगे पश्चिम उन्नीसवीं शती तक नहीं बढ़ा था—यानी दो हजार साल में उसके बराबर आया था। पर मेरे सामने समग्र रूप से भारतीय संवेदन रहा है, और उपन्यासकार (या कवि) के नाते मैं उसे शास्त्रीय खाँचों में बाँटकर नहीं रखता। फिर मेरा अध्ययन भी primary sources का नहीं रहा है, अधिकतर व्याख्या और विवेचन ग्रन्थों से ही विभिन्न विचारधाराओं का परिचय पाता रहा हूँ। (यह डा॰ प्रेमस्वरूप की बात का खंडन नहीं है केवल कृतिकार के नाते अपनी सफाई है)।

लेख आप छापना चाहें, अवश्य छापें, हाँ, उस समय यह ध्यान रखियेगा कि इस पाण्डुलिपि के कारण प्रूफरीडर या कम्पोजीटर आत्महत्या न कर ले!

सस्नेह

आपका
स. ही. वात्स्यायन

(9)

केवेंटर्स ईस्ट, केवेंटर्स लेन
सरदार पटेल मार्ग,
नयी दिल्ली-21

नवम्बर 23, 1980

प्रियवर,

बहुत दिनों से आपका कोई समाचार नहीं है। इधर 'इस्तावेज' भी देखने को नहीं मिला। आशा है कि परिस्थितिगत कठिनाइयों के बावजूद वह चल तो रहा है।

इस पत्र के साथ डा. चन्द्रकान्त बांदिवडेकर का एक लेख भेज रहा हूँ। लेख कुछ लम्बा तो अवश्य है, लेकिन सर्वथा प्रकाशनीय है और चौथा सप्तक को लेकर आलोचना के नाम पर जिस तरह की छिछालेदर हुई है उसे ध्यान में रखते हुये तो और भी महत्त्वपूर्ण है। उनकी सहमति से ही यह लेख मैं आपके पास भेज रहा हूँ। आशा है 'दस्तावेज' के लिये आप इसे उपयोगी पायेंगे। अधिक लम्बा हो तो कुछ संक्षिप्त तो आप कर ही सकते हैं, संक्षेपन के लिये भी मैने डा. वांदिकडेकर की अनुमति ले ली है।

फिर भी अगर लेख छापने में कठिनाई हो तो कृपया मेरे पास जल्दी ही लौटा दें।

आशा है प्रसन्न हैं।

आपका
सच्चिदानन्द वात्स्यायन

(10)

दिसम्बर 30, 1981

प्रियवर,

वत्सल निधि की कार्य योजनाओं से आशा है आप परिचित हैं : निधि की ओर से जिन लेखक शिविरों का आयोजन होता है उनमें अगला शिविर आबू (राजस्थान) में आगामी 13 फरवरी 1982 से 22 फरवरी 1982 तक होना निश्चित हुआ है। इस बार चर्चा के लिये सामान्य विषय रखा गया है परिवेश और साहित्य। उद्देश्य यह है कि इस सामान्य विषय के अधीन परिवेश के साथ साहित्यकार के सम्बन्धों और दोनों के परम्पर प्रभावों की विस्तृत जाँच की जाय और नये लेखकों के लिए ऐसे दिशा-संकेत भी प्रस्तुत किये जा सकें, जिनसे वे साहित्य पर पड़ने वाले परिवेश के प्रभावों को समझ सके और जहाँ वे स्वयं परिवेश को प्रभावित कर सकते हैं वहाँ अपने सामर्थ्य का भी सही उपयोग कर सकें।

वत्सल निधि के न्यासधारियों की हार्दिक इच्छा है कि इस वर्ष के शिविर में आप भाग लें और चर्चाओं को दिशा देने में हमारी सहायता करें। न्यासधारियों की ओर से आपको आमंत्रित करते हुए मुझे बड़ी प्रसन्नता हो रही है। आशा हैं कि हमारा आग्रह आप नहीं टालेंगे और लौटती डाक से ही अपनी स्वीकृति की सूचना देगे।

गोरखपुर से आबू जाने के लिए सुविधा का रास्ता दिल्ली होकर ही होगा। दिल्ली से आबू रोड तक रेल यात्रा होगी और वहाँ से आबू मोटर से जाना होगा। यदि आपकी ओर से निश्चित सूचना मिल जायेगी तो दिल्ली से आबू रोड तक का आरक्षण करवा लिया जायेगा।

गोरखपुर से आबू तक के पहले दर्जे के मार्ग-व्यय की व्यवस्था वत्सल निधि की ओर से होगी। आबू में आवास और भोजन की व्यवस्था भी राजस्थान प्रौढ़ शिक्षण समिति के सहयोग से वत्सल निधि द्वारा की जा रही है। आपकी स्वीकृति आ जाने पर शिविर के सम्बन्ध में आवश्यक जानकारी भी आपके पास भेजी जाती रहेगी।

लौटती डाक से ही आपके उत्तर की प्रतीक्षा रहेगी।

साभिवादन

आपका

सच्चिदानन्द वात्स्यायन

(11)

अगस्त 20, 1982

प्रियवर,

वत्सल निधि की ओर से आयोजित लेखक शिविरों की कड़ी में तीसरा शिविर दिसम्बर 1982 के अन्तिम सप्ताह में वृन्दावन में होगा—अर्थात् 25 दिसम्बर से आरम्भ होकर 2 जनवरी तक चलेगा।

शिविरों की सामान्य योजना से आप परिचित हैं। प्रत्येक बार एक मुख्य और व्यापक विषय रखा जाता है जिसके सभी पहलुओं की बिस्तार और गहराई में पड़ताल होती है, इसके अलावा प्रतिभावान नये लेखकों की रचनायें भी सुनी जाती हैं और उनके विचार भी। उनकी समस्यायें समझना और उन्हें सुलझाना अथवा उनका सामना करने की योजनाओं का भी विचार होता है। नये लेखक रचनाओं के बारे में जिससे या जिन-जिन से परामर्श करना चाहते हैं वे इसके लिए समय दे सकें इसकी भी व्यवस्था होती है। वृन्दावन में सभी अभ्यागतों के आवास और भोजन की व्यवस्था कर ली गयी है और गोष्ठियों के लिए सभास्थल भी निर्धारित हो गया है। लेखकों के उपयोग के लिए कुछ पुस्तकें भी उपलब्ध रहें इसकी व्यवस्था की जा रही है। शिविर के दौरान एक या दो सैरों की भी व्यवस्था होती है और वृन्दावन दर्शन के लिए भी व्यवस्था होगी ही।

इस तीसरे शिविर के लिए सामान्य विषय रखा गया है : साहित्य और सामाजिक परिवर्तन। सामाजिक तथा साँस्कृतिक परिवर्तनों में साहित्य के वास्तविक अथवा सम्भावित योगदान के सभी पहलुओं का इसके अधीन विचार हो सकेगा और इस प्रश्न पर भी गहराई से विचार हो सकेगा कि साहित्य यदि समाज और संस्कृति को बदलता है तो उसकी पद्धति और प्रक्रिया क्या होती है और कहाँ तक उसे पूर्वनियोजित किया जा सकता है। कुछ प्रमुख ग्रन्थों का, जिनके बारे में माना जाता है कि उनके कारण समाज बदल गया, गहराई से परीक्षण होगा। शिविर से पहले सभी सहभागियों को एक विस्तृत कार्य-सूची तथा अनुमोदित पाठ्य-सामग्री की सूची भी भेज दी जा सके, यह हमारा प्रयत्न होगा।

इस सन्दर्भ में हमें आपका सहयोग चाहिए और हमारे निवेदन पर आप शीघ्र तथा गम्भीरतापूर्वक विचार करके उत्तर दे सकें तो हम आपके विशेष अनुग्रहीत होंगे। साहित्य के प्रति आपके लगाव और आपके लम्बे अनुभव के आधार पर हम यह मानते हैं कि प्रतिभावान नये लेखकों से आपका बराबर परिचय होता रहता होगा! हम चाहते है कि आप अपने को वत्सल निधि का स्थायी सलाहकार मानकर हमें समय-समय पर ऐसे लेखकों के बारे में जानकारी देते रहें जो आपकी राय में इस तरह के शिविरों से लाभ उठा सकेंगे। जो नाम आप सुझायें उनके लिए तीन बुनियादी कसौटियाँ तो होंगी ही। एक, उनमें प्रतिभा के लक्षण हों, दो, भाषा की दीक्षा हो और भाषा पर उतना अधिकार तो हो

ही कि शिविर में हमें प्रारम्भिक स्तर की बातों से न आरम्भ करना पड़े और तीन, विचारों के प्रति खुलापन हो और समझने-सीखने की उत्कण्ठा हो।

नामों की सूचना देते समय आप इन लेखकों के पते और सम्भव हो तो उनके बारे में आवश्यक जानकारी भी हमें दे सकें तो आगे हम उनसे पत्र-व्यवहार कर सकेंगे, उनकी रचनायें आमंत्रित कर सकेंगे और भविष्यत शिविरों में उन्हें आमंत्रित करने की योजना बना सकेंगे।

वृन्दावन में आयोजित शिविर के लिए दो-चार नाम तो आप तुरत सुझायें ही ऐसा हमारा अनुरोध है। शिविर में ऐसे युवतर लेखकों की संख्या अधिक से अधिक 30 तक हो सकेगी। शिविर का काम सब हिन्दी में ही होता है, लेकिन यह भी सम्भव है कि आप ऐसे लेखक का नाम सुझायें जो हिन्दीतर किसी भाषा में लिखता हो—उदाहरण के लिए, उर्दू, पंजाबी, बांग्ला, गुजराती, मराठी आदि। लेकिन यह तो आवश्यक होगा ही कि उसका हिन्दी ज्ञान इतना हो कि शिविर में भाग ले सके और उससे लाभ उठा सके।

आपके उत्तर की उत्कंठ प्रतीक्षा रहेगी। इसके बाद भी जब भी कोई प्रतिभावान नया लेखक आपके सामने आए तो हमें सूचना देकर उपकृत करते रहें।

साभिवादन

आपका

सच्चिदानन्द वात्स्यायन

(12)

3 सितम्बर, 1986

प्रियवर,

सादर नमस्कार!

वत्सल निधि की ओर से आयोजित लेखक शिविर के क्रम में अगले अर्थात् सातवें शिविर की तैयारियाँ आरम्भ हो गयी हैं। शिविर की तिथियाँ 19 अक्तूबर से 26 अक्तूबर 1986 तक नियत हुई हैं, अनुभव से पता लगा है कि दशहरे और दीवाली के बीच का यही समय सबसे लिये सुविधाजनक होता है। शिविर का स्थान बाल्मीकि नगर तय हुआ है जहाँ गोरखपुर से मोटर से जाना होगा। इसकी व्यवस्था रहेगी।

लेखक शिविरों की परम्परा और उनके व्यवहारिक रूप से आप परिचित होंगे। प्रतिवर्ष हम 10-12 प्रतिष्ठित और अनुभवी लेखकों को आमंत्रित करते हैं और 18-20 प्रतिभावान नये लेखकों को। सभी शिविर में साथ रह कर साहित्य रचना कार्यक्रम के सभी पहलुओं पर विचार-विमर्श करते हैं।

सारा विचार-विनिमय अनौपचारिक स्तर पर होता है। व्यवस्था की दृष्टि से प्रतिवर्ष एक सामान्य विषय भी चुन लिया जाता है, जिस पर विस्तार से चर्चा को रूप और दिशा देने के लिए कुछ लेखकों से लिखे हुए प्रपत्र भी आमंत्रित किये जाते हैं। अनन्तर इन निबन्धों का संग्रह शिविर में हुए विचार-विमर्श की संक्षिप्त रपट के साथ प्रकाशित भी किया जाता है। अब तक पिछले शिविरों से सम्बद्ध चार पुस्तकें प्रकाशित हो चुकी हैं। पांचवी प्रेस में है और इस शिविर में उसका लोकार्पण हो जायेगा, छठी पुस्तक तभी प्रेस में दी जा सकेगी। अब तक शिविरों में जिन सामान्य विषयों की चर्चा हुई उनकी सूची साथ संलग्न है।

इस वर्ष नये लेखकों की संख्या सीमित कर दी गयी है जिससे सामान्य विषय की गहरी विवेचना हो सके।

अक्टूबर, 1986 के लेखक शिविर के लिये प्रस्तावित सामान्य विषय है—विज्ञान, पुराण और रचना साहित्य। यहाँ कदाचित यह स्पष्ट कर देना उचित हो कि 'पुराण' शब्द व्यापक अर्थ में लिया गया है। केवल पुराण ग्रन्थ ही नहीं बल्कि वह पूरा क्षेत्र जिसके लिये नया गढ़ा हुआ मिथक भी काम में आता है। वे सारे पुराविश्वास भी जो परम्परा का एक मुख्य आधार बनते हैं 'पुराण' शब्द के अधीन ले लिये जा सकेंगे। हमारा विश्वास है कि वर्तमान स्थिति में, और विशेष रूप से भारतीय सन्दर्भ में, आप भी इस प्रश्न को विशेष महत्त्वपूर्ण मानेंगे।

वत्सल निधि के न्यासधारियों की ओर से इस शिविर के लिए आपको आमंत्रित करते हुए मुझे विशेष प्रसन्नता हो रही है। आशा करता हूँ कि आप इसमें न केवल पूरे समय भाग ले सकेंगे बल्कि सामान्य विषय के किसी एक पहलू पर अपने विचार लिखित रूप में प्रस्तुत करके विमर्श को एक दिशा भी दे सकेंगे। शिविर में सम्मिलित होने की स्वीकृति देते समय यदि अपने निबन्ध के विषय या शीर्षक का संकेत दे सकें तो संयोजन में हमें सुविधा होगी।

आमंत्रित वरिष्ठ लेखकों को वत्सल निधि की ओर से उनके स्थान से शिविर के स्थान के तक आने-जाने का पहले दर्जे का मार्ग-व्यय दिया जाता है और स्थानीय आतिथ्य की व्यवस्था भी वत्सल निधि की ओर से होती है। शिविर के दौरान एक दिन अवकाश का रहता है जिस दिन वन-बिहार अथवा नगर-दर्शन अथवा किसी दूसरे मनोरंजक और सांस्कृतिक कार्यक्रम की व्यवस्था रहती है।

आपके उत्तर की प्रतीक्षा रहेगी। उत्तर मिलने पर हम स्थान की पक्की सूचना आपको दे सकेंगे।

साभिवादन

आपका

सच्चिदानन्द वात्स्यायन

अमृतलाल नागर

(1)

चौक, लखनऊ-3

5.1.85

परमप्रिय भाई विश्वनाथप्रसाद जी,

आपके गत वर्ष की जनवरी में लिखे पत्र का उत्तर इस वर्ष की जनवरी में दे रहा हूँ, बुरा न मानियेगा। आपने मुझसे रामविलास जी के पत्र मांगे थे, मेरा दुर्भाग्य यह है कि पत्रों को अभी तक व्यवस्थित क्रम न दे पाया। प्रति वर्ष आये हुए पत्रों को बांधकर सुरक्षित रूप से रख तो देता हूँ, किन्तु उनकी छंटाई अभी तक नहीं कर पाया। यह उपन्यास जो लिख रहा हूँ, पूरा करने के बाद भी यदि राम ने मुझे जीवित रखा तो वर्षों में प्राप्त महान साहित्यकारों के अमूल्य पत्रों तथा इधर उधर चप्पलें चटकाकर प्राप्त की गयी विभिन्न विषयों की सूचना के नोट व्यवस्थित करके रख जाऊँगा।

रामविलास जी के कृतित्व से सम्बन्धित आपका यह अंक 'पहल' के विशेषांक से अधिक ठोस लगा। बधाई! जिन परिस्थितियों में आप 'दस्तावेज़' का प्रकाशन कर रहे हैं उन्हें देखते हुए आपकी लगन और धैर्य की दाद देता हूँ। कृपया नये वर्ष के लिए मेरी हार्दिक शुभकामनायें स्वीकारें।

शुभाकांक्षी

(2)

चौक, लखनऊ-3

13.8.86

प्रिय भाई विश्वनाथ जी,

सप्रेम नमस्कार,

आपके 29-30 दस्तावेज़ दि. 29 जुलाई को रजिस्ट्री से मिले थे। दूरद्रस्टा बुद्धि कह रही थी, पहले कार्ड लिखकर पहुँच सकार लो फिर पढ़ना पर होनी तरंगायित हो गई— "अच्छा, अच्छा, उलट लूँ, अभी लिखता हूँ।" .... 30 जु. को मथुरा से ट्रंक काल मिला, मेरे बड़े जामाता का देहान्त हो गया। मथुरा गया। लौटकर आया तो मोहान्ती से बेदान्ती तक पेंगों में झूलता रहा। ख़ैर!

आपने मुझे भी 'दस्तावेज़ित' कर लिया, इससे मेरे 53 वर्षों से प्रकाशित पागलपन की सुरक्षा हो गई। अपनी सीमाओं को अच्छी तरह से पहचानते हुए भी यह विश्वास है कि मेरा पागलपन रचनात्मक तो है ही। साहित्यशास्त्रियों को रोचकता के अतिरिक्त शायद कुछ अधिक न मिले पर भाषाशास्त्री समाजशास्त्री और इतिहासशास्त्री मेरे इस पागलपन से निःसन्देह लाभान्वित होंगे और गाहे बगाहे याद कर लिया जाऊँगा। उपकृत हुआ। अनुज हैं, हृदय से आशीर्वाद देता हूँ।

अज्ञेय नंबर भी समृद्ध है बधाई! प्रिय नीरन यदि 'करवट' की रिव्यू भी इसमें लिख देते तो

यह अंक पूर्ण हो जाता। खैर!

आशा है सानन्द और स्वस्थ होंगे।

सप्रेम आपका

अमृतलाल नागर

पु / : आपके द्वारा ली गई इण्टरव्यू में कुछ 'करेक्शन्स' आवश्यक हैं। करके भेज दूँगा।

अमृतलाल नागर

अमृतराय

(1)

नई कहानियाँ

10.6.71

प्रिय भाई,

आपका 24/5 का पत्र यथासमय मिला था। मुझे खेद है कि उत्तर में थोड़ा विलम्ब हुआ। इसी बीच में इस पत्रिका के हस्तान्तरण को लेकर बहुत अधिक व्यस्त रहा। अपने लिखने-पढ़ने की दृष्टि से मेरा अब इससे मुक्त हो जाना मुझे ठीक लगा। दुःख मुझे नहीं हुआ, ऐसी बात नहीं, पर दूसरा कोई उपाय न था। जानकर खुशी हुई कि आपको 'संत्रास' पर मेरी टिप्पणी संकलन के योग्य लगी। आप सहर्ष उसका उपयोग करें। मैं इस पत्र द्वारा आपको इसकी अनुमति देता हूँ। जल्दी ही उक्त दोनों अंक भी आपको भिजवा दूँगा।

मुझे यह जानकर बड़ी खुशी हुई कि मेरी रचनाएं आपको अच्छी लगती हैं। सभी लेखक नये नये पाठकों तक पहुँचना चाहते हैं, विशेष रूप से देश की जवान पीढ़ी तक। संप्रति उसका और कोई उपाय नहीं है सिवाय इसके कि आपको पाठ्यक्रमों में जगह मिले। तब भी लड़के कितना पढ़ते हैं, इसमें सन्देह है, लेकिन इसकी कुछ सम्भावना तो उत्पन्न होती ही है और कुछ लड़के तो पढ़ते ही हैं। अतः जितना बिक्री की दृष्टि से उतना ही सार्थक पाठकों तक पहुँच सकने की दृष्टि से मैं अपनी रचनाएँ लेकर विश्वविद्यालयों के पाठ्यक्रम में पहुँचना चाहता हूँ। मैं जानता नहीं यह सब काम कैसे होता है, कुछ हो भी सकेगा या नहीं, इस दिशा में आज तक कभी कुछ किया भी नहीं, पर अब एक बार कोशिश करके तो देखना ही चाहता हूँ, भले अन्त में निराशा ही हाथ लगे। इसलिए आप जैसे बंधुओं से ही प्रार्थना कर सकता हूँ कि आपको अगर मेरी कोई कृति भाषा और साहित्य की दृष्टि से पढ़ाये जाने के योग्य लगती है तो उसके लिए आप भी थोड़ी कोशिश करें, बहुत आभारी होऊँगा। और क्या कहूँ।

अभी आप इतना ही कष्ट करें कि नये सबमिशन कब तक होने हैं, इसकी सूचना यथाशीघ्र मुझे भेज दें। पुस्तकें समय से सबमिट तो हो जायें, बाकी बातें बाद को देखने की हैं।

आशा है आप स्वस्थ और सानन्द हैं और मेरे लिए इतना कष्ट अवश्य करेंगे।

आपका

अमृत राय

(2)

हंस प्रकाशन इलाहाबाद
फोन : 3077

25.8.73

प्रिय भाई,

आपका 14/7 का पत्र अपने समय से ही मिला था। मुझे भी जवाब देने में काफी देर हो गयी। क्षमा करेंगे।

आपके पत्र से मुझे कुछ ऐसा लगा कि इस वर्ष किसी नये उपन्यास के लगने की सम्भावना बहुत कम है, क्योंकि अभी पिछले ही वर्ष नयी पुस्तकें लगी हैं। अगर ऐसी बात है तो इस वर्ष किसी को कुछ कहने-सुनने से भी क्या लाभ। फिर तो अगले वर्ष चेष्टा करना ही अधिक अच्छा होगा। मेरे सोचने में भूल हो तो बताइएगा।

अभी आप इतना कष्ट कीजिए कि विश्वविद्यालय के कार्यालय से मुझे सबमिशन के सम्बन्ध में बराबर सूचनाएं मिलने की व्यवस्था हो जाय। पुस्तकें कब भेजी जायं, कितनी संख्या में भेजी जायं, किसको भेजी जायं इत्यादि।

उपन्यासों के अतिरिक्त क्या कहानी-संग्रह, ललित लेख, आलोचना की पुस्तकें आदि भी भेजी जा सकती हैं? और अगर भेजी जा सकती हैं तो क्या केवल एम.ए. के लिए या बी.ए. के लिए भी? एम.ए. में हिन्दी लेने वालों की संख्या आजकल साधारणतः कितनी होती होगी? यही सब जिज्ञासाएं मन में हैं। अवकाश मिले तो उत्तर दीजिएगा। और हाँ, आपको याद होगा, दो-तीन वर्ष पहले मैंने अपना 'बीज' उपन्यास एक बार सबमिट किया था। वह नहीं आया था, यह तो मैं जानता हूँ पर उसकी यदि कुछ अन्तर्कथा सुनने को मिले........ इधर मेरी दो-तीन नयी पुस्तकें निकली हैं। आपको भिजवाऊँगा।

प्रसन्न होंगे।

आपका
अमृत राय

(3)

18, न्याय मार्ग, इलाहाबाद

13.2.79

प्रिय भाई,

दस्तावेज़-2 मिला। आपने बहुत अच्छी सामग्री संजोयी है। तीन चीज़ें मुझे इसमें सबसे अच्छी लगीं - ज्ञानेन्द्रपति की कविताएं, वागीश शुक्ल की समीक्षा और रामस्वरूप चतुर्वेदी का लेख, भले मैं उसकी सब स्थापनाओं से सहमत न होऊँ। गुजराती और मराठी के कविता-गुच्छ देकर भी आपने बहुत अच्छा किया। अच्छी सुरुचिपूर्ण पत्रिका आपने निकाली है। मेरी हार्दिक बधाई लें।

दस्तावेज़-1 भी आया था। उसे देखने की भी याद है। अच्छा भी लगा था। आपको लिखना भी चाहता था पर वह शायद कुछ ऐसे समय आया था जब मैं विदेश जाने की अपनी तैयारियों में लगा था और बात रह गयी। इसका मतलब है कि यह दूसरा अंक तीन महीने से कहीं ज़्यादा समय लेकर निकला है।

आपका पत्र भी मिला है। पिछले वर्ष प्रकाशित अपनी दो पुस्तकें आपको समीक्षार्थ भिजवायी हैं। मैं तो चाहूँगा आप ही उनकी समीक्षा करते, फिर आप जैसा उचित समझें।

आशा है आप स्वस्थ और प्रसन्न हैं।

आपका

अमृत राय

(4)

18, न्याय मार्ग, इलाहाबाद

6.3.79

प्रिय भाई,

27/2 का पत्र मिला।

मूल्यांकन लेख लिखवाने की योजना अच्छी है, पर वह अधिक समय-साध्य है। इसलिए मैं तो चाहूँगा कि आप 'सरगम' 'आनन्दम' और 'धुआँ' की विस्तृत समीक्षाएं तो अपने यहाँ जल्दी ही निकालने की कृपा करें– मेरा अनुरोध मानकर स्वयं भी लिखें और अन्य किसी बंधु से भी लिखायें। मुझे याद पड़ता है मैंने पिछले पत्र में विनयमोहन जी से लिखाने की बात आपको लिखी थी। डा. भगवतषरण उपाध्याय से भी लिखा सकते हैं। वह भी लिखना चाहते हैं। पता नहीं, अब तक आप इन पुस्तकों के लिए समय निकाल पाये या नहीं। कृपया पढ़कर देखें, जैसे मौन से उनका 'स्वागत' किया गया है, वे कदापि ऐसी महत्त्वहीन नहीं हैं। मैं जानता हूँ यह मेरी गुट-निरपेक्षता का पुरस्कार है और इसका कि सब कुछ जान-समझकर भी मैं प्रचलित चर्चा-तंत्र की ओर ध्यान देने के लिए समय नहीं निकाल पाता और कहीं वह बात घटिया भी मालूम होती है। छोड़िए। सब ठीक है। इन दिनों मैं असाधारण रूप से व्यस्त हूँ अपने उसी भाषाई अनुसंधान में। फेलोशिप की अवधि समाप्त होने आ रही है और मैं समय से ही इस काम को पूरा कर लेना चाहता हूँ। अभी बहुत कुछ करना शेष है।

आप अगले महीने आयेंगे तो सब चर्चाएं होंगी। प्रसन्न होंगे।

आपका

अमृत राय

(5)

18, न्याय मार्ग, इलाहाबाद

21.3.79

प्रिय भाई,

14/3 का पत्र मिला।

मैंने विजयमोहन नहीं, विनय मोहन जी के लिए लिखा था, आचार्य विनयमोहन शर्मा, लेकिन वह शायद भोपाल के 'साक्षात्कार' के लिए लिख रहे हैं, ऐसा सम्पादक 'साक्षात्कार' ने लिखा है।

......................भगवतशरण उपाध्याय घुमंतू आदमी हैं। मुझे भी ठीक पता नहीं कि इस समय वह कहाँ होंगे। इसलिए आप तो बच्चन जी को इस पते पर लिखिए जो नीचे दे रहा हूँ। उन्होंने 'धुआँ' पढ़ा है और मेरा अनुमान है कि लिखना चाहेंगे। मैंने उनको लिखा भी है। आप भी तुरन्त पत्र डाल देंगे तो अच्छा रहेगा।

''**डा. बच्चन, अमिताभ बच्चन,**
प्रतीक्षा, 14-उत्तर-दक्षिण रास्ता, दसवाँ
बाम्बे - 400 049''

'धुआँ' की प्रति आपको भिजवा रहा हूँ। शेष अप्रैल में मिलने पर,
सप्रेम,

आपका
अमृत राय

(6)

18, न्याय मार्ग, इलाहाबाद
23.4.79

प्रिय भाई,

18/4 का पत्र मिला। सूचना मिली कि आप अभी नहीं आ रहे हैं; अब जून में आयेंगे। बच्चन जी ने 'धुआँ' की समीक्षा क्यों नहीं भेजी, कुछ समझ में नहीं आया। शायद अस्वस्थ हों या और किसी कारण न भेज पाये हों। मैं भी आज ही उन्हें लिख रहा हूँ। लेकिन अब भी अगर वह तत्काल आपको यह समीक्षा भेजने की स्थिति में न हों तो मैं चाहूँगा कि आप ही यह कष्ट करें। या फिर आप जो उचित समझें।

शेष सब ठीकठाक है। आशा है आपभी सपरिवार स्वस्थ-सानन्द होंगे।

आपका
अमृत राय

(7)

18, न्याय मार्ग, इलाहाबाद

8.1.80

प्रिय भाई,

आपका 27/12 का पत्र आज ही मिला। आपके प्रेमचन्द विशेषांक के लिए तत्काल कुछ भी लिखकर भेज पाना मुझे कठिन दिखायी पड़ता है। व्यस्त तो हूँ ही, अपने शोध-प्रबन्ध (जिससे मुझे कोई डॉक्टरेट नहीं मिलने वाली है!) की अन्तिम रूप से नोक-फलक ठीक करने और टाइपिंग इत्यादि को लेकर, भीतर से कोई प्रेरणा भी नहीं हो रही है। और वह शायद इसलिए कि मेरे पास प्रेमचन्द के सम्बन्ध में नया कुछ कहने को नहीं है, उससे हटकर भी मैंने अब तक लिखा है। 'जन-स्वर' के प्रेमचन्द विशेषांक के सन्दर्भ में भाई परमानन्द जी की भी चिट्ठी आई है। उनको भी मैंने यही बात लिखी है, और सुझाया है कि वह अपनी प्रश्न-तालिका लेकर एक टेपरिकार्डर के साथ किसी को यहाँ भेज दें और वह मुझे इंटरव्यू करके ले जाय। आपसे भी मेरा यही प्रस्ताव है।

आपको पसन्द हो तो आप परमानन्द जी से मिलकर अपने अलग-अलग प्रश्नों की तालिका बना सकते हैं, जिससे कि एक ही लम्बी इण्टरव्यू में से दो अलग लेख बन जायेंगे जिनमें बातचीत के क्षेत्र बिलकुल अलग-अलग होंगे। मेरे लिए यह आसान भी पड़ेगा और दोनों लेख भी तैयार होंगे वह ज़्यादा काम के होंगे क्योंकि मेरा एक छोटे से लेख से कहीं ज़्यादा मुद्दों पर सहज ही बातचीत हो सकेगी। अब जैसा उचित समझें, कर लें; संप्रति बैठकर आपके लिए लेख तैयार कर पाना तो मेरे लिए सम्भव न होगा।

प्रेमचन्द-साहित्य, जो आपकी वर्तमान ज़रूरतों के लिए एकदम आवश्यक है, जैसा कि आपने लिखा है, आपको भिजवा रहा हूँ।

आशा है स्वस्थ और सानन्द हैं। नये वर्ष की हार्दिक मंगलकामनाओं के साथ,

आपका

अमृत राय

(8)

18, न्याय मार्ग, इलाहाबाद

15.1.85

प्रिय भाई,

आपका 9/1 का कृपापत्र मिला। मुझे यह जानकर हार्दिक प्रसन्नता हुई कि 'विचारधारा और साहित्य' आपको सचमुच अच्छी लगी। 'दस्तावेज़' में उसकी समीक्षा निकलेगी, यह और भी खुशी की बात है। तब पुस्तक के सम्बन्ध में आपके विचारों को और भी विस्तार के साथ जानने का अवसर मिलेगा। एक छोटा-सा निवेदन इस सन्दर्भ में ये है कि अगर आपको पुस्तक कुछ महत्त्वपूर्ण लगती है और आपको लगता है कि साहित्य के सम्बन्ध में वामपक्षीय चिन्तन को उससे थोड़ी और प्रशस्त भूमि मिलती है, निरर्थक टकराव से निकलकर सार्थक सर्जना की ओर बढ़ने में थोड़ी-बहुत सहायता मिल सकती है तो क्या यह अच्छा न होगा कि उसकी एकाधिक समीक्षाएँ दी जायें ताकि उसमें उठाये गये मुद्दों पर अलग-अलग कोणों से विचार हो सके? सोचकर देखिएगा। वैसे मेरा कोई आग्रह नहीं है। आप जैसा ठीक समझें।

आपके आदेशानुसार पुस्तकें भिजवा दी जायेंगी।

आशा है आप स्वस्थ और प्रसन्न हैं। नये वर्ष की आंतरिक शुभकामनाएं लें।

आपका

अमृत राय

(9)

18, न्याय मार्ग, इलाहाबाद

27.2.85

प्रिय भाई,

20/2 का कृपापत्र मिला। मुझे पूरा विश्वास था कि 'दस्तावेज़' के इसी ताज़ा अंक में 'विचारधारा और साहित्य' की समीक्षा जायेगी। इसी सन्दर्भ में मैंने यह भी सुझाया था कि इस पर आप और परमानन्द जी, दोनों ही जन लिखें। मेरा आग्रह तो अब भी यही होगा। यही मुझे सबसे अच्छा लगेगा। लेकिन आप अगर किसी 'अच्छे व्यक्ति' से करवाने की सोचते हैं तो आपकी मर्ज़ी,

जैसा आप ठीक समझें। मेरे देखने में तो हिन्दी में अच्छे, रुचि-सम्पन्न, सचमुच प्रबुद्ध और साथ ही निष्पक्ष समालोचकों का अभाव-सा ही है।

इसी बीच मेरी 'प्रेमचन्द की प्रासंगिकता' भी निकल आयी है। कहिए तो वह भी भिजवा दूँ।

आशा है आप सपरिवार स्वस्थ और प्रसन्न हैं।

सप्रेम,

आपका

अमृत राय

(10)

18, न्याय मार्ग, इलाहाबाद

25.3.85

प्रिय भाई,

अभी कुछ रोज़ हुए भाई श्रीराम वर्मा का पत्र मिला था। उन्होंने लिखा था कि आपके यहाँ से पुस्तक ('विचारधारा और साहित्य') लेकर उन्होंने पढ़ ली थी और यह कि आपने उनको उस पुस्तक पर 'दस्तावेज़' में लिखने को कहा है। बहुत प्रसन्नता हुई। श्रीराम की कविता मुझे सदा बहुत अच्छी लगी है, अधिकांशतः। आप उनसे लिखवा रहे हैं, बहुत अच्छा कर रहे हैं– बहुत प्रबुद्ध, संतुलित और संवेदनशील दृष्टि मिलेगी।

तो अब मैं यह मानकर चलता हूँ कि 'दस्तावेज़' के अगले अंक में आपका और श्रीराम वर्मा का समीक्षात्मक लेख देखने को मिलेगा। इस सन्दर्भ में आप दोनों से ही मेरा बस एक निवेदन यह है जो मैं चाहूँगा कि आपके दृष्टिपथ में रहे : 'विचारधारा और साहित्य' 'प्रगतिशील' साहित्य-आंदोलन को दृष्टि में रखकर ही लिखी गयी है, यही उसका विशिष्ट प्रयोजन है। अगर मुझे स्वतंत्र रूप से इसी विचारधारा और साहित्य के अन्तरसम्बन्ध पर लिखना होता तो मैं बिलकुल दूसरी ही किताब लिखता।

आशा है आप स्वस्थ और प्रसन्न होंगे।

आपका

अमृत राय

अशोक वाजपेयी

(1)

14/6/82

पूर्वग्रह

मध्यप्रदेश कला परिषद् टैगोर मार्ग, भोपाल-462 003
फोन : 63782 तार : परिकला

प्रिय भाई,

आपका पत्र मिला।

''दस्तावेज'' का कविता पर विशेषांक प्राप्त हुआ। अंक अच्छा है। कविता संग्रहों पर प्रकाशित समीक्षाओं में से अधिकांश पहले ही प्रकाशित हो चुकी हैं। सम्भवतः निर्धारित समय पर पत्रिका को निकालने या स्तरीय समीक्षा के अभाव में आपने ऐसा निर्णय लिया होगा। इस अंक में ''पूर्वग्रह'' में प्रकाशित कई समीक्षाओं को भी पुनर्मुद्रित किया गया है।

अच्छा होता यदि आप इस अंक में ''पूर्वग्रह'' के प्रति औपचारिक और अपेक्षित आभार व्यक्त करते। अलग-अलग पत्रिकाओं के बीच व्यवहार की कुछ आवश्यक संहिताएँ होती हैं जिनका पालन होना चाहिए। मैं अपेक्षा करता हूँ कि आप आलोचना अंक में अवश्य इस सम्बन्ध में खेद व्यक्त करेंगे और ''पूर्वग्रह'' की रचनाओं की पुनर्प्रस्तुति के लिए आभार व्यक्त करेंगे।

''दस्तावेज़'' को ''पूर्वग्रह'' के अंक पारस्परिक विनिमय के आधार पर भेजे जाते हैं। यदि आप अपनी पत्रिका में ''पूर्वग्रह'' के विज्ञापन भी इसी आधार पर प्रकाशित कर सकें तो अच्छा होगा।

मेरी व्यस्तताओं और सक्रियताओं का थोड़ा-बहुत अन्दाजा तो आप लगा ही सकते हैं। अगर अवसर मिल सका तो आठवें दशक की आलोचना पर एक टिप्पणी लिखने का मैं प्रयास करूँगा, फिर भी यह सब कुछ अवसर पर ही निर्भर करता है।

आपकी किताब ''पूर्वग्रह'' को प्राप्त हो गई है।

स्वस्थ-प्रसन्न होंगे। उत्तर दें।

साभार

ह. :
अशोक वाजपेयी

(2)

सचिव, मध्यप्रदेश शासन
भोपाल, दिनांक 1/10/1986

प्रिय श्री तिवारी,

कला के क्षेत्र में श्रेष्ठता और सृजनात्मकता को सम्मानित करने की दृष्टि से मध्यप्रदेश सरकार के संस्कृति विभाग ने साहित्य, प्रदर्शनकारी कला और रूपंकर कलाओं के लिए तीन राज्य स्तरीय पुरस्कार (शिखर सम्मान) स्थापित किए हैं। प्रत्येक पुरस्कार 21,000/- रुपये का है और प्रतिवर्ष मध्यप्रदेश के रचनाकारों अथवा कलाकारों की उच्च स्तरीय उपलब्धि और उनके समग्र रचनात्मक अवदान के लिए प्रदान किया जाता है। किसी एक कार्य अथवा रचना विशेष के लिए नहीं।

2/वर्ष 1980-81 में साहित्य के लिये पहला राज्य स्तरीय शिखर सम्मान प्रख्यात कवि श्री श्रीकान्त वर्मा को प्रदान किया गया। वर्ष 1981-82 में श्री शानी इस पुरस्कार से सम्मानित किये गये, वर्ष 1982-83 में यह पुरस्कार श्री भवानी प्रसाद मिश्र को दिया गया। वर्ष 83-84 में श्री हरिशंकर परसाई, वर्ष 1984-85 में श्री नरेश मेहता और वर्ष 1985-86 में श्री वीरेन्द्र कुमार जैन इस पुरस्कार से सम्मानित किए गए।

3/वर्ष 1986-87 के लिए भी साहित्य से सम्बन्धित लगभग चार सौ सक्रिय रचनाकारों, आलोचकों, पाठकों और संस्थाओं से पुरस्कार के लिये नामांकन का निवेदन किया गया है। अनुरोध यह है कि पुरस्कार की अनुशंसा केवल उत्कृष्टता और सृजनात्मकता के भरसक निर्विवाद मानदण्डों के आधार पर की जाये। प्रत्येक व्यक्ति या संस्था अधिक से अधिक तीन नामों की अनुशंसा कर सकेगी। प्राप्त नामांकन संकलित करके पाँच सदस्यों की एक चयन समिति के सामने पुनरीक्षण और अन्तिम निर्णय के लिये रखे जायेंगे। चयन समिति अनुशंसित नामों के अलावा भी किसी नाम पर विचार कर सकती है।

4/मध्यप्रदेश सरकार ने यह नीतिगत निर्णय लिया है कि चयन समिति का निर्णय सरकार द्वारा स्वीकार्य और बंधनकारी होगा। प्रसंगवर्ष यह भी उल्लेखनीय है कि पुरस्कार सृजनात्मक उपलब्धि के लिये हैं, शोध अथवा अकादेमिक कार्य के लिये नहीं।

5/यह सम्मान अतीत की सृजनात्मक उपलब्धि तक सीमित न रह कर वर्तमान सृजन-सक्रियता पर भी अवलंबित है, अतः यह सम्मान ऐसे रचनाकार को ही दिया जाना है जो आज भी सृजनात्मक रूप से सक्रिय है।

6/आप एक लंबे अरसे से साहित्य में सक्रिय हैं और साहित्य के समकालीन परिदृश्य में आपकी गहरी दिलचस्पी है। साहित्य के प्रति आपकी निष्ठा, मूल्यांकन में आपकी वस्तुपरकता और न्यायप्रियता सुविख्यात है। मध्यप्रदेश सरकार आपसे उपर्युक्त चयन समिति की सदस्यता स्वीकार करने का अनुरोध करती है।

7/हमें आशा है कि आप चयन समिति की सदस्यता स्वीकार कर हमें अनुग्रहीत करेंगे और आपकी रचनात्मक मूल्यांकन दृष्टि से हम लाभांवित हो सकेंगे। आपकी इस सम्बद्धता से पुरस्कार को भी अनिवार्य प्रतिष्ठा और प्रासंगिकता प्राप्त हो सकेगी।

8/पाँच सदस्यीय इस चयन समिति की बैठक दिनांक 11 नवम्बर 1986 को प्रातः 11 बजे वल्लभ भवन, भोपाल में आयोजित की गई है। भोपाल आगमन की तिथि और समय यथाशीघ्र सूचित करने की कृपा करें।

साभार,

आपका

(अशोक वाजपेयी)

(3)

पूर्वग्रह
1987

प्रिय तिवारी जी,

नवम्बर में भारत भवन स्व. श्रीकान्त वर्मा की स्मृति में एक आयोजन कर रहा है। इसी समय पूर्वग्रह (जिसके कि वे आरंभिक सम्पादक मण्डल के एक सक्रिय सदस्य थे) उन पर केन्द्रित एक सम्पूर्ण अंक भी प्रकाशित करेगा।

श्रीकान्त वर्मा स्वतन्त्र भारत में मनुष्य की बुनियादी स्वतन्त्रता के लिये संघर्शरत पीढ़ी के उन गिने चुने अग्रगामियों में थे जिन्होंने भारतीय चेतना पर पड़ते आधुनिकता के दबाव का उसके सघनतम रूप में वरण किया, उसे गहरे आलोचना-विवेक से समझा : जिन्होंने इस वरण, इस समझ और उसके साथ एक संस्कारशील भारतीय चेतना के संघर्श, उसकी जय-पराजय को एक बहुवर्णी और द्वैधमूलक रूपक में स्वायत्त किया। बीसवीं शताब्दी शायद उनका सबसे बड़ा सम्मोह, सबसे बड़ी ज़िद, सबसे बड़ी चुनौती थी....... एक ऐसा माया दर्पण जिसमें भारतीय अस्मिता का बिम्ब एक कांपता हुआ बिम्ब था।

अब जब वह शताब्दी अवसान की ओर है श्रीकान्त वर्मा का स्मरण एक स्तर पर इस शताब्दी की और उसके साथ अपने रिश्ते की पुनर्व्याख्या के उस सिलसिले के साथ होना है जो श्रीकान्त जी की कृतियों में अभी भी जारी है।

आप उनके समकालीन हैं। उन्हें और उनके काम को आपने निकट से देखा समझा है। एक ही समय और एक ही भाषा में आप उनके साझीदार रहे हैं। इसी नाते उनके और उनके कर्म के प्रामाणिक साक्षी हैं। निश्चय ही आपका साक्ष्य "पूर्वग्रह" की स्मृति को समृद्ध करेगा। हमारा अनुरोध है कि "पूर्वग्रह" के इस अंक के लिये आप एक टिप्पणी (या लेख) श्रीकान्त जी पर अवश्य लिखें। जैसा कि हम संकेत कर चुके हैं आपकी टिप्पणी संस्मरणात्मक या आलोचनात्मक...... किसी भी रूप में हो सकती है...... वह हमें सहर्ष स्वीकार्य होगी।

अक्टूबर के मध्य तक यह अंक हम प्रेस में देंगे। अतः आपसे अनुरोध है कि अपनी टिप्पणी (लेख) अक्टूबर के पहले सप्ताह तक हमें जरूर भेज दें। आप लिख रहे हैं..... इस स्वीकृति और सूचना की हमें प्रतीक्षा है। कृपया शीघ्र उत्तर दें।

साभार,

आपका,
(अशोक वाजपेयी)

(4)

भारत भवन
2.9.1987

प्रिय श्री विश्वनाथ तिवारी,

श्री शमशेर बहादुर सिंह हिन्दी के शीर्ष स्थानीय साहित्यकार हैं। उन्हें हाल ही में मध्यप्रदेश शासन द्वारा स्थापित हिन्दी कविता के लिए राष्ट्रीय पुरस्कार "मैथिलीशरण गुप्त सम्मान" दिया गया है। अक्टूबर 87 में सम्मान समारोह के अवसर पर भारत भवन शमशेर जी पर केन्द्रित एक आयोजन करने जा रहा है।

आप जानते ही हैं कि उनकी शीर्ष-स्थानीयता के बावजूद शमशेर जी पर विचारोत्तेजक आलोचनात्मक सामग्री बहुत अधिक नहीं है। कई मायनों में वे एक ऐसे साहित्यकार हैं जो आलोचना और विचार के बधेबंधाएं ढाचों में बंध नहीं पाते। इस आयोजन के माध्यम से हम 'शमशेर की दुनिया', 'शमशेर की आवाज', 'शमशेर की जगह' पर नये ढंग से सोच-विचार की षुरुआत करना चाहते हैं। दरअसल आयोजन के तीन विषय यहाँ होंगे। विचार-विमर्श के अलावा शमशेर जी से प्रश्नोत्तर, उनका काव्यपाठ, उनकी पांडुलिपियों और रेखांकनों की प्रदर्शनी, उनकी कुछ चुनी कविताओं के एक चित्रंकित संचयन का प्रकाशन आदि भी होंगे। मेरा आपसे व्यक्तिगत अनुरोध है कि कृपया इस आयोजन में ज़रूर शामिल हों। विजयमोहन जी ने पत्र लिखा है और मैं उम्मीद करता हूँ कि आप जल्दी ही अपनी स्वीकृति भेजने का अनुग्रह करेंगे। आप आयेंगे तो हम सबको तो अच्छा लगेगा ही, वयोवृद्ध और लंबे समय से अस्वस्थ शमशेरजी को भी।

आभार सहित,

आपका,
(अशोक वाजपेयी)

(5)

भारत भवन
3/11/87

प्रिय तिवारी जी,

श्रीकान्त वर्मा की रचना और चिन्तन आज के साहित्य और बौद्धिक परिदृष्य में अपनी प्रखरता, संघर्ष और साहस के लिए महत्त्वपूर्ण है। यह भी कहा जा सकता है कि वे उन लेखकों में हैं जिनके लिए इस सदी और उससे उत्तेजित प्रश्न लगातार चिन्ता का विषय रहे हैं। श्रीकान्त जी ने इन सवालों पर लगातार जिरह की, उनसे जूझते हुए नयी इबारतें खोजीं और अपने साहित्य संसार में ऐसा देशकाल परिभाषित किया जो जितना विशिष्ट रूप से उनका है, उतना ही हम सबका भी जो इसी समय में रहने और अपने मानवीय होने का अर्थ खोजने के यत्न में लगे हुए हैं। इन पक्षों पर विचार-विमर्ष के लिए और श्रीकान्त जी के अवदान पर आलोचनात्मक ध्यान केन्द्रित करने की दृष्टि से भारत भवन 9-10 जनवरी' 88 को श्रीकान्त प्रसंग आयोजित कर रहा है। हम आपको उसमें सादर आमंत्रित करते हैं। आपकी शिरकत इस आयोजन को सार्थक और विचारोत्तेजक बनाने में निश्चय ही आवश्यक है और हम आपके अनुग्रह के प्रति आश्वस्त हैं।

वीडियो प्रदर्शन, सहचर कवियों के काव्यपाठ, कविताओं के नाट्यपाठ, प्रदर्शनी आदि के अलावा विचार-विमर्श के तीन सत्र होंगे जिनके विषय हैं—1. श्रीकान्त वर्मा की जिरह, 2. श्रीकान्त वर्मा की इबारतें, 3. श्रीकान्त वर्मा का मगध। हम चाहते हैं कि विचार बंधे-बधाएं ढर्रे पर न हों बल्कि उसमें ताज़गी और सुविचारित उत्तेजना सम्भव हो सके। आपकी निश्चय ही श्रीकान्त जी के कृतित्व में गहरी दिलचस्पी रही है और आप उसे वस्तुपरक ढंग से देखने में सक्षम हैं। इस बहाने हमारे समय के एक मूल्यवान लेखक पर सार्थक सामग्री भी तैयार हो जायेगी जिसका, आप जानते ही हैं, हमारे यहाँ घोर अभाव है। आपकी स्वीकृति की प्रत्याशा में,

साभार,

आपका
अशोक वाजपेयी

(6)

भारत भवन
23.1.1989

प्रियवर,

आप सहमत होंगे कि न केवल आधुनिक काल में बल्कि हमारी समूची परम्परा के व्यापक परिप्रेक्ष्य में भी अज्ञेय एक महाप्राण प्रतिमा हैं। उन्होंने अपने अथक और बहुविध कृतित्व से हिन्दी में कविता, कथा और चिन्तन सभी को नयी मुक्ति दी। उन जैसे व्यक्तित्व इतिहास में बिरले ही हैं जिन्होंने कविता, कला, आलोचना, चिन्तन, सम्पादन आदि में शीर्षस्थानीय कार्य किया हो और इतनी गहरी छाप हर क्षेत्र में छोड़ी हो। अज्ञेय के अवदान को उनके दृष्टियों से समझने और उसके यथासम्भव वस्तुनिष्ठ आकलन की कोशिश करने के उद्देश्य से भारत भवन 5-7 मार्च '89 को एक वृहद आयोजन कर रहा है। विचार-विमर्श के अलावा इस आयोजन में उनकी कृतियों, पांडुलिपियों और उनकी बनायी चीज़ों की एक प्रदर्शनी, उन पर एक वृत्तचित्र, उनका रिकार्डेड कवितापाठ, उनकी रचनाओं पर आधारित नृत्य और नाट्य प्रदर्शन आदि शामिल होंगे। 'अलक्षित अज्ञेय' नाम से उनकी कुछ ऐसी रचनाओं आदि का एक संकलन भी प्रकाशित किया जायेगा जिन पर अभी तक विशेष ध्यान नहीं गया है।

आप मानेंगे कि अज्ञेय जैसे साहित्यकार के सभी आवश्यक पक्षों पर एक बार में पूरा विचार लगभग असम्भव है। फिर भी हमने समूचे संवाद के लिये पाँच विषय चुने हैं : 1. आत्मबोध, 2. भारतीय आधुनिकता, 3. शब्द और अज्ञेय, 4. बहुवचन, 5. अरे यायावर रहेगा याद (संस्मरण) बातचीत सुविचारित और विचारोत्तेजक हो सके इसके लिए आवश्यक है कि हर गोष्ठी में सम्बन्धित विषय पर कुछ निबन्ध हों जो आधार सामग्री का काम करें। हमने कुछ लेखकों से इन विषयों पर निबन्ध तैयार करने का आग्रह किया है और हम उम्मीद कर रहे हैं कि वे यथासमय तैयार होकर मिल जायेंगे। इस समय हिन्दी में सक्रिय चार पीढ़ियों के कुछ प्रमुख लेखकों को हम इस आयोजन में आमन्त्रित कर रहे हैं। भारतीय भाषाओं के भी कुछ लेखकों, चित्रकारों, रंगकर्मियों आदि के भी इस आयोजन में आने की आशा है।

हम आपको इस आयोजन में सक्रिय शिरकत के लिये आमन्त्रित करते हैं। आपके आने-जाने का प्रथम श्रेणी मार्ग व्यय हम सहर्ष देंगे और भोपाल में आपके आतिथ्य की व्यवस्था करेंगे। हम चाहेंगे कि ऊपर बताये विषयों से कोई एक विषय आप चुन लें और उस पर अवश्य बोलें। हमें इसकी पूर्वसूचना भी अपनी कृपापूर्ण स्वीकृति के साथ ही भेजने का कष्ट करें। यह कहना अनावश्यक है कि इसके अलावा आप किसी अन्य अवसर पर बोलना चाहें या कभी आपको कोई वैचारिक हस्तक्षेप ज़रूरी लगे तो उसके लिये पूरा अवसर होगा ही।

आपकी स्वीकृति की प्रतीक्षा में,

साभार,

आपका
(अशोक वाजपेयी)

(7)

6.4.1991

प्रिय तिवारी जी,

आपके पत्र और भावनाओं के लिए बहुत कृतज्ञ हूँ। मैं अब राजस्व मण्डल के सदस्य के रूप में ग्वालियर में हूँ : पिछले अक्तूबर में वहाँ तबादला हुआ था। रश्मि और बच्चे यहीं हैं : वहाँ सर्किट हाउस में रहता हूँ और सर्किट में इन्दौर और उज्जैन भी घूमता रहता हूँ। बक़ौल ग़ालिब— "एक चक्कर है, मेरे पांव में जंजीर नहीं है"।

भारत भवन तीन महीने से ऊपर हुआ नहीं गया। वहाँ के कलाकार-मित्र त्रस्त हैं और परेशान भी किये जा रहे हैं। कुछ नहीं हो रहा है : अफ़सरियत और बाबूगिरी का बोलबाला है। वर्षगांठ के अवसर पर काव्यपाठ हुआ सो कन्हैयालाल नन्दन और रमानाथ अवस्थी काव्यपाठ कर गये!

पूर्वग्रह का नया अंक, 99वां, परसों ही प्रकाशित हुआ है : प्रसाद पर केन्द्रित है। इधर की उथलपुथल में वह सब पिछड़ गया। यह उसका शायद पूर्वान्तिम अंक भी है : अन्तिम अंक अगला सौवां होगा। उसके बाद शायद वह बन्द हो जायेगा। मेरा सम्पादन तो समाप्त हो ही जायेगा।

यहाँ युवा मित्रों ने एक नयी संस्था "समास" बनायी है जिसमें छोटे स्तर पर काम ज़ारी रखने का इरादा है जो भा.भ. में व्यापक और बड़े स्तर पर अब होता रहा है। एक त्रैमासिक भी उसी नाम से निकालने की हमारी योजना है। सभी लेखक और कलाकार मित्रों से राशि लेकर। पहला अंक "अतिचार" और दूसरा "आधुनिकता और औपनिवेशिकता की उत्तरगाथा" पर होंगे।

राजकमल से नये संग्रह की प्रति उम्मीद है जल्दी मिलेगी। इन दिनों एक लेखक की दृष्टि से समकालीन कला पर कुछ विचार करते हुए लिख रहा हूँ। ललित कला, संगीत और नृत्य पर निबन्ध तैयार हैं : अन्तिम रंगमंच पर है। कुल मिलाकर अपने ढंग की एक छोटी पुस्तक बन जायेगी।

ग्वालियर का पता : 'सदस्य, म.प्र. राजस्व मण्डल, मोतीमहल, ग्वालियर-474007'

दस्तावेज़ कई दिनों से नहीं आया। क्या बात है?

आपका
अशोक वाजपेयी

(8)

डी-8 चौहत्तर बंगले,
भोपाल-3

31.12.1991

प्रिय तिवारी जी,

बहुत दिनों से कुछ सम्पर्क नहीं हो पाया। मैं इधर कुछ बीमार और कुछ विपर्यस्त सा रहा। छुट्टी पर था और अब फिर ग्वालियर में अपना कार्यभार निराशा के कर्तव्य की तरह सम्हाल लिया है।

पिछले वर्ष इलाहाबाद विश्वविद्यालय में निराला व्याख्यानमाला के अन्तर्गत तीन निबन्ध लिखे थे। उनमें से एक आलोचना पर है। उसे 'दस्तावेज़' के लिए साथ ही भेज रहा हूँ। अगर

प्रकाशित करना चाहेंगे तो सूचित करें। नया अंक कब तक आयेगा! मुझे पचासवां अंक मिला ही नहीं।

जल्दी ही हम लोग साहित्य और कलाओं पर एकाग्र एक नया त्रैमासिक 'समास' निकालने जा रहे हैं : पहला अंक लगभग तैयार है और जल्दी ही प्रेस में जायेगा।

नये वर्ष की मंगलकामनाओं सहित,

आपका

अशोक वाजपेयी

(9)

ग्वालियर से : 24.1.92 को

प्रिय तिवारी जी,

आपके पत्र की दोनों प्रतियां यथास्थान मिल गयीं। कल ग्वालियर लौटने पर दस्तावेज़ का 49-50वां अंक भी। बहुत आभारी हूँ। भोपाल से परसों चलने के पहले राधाकृष्ण से आपका नया कविता संग्रह भी दिल्ली के रास्ते आया : उन्होंने नेमिजी के पते पर भेज दिया था। पढ़ लूं तो आपको विस्तार से लिखूंगा।

'आलोचना का देश' निबन्ध आपको समय पर मिल गया और आप उसका उपयोग अपने नये अंक में कर पा रहे हैं यह जानकर प्रसन्नता हुई। हां, अंक 51 मिल गया था।

'समास' का काम चल रहा है। चेक कवि मिरोस्लाव होलुब ने भारत के बारे में कुछ नोट्स जैसे भेजे हैं : उनका हिन्दी अनुवाद पहले ही अंक में देंगे और इधर निर्मल जी की यूरोप यात्रा के कुछ वैचारिक नोट्स भी।

नामवर जी इधर फिर कुछ सक्रिय होते जान पड़ रहे हैं, यह अच्छा है। उनका वस्तुपरक आकलन हो यह बहुत ज़रूरी है– झाड़ू लगाने वाले कुछ कचरा भी फैला देते हैं और उसकी जिम्मेदारी से बच नहीं सकते!

शुभकामनाओं के साथ,

आपका

अशोक वाजपेयी

(10)

मानव संसाधन विकास मंत्रालय
संस्कृति विभाग, भारत सरकार
नई दिल्ली - 110001

दिनांक : 06.1992

प्रिय तिवारी जी,

मैंने 15 जून, 1992 को भारत सरकार के संस्कृति विभाग में संयुक्त सचिव का कार्यभार संभाल लिया है। मैं बहुत कृतज्ञ मन से याद करता हूँ कि पहले मुझे आपकी उदार सहायता, सलाह और समर्थन मिलते रहे हैं। सचमुच उन्होंने मुझे सहारा दिया है और अपने नये कार्य में शायद इस सहारे

की पहले से कहीं ज्यादा जरूरत होगी। मैं आपके सुझावों और सलाह की प्रतीक्षा कर रहा हूँ और आप से सम्पर्क बनाये रखने की चेष्टा करूंगा।

आप अगर नयी दिल्ली आयें तो जरूर सम्पर्क करने का अनुग्रह करें। आपसे मिलकर प्रसन्नता होगी।

शुभकामनाओं के साथ,

आपका

अशोक वाजपेयी

(11)

सी-2/43 शाहजहाँ रोड, नयी दिल्ली - 110011

फोन : (011) 3381708, टेलिफैक्स : (011)3387319

23.6.1998

मान्यवर,

महात्मा गाँधी अन्तर्राष्ट्रीय हिन्दी विश्वविद्यालय के अन्तर्गत साहित्य के अध्यापन और शोध के लिए एक संस्थान स्थापित किया जाना है। साहित्य का अध्यापन और शोध इक्कीसवीं सदी में किस तरह का हो इस बारे में हमने एक प्रश्नावली आपको पहले ही भेजी है और हमें उसके विस्तृत उत्तर की उत्सुकता से प्रतीक्षा है। इस बीच हमने इस संस्थान के लिए एक पाठ्यचर्या का प्रारूप कुछ विशेषज्ञों के परामर्श से तैयार किया है जिसकी प्रति जल्दी ही आपको भेजी जा रही है। संस्थान के स्वरूप, साहित्य के अध्ययन और अध्यापन के पुनराविष्कार और नयी पाठ्यचर्या पर विचार-विमर्श के लिए हम इलाहाबाद विश्वविद्यालय के हिन्दी विभाग के सहयोग से 1 और 2 अगस्त, 1998 को 'इलाहाबाद सम्वाद' आयोजित कर रहे हैं। इस सम्वाद में हम आपको सादर आमंत्रित करते हैं। हमें पूरा भरोसा है कि आप जैसे विशेषज्ञ की अनुभवी और दृष्टि-सम्पन्न शिकरत से यह सम्वाद सार्थक होगा और विश्वविद्यालय को एक महत्त्वपूर्ण क्षेत्र में एक सुचिन्तित परिप्रेक्ष्य विकसित करने में मदद मिलेगी। इलाहाबाद में आपके आतिथ्य और यात्रव्यय की जिम्मेदारी विश्वविद्यालय सहर्ष वहन करेगा।

कृपया अपनी सहमति ऊपर के पते पर और डॉ. सत्यप्रकाश मिश्र, 423/123-ए, आलोपी बाग, इलाहाबाद-211006, फोन 501603 को भेजने का कष्ट करें।

शुभकामनाओं सहित,

आपका

(अशोक वाजपेयी)

(12)

सी-2/43 शाहजहाँ रोड, नयी दिल्ली - 110011

29.10.1998

प्रिय तिवारी जी,

जैसा कि आपको फोन पर मैंने बताया था, मैं यहाँ से 9 नवम्बर 98 की शाम वैशाली से निकलूँगा और 11 नवम्बर को गोरखपुर वैशाली पकड़ वापस आऊँगा। विद्यानिवास जी से कल भेंट होने पर पता चला कि बाद में गोरखपुर आ रहे हैं।

10 की सुबह व्याख्यान तो पुनश्चर्या कार्यक्रम के अन्तर्गत है ही। शाम को कवितापाठ रख लीजिये 'दस्तावेज़' की ओर से। अगले दिन सुबह जो व्याख्यान आप चाहते हैं क्या उसके बजाय मुझसे एक प्रश्नोत्तर रखना अधिक जीवन्त न होगा? अगर नहीं, तो मुझे एक विषय सूझता है : 'साहित्य की विफलता'।

मुझे पिछली बार, जो कि मेरे लिए पहली बार ही था, गोरखपुर आकर और आप सब रसिक-मित्रों के साथ समय बिताना प्रीतिकर लगा था। मैं फिर उसी तरह के अनुभव की उम्मीद लेकर सप्रेम आ रहा हूँ।

स्नेह सहित,

आपका

(अशोक वाजपेयी)

(13)

बहुवचन

3.4.2002

आदरणीय बन्धु,

आप जानते ही हैं कि जैसे जीवन और रचना में वैसे ही आलोचना में भूलचूक, उपेक्षा, अधिमूल्यन-अवमूल्यन, अहंकार, बदला, मोह, अतिरेक, दुष्टता, दोस्ती-दुश्मनी, आंचलिकता आदि अनेक चीजें होती रहती हैं। यह इसलिए कि प्रथमतः आलोचना एक मानवीय कर्म है और हर कर्म अनेक गुणों और अवगुणों से शोभित-दूषित होता रहता है। रचना में तो याने उसकी काया में ही लेखक आत्मस्वीकार, जो कि आत्मदया और आत्मधिक्कार तक जा सकता है, करते रहते हैं। लेकिन आलोचना में, कम से कम हिन्दी आलोचना में, ऐसा कम होता है। कम हुआ है। हम अपनी पत्रिका 'बहुवचन' का एक अंक जल्दी ही, आलोचकों के आत्मस्वीकार पर एकाग्र करना चाहते हैं। कोशिश यह है कि हमारे समय में सक्रिय सभी दृष्टियों और मतों के कुछ प्रमुख आलोचकों से आग्रह किया जाये कि वे आलोचना में अपनी आत्मस्वीकृतियाँ लिखने का कष्ट करें। खुले मन से अपनी भूलचूकें, विपथगामिता, मोह-मत्सर, आदि स्वीकार करें; उनके सन्दर्भ, कारण, दबाव आदि स्पष्ट करें। हमें पता है कि ऐसा करने के लिए हिम्मत आत्मलोचन की शक्ति और खुलापन चाहिए। हमें भरोसा है कि वे खोजने पर इतने कम नहीं निकलेंगे जितनी कि आशंका की जाती है।

हमारा आग्रह है कि हमारे इस प्रयत्न को सार्थक बनाने में हमें कृपापूर्वक योगदान दें और

अपना आत्मस्वीकार देर से देर दो महीने के भीतर याने जून 2002 के पहले सप्ताह तक लिखकर जरूर भेज दें। इस पत्र के उत्तर में अगर आप लिखकर आश्वस्त करें कि आप लिख रहे हैं तो हम बहुत कृतज्ञ होंगे।

साभार,

आपका,
(अशोक वाजपेयी)

(14)

नटरंग
बी-31, स्वास्थ्य विहार,
विकास मार्ग, दिल्ली-110092,
फोन : 22543450, 22519710

15.04.2005

मान्यवर,

आपको पता ही है हाल ही में साहित्यकार, कलामर्मज्ञ और रंगालोचक श्री नेमिचन्द्र जैन का आकस्मिक देहावसान हुआ है। सृजन और आलोचना के अपने लम्बे कार्यकाल में नेमिजी ने कविताएँ लिखीं; कविता की आलोचना लिखी; हिन्दी में रंगमंच की आलोचना की शुरुआत की; लगभग एक अधसदी के हिन्दी रंगमंच से सम्बन्धित दुर्लभ सामग्री एकत्र और अभिलिखित की; सम्पादन और अनुवाद किया। वे 'नटरंग' के संस्थापक-सम्पादक थे। उनकी भौतिक अनुपस्थिति में 'नटरंग' का अगला अंक निकलेगा और हमने यह उनकी स्मृति में एक विशेषांक के रूप में निकालने का निर्णय किया है जो नेमिजी के अनेकायामी अवदान पर एकाग्र होगा। हमारा प्रयत्न यह है कि इस विशेषांक के माध्यम से नेमिजी के कृतित्व और जीवन के विविध पक्षों का विभिन्न दृष्टियों से आकलन हो और उनकी समग्र विविधता उभर सके। यह विशेषांक नेमिजी के अगले जन्मदिन 16 अगस्त 2005 को प्रकाशित होगा।

हमारा आपसे अनुरोध है कि समय निकालकर इस विशेषांक के लिए कुछ लिखने का अनुगृह करें। हमारा सुझाव है कि आप *'नेमिचन्द्र जैन : उपन्यास की आलोचना'* विषय पर लिखें। देर से देर हमें आपका लेख 30 जून तक मिल जाये तो अंक को व्यवस्थित करने और समय पर प्रकाशित कर पाने में सुविधा होगी।

हमें उम्मीद है कि आप हमारा यह अनुरोध स्वीकार करेंगे। हम आभारी होंगे अगर आप अपनी सहमति हमें तुरन्त भेज सकें।

साभार,

आपका,
(अशोक वाजपेयी)

(15)

नटरंग
16.02.2009

आदरणीय विश्वनाथ जी,

आप जानते ही हैं कि स्वर्गीय श्री नेमिचन्द्र जैन द्वारा स्थापित और संपादित पत्रिका 'नटरंग' रंगमंच पर एकाग्र हिन्दी की प्रतिष्ठित पत्रिका रही है। हमने अपने एक विशेष अंक में हिन्दी के कुछ महत्त्वपूर्ण लेखकों द्वारा उनके लेखे अविस्मरणीय नाट्यप्रस्तुति या प्रस्तुतियों के बारे में टिप्पणियाँ प्रकाशित करने का निश्चय किया है। उद्देश्य यह है कि इस बहाने रंगमंच से हिन्दी साहित्य-जगत् के गहरे सम्बन्ध पर कुछ रोशनी पड़े और इसका भी कुछ पता चले कि किस तरह की प्रस्तुतियों ने हमारे लेखक-बन्धुओं को प्रभावित और उद्वेलित किया है।

रंगमंच में किसी न किसी रूप में आपकी रुचि और जुड़ाव के सन्दर्भ में हम चाहते हैं कि आप ऐसी कोई नाट्यप्रस्तुति या प्रस्तुतियाँ चुनें जो आपको अपने लिए अविस्मरणीय लगती हैं और फिर उन पर विचार करते हुए यह स्पष्ट करें कि आपको उसमें या उनमें क्या खूबी दिखाई दी थी। आप विस्तार से लिखें, शब्द-सीमा की चिन्ता न करें।

आग्रह यह भी है कि अपनी टिप्पणी देर से देर डेढ़ महीने के अन्दर भेजने का अनुग्रह करें। पत्रोत्तर देकर इसकी पुष्टि कीजिये कि आप हमारा अनुरोध कृपापूर्वक स्वीकार कर रहे हैं।

आपके उत्तर की प्रतीक्षा रहेगी।

सादर,

आपका :
अशोक वाजपेयी

(16)

C-60Anupam Society, B-13
Vasundhara Enclave, Delhi-110096

दिनांक 8/9/2010

आदरणीय बन्धु,

आप जानते ही हैं कि हमारे कुछ मूर्धन्यों– अज्ञेय, शमशेर बहादुर सिंह और नागार्जुन का इस समय सौवां वर्ष चल रहा है। अगले वर्ष इन सभी की जन्मशती होगी। निश्चय ही यह अवसर है कि हिन्दी समाज इन सभी के अवदान पर, साहित्य और समाज में हुए परिवर्तनों के सन्दर्भ में, विचार और पुनर्विचार करे। एक सजग आलोचक होने के नाते आप स्वयं भी ऐसा कुछ करना चाहते होंगे। इस दौरान अनेक पत्रिकाएँ अपने विशेषांक प्रकाशित करने जा रही हैं : उनके लिए ऐसी सामग्री बहुत मूल्यवान और प्रासंगिक हो सकती है। तीनों पर समग्रतः विचार किया जा सकता है या कि अलग-अलग भी हो सकता है कि आप अपनी वर्तमान चिन्ताओं और उत्सुकताओं के परिप्रेक्ष्य में किसी एक पर ही विचार करना चाहें। जो भी हो, हमारा आग्रह तो सिर्फ़ इतना है कि अगर आप जैसे आलोचक इस ओर ध्यान देकर सक्रिय होंगे तो जन्मशतियों को रस्मी होने के बजाय विचारोत्तक

और आज की पीढ़ियों और समय के लिए सार्थक बनाया जा सकेगा।

समय कम है : काम अधिक है। इसलिए यह निजी अनुरोध।

शुभकामनाओं सहित,

आपका

(अशोक वाजपेयी)

ए. अरविन्दाक्षन

(1)

06.2.89

आदरणीय तिवारी जी,

आपकी वापसी यात्रा सकुशल रही होगी। रवि और विजयकुमार ने बताया कि आलुवे से ही आपको गोरखपुर तक के लिए एक सहयात्री मिल गया था। यह सुनकर मुझे अच्छा लगा।

आपको अपनी केरल यात्रा के दौरान किसी बात को लेकर कोई कष्ट हुआ हो तो कृपया माफ करें। मेरी अपनी व्यक्तिगत व्यस्तताओं के कारण आपको थोड़ा सा कष्ट हुआ होगा। अन्यथा न लें।

'दस्तावेज' के मलयालम अंक के लिए मैंने काम शुरू किया है। मेरा यही विचार है कि मार्च में मैं सामग्री आपको भिजवा पाऊँगा।

इधर जिन बातों पर हमारी चर्चा हुई उनका मैं पुनः स्मरण दिला रहा हूँ। अगर आप दस्तावेज के जयशंकर प्रसाद विशेषांक और जैनेन्द्र कुमार विशेषांक निकालने को सोच रहे हैं तो जैसे मैंने आपको बताया कि 'त्यागपत्र' पर मैं एक लेख दे सकता हूँ। उसी प्रकार प्रसाद की कहानियों पर भी। कृपया हमें यह सूचित करने का कष्ट करें कि आप यह सामग्री कब तक चयन करना चाहेंगे। सम्भवतः जे.एन.यू. की संगोष्ठी के बाद ही जयाशंकर प्रसाद पर आपका काम शुरू होगा।

हजारीप्रसाद द्विवेदी पर आपने ज़ो monograph तैयार की है उसका मलयालम अनुवाद कार्य करने का हर्ष तो मुझे रहेगा। आप इन्द्रनाथ चौधरी जी को बताएं और सीधे उसका proposal भिजवाने को कहें। यह कार्य मेरे लिए आनन्द का है, आप जानते ही हैं।

केरल यात्रा पर आपका लेख (यात्रा विवरण) पूरा हुआ होगा। यही कामना है कि वह शीघ्र पुस्तकाकार में छपकर आएँ।

धर्मवीर भारती जी का पत्र मुझे मिला। परसों। वे यहीं थे— कोचिन में अपने दामाद के साथ। उन्होंने आपके पत्र का जिक्र किया है। उनके पत्रोत्तार में विलंब होने के कारण मैंने बांदिवडेकर को भी एक पत्र लिखा। खैर, मैंने भारती जी के नाम पर दूसरा पत्र लिखा है।

दिल्ली जाते समय गंगाप्रसाद विमल से मेरी तरफ से नमस्कार कहें। अगर आपके पास उनका पता हो तो कृपया मुझे भेज दें।

आशा है, आप सपरिवार स्वस्थ सप्रसन्न हैं।

शेष फिर,

आपका

अरविन्दाक्षन

(2)

4.10.'89

आदरणीय तिवारी जी,

कई दिनों से आपका कोई पत्र नहीं मिला। वैसे मैं यहाँ अपनी पारिवारिक समस्याओं में इस प्रकार फँसा हूँ कि समय निकाल पाना काफी मुश्किल है। इन कुछ महीनों से एक शोध प्रबन्ध के कार्य में भी लग गया था। हिन्दी और मलयालम कहानियों पर यह शोध कार्य है। इस बार भी मैंने परीक्षक पैनल में आपका नाम दे दिया है। विश्वविद्यालय की तरफ से कोई पत्र मिला है तो तुरन्त स्वीकृति भेज दें।

विलम्ब से पत्र देने के लिए आप मुझे क्षमा करें।

'दस्तावेज' का नया अंक मुझे मिल गया (जिसमें मेरा लेख आया था) अजब बना है। दस्तावेज का आगामी अंक क्या किसी विषय पर केन्द्रित है या जेनरल है?

मलयालम विशेषांक की सामग्री संकलन, आपको मालूम है, क्लिष्ट कार्य है— दूसरों से लेख/अनुवाद आदि मँगवाने में काफी समय लगता है। जैसे भी हो यह सामग्री मैं आपके लिए तैयार करके दे दूँगा।

इस बीच मैंने मलयालम के एक युवा कहानीकार (हरीकुमार- जिससे हम मिले थे— आप स्मरण करते होंगे) के एक कहानी संकलन का हिन्दी में अनुवाद किया। वाणी प्रकाशन वाले (दिल्ली) अहिन्दी भाषियों की मौलिक/हिन्दी में अनूदित कहानियों के लिए इस वर्ष वाणी पुरस्कार दे रहे हैं। इसी के तहत मैंने यह अनूदित संकलन सबमिट किया है "डाइनोसर का बच्चा" – यही उस संकलन का नाम है। दिल्ली जाते समय, अगर आप वाणी के कार्यकर्ताओं से परिचित हैं तो इतना जान लीजिए कि इसमें कोई गोलमाल तो नहीं है।

इन्द्रनाथ चौधरी से आपकी बात हुई है क्या? आपके मॉनोग्राफ (हजारीप्रसाद द्विवेदी पर) के प्रकाशन के तुरन्त बाद (या उसके पहले भी) उक्त मॉनोग्राफ के मलयालम अनुवाद पर तथा मेरा जिक्र करें। मैं यह बात इसलिए बार-बार संकेत कर रहा हूँ कि जब मैंने सीधे ढंग से यह प्रस्ताव साहित्य अकादमी के सामने रखा तो उन लोगों ने (मद्रास कार्यालय ने) मुझसे कुछ अनूदित लेख माँगे। उसके बाद फिर कोई पत्रचार नहीं हुआ। मुझे पूरा विश्वास है कि आप इस ओर अवश्य ध्यान दे देंगे।

हाल ही में केरल साहित्य अकादमी ने "भारतपर्यटनम्" शीर्षक से एक मलयालम ग्रन्थ का (श्री कुट्टिकृष्ण मारार द्वारा रचित— महाभारत के कथांषों का मनोवैज्ञानिक अध्ययन) हिन्दी अनुवाद प्रकाशित किया है। केरल साहित्य अकादमी का यह पहला हिन्दी ग्रन्थ है। उनकी समस्या यही है कि मलयालम और अंग्रेजी ग्रन्थ पाठकों तक पहुँचाने में उन्हें कोई समस्या नहीं है। हिन्दी ग्रन्थ का आखिर क्या करें। अनुवादक होने के नाते यह मेरा दायित्व भी बन जाता है कि कोई सृजनात्मक सुझाव उन्हें दे दें। केन्द्रीय हिन्दी निदेशालय की शायद पुस्तकों की थोक खरीद की कोई योजना है। क्या आप इसके बारे में जानते हैं? उसी प्रकार बिहार राज्य सरकार की भी कोई योजना है लेकिन मुझे यह मालूम नहीं है कि उसके लिए बिहार राज्य सरकार के किन विभाग से पत्राचार करना है। उत्तर प्रदेश सरकार की या वहाँ की किसी संस्था की कोई योजना हो तो मुझे लिखिए। मैं केरल साहित्य अकादमी के अध्यक्ष श्री एम.के. सानु जी से कह दूँगा (सानु जी से आप मिल चुके हैं। स्मरण होगा) कुछ राज्य सरकारी विभागों तथा संस्थाओं के नाम सुझा देने पर वे स्वयं यह कार्य संभाल लेंगे। आखिर अकादमी ने उक्त ग्रन्थ की हज़ार प्रतियाँ ही मुद्रित की है।

अभी मुझे पर्याप्त प्रतियाँ मिली नहीं। मिलते ही आपके लिए एक प्रति अवश्य भेज दूँगा।

आशा है, आप स्वस्थ सप्रसन्न हैं।

लंबे पत्र के लिए क्षमा प्रार्थी हूँ।

आपका

अरविन्दाक्षन

(3)

26.9.'90

आदरणीय तिवारी जी,

आपका कविता-संकलन प्राप्त होने के उपरान्त मैंने एक कार्ड लिखा था जिसमें मैंने आपके एक अनुमति-पत्र का अनुरोध किया था। क्या वह कार्ड आपको मिला नहीं? कई दिनों से मैं उसी की प्रतीक्षा में था।

अब तक 'बेहतर दुनिया के लिए' की तीस कविताओं का अनुवाद हो गया है। लेकिन अनुमति-पत्र के अभाव में मैं अनूदित रचनाएं पत्रिकाओं में प्रकाशनार्थ भेजना नहीं चाहता था। कृपया, अविलंब अनुमति पत्र भेज दीजिए। पत्र अंग्रेजी में हो तो अच्छा है।

इस पत्र के साथ मेरी अपनी दो कविताएँ भी भेज रहा हूँ— 'दस्तावेज' में प्रकाशनार्थ। आशा करता हूँ ये कविताएँ पसन्द आएँगी। अगर आप इसे प्रकाशित नहीं करना चाहते तो कृपया लिखें।

आपके कुछ कवि मित्रों से मेरा परिचय करा दीजिए। कुछ अव्यवसायिक पत्रिकाओं के पते भी। मैं अपनी कुछ कविताएँ पत्रिकाओं के लिए भेजना चाहता हूँ। आशा है कि आपसे कुछ सहायता मिल जाएगी।

पिछले दिनों भोपाल से अशोक वाजपेई के दो पत्र मिले। ''मैथिलीशरण गुप्त सम्मान'' और ''कबीर सम्मान'' के लिए कवियों के नामांकन भेजने के लिए कहा है। क्या आपने मेरा पता दिया था? आप स्वस्थ होंगे।

पत्रोत्तर की प्रतीक्षा रहेगी

आपका

अरविन्दाक्षन

(4)

21.3.'91

आदरणीय तिवारी जी,

एक लम्बे अरसे से न आपका कोई पत्र आया न कोई समाचार। मेरे पत्रों के लिए भी कोई पत्रोत्तर नहीं मिला। यह जरूर है कि दस्तावेज के अंक आ गए। सद्यप्रकाशित अंक भी मिला जिसमें आपका यात्राविवरण प्रकाशित है। मैंने पूरा पढ़ लिया। तथ्यों और मिथकों को आपने जिस परिमाण में समन्वित किया है वह सराहनीय है और आस्वादनीय भी।

इस पत्र के साथ दो पत्रिकाएँ भेज रहा हूँ— यथा ''केरल युवता'' और ''सांस्करिका समिति मासिका''— इनमें आपकी कुल आठ कविताएँ अनूदित होकर छपी हैं। कविताओं के शीर्षक पत्रिकाओं में मैंने दिए हैं ताकि आप जान सकेंगे कि किन-किन कविताओं का अनुवाद कार्य हुआ है। और भी

कुछ कविताएँ दी हैं लेकिन यहाँ प्रकाशन में विलम्ब होता है। ''मधुमती'' (राज. साहित्य अकादमी) के जनवरी अंक में मेरी एक कविता छपी है। कृपया देखें। आपकी प्रतिक्रिया की प्रतीक्षा रहेगी। उम्मीद है कि जो कविताएँ मैंने आपके लिए भेजी थीं वे दस्तावेज के आगामी अंक में प्रकाशित होंगी।

साहित्य अकादमी वालों ने दुबारा मौन धारण कर लिया है। इसके बारे में मैंने आपको लिखा था। खैर, अब छोड़िए।

पत्र देते रहिए। आशा है, आप स्वस्थ, सप्रसन्न हैं।

आपका
अरविन्दाक्षन

(5)

22.1.92

आदरणीय तिवारी जी,

राधाकृष्ण वालों ने आपका 'आखर अनन्त' भेज दिया है। आज मिला। अभी-अभी पढ़ना भी शुरू किया है। ''कॅनाट प्लेस'' शीर्षक की पहली कविता अब भी मुझ पर छाई हुई है। मुझे लगता है कि 'आखर अनन्त' पर कुछ न कुछ अवश्य लिखना होगा। 'बेहतर दुनिया के लिए' की उस दुनिया से एकदम आगे की भीषण और यंत्रणाओं से भरी दुनिया को आपने अपने बहुमूल्य अक्षरों से प्रस्तुत किया है– मैं अपना आलेख आपको अविलंब भेज दूँगा।

कोई न कोई कार्यक्रम आप रखिए और एक और बार मिलने की सुविधा बनाइए। हम इधर कुछ बनाने की स्थिति में नहीं हैं।

साहित्य अकादमी वालों ने फिर कुछ लिखा ही नहीं है। अगली बार दिल्ली जाते समय कृपया चौधरी जी से हजारीप्रसाद द्विवेदी के मलयालम अनुवाद की बात करें यह मेरी इच्छा है। अतः कृपया इस बात को मन में रखें।

आखर अनन्त की कुछ कविताएँ अनूदित करके कहीं प्रकाशित कराऊँगा।

आशा है, आप स्वस्थ हैं। शेष कुशल,

आपका
अरविन्दाक्षन

पुनश्च : मेरी दो कविताएँ सम्भवतः आपके पास हैं,
दस्तावेज के योग्य हों तो कृपया दे दें।

(6)

9-4-'93

आदरणीय तिवारी जी,

एक लंबे अरसे के बाद मैं आपको यह पत्र लिख रहा हूँ। ऐसा क्यों हुआ, जिसके लिए मेरे पास कोई जवाब नहीं। निर्मल वर्मा विशेषांक के लिए आपका पत्र मिला था। उन दिनों मैं इतना व्यस्त था कुछ कर न सका। माफ कीजिएगा!

आपका नया संकलन 'आखर अनन्त' मिला था जिसकी कुछ कविताओं का अनुवाद मैंने किया था तथा वे प्रकाशित हुई हैं। आपकी जितनी कविताओं का अनुवाद हुआ है उनकी फोटो प्रति इसके

साथ संलग्न हैं। कृपया प्राप्ति सूचना दें।

मेरी एक काव्य-कृति प्रकाशित हुई है– ''बाँस का टुकड़ा'' यह पुस्तक दिल्ली से प्रकाशित है। आपकी सेवा में उक्त पुस्तक की एक प्रति भिजवाई जा रही है। आपको अच्छी लगी तो 'दस्तावेज' का आधा पृष्ठ व्यय करें। यह भी अनुरोध है कि अगर आप ही लिखें तो मेरा हृदय अवश्य हर्षोल्लसित होगा।

अज्ञेय पर एक आलोचना भी प्रकाशित है—लोकभारती से। ''अज्ञेय की उपन्यास-यात्रा''। लोकभारती वाले ने सिर्फ दो ही प्रतियाँ दी है। अन्यथा मैं आपको भेज सकता था। मेरी एक इच्छा है; उत्तर प्रदेश हिन्दी संस्थान की किसी योजना (पुरस्कार योजना जो अहिन्दी लेखकों के लिए है) के अन्तर्गत इस आलोचना-पुस्तक को Submit करूँ। आपने बहुत पहले लिखा था पुस्तक Submit करने के पहले आपको सूचित करें। आपके कथनानुसार मैं उन्हें पुस्तक भेज दूँगा, भले ही मुझे लोकभारती से पैसा देकर पुस्तक मँगवाना पड़े।

निर्मल वर्मा विशेषांक के लिए अब भी समय है तो एकाध हते में एक तुलनात्मक अध्ययन वाला लेख भेज पाऊँगा। कृपया लिखें।

आप स्वस्थ होंगे। आप की नई साहित्यिक गतिविधियों के बारे में लिखें तो अच्छा लगेगा।

शेष कुशल,

आपका

अरविन्दाक्षन

(7)

24.9.96

आदरणीय तिवारी जी,

आपका पत्र। बहुत धन्यवाद। 'दस्तावेज' के पिछले अंक में केरल यात्रा पर लिखा आपका संस्मरण पढ़ा। तभी लिखने को सोच रहा था। इसी बीच 'अक्षरा' में आपके साथ हुई बातचीत भी पढ़ी और लिखने का इच्छा तीव्र हुई थी। पर कुछ यात्राएँ अनिवार्य हो गयीं और कल ही वापस लौटा हूँ। तभी आपका पत्र मिला।

यथासमय आपने मेरा ख्याल रखा। आपकी आत्मीयता और गहन स्नेह के समक्ष नतषिर हूँ।

आपकी बारह या चौदह कविताओं का मलयालम अनुवाद विभिन्न पत्रिकाओं में प्रकाशित हैं। मेरी बहुत बड़ी इच्छा है कि आपकी चुनी हुई कविताओं का अनूदित संकलन प्रकाशित कराऊँ। परन्तु प्रकाशन की समस्या है। फिर भी मैं प्रयत्नरत रहूँगा।

आपसे अनुरोध है कि यदि उत्तर प्रदेश/बिहार/मध्यप्रदेश शासन हिन्दी के एक प्रसिद्ध कवि की कविताओं के अनुवाद के प्रकाशन के हेतु किंचित आर्थिक अनुदान देने को तैयार है तो सुविधा होगी। इन राज्य सरकारों के पास बहुविध योजनाएँ हैं। मैं परिचित नहीं हूँ। आप थोड़ा बहुत परिचित होंगे। कृपया ''तहकीकात'' करें। कुछ सम्भव हो तो सूचित करें।

बिड़ला फऊँटेशन भी इस प्रकार के आर्थिक अनुदान देता है। हाल ही में 'कामायनी' का मलयालम अनुवाद प्रकाशित हुआ। वह बिड़ला फऊँडेशन के अनुदान से है। कृपया इस दिशा में सोचें।

मलयालम अंक के लिए सामग्री आपको अवश्य मिल जाएगी।

आशा है, आप स्वस्थ प्रसन्न हैं।

पत्रोत्तर की प्रतीक्षा करते हुए

आपका
(अरविन्दाक्षन)

(8)

25-9-'98

प्रिय विश्वनाथप्रसाद तिवारी जी,

आपका कोई पत्र नहीं, समाचार नहीं। आशा है, स्वस्थ प्रसन्न होंगे। 'दस्तावेज' की प्रति मिलती है। एक बार पूरा पढ़कर ही रख लेता हूँ।

इस पत्र के साथ एक पत्रिका भेज रहा हूँ– ''साहित्यलोकम्''। यह केरल साहित्य अकादमी की त्रैमासिक पत्रिका है। यह अंक अनुवाद पर केन्द्रित है। इस अंक में आपकी चार कविताओं का अनुवाद है–

1. माँ और आग, 2. उड़ गयी माँ, 3. लोग गायब हो रहे हैं, 4. ऊँघता संतरी

मलयालम साहित्य पर मैंने सामग्री जुटायी है। सम्पादन की जरूरत है। अक्तूबर के अन्त में भेजूँगा।

आपके संस्मरणों और यात्रवृत्तान्तों के प्रकाशन का क्या हुआ? राधाकृष्ण प्रकाशन से मेरी दो पुस्तकें आयी हैं। आपको प्रतियाँ भेजने को कहा था। मिली होंगी। 'घोड़ा' (कविता संकलन) ''समकालीन हिन्दी कविता'' (आलोचना) आपसे अनुरोध है कि कविता संकलन के बारे में एक लघु लेख अपने पत्रिका में लिखें।

विस्तार से आपके पत्र की प्रतीक्षा रहेगी। शेष कुशल,

आपका
(प्रो. अरविंदाक्षन)

(9)

आदरणीय तिवारी जी,
दस्तावेज-86 मिला।

'भँवरवा धीरे चलऽ' पढ़ने के बाद पत्र लिखने की इच्छा तीव्र होती गयी। इसलिए यह पत्र। यात्र विवरण की सृजनात्मकता का यह एक अच्छा नमूना है। मारिशस के इतिहास, संस्कृति, जनजीवन, वातावरण को समेटने में आपके शब्द अत्यन्त सफल हुए हैं। मुझे लगा कि मैं मारिशस की यात्रा कर रहा हूँ; वहाँ के लोगों से ही नहीं फूल-पत्तियों से, चिड़ियों से नाता जोड़ रहा हूँ। आरम्भ का गीत अत्यन्त प्रासंगिक है। एक देश के सांस्कृतिक इतिहास के फलक में आरेखित करने लायक गीत जिसमें मानवीय संसक्ति का स्वर मुखर है।

मारिषस में स्थित महात्मा गाँधी इन्स्ट्यूट तथा कु. सुचिता रामदीन का पता कृपया भेज दें।
आशा है, आप स्वस्थ प्रसन्न हैं।

आपका
अरविन्दाक्षन

(10)

29.04.'03

आदरणीय विश्वनाथप्रसाद तिवारी जी,

प्रणाम

इस बीच मेरा एक पत्र मिला होगा। पुनः बधाइयाँ। पुश्किन-पुरस्कार-प्राप्ति पर।

आज आपका कार्ड मिला। पढ़कर अच्छा लगा। 'दस्तावेज' का 100वाँ अंक अविलंब निकलने वाला है। इसके बारे में मैंने भी सोचा था। वैसे मैं आपको इस सम्बन्ध में लिखने वाला था। दस्तावेज का 100वाँ अंक इतना बढ़िया होना चाहिए कि लोग सदैव स्मरण रख सकें। मैं उसमें कुछ लिखना भी चाहता हूँ। यदि आप विषय सुझाएँ तो अच्छा है। जब भी आप मुक्त हों तो लिखें। विस्तार से।

मलयालम अंक की बात मैं भूला नहीं हूँ। मैं वादा करता हूँ कि आपको सामग्री मिल जाएगी। अविलंब।

इधर मैंने आपकी चुनी हुई 21 कविताओं पर (प्रत्येक कविता पर एक-एक लेख) सामग्री तैयार करने की बात सोची है– सात-आठ लेख ड्रैट रूप में तैयार भी है। इच्छा यही है कि जब दस्तावेज का 100वाँ अंक प्रकाशित होगा, तब यह भी पुस्तकाकार प्रकाशित हो। उसमें आपका सहयोग चाहिए। उस पुस्तक में मैं आपके साथ की भेंटवार्ता भी जोड़ना चाहता हूँ अगर आप कहें तो प्रश्न तैयार करके भेज दूँ? अधिक लम्बा तो नहीं है। कृपया लिखें।

आपके पत्र की प्रतीक्षा रहेगी।

आप स्वस्थ प्रसन्न होंगे।

शेष फिर

आपका

(अरविंदाक्षन)

(11)

16.05.'03

प्रिय विश्वनाथप्रसाद तिवारी जी,

प्रणाम

आपका पत्र मिला। पुस्तक भी मिली। आगामी संकलन की पाँच कविताएँ भी। बहुत धन्यवाद।

हमारे पुस्तकालय में आपके प्रारंभिक दो संकलन (चीज़ों को देखकर, साथ चलते हुए) मिल नहीं रहे हैं। इसलिए निवेदन है कि इन दो संकलनों से पाँच-पाँच कविताएँ फोटो प्रति कराके भेजने का कष्ट करें। अभी-अभी आपने जो पाँच कविताएँ (आगामी संकलन की) भेजी है उनमें से तीन कविताओं का चयन मैंने अपने विश्लेषण के लिए चुना है। आपकी करीब 20-25 कविताएँ विश्लेशित होंगी। एक-एक कविता पर एक-एक लेख– अभी तक मैंने "कनॉट प्लेस", "सड़क पर लम्बा आदमी," "लोग गायब हो रहे हैं", "माँ और आग" "रूप कुँवरी" "अपने प्रिय कवि की तलाश" "शब्द के लिए बुरा वक्त" "बीज हूँ मैं" और "आखर अनन्त" कविताओं पर आलेख तैयार किए हैं। अब और बेहतर दुनिया के लिए संकलन से चयन करना है।

मेरे ख्याल से जुलाई के आखिर तक सामग्री तैयार हो जाएगी। इस पत्र के साथ कुछ प्रश्न

भी भेज रहा हूँ। कृपया उन प्रश्नों के उत्तर लिख भेजें जो हम एक बातचीत के तौर पर देंगे। थोड़ा लम्बा ही रहने दीजिए। (प्रश्न पत्र के साथ संलग्न है)

प्रकाशन संस्थान को भी मैं लिख रहा हूँ। लेकिन उनके साथ मेरा व्यक्तिगत सम्बन्ध नहीं है। इसलिए उनकी क्या प्रतिक्रिया होगी, अन्दाज़ा नहीं। फिर भी आप भी उन्हें लिखेंगे तो काम हो सकता हे। मेरी इच्छा यही है कि दस्तावेज के 101वाँ के लोकार्पण के अवसर पर दिल्ली में इस पुस्तक को भी आप किसी से विमोचित कराइए।

दस्तावेज का 100वाँ अंक गाँधी जी पर केन्द्रित है, यह शुभ समाचार है। मैं आलेख भेज दूँगा। 101वाँ अंक के लिए एक आलेख तैयार कर रहा हूँ।

आपकी कविता पर केन्द्रित मेरी इस पुस्तक के लिए यदि आपको कोई अच्छा सा शीर्षक सूझ रहा है तो अवश्य लिखें। मुझे स्वीकार्य है।

आप मेरे लिए आत्मीय हैं, भ्रातृसम हैं। यह पुस्तक आपके वाणीमह के प्रति मेरी आस्था का प्रतिफलन है।

आप स्वस्थ प्रसन्न होंगे।

आपका
(अरविंदाक्षन)

पुनश्च : मेरे कविता-संकलन पर एक अच्छी सी समीक्षा किसी से लिखवाएँ तो अच्छा है।

अरविंदाक्षन

(12)

Urgent
11.06.'03

आदरणीय भाई,

प्रणाम

कल मैंने फोन किया था। आप मिले नहीं। इसलिए पत्र।

(1) आपकी कविताओं पर केन्द्रित मेरी पुस्तक जून के अन्त तक पूरी हो जाएगी। उसमें आपकी 21 कविताओं पर एक-एक लेख है। समस्त सामग्री का ड्राट-टाइपिंग का काम जून तक हो जाएगा। फाइनल टाइपिंग जुलाई पन्द्रह-बीस तक।

(2) पुस्तक का नाम मैंने रखा है– "कविता सबसे सुन्दर सपना है"। परिवर्तित करना चाहें तो कर सकते हैं।

(3) मैंने अपने एक पत्र में आपको कुछ प्रश्न भेजे थे। शायद दस प्रश्न। अनुरोध है कि अविलम्ब उत्तर उपलब्ध कराएं। (प्रश्न सहित) पुस्तक के अन्त में संवाद के रूप में इस प्रश्नोत्तर को दिया जा सकता है।

(4) अभी तक किसी प्रकाशक से मेरी बात नहीं हुई है– प्रकाशन को लेकर। इसलिए निवेदन है कि इस पुस्तक प्रकाशन की बात आप ही किसी प्रकाशक से करें तो अच्छा है। इसके बारे में अपनी प्रतिक्रिया और संभावना पर मुझे सूचना दें।

(5) मेरी यही इच्छा है कि नवम्बर में दस्तावेज के 101 अंक के साथ इस पुस्तक का भी विमोचन हो जाए।

(6) दस्तावेज के 100 अंक के लिए गाँधी जी पर केन्द्रित लेख अगस्त पन्द्रह तक भेज दूँगा। यदि उसके पहले चाहिए तो कृपया सूचित करें।

(7) मेरी बहुत बड़ी इच्छा है कि आप पर केन्द्रित यह पुस्तक नवम्बर में ही प्रकाशित हो।
(8) निवेदन है कि 'चीज़ों को देखकर' संकलन से दो कविताओं की फोटो प्रति उपलब्ध कराएं।

आप स्वस्थ प्रसन्न होंगे। शेष कुशल

आपका
(अरविंदाक्षन)

(13)

Date : 18.03.'10

आदरणीय विश्वनाथ जी,

प्रणाम

जैसे अभी-अभी हमारी बात हुई, उसके मुताबिक मैं सामग्री 'स्पीड पोस्ट' से भेज रहा हूँ। एक आलेख आपकी कविताओं पर केन्द्रित है– शीर्षक है, 'कविता की कारुणिकता'। दूसरा संस्मरणात्मक लेख है– शीर्षक है, 'यह लम्बा आदमी सतुयुग की याद दिला रहा है'।

कविता वाला आलेख लिखने के लिए आपकी समस्त कविताओं को एक बार फिर पढ़ने का अवसर मिला। आपकी स्त्री केन्द्रित बहुत सारी कविताएँ हैं (इसका संकेत मैंने आलेख में किया है) जिन पर एक अलग आलेख हो सकता है। उसी प्रकार साधारण जीवन एवं साधारण व्यक्तियों पर केन्द्रित कविताएँ भी हैं जिनमें आपकी लोकदृष्टि विवृत मिली है, जो एक अलग लेख का विषय है। ये दोनों लेख मैं अलग से तैयार करके किन्हीं दूसरी पत्रिका के लिए दे दूँगा।

उम्मीद यही है कि ओमनिश्चल जी के आकलन में पर्याप्त अच्छी सामग्री आएगी।

अप्रैल अन्त तक अनुवाद का काम पूरा हो जाएगा।

आशा है, आप स्वस्थ एवं प्रसन्न हैं।

शेष कुशल,

आपका
(अरविंदाक्षन)

अनिल जनविजय

(1)

मास्को/8.11.82

आदरणीय,

आपको दूसरा पत्र डालने के विषय में सोच ही रहा था कि आपका पत्र मिला। पत्र पाकर बेहद प्रसन्नता हुई। आपका बैग सुरक्षित मिल गया, वह भी एक महीने के बाद और पुलिस द्वारा, यह वाकई आश्चर्य की बात है। पुलिस की छवि हमारे यहाँ धूमिल ही है, पर इस तरह की घटनायें पुलिस में विश्वास पैदा करती हैं। खैर..... आपको बधाई।

मास्को के जीवन को नज़दीक से देखने-समझने की कोशिश कर रहा हूँ। मैं चाहता हूँ चार-पांच वर्ष में मैं यहाँ इतना रम जाऊं कि एक आम नागरिक की तरह यहाँ की संस्कृति, रीति-रिवाज, भाषा, आपसी सम्बन्ध और सोचने के तरीके के बारे में जानने लगूं। यहाँ के विभिन्न कवियों और साहित्यकारों से मैं मिल रहा हूँ। कल ही सेंकेविच से मिला। पांच-छह घन्टे हम लोग साथ बैठे। बातचीत हुई। आपने इन्टरव्यू के लिए लिखा था। सेंकेविच इन्टरव्यू देने के लिए राजी हैं। वे हिन्दी साहित्य के विद्वान हैं। वे चाहते हैं कि बातचीत 'हिन्दी साहित्य के बारे में' हो उनसे, कि वे क्या सोचते हैं, कैसे देखते हैं हिन्दी साहित्य को। उनकी पसन्द क्या है? वैसे सूचना के लिए लिख दूँ कि सेंकेविच और आपकी दृष्टि काफ़ी समान है। सेंकेविच साहित्य में सिर्फ़ समाज नहीं चाहते, कला भी चाहते हैं। इसलिए वे अज्ञेय के बड़े समर्थक हैं। वे कहते हैं, "अज्ञेय· महान् कलाकार हैं।" गंगाप्रसाद विमल की कहानियां उनकी दृष्टि में ऐसी कहानियां हैं, जिन्हें आम जनता पसन्द करती है। सेंकेविच मानते हैं कि Religious Thinkings और Marxist Thinking (उन्होंने 'Marxist' dh txg 'Scientific' Term इस्तेमाल की थी) कहीं न कहीं आपस में Co-related हैं। उनके अनुसार धर्म मनुष्य की उन्नति में सहायक होता है, बाधक नहीं। उन्हीं से मालूम हुआ कि आजकल रूस में दो साहित्यिक मुख्य धाराएं हैं। एक, जो समाज को मुख्य मानती है और दूसरी धारा, जिसमें समाज के साथ-साथ धर्म और कला को भी 'सुप्रीम' माना जा रहा है। इन सभी बातों पर मैं इन्टरव्यू के दौरान विस्तार से उनसे बातचीत करूंगा।

'कुप्रियानफ़' एक दूसरे रूसी आलोचक और कवि हैं। 'कुप्रियानफ़' ने रूसी कविता की परम्परा को तोड़ते हुए अभी तक सिर्फ़ 'मुक्तछन्द' में कवितायें लिखी हैं। उनका पहला संग्रह इसी वर्ष आया है– संग्रह का नाम है– 'जीवन चलता रहे'। संग्रह मैं पढ़ गया हूँ। कुछ कवितायें बेहद अच्छी हैं। 'कुप्रियानफ़' छोटी कविता ही लिखते हैं। बड़ी-बड़ी और लम्बी कवितायें उन्होंने नहीं लिखीं। 'कुप्रियानफ़' भी सेंकेविच की दृष्टि से मिलती-जुलती Thinkings रखते हैं। यह दोनों ही येव्तशेंको और वाज़्नेसेंस्की को अपना नम्बर एक का षत्रु मानते हैं। वाज़्नेसेंस्की और येव्तुशेंको दोनों ही समाज को Supreme मानते हैं। अन्य सब चीजें समाज की सहायक या समाज के लिए आवश्यक या उससे उत्पन्न चीज़ें हैं। चाहे वह विभिन्न दर्शन हों या कला और उसकी विभिन्न कसौटियां। इन लोगों ने (सेंकेविच और कुप्रियानफ़ ने) अपनी विरोधी विचारधारा के ग्रुप की कठोर आलोचना अपने विभिन्न

लेखों में की है, जो इन दोनों के अनुसार जनता द्वारा सराही गयी है। ख़ैर ...... मैं 'कुप्रियानफ़' से भी इन्टरव्यू लूंगा। यह इन्टरव्यू 'रूसी साहित्य' के बारे में होगा। मैं प्रयत्न करूंगा कि किसी ऐसे विद्वान से भी बातचीत कर सकूं जो न सिर्फ़ रूसी साहित्य, बल्कि सोवियत साहित्य पर भी विस्तार से बात कर सकें।

सेंकेविच से आपकी कविता के बारे में भी विस्तार से बातचीत हुई। उन्होंने दो-तीन वर्ष पूर्व भारतीय गद्य और कविता पर एक लेख लिखा था, विषय था - ''भारतीय लेखकों की रचनाओं में परम्परावादी विचार''। इस लेख में उन्होंने गुरूदत्त को साम्प्रदायिक लेखक कहा है। उत्पलदत्त, कमलेश्वर, कृष्णचन्दर आदि को उन्होंने गद्य में इस साम्प्रदायिक परम्परावाद का विरोधी बताया है। कविता में उन्होंने रघुवीर सहाय, धूमिल, सर्वेष्वरदयाल सक्सेना और आपकी कविता को परम्परावादी मान्यताओं की विरोधी कविता कहा है। उन्होंने साफ़ लिखा है कि धूमिल और आप की कविता (वामउग्रवादी) "Left radical Poetry" है। आपके संग्रह (इद्या विमेस्वे) 'साथ चलते हुए' के आधार पर उन्होने यह दृष्टि बनायी है। उन्होंने आपकी जिन कविताओं का प्रमुखता से ज़िक्र किया है वे हैं– 'ड्रामा' (या नाटक) और 'जंजीरों (या हथकड़ियों) के विरुद्ध' और 'संकुचित जीवन'। उन्होंने आपको धूमिल के बाद के कवियों में रखा है और 'धूमिल से अधिक उग्रवादी' बताया है। उनके अनुसार आप 'अंधेरे जीवन के विरुद्ध' लिख रहे हैं। आप 'समाज में पूर्ण बदलाव' चाहते हैं। आप 'समाजवादी विचारों के पक्षधर' हैं। उनका यह लेख मैं ले आया हूँ। इस लेख को आधार बनाकर भी कुछ प्रश्न मुझे करने होंगे। उदयप्रकाश, राजेश जोशी, वेणगोपाल, त्रिलोचन, नागार्जुन, स्वप्निल की कवितायें मैं उन्हें देकर आया हूँ। वे तब तक इन्हें भी पढ़ लेंगे। मेरे विचार में इन्टरव्यू अच्छा बन पड़ेगा।

आपके डाक टिकट मिल गये थे। आभारी हूँ। 'दस्तावेज़' के अंक आप नियमित रूप से निम्नलिखित पते पर श्री बी. पी. भट्ट (मास्को) के नाम भेजते रहें। अंक मुझे यहाँ मिल जायेंगे। सम्भव हो, तो दो-दो/तीन-तीन प्रतियां भेजें। भट्ट साहब के अलावा सेंकेविच, मदनलाल मधु, मुनीष सक्सेना, चैलीशेव आदि अनेक लोग हैं जो भारतीय साहित्य और पत्रिकाएं पढ़ना चाहते हैं। आलोचना अंक की प्रति मुझे ज़रूर भेजें। पता मैं पिछली तरफ लिख रहा हूँ। बाकी कुशल है। पत्र की प्रतीक्षा रहेगी।

आपका
अनिल जनविजय

''श्री बी. पी. भट्ट (मास्को)
CèO श्री आर. एस. माथुर,
2729, चौक रायजी,
धर्मपुरा, नयी सड़क,
दिल्ली - 110 006''

- पत्रिका भट्ट साहब के नाम से इसलिए भेजें ताकि वह उन तक पहुँच जाए। माथुर व्यक्तिगत रूप से मेरे परिचित नहीं हैं। वे श्री भट्ट के ही मित्र हैं।
- श्री भट्ट मास्को में अनुवादक हैं। इन्होंने अनेकों उपन्यासों का रूसी से हिन्दी अनुवाद किया है। हिन्दी साहित्य का अच्छा पुस्तकालय इनके पास है। श्री माथुर एयर इण्डिया में पायलट हैं। हर रविवार को मास्को लाइट लेकर आते हैं। मेरी सभी पत्रिकाएं अब श्री माथुर के यहाँ आयेंगी और वे मुझे यहाँ मिल जाया करेंगी। यह एक बेहद लाभप्रद प्रबन्ध हो गया है। माथुर हमें हर सामान यहाँ उपलब्ध करा देते हैं।

(2)

मास्को/28.12.82

आदरणीय,

सादर प्रणाम।

आपका पत्र और 'दस्तावेज' की तीन-तीन प्रतियां मिल गयीं। बहुत-बहुत आभारी हूँ। टिकट भी मिल गये थे।

पत्र पढ़कर चिन्तित हुआ हूँ। अब समझा कि आपका पत्र इतने दिनों से क्यों नहीं मिला था। पैर की हड्डी टूटना, वह भी इस उम्र में निश्चय ही बेहद कठिनाई का कारण बना होगा। आप जैसे घुमक्कड़ व्यक्तित्व के लिए तो दो-ढाई महीने पलंग पर बिताना और भी कष्टकारी होगा। इस स्थिति में भी आपने मुझे पत्रिकाएं भिजवायीं, इसके लिए आभार प्रकट करना तो कुछ भी नहीं। मुझे लग रहा है कि कुछ और कहना चाहिए। निश्चय ही बेहद कृतज्ञ हूँ।

सेंकेविच से पुनः भेंट अभी तक सम्भव न हो पायी है। जब मैं खाली होता हूँ, वे व्यस्त होते हैं और जब वे खाली होते हैं मैं व्यस्त होता हूँ। जल्दी ही मेरी सर्दियों की छुट्टियां होने वाली हैं। इन्हीं छुट्टियों में भेंट व इन्टरव्यू सम्भव होगा। प्रायः सेंकेविच से फोन पर बात होती है। 'दस्तावेज़' के अंक मैंने उन्हें भिजवा दिये थे। उन्हें मिल गये हैं। फोन पर उन्होंने कहा था कि मैं आपको उनका धन्यवाद लिख दूँ। बी. पी. भट्ट भी पत्त्रिकाएं पढ़ रहे हैं। पढ़कर वे आपको लिखेंगे। इधर व़ाज्नेसेंस्की और येव्तशेंको से भी बात हुई है इन लोगों के इन्टरव्यू भी लूंगा। पर एक काम आपको मेरे लिए करवाना होगा। 'पूर्वग्रह' के हाल ही के अंक में वाज़्नेसेंस्की का इन्टरव्यू और कवितायें छपी थीं। वह इन्टरव्यू और कवितायें 'फोटोस्टेट कराके भिजवा दीजियेगा। मुझे अपने इन्टरव्यू के दौरान प्रश्न पूछने में सुविधा रहेगी।

सम्भव हो तो दस्तावेज़ 11 की दो प्रतियां और कवितांक की दो प्रतियां भेजियेगा। अंक ग्यारह की प्रतियां आपकी कविताओं की वजह से और कवितांक की प्रति सेंकेविच और भट्ट साहब के लिए। सेंकेविच आपकी कविताओं के अनुवाद के लिए तैयार हैं। तीस-पैंतीस कविताओं का एक छोटा संग्रह वे यहाँ छपवा देंगे। मेरी उनसे बात हुई है। उनकी कुछ कविताएँ मैं ले आया हूँ। कविताओं के अनुवाद करके एक संक्षिप्त टिप्पणी के साथ शीघ्र ही वहाँ की किसी पत्रिका में भेजूंगा।

भारतीय साहित्य के बारे में सेंकेविच के लेख काफ़ी बड़े बड़े हैं। पूरा लेख अनुवाद कर पाना तो मेरे लिए कठिन होगा। उसके महत्त्वपूर्ण हिस्से अनुवाद करके भेज सकता हूँ। लेकिन इस सबके लिए समय का बेहद अभाव है। 15-16 घन्टे की पढ़ाई के बाद मैं इतना थक जाता हूँ कि किसी और काम के लायक नहीं रहता। सिर्फ़ छुट्टी वाले दिन या छुट्टियों में ही कुछ किया जा सकता है। 'दस्तावेज' के अतिरिक्त लहर, आवेग, अभिप्राय, प्रगतिशील समाज, कथन आदि के अंक मिले हैं। पहल, पूर्वग्रह, सक्षात्कार और कलावार्ता की प्रतीक्षा है। अन्य पत्रिकाएं भी मंगवाने का प्रबन्ध कर रहा हूँ। इधर कुछ नयी अच्छी किताबें आयी हों, तो लिखियेगा।

वाज्नेसेंस्की का इन्टरव्यू और दस्तावेज़ की प्रतियां भेजियेगा। सम्भव हो तो अपने संग्रह की एक और प्रति भी। वह प्रति यहाँ की लाइब्रेरी में रखवा दूँगा। 'दस्तावेज़' की अपनी प्रतियां भी मैं वहाँ दे दूँगा। बाक़ी सब कुशल है। आपका पैर जल्दी से जल्दी ठीक हो, इसी शुभकामना के साथ!

आपका

अनिल जनविजय

(3)

मास्को/13.2.84

आदरणीय तिवारी जी,

आपका 20 जनवरी का पत्र मिला। सबसे पहले तो मैं आपको पता लिख दूँ–

अनिल जनविजय
भारतीय दूतावास, मास्को
द्वारा - विदेश मंत्रालय, साउथ ब्लाक,
नई दिल्ली - 110 001.

मेरे इसी पते पर आप दस्तावेज की प्रतियां रजिस्टर्ड पोस्ट से भेजेंगे तो मुझे मिल जायेंगी। ''समकालीन सोवियत रचना और आलोचना'' पर अंक की योजना बनाइये। यह बेहद अच्छा रहेगा। मैं सहर्श पूरा सहयोग दूँगा। कविताओं-कहानियों-उपन्यास अंश का अनुवाद करके भिजवा दूँगा। इन्टरव्यू भी। इसके अलावा आपको कुछ पते भिजवा दूँगा दिल्ली के ही लोगों के। जो समकालीन सोवियत साहित्य पर अच्छे लेख आपको दे सकेंगे। इन्टरव्यू तो मैंने पिछले वर्ष लिया था, पर अभी तक उसे फेयर नहीं किया है। फेयर करके दस्तावेज़ के लिए जल्द ही भेजूंगा। कविताओं के अनुवाद तुरन्त भेज सकता हूँ। अगले महीने के शुरू में आपको मिल जायेंगे। समकालीन युवा सोवियत कवियों की कवितायें। साथ ही युवा सोवियत कवियों पर एक संक्षिप्त टिप्पणी भी।

पत्रिक़ाओं में आपकी कविताएं छपने पर प्रतिलिपी भेजूंगा। दरअसल आपकी, केदार जी की और सोमदत्त जी की, तीनों की कविताएं एक साथ एक ही पत्रिका में छपने जा रही हैं। कुछ अन्य पत्रिकाओं में भी आपकी कविताएं अन्य कुछ कवियों के साथ छापने की योजना बना रहे हैं। सेंकेविच ने आपकी कविताओं पर और आपके संग्रह पर रूसी में जो लेख लिखे हैं, या जिन लेखों में टिप्पणी की है, वे शीघ्र ही हिन्दी में अनुवाद होने जा रहे हैं। यह हिन्दी में सेंकेविच की दूसरी किताब होगी। इसमें जिन चार-पांच कवियों का मुख्यतः वर्ण है, उनमें रघुवीर सहाय, अज्ञेय, अशोक वाजपेयी, आप, सर्वेश्वर, श्रीकान्त वर्मा आदि हैं। यहाँ कुछ भी फोटो स्टेट करवा पाना असम्भव है। पूरे मास्को में सिर्फ एक लेनिन लाइब्रेरी सार्वजनिक रूप से फोटो स्टेट का काम करती है। वहाँ भी फोटोस्टेट करवाने से पहले आपको पुलिस को मैटर दिखाकर आज्ञा लेनी पड़ेगी और फिर करीब ढाई-तीन महीने बाद आपका नम्बर आएगा। अतः कुछ भी फोटोस्टेट करवाकर भेजना असम्भव है। हां, आप दिल्ली जायें तो वरयाम सिंह के पास सारे लेख और आपकी कविताओं के रूसी अनुवाद आप देख सकते हैं। उन लेखों का अनुवाद वे ही कर रहे हैं।

मैं ढूंढ़-ढूंढ़ कर वे पत्रिकाएं आपको भिजवाने की कोशिश करूंगा, जिनमें ये लेख छपे हैं। कविताएं छपने पर पत्रिकाएं तो हर हालत में भेजूंगा ही। इधर 'दस्तावेज़' पर एक टिप्पणी ''साहित्य समाचार पत्र'' नामक साप्ताहिक में छापने का वायदा किया है सम्पादक ने मुझसे। मुझे टिप्पणी लिखवा कर देनी है। मैंने ओल्गा मेलिन्तीवा से टिप्पणी लिखने के लिए कहा है। ओल्गा सोवियत रूस के संस्कृति मंत्री की पुत्री हैं और भारतेन्दु पर मास्को विश्वविद्यालय से पी-एच.डी. कर रही हैं। ओल्गा के साथ मिलकर कुछ और योजनाएं भी बना रहा हूँ, जैसे वह खुद कुछ लेख आदि भारतीय पत्रिकाओं के लिए लिखे और साथ ही भारतीय कवियों, लेखकों और पत्रिकाओं पर टिप्पणियां रूसी भाषा के पत्र-पत्रिकाओं के लिए लिखे। सेन्केविच तो हैं ही। दरअसल कुछ भारतविज्ञों ने यहाँ अपना गढ़ बना रखा है, जैसे चेलिशेव, वारानिक्कोव आदि ने। ये लोग नये लोगों को आगे बढ़ने ही नहीं

देते। खुद वे लोग समकालीन साहित्य (भारतीय) के बारे में कुछ जानते नहीं और जो जानना चाहते हैं, उन्हें जानने नहीं देते। मैं नये लोगों के साथ मिलकर यह गढ़ तोड़ रहा हूँ। इसमें कठिनाई तो हो रही है, पर सफलता की आशा सौ प्रतिशत है।

मैं शायद गर्मियों में दस-पन्द्रह दिनों के लिए भारत आऊंगा। शायद तब मुलाकात सम्भव हो आपसे। उसी दौरान एक दो किताबें भी छपवानी हैं, देखिए सब कैसे निबट पाएगा। मेरा कविता लिखना तो फिलहाल बन्द ही है। तीन छोटी-छोटी प्रेम कविताएं लिखी थीं, पिछले वर्ष। उसके बाद ठप्प समझिए।

मैं ठीक हूँ। प्रथम सेमिस्टर की परीक्षायें श्रेष्ठ अंकों से पास कर गया हूँ। रूसी लोकसाहित्य और प्राचीन यूनानी साहित्य के परचे थे। इस दूसरे सेमिस्टर में "भाषा विज्ञान" "विदेशी साहित्य का इतिहास" "रूसी साहित्य का इतिहास" "स्लाव साहित्य" और "समकालीन रूसी साहित्य की समस्याएं"– ये परचे प्रमुख हैं। इनके अलावा प्राचीन लातीनी व यूनानी भाषाएं और रूसी भाषा की परीक्षायें तो हैं ही। कोर्स बहुत ज्यादा है, समय बहुत कम। नौकरी भी करता हूँ साथ ही साथ। मास्को रेडियो में हिन्दी उद्‌घोशक के पद पर। अतः समय नहीं मिल पाता। फिर भी अपनी रुचि के अनुकूल कुछ थोड़ा-बहुत अनुवाद करने का समय निकाला ही लेता हूँ।

आपका स्वास्थ्य अब कैसा है? आपने यह लिखा ही नहीं, मैं आपको पत्र बहुत कम लिखता हूँ, इसका मतलब यह तो नहीं कि मैं अपने प्रति आपकी आत्मीयता या आपके स्नेह को भूल गया हूँ। अब भी मैं आपसे वैसा ही लगाव महसूस करता हूँ, जैसा दो बरस पहले करता था। आपकी नयी कविताएं पढ़ने का भी मन है। अबकी बार विस्तार से लिखिएगा। प्रतीक्षा करूंगा।

आपका

अनिल जनविजय

(4)

मास्को

25 अप्रैल, 1984

आदरणीय तिवारी जी,

आपका पत्र मिला। 'दस्तावेज़' के 17-18 व 20 - तीन अंक भी। बेहद आभारी हूँ। अपनी किताब पर राजेन्द्र भाई की समीक्षा पढ़ी। बेहद सकारात्मक समीक्षा लिखी है। यह मेरी क़िताब पर दूसरी समीक्षा छपी थी। पहली समीक्षा पूरी तरह नकारात्मक थी। राजेन्द्र की समीक्षा पढ़कर लगा कि उनमें कविता की सही समझ और कविता का नजरिया पूरी तरह से आत्मसात कर पाने का माद्‌दा है। मेरी तरफ से उन्हें हार्दिक आभार कहिएगा।

'समकालीन सोवियत रचना और आलोचना' पर मैं आपको दो इन्टरव्यू, समकालीन युवा सोवियत कविता पर एक लेख और युवा कवियों की लगभग 50 कवितायें अनुवाद करके भेज दूँगा। यह सब सामग्री आपको कब तक चाहिए, लिखियेगा। इसके अतिरिक्त धूमिल की तरह चर्चित और उपेक्षित सोवियत कवि 'विसोत्स्की' की कविताएं और उस पर एक लेख भी। इधर मेरी परीक्षा निकट आ रही है। फिर भी जल्दी से जल्दी दस्तावेज़ का काम पूरा करने का प्रयत्न करूंगा। इस सम्बन्ध में वरयाम सिंह और डा. गंगाप्रसाद विमल के पत्र भी मिले हैं। हम लोग खुद मिलकर यह तय कर लेंगे कि कौन व्यक्ति किन-किन कवियों का अनुवाद करेगा।

'दस्तावेज' में आपकी कवितायें पढ़ीं। आपकी कविता का प्रषंसक तो मैं तभी से हूं, जब

आपका संग्रह छपा था– 'साथ चलते हुए'। तब न मैं आपको जानता था और न आपके नाम से ही भली-भांति परिचित था। आपसे पहला परिचय उस संग्रह की कविताओं के माध्यम से ही हुआ था। उसके बाद जब भी आपकी कवितायें पढ़ी, खूब डूब कर पढ़ीं। ये ताज़ा कवितायें भी बेहद अच्छी लगी। नये संग्रह की प्रतीक्षा करूंगा।

मैं अगस्त मध्य में दिल्ली पहुँच रहा हूँ। छह-सात दिनों के लिए। ज्यादा नहीं ठहर पाऊंगा। पता नहीं आपसे मुलाकात सम्भव होगी या नहीं। 15 अगस्त से 22 अगस्त तक मैं दिल्ली और लखनऊ में रहूँगा। प्रारम्भ में दिल्ली और अन्तिम दो-तीन दिन लखनऊ। तभी सारी-सामग्री आपको भिजवा दूँगा।

इस बीच येव्तुशेंको की लम्बी कविता "मां और न्यूट्रान बम" का अनुवाद किया है। अनुवाद एक बार दोहरा कर किसी पत्रिका को भेजूंगा। शायद 'लहर' को।

इधर फिलिस्तीनी कवियों की नयी कविताओं के अनुवाद मूल अरबी से किये हैं, अपनी एक अरबी दोस्त के माध्यम से। अब मेरे पास इतनी कवितायें हो गयी हैं कि फिलिस्तीनी-कविताओं को एक क़िताब के रूप में छपवा सकूं। येव्तुशेंको की कुछ छोटी कविताएं और बिल्कुल ताज़ी एक अन्य लम्बी कविता का अनुवाद शायद दिल्ली आने तक कर लूंगा। तब मेरे पास दो क़िताबों की सामग्री होगी। एक क़िताब तो शायद हरीशचन्द्र शर्मा (प्रकाशन संस्थान) के यहाँ से छपेगी। दूसरी क़िताब के लिए गंगाप्रसाद विमल ने 'पराग' वालों से बात की है।

मैं स्वस्थ हूँ। पढ़ाई आजकल बन्द है। अनमनेपन की वज़ह से। हां, साहित्य खूब पढ़ रहा हूँ। इस बीच यशपाल, जैनेन्द्र, गोर्की, ग्रिन, योनस आविज्यूस, तोकारेवा, परसाई, भीष्म साहनी, रामबिलासशर्मा, वोदर दुम्वादजे आदि की क़िताबें पढ़ गया हूँ। यशपाल का झूठा-सच तो तीसरी बार पढ़ा। प्रसंगवश कह दूँ कि धर्मयुग में छप रहे अरुण शौरी के लेख 'दस्तावेज़ों के आइने में भारतीय कम्युनिस्ट' का सही उत्तर दस्तावेज़ के रूप में यशपाल का "झूठा-सच" है। अरूण शौरी प्रसंग से काटकर बातों का जो बतंगड़ बना रहे हैं, वह एक 'झूठा सच' एक धोखे के अलावा और कुछ नहीं है।

इधर मेरे सीधे हाथ की तर्जनी घायल है, इसी कारण साफ़ नहीं लिख पा रहा। क्षमा कीजिएगा। पत्रोत्तर दीजियेगा। प्रतीक्षा रहेगी। और हां, डाकटिकटों के लिए हार्दिक आभार।

आपका

अनिल

पुनश्च : तीनों अंकों की एक-एक प्रति चेलिशेव को दे दी है।
उनसे आग्रह भी किया है कि वे कुछ लिखें।

(5)

मास्को

12.11.84

आदरणीय तिवारी जी,

आपका पत्र व कवितायें मिलीं। बेहद अच्छी कवितायें हैं। मुझे बेहद पसन्द आयीं। 'बेहतर दुनिया के लिए' तो बहुत ही बढ़िया कविता है। मैं आज ही ये कवितायें अनुवादक तक पहुँचा दूँगा। अनुवाद के बाद विभिन्न पत्रिकाओं के सम्पादकों को ये कवितायें दिखाऊंगा। जिसे भी पसन्द आ गयीं, वही छाप लेगा। दस्तावेज़-11 व 20 की कवितायें भी इन्हीं कविताओं के साथ अनुवाद के

लिए दे दूँगा।

'दस्तावेज़' के 'समकालीन सोवियत रचना और आलोचना' अंक के लिए चुने हुए कवियों व कहानीकारों की सूची बनाकर मैं अगले पत्र में आपको भेज दूँगा। कहानियों के अनुवाद की जिम्मेदारी मैं लेता हूँ। आप मुझे लिख भेजें कि आपको सारी सामग्री कब तक मिल जानी चाहिए। कविताओं के अनुवाद भी यथासम्भव भेजने का प्रयत्न करूंगा। इन्टरव्यू जितने मैं ले पाऊंगा, ले लूंगा। अगर यहाँ की किसी पत्रिका में सो. साहित्य पर कोई अच्छा इन्टरव्यू दिखा तो उसे अनुवाद करके भेज दूँगा। इस विषय में वरयाम भाई का पत्र भी मुझे मिला है। मैं उन्हें भी लिख रहा हूँ।

श्रीमती गाँधी की हत्या से पूरा देश उलट-पुलट हो गया है। अगर स्थिति में सुधार आया तो शायद मैं फरवरी में दिल्ली आऊंगा। तब तक सारी सामग्री तैयार करने का प्रयत्न करूंगा। इस बीच मैंने ढेर सी सामग्री जमा की है। जरूरत है उसको छांटने की और फिर अनुवाद की। कमर कसकर बैठना पड़ेगा।

इस बीच 'दस्तावेज़' के नये अंक आये होंगे। मैं प्रतीक्षा में हूँ। इस बीच नयी कवितायें लिखी हैं। उन पर काम करके जल्दी ही कुछ कवितायें दस्तावेज़ के लिए भी भेजूंगा।

शेष कुशल है। आशा है, आप स्वस्थ व प्रसन्न होंगे।

आपका

अनिल जनविजय

(6)

गोर्की साहित्य संस्थान

मास्को

8.12.84

आदरणीय तिवारी जी,

आपका 29 नवम्बर का पत्र मिला। मालूम हुआ कि दस्तावेज़ का नया अंक दिसम्बर में प्रेस में जा रहा है। इस अंक में अगर सम्भव हो तो 'देशान्तर' के अन्तर्गत सोवियत कवितायें दे सकते हैं आप। अनातोली पारपरा की कवितायें भेज रहा हूँ, व्याचिस्लाव कुप्रियानव की कवितायें आपके पास पहले से ही हैं– दोनों कवियों को सामान्य अंक में ही दीजिएगा। विशेषांक के लिए बेहद चर्चित और प्रसिद्ध कवियों की रचनायें अलग से भिजवाऊंगा।

20 जनवरी को पन्द्रह दिन के लिए दिल्ली पहुँच रहा हूँ। दिल्ली के अतिरिक्त और कहीं आना-जाना नहीं हो पाएगा। दिल्ली में मुझे कुछ किताबें इकट्ठी करनी हैं, जिनकी यहाँ ज़रूरत है। तभी वरयाम भाई से पूरी योजना तय कर लूंगा। आपकी कवितायें यहाँ अभी तक छपी नहीं हैं। श्रीकान्त वर्मा, केदारनाथ सिंह और आप, तीनों की कवितायें एक साथ छापने की योजना है। समकालीन हिन्दी कविता पर एक एन्थोलौजी भी 1986 के प्लान में स्वीकृत हो गयी है। सेंकेविच के लेखों का जो संग्रह 'यात्रा कविता-गह्वर की' शीर्षक के अन्तर्गत दिल्ली से छप रहा है, उसमें आपके सम्बन्ध में भी लिखा गया है। अगर वरयाम भाई ने लेखों को सम्पादित करते हुए वह हिस्सा निकाल नहीं दिया होगा तो निश्चय ही आप उसे पढ़ेंगे।

अपनी कुछ कवितायें भी भेज रहा हूँ। प्रतिक्रिया की प्रतीक्षा रहेगी। शेष कुशल। शुभकामनाओं

सहित।

आपका
अनिल जनविजय

(7)

मस्क्वा

6.1.1985

आदरणीय तिवारी जी,

आपका पत्र मिला। मैं 22 जनवरी को दिल्ली पहुँच रहा हूँ और 8 फरवरी तक वहाँ रहूँगा। इस बीच यदि आप दिल्ली आयें तो कृपया निम्न पते पर मुझे वे तिथियां सूचित कर दें ताकि मैं दिल्ली से बाहर किसी और शहर में जाने का कार्यक्रम (उन दिनों में) न बनाऊं। मेरा पता है–

द्वारा - श्री विमल प्रसाद जैन
सी-30, वैस्ट ज्योतिनगर एक्स.
लोनी रोड, षाहदरा, दिल्ली - 110 032.

दिल्ली में वरयाम भाई से भेंट होगी ही। मैं उनसे 'सोवियत रचना और आलोचना' अंक के बारे में पूरी योजना तय कर लूंगा। इस सम्बन्ध में उनका पत्र भी मुझे कल (फिर से) मिला है।

सोवियत दूतावास विशेषांक की कुछ प्रतियां खरीद सकता है, पर यह हम लोगों के व्यक्तिगत प्रयत्नों पर निर्भर करेगा। बेहतर हो कि जब आप दिल्ली आये तो सो. सांस्कृतिक विभाग के अध्यक्ष से मिल लें और उन्हें विशेषांक के सम्बन्ध में जानकारी देकर कुछ सहायता का अनुरोध करें। विज्ञापन भी मिल सकते हैं। दिल्ली में शीला जी (राजकमल) और वरयाम भाई इसमें आपकी सहायता करेंगे। अगर मैं वहाँ रहा तो मैं भी आपके साथ चलूंगा। जहाँ तक यहाँ की संस्थाओं द्वारा विशेषांक की खरीद की बात है तो वह भी भारत स्थित सो. सांस्कृतिक विभाग पर निर्भर करता है। वही लोग विशेषांक खरीद कर यहाँ की संस्थाओं को भेज सकते हैं। संस्था अपने आप सीधे कोई भी विदेशी पत्र-पत्रिका नहीं खरीद सकती। हां, वे मांग कर सकती हैं। मैं इस बारे में डा. चेलीशेव से बात करूंगा।

सेंकेविच की नयी किताब प्रकाशन संस्थान से छप गयी है। उसमें आपकी कविताओं का भी ज़िक्र है। अनुवाद की गलतियों के कारण कई जगह तो पूरा का पूरा अर्थ ही बदल गया है। आपकी कविताओं का ज़िक्र 'भारतीय साहित्य में साम्प्रदायिकता' के अन्तर्गत आया है। 'साम्प्रदायिकता' के अर्थ सो. संघ और भारत में भिन्न-भिन्न हैं। पुस्तक में एक जगह ज़िक्र है– हिन्दू जीवन पद्धति का, और अनुवादिका ने उसका अनुवाद किया है– "हिन्दू धर्म व्यवस्था"। दोनों में बड़ा अन्तर है। सिर्फ़ एक शब्द की वजह से पूरा अर्थ बदल गया। सेंकेविच का अनुरोध है कि आप नाराज़ न हों। वह लेख पुराना है और अब आपकी कविताओं व साहित्य के सम्बन्ध में उनके दृष्टिकोण और मान्यताओं में बड़ा फ़र्क आ गया है।

शेष कुशल है। नया वर्ष आ गया है। मेरे भीतर भी नया उत्साह है। आपको भी नववर्ष पर हार्दिक शुभकामनाएं।

आपका
अनिल जनविजय

(8)

मस्क्वा

11.4.1985

आदरणीय तिवारी जी, प्रणाम।

आपका पत्र और मंगलकामनायें मिलीं। बेहद आभारी हूँ। हाँ, आशीर्वाद देने के लिए तो आपको ही चलकर आना होगा यहाँ। देखिये, कब तक संयोग बैठता है। मैं भी कोई न कोई रास्ता खोजने की कोशिश करूंगा ताकि आपकी मास्को-यात्रा सम्भव हो सके।

'दस्तावेज़' का 26वां अंक नहीं ही मिला। दिल्ली वालों ने रजिस्ट्री से भेजी गयी पुस्तकें अस्वीकारनी शुरू कर दी हैं और साधारण डाक से आपने जो प्रति भेजी होगी, वह यहाँ दूतावास में किसी पाठक या पत्रिकाओं में रुचि रखने वाले व्यक्ति के हाथ पड़ गयी शायद। क्योंकि वह प्रति मुझे नहीं मिली।

अब एक ही रास्ता रह ज़ाता है, पर इसमें कम से कम 15-20 रुपये खर्च होंगे। यदि सम्भव हो तो पत्रिका की एक प्रति डायरेक्ट मुझे भेज दीजियेगा। अपना पता लिख रहा हूँ।

ANIL JANVIJAY
DOM - 9/11, KOM - 424
ULITSA DOBROLUBOVA
MOSCOW - 127-254
USSR.

यदि डायरेक्ट भेजने में किसी तरह की दिक्कत हो तो पत्रिका के सिर्फ वे पृष्ठ फाडकर लिफ़ाफे में 'विदेश मंत्रालय' वाले पते पर ही पोस्ट कर दें या उन पृष्ठों की फोटोस्टेट कापी कराकर दो प्रतियों में मुझे भेज दें। एक प्रति मैं कविबों को दे दूँगा। एक प्रति अपने पास रख लूंगा।

एदुअरदास के अलावा अन्य कवियों की कवितायें, लेख आदि मैंने छांटकर रख लिये हैं, सिर्फ़ उनका अनुवाद करके आपको भेजना है। इन्टरव्यू भी तीन तो हैं ही मेरे पास। दो-एक लोगों से बातचीत और करनी होगी। दस्तावेज़ के अंक 26 में प्रकाशित अनुवादों और अंक 27 में मेरी कविताओं की स्वीकृति के लिए मैं आपका हृदय से आभारी हूँ। स्वीकृत दोनों कविताओं के अलावा शेष कवितायें मैं अन्य पत्रिकाओं को भेज रहा हूँ।

अब दो शब्द पत्नी के बारे में। उसका नाम है— नाद्या। इस शब्द का हिन्दी में अर्थ होता है— आशा। नाद्या ईश्वर में उतना ही विश्वास रखती है, जितना कि आप। रूसी भाषा के अलावा अन्य कोई भाषा नहीं जानती। जब आपकी शुभकामनायें मैंने नाद्या को अनुवाद करके सुनायीं, तो प्रसन्न हुई थी वह और मुझे कहा था कि मैं उसकी तरफ़ से भी आपको धन्यवाद लिख दूँ। अभी-अभी फिर याद दिला रही है कि आपको उसका अभिवादन ज़रूर लिख दूँ। मैं जल्दी से जल्दी विशेषांक की सामग्री आपको भेजने का प्रयत्न करूंगा। वरयाम भाई ने अभी तक विशेषांक के लिए कुछ भेजा या नहीं? 'दस्तावेज़'-26 की प्रति या फोटोस्टेट प्रतियों की प्रतीक्षा रहेगी। शुभकामनाओं सहित।

आपका

अनिल जनविजय

(9)

25.9.85 मस्क्वा

आदरणीय तिवारी जी,

पिछले तीन-चार महीनों से आपका कोई पत्र नहीं आया। मैं भी घरेलू परेशानियों, बिमारियों आदि की वजह से आपको न लिख पाया। इस बीच कोई काम भी नहीं किया। पहले पत्नी की गम्भीर अवस्था रही। वह कुछ ठीक हुई तो मैं ताशकन्द चला गया। वहाँ से लौटा तो मैं स्वयं बीमार हो गया।

इस बीच वरयाम सिंह का पत्र मिला था कि 'दस्तावेज़-29' सोवियत रचना और आलोचना पर केन्द्रित होगा। मैंने उन्हें लिखा था कि सामग्री सितम्बर अन्त में भेज दूँगा। पर लगता है, मैं अपनी जिम्मेदारी पूरी न कर पाऊंगा। 'नहीं' शब्द लिखते हुए मुझे बेहद कोफ्त और शरम महसूस हो रही है, लेकिन मज़बूर हूँ। अगले ही सप्ताह नादूया का प्रसव निश्चत है यानि फिर व्यस्त रहूँगा।

ताशकन्द में गफर गुलाम नामक प्रकाशन संस्थान से तय हुआ है कि वे लोग हिन्दी कवियों की एक एनथोलौजी प्रकाशित करेंगे। बदले में मैं उज़्बेक कवियों की एक एनथोलौजी हिन्दी में अनुवाद करके प्रकाशित करवाऊंगा। दोनों ही संग्रह 1987 के अन्त तक आ जाने चाहिए। इस सम्बन्ध में बाकायदा अनुबन्ध पर हस्ताक्षर हुए हैं। 31 दिसम्बर, 1985 तक हम लोगों को एनथोलौजी की पाण्डुलिपी तैयार करके एक-दूसरे को देनी है। हिन्दी कवियों में मैं नागार्जुन से लेकर राजा खुगशाल और भारत यायावर तक सभी मुख्य कवियों को ले लूंगा। आपकी भी दो-तीन कवितायें रहेंगी। 'दस्तावेज' के किसी अंक से या 'साथ चलते हुए' से लूंगा। बाद में आपको सूचित करूंगा कि कौन-कौन सी कवितायें लीं।

'बेहतर दुनिया के लिए' मुझे नहीं मिली है। जबकि भारत यायावर ने मुझे लिखा था कि वहं छप चुकी है। सम्भवतः आपने भी सूचना दी थी कि राजकमल प्रकाशन मुझे प्रति भेजेगा। खैर...यदि आपके पास एक प्रति अतिरिक्त हो, तो आप स्वयं ही सेंकेविच के लिए भेज दीजिएगा। उस प्रति पर बाकायदा हस्ताक्षर आदि करके सेंकेविच को उपहारित कीजिए, ताकि उन्हें यह लगे कि वास्तव में उनके लिए ही यह प्रति भेजी गयी है। मैं उन्हीं की प्रति लेकर पढ़ लूंगा। अतिरिक्त प्रति भेजने की जरूरत नहीं है। पुस्तक आप रजिस्टर्ड डाक से मेरे डाक के पते पर भेज दें। इसके अलावा अलग से 'दस्तावेज 28' भेजना भी न भूलें। मैं बेहद आभारी रहूँगा। 'दस्तावेज-29' को सामान्य अंक ही रहने दें, यह मेरा सुझाव है। एक-डेढ़ महीने में परिस्थितियाँ ठीक होते ही मैं सामग्री भिजवा दूँगा।

इधर मेरा लिखना-पढ़ना पूरी तरह से बन्द है। सारा ध्यान नादूया की तरफ लगा हुआ है। पिछले दो दिनों से वह अस्पताल में है। स्थिति विकट है। देखिये, क्या होता है। प्रसवकाल शांतिपूर्वक गुजर जाये, तो कुछ चैन आए।

विस्तार से फिर लिखूंगा। 'दस्तावेज़' के लिए वायदा करके भी काम नहीं कर पा रहा, बेहद क्षोभ हो रहा है। आशा है, मेरी इस बाध्यता को अन्यथा न लेंगे। क्षमा प्रार्थी हूँ।

आशा है, आप स्वस्थ, प्रसन्न होंगे।

आपका

अनिल जनविजय

(10)

मस्क्वा /7.3.1987

आदरणीय तिवारी जी, प्रणाम!

आपकी कुछ कवितायें रूसी भाषा में प्रकाशित पत्रिका 'विदेशी साहित्य' के जुलाई अंक में आ रही हैं। आपके अलावा केदारनाथ सिंह और गोरख पाण्डेय की कवितायें छप रही हैं। कविताओं के साथ तस्वीर भी छपेगी। आपकी फोटो हमारे पास नहीं है। कृपया पत्र पाते ही अपनी एक तस्वीर मेरे उपरोक्त पते पर भेज दें। इसमें देर न करें। अप्रैल के पहले सप्ताह तक फोटो मुझे मिल जानी चाहिए तभी उसका प्रकाशन सम्भव हो पाएगा। आपके पास तस्वीरें तो होंगी ही। उन्हीं में से छांटकर लौटती डाक से भेज दें।

प्रतीक्षा में।

आपका

अनिल जनविजय

(11)

मस्क्वा /26.3.87

आदरणीय तिवारी जी,

दस्तावेज़ 30-31 अंक मिला। श्रीकान्त वर्मा पर केन्द्रित। बहुत महत्त्वपूर्ण सामग्री है। विशेष रूप से उनकी डायरी। मैं हमेशा उन्हें सत्ता का चाटुकार लेखक समझता रहा, पर उनकी डायरी पढ़कर मैं उनकी न सिर्फ़ एक लेखक के रूप में, बल्कि एक जन-प्रतिबद्ध लेखक के रूप में छवि देख पाया हूँ। राजनीति दरअसल उनके लिए एक ऐसी हड्डी बन गयी थी, जिसे न तो निगला ही जा सकता था और न ही उगला जा सकता था। दस्तावेज़ के इस विशेषांक ने श्रीकान्त वर्मा के व्यक्तित्व को यथार्थ रूप से पेशे किया है। अरविन्द त्रिपाठी का लेख अच्छा लगा। श्रीकान्त जी की समग्र रचना-यात्रा पर यह अच्छी टिप्पणी है। राबर्ट राज्देस्तवेंस्की (रेजदेवस्तवेन्सरी नहीं) की कवितायें अनुवादक ने अनुवाद के दौरान पूरी तरह से अपनी कवितायें बना दी हैं। ऐसे नहीं किया जाता कविता का अनुवाद, काश! केवल गोस्वामी यह जानते। आपकी दो कविताएं यहाँ रूसी भाषा में अज्ञेय, केदारनाथ सिंह, रघुवीर सहाय और गोरख पाण्डेय की कविताओं के साथ आ रही हैं। जून या जुलाई के "विदेशी साहित्य" नामक पत्रिका के अंक में।

हम लोग ठीक हैं। आप स्वस्थ-प्रसन्न होंगे।

आपका

अनिल जनविजय

(12)

दिल्ली प्रवास

10.01.2002

आदरणीय तिवारी जी, प्रणाम!

येव्तशेंको की कुछ कविताएं आपको मैंने पिछले दिनों भेजी थीं, मिली होंगी। मैं आपसे मिलने के लिए बेचैन था, पर मिल नहीं पाया। अन्यत्र व्यस्त रहा। फ़ोन भी नहीं किया आपको। अब मास्को से बात करूंगा। मैं अभी थोड़ी ही देर में मास्को के लिए प्रस्थान कर रहा हूँ।

आप इन गर्मियों का कार्यक्रम बनाएं तो उसमें मास्को-यात्रा शामिल कर लीजिए। वैसे सितम्बर में आयें तो अच्छा रहेगा। उन दिनों मौसम भी ठीक होता है और भोजन के लिए शाकाहार भी काफ़ी उपलब्ध रहता है।

यहाँ वरयाम सिंह से आपके बारे में चर्चा हो रही थी। उन्होंने बताया कि उन्हें आपका पत्र मिला था। 'पूश्किन सम्मान' की भी चर्चा हुई। इस वर्ष 1999, 2000, और 2001 के लिए सम्मान की घोषणा जून में होने वाली है। कुछ औपचारिकताए शेष रह गई हैं। बाकी तय हो चुका है। इस बीच आप अपने पासपोर्ट के पहले चार पृष्ठों और अन्तिम दो पृष्ठों की फोटो कॉपी मुझे भिजवा सकें तो बेहतर रहेगा। किन तिथियों में आप मास्को आना चाहेंगे, यह भी अभी से तय करना होगा। मैं आपको निमंत्रण भेज दूँगा। पासपोर्ट की प्रति इसी औपचारिकता को पूरी करने के लिए चाहिए।

इस बार की दिल्ली-यात्रा में किसी भी कवि-लेखक से मुलाकात न हो पाई। मैं अपने व्यवसाय के चक्कर में व्यस्त रहा। पत्रिकाएं ढेर सारी खरीदी हैं। ले जा रहा हूँ। मास्को पहुँचकर उनका पारायण करूंगा।

परमानन्द जी से, अरविन्द त्रिपाठी जी से या स्वप्निल से आपकी मुलाकात हो तो मेरा अभिवादन कहें ।

आशा है, आप सकुशल होंगे। शुभकामनाओं के साथ—

आपका

अनिल जनविजय

(13)

मस्क्वा/30.06.02

आदरणीय तिवारी जी, चरणस्पर्श।

आप नहीं आए। मैं प्रतीक्षा करता रहा। कितने बरसों से प्रतीक्षा कर रहा हूँ। मैं ह्रदय से चाहता हूँ कि आप एक बार यहाँ आएं। मेरे पास, मेरे साथ रहें कुछ दिन। ज्ञान का वह भंडार जो संचित है आपके भीतर, उसका एक छोटा सा अंश ग्रहण कर सकूं। अब अगले वर्ष ज़रूर आइयेगा। अब मत टालियेगा। अभी से कार्यक्रम बनाकर रखिये। पन्द्रह-बीस दिन कम से कम। जुलाई का महीना सबसे अच्छा होता है यहाँ। जुलाई 2003 आपके लिए सुरक्षित रखूंगा मैं।

'दस्तावेज़-93' मिला। आभारी हूँ। येव्तशेंको की कविताओं के प्रकाशन के लिए भी अत्यन्त आभार। बहुत अच्छे ढंग से प्रकाशित किया है आपने उन्हें। परन्तु वर्तनी की कुछ भूलें रह गयी हैं, जिनसे

तारतम्य टूटता है, रस में भंग होता है। पत्रिका की अन्य सामग्री भी पढ़ गया। मधु सन्धु का लेख 'विभिन्न मोर्चों पर खड़ी विधवाएं' बेहद पसन्द आया। अनन्त मिश्र के संग्रह पर अनन्तकीर्ति तिवारी की समीक्षा, रेवती रमण के संग्रह पर अंजना वर्मा की समीक्षा और ए. अरविंदाक्षण के संग्रह पर रोहिताश्व की समीक्षाएं पसन्द आयीं।

पिछले दिनों आलोचना अंक, वर्तमान-साहित्य में अज्ञेय पर आपका संक्षिप्त लेख पढ़ा था। मुग्ध हो गया। दुबारा पढ़ा, तिबारा पढ़ा। अज्ञेय को इस तरह से मैंने कभी नहीं जाना था। एक नयी दृष्टि, नया विचार। मुझे अच्छा लगा। अज्ञेय पर आपके अन्य लेख भी पढ़ना चाहूँगा। अज्ञेय जी मेरे प्रिय कवि हैं, रहे हैं। आपने उनकी कविता को मेरे लिए नए रूप में खोला। उनकी कविताएं— न दो प्यार, काल की गदा, छन्द, पत्ता एक झरा, मैंने देखा, एक बूंद आदि मेरी प्रिय कविताएं हैं। मैं ठीक हूँ। दिसम्बर में भारत आऊंगा। तभी आपसे मुलाकात होगी। पत्र दीजिएगा। वह लम्बा पत्र जो आपने लिखा था। मुझे नहीं मिला। बेहद खेद हुआ। घर पर सभी को यथायोग्य कहियेगा। आपका—

ह. : अनिल जनविजय

गगन गिल के लिए इधर मैंने कई कविताएं लिखी हैं। उन्हीं में से एक कविता आपको पढ़ने के लिए भेज रहा हूँ।

गगि के लिए सीरीज की एक कविता

1991

दिन पतझर का
पीला सा था झरा-झरा

छुट्टी का दिन था
वर्षा की झड़ी से भीग रहा था मस्क्वा
चल रही थी बेहद तेज़ ठण्डी हवा
खाली बाज़ार, खाली थी सड़कें
जैसे भूतों का डेरा
खाली उदास मन था मेरा

तुमको देखा तो झुलस गया तन
हुलस गया मन
बिजली चमकी हो ज्यों घन
लगने लगा जीवन फिर से यह भरा-भरा

तुम आईं तो आया वसन्त
दिन हो गया हरा

(14)

मस्क्वा/12.07.2002

आदरणीय तिवारी जी, प्रणाम।

दस्तावेज़-93 यथासमय मिल गया था। आपने साधारण डाक से भेजा था, पन्द्रह रुपये का

टिकट लगाकर और वह करीब एक सप्ताह के भीतर ही मुझे मिल भी गया। मैं आश्चर्यचकित होता रहा। कभी तो डाक विभाग भी प्रभु की तरह कृपा करता है।

मैं अत्यन्त आभारी हूँ। आपने अच्छे ढंग से येव्तशेंको के अनुवाद प्रकाशित किए हैं। कहीं-कहीं वर्तनी की अशुद्धियाँ हैं। उनसे निरन्तरता टूटती है। लेकिन फिर भी अच्छा है। वर्तनी की अशुद्धियां तो पूरे अंक में ही हैं। अगर आप इस ओर भी ध्यान दे पाते तो पत्रिका का स्तर ऊंचा होता। अंक पूरा पढ़ गया हूँ। मधु सन्धु का लेख अच्छा लगा। पत्र-सम्पदा का जो प्रकाशन आप कर रहे हैं, वह बेहद ज़रूरी है, चूंकि पत्र गुम हो जाते हैं।

अंक-92 में कुछ पत्र 'दस्तावेज़-एक' के बारे में थे। मैं देर तक उन दिनों की स्मृतियों में खोया रहा। यह शायद 1978 की बात है। दिल्ली में उन दिनों मेरे एक अध्यापक थे सुरेन्द्रनाथ तिवारी। उनके नाम 'दस्तावेज़-एक' आया था। मैं एक ही दिन में पूरा अंक पढ़ गया था। ज्ञानेन्द्रपति की एक प्रेम कविता थी उसमें– चेतना पारीक। "कहां हो, कैसी हो, चेतना पारीक, क्या पहले जैसी हो..."। पत्रिका के कवर पर हरी पृष्ठभूमि में लाल रंग का एक बड़ा गोला था, जैसे हरी भरी प्रकृति में सूर्य खिला हो। मैं बेहद प्रभावित हुआ था। एक नया सौन्दर्यबोध हुआ था मुझे उस कवर पृष्ठ को देखकर।

तिवारी जी, आपका वह लम्बा पत्र मुझे नहीं मिला। बड़ा खेद है। बार-बार सोचता हूँ उसके विषय में। क्या लिखा होगा? अन्दाज़ लगाता रहता हूँ। वह मिल जाता तो धन्य होता। आपको भी कहां समय मिलता होगा कि आप मुझे बार-बार बड़े ख़त लिखें। इतना तो काम रहता है आपको। पता नहीं क्यों, आपको लेकर मैं भावुक रहता हूँ। आपके भीतर जो सहजता, जो सरलता, जो आत्मीयता है, उसी ने बांध लिया है मुझे। इसीलिए चाहता हूँ कि आप मास्को की यात्रा करें। जितने दिन आप मास्को में रहेंगे, आप मेरे साथ रहेंगे, मेरे पास। आपके काम आपको नहीं घेरे होंगे। आपकी व्यस्तताएं आपके संग नहीं होंगी और मैं आपके साथ दस दिन भी रह गया तो बहुत-कुछ सीख जाऊंगा, पा जाऊंगा। आप मेरे प्रिय हैं, प्रिय कवि, प्रिय सम्पादक, प्रिय बन्धु, प्रिय मित्र, प्रिय साथी, प्रिय अध्यापक। हालांकि आपने (स्थूल अर्थ में) मुझे कभी नहीं पढ़ाया। परन्तु मैं आपसे हमेशा पढ़ता रहा, सीखता रहा। एकलव्य वाली स्थिति है यह।

अगले वर्ष आपको मास्को आना ही है। यह तय करके चलिए, अभी से। जुलाई के प्रारम्भ में आइये। मौसम अच्छा होता है। यात्रा का सारा प्रबन्ध मैं कर दूँगा। आपके साथ-साथ भारत यायावर भी आ सके तो सोने पर सुहागा होगा। उससे भी बात करूंगा।

अबकी बार दिसम्बर में भारत आऊंगा तो आपसे अवश्य मिलूंगा। आप दिल्ली आ जायेंगे तो बेहतर अन्यथा मैं ही गोरखपुर आ जाऊंगा।

शेष कुशल है। आपके पत्र की प्रतीक्षा रहेगी। भाई अनन्तकीर्ति तिवारी को मेरा सादर अभिवादन कहें।

शुभकामनाओं सहित,

आपका ही

अनिल जनविजय

(15)

मस्क्वा/15.12.02

आदरणीय तिवारी, प्रणाम।

आपका 6 नवम्बर का पत्र मिला। 'दस्तावेज़-94' की प्रति भी। इस अंक की कविताएं पढ़कर फिर एक बार यह विचार मन में आया कि आपकी काव्य-रूचि बहुत अच्छी है, श्रेष्ठ और अति उत्तम। आप स्वयं कवि हैं, अच्छे कवि हैं, इसलिए कविता की आपकी पहचान भी श्रेष्ठ है। जितनी अच्छी कविताएं 'दस्तावेज़' ने प्रकाशित की हैं, शायद ही किसी अन्य पत्रिका ने पिछले 20 वर्षों में इतनी अच्छी कविताएं छापी होंगी। एकान्त श्रीवास्तव, संजय शाम, कुमार वीरेन्द्र और श्याम पलट पाण्डेय– चारों ही कवियों की कविताओं ने मुझे बांध लिया। मैंने कई-कई बार इन कविताओं का पाठ किया।

मैं 22 दिसम्बर को दिल्ली पहुँच रहा हूँ। दिल्ली पहुँच कर यह पत्र मैं आपको पोस्ट करूंगा। 23 दिसम्बर को देहरादून चला जाऊंगा। पत्नी व बिटिया के पास। वहाँ से 30 दिसम्बर को वापिस दिल्ली लौटूंगा। पहले सप्ताह में (जनवरी के) दिल्ली में ही रहूँगा। 7-8 जनवरी का भोपाल जाने का कार्यक्रम है। 11 या 12 जनवरी को मैं वापिस मास्को लौट जाऊंगा। देहरादून में मेरा फोन नम्बर है– 0135-710858। मैं स्वयं भी आपको फ़ोन करूंगा। फिर आपका जैसा कार्यक्रम दिल्ली आने का बनेगा, उसके अनुसार ही मैं अपने कार्यक्रम में परिवर्तन कर लूंगा। दिल्ली में येव्तशेंको के अनुवादों की पुस्तक छप रही है। अगर मेरे वापिस लौटने तक पुस्तक छपकर आ जायेगी तो मैं 'दस्तावेज़' में समीक्षा के लिए और अलग से आपके लिए प्रति वहीं दे दूँगा आपको। आपके कविताओं के इधर के संग्रह और संस्मरणों का संग्रह दिल्ली में खरीदने हैं मुझे। 'साथ चलते हुए' के बाद का कोई संग्रह मेरे पुस्तकालय में नहीं है। आजकल मास्को विश्वविद्यालय के 'एशियाई अफ्रीकी अध्ययन संस्थान' के छात्रों को भारतीय हिन्दी कविता पढ़ा रहा हूँ। आपकी कविताएं भी उनके कोर्स में शामिल की है।

आगामी जुलाई 2003 में मास्को की यात्रा करने का मेरा आमंत्रण आप स्वीकार कर रहे हैं, यह जानकर हार्दिक प्रसन्नता हुई। इस बार कार्यक्रम को टालिएगा नहीं। मैं बेहद प्रसन्न होऊंगा, अगर आप मेरे घर, मास्को आएंगे। इस सिलसिले में विस्तार से सारी बातचीत हम दिल्ली में कर लेंगे।

इधर हिन्दी कविता की एक एन्थोलौजी प्रकाशित करने की योजना बनाई है। आपकी कविताएं भी इस एन्थोलौजी के लिए चाहिए। कोई 'दुर्लभ चित्र अन्य कवियों के साथ' भी, यदि उपलब्ध करा सकें तो आभारी रहूँगा। यह एन्थोलौजी हर वर्ष प्रकाशित होगी। इसमें कवियों के, कवि-गोष्ठियों के दुर्लभ चित्र भी प्रकाशित करने हैं। 'स्मरण' खण्ड के अन्तर्गत दिवंगत कवियों की रचनाएं प्रकाशित करेंगे। इस सिलसिले में प्रपत्र आपको भेज रहा हूँ। संजय शाम, कुमार वीरेन्द्र और श्याम पलट पाण्डेय के पते भेज सकें तो आभारी रहूँगा।

गगि सीरीज की कविताएं तो छप चुकी हैं। जैसाकि कल हरि भटनागर ने फ़ोन पर बताया– "साक्षात्कार" के नवम्बर अंक में उन्होंने गगि सीरीज़ की कुछ कविताएं छापी हैं। कुछ और कविताएं शेष हैं, वे आपको भेज दूँगा। इनके अलावा तीन-चार कविताएं और हैं। भेज रहा हूँ। आपको उचित लगें तो छापियेगा। अनुवाद भी आपको समय-समय पर भेजता रहूँगा। जैसे आपने पिछले अंक में (विस्तार से) येव्तशेंको की ढेर-सी कविताएं छापी थीं, वैसे ही अबकी बार मैं आपको वाज़्नेसेंस्की या रूब्सोव की कविताएं भेजूंगा। अधिकांश पत्रिकाएं एक-दो या तीन कविताओं का अनुवाद छापकर

अनुवाद के नाम पर जो भरपाई करती हैं, वह मुझे अच्छी नहीं लगती। 'दस्तावेज़', 'शब्द', 'साक्षात्कार' में ऐसा नहीं हुआ, न होता है, यह भला लगता है।

इधर मैं अपना नया कविता संग्रह तैयार कर रहा हूँ। उसमें पुरानी सभी कविताओं को भी शामिल करूंगा। मैं हर बार, हमेशा, अपने हर संग्रह में ऐसा ही करना चाहता हूँ। मैं निराला की तरह, बच्चन की तरह थोक में नहीं लिखता। बहुत कम लिखता हूँ। जब तक नया संग्रह आता है, पुरानी कविताएं लोग भूल जाते हैं। कवियों की नयी पीढ़ी सामने आ जाती हैं, इसलिए ऐसा करना ज़रूरी है। आपको भी अपनी समग्र कविताओं का एक संग्रह ज़रूर देना चाहिए। कविताओं का लगातार पुनःप्रकाशन होते रहना चाहिए।

शेष कुशल है। आपसे मिलने की उत्सुकता है। शुभकामनाओं सहित।

आपका

अनिल जनविजय

अरविन्द त्रिपाठी

(1)

NEW DELHI - 110 055

23.2.85

आदरणीय डा. साहब

सादर चरण स्पर्श!

आशा है आप सपरिवार स्वस्थ प्रसन्न हैं। मुझे बेहद अफ़सोस है कि आपसे तीन महीने हुए न मुलाकात हो सकी और न पत्राचार जीविका की तलाश में मुझे दिल्ली आना था। आप जानते ही हैं कि मैं अति अभावग्रस्त परिस्थितियों के बीच पढ़ा लिखा और बड़ा हुआ। पिता प्राथमिक स्कूल के अध्यापक ठहरे। परिवार में बड़ा होने के नाते मुझे दो वर्षो से यह लग रहा था कि मुझे परिवार की जिम्मेदारियां संभालनी चाहिए। मुझे इस बात का दुख भी है कि गोरखपुर मुझे आजीविका नहीं दे सका। छोटी सी भी नहीं। अतः यहाँ आना पड़ा।

आप जितना कर सकते थे उतना किया। एक गुरु की तरह नहीं एक पिता की तरह। साहित्य में आज जो कुछ बन सका हूँ वह सब आपका है। चूंकि मैंने साहित्य में ही जीने मरने का निश्चय किया है अतः जो सामने आयेगा उसे झेलना होगा। मैंने 1 फरवरी को प्रेक्षा ज्वाइन किया है। 1200/ रु. प्रतिमाह पर। यह पत्र राजनैतिक दृष्टि से कांग्रेस (इ) को समर्पित है। किन्तु मुझे वर्मा जी ने साहित्य कला, फिल्म, चरित चर्चा देखने को सौंपा है। अंक बराबर भेज रहा हूँ, मिलता होगा। आप और अन्य लोग प्रेक्षा को कुछ लेखकीय मदद करते तो निश्चय ही इसका साहित्यिक तेवर निखरता। मैं 6 की शाम चलकर 7 की सुबह 'जयंती जनता' से गोरखपुर आ रहा हूँ, एक सप्ताह के लिए। आपसे मुलाकात तो होगी ही बातचीत भी।

यहाँ दिल्ली आने पर अकेलापन और आप लोगों का विछोह काफी अखरता है। 11 से 5 दफ्तर और शाम को मोहन सिंह प्लेस बैठता हूँ। बेतियाहाता और आपका घर आपकी बातचीत सब कुछ याद आती है।

श्रीकांत जी ने मेरी काफी मदद की है। उनकी दिनचर्या आजकल किसी मिनिस्टर से ज्यादा व्यस्त है, पर मिलने पर उसी तरह, आत्मीयता के साथ मिलते हैं। उनका संग्रह 'मगध' प्रकाशित हुआ है। पिछले दिनों 'त्रिवेणी सभागार' में उसका विमोचन समारोह था। विमोचन अशोक वाजपेयी ने किया। श्रीकांत जी ने 25 कविताओं का काफी प्रभावशाली पाठ किया। दिल्ली के सभी लोग उपस्थित थे। यहाँ आये दिन गोष्ठियां, समारोह, फिल्म समारोह देखने को मिलता है। उससे मन आन होता है।

मैं संयोग से कनाटप्लेस में रह रहा हूँ। आवास हमारे ओर के एक सज्जन का है पूरा एक लैट है। वे नेता हैं, अकेले रहते हैं। कुछ दिन मैं अपने एक दोस्त के साथ था। दफ्तर कनाट प्लेस में ही है। रहने खाने की कोई दिक्कत नहीं है। मैंने J.N.U. से केदार जी के साथ रिसर्च एसोसिएट के लिए

अप्लाई किया है। उसमें मेरा होना चाहिए। क्योंकि J.N.U. के लिए 5 सीटें हैं। यह स्कालरशिप 3 वर्ष के लिए होती है, नामवर जी की कृपा है। उन्होंने अपने वहाँ से फार्म अग्रसारित किया। संयोग से मेरे नाम से वह वाकिफ थे, मैंने आपका भी स्मरण दिलाया तो वे राजी हो गये। इसमें 1500/रु. मिलते हैं J.N.U. आवास भी देता है और एक क्लास भी। मैंने इधर कविताएं काफी लिखी हैं, तमाम पत्र पत्रिकाओं में पुस्तक समीक्षा और लेख आदि भी।

मास्को से अनिल जनविजय आये थे। एक रात साथ थे। वे वहाँ रेडियो में समाचार वाचक हैं वहीं एक रूसी इंजिनियर महिला से विवाह भी किया है। वे दस्तावेज़ 'रूस कवितांक' की बात कर रहे थे। आप से सम्भवतः उनसे आने की बात हुई थी।

आपका संग्रह तो राजकमल से आ रहा है। राजकमल में एक दिन बात हुई थी।
आशा है अनन्त जी चित्तरंजन जी, राजेन्द्र जी, सानंद होंगे . सभी का नमस्ते कहें। चाचीजी को प्रणाम कहें। पप्पू, टप्पू, गुड्डू को स्नेह। मेरे लिए दस्तावेज रामविलास शर्मा अंक आशा है रखे होंगे। आप आजकल क्या लिख पढ़ रहे हैं। फिलहाल इतना ही,

आपका अपना

अरविंद कुमार त्रिपाठी

(2)

नयी दिल्ली 110 011

16.3.85

आदरणीय डाक्टर साहब

सादर चरण स्पर्श।

आशा है आप सपरिवार सकुशल हैं। मैं 11 की सुबह दिल्ली आ गया। दतर ज्वाइन किया। आपसे इतने दिन बाद मिलकर, बातचीत करके काफी प्रसन्नता हुई।

अभी श्रीकान्त जी से बातचीत हुई। मैंने उनके ऊपर एकाग्र 'दस्तावेज़' के विशेषांक की भी चर्चा की। वे काफी प्रसन्न हुए। एक शाम श्रीरामसेंटर में निर्मल वर्मा जी से भी मुलाकात हुई। कृपया उन्हें 'दस्तावेज़' के लेटेस्ट अंक भिजवायें।

मैं श्रीकान्त जी का एक इण्टरव्यू लेना चाहता हूँ। कोई 25-30 प्रश्न बनाये हैं। अभी वे मास्को जा रहे हैं। आने के बाद बात होगी। आप कृपया मुझे अनुमति दें। दस्तावेज 27 के लिए मैं अपनी कविताएं मार्च के अन्त तक फाइनल करके भेजूंगा।

प्रेक्षा में प्रकाशनार्थ आपसे इण्टरव्यू के लिए प्रश्न बना लिए हैं। शीध्र भेज रहा हूँ। मैं 25 मार्च को एक इण्टरव्यू लखनऊ वि.वि. में दे रहा हूँ। क्या अपने यहाँ से कोई आ रहा है। जगहें 5 हैं। देखिए क्या होता है। फिलहाल इतना ही। घर के सभी सदस्यों को यथायोग्य कहें। पत्र का उत्तर देंगे।

आपका

अरविंद कुमार

(3)

21.9.1985

परम श्रद्धेय डॉ. साहब

सादर वन्दे!

आशा है आप सपरिवार स्वस्थ्य सानंद हैं। मुझे अफ़सोस है कि आपको पत्र नहीं लिख सका। आपका पत्र मिला था। राजेन्द्र जी के पास आने वाले पत्रों से आपका और परिवार का समाचार मिलता रहा है। राजेन्द्र जी के लिए कमलेश जी ने वादाखिलाफी की। अतः हम लोगों को नये सिरे से एडजस्ट करने के लिए प्रयत्न करना पड़ा। फिलहाल राजेन्द्र जी 'प्रकाशन संस्थान' का कार्य देख रहे हैं और आप द्वारा निर्देशित आयोगों में अप्लाई करने के अलावा दिल्ली के कालेजों में तथा पत्रकारिता के क्षेत्रों में भी आवेदन कर रहे हैं।

मैंने श्रीकान्त जी से आपसे हुई बातचीत का उल्लेख करते हुए इन्हें A.I.C.C. में ही नियोजित करने की बात कर ली है वे जैसे ही कोई जगह बनी इन्हें एडजस्ट कर लेंगे। आप आश्वस्त रहें। फिर आप यह मानकर चलें कि मुझमें और राजेन्द्रजी में फर्क नहीं है। राजेन्द्र जी स्वस्थ्य प्रसन्न और अपने भविष्य के प्रति कृतसंकल्प हैं। मेरे साथ हैं अतः चिंता की बात नहीं। आपने अपना जो वायोडेटा भेजा था उसे लेकर मैंने वर्मा जी से दो मीटिंगों में हिन्दी संस्थान की नियुक्ति के प्रसंग में गम्भीर बात की। और मैंने स्पष्ट रूप से आपको नियुक्त कराने का सुझाव दिया। वे सहमत और एक्टिव हुए। मैंने डा. रमा सिंह के बारे में नामवर जी के अन्तरंग दृष्टिकोण से भी परिचित कराया अतः अब रमासिंह का नाम प्रस्तावित नहीं करेंगे। वे अब आपको नियुक्त कराने के बारे में सक्रिय हैं। वे शीघ्र ही मुख्यमंत्री नारायणदत्त तिवारी से बात करेंगे। नारायणदत्त तिवारी ज्यों ही दिल्ली आयेंगे त्यों ही बात होगी। आपका वायोडेटा उन्हें वह देंगे। वर्मा जी ने कहा है कि ज्यों ही नारायणदत्त इधर आते हैं मैं तुरन्त बात करूंगा। अतः आप उक्त पद हेतु अपनी मनःस्थिति बनाये रक्खें। तीन वर्ष का अवकाश आपको लेना होगा। योजना के अनुसार इसे अत्यन्त गोपनीय ढंग से क्रियान्वित करना है। मैं आपको आगे की खबरें देता रहूँगा।

तीसरी बात जो अत्यन्त महत्त्वपूर्ण है– वह है इस वर्ष का साहित्य अकादमी पुरस्कार। पुरस्कार के लिए जिन दो किताबों की चर्चा है उसमें 'मगध' और 'यहाँ से देखो' मुख्य हैं। अभी 18 सितम्बर को एक मिटिंग हुई है जिसमें परमानन्द जी आये थे। मैं उनसे मिलना भी चाहता था किन्तु आज साहित्य अकादमी भवन में मुलाकात न हो सकी। चयन समिति की जो वर्तमान स्थिति है उसमें 'मगध' का वजन ज्यादा है किन्तु नामवर सिंह ग्रुप 'यहाँ से देखो' के लिए सक्रिय है। परमानन्द जी भी शायद उधर ही हों। मैं इस पत्र के साथ वर्तमान सदस्यों की लिस्ट भेज रहा हूँ। आप अपनी ओर से इसमें से जिसे-जिसे उपयुक्त समझें तुरन्त पत्र लिखकर 'मगध' को सपोर्ट करने की बात करें। ऐसी बात आज वर्मा जी से अभी हुई है। उन्होंने ऐसा करने के लिए मुझे निर्देश और आपसे आग्रह किया है। आप वात्स्यायन जी, कुमार विमल, श्रीलाल शुक्ल आदि से तो कह-लिख सकते हैं। वात्स्यायन जी आजकल श्रीकान्त जी की तरफ हैं। नामवर जी के कारण शायद 'यहाँ से देखो' की जगह वे 'मगध' को सपोर्ट करेंगे। आपका वात्स्यायन जी पर जोर है और वात्स्यायन जी का निर्णय में अहम भूमिका होगी अतः उन्हें आप तुरन्त लिख दें।

आज ही डा. इन्द्रनाथ चौधरी से मेरी और राजेन्द्र जी की भी बात हुई वे आपको स्मरण कर रहे थे। वे आपके मित्र हैं अतः उन्हें भी अपने अभिमत से वाकिफ करायें। मैं समझता हूँ कि अगर

इतना प्रयत्न आपकी ओर से हो गया तो 'मगध' को पुरस्कृत किया जा सकता है। आजकल श्रीकान्त जी साहित्य में इसी को लेकर जूझ रहे हैं। आपकी मदद चाहते हैं उनकी बातचीत से लगता है कि आप ही लोग उनके अन्तरंग मित्रों में हैं।

मैं इधर अच्छी जगह आवास पा गया हूँ। 1, त्रिमूर्ति लेन जो श्रीकान्त जी के आवास के बिल्कुल सटे है दो कमरा ले लिया गया है। पंखा, लाइट, पानी, बाथरूम सभी उपलब्ध है। अब आपको ठहरने में कोई दिक्कत नहीं होगी। श्रीकान्त जी से अब बराबर मुलाकात होती है। दफ्तर में तो उनकी व्यस्तता काफी रहती है। पंजाब चुनाव आजकल आसन्न है अतः वे उसी में व्यस्त हैं।

आपके संग्रह को यहाँ दिल्ली में सभी लोगों ने सराहा है। श्रीकान्त जी ने आपका संग्रह काफी पसन्द किया। केदार जी से भेंट हुई थी वे भी सराह रहे थे। मेरे समकालीनों में सभी ने पसन्द किया है। अब तक इसकी दो समीक्षायें आयी हैं। 'जनसत्ता' और 'गंगा' में। जनसत्ता में श्याम विमल ने लिखा है, बहुत अच्छा तो नहीं किन्तु सब मिलाकर ठीक है। 'गंगा' एक व्यावसायिक पत्रिका है अतः उसमें किसी अनाम ने ही लिखा है चलताऊ ढंग से। पर किताब का लैप छापा है। मैं शीघ्र उसकी कटिंग प्राप्त करके भेजूंगा। 'जनसत्ता' तो आपको मिला ही होगा। नव. वर्णिका में मैं विधिवत समीक्षा कर रहा हूँ। नवभारत टाइम्स में अमित सिन्हा जो मेरा दोस्त है और इधर का युवा कवि है लिख रहा है। दिनमान में धीरेन्द्र अस्थाना या उदय प्रकाश लिखेंगे।

मैं इधर लिखने पढ़ने में फिर जुट गया हूँ। समीक्षाएं कविताएं लिख रहा हूँ। आपको शीघ्र पत्र पत्रिकाओं में दिखेगा। 'दस्तावेज'29 में आप मेरी कविताएं प्रकाशित करें। 28 में मैं भेज नहीं सका क्योंकि समय बिल्कुल नहीं मिला। आप जानते ही हैं दिल्ली की व्यस्तता और पत्रकारिता जैसा पेशा। वर्णिका में मैं फिल्म, कला, साहित्य, खेल साक्षात्कार कालम देख रहा हूँ। वर्णिका इशू आपको मिला होगा। आप नव. अंक के लिए कोई लेख/टिप्पणी लिखकर सहयोग करें। ऐसा श्रीकांत जी का भी आग्रह है। चित्तरंजन जी, अनन्त जी को भी कहें कि तुरन्त कुछ लिखकर भेजें। 'वर्णिका' में अगर रामकृष्ण मणि त्रिपाठी नेहरू जी की विचारधारा पर कोई लेख भेज सकें तो अच्छा होगा। आप लोग इस पत्रिका को थोड़ा सहयोग देकर आगे लायें। इसे 200 लेखकों को भेजा जा रहा है।

आनन्द जी IAS मेन की तैयारी में संलग्न हैं। कोचिंग भी ज्वाइन करा दिया हूँ। इस साल इन्हें आना चाहिए। मेरी पत्नी चैण्क में प्रवेश हेतु 26 को दिल्ली आ रही हैं पर रुकेगी अपने रिश्ते में। अभी गौने की रस्म शेष ही है। खैर...। 2 अक्तूबर तक चली जायेगी। विभाग की क्या गतिविधि है। आप मूर्खों को तो छोड़िए ही। ये वहीं रह जायेंगे।

आशा है आप स्वस्थ्य प्रसन्न होंगे। विमल के नाम आपका पत्र दिखा था। भला लगा। प्रायः आपकी चर्चा करता है। चित्तरंजन जी, अनन्त जी को हम सभी की ओर से प्रणाम, चाचीजी को भी। पप्पू गुड्डू, टप्पू, गुड़िया को स्नेह। गुड्डू का पत्र तो कभी नहीं मिला। क्या वे भूल गये हैं। उन्हें मेरी याद दिलायें और कहें कि पत्र लिखें। कृपया बाढ़ के बारे में खबर दें। मेरा इलाका तो एकदम डूब गया होगा। काफी चिंता है। इधर घर से पत्र भी नहीं आया। आशा है आप तुरन्त पत्र देंगे।

मैं नवम्बर के अन्त तक आना चाहूँगा। शायद गौने की रस्म हो। आने के पूर्व लिखूंगा। आप क्या इधर आ रहे हैं मैं किसी दिन शाम फोन पर आपसे बात करूंगा।

आपका अपना

अरविंद

(4)

18.5.87

आदरणीय डा. साहब,

सादर प्रणाम

आपके दोनों पत्र कुछ दिनों के अन्तराल में मिले। दूसरा चित्र आपका छपने के लिए नवभारत टाइम्स में दिया है। इसी महीने छप जायेगा। सूचित करूंगा। यह चित्र काफी सम्मोहक लगा। शायद अब तक के आपके सभी चित्रों से बेहतर है।

आपको इस बीच वीणा जी ने श्रीकांत जी की पुण्यतिथि (25 मई, 1987) पर आयोजित सभा का निमंत्रण भी भेजा है। मिला होगा। इसी अवसर पर श्रीकांत वर्मा स्मृति पुरस्कार भी घोषित होगा। पहला पुरस्कार राजेश जोशी के कविता संग्रह 'मिट्टी का चेहरा' को दिया गया है। निर्णायक मंडल की अभी 10 मई को मीटिंग थी। इस निर्णायक मंडल में नेमिचन्द्र जैन, कुंवर नारायण, केदारनाथ सिंह, निर्मल वर्मा, वीणा वर्मा हैं।

जब इसके पूर्व निर्णायक मंडल का गठन हो रहा था तो मैंने आपका नाम और नामवर जी का नाम प्रस्तावित किया था। जिसे वीणा जी मान गयी थीं। पर बीच में अशोक वाजपेयी के हस्तक्षेप से आप और नामवर जी का नाम निर्णायक मंडल में नहीं सम्मिलित होने पाया। मैं नहीं जानता कि अशोक जी से आपके सम्बन्ध कैसे हैं? पर इस आपत्ति से लगता है कि वे अपना ध्रुवीकरण विशुद्ध कलावादियों तक सीमित रखते हैं। शायद इसीलिए वे इन दोनों नामों की जगह निर्मल वर्मा और कुंवर नारायण को रखने की बात की। इसके बारे में मैं उनसे सीधे नहीं कह सकता। वीणा जी भी इस मामले में अशोक जी पर ही ज्यादा निर्भर हैं। इसको लेकर मैं दुखी हूँ। अभी नामवर जी ने जनसत्ता में जो इण्टरव्यू दिया है उससे साफ है कि वे भारत भवन के आयोजनों में सीधी साझेदारी नहीं करेंगे। यह इसलिए लिख रहा हूँ कि आपको भी अपना एक 'सशक्त ग्रुप' बनाना होगा। आपका व्यक्तित्व अशोक या किसी से कम महत्त्वपूर्ण नहीं है।

मैं 10 जून के आसपास जब गोरखपुर आऊंगा तो इस मसले पर बात होगी। मुझे लगता है कि आपकी अत्यधिक साहित्यिक ईमानदारी समकालीन साहित्यिक माहौल में आड़े आ जाती है। जिन कवियों की आपने इधर के वर्षों में चर्चाएं की हैं उनको जोड़कर आगे की रणनीति तय की जा सकती है।

मैं क्या करूं? अभी कोई स्थायी नौकरी नहीं। पारिवारिक स्थिति भी ऐसी नहीं है कि विशुद्ध लेखन के बदौलत जीवन की गाड़ी खींची जा सके। भाइयों का बोझ, विवाहित जीवन की नयी जिम्मेदारियां बुरी तरह जकड़े हैं जिनसे निकल पाना कठिन दीख रहा है। इन सबका असर मेरे लेखन पर पड़ा है। चाहकर भी बराबर नहीं लिख पढ़ पाता। देखिए कब पार पाता हूँ। मेरी आशा की किरण आप हैं। इसे मैं हमेशा मन में रखता हूँ। पता नहीं आप मेरे बारे में क्या सोचते हैं?
खैर! आपकी किताब अभी वाणी ने रिलीज नहीं किया है। मैं उसकी एक लम्बी समीक्षा हंस या दिनमान में लिखूंगा। अशोक को लिख दें कि किताबें सभी जगहों पर रिव्यू के लिए भेज दें।
फिलहाल इतना ही, दिल्ली में गर्मी काफी है। राजेंद्र जी मजे में हैं। आशा है आप सपरिवार सानंद हैं। सभी को यथायोग्य कहें। अनन्त जी अस्वस्थ्य थे। अब कैसे हैं? लिखें।
शेष फिर

आपका स्नेहाधीन
अरविंद त्रिपाठी

(5)

दिल्ली : 14/1/88

आदरणीय डॉ. साहब

सादर वंदे!

आशा है आपकी वापसी यात्रा सकुशल पूरी हुई होगी। मैं कल सुबह मालवा एक्सप्रेस से यहाँ पहुँचा। चलते वक्त भोपाल में बहुत बारिश हुई भीगता स्टेशन पहुँचा क्योंकि गाड़ी पकड़नी थी। जुकाम पहले से था। भीगने से तबियत काफी भारी हो गयी है। खैर!

आपका कार्य मैंने दूसरे दिन पूरा कर दिया। सोमदत्त जी को पत्र दे दिया और आग्रह किया कि यह कार्य तुरन्त करा दें। अशोक जी से मुलाकात तो नहीं हुई पर ज. स्वामीनाथन, विजयमोहन जी आदि से भेंट हुई थी। मैंने साक्षात्कार के इधर के 3 अंक खरीदे। अंक 86-88 में आपका यात्रा संस्मरण 'जो बह रही है जिजीविषा की तरह' ट्रेन में रात पढ़कर सोया। इतना चमकीला गद्य आपका पहली बार पढ़ने को मिला। कुछ पंक्तियां तो भीतर तक छू लीं। 'रविशंकर के सितार से भी मधुर है– विपाशा का शोर' मेरी दृष्टि में सबसे अच्छी पंक्ति है। मुझे उम्मीद है आप भीमबेटका की गुफा-यात्रा का भी उपयोग करेंगे।

भोपाल बहुत सुन्दर शहर लगा। मेरे रिश्तेदार ने स्कूटर से 12 जनवरी को दिनभर घुमाया। आपके साथ रहकर अच्छा लगा। श्रीराम वर्मा जी भी अच्छे लगते हैं पर उन्होंने 'हाशिए का कवि' कविता पढ़कर यह सोचने के लिए विवश कर दिया कि खरी आलोचना लिखकर क्या हम अपने मित्रों, स्वजनों को खो सकते हैं?

उम्मीद है श्रीराम वर्मा जी का लखनऊ वाला कार्य आपने श्री प्रभास जी को सौंप दिया होगा। अगर न किया हो तो कृपया एक कार्ड विवरण के साथ दें। उनकी आर्थिक चिंता से आप वाकिफ हैं।

उम्मीद है आप सपरिवार सानंद हैं। पत्र लिखें।

आपका

अरविंद

(6)

दिल्ली : 12.2.96

आदरणीय डॉ. साहब

सादर वंदे!

आशा है, आप सपरिवार स्वस्थ्य सानंद हैं। आप पर एकाग्र पुस्तक का प्रकाशन लगभग हो गया है। पुस्तक मेले में श्री हरिश्चन्द्र शर्मा ने बताया कि पूरी पुस्तक कम्पोज हो चुकी है। फरवरी के अन्त तक या मार्च के पहले हते में आ जायेगी।

मैंने उनका प्रस्ताव उचित ही समझा। यद्यपि वे पुस्तक मेले में किताब रिलीज करने की बात मुझसे पहले कह चुके थे। खैर!

श्रीकांत रचनावली 4 खण्डों में जो श्रीकांत जी का सृजनात्मक साहित्य है, राजकमल ने छाप

दिया है। मार्च या अप्रैल में उस पर एक वृहद आयोजन राजकमल करेगा। क्या ही अच्छा हो कि आप उस मौके पर आयें।

मैं इधर सर्वभाषा कवि सम्मेलन के आयोजन में व्यस्त था। अब थोड़ा खाली हुआ हूँ। रेडियो में मेरी नौकरी की प्रकृति से परिचित हैं। समयाभाव बराबर बना रहता है। पर इसी में जो अवकाश मिलता है, साहित्य सेवा करता हूँ।

दस्तावेज के अंक इधर दिखे नहीं। मेरी राय है कि दस्तावेज का एक वृहद अंक जो संयुक्तांक भी हो सकता है, समकालीन कविता की चुनौतियों पर निकाला जाय। एक लम्बी बहस और 15 लम्बे सुविचारित लेख, टिप्पणियाँ और कुछ चुनी कविता, पुस्तकों की समीक्षाएं और आखिर में कुछ महत्त्वपूर्ण और युवा कवियों की दो-दो कविताएं शामिल हों।

डा. प्रभाकर श्रोत्रिय इधर 10 दिनों से दिल्ली में थे। भारतीय भाषा परिषद् के पुरस्कार और एक सेमिनार में व्यस्त थे। आयोजन अच्छा किया। आपकी काफी चर्चा हुई।

मैं फरवरी के आखिरी हफ्ते में आने वाला हूँ। अभी कार्यक्रम बना नहीं है। पिताजी हमारे अब गांव पर हैं। अब काफी स्वस्थ्य हैं। विशेष क्या लिखूं। शेष मिलने!

आपका

अरविन्द त्रिपाठी

(7)

22.3.2001

दिल्ली - 110092

आदरणीय डॉ. साहब

सादर वंदे!

आपकी दिल्ली यात्रा के तूफानी प्रवास के बीच वर्तमान साहित्य के शताब्दी आलोचना विशेषांक के निमित्त शताब्दी नवरत्न आलोचकों की पांत में अज्ञेय के आलोचनात्मक व्यक्तित्व पर लिखने के लिए मैंने आपसे निवेदन किया था। आपने मेरे आग्रह को स्वीकार किया इसके लिए कृतज्ञ हूँ। कृपया अपना लेख 'अज्ञेय का आलोचक व्यक्तित्व' हमें 10 अप्रैल या अधिकतम 15 अप्रैल तक अवश्य मेरे पते पर भेजने का कष्ट करें।

हम चाहते हैं कि आपके लेख के बहाने अज्ञेय के समग्र आलोचनात्मक अवदान पर दृष्टिपात हो। नयी कविता और तारसप्तक के दौर में उन्होंने कविता के बारे में मौलिक स्थापनाएं की हैं उसका गहन विश्लेषण हो। उनकी वैचारिक सरणि तो होगी ही।

उम्मीद है आपका सहयोग हमें प्राप्त होगा। मैं इसी कार्य में डूबा हूँ। श्री अनन्तकीर्ति के लिए अपना शोध प्रबन्ध अब साथ लाऊंगा। कृपया बता देंगे। आशा है स्वस्थ्य सानंद हैं।

आपका/स्नेहाधीन

अरविन्द त्रिपाठी

अरुण कमल

(1)

रामवृक्ष यादव का मकान,
मखनियाँ कुआँ रोड, पटना-800004

23.6.81

आदरणीय तिवारी जी,

प्रणाम। नवल जी के मार्फत आपका पत्र मिला। दस्तावेज के अंक लगातार देखता रहा हूँ। मित्रों से लेकर। काफी पठनीय सामग्री रहती है। इधर निकलने वाली साहित्यिक पत्रिकाओं में सिर्फ साहित्य पर ही अक्सर रहता है। दस्तावेज के पिछले अंकों में दर्शन वगैरह पर भी लेख थे जो अच्छी बात है। दस्तावेज में दर्शन, राजनीति, यहाँ तक कि विज्ञान और सभी साहित्य से सरोकार रखने वाले ज्ञान-विज्ञान की प्रवृत्तियों पर लेख रहना चाहिए। यदि आपको असुविधा न हो और अंक उपलब्ध हों तो कृपया भेज दें। पुस्तक की समीक्षा आप सुविधानुसार दें। मैं कविताएं तुरत नहीं भेज सकूँगा। कारण यह है कि धरातल, कंक, मधु-माधवी, सा. हिन्दुस्तान, जनशक्ति को कविताएँ दे चुका हूँ। जो बची हैं वे दस्तावेज के योग्य नहीं हैं। मैं खुद ही आपको भेजने वाला था। आमंत्रण तो जैसे मन की ही बात हुई। मैं अगले अंकों के लिए जरूर भेजूँगा या लेकर आऊंगा। मेरी बहन वहीं है हाइडल कॉलोनी में। बहनोई गिरीश कु. पाण्डेय वहीं जू. इंजीनियर हैं। मैं अगस्त में आऊंगा। आप पत्र देंगे। कविता तुरन्त नहीं दे रहा हूँ इसका बुरा न मानेंगे।

आपका
अरुण कमल

(2)

15.8.81

आदरणीय तिवारी जी,

प्रणाम। 'दस्तावेज' के तीन अंक रजिस्ट्री से मिले। आपने कृपा की। इसके लिए धन्यवाद।

मैंने 13-14 दोनों दिन गोरखपुर जाने के लिए कोशिश की। लेकिन स्टीमर घाट से लौट जाना पड़ा। अब मैं सितम्बर के प्रथम सप्ताह में आऊंगा। तब मुलाकात होगी। कविताएं तो अगले अंकों के लिए ही दे पाऊंगा। बुरा नहीं मानेंगे। कविताएं दस्तावेज में छपें इसकी इच्छा है। बहुत दिन से।

अपनी केवल धार' की समीक्षा आप दें तो खुशी होगी।

दस्तावेज बहुत अच्छा निकल रहा है। लेखों के साथ सन्दर्भ-सूची देकर आप अच्छा करते हैं। दर्शन, विज्ञान, समाजशास्त्र, राजनीति इत्यादि विषयों पर भी लेख रहें तो साहित्य का हित ही होगा। अस्तित्ववादी दर्शन पर लेख आपने छापे हैं। 'भूरी भूरी खाक धूल' पढ़ रहा हूँ। तब आपकी समीक्षा पढ़ूंगा। फिर गोरखपुर में ही बात होगी।

लेकिन दस्तावेज की राजनीतिक विचारधारा और स्पष्ट होनी चाहिए।

पत्रिका भेजने के लिए फिर से धन्यवाद।

आपका

अरुण कमल

(3)

पटना / 30.10.81

आदरणीय तिवारी

प्रणाम। 'आपका पत्र मिला। 'दस्तावेज' भी। मैंने जवाब देने में देर की। मैं समझा आप अमृतसर वगैरह गये होंगे। नवल जी के पत्र से मालूम हुआ आप नहीं जा सके।

दस्तावेज-12 पढ़ रहा हूँ। आपका 'अनुरोध' पढ़ा। मुझसे जो हो सकेगा करूंगा।

आपने मेरी पुस्तक की समीक्षा के लिए नवल जी को लिखा था। लेकिन वह न लिख सकेंगे। मैंने श्याम कश्यप और उनकी पत्नी श्रीमती गीता शर्मा जी को लिखा है समीक्षा के लिए। आप कृपया डा. मैनेजर पांडेय को लिखें या और किन्हीं को। आप यदि चाहें तो वहीं गोरखपुर में डा. परमानन्द श्रीवास्तव जी से लिखवा लें। सब कुछ आप ही की सुविधा और रुचि पर छोड़ रहा हूँ। फिर भी आप मुझे लिखें कि मैं क्या कर सकता हूँ।

आप इस विशेषांक के लिए 'ताप के ताए हुए दिन' की मेरी समीक्षा ले रहे हैं जानकर खुशी हुई। धन्यवाद।

आपके बच्चे ने प्रेमचन्द के सभी स्मारकों के दर्शन करा दिये थे। उसे शुभाशीर्ष कहेंगे।

मैं रिजर्वेशन न मिलने की वजह से भोपाल न जा सका था।

ज्ञानेन्द्रपति का संग्रह सम्भवतः '81 में निकला। अभी तो ठीक से रिलीज भी नहीं हो पाया है। वैसे आप संभावना प्रकाशन से ठीक ठीक पता लगा लें।

मेरी पुस्तक की समीक्षा के विषय में तुरत और जरूर लिखें। आप समीक्षा के लिए इतना यत्न कर रहे हैं इसके लिए आभारी हूँ। मैं चाहता हूँ कि इस विशेषांक में मेरी पुस्तक की समीक्षा अवश्य जाये।

आपका

अरुण कमल

(4)

(प्राप्त तिथि 2/8/88)

आदरणीय तिवारी जी,

प्रणाम। 'दस्तावेज' का नया अंक मिला। इसके लिए आभारी हूँ। मैंने तो अपना कोई भी वादा पूरा नहीं किया– कोई सामग्री, नैवेद्य तक नहीं भेज सका– फिर भी आपने स्नेह में जरा भी फाँट न होने दी और शर्मिन्दा किया।

'दस्तावेज' की सबसे बड़ी खासियत है 'समकालीन भारतीय साहित्य' का नियमित स्तम्भ। गुजराती कविता की समकालीन प्रवृत्तियों पर भी कृपया लेख छापें तथा कविताएं दें क्योंकि हम सबसे कम गुजराती और तमिल साहित्य के बारे में ही जानते हैं।

इधर पटना आने का कोई कार्यक्रम है या नहीं? आपकी कविताएं इधर फिर पढ़ीं। नये सिरे से आनन्द मिला। मेरी बधाई लें। संग्रह मेरा शायद अब आ जाय। वाणी से। कहा तो है कि अगस्त में।

आपका

अरुण कमल

(5)

पटना -/ 9/88

आदरणीय तिवारी जी,

प्रणाम।

दस्तावेज-43 मिला। इसके लिए आभारी हूँ। विष्णु प्रभाकर जी का लेख मेरे लिए बहुत ज्ञानवर्द्धक है।

प्रकाश जैन जी पर लेख देकर आपने हम सब की ओर से एक बड़े दायित्व को पूरा किया है। प्रकाश जी ने अजमेर में बैठे-बैठे पूरे हिन्दी क्षेत्र में एक लहर उठायी, एक आन्दोलन खड़ा किया और नये-से-नये लेखक को भी लगातार प्रोत्साहित किया। उन्हें मेरी ओर से भी विनम्र श्रद्धांजलि। उम्मीद है मेरी नयी किताब आपको वाणी से मिल गयी होगी। मैंने उन्हें कहा था। हो सके तो एकाध समीक्षा देने का योग बिठाएं। आभारी रहूँगा।

आपका स्नेहाकांक्षी

अरुण कमल

(6)

1997

मान्यवर,

कल ही दस्तावेज का नया अंक मिला। आभारी हूँ। मिलते ही आपका सम्पादकीय और शक्ति चट्टोपाध्याय पर एकत्र सारे निबन्ध पढ़ गया। आपने सम्पादकीय में एक घातक प्रवृत्ति से आगाह किया है। आज यही स्थिति है। हर गाँव से एक पुरस्कार शुरू है। जिसे कलम पकड़ने का भी शऊर नहीं वह पुरस्कृत हो रहा है और पुरस्कार बाँट भी रहा है। जो प्रतिष्ठित पुरस्कार हैं उनके कारण भी एक प्रकार की व्यावसायिकता पनपती है क्योंकि ध्यान रचना से हटकर रचनाकार की 'सफलता' पर जा टिकता है। वैसे भी मात्र कविता पढ़ने (और कविता से प्रेम) की आदत खतम हो रही है। इस सम्पादकीय के लिए साधुवाद। शक्ति जी पर सारे निबन्ध बार-बार पढ़ने योग्य हैं। तुलसीदास पर मेरी टिप्पणी आप निरस्त कर दें। दूसरी विस्तृत-सी भेजूंगा। अवश्य। सादर,

अरुण कमल

अरुणेश नीरन

(1)

देवरिया / 12.7.69

भाई विश्वनाथ जी,

दुर्घटना के बाद लिखे गये आपके दोनों पत्र वाराणसी में मिल गये थे। चूँकि मैं स्वयं आने वाला था अतः पत्रोत्तर न दे सका। अब कल देवरिया पहुँच गया हूँ। दो-एक दिन के अन्दर ही गोरखपुर में दर्शन करूंगा। बातें होंगी। शिवप्रसाद सिंह का अन्तर्व्यू ले लिया, विस्तृत। टेपरिकार्डर ले गया था। विध्वंसक अन्तर्व्यू है। आने पर प्रति लाऊंगा ही। इस भयानक दुर्घटना में आप बच गये, कथनातीत प्रसन्नता हुई! अभी आपको बहुत कार्य जीवन में करने हैं। भगवान न करें, अगर आपको कुछ भी हो गया होता तो भयंकर तनाव झेलना पड़ता। खैर, आ ही रहा हूँ, बातें होंगीं।

शेष कुशल है।

ह. : अरुणेश

(2)

-.8.69

द्वारा : डा. विद्यानिवास मिश्र
23-24, अध्यापक निवास,
संस्कृत विश्वविद्यालय, वाराणसी-2

भाई विश्वनाथ जी,

इतना लम्बा अन्तराल बीत गया फिर भी न कोई सूचना, न कोई पत्र! पिछले महीने मैं गोरखपुर आपके निवास-स्थान पर भी गया था परन्तु भेंट न हो सकी। पता चला कि आप घर चले गये हैं। हजारी प्रसाद द्विवेदी के अन्तर्व्यू वाला आलोचना का अंक भी ले गया था। न मिलने पर वह अंक अनन्त मिश्र को यह कहकर देकर चला आया कि आपके वापस आने पर वे उसे आपको दे देंगे। विश्वास करता हूँ कि वह अब तक आपको प्राप्त हो गया होगा। आप द्वारा 'ज्ञानोदय' में प्रेषित 'अन्तर्व्यू' की मूल प्रतिलिपि 'ज्ञानोदय' कार्यालय में पढ़ गया। अच्छा लगा। सितम्बर अंक में पूरी साज-सज्जा के साथ छप रहा है। बधाई!

डॉ. शिवप्रसाद सिंह से लिया गया मेरा 20 पृष्ठीय अन्तर्व्यू भी 'ज्ञानोदय' के अक्तूबर या नवम्बर अंक में आ रहा है। उसकी मूल प्रतिलिपि आपके लिए ले भी गया था लेकिन आप मिले ही नहीं। खैर!

गोरखपुर का क्या समाचार है? विश्वविद्यालय में नियुक्ति के सन्दर्भ में क्या हुआ? इधर आपने क्या लिखा? विस्तृत समाचारों वाले पत्र की अपेक्षा करता हूँ।

...अब भी जब कभी दुर्घटना का ख्याल आता है तो काँप जाता हूँ। माता-पिता-स्वजन का संचित पुण्य था कि आप बच गये। कभी कभी अपना जन्मदिन ऐसा भयानक भी हो जाता है। बेचैनी और भयंकर तनाव के बीच गुज़रे वे तीन दिन पूरे जीवन भर याद रहेंगे।

जल्दी ही विस्तृत लिखूँगा! आज बस इतना ही। पत्रोत्तर शीघ्र दीजियेगा। बड़का बाबू दिल्ली गये हैं, आपके बारे में कभी कभी चर्चा होती है।

शेष ठीक है। साभिवादन,

अरुणेश

(3)

देवरिया : 3.8.91

प्रियवर,

16 जुलाई को पैसा भेज दिया था। मिला होगा। 'परिक्रमा' अब पूरी हुई। भेज रहा हूँ। 'दस्तावेज़-51' अब तो पूरा छप गया होगा। इसी अंक के लिए इसे लिखा भी है— किसी प्रकार सम्मिलित कराने की कोशिश करना। वैसे भी इसे अन्त में जाना है। 'मूड' न बन पाने के कारण देर हुई। 'मूड' बना तो बहुत डूब कर परिक्रमा हुई। इसे एक बार पढ़ ज़रूर लेना। इसमें से कुछ काटोगे तो इसकी कन्टीन्यूटी टूट जायेगी। इसे नाम से देना उचित लगा। लोग कयास लगायें और तुम पर शक करें इससे यही अच्छा है कि ये मेरे नाम से जाय।

'आखर अनन्त' पर 16 अगस्त को रिकॉर्डिंग है। थोड़ा विस्तार से लिख रहा हूँ। इसका संक्षिप्त रूप रिकार्ड होगा और मूल तुम्हें सौंप दूँगा। जहाँ चाहना, भेज देना। 16 अगस्त को गोरखपुर आऊँगा। शेष बातें तभी।

अब तो मानोगे कि मैं वायदे का पक्का हूँ। समय से पैसा भेज दिया और थोड़ा विलंब से ही सही 'परिक्रमा' भी भेज रहा हूँ। इसे पढ़ने के बाद घर के पते से एक पत्र ज़रूर लिख देना। प्रतीक्षा करूँगा। सानन्द होंगे।

तुम्हारा

अरुणेश नीरन

अब्दुल बिस्मिल्लाह

(1)

30.10.85
हिन्दी विभाग
जामिया मिल्लिया इस्लामिया यूनिवर्सिटी
नई दिल्ली - 110025

आदरणीय भाई,

जैसा कि मैंने आपसे बताया था, कि मैंने 'दिल्ली– पर कुछ कविताएँ लिखी हैं; तो 'दस्तावेज' के लिए वही कविताएँ भेज रहा हूँ। अपने निर्णय से अवगत कराइएगा।

'बेहतर दुनिया के लिए' की कविताएँ मैंने पढ़ीं। आरा मशीन, कंहार, बैरागी, शब्द पाठ, हाथ, धान रोपती स्त्री, गाय आदि अनेक कविताएं बड़ी गहराई तक छू गयीं। आपकी कविताओं में एक ख़ास क़िस्म की कोमलता दिखाई पड़ती है। धरती की जिस गंध की बात प्रायः ही उठायी जाती है, वह आपकी उपर्युक्त कविताओं में मुझे इस तरह मिली कि वह अपने भीतर की ही गंध महसूस हुई! कभी इन कविताओं पर विस्तृत चर्चा करूंगा।

'दस्तावेज़' का अंक भिजवाइएगा। कृपा होगी! पत्र की प्रतीक्षा रहेगी।

आपका
अब्दुल बिस्मिल्लाह

(2)

15.11.88
नई दिल्ली

आदरणीय भाई,
'दस्तावेज़' का नया अंक मिला। आपका इन्टरव्यू पढ़ गया। आपने कई बातें बहुत महत्त्वपूर्ण और बेबाक ढंग से कही है। उत्तर प्रदेश हिन्दी संस्थान द्वारा पुरस्कृत होने के बावजूद आपने जिस ईमानदारी के साथ संस्थान के बारे में अपना मत व्यक्त किया है, वह वस्तुतः बड़ा साहसिक है।
'दस्तावेज़' के साथ यह ईमानदारी और यह साहसिकता सदैव जुड़ी रहनी चाहिए।

अब आपका स्वास्थ्य कैसा है? सुना था, आप पुनः अस्वस्थ हो गये थे। मैंने उन दिनों एक पत्र भी लिखा था, पर उत्तर नहीं आया था। पत्र द्वारा अपनी कुशलता का समाचार अवश्य भेजिएगा।

इस पत्र के साथ अपनी दस छोटी कविताएँ 'दस्तावेज़' के लिए भेज रहा हूँ। विचार कीजिएगा। मेरा नया कविता-संग्रह 'पराग' से आया है। शीघ्र ही भिजवाऊँगा।

आपका
अब्दुल बिस्मिल्लाह

(3)

13.5.2010

मान्य भाई,

आप 'दस्तावेज़' का अंक लगातार मुझे भेजते रहते हैं। मैं ही इतना क़ाहिल हूँ कि आपको कुछ नहीं भेज पाता।

इधर देख रहा हूँ कि आप 'दस्तावेज़' में रचनाकारों के पत्र छाप रहे हैं। आज जबकि मोबाइली दैत्य ख़तो-किताबत की दुनिया को तहस नहस करने पर तुली हुई है, बल्कि यह दुष्कर्म उसने कर ही डाला है, 'दस्तावेज़' सही अर्थों में मूल्यवान पत्रों का दस्तावेज़ीकरण कर रहा है।

मेरे पास भी अनेक रचनाकारों के पत्र हैं। कुछ तो मेरी लापरवाही, कुछ काग़ज़ों के पुराने पड़ जाने और कुछ चूहों की बुभुक्षा-शांति के कारण नष्ट हो गये हैं। फिर भी अभी काफ़ी पत्र बचे हुए हैं। वे छप जायें तो उनका संरक्षण हो जाएगा।

यही सोचकर मैं कुछ पत्र आपके पास भेज रहा हूँ। वैसे तो मुझे आशा है कि आप इन्हें अपनी पत्रिका में छापना पसन्द करेंगे। फिर भी निर्णय का अधिकार तो सम्पादक को ही होता है। इसलिए यदि एक पोस्टकार्ड के ज़रिए मुझे अपने निर्णय से अवगत करा देंगे तो कृपा होगी। आपके पत्र की प्रतीक्षा रहेगी। स्वस्थ-प्रसन्न होंगे।

आपका

अब्दुल बिस्मिल्लाह

(4)

03.06.2010

आदरणीय भाई,

पत्र मिला। सुखद अनुभूति हुई। मेरे पास अन्य लेखकों के पत्र भी हैं। उनकी प्रतिलिपियाँ तैयार करनी या करानी हैं। उसके बाद उन्हें भी आपके पास भेजूँगा। तब तक अभी भेजे पत्र शायद छप जाएँ। मेरे पास गुरुवर डॉ. जगदीश गुप्त के ढेरों पत्र हैं। उनके सभी न सही, मगर कुछ पत्रों को स्कैन करके ज्यों का त्यों छापना ज़रूरी है। क्योंकि वे प्रायः जापानी चित्रलिपि जैसी शैली में पत्र लिखा करते थे– अर्थात् ऊपर से नीचे की ओर। क्या यह सम्भव हो पाएगा? अब तो ब्लॉक का ज़माना रहा नहीं!

बहरहाल, मेरी इच्छा है कि पत्रों का यह ख़ज़ाना सार्वजनिक हो बाद में उन्हें पुस्तक रूप में प्रकाशित कराने की भी सोच रहा हूँ। आपके पत्र से इस सन्दर्भ में मेरा उत्साह बढ़ा है। मैं अब इस काम में जुटूँगा; हालांकि विभागीय व्यस्तताएँ बहुत हैं।

स्वस्थ-प्रसन्न होंगे।

आपका

अब्दुल बिस्मिल्लाह

अजय तिवारी

(1)

24.12.1984
अजय तिवारी
E-24A, नानकपुरा, न.दि. 110021

बन्धुवर तिवारी जी,

'रामविलास शर्मा पर विशेष अंक' मिला। शुक्ल-अंक के समान यह भी उपयोगी है। डॉ. शर्मा पर अभी तक ठीक-ठिकाने की सामग्री के अभाव में यह अंक कुछ अधिक उपयोगी है। परन्तु कई कमजोरियां एक साथ ध्यान खींचती हैं। 1. इंटरव्यू में जितनी बातें (जितने कोण से) आ गयी हैं उतनी सभी लेखों में भी नहीं आयीं। डॉ. शर्मा पर आलोचना लिखना कठिन और चुनौती भरा काम है, यह समझ में आता है। 2. डॉ. शर्मा की निराला सम्बन्धी आलोचना को आपने भी सबसे 'गम्भीर मूल्यांकन' माना है, पर उस आलोचना पर अंक में कोई लेख नहीं है। 3. नयी कविता, अस्तित्ववाद, त्रात्स्कीवाद, विसर्जनवाद, रूढ़िवाद, रीतिवाद आदि वाद-ब्याधियों से संघर्ष करके डॉ. शर्मा ने साहित्य की प्रगतिशील विरासत और मार्क्सवाद की रक्षा और विकास में जो अग्रणी भूमिका निबाही है, उस पर अंक में कोई चर्चा नहीं है। क्या उसे बहस-मुबाहसे का 'अगम्भीर' लेखन मानकर छोड़ दिया गया है या उपयुक्त लेखक नहीं मिले? 4. डॉ. शर्मा ने भाषाविज्ञान के अलावा भी सैद्धान्तिक लेखन किया है– न सिर्फ राजनीति में, बल्कि साहित्य में भी। अंक उस पर भी प्रकाश नहीं डालता। इत्यादि।

इतनी सीमाओं के बावजूद, डॉ. शर्मा पर बातचीत की शुरुआत में भूमिका निबाहने के लिए आपका प्रयास स्तुत्य है। कमला प्रसाद, निर्मल बंसल और ऐसे ही एकाध लेखकों के निबन्ध में कुछ ठिकाने की बातें हैं, इन्हें बधाई। आपको इस अंक में नयी पहल करने के लिए बधाई।
आशा है सानंद होंगे। आपका–

अजय तिवारी

(2)

4.5.1990

आदरणीय बंधुवर,

न आपका उत्तर मिला, न दर्शन। हर बार आपके आने की सूचना कुछ देर से मिली और मैं भी सम्पर्क नहीं कर पाया। आप स्वस्थ, सक्रिय हैं, यात्राएं कर रहे हैं, यह खबर होने से मन आश्वस्त है लेकिन आशंका है कि मेरा पत्र आपको मिला ही न हो।

'दस्तावेज' के लिए मैं खुद आपसे कुछ बातें करना चाहता था। एक तो यह कि नामवर जी वाला लेख मैं मई में, सम्भवतः अन्त तक आपके पास भेज दूँगा। उनकी रचनाएं फिर से व्यवस्थित रूप में पढ़ते हुए मेरी राय पहले से भी ख़राब बन रही है। आपने 'निष्पक्ष आलोचनात्मक मूल्यांकन' को अपना उद्देश्य बनाया है। मैं अपनी बातें उदाहरण और विश्लेषण के साथ रखूंगा। दूसरी बात

यह कि देवीशंकर अवस्थी पर अगर 'दस्तावेज' में आप एक लेख प्रकाशित करें तो उन पर भी मैं लिखना चाहता हूँ– 'हंस' वाले लेख से अलग मुद्दों को उठाते हुए। तीसरी बात यह कि समकालीन कविता पर मैं व्यवस्थित ढंग से लिख रहा हूँ। उसके कुछ लेख 'दस्तावेज' के योग्य हैं। (यह मेरी समझ है।) एक लेख 'हिन्दी कविता में यथार्थवाद'– सिर्फ आठवें-नौवें दशक के अधिक चर्चित कवियों के प्रसंग में– लिखा है। यदि आपकी रुचि हो तो उसे भेजूं। इन तीन लेखों के अतिरिक्त आगे की बातचीत फिर करेंगे। चौथी बात यह कि प्लेटो और अरस्तू पर रामविलास जी के लेख मैं भेज सकता हूँ। वे जो लिखते हैं, उसे मैं प्राप्त कर सकता हूँ। आप चाहें तो उनके लेख भी मिल सकते हैं। पत्र दें। शेष फिर।

आपका ही,
अजय तिवारी

(3)

17.7.1990

आदरणीय तिवारी जी,

आपके पिछले पत्र के उत्तर में अब तक आपका इंतजार रहा। पर लगता है या तो आप आये नहीं या अगर आये तो छोटा-सा, व्यस्त कार्यक्रम लेकर। अभी तक यह सामग्री– जो महीने भर से भी ज्यादा पहले से तैयार थी– नहीं भेजी कि नामवर जी वाला लेख पूरा कर लूंगा। मगर इस बीच कुछ कर पाना सम्भव नहीं रहा। पढ़कर नोट्स लेने का काम तो हुआ पर घर-परिवार की शादी-ब्याह सम्बन्धी यात्राओं और यहाँ पत्नी की अस्वस्थता के चलते अस्त-व्यस्तता के कारण लिखना अब तक न हो पाया। अब फिर से स्थिति सामान्य है, चित्त सामान्य है और काम शुरू हुआ है। इसलिए फिलहाल यह सामग्री भेज पाने का आत्मविश्वास जुटा सका हूँ।

रामविलास जी को आपका संदेश दे दिया था। उन्होंने भी नमस्कार कहा। उन्हें आपके साथ मुलाकात याद थी और वे प्रसन्न हुए। लेख मैं आपको दे रहा हूँ, इससे उन्हें हर्ष ही हुआ। मैं उनसे लेख ले आता हूँ और पढ़ने के बाद सोचता हूँ यह कहां उचित होगा।

विश्वविद्यालय खुल गये हैं– यानी दिल्ली वि.वि. और उसके कॉलेज ही नहीं, दूसरे वि.वि. भी। आप लोगों की व्यस्तताएं भी बढ़ गयी होंगी। फिर भी आप यात्राएं तो खूब करते ही हैं। इधर आना हो तो बतायें। अरविंद त्रिपाठी आजकल गोरखपुर में ही होंगे। उन्हें मेरी याद दिलाइयेगा और नमस्कार कहियेगा।

शेष फिर।

आपका
अजय तिवारी

असद ज़ैदी

(1)

308 पेरियार, जवाहर लाल नेहरू विश्वविद्यालय,नयी दिल्ली 110067

2/12/82

प्रिय भाई,

इस दरम्यान बाहर था। लौटकर 'दस्तावेज़' में आपकी समीक्षा पढ़ी– पता नहीं इस मूल्यांकन का मैं कितना हक़दार हूँ। जितनी सहानुभूति, धैर्य और लगन से आपने मेरी कविताओं को पढ़ा है उसके लिए मैं आपका बेहद आभारी हूँ। 'दस्तावेज' के अंक आप भेजते रहेंगे– ऐसी आशा है।

आपका

असद ज़ैदी

(2)

SAHMAT **22.10.93**

प्रिय भाई,

नए साल के मौके पर 'सहमत' की ओर से समकालीन हिन्दी कविता के एक प्रतिनिधि संकलन के प्रकाशन की योजना है। यह संकलन हमारे समय की लोकतांत्रिक, सेक्युलर और ग़ैर-सांप्रदायिक काव्य परम्परा का एक प्रतिनिधि चयन बन सके, ऐसा हमारा प्रयास रहेगा। आज की सांस्कृतिक परिस्थिति और उससे उत्पन्न बेचैनी को स्वर देने वाली श्रेष्ठ कविता को एक जगह देखने की कामना भी इसके पीछे है। किसी साहित्यिक या वैचारिक मत-विशेष के इर्द-गिर्द रचनात्मक ध्रुवीकरण की महत्त्वाकांक्षा इस आयोजन में नहीं है। अलबत्ता जिन व्यापकतर सांप्रदायिकता-विरोधी मूल्यों और सरोकारों की अभिव्यक्ति और हिफाज़त में हम सबकी आस्था है, उनका विश्वसनीय बयान या उपस्थिति इस चयन में ज़रूर होगी।

आप समकालीन कविता के एक महत्त्वपूर्ण स्वर हैं और आपकी इधर के वर्षों की कविता का चयन इस संकलन के लिए दरकार है। आपसे आग्रह है कि आप (1) अपनी रुचि से अपनी कुछ कविताएँ, प्रकाशन की अनुमति के साथ, चुनकर हमें भेज दें। (2) हमें भी इस चयन से इतर स्वतंत्र रूप से आपके कृतित्व से एकाध रचना चुनने की इजाज़त दें और (3) अगर किसी रचनाकार की कोई महत्त्वपूर्ण रचना आप इस संकलन के लिए सुझा सकें तो बताएँ। आप दो सप्ताह के भीतर हर हाल में अपनी स्वीकृति और रचनाएँ दे दें ताकि संकलन वक़्त पर छप सके।

'सहमत' का इरादा है कि भविष्य में सभी भारतीय भाषाओं की समकालीन कविता का एक वृहत्तर चयन भी प्रकाशित किया जाए। हमारा यह प्रयास होगा कि ये दोनों संकलन अखिल भारतीय स्तर पर सभी संस्कृतिकर्मियों और समकालीन सृजन से गहरा सरोकार रखने वाले पाठक-समाज तक पहुँचें।

आप 'सहमत' के काम से परिचित हैं। संस्कृतिकर्मी और बुद्धिजीवी समुदाय के अन्तःकरण की

स्वाधीनता और देश की समृद्ध और बहुमुखी सांस्कृतिक परम्परा की रक्षा के अपने संकल्प को हम दोहराना चाहते हैं। हमें आपसे सक्रिय सहयोग, सहानुभूति और संवाद की उम्मीद है।

प्रस्तावित संकलन का शीर्षक क्या रखा जाए इस पर आपके सुझाव आमंत्रित हैं।

शुभकामनाओं के साथ

असद ज़ैदी
(असद ज़ैदी)

(विष्णु नागर)

Safdar Hashmi Memorial èTrust
8 Vitthalbhai Patel House, Rafi Marg, New Delhi - 110 001
Phone : 3711276

अमरनाथ शर्मा

(1)

हिन्दी विभाग,
कलकत्ता विश्वविद्यालय
College Street, Calcutta-73
Phone No - 241-0071, 241-4984

श्रद्धेय डॉ. साहब,

सादर अभिवादन।

कल रात घर लौटा तो दस्तावेज-91 की प्रति मेज पर थी। भाई ओम निश्चल ने कल ही फोन पर इसकी चर्चा की थी; रोक न सका और रात में ही सम्पादकीय पढ़ गया।

सच कहूँ तो आपके लेखन का मैं कभी प्रशंसक नहीं रहा, परन्तु, आज आपकी कलम को चूम लेने की इच्छा हो रही है। आज मुझे अपने एक गुरू के साहस और साफगोई पर सचमुच गर्व की अनुभूति हो रही है। जब से मैंने रामविलास जी पर केन्द्रित आलोचना' का सहस्राब्दी अंक देखा, मेरा अन्तःकरण विगलित था। आपने मेरी वेदना को वाणी देकर स्थिर-चित्त होने में मेरी मदद की है।

रामविलास शर्मा को विधिवत पढ़ पाना भी आसान नहीं है। परन्तु जितना मैंने पढ़ा है उसके आधार पर मैं कह सकता हूँ कि ऐसे महान लेखक किसी भी जाति को यदा-कदा मिलते हैं। आचार्य रामचन्द्र शुक्ल के बाद उनकी परम्परा में रामविलास शर्मा से बड़ा लेखक हिन्दी में ही क्या, किसी भी भारतीय भाषा में कोई दूसरा नज़र नहीं आता जिसके लेखन का फलक इतना विस्तृत और प्रामाणिक हो और जो व्यक्ति अपने स्वाभिमान और सच्चरित्रता में भी अद्वितीय हो। दिल्ली में रहकर भी वे दिल्ली वालों से अलग थे। रामविलास जी अब हमारी विरासत का हिस्सा बन चुके हैं। खेद है, अपनी विरासत पर गर्व करना हम अब भी नहीं सीख सके।

वस्तुतः डॉ. नामवर सिंह का अधिकांश लेखन मुझे ध्वंस का लेखन लगता है। उन्होंने हमेशा उखाड़-पछाड़ की राजनीति की है। बहुतेरे शिखंडियों की पीठ थपथपाई है। समकालीन हिन्दी कविता को जनता से दूर ले जाने में नामवर जी कम जिम्मेदार नहीं हैं। विसंगति, विडम्बना, तनाव, सपाटबयानी, जटिलता, प्रामाणिकता, ईमानदारी आदि को कविता के प्रतिमान घोषित करके, जटिल कवि मुक्तिबोध को 'कविता के नये प्रतिमान' के केन्द्र में रखकर और आगे-पीछे पूंछ हिलाने वाले किताबी कवियों को सम्मानित-पुरस्कृत करके उन्होंने हिन्दी कविता का नुकसान ज्यादा किया है। भाषण-कला में उनका कोई जवाब नहीं। काश! उनके व्याख्यान रचनात्मक दिशा ले पाते और रामविलास जी की भांति हम उन पर भी गर्व कर पाते।

कलकत्ते में भी गत 23-24 दिसम्बर को मेरे सहयोगी आदरणीय शंभुनाथ जी के नेतृत्व में 'नामवर के निमित्त' कार्यक्रम धूमधाम से सम्पन्न हुआ। कई स्थानीय साहित्यकार और लेखक-संगठन इस आयोजन से अपने को अलग रखे। व्यक्ति-पूजा के प्रति असहमति के स्वर कलकत्ते में अब भी मन्द नहीं पड़े हैं– यह देखकर सन्तोष हुआ।

मैं सम्पादकीय की फोटो कापी करा रहा हूँ। कल विश्वविद्यालय के छात्र-छात्राओं और कलकत्ते के सुधी लेखकों में इसे वितरित करूँगा। लोग पढ़ने को लालायित हैं।

सदी के इस सर्वोत्तम सम्पादकीय के लिए पुनः हार्दिक बधाई।

आपका
अमरनाथ
2.1.2002

(2)

श्रद्धेय गुरुवर,

सादर प्रणाम,

'दस्तावेज' अंक 108। सम्पादकीय ने फिर मुग्ध कर दिया। स्त्री विमर्श पर कई नारीवादी विमर्शकारों ने पूरी किताब लिखकर भी जो नहीं कहा– कह न सके उन्हें आपने अपने साढ़े छः पेज़ के सम्पादकीय में कह दिया, निष्कर्ष सहित। आपके सम्पादकीयों की सूची में यह भी एक मील का पत्थर है। महापंडित राहुल सांकृत्यायन के बहाने आचार्य धर्मकीर्ति पर केन्द्रित रामनिहाल गुंजन का लेख भी इस अंक की एक उपलब्धि है। भक्ति आन्दोलन और कबीर पर राजेन्द्र प्रसाद पाण्डेय का लेख भी सुचिन्तित और सारगर्भित है। अंक की शेष सामग्री भी पठनीय है, सिवाए कविताओं के। काष! हिन्दी कविता को उसका कवित्व हम लौटा पाते।

आशा है, सानंद हैं।

आपका
अमरनाथ
12.1.06

अमरजीत कौंके

(1)

703/1, Street No. 6, Partap Nagar,
Ludhiana-141 003.(Pb.)

25.7.91

प्रिय तिवारी जी! यादें

-आशा है स्वस्थ होंगे।

-अभी अभी आपकी 'संडे आब्जर्बर' के 21 जुलाई के अंक में आपकी कविताओं से उभरा हूँ। आपकी तीनों कविताएं ही सराहनीय हैं।

-अगर आप इजाजत दें तो आपकी कविताएं मैं अनु. करके पंजाबी पाठकों/लेखकों से भी परिचित करवाना चाहूँगा।

-पंजाबी में मेरी दो पुस्तकें छपी हैं। 'द्वन्द्व कथा' (कविताएं) 'अभी हाल ही में छपी है अगर आप गुरुमखी जानते हों तो आपको भेजना चाहूँगा। अभी अभी मैंने डा. केदारनाथ सिंह की काव्य पुस्तक 'अकाल में सारस' का पंजाबी में अनुवाद किया है।

-आशा करता हूँ पत्रोत्तर देंगे।

'स्सनेह आपका'
अमरजीत कौंके

(2)

24.9.91

प्रिय श्री विश्वनाथ प्रसाद जी! यादें

-'दस्तावेज' के दो अंक भेजने के लिए आभारी हूँ।

-49/50 अँक में आपकी "माँ के लिए कुछ कविताएं" पढ़कर मन भर आया। माँ तो चली गई है लेकिन आपने अपनी कविताओं में उसे पुर्नजीवित कर लिया। मैंने आपकी कविताएं पहले भी पढ़ी हैं लेकिन इतनी मार्मिक रचनाएं मैंने एक मुद्दत के बाद पढ़ी हैं। ये कविताएं मुझे अपनी लगी हैं, जैसे मैंने ही इन्हें लिखा हो। कोशिश करूंगा कि ये सारी कविताएं पंजाबी में अनु. करूं अगर आप अनुमति दें।

-'दस्तावेज़' का चंदा आपको अगले दिनों में भेजूंगा। आपको मैंने 'दस्तावेज' के लिए अपनी एक कविता भी भेजी थी। आपने कोई पता दिया– कृप्या बता दें तो आभारी हूँगा।
मेरे लिए कोई काम हो तो अवश्य बताएं।

आपका
अमरजीत कौंके

क्या मैं 'दस्तावेज' के लिए अपनी कुछ और कविताएं भेज सकता हूँ। आपकी पुस्तक 'आखर अनन्त' भी पढ़ने की इच्छा रहेगी।—अमरजीत

(3)

6/10/91

प्रिय श्री विश्वनाथ प्रसाद जी! यादें

आपका पत्र मिला। आपके भेजे 'दस्तावेज' के अंक भी मुझे मिल गए थे तथा मैंने माँ के लिए आपकी कविताओं से दो कविताएं अनु. की है— छपने पर उनकी प्रति आपको भेजूंगा। इन कविताओं से मुझे गहरा अपनापन महसूस किया है आपकी और कविताएं भी अनु. करूंगा लेकिन वो जिनसे मैं भीतर तक गहरा उतर सकूं।

'दस्तावेज' का अँक आप पंजाबी साहित्य पर निकालना चाहते हैं ये पंजाबी के लिए गर्व की बात है। हाल ही मैने "नवीं पंजाबी कविता" नाम की पुस्तक सम्पादित की है इसलिए मैं समकालीन कविताएं आपको दे सकता हूँ अगर आप चाहें तो वैसे आप जो भी काम मुझे देंगे मैं जिम्मेदारी से उसे निभाने की कोशिश करूंगा। आशा करता हूँ पत्र देगे—

सनेह आपका अपना

अमरजीत

(4)

9/11/91

प्रिय श्री तिवारी जी! यादें

-आपकी कविताओं को पंजाबी लेखकों एवं पाठकों ने काफी पसन्द किया है। आपकी और कविताएं भी अनु. कर रहा हूँ।

-'दस्तावेज' के लिए आपके कहने पर तीन कविताएं भेज रहा हूँ। आशा है आपको पसन्द आएंगी। पढ़ने के बाद पत्र अवश्य लिखेंगे— आशा करता हूँ।

-और ठीक है।

-इन दिनों हिन्दी के एक त्रैमासिक के लिए मैंने पंजाबी से 22 कवि अनुवाद किए हैं। वे पंजाबी कविता पर केन्द्रित अंक निकालना चाह रहे हैं।

-आशा है पत्र अवश्य लिखेंगे। शेष आपका पत्र आने पर—

स्सनेह आपका

अमरजीत कौंके

(5)

21/1/92

आदरणीय श्री तिवारी जी! यादें

-आपका पत्र मिला।

-आपने काफी दुविधा में डाल दिया है मुझे। क्योंकि चयन तो हक किसी का अपना होगा। अगर मेरा चयन हो तो समकालीन पंजाबी साहित्य में से मेरा दृष्टिकोण काफी भिन्न होगा। मसलन कहानीकारों में ऐन कौर जो आपने लिखा है आप किसी भी पंजाबी लेखक से पूछ कर देखें तो

शायद वो आपको न बता पाए। ऐसा ही शिवनाथ आदि हैं।

-लेकिन फिर भी आपको मेरी राय है कि आप रचनाओं का चयन उनका Standard देखकर करें तो बेहतर होगा। ऐसे में आपको कुछ रचनाएं मैं भी भेज दूँगा। और लेखकों से भी आप संपर्क कर सकते हैं। लेकिन विशेषांक निकालते समय आप ये जरूर ध्यान में रखें कि इसी समय हिन्दी के और अंक भी पंजाबी कविता/कहानी पर निकल रहे हैं। दिल्ली से 'सर्वनाम' का कविता अंक (पंजाबी) भी 'दस्तावेज' के साथ ही आएगा। उसमें मैंने और रामसिंह चाहल ने कविताएं अनु. की हैं— इसलिए अचेत ही इन अंकों की तुलनात्मक समीक्षा भी हो सकती है।

समकालीन पंजाबी कविता पर तो मैंने एक लेख अपनी पुस्तक (समानंतर) की सम्पादकी में लिखा है। वो भेज दूँगा अगर आपको अच्छा लगे। पंजाबी कहानी पर लेख के लिए मेरी एक दो कहानीकारों से बात हुई है उनसे लिखवाया जा सकता है।

-आगे आप जैसा कहेंगे मैं आपको अपनी तरफ से पूरा सहयोग दूँगा। जल्द ही आपको अपनी सम्पादित पुस्तक (समानंतर) (नये दशक की नई पंजाबी कविता) भेजूंगा। ये पत्र आपके लिए हैं कृप्या इसे किसी बहस का मुद्दा न बनाएं -

स्सनेह अमरजीत कौंके

इस बार 'समकालीन' में मेरी तीन. कविताएं लगी हैं। जो कविता मानव जी ने आपको भेजी थी मेरी वो भी इस अंक में हैं। 'क्या दस्तावेज' के आने वाले अंक में मेरी कविताएं हैं?

(6)

13/2/92

आदरणीय श्री तिवारी जी! यादें

-आपका पत्र मिल गया था।

-पंजाबी साहित्य पर 'दस्तावेज' का जो अंक केन्द्रित होने जा रहा है ये निस्सन्देह एक अच्छा कार्य है। चयन के विषय में ऐसा है कि मानव जी मूलतः हिन्दी कवि हैं इसलिए उनके चयन और हमारे चयन में अन्तर तो होगा ही। अब पंजाबी के एक महत्त्वपूर्ण कवि 'सुरजीत पातर' तक भी उन्होंने नहीं लिया - ऐसे ही और भी अत्यन्त महत्त्वपूर्ण कवि रह गये हैं। खैर - हमने भी 'सर्वनाम' के लिए कविताएं अनुवाद की हैं— उनसे आपको अन्तर पता लग सकेगा। फिर भी अगर आप चाहें तो मैं आपको कुछ कविताओं के अनुवाद भेज सकता हूँ। अपनी कविता इस अंक के लिए मैं अलग भेज रहा हूँ कृप्या ये ही लगाएं।

और ठीक है। आज कल मैंने इधर 'पिछले दशक की पंजाबी कविता' पुस्तक रूप में संपादित की है 'समानअन्तर' नाम से। पुस्तक छप गई है - अगले कुछ दिनों में मैं पुस्तक आपको भेजूंगा।

-आपकी कुछ कविताएं अनु. की हैं छपने पर प्रति भिजवाऊंगा।

-'दस्तावेज़' के इस अंक में आपने मेरी दो कविताएं लगा दी होंगी— और ठीक है आशा है पत्रोत्तर देंगे।

स्सनेह - अमरजीत

(7)

बेहद आदरणीय श्री तिवारी जी! यादें

4/3/92

-आपका पत्र मिला– धन्यवाद

-आपके पत्र से मालूम पड़ता है कि 'दस्तावेज' का अंक निश्चय ही प्रमाणिक व महत्त्वपूर्ण होगा।

-आपकी तीन कविताएं पंजाबी के पत्र ''नवाँ जमाना'' जो कामरेड जगजीत सिंह आनन्द के नेतृत्व में निकलता है, में छपी है। लेकिन पिछले दिनों चुनाव में सब कुछ अस्त व्यस्त होने के कारण मैं उसकी प्रति आपको अगले दिनों में भेजूँगा।

-भले ही आपकी कविताएं हिन्दी की हैं लेकिन अनु. होकर वो पंजाबी की ही लगती हैं क्योंकि इन कविताओं में मानवीय संवेदना हर क्षेत्र से अपना नाता जोड़ती है– यही अच्छी कविता की पहचान है– मैं खुद भी चाहता हूँ कि आपकी इस पुस्तक और पिछली पुस्तकों से कविताएं लेकर उनका पुस्तक रूप में पंजाबी अनु. करूं लेकिन उन्हें पुस्तक रूप में छपवाने में थोड़ा कष्ट होगा– खैर सोचते हैं। डा. केदारनाथ सिंह जी की जो पुस्तक मैंने अनु. की थी उसे साहित्य अकादमी ने प्रकाशित कर दिया है।

-'दस्तावेज' के विषय में और सामग्री मैं आपको भिजवाऊंगा। लेखों के विषय में मैंने रामसिंह चाहल जी को भी आग्रह किया है कि वे प्राप्त करने की कोशिश करें थोड़ी कठिनाई होगी लेकिन सफल होंगे– और सब ठीक है। आपकी कविताओं की प्रति व और कविताएं अगले दिनों में भेजूँगा -आपकी पिछली पुस्तकें भी अगर मिल सकें तो अच्छा होगा।

आशा है पत्र देंगे। मैं चाहता हूँ– 10 लघु कथायें भी आपको भिजवाऊं– कैसा रहेगा?

ससनेह

अमरजीत कौंके

(8)

10/4/92

आदरणीय श्री तिवारी जी! यादें .

-काफी समय से आपका कोई पत्र प्राप्त नहीं हुआ। मैंने आपको आपकी पंजाबी में छपी कविताओं की फोटो स्टेट कापी, नच्छत्रर की कहानी का अनुवाद तथा दो पत्र लिखे थे लेकिन आपने इतने पत्रों के उत्तर में कोई ख़त नहीं डाला, कृप्या बताएं।

-पिछले दिनों 'पत्रिका' में (दिल्ली दूरदर्शन) आपकी बातचीत बेहद सराहनीय थी। मैंने काफी विद्वानों से आपका जिक्र किया। बहुत से लोगों ने आपकी प्रशंसा की – मुझे और भी खुशी हुई जब आपने 'माँ' कविता पढ़ी जिसे मैंने पंजाबी में भी अनुवाद किया था।'

-और ठीक है 'सर्वनाम' का पंजाबी कविता विशेषांक आ गया है। क्या आपके पास पहुँच गया या नहीं - अगर मिला तो कैसा लगा?

आजकल 'अरण्या' की कविताएं अनु. कर रहा हूँ।

-'दस्तावेज' का 52 अंक मिला। लेकिन इस बार उसमें कोई भी कविता नहीं छपी। कविताएं

जरूर लगाया करें क्यूँ कि बकौल आपके– ''कविता आदमी को बासी होने से बचाती है''। पंजाबी साहित्य पर आप कौन सा अँक केन्द्रित कर रहे हैं। मैं आपको एक कहानी और अगले दिनों में भेज रहा हूँ– जसवीर भुल्लर की।

आशा है तब तक आपका पत्र मुझे मिल जायेगा।

स्सनेह आपका अपना

अमरजीत कौंके

P.S. कृप्या पत्र जल्दी लिखें।

आनन्द प्रकाश दीक्षित

(1)

POONA - 411007

3.4.76

प्रियवर,

पत्र और तुम्हारी दोनों पुस्तकें यथासमय मिलीं। लिखा केवल इसलिए नहीं कि पढ़ लूँ तो लम्बा लिखूँ बल्कि कहीं आलोचना करूँ। तर्कशास्त्र तो दो माह पहले ही मिला था, पढ़ा भी किन्तु पूरा नहीं कर सका। फिर कविता पुस्तक मिली। वह भी सिरहाने रखता हूँ और थोड़ा-थोड़ा सोने से पहले बाँचता हूँ। दोनों को देखकर महती प्रसन्नता हुई। तुम्हारी गद्य शैली से बेहद खुश हूँ। साफ़-सुथरी, सरल और नितान्त आत्मीय। बधाई। बताओ आलोचना कहाँ भेज दूँ। अब अवकाश मिला है। कक्षाएँ बन्द हैं।

लेख की प्रति सुरक्षित थी, वापस है। लौटाने की ज़रूरत नहीं। किताब छप गयी है। लेख— सभी— मैंने अलग से टाइप कराकर भेजे थे अतएव सभी सुरक्षित हैं। पुस्तक की प्रति सेतु प्रकाशन, 184 तलैया, झाँसी (उ.प्र.) के सुमित्रानन्दन गुप्त को लिखकर मँगा लें और अपना पारिश्रमिक भी। मैंने कब का कहा है परन्तु न किसी को उन्होंने पुस्तक भेजी न पारिश्रमिक। आप लोग लिखें तो वह कुछ expose हों।

'अज्ञेय' वाली तुम्हारी पुस्तक कब निकल रही है। इस बीच मेरी एक पुस्तक 'साहित्य सिद्धान्त और शोध' मुद्रित हुई किन्तु छः माह से नेशनल के पास केवल कवर के लिए पड़ी है। अभी 4-5 और प्रेस भेजनी हैं— 15 दिन में। कबीर वाली मैकमिलन ने 1 साल डाले रखी आखिर खीझकर मैंने वापस मँगा ली। अब कहीं और देखूँगा।

शेष यथावत्। आशा है सपरिवार सानन्द हैं।

शुभैशी
आ. प्र.

(2)

गणेशखिंड, पुणे - 411 007

प्रियवर,

शुभाशीः।

21.4 का पत्र पाकर प्रसन्नता हुई। लगभग 1 वर्ष बाद पत्र मिला। शंका दूर हुई। आजकल डाकखाने का कोई पुरसा हाल नहीं है। पत्र मिलें न मिलें। हो सकता है तुमने कभी बीच में लिखा

हो और न मिला हो। मुझे कम से कम दस्तावेज के रामचंद्र शुक्ल अंक की योजना का पता तो इस पत्र से ही लगा। बड़ा खेद रहा कि मैं उनके प्रति अपनी श्रद्धा समर्पित किये बिना रह गया। इस बीच उन्हें फिर से पढ़ा था और दो लेख प्रकाशनार्थ गये भी थे। अभी तो वे भी छपकर नहीं आये। तुम्हारी ओर से सूचना मिल पाती तो अवश्य लिखता। अब डॉ. रामविलास शर्मा अंक के लिए अवश्य एक लेख दूँगा। जून में तैयार कर दूँगा। पहले ही चाहिए तो सूचित करें। आजकल हरिचरणदास ग्रंथावली भाग 2 को सम्पादित करने में व्यस्त हूँ– त्रस्तता की सीमा तक। बहुत कठिन और बड़ा काम है। पर एक संस्था छाप रही है, यही संतोश है और आदर भी है।

फरवरी' 85 में अवकाश ग्रहण कर रहा हूँ। उस समय यहाँ लोग अभिनंदनग्रंथ भेंट करना चाहते हैं। तैयारी आरम्भ हो गई है। तुम्हें भी लेख देना है। पत्र पहुँचेगा। केवल उन विषयों से सम्बन्धित लेख होंगे जिन पर मैंने काम किया है– 1. काव्यशास्त्र, 2. काव्य (रीति और आधुनिक), 3. भाषा, 4. पाठ सम्पादन। एक खण्ड में संस्मरण-जीवनी आदि होगी। उसके लिए तो संस्मरण रूप में तुम्हें कुछ लिखना है ही जो संकलित होगा एक ही लेख के रूप में, परन्तु एक लेख भी देना है– विषय यहाँ से सूचित होंगे।

डॉ. नागेन्द्रनाथ उपाध्याय के द्वारा लिखित मेरी पुस्तकों की आलोचना संलग्न है। इसे लेख रूप दे सकते हो। शीर्षक भी वैसा ही है। लेख रूप देने के लिए कुछ थोड़ा सा आरम्भ में भूमिकास्वरूप देना होगा। वह सम्पादक के नाते दे लेना। अन्यथा चाहो तो समीक्षा रूप में ही छापना। अगले अंक में आ सकें तो ठीक होगा।

आशा है सपरिवार सानंद हो। सबको शुभाशीर्ष।

शुभैशी
आ. प्र. दीक्षित

(3)

ए-4, प्राध्यापक निवास, पुणे विद्यापीठ, गणेशखिण्ड, पुणे - 411 007(महाराष्ट्र)

2.4.'87

प्रियवर, शुभाशीः।

बहुत समय हो गया जब 'मुक्तिबोध' की प्रति और तुम्हारा पत्र मिला था। इधर 'दस्तावेज़' के अंक भी मिलते रहे। ध्यान से पढ़े और तुम्हारे श्रम को सराहा। श्रीकान्त जी पर अंक में जो सामग्री दी गई है, बड़ी महत्त्वपूर्ण है और निष्ठापूर्वक प्रस्तुत की गई है। कई बातें जो उनके स्वभाव से सम्बन्धित हैं और जिन्हें दूर से बैठकर उनकी रचनाओं मात्र के माध्यम से नहीं जाना जा सकता, इस अंक की सामग्री में आ गई हैं और उन्हें समझने में हितकारक स्थिति तक सहायक हैं। हार्दिक बधाई। तुमने गोरखपुर जैसे स्थल से जो साहसिक कार्य किया है उसके लिए जितना भी सोचता हूँ तुम्हारे प्रति स्नेह आदर में बदलता जाता है। पूरा का पूरा यह अंक गौरतलब है।

तुम यहाँ आये, पर जिस तरह उड़े-उड़े मिले, उससे मन को तोश नहीं हुआ। भटका-भटका सा रहा, कई दिन। इधर फिर बहुत याद आयी। कौन जाने कब और कहाँ मिलना हो।

यहाँ मकान बना लिया है। 6 मार्च को गृहप्रवेश। इस माह के अन्त तक उसी में चला जाऊँगा। प्रायोजना तो J.N.U. ले गया। जुलाई से वहाँ रहूँगा। दिल्ली का लैट किराये पर दे रखा है अतएव अभी अव्यवस्थित हूँ।

23 फरवरी को रात 8 बजे अकस्मात् बात करते करते जीभ अकड़ने लगी। दो दिन परीक्षा हेतु प्राइवेट अस्पताल में रहा। डाक्टरों का कहना है अधिक रक्तचाप और नाड़ी शैथिल्य के कारण

ऐसा हुआ। जैसे भी हुआ, पक्षाघात का एक झटका दे गया। प्रभु की कृपा और गुरुजनों के आशीर्ष से ठीक हो गया। ठीक हूँ। आगे की भगवान् ही जानें।

भाई हेमचंद्र जोशी आजकल किस पते पर हैं– लिखना। वर्षों से कुछ नहीं लिख सका। मन मिलने को तड़प रहा है। वहाँ हों तो मेरा समाचार प्रणाम सहित देना। उनका सुपुत्र J.N.U. में था–अब कहाँ है?

तुम्हारी कोई और रचना प्रकाशित हुई है शायद। इधर परमानन्द का भी कुछ पता नहीं।

परिवार सहित सानंद होगे। सबको शुभाशीः।

शुभैशी,

आ.प्र. दीक्षित

(4)

'कलापी', 162/5ब-1स, डी.पी.रोड, औंध, पुणे - 411007 (महाराष्ट्र)

05.04.2001

प्रियवर, शुभाशीः।

'दस्तावेज़' 88-89 अंकों में श्री प्रकाश मनु के विस्तृत लेख बहुत पसन्द आये। उनकी विवेचन-क्षमता और दो-टूक कथनशैली आश्वस्तिकारक है। अंक 89 में आपकी सम्पादकीय चिन्तनीय है। प्रतिक्रिया में कुछ लिखना चाहता हूँ– अगर इजाज़त हो। इधर 'कविता क्या है' माँगने पर श्री अशोक महेश्वरी ने भेजी तो दो दिन में अक्षरशः पढ़ गया। मुझे तुमसे कुछ अधिक जमकर लिखने की आशा थी, पर तुम अधिकतर पुरानों में भटक गये और वहाँ भी रमे नहीं। आलोड़न नहीं किया। बुरा मत मानना। तुमसे न कहूँगा तो और किससे कहूँगा। तुम्हारी पुस्तकें– 1. हजारीप्रसाद द्विवेदी, 2. गद्य के प्रतिमान, 3. आत्म की धरती, 4. एक नाव के यात्री, तथा 5. शब्द और शताब्दी भी पढ़ना चाहूँगा। भिजवा सको तो भिजवाना। मुझे याद है कि तुम्हारी कविता पुस्तकों पर मैं अभी तक लेख नहीं लिख सका पर जब सब कुछ अस्त व्यस्त हो और पत्र तक न लिख पाता होऊँ तब लेख लिखने की बात ही कहाँ उठती है। गो अपने संस्मरणात्मक लेखों में तुम्हारा नाम और कृतित्व भी शामिल है– होगा।

'दस्तावेज' 85 से पता लगा कि अगले अंक में कुछ साहित्यिक पत्र-व्यवहार दे रहे हो। समय हो और चाहो तो अपने पास से कुछ साहित्यकारों के पत्रों की नकल और उन पर अपनी प्रतिक्रिया भेजूँ। तुम्ही बताना क्या, कितना, कैसे लिखना है।

मेरा स्वास्थ्य ठीक नहीं रहता। कई वर्ष से जब तब चक्कर आते हैं, हृदयशूल भी होता है, थकान और विस्मृति भी। दवा चलती रहती है। जितना हो सकता है करता रहता हूँ।

अपनी विस्तृत सूचनाएँ देना। बच्चों का पूरा परिचय भी। आशा है स्वस्थ सानन्द हो।

शुभैशी

आ. प्र. दीक्षित

(5)

7.11.08

प्रियवर,

शुभाशीः।

कल पंजीकृत डाक से तुम्हारी तीनों पुस्तकें पत्र सहित प्राप्त हो गईं। 'फिर भी जो रहेगा' को कवर से कवर तक पढ़ डाला। ताज़ातरीन चीज़ों को पढ़ना हितकर होता है अतः पहल उसी से की। संवेदन और सरल भाषाभिव्यक्ति के लिए यह संग्रह जाना जाएगा। फिलहाल प्राप्तिसूचना देनी थी। समीक्षात्मक प्रतिक्रिया एक-एक करके बाद में भेजूँगा। पत्रकारिता वाले लेख को इस माह भेज ही दूँगा। एक अन्य कविता-पुस्तक तथा श्री नर्मदाप्रसाद उपाध्याय के दो नवीनतम निबन्ध संग्रहों पर भी आलेख भेजूँगा। उन्हें वचन दे चुका हूँ।

ईश्वर तुम्हारी प्रार्थना को सुनें, यह मैं भी चाहता हूँ। अभी बहुत काम पड़ा है और इन कन्याओं की रक्षा का प्रश्न है। मेरा जीवित रहना परमावश्यक है।

शेष यथावत्। परिवार में सबको शुभाशीष। फिर मिलेंगे।

शुभैशी
आ. प्र. दी.

आसावरी काकड़े

(1)

2.12.09 : कोल्हापुर

आदरणीय
श्री विश्वनाथ प्रसाद तिवारी जी,
स.न.

आपका बारा नवम्बर का पत्र मिला। आपने मेरी अनुवाद क्षमता पर विश्वास दिखाया है यह पढ़कर मैं प्रोत्साहित हुई हूँ। प्रो. चन्द्रकान्त बांदिवडेकर जी को मैं जानती हूँ। समय निकालकर उनसे आवश्यक चर्चा करूंगी।

मैंने 'बेहतर दुनिया के लिए' इस संग्रह का अनुवाद कर लिया है। अब 'फिर भी कुछ रह जायेगा' का अनुवाद कर रही हूँ... यह पहला ड्राफ्ट है। तीनों संग्रहों का इस तरह अनुवाद करने से मै आपकी कविता के नजदीक जा पाऊँगी। उसके बाद सभी अनुवादित कविताओं में से अच्छे अनुवाद चुनकर उस पर अधिक गम्भीरता से सोचूंगी और उन कविताओं का पुनर्लेखन करूंगी। पुनर्लेखन के पहले मैं बांदिवडेकर जी से मिलुंगी।

फिल्हाल मेरी हिन्दी कविताओं का संग्रह ''इसीलिए शायद'' प्रकाशन प्रक्रिया में है। 30 दिसम्बर को उसका प्रकाशन होगा। उसकी एक प्रति आपको आवष्य भेज दुंगी। आशा है उस संग्रह पर आप जरूर लिखेंगे।

आपकी कविताओं का अनुवाद करने में मुझे आनन्द मिलता है। कई भाव, विचार, अभिव्यक्ति मेरी काव्य-प्रकृति से मिलती है। अनुवाद का पुनर्लेखन करते समय शायद आप से भी चर्चा करने की जरूरत पड़ेगी। तब मैं आपको पत्र लिखूंगी। उत्तर में आप खुलासा कर सकते हैं। पत्र द्वारा हम सम्पर्क में रहेंगे।

सभी को शुभकामनाएँ

ह. : आसावरी काकड़े
Mob. No. 09371836889

(2)

30.3.10/पुणे

आदरणीय
श्री विश्वनाथ प्रसाद तिवारी जी को
स. न.

जून 2009 समावर्तन मासिक पत्रिका में 'एकाग्र' शीर्षक से आपके बारे में विस्तार से लिखे हुए लेख, पुस्तक परिचय, ओम निश्चल जी से बातचीत आदि साहित्य पढ़ने को मिला।

आपकी कविताओं का अनुवाद करते समय सामने सिर्फ शब्द थे अब तक। अब परिचय हो

गया है। पूरा तो नहीं, लेकिन काफी कुछ समझ पायी आपके व्यक्तित्व के बारे में। बहुत अच्छा लगा आपके बारे में कही गई इतनी सारी अच्छी बातें पढ़ते समय।

अब दूसरी बार अनुवाद को देखते समय आत्मविश्वास के साथ यह कार्य होगा।

मैंने आपकी तीन किताबों में छपी लगभग सभी कविताओं का अनुवाद एक बार कर दिया है। उसके बाद आपको पत्र लिखा था। मेरी नई किताब 'इसीलिए शायद' भेजी थी। और एक बार फोन पर संपर्क करने का भी प्रयास किया था मगर आपकी ओर से कोई उत्तर नहीं मिला।

नागपुर की मीनाक्षी जोशी जी का फोन था कि वह मेरी किताब पर (आपके कहने पर) दस्तावेज़ में लिख रही हैं। सुनकर आनन्द हुआ और दस्तावेज़ के निर्मिती के बारे में विस्तार से जब पढ़ा तब और अच्छा लगा कि ऐसी पत्रिका में (जो एक सात्विक यशःकाक्षा के साथ निकाली जाती है) मेरी किताब पर लिखा जाएगा। बहुत बहुत धन्यवाद।

समावर्तन पत्रिका हमारे स्नेही डॉ. दामोदर खड़से जी से प्राप्त हुई। सही वक्त पर आपके बारे में पढ़ने को मिला। अच्छा लगा।

आपका पत्र आने से अनुवाद कार्य उत्साह से होगा।

शुभकामनाएँ

आसावरी काकड़े

(3)

29.6.10/पुणे

आदरणीय
श्री विश्वनाथ प्रसाद तिवारी जी,
स. न.

आपका पत्र मिला। आपने लिखे हुए शीर्षकों की लगभग सभी कविताओं का अनुवाद मैंने किया है। 2-3 छूट गयी होंगी। उनका भी अनुवाद कर दुंगी।
6-7 कविताओं का अनुवाद डॉ. बांदिवडेकर जी को दिखाया था। उन्होंने कुछ सुझाव दिए हैं। फायनल ड्राफ्ट करते समय उन पर आवश्य विचार करूंगी।

तीनों संग्रहों में से मैंने 94 कविताएँ चुनी हैं। सभी कविताओं का अनुवाद मेरी एक साहित्यकार सहेली को देखने के लिए दिया है। वह कवयित्री है। उसकी मातृभाषा मराठी है परन्तु बचपन से इंदौर में कई साल रहने से हिन्दी भाषा भी उसकी मातृभाषा बन गयी है। वह कविता-कथाएँ हिन्दी में ही लिखती है। मराठी से हिन्दी अनुवाद करती है। अनुवाद के लिए उसे राष्ट्रपति पुरस्कार मिल चुका है। उसकी सलाह लेने के बाद ही (पूरे अनुवाद के सन्दर्भ में - पूरा अनुवाद वह बारीकी से देखेगी) फायनल ड्राट बनाऊंगी। इस कार्य में किसी शब्द या कल्पना के बारे में दुविधा महसूस हुई तो आपको पत्र लिखूंगी... यह देखना भी जरूरी होगा कि अनुवाद को मराठी कविता का अच्छा रूप मिल रहा है या नहीं!

आपने 8-10 कविताओं के शीर्षक के नीचे 'बर्ट्रेंड रसेल के लिए', 'शिवप्रसाद सिंह के लिए' ...ऐसा लिखा है या अन्य संदर्भों का जिक्र किया है... ये सब सन्दर्भ मैं पूरी तरह से नहीं जान पायी हूँ। क्या ये जानना आवश्यक है? कविता के लिए कोई सन्दर्भ देना जरूरी है? अनुवाद में भी ये लिखना होगा?... मेरी दृष्टि से सन्दर्भ देने से कविता सीमित हो जाती है...कृपया इस सन्दर्भ में

अपनी राय लिखें।

हिन्दी में पत्र लिखने की आदत नहीं है। कुछ गलतियँ हुई हों तो माफ कीजिएगा।

घर में सभी को शुभकामनाएँ

आसावरी काकड़े

पुनः -

मेरी वेबसाईट बन गई है। www.asavUrikakade.com पर आप देख सकते हैं। मेरे परिचय में आखिर में 'आगामी' कॉलम है। उसमें आपकी कविताओं के अनुवाद का निर्देश किया है। मराठी संकलन का नाम 'तरीही काही बाकी राहील' होगा।

(4)

14/8/2010

आदरणीय

श्री विश्वनाथ प्रसाद तिवारी जी,

स. नं.

आपका विस्तारपूर्वक लिखा हुआ पत्र पाकर प्रसन्नता हुई। मेरा उत्साह बढ़ गया। अब मैं फायनल ड्राट बनाने के कार्य में जुट गयी हूँ। इस कार्य के दौरान आपकी कविताओं के और नजदीक हो रही हूँ। किया हुआ अनुवाद बार बार देख रही हूँ। कई जगह अपूर्णता महसूस हुई। अतः कुछ शब्दों के अर्थ, कुछ सन्दर्भ, स्पष्टीकरण आदी आपसे पूछना चाहती हूँ। 55 अनुवादित कविताएँ बारीकी से देख चुकी हूँ बाकी कविताएँ देखने के बाद फिर लिखूंगी।

शंकाएं इस तरह हैं– (शब्दों के अर्थ समझने के बावजूद भावार्थ स्पष्ट नहीं हो रहा)–

1) 'बेड़ियों के विरुद्ध' संग्रह से–

-'मेहरौली के फुटपाथ पर' कविता में तीन पंक्तियां हैं– (page 21) ''शायद यह हो सकता हो/तुम्हारे इजलास में / एक बेगुनाह का इजहाँर'' शब्दार्थ समझने पर भी इनका आशय स्पष्ट नहीं हो रहा है। कृपया स्पष्ट करें।

-'कतवारू की मृत्यु पर' कविता में एक पंक्ति है– 'धुले धुलाए अफसरों की वासनायें'? (page 34)

-'बेड़ियों के विरुद्ध' कविता में– ''हड्डियों से चूसते रहते हैं धरती की सम्पदाएँ'' (page 38) इसी कविता की अन्तिम 7 पंक्तियाँ– ''हवाबाजों से कहो... हमारी शिनाख्त)'' अच्छी तरह से नहीं समझ पायी।

-'कल की लड़ाई के लिए' कविता में– 1. ''अपने ही हथियारों के विरुद्ध भी/लड़ना पड़ सकता है'' और 2. ''संगीनों के साये में/सिर्फ बालात्कार हो सकता है? (page 50.51)

-'शिनाख्त' कविता में 'आप जिसे कहते हैं अपना प्रतिमान'? (page 53)। इसी कविता में -'जब मैं नया-नया आया था इस कमरे में'? (page 53) कमरा = Room?è, Home?, House ?

-'मिट्टी की ओर' कविता में' मुझे...शब्दों की याद आती है/जिनसे हवा प्रेम करती है''? (page 53)।

2) ''बेहतर दुनिया के लिए'' संग्रह से–

- 'माँ' कविता में– ''मगर चीजें एक काले दुर्ग में कैद थी?

-'आरा मशीन' कविता में– pl. See page 4'

-'एक पहाड़ी यात्रा' में– 1. 'चीड़ वन' और 'देवदारु वन' दोनों एक हैं या अलग? 2. 'पर्वतकांक्षा की तरह देवदारु'? 3. 'नीचे अपनी ही खाइयों में'? 4. दूर कहीं एक गांव होगा/जलता हुआ?

- 'जमीन और पंख' कविता में– 'मगर माँ को उड़ाने की कला नहीं मालूम'?

-'शब्द' कविता का आशय मुझे बहुत महत्त्वपूर्ण लगा। हर पंक्ती शब्दों के बारे में अलग अलग बात बताती है। उनमें continuity नहीं महसूस होती है। आखिर में आता है– "क्या जरिया है हमारे पास/उस दिक्काल से जूझने का/जिसके बीच हम फेंक दिये गये हैं?" शब्द ही एकमात्र साधन है इसके सिवा और क्या जरिया है दिक्काल से जूझने का? क्या यही बात सूचित करनी है आपको?

- 'चार बच्चे' कविता में -'...जो जा रही हैं बंगाल की ओर'? सन्दर्भ क्या है?

- 'शरीर के पार' कविता में– अन्तिम पंक्तियाँ 'ओ जिजीविशा/तुमसे लिपटकर/कामना जगती है मृत्यु की। ?

-'एक मध्यवर्गी व्यक्ति का बयान' कविता में 'जूझता रहा निरन्तर आकाश में'?

-'सब जग जलता देखिया' कविता में 1. 'देखिया' शब्द में क्या विशेष अर्थ है? 2. "शिमला की... उतर रही है रात... अपने ही भार से... '?

-'मैं तुम्हारी परवाह नहीं करता' (हरमेन हेस के लिए) इसका सन्दर्भ क्या है?

-'काफी दिनों के बाद घर लौटकर'– कविता में 'माँ मेरी माँ/तुम कविता का विषय नहीं हो/मुझमें कुछ कमी है जो यह अपराध कर रहा हूँ...' आपने ऐसा क्यों कहा है?– और pl. see page 4)।

- 'तथाकथित जनता का आदमी' कविता में– 'वह शहर का सबसे थुलथुल आदमी है– है'?

- 'प्यार मैंने भी किये हैं' कविता में– "हौसला नहीं जुटा ...इस आतंकवादी जमाने में भी"?

- 'खुशबु' कविता में– 1. खनिक = खनि में काम करने वाला? 2. 'उसकी मृत्यु से एक खुशबु/उड़ रही थी चारो ओर'?

-'उगो-उगो' कविता में 'गुरुद्वारों में उठने लगे हैं/बारूद के धुएँ'? इसे ऐतिहासिक सन्दर्भ है? 2. दिक्पाल सो गये हैं ?

-'बेहतर दुनिया के लिए' कविता में– 'शाश्वत कुँवारी धरती से/उभरेंगी छिपी हुई सूरतें'?

आपने मेरी पहले पत्र में पूछी हुई शंकाओं का उत्तर लिख भेजा है। उससे अनुवाद कार्य विश्वास के साथ हो रहा है। उपर पूछे हुए प्रश्नों का उत्तर मिलने से अनुवाद और भी अच्छा होगा।

अनुवाद करते समय मैं आपकी कविताओं के आशय के साथ पूरा न्याय करने का प्रयास कर रही हूँ। आपकी शैली (Style) भी बाधित न हो इसका भी प्रयास कर रही हूँ। मराठी अनुवाद में भी आपकी कविता आपकी ही लगनी चाहिए।

मेरी कुछ चुनी हुई मराठी कविताओं का गुजराती भाषा में अनुवाद हो रहा है। और एक मराठी कविता संग्रह का कोंकणी भाषा में अनुवाद हो चुका है। गोवा की साहित्यकार हेमा नायक जी ने यह अनुवाद किया है– प्रकाशन प्रक्रिया में है। अपनी कविताएँ दूसरी भाषा में अनुवादित होने का महत्त्व और आनन्द मैं जानती हूँ।

आपकी कविताओं के अनुवाद के सन्दर्भ में मेरी सहेली डॉ. स्मिता दाते जी की सहायता ले रही हूँ। डॉ. बांदिवडेकर जी को भी 8-10 कविताओं का अनुवाद दिखाया था। उन्होंने कुछ सूचनाएँ दे दी हैं। इस सन्दर्भ में मैंने पहले भी आपको लिखा है।

आपके उत्तर की प्रतीक्षा रहेगी। शुभकामनाएँ

ह. : आसावरी काकड़े

(P.T.O.)

-'आरा मशीन' कविता में– '....और अपना कलेजा निकालकर...' मैंने इसे 'अनावृत्त होते हुए चमकने लगता है...' इस तरह interpret किया है। क्या यह सही है?

-'काफी दिनो बाद घर लौटकर' कविता में 'हाँफता हूँ... गाज फेंकते हुए'? इसे आपने स्पष्ट किया है पहले पत्र में। इसमें 'गाज' शब्द का अर्थ क्या है? शब्दकोष में इसका अर्थ गर्जन, गरज ...ऐसा कुछ दिया है। यह अर्थ आपकी कविता के सन्दर्भ में ऑड लगता है।... 'प्रतिबद्धता' ('फिर भी कुछ...' संग्रह) कविता में भी ऐसी पंक्ति है– हाँफता हिनहिनाता गाज फेंकता'...?

पुनः -

बाकी कविताएँ भी अनुवाद के साथ बारीकी से पढ़ीं। डॉ. स्मिता दाते जी से सलाह की। कविताएँ फिर से पढ़ने का काम पूरा हुआ तो अब इसी पत्र में बाकी कविताओं के बारे में भी पूछ लेती हूँ।

''बेड़ियों के विरुद्ध'' संग्रह से–

-'लोग गायब हो रहे हैं कविता में–''रानी गुलाब जल में नहा रही है... सो गया है''? (page 114)

-'उड़ गयी माँ' कविता में - '...डोली में लाल लाल दुलहन' (page 121), 'सुख' ('फिर भी कुछ.... ' संग्रह से) कविता में भी 'लाल लाल आँचल में' यह पंक्ति आयी है। 'लाल लाल...' की विशेषता क्या है?

-'अचानक नहीं गयी माँ' कविता में– 'पृथ्वी और आकाश के पिंजरे में फड़फड़ाती...'? (page 123)।

- 'बचा हुआ आदमी' कविता में– हिमवन्तों का अर्थ हिमशिखर है? (page 140)।

-'युद्ध के बाद' (page 145) कविता में– पापों के हिम में गलना पड़ता है...'?

''फिर भी कुछ रह जायेगा'' संग्रह से–

-'गुनाहों के सबूत' कविता में– 1. 'कुँवारियों सी सपने देखा'? 2. अन्तिम पंक्तियाँ– 'और क्या दूँ... धर्मराज के पास' इसका सन्दर्भ क्या है? मैं थोड़ा कुछ जानती हूँ। पूरा नहीं समझ पायी।

-''देह' कविता में– 1. 'सदानीराएँ शब्द बहती नदी के लिए आया है? 2. ज्योतिलता = मशाल के लिए है?

-'सत्य' कविता में– 1. 'छिपाया जाता है कोने-अन्तरे'? 2. '...जहाँ कुछ काले नंगे पुरुष कुर्सियाँ बुन रहे थे'? 3. 'और कुछ बच्चे... चमगादड़ों की तरह' ऐसा क्यों कहा है?

दिनांक 17/8/10

-'आखिरी अनुकम्पा' कविता में– 'यही सजा सुनाई थी काजी ने'– काजी शब्द का प्रयोग क्यों किया है? 'धरती में समा जाना' का सन्दर्भ इस्ला में भी है?

-'कामनाएँ' कविता में– 1. 'किलकती रहें नीहारिकाएँ'? 2. अन्त में पूरी हों, हों/न हों दो बार क्यों?

-'मैं ही हूँ' कविता में– 'यह महा जाल' इसका सम्बन्ध 'माया' से है?

-'शब्द' कविता में– 'हुहुआती लहरों की तरह'? अन्त में– '...तुम्हारे किसी काम नहीं आयेंगे' इस पंक्ति के बाद स्पेस छोड़कर 'निराश न होना' यह पंक्ति है। दो पंक्तियों के बीच की खाली जगह में 'लेकिन'/'मगर' शब्द अपेक्षित है– जिसे आपने अनकहा छोड़ दिया है। शायद यह आपकी style है। विरामचिन्हों का भी उपयोग बहुत ही कम है। होना ही/कभी भी जैसे आग्रह दर्शक शब्द

भी बहुत कम हैं। आपकी कविताओं की यह विशेषता मराठी अनुवाद में जाने की कोशिश कर रही हूँ।

-'अम्बपाली' कविता में– 1. 'झर जायेंगी तोते के पंख जैसी पत्तियाँ'? 2. सुरुचिर? 3. कुंचित = बनतसल? 4. तूलिका अंकित? 5. अम्बपाली– किसका नाम है?

-'पूरे करो वायदे' कविता में– 1. 'पयोधरों से झरते निर्झर'? 2. 'छिपी हैं क्या क्या सूरतें'? 3. 'वे हरे हरे... डरते हैं...' यहाँ 'वे' सर्वनाम शासनकर्ता हुकुमशाह /आतंक फैलाने वाले... किसके लिए आया है? 4. भवतारीणी = नदी?

पूरा अनुवाद बारीकी से देखते समय जहाँ जहाँ थोड़ी भी शंका रही वह सब पूछ लिया है। आपका उत्तर आने पर अनुवाद में सुधार लुंगी। अब विश्वास हो रहा है अनुवाद अच्छा होगा।

शुभकामनाएँ -

आसावरी काकड़े

पत्र में कुछ गलतियाँ हों तो कृपया माफ कीजिएगा। हिन्दी में पत्र लिखने की आदत नहीं है।

-आसावरी पुनः पुनः–

18.8.10

पत्र पूरा करने के बाद मन में आ रहा है कि इतना सब पूछना सही है या नहीं। अनुवादक को खुद के interpretation पर निर्भर होना चाहिए या मूल कवि से सलाह लेनी चाहिए? कविता लिखने के बाद वह कवि की नहीं रहती पाठकों की हो जाती है। कविता का अस्तित्व आस्वाद प्रक्रिया के कुछ क्षणों के लिए मात्र होता है। कविता जब किताबों में होती है तब वह सिर्फ रेखाओं से बने अक्षरों की एक आकृति होती है...

अनुवादक को कौन सी कविता का अनुवाद करना चाहिए? कविता लिखने से पहले जो कवि के मन में होती है उसका? या आस्वाद लेते समय जो मन में उभरती है उसका?

अब मैंने पत्र लिख लिया है तो भेज देती हूँ। मैंने बहुत सारा पूछा है लेकिन आपकी कविताओं में और बहुत कुछ है जो मैंने नहीं पूछा है...

इस पूरी प्रक्रिया में हिन्दी भाषा, कविता और अनुवाद के सन्दर्भ में मन में कुछ विचार आते रहे...यह सब आनन्ददायी है...!

आसावरी काकड़े

(5)

14.9.10/पुणे

आदरणीय
श्री विश्वनाथ प्रसाद तिवारी जी,
स.न.

आपका विस्तारपूर्वक लिखा हुआ पत्र मिला। अनुवाद का फाइनल ड्राफ्ट बनाने का कार्य अब विश्वास के साथ हो रहा है। कार्य लगभग पूरा हो चुका है।

दो कविताओं में पूछी हुई जिज्ञासा पूरी नहीं हुई। 1. 'गुनाहों के सबूत' कविता में आखिर में लिखा है– 'निकाल लो मस्तक से मेरी मणि... आँसुओं को धर्मराज के पास ले जाना चाहता हूँ' इसे

महाभारत के अश्वत्थामा-धर्मराज का सन्दर्भ है? क्या है सन्दर्भ?... आपने अपने पत्र में लिखा है 'अर्थात् तुम्हें देने के लिए मेरे पास कुछ नहीं है/यमराज के पास तुम्हारी वेदना लेकर जाऊंगा'।
2. 'आखिरी अनुकम्पा' कविता में लिखा है 'यही सजा सुनाई थी काजी ने' आपने 'काजी' का अर्थ दिया है। वह मैं जानती थी। मेरी जिज्ञासा यह है कि सजा काजी ने क्यों सुनाई? 'धरती में समा जाना' इसे रामायन कथा का सन्दर्भ में है। अगर वह स्त्री/गाव मुस्लिम है तो क्या ऐसा सन्दर्भ इस्लाम धर्म में भी है?

आपके आग्रह के अनुसार मैंने डॉ. बांदिवडेकर जी से फोन पर बात की। मैंने पूरा अनुवाद डॉ. स्मिता दाते जी को दिखाया है डॉ. बांदिवडेकर उनको जानते हैं। उन्होंने कहा कि अब फिर उन्हें दिखाने की आवश्यकता नाहीं और वे दूसरे कामों में व्यस्त हैं। मुझे जितनी भी जिज्ञासाएँ थीं मैंने आपको पूछ लीं हैं। अब मुझे विश्वास है कि अनुवाद में कोई गलती नहीं रही है।

101 कविताओं का अनुवाद हुआ है। 141 Pages हुए हैं। मैं एक हफ्ते के लिए कोस्टल कर्नाटक-ट्रीप पर जा रही हूँ। आप चीन-दिल्ली से लौटे होंगे... सफर कैसी रही? नई कविताएँ लिखी गईं?

अनुवाद करते समय मेरे मन में उठे विचार मैंने आपको इसके पहले वाले पत्र में लिखे थे। ('पुनः पुनः' के बाद– पृष्ठ 6 पर) क्या आपने वह पढ़ लिया है? कृपया देखें।
घर में सबको शुभकामनाएँ– मैंने आपको डॉ. दामोदर खड़से जी की किताब (अनुवादित कथा संग्रह) भेजी थी। अब तक आपको जरूर मिली होगी।

आसावरी काकड़े

(6)

दिनांक : 17/10/10
दशहरा

आदरणीय
श्री विश्वनाथ प्रसाद तिवारी जी,
स. नं.

अनुवाद का फायनल ड्राट बना दिया है। उसकी एक झेरॉक्स कॉपी आपके अवलोकनार्थ भेज रही हूँ। आप मराठी भाषा नहीं जानते होंगे फिर भी भेज रही हूँ। इससे आप जान सकते हैं कि मैंने कौन सी कविताएँ अनुवाद के लिए चुनी हैं। मराठी के कई शब्द हिन्दी जैसे हैं पंक्तियों की रचना भी लगभग समान है। मुझे लगता है थोड़ा सा प्रयास करने पर आप यह जान सकेंगे कि अनुवाद कैसा हुआ है।

मेरी दृष्टि से अब अनुवाद अच्छा बन गया है। जितनी भी जिज्ञासाएँ, प्रश्न थे, सब आपसे पूछ लिए हैं। आपके स्पष्टीकरण कविता के भीतर तक जाने में उपयुक्त हुए। एक एक शब्द पर विचार कर कर अनुवाद किया है। इस पूरी प्रक्रिया में डॉ. स्मिता दाते जी (जो कवयित्री हैं और ज्ञानपीठ तथा हिन्दी साहित्य अकादमी के लिए अनुवाद का कार्य कर चुकी हैं) की सहायता बहुत मिली।

अब अनुवाद और किसी को दिखाने की जरूरत मुझे नहीं लगती। कुछ हद तक दूसरों की सहायता लेने के बाद अनुवादक को खुद की सृजन-क्षमता पर निर्भर होना चाहिए। फाइनल ड्राफ्ट बनाते समय लग रहा था कि ये पुनर्जात कविताएँ मेरी हैं।...एक-दो जगह थोड़ा सा सन्देह रह गया है–

1. 'बेड़ियों के विरुद्ध' कविता में– 'वे हमेशा बेरहम होते हैं' इस पहली पंक्ति से लेकर ''बच्चे भूल चुके हैं ककहरे' इस पंक्ति तक भयंकर वास्तवस्थिती का वर्णन है। उसके बाद अचानक सी ''हवाबाजों से कहो... आदमी अपनी धुरी पर दृढ़ हो गया है... ' आदी सकारात्मक पंक्तियां आती हैं। बार बार पढ़ने पर भी मुझे यहाँ आशय में गैप रह गयी है ऐसा लगता रहा। किताब में (छपाई में) कुछ पंक्तियाँ छूट तो नहीं गईं?... इसका मैंने अनुवाद कर दिया है। पर सन्तोष नहीं हुआ है।

2. 'उड़ गयी माँ' और 'काफी दिनों बाद घर लौटकर' इन दो कविताओं में 'बतखों की तरह डुगुरते', 'बतख के बच्चे अपनी माँ के पीछे डुगुरते' ऐसी पंक्तियां हैं। 'डुगुरते' शब्द शब्दकोष में नहीं मिला। भावार्थ से मैंने जाना कि माँ के आजू बाजू में रहना, पीछे पीछे करना... क्या यह सही है?

'आखिरी अनुकंपा' कविता बिलकुल सरल है। उसका मर्म मैं शुरू से जान गयी थी। फिर भी अपने पत्रें में इस सन्दर्भ में मैंने प्रश्न पूछे थे। शायद ठीक तरह से नहीं पूछ पायी। मुझे 'काजी' शब्द का अर्थ नहीं पूछना था। सजा क्यों सुनाई गयी यह भी नहीं पूछना था। मुझे जिज्ञासा थी कि सजा गाँव के मुखिया ने क्यों नहीं सुनाई? काजी ने क्यों सुनाई?... अनुवाद के सन्दर्भ में इस सवाल का उत्तर जानना आवश्यक नहीं है। मैंने अनुवाद कर दिया है।

आपकी कविताओं में विरामचिन्हों का उपयोग बहुत कम है। यह आपकी Style है या छपते समय चिह्न छूट गये हैं?... मैंने उद्गार चिह्न का उपयोग कुछ कविताओं में कर दिया है। पंक्तियों की लम्बाई और स्पेस छोड़ना आदि मूल कविता की तरह रखा है। कविताओं के अनुक्रम में भी कोई चेंज नहीं किया है।

मूल कविता के साथ पूरा न्याय करने की कोशिश की है। और यह भी देखा है कि अनुदित मराठी कविता अच्छी कविता का रूप ले रही है या नहीं!

दिवाली के अवसर पर मराठी में दिवाली विशेषांक प्रकाशित होते हैं। नागपूर के 'लोकमत' और मुम्बई के 'परिवर्तनाचा वाटसरू' को मैंने इस अनुवाद में से तीन कविताएँ भेज दी हैं। प्रकाशित होने पर उनकी कॉपी आपको भेज दुंगी।

मेरी वेबसाईट (www.asavUrikakade.com) में 'आगामी प्रकाशन' कॉलम में इस अनुवाद का निर्देश किया है। आप वेबसाईट अवश्य देखिएगा।

कृपया प्राप्ति-सूचना दीजिए। दिवाली के लिए हार्दिक शुभकामनाएँ।

आसावरी काकड़े

पुनः - कोई गलती हुई हो तो कृपया बता दीजिएगा।

आसावरी काकड़े

इन्द्रनाथ चौधुरी

(1)

183, टैगोर पार्क, दिल्ली-110009

18/6/81

प्रिय भाई विश्वनाथ जी,

आपका 13/6 का पत्र मिला। मुझे मालूम है कि एक अच्छी पत्रिका के सम्पादक का कितना गहरा उत्तरदायित्व होता है– योजनाएँ बनानी पड़ती हैं, उनको कार्यान्वित करना पड़ता है और ऐसा करते हुए पत्रिका के स्तर को बनाए रखने के लिए कितनों से लड़ाई मोल लेनी पड़ती है। कितनों को निर्लज्ज होकर माफी माँगनी पड़ती है, बैगरा बैगरा।

कलकत्ते में आपने जब मेरा लेख स्वीकार कर लिया और कहा कि 11वें या 12वें में निश्चित छप जायेगा तब मैंने वह लेख और कहीं नहीं भेजने का निश्चय किया। अब भी वही निश्चय बरकरार है। सोचता हूँ 12वाँ अंक निकालने के बाद क्या आप अपने प्रस्तावित विशेषांक नहीं छाप सकते? वर्ष 81के अन्तिम दो अंक, आठवें दशक की कविता और आलोचना से सम्बन्धित हों तो क्या अधिक फिट नहीं बैठेगा? जुलाई में 12वें अंक के साथ जुड़कर यदि वह लेख प्रकाशित हो तो प्रेमचन्द शताब्दी समारोह के साथ उसकी सार्थकता बनती है। उसके बाद चीज़ पुरानी पड़ जाती है। ख़ैर आप सम्पादक हैं जैसा आप उचित समझें करें। अमृतसर में डॉ. मेघ के आमंत्रण में अक्तूबर 81 को जाना है और इसी प्रकार का 'विश्व-साहित्य में प्रेमचन्द के महत्त्वपूर्ण तुलनीय' विषय पर लेख तैयार करना है।

आठवें दशक की आलोचना पर प्रस्तावित अंक की रूपरेखा क्या है? क्या मैं उसके साथ जुड़ सकता हूँ? तुलनात्मक आलोचना, मिथ-आलोचना तथा आलोचना की संरचनावादी दृष्टि आजकल हिन्दी क्षेत्र में भी उभरकर सामने आ रही हैं। डॉ. मेघ मिथ-आलोचना के एक महत्त्वपूर्ण दावेदार हैं। नागार्जुन की कविता 'ऐसा तो कभी नहीं हुआ था' (1978) का उन्होंने इस सन्दर्भ में विवेचन क्या है। 'बाणभट्ट की आत्मकथा' का भी किया है। इधर Comparative Criticism (additive ugha) का भी बोलबाला है। आलोचना की संरचनावादी दृष्टि पर दिल्ली में 2 गोष्ठियाँ भी हो गईं। क्या इस सम्बन्ध में आप कुछ लिखवा रहे हैं? मैं इस सम्बन्ध में लिख सकता हूँ बशर्ते आपकी योजना में ऐसी चीज जुड़ी हुई हो और दूसरा कोई लिखने वाला न हो। निःसंकोच होकर पत्र दीजिएगा, मैं स्पष्टवादिता का कट्टर हिमायिती हूँ और इसमें, मेरी तरफ से, दोस्ती में कतई आँच नहीं आती।

अब काम की बात। प्रेमचन्द विशेषांक फौरन VPP से मुझे भेज दीजिए। और यदि और कोई विशेषांक हो तो उसे भी भेजिए और भविष्य में भी विशेषांक VPP से भेजना भूलिए नहीं– यह दस्तावेज़ के प्रबन्धक विभाग को मेरा Standing Order है। हाँ, अध्यापकों को जो कमीशन देते हैं वह देना कृपया न भूलें।

आजीवन सदस्य बनने की बात सोच रहा हूँ। कदाचित् कॉलेज पुस्तकालय को इस सम्बन्ध में तैयार कर लूँ। नहीं तो आगामी वर्ष मैं भी बन सकता हूँ। इस वर्ष एक का 100/- देकर बन चुका हूँ।

सादर नमस्कार सहित,

आपका
इन्द्रनाथ चौधुरी

(2)

सचिव
साहित्य अकादेमी
24 मई 1984

प्रिय श्री विश्वनाथ प्रसाद जी,

आपका 11-5-84 का पत्र यथा समय प्राप्त हुआ। जून के पहले हफ्ते दिल्ली में आपसे अवश्य भेंट होगी। उन दिनों अकादेमी के साहित्यिक मंच में यदि आप समकालीन हिन्दी कविताओं के बारे में भाषण दे सकूं और अपनी नई स्वरचित कविताओं का पाठ कर सकें तो हमें बहुत खुशी होगी। कृपया इस सम्बन्ध में हमें विशेष रूप से यह सूचित करने का कष्ट करें कि दिल्ली में आप कब से कब तक रहेंगे और शाम को कौन से दिन आप इस आयोजन में भाग लेना चाहेंगे। हमें कम से कम 7-8 दिन का समय चाहिए जिससे कि आपके भाषण और कविता पाठ की सूचना हम दिल्ली में लेखकों को भिजवा सकें।

सादर नमस्कार स्वीकार करें।

आपका
इन्द्रनाथ चौधुरी

(3)

सचिव
साहित्य अकादेमी
सा.अ. 836/19241 **9.9.1986**

प्रिय डा. विश्वनाथ प्रसाद तिवारी,

आपका 4.9.86 का पत्र मिला, धन्यवाद। मैं समझ सकता हूँ कि आंख की तकलीफ के कारण आप हमारी गोष्ठी में ज्यादा देर तक नहीं रह सके। हजारीप्रसाद द्विवेदी पर आपने लिखना शुरू कर दिया यह जानकर प्रसन्नता हुई। परन्तु एक साल की अवधि क्यों बढ़ाना चाहते हैं? 6 महीने में पूरा कर दीजिए ना! इस हिन्दी सलाहकार समिति की अवधि दिसम्बर 1987 में समाप्त हो जाएगी। इसी अवधि के भीतर इस प्रकार के महत्त्वपूर्ण विनिबन्ध प्रकाशित हो जाएं यही हमारी इच्छा है। नई सलाहकार समिति के नए निर्णय क्या कुछ होंगे, इसका कुछ पता नहीं होता है इसलिए मैं सोचता हूँ कि यह काम आप 6 महीने के भीतर समाप्त कर दें जिससे कि उसकी जल्दी से जल्दी समीक्षा करवाकर उसको दिसम्बर 1987 के भीतर प्रेस भिजवा सकें। आशा है आप मेरी बात समझ रहे हैं। 'दस्तावेज' को अकादेमी का विज्ञापन भिजवाया जा रहा है। श्री रमेश भसीन अलग से आपको पत्र देंगे।

शुभकामनाओं सहित,

आपका
इन्द्रनाथ चौधुरी

उदय प्रकाश

(1)

जवाहर लाल नेहरू विश्वविद्यालय,
नई दिल्ली'110067

प्रिय भाई,

'दस्तावेज' का अंक कई दृष्टियों से महत्त्वपूर्ण है। अभी तो कुछ भी कहना समय से पूर्व का होगा– लेकिन, 'आलोचना' के बन्द हो जाने के बाद अगर सुव्यवस्थित ढंग से कोई दूसरी पत्रिका उसका स्थान ले पाने में समर्थ होती है तो यह घटना स्वागत योग्य होगी। ज्ञानेंद्रपति की कविता पसन्द आई।

अपनी कुछ कविताएं भेज रहा हूँ। अपने तरह की ही कविताएं हैं। सम्भव है आज की कविता का प्रचलित मुहावरा इन कविताओं में कम से कम मिले। इसके बावजूद कविताएं जो कुछ सम्प्रेषित कर पाती हैं मेरी दृष्टि से, वह महत्त्वपूर्ण हो सकता है।
इन कविताओं को एक बार आप पढ़ें ज़रूर और यह भी ध्यान में रखें कि मैं एक बेहद नया-सा कवि हूँ और इसी वर्ष कुछ छोटी-बड़ी पत्रिकाओं के माध्यम से समकालीन कविता के क्षेत्र में अपनी उपस्थिति दर्ज़ कराना चाहता हूँ।

अगर कविताएं पसन्द हों तो मेरी हाजिरी लगाएं।

आ.

उदय प्रकाश

3.3.79

(2)

23.3.79

प्रिय भाई,

आपका पत्र। मेरी कविताएं आपको पसन्द आईं यह जानकर रचनात्मक आत्मविश्वास बढ़ा। 'दस्तावेज़-4' कब तक प्रकाशित होगा। सम्भव होतो सूचना दें। 'दस्तावेज़' के पिछले अंकों को देखते हुए यह आशा अवश्य बंधती है कि आपकी सम्पादकीयता में इसका निरन्तर विकास होगा। गोरखपुर जैसी छोटी सी जगह में रहते हुए भी आपने जिस तरह की सर्जनात्मक सक्रियता दिखलाई है वह अद्भुत है। वरना तो लोग राजधानी से कहीं बाहर ही नहीं जाना चाहते। लगता है साहित्यकार तो दिल्ली में हैं लेकिन साहित्य छोटी जगहों में ही है। आप दिल्ली आयें तो मैं ज़रूर मिलना चाहूँगा। वैसे मेरी नियुक्ति इसी विश्वविद्यालय के इंफाल ब्रांच में हिन्दी विभाग में हो गई है– 30 मार्च को मैं दिल्ली छोड़ दूँगा। खैर छुट्टियों में तो यहाँ रहना ही है।

मेरा अनुरोध यह भी है कि 'दस्तावेज़' केवल एकेडमिक आलोचना की पत्रिका न बनने पाए इसके प्रति आप सतर्क रहें। इसकी रचनाधर्मिता कहीं प्राध्यापकीय आलोचना की शुश्क भंगिमाओं में

डूब न जाय इतनी हिफाज़त तो आप ज़रूर करें।

एक चीज़ से दस्तावेज़ को आप और बचायें– गोष्ठियों की रपट से। इन रपटों में केवल सस्ते दर्जे की पोलेमिक्स होती है।

मैं चाहता हूँ दस्तावेज़ एक अच्छी– बहुत अच्छी, साथ ही दीर्घजीवी पत्रिका बने तथा साहित्य में अपना ऐतिहासिक महत्त्व का योगदान दे।

आ.

उदय प्रकाश

003, ब्लाक I, ओल्ड कैम्पस, जे.एन.यू./नई दिल्ली-110067

(3)

नई दिल्ली-110067

.1979

प्रिय भाई,

मैंने सुना कि 'दस्तावेज़-3' आ गया है। मेरी कविताएं भी उसमें हैं। आभारी हूँ। लेकिन आपने शायद तय किया था कि कविताएं चौथे अंक में जायेंगी। एक प्रति मुझे भी भेजने की कृपा करें।

मेरी नियुक्ति यहीं जे.एन.यू. में ही हो गई है। यदि दिल्ली आने का कार्यक्रम हो तो मिला जाय। केदारनाथ सिंह और मैनेजर पाण्डेय भी यहीं रहते हैं। नामवर जी भी। बहुत सारे लोगों से मुलाकात हो जायेगी।

दस्तावेज़ इतना अच्छा निकल रहा है कि समकालीन पत्रिकाओं में वह बहुत विषिश्ट और अलग सा लगता है। यह भी अच्छा है कि विभिन्न वैचारिक शिविरों के लेखक 'दस्तावेज़' के माध्यम से एक खुला मंच पाते हैं। बहसों का यह सिलसिला अगर चलता रहे तो दस्तावेज़ का हर अंक संग्रहणीय रहेगा। थोड़ी बहुत पोलिमिक्स ज़रूरी भी होती है।

इतना अनुरोध ज़रूर करना चाहूँगा कि आप प्रयास करें कि दस्तावेज़ का Orientation जनवादी और प्रगतिशील बना रहे। इसी स्थिति में पत्रिका प्रासंगिक भी होगी।

फिर से आभार।

आपका

उदय प्रकाश

(4)

नई दिल्ली

10.7.1979

प्रिय भाई,

आपका एक पत्र पहले मिला था। व्यस्तताओं और निजी उलझनों के चलते उत्तर ज़ल्द नहीं दे सका। पिछला अंक बहुत अच्छा था। डॉ. रणजीत के लेख को लेकर कई बातें मन में हैं– विस्तार से लिखूंगा। मैं यह कत्तई नहीं चाहूँगा कि 'दस्तावेज़' जैसी एक उदार प्रगतिशील पत्रिका समाजवाद विरोधी लोगों के प्रचार का कोई मंच बन जाय। इस लेख पर प्रतिक्रियाएं भी आप प्रकाशित करें।

डॉ. रणजीत सोल्झेनित्सिन के रास्ते पर हैं। इस रास्ते की मंजिल यही है कि एक व्यवस्था का विरोध धीरे-धीरे सम्पूर्ण मार्क्सवादी चिन्तन के विरोध में बदल जाता है और प्रतिक्रियावादी प्रतिगामी ताकतों के हाथ का हथियार बन जाता है। सोल्झेनित्सिन की वर्तमान भूमिका के विषय में कौन सजग रचनाकार नहीं जानता। डॉ. रणजीत को भी अब ज़्यादा समझने की ज़रूरत नहीं रही। इस सबके बावजूद अंक अच्छा है और डॉ. शिवकुमार मिश्र का लेख महत्त्वपूर्ण है। मुझसे आपने और कविताएं मांगी हैं– इस समय तो कविताएं हैं ही नहीं। सभी इधर-उधर प्रकाशित हो रही हैं। मैं ज़ल्द ही (अगले अंकों के लिए) कविताएं भेजूंगा।

आपने एक बार कभी दिल्ली आने का कार्यक्रम बनाया था क्या वह मुस्तकिल रूप से स्थगित हो गया है?

मेरी कविताओं पर जो पत्र आपको मिले हैं क्या आप उनकी सूचना मुझे दे सकते हैं। कविता के क्षेत्र में डरते हुए कदम रखने वाले व्यक्ति के लिए आपकी इस सूचना का कितना महत्त्व होगा –इसका अंदाजा आप लगा ही सकते हैं। शुभकामनाएं।

आ.

उदय प्रकाश

(5)

नई दिल्ली

14.1.1980

आदरणीय विश्वनाथ जी,

बहुत समय के बाद पत्र लिख रहा हूँ। आप दिल्ली आये भी थे और टेक्निकली मेरे ही गेस्ट थे गोमती गेस्ट हाउस में फिर भी भेंट नहीं हो पाई।

'दस्तावेज़' के लिए कुछ कविताएं भेज रहा हूँ। एक ही सीरीज़ की कविताएं हैं। इन कविताओं को मित्रों ने बहुत पसन्द किया है। आप भी देख लें। यदि पसन्द हों तो प्रकाशित करें अन्यथा मुझे वापस कर दें।

'दस्तावेज़' में छपी अपनी कविताओं पर मुझे व्यापक प्रतिक्रियाएं प्राप्त हुईं। बहुत आत्मविश्वास बढ़ा। इस स्तर पर मैं आपका आभारी हूँ क्योंकि एक बेहद नये कवि को आपने अपनी पत्रिका के माध्यम से पहचान दी। 'दस्तावेज़' में छपी कविताओं के बाद ही नंदकिशोर नवल जी ने 'धरातल' में भी मेरी कविताओं को प्रकाशित किया।

ये कविताएं भी अपनी तरह की अलग कविताएं हैं। इसीलिए इन्हें पुनः 'दस्तावेज़' में ही मैं प्रकाशित होते देखना चाहता हूँ। आप द्विवेदी जी पर अंक निकालने वाले थे निकला या नहीं। मुझे तो अभी तक प्राप्त नहीं हुआ है। 'आलोचना' का द्विवेदी जी वाला अंक अब लगभग तैयार है। नामवर जी फिर से नियमित रूप से सम्पादन का कार्य करेंगे इसकी सूचना तो सम्भवतः आपको मिल ही गई होगी।

नये वर्ष की शुभकामनाएं स्वीकारें और उत्तर शीघ्र देने का कष्ट करें–

आपका

उदय प्रकाश

(6)

IMPHAL

25.02.1980

आदरणीय विश्वनाथ प्रसाद जी,

मैं यह पत्र आपको हजारों किलोमीटर की दूरी से लिख रहा हूँ। जहाँ मैं हूँ वह एक सुन्दर-सा, छोटा-सा कॉटेज है चारों ओर ऊंची-ऊंची पहाड़ियां हैं और घना जंगल। ठीक वैसा ही जैसा आप पेंटिंग में लैंडस्केप देखते हैं। यह इंफाल है। हमारे विश्वविद्यालय का ही एक ब्रांच। मैं यहाँ आ गया हूँ। यहाँ का वातावरण वैसा ही है जैसा निर्मल वर्मा की 'लाल टीन की छत' में है। यहाँ के लोगों की भाषा भी मैं नहीं जानता। यहाँ से 55 कि.मी. बर्मा है। एक पहाड़ दिखता है ठीक उसके पार। हम कोई सेमिनार यहाँ करेंगे तो आपको ज़रूर बुलाएंगे। प्लेन से ही यहाँ आया जा सकता है। दार्जिलिंग यहाँ से नज़दीक ही है।

अब आगे बात यह है कि मैं यहाँ रहते हुए भी पत्र-पत्रिकाओं से जुड़ा रहना चाहता हूँ। कहीं ऐसी दुर्घटना न हो जाय कि मैं यहाँ रहते हुए समकालीन लेखन से बिल्कुल एलियनेट हो जाऊं और इस तरह अपनी क्रिएटिविटी खो बैठूं। यह जिम्मेदारी आपकी है कि आप बाहर की पत्रिकाओं से मेरा सम्पर्क बनाये रखने में मेरी मदद करें। सम्भव हो तो 'दस्तावेज़' के अंक के साथ एकाध दूसरी नयी प्रकाशित पत्रिकाएं भेज दें। मैं आपका सदा आभारी रहूँगा। कृतज्ञ तो वैसे हूँ ही। 'दस्तावेज़' के माध्यम से ही मैं सामने आया। कविताओं के लिए कई पत्रिकाओं से मेरे पास पत्र हैं। कुछ कविताएं प्रकाशित भी हो रही हैं। मेरा प्रयत्न यही रहेगा कि चालू मोटिफ से हटकर मेरी कविताएं अपनी अलग आइडेंटिटी बनाएं और इसके साथ-साथ अपने समय के समाज के गम्भीर संकटों की तरफ संकेत भी करें।

'सुअर' वाली कविताएं मैंने नन्दकिशोर नवल जी को पढ़ने के लिए भेजी थीं। उनका ऐसा पत्र आया है कि मैं गदगद हो गया हूँ। कविताएं उन्हें बहुत ज़्यादा पसन्द आईं हैं। 'दस्तावेज़' का वह अंक कब तक प्रकाशित होगा जिसमें वे कविताएं होंगी। उन्हें प्रकाशित देखने की बहुत इच्छा है। 'आलोचना' में भी कुछ कविताएं प्रकाशित हो रहीं हैं। अभी ताज़ा उत्साह है और एकदम नया आत्मविश्वास। देखना यह है कि इस ब्तमंजपअम हनेजव को मैं कब तक sustain कर पाता हूँ। अन्त में आपको दुबारा याद दिलाना चाहता हूँ कि आप कुछ पत्रिकाएं मेरे पास ज़रूर भेजें। मैं यहाँ बहुत बोर हो रहा हूँ। दिल्ली जैसे महानगर में कई वर्ष रहने के बाद यहाँ के वातावरण से तालमेल बैठाने में थोड़ा-सा समय तो लगेगा ही।

दिल्ली आप जाने वाले थे। गये या नहीं? कृपया लिखें।

उत्तर ज़रूर दें -

आपका

उदय प्रकाश

Address : Uday Prakash (Assistant Professor)
Hindi Division,
Jawaharlal Nehru University
IMPHAL (Manipur)

(7)

नई दिल्ली

17.5.1980

आदरणीय विश्वनाथ प्रसाद जी,

नमस्कार,

आपका एक पत्र मुझे इंफाल के पते पर मिला था। उत्तर नहीं दे सका। वहाँ की स्थितियाँ ही ऐसी थीं। अखबारों में आपने पढ़ा ही होगा। सारा प्रांत साम्प्रदायिक दंगों की आग में झुलस रहा था। वहाँ पर जाकर हम भी अल्पसंख्यकों की श्रेणी में आ गये। पहली बार तमनिहमम भी बनना पड़ा। यह सब एक अलग अनुभव है। मैं चाहता हूँ कि 'दस्तावेज़' के आगामी किसी अंक में आप छवतजी Eastern States की जो हालत है उस पर एक रिपोर्त्ताज़ ज़रूर प्रकाशित करें। मैं लिखूंगा। वहाँ हमारे एक परिचित अमृत बाज़ार पत्रिका के Correspondent हैं उनके पास कुछ महत्त्वपूर्ण Photographs भी हैं। यह सारी गड़बड़ी एक विशेष प्रकार का Revivalism है जो लगातार बढ़ता जा रहा है। हम लोगों को वहाँ के लोग 'मायांग' कहते हैं इसका अर्थ वही होता है जो अंग्रेजों के लिए 'फिरंगी' कहने पर निकलता है। जिस घृणा के पात्र हम लोग वहाँ हैं उसके पीछे कौन से ऐतिहासिक कारण हैं इसका लेखा-जोखा बड़ा दिलचस्प है। बड़े प्रतिष्ठानों की पत्रिकाओं में जो प्रकाशित होता है वह बहुत गम्भीर नहीं है। आप लिखें कि क्या इस विषय में आपकी दिलचस्पी है।

अब मैं फिलहाल दिल्ली में ही रहूँगा। वहाँ जाने की अभी कोई सम्भावना नहीं है। आप पत्र दें तो दिल्ली के पुराने पते पर ही दें।

प्रेमचन्द विशेषांक कब तक आ रहा है। उत्सुकता है। आ. द्विवेदी वाला अंक भी बहुत अच्छा था। केदारनाथ जी से मैंने अंक लेकर देखा था। केदार जी बतला रहे थे कि आपसे उनकी मुलाकात गोरखपुर में हुई थी।

अपनी कविताओं को प्रकाशित देखने की भी उत्सुकता मुझमें है। कब तक में छपेंगी?

सम्भावना प्रकाशन से संग्रह निकालने की योजना भी बन रही है। देखिये क्या होता है?

दिल्ली इधर आने का कोई प्रोग्राम हो तो कृपया मुझे सूचित करें।

मेरे एक रिश्तेदार भी वहीं गोरखपुर में दिग्विजयनाथ डिग्री कालेज में संस्कृत विभाग में हैं। नरेन्द्र प्रताप सिंह उनका नाम है। क्या वे आपके परिचित हैं। अगर भेंट कभी हो तो कृपया यह सूचना दे दीजिएगा कि हम लोग सपरिवार मणिपुर से सुरक्षित वापस आ गये हैं।

शेष शुभ

परमानन्द जी को मेरा नमस्कार कहें।

शुभ स्वस्थ प्रसन्न होंगे

आपका

उदय प्रकाश

(8)

नई दिल्ली-67

15.6.1980

आदरणीय विश्वनाथ प्रसाद तिवारी जी,

आपका पत्र मिल गया था। अंक की अभी तक प्रतीक्षा है। 'आलोचना' का भी अगला अंक प्रेमचन्द विशेषांक होगा। तैयारी चल रही है। यह पत्र मैं बहुत तात्कालिक संदेश देने के लिए लिख रहा हूँ। सुअर के बारे में छह कविताएं 'पदक्षेप' (सं. भारत भारद्वाज) में छप गई हैं। हालांकि ऐसा मेरे चाहने पर नहीं हुआ है। मैंने वे कविताएं श्री नवल जी को पढ़ने के लिए भेजी थीं। जब इंफाल से लौटा तो भारत भारद्वाज से सूचना मिली कि वे कविताएं 'पदक्षेप' में छप रही हैं। मैंने उन्हें पत्र भी लिखा कि मैं 'दस्तावेज़' के लिए कमिट कर चुका हूँ। मेरी दूसरी कविताएं भी उनके पास थीं। लेकिन कल भारत भारद्वाज और नवल जी दोनों का पत्र मिला कि पत्रिका छप चुकी है और अब कुछ सम्भव नहीं है। मुझे बहुत खेद हुआ है। आपसे इसके लिए क्षमा चाहता हूँ। वैसे भी मेरा संग्रह 'सुनो कारीगर' के नाम से सम्भावना प्रकाशन से जुलाई तक में प्रकाशित हो जायेगा। पाण्डुलिपि प्रेस चली गई है। जिनको मैंने संग्रह समर्पित किया है उनमें आप भी हैं।

चाहता मैं यही था कि वे कविताएं 'दस्तावेज़' में ही छपें लेकिन ऐसा हो नहीं सका। वैसे 'पदक्षेप' में भी मेरे मित्र ही हैं और यदि कविता उन्हें पसन्द आई तो उस पर उनका भी अधिकार है ही। मैं यदि भविष्य में अच्छी कविताएं और भी लिख सका तो निश्चित ही अपनी अच्छी रचनाएं 'दस्तावेज़' में ही दूँगा।

क्षमायाचना के साथ

आपका

उदय प्रकाश

(9)

जे.एन.यू./नई दिल्ली

3.2.81

आदरणीय विश्वनाथ प्रसाद जी,

नमस्कार। आपका पत्र मिला। केदार जी भी लौट आये हैं। बातें हुईं। मैं इंदौर में कला परिषद के आयोजन में काव्यपाठ के लिए जा रहा हूँ। केदार जी रायपुर जायेंगे। अभी 'साहित्यनामा' नामक बुलेटिन में आपका एक स्पष्टीकरण और फिर किन्हीं लेखक की टिप्पणी भी देखने कोमिली। मेरे समझ में नहीं आता कि आप इतना स्पष्टीकरण देना क्यों चाहते हैं। ज्ञानरंजन ने 'पहल' की प्रतियां बाइंड करवाईं और अब 'कलम' का प्रेमचन्द अंक भी चंद्रभूषण तिवारी ने बाइंड करा लिया है। 'पश्यंती' का भी इसी तरह पुस्तकाकार प्रकाशन हुआ है। कहीं कोई अधिक चर्चा नहीं। आप अपने तई इन विवादों में व्यक्तिगत रूप से सम्मिलित न हों। आपकी बीमारी और आपके निकट सम्बन्धी की दुर्घटना से हममें से बहुत लोग परिचित हैं। 'दस्तावेज़' को continue रखिये।

अशोक अग्रवाल से मैंने अपने संग्रह की प्रतियाँ आपको और परमानन्द जी को भेजने के लिए लिख दिया है। जल्द ही आप तक पहुँच जायेंगे।

'दस्तावेज' के अगले अंक की प्रतीक्षा है। मेरी कुछ कविताएं 'आवेग' में आ रही हैं कृपया देख लेंगे।

उत्तर ज़रूर दें।

आपका

उदय प्रकाश

(10)

नई दिल्ली-110067

17.3.1981

आदरणीय विश्वनाथ प्रसाद जी,

आपका पत्र मिला। मैं बहुत शीघ्र, यानी होली के बाद अपनी नयी नौकरी ज्वॉयन कर लूँगा।

आपके आदेशानुसार चार कविताएं भेज रहा हूँ। देख लें। अगर पसन्द हों तो प्रकाशित करें अन्यथा संकोच किसी तरह से न करें। जैसा आप जानते हैं इन दिनों अपनी अस्तव्यस्तता के कारण मैं कविता के लिए पर्याप्त समय नहीं दे सका। फिर भी आपके लिए अच्छी कविताएं ही (अपनी समझ से) भेज रहा हूँ

'आवेग' में भी मेरी तीन अन्य कविताएं अगले अंक में छपेंगी। आप कृपया ज़रूर देखें।

अशोक अग्रवाल को दो-तीन दिन पहले ही एक कार्ड डाला है। ज़ल्द ही 'सुनो कारीगर' की दो प्रतियां आपको प्राप्त हो जायेंगी। श्री परमानन्द जी की संग्रह के विषय में क्या राय है? जैसा मुझे लगता है कि कविताएं उनको पसन्द आई है। क्या वे मेरी कविताओं पर कुछ Critical Suggestions मुझे व्यक्तिगत रूप से भेज सकते है जिससे मैं कुछ ज़रूरी सुधार कर सकूं। 'दिनमान' में सर्वेश्वर जी ने बहुत प्रसन्न होकर लिखा है। आत्मविश्वास तो मिला ही है, एक नया उत्साह भी मै महसूस कर रहा हूँ। 'दस्तावेज' में जो ये चार कविताएं भेज रहा हूँ उनमें 'नींव की ईंट हो तुम दीदी' कविता ज़रा ध्यान से देखिये। संग्रह के बाद एक Break through ज़रूरी लगता है। इस दिशा में मेहनत कर रहा हूँ।

अभी गोरखपुर से ही श्री माधव मधुकर आये थे। उनकी भी एक कथा है। उनके लिए कविताएं मैंने नहीं दी हैं– और निकट भविष्य में मैं ऐसा करने की सोचता भी नहीं। क्या जड़ता इतनी मुखर होती है? मुझे आश्चर्य है।

उत्तर बहुत ज़ल्द दें। इन कविताओं के सम्बन्ध में निर्णय से परिचित कराएं।

स्वस्थ प्रसन्न होंगे।

आ.

उदय प्रकाश

(11)

जे.एन.यू., नई दिल्ली-67

28.3.1981

आदरणीय विश्वनाथ प्रसाद जी,

आपका पत्र मिला। कविताएं आपको पसन्द आईं जानकर सन्तोष भी हुआ खुशी भी हुई। दरअसल कविताओं पर मैं अधिक काम कर नहीं सका था। इसीलिए भेजते हुए एक संकोच-सा था। आपने 'नींव की ईंट हो तुम दीदी' कविता के बारे में जो लिखा है– यानी अपना एप्रिसियेशन उससे बहुत खुशी हुई। इस तरह की प्रतिक्रियाओं से कम से कम इतना तो बोध हो ही जाता है कि हम अंधेरे में नहीं लिख रहे हैं और हम अपने अनुभवों में (जैसा कुछ कवि सोचते हैं) निपट अकेले नहीं हैं। यह अकेला न होने का रियलाइजेषन हमें अपनी रचना के विषय और कार्य के प्रति अधिक सचेत बनाता है।

सवेश्वर जी ने 'दिनमान' में 'सुनो कारीगर' की बहुत अच्छी समीक्षा की है। यह मेरे लिए आश्चर्यकारी था क्योंकि मैं 'दिनमान' से ऐसी उम्मीद नहीं रखता था। सर्वेश्वर जी से भी परिचय नहीं था और न कभी यह ख्याल ही था कि मेरी कविताएं इन लोगों के द्वारा गम्भीरता से पढ़ी भी जा रही हैं। इस समीक्षा ने जहाँ प्रसन्न किया वहीं एक ऐसा आत्मविश्वास भी दिया जो विनम्रता के अभाव में बड़ी आसानी से दर्प में बदल जाता है।

'दस्तावेज़' के लिए मैंने जानबूझ कर ऐसी ही कविताएं भेजी थीं जो आज के मानवीय या पारिवारिक सम्बन्धों की रागात्मकता और उनके विकट संकटों को सम्प्रेषित करती हैं। वह प्रेम कविता 'कुछ बन जाते हैं' केदारनाथ जी को बहुत पसन्द थी। 'नींव की ईंट हो तुम दीदी' मैंने उन्हें सुनाया नहीं था। अब सुनाऊंगा, शायद पसन्द आये।

कल रविवार की शाम की ट्रेन से मैं भोपाल जा रहा हूँ और सोमवार को सुबह अपनी नयी नौकरी सँभाल लूंगा। चूंकि काम मेरी रुचि का है इसलिए समझता हूँ कि कोई बड़ी समस्या नहीं आयेगी। अपने आयोजनों में हम आपको कभी न कभी अवश्य आमंत्रित करेंगे।

अभी कल India International Centre में प्रेमचन्द पर एक संगोष्ठी (सेमिनार) थी। डॉ. नामवर सिंह जी ने एक बहुत अच्छा पर्चा वहाँ प्रस्तुत किया। वे इसे पहले भी केदार जी और मुझे सुना चुके थे। बहुत खुशी होती है कि एक लम्बी निष्क्रियता के बाद वे दुबारा लिख रहे हैं। आशा है कि समकालीन आलोचना के परिदृश्य में जिस सर्जनात्मक संवेदना का अभाव हमें दिखाई देता है उसको कहीं न कहीं यह भरेगा।

श्री माधव मधुकर ने जो प्रलोभन मुझे दिये वे बहुत दिलचस्प हैं। अगर इतनी ही छिछली आत्मप्रवंचना होती तो मैं यह काम बहुत सरलता से बहुत बड़े लोगों द्वारा कर सकता था। मुझे लगता है कि कवि को अपनी कविता की संभावनाओं और क्षमताओं पर भरोसा करना चाहिए। बिना भरोसे का लेखन दूसरे दर्जे का तो होता ही है, दूसरी बात यह स्थिति कविता के स्थान पर कवि के अपने व्यक्तित्व पर भरोसे या विश्वास को जन्म देता है परिणाम यह होता है कि कवि बड़ा हो जाता है और कविता छोटी। माधव मधुकर से मिलकर और उनकी कविताएं सुनकर ऐसा ही लगा कि वे शरीर और भाषण दोनों में अपनी कविताओं की तुलना में अधिक बड़े हैं। ऐसी बड़ाई को नमन! उनके बारे में केदार जी से ज़्यादा प्रामाणिक सूचनाएं काशीनाथ जी से प्राप्त हुईं। कोई आश्चर्य नहीं हुआ। सुना है आपात्काल के दौरान उन्होंने बीस सूत्री, पचीस सूत्री कार्यक्रमों पर कुछ सेहरे लिखे थे जिन्हें कई गोष्ठियों में सार्वजनिक रूप से सुनाया भी था। ऐसी शर्मनाक छद्म क्रांतिकारिता जितनी जल्द

हमारे समकालीन वातावरण से खत्म हो उतना ही अच्छा है। ऐसे नकली कवियों और लेखकों को हमेशा discourage करना चाहिए। मजे की बात यह है कि उन्होंने अपने गजल संग्रह के लिए एक भूमिका त्रिलोचन जी से लिखाई है जिसमें माननीय त्रिलोचन जी ने उनकी गजलों को महान बताया है। वास्तविकता यह है कि भूमिका में त्रिलोचन की भूमिका मात्र गणेश जी की तरह है। वरना उन्हें लिखना तो वही पड़ा है जो वेदव्यास ने डिक्टेट कराया। वैसे भी मैं नहीं समझता कि एक श्रेष्ठ कवि की कविता के बारे में राय भी सही ही होती है। केदारनाथ अग्रवाल ने दिविक रमेश की कविताओं पर 'लहर' के पिछले अंक में इक्कीस पृष्ठों की समीक्षा लिखी है लेकिन इसके बावजूद दिविक रमेश की कविता के प्रति हमारे मूल्यांकन में कोई अन्तर नहीं पड़ा। इसी तरह नरेन्द्र वशिष्ठ नामक कवि की कविताओं पर शमशेर जी ने अपनी उदार प्रतिक्रियाएं व्यक्त कीं लेकिन नरेन्द्र वशिष्ठ को कवि के रूप में कौन गम्भीरता से लेता है। कुल मिलाकर मतलब यह कि अगर ऊँट मेढक के बारे में यह कहे कि तुम तो बहुत ऊंचे हो तो भी मेढक की कद पर इसका कोई असर नहीं पड़ता।

'दस्तावेज़' का अंक कब तक प्रकाशित होगा? अशोक अग्रवाल ने कल ही आपको 'सुनो कारीगर' dispatch किया है। आशा है अब तक मिल गया होगा। मेरे पास एक भी प्रति नहीं है नहीं तो मैं खुद समर्पण लिखकर भेजता। खैर मई में सम्भवतः मैं गोरखपुर अपने एक रिश्तेदार नरेन्द्र प्रताप सिंह जी के पास आऊंगा तो यह काम कर दूँगा।

और तो सब ठीक ही है। अब तो निर्मल वर्मा, जे. स्वामीनाथन, वी.वी. कारंत, धनंजय वर्मा आदि लोग भोपाल ज्वायन कर चुके हैं। त्रिलोचन भी निकट भविष्य में ही वहाँ पहुँच जायेंगे। अच्छा वातावरण होगा।

आ.

उदय प्रकाश

(12)

Bhopal

18/5/81

आदरणीय विश्वनाथ प्रसाद तिवारी जी,

आपका पत्र दिल्ली में मिला था। इसके बाद कोई ख़बर नहीं। पत्र लम्बा था और आपने मेरी कविताओं को जिस तरह से appreciate किया था उससे खुशी बहुत हुई थी। नतीज़तन अभी अच्छी कविताएं लिखने के फेर में मैंने लिखना ही बन्द कर रखा है। आत्मीयों की प्रशंसा भी कभी-कभी जड़ता की तरफ ले जाती है।

'दस्तावेज़' का नया अंक कब तक आयेगा। शायद बरयाम सिंह का समकालीन रूसी साहित्य पर एक लेख भी उसमें है। उसके लिखे जाने के दौरान मैं भी वहाँ था और उस सिलसिले में उनसे कई बार बातें हुईं। एक सूचना और दे दूँ कि उन्हीं (बरयाम सिंह) के पास एव्तशेंको की जनवरी 1981 में प्रकाशित कविता का अनुवाद है। इसी तरह नवम्बर 1980 में छपी वोज्नेसेंस्की की एक कविता 'वीर गीत' भी उनके पास है। मेरे ख्याल से इन दोनों कवियों की इतनी नयी कविताएं कहीं और नहीं मिलेंगी। आप मंगा लें।

मैं 'पूर्वग्रह' का उपसम्पादक हूँ। काम अपनी रुचि का है इसलिए अच्छा लग रहा है। निर्मल वर्मा भी यहीं आ गये हैं। जे. स्वामीनाथन, सुरेंद्र राजन भी। अब अगले महीने कारंथ भी आ जायेंगे। अच्छा ग्रुप बन रहा है। 'पूर्वग्रह' में आप किस विषय पर लिखना पसन्द करेंगे, कृपया लिखें।

हम लोग (कला परिषद) पारस्परिक आदान प्रदान के क्रम में विज्ञापन प्रकाशित करते हैं। 'दस्तावेज़' के विज्ञापन के लिए आप प्रकाशन अधिकारी श्रीराम तिवारी को लिखें। यदि आप 'दस्तावेज़' में 'कलावार्ता' या 'पूर्वग्रह' का विज्ञापन दे सकें तो 'पूर्वग्रह' और 'कलावार्ता' में भी 'दस्तावेज़' का अच्छा-सा विज्ञापन चला जायेगा। जैसा आप सोचें।

केदारनाथ जी तो वहीं दिल्ली में ही हैं। अब हम लोग सोच रहे हैं कि वे भी यहीं भोपाल आ जायें। कैसा रहेगा?

आपका मध्य प्रदेश आना कभी हो तो आइये। खुशी होगी।

स्वस्थ-प्रसन्न होंगे ही।

आपका

उदय प्रकाश

मेरा पता / Uday Prakash
O.S.D.
Dept. of Culture
KALA PARISHAD
BHOPAL (M.P.)

(13)

Dept of Culture, BHOPAL

18/6/81

आदरणीय विश्वनाथ प्रसाद जी,

'दस्तावेज़' का अंक साहित्य परिषद में देखने को मिला था। मैं प्रतीक्षा कर रहा था कि अब मेरा अंक भी आयेगा। अभी भी प्रतीक्षा ही है। मेरा पता है—

उदय प्रकाश
सह-सम्पादक - 'पूर्वग्रह'
म. प्र. कला परिषद
भोपाल

एक पत्र मैंने श्री परमानन्द जी को भेजा था। उनसे आग्रह किया था कि नामवर जी पर केन्द्रित 'पूर्वग्रह' के आगामी अंक के लिए वे कुछ लिखें। कोई विस्तृत लेख अथवा टिप्पणी। आलोचना की रचनात्मकता पर वे कई बार लिख चुके हैं मैं चाहता था कि हिन्दी की मार्क्सवादी आलोचना के विकास के क्रम में नामवर जी की आलोचना की रचनात्मकता को वे किसी प्रकार रेखांकित करते। आप उनसे कृपया आग्रह कर दें। उनके उत्तर की अभी तक प्रतीक्षा है। लेख 15 जुलाई के पहले हर हालत में चाहिये ही।

अपनी कविता की प्रशंसकों के दो तीन पत्र तो पा ही चुका हूँ अब तक। 'दस्तावेज़' के साथ एक बेहतर स्थिति यह है कि इसका वितरण एक साथ इतनी जगहों तक हो जाता है कि अपने आप रचनाओं की प्रतिक्रियाएं व्यापक हो जाती हैं। यानी साहित्यिक पत्रिका होने के बावजूद यह समय की पाबन्दी और वितरण के प्रसार की दृष्टि से लगभग सुविधा सम्पन्न संस्थानों जैसी पत्रिकाओं के समकक्ष ठहरती है। बरयाम सिंह का लेख भी पिछले अंक में बहुत अच्छा था। सोवियत साहित्य की समकालीन स्थिति का इतना अच्छा परिचय कहीं और हिन्दी में देखने को नहीं मिला। अभी पता चला है कि एव्तशेंको की एक नई कविता (बिल्कुल नयी) किसी रूसी पत्रिका में दिसम्बर 1980 में

प्रकाशित हुई है। इसी तरह वोज़्नेसेंस्की की एक नई कविता जनवरी 1981 में 'बैलेड' जैसे शीर्षक से प्रकाशित हुई है। इन दोनों कविताओं के अनुवाद अभी न तो इंग्लिश में हुए हैं न किसी अन्य भाषा में। अच्छा हो यदि आप बरयाम जी से उनके अनुवाद करने को कहें और उन्हें हमारे लिए 'दस्तावेज़' के माध्यम से उपलब्ध करायें।

यहाँ श्री सुदीप बनर्जी को आप जानते होंगे। आजकल मेरे बहुत अच्छे मित्र हैं। मेरी नियुक्ति यहाँ O.S.D. के पद पर हुई है लेकिन अन्य कामों के अलावा मैं 'पूर्वग्रह' का काम भी देखता हूँ। सुदीप 'साक्षात्कार' के सम्पादक हैं। कविताएं अच्छी लिखी हैं उन्होंने। संग्रह उनका 'शबगश्त' है, सम्भवतः आप जानते होंगे। उनकी एक कविता मुझे पसन्द है, मैं जल्द ही आपके पास भेजूंगा।

मैं आजकल एक उपन्यास की योजना बना रहा हूँ इस बीच कुछ कविताएं 'कंक' व 'लहर' और 'प्रारूप' में आ रही हैं। एक कहानी सारिका के आने वाले अंकों में आ रही है।

और तो सब ठीक-ठाक है। केदार जी सम्भवतः आजकल दिल्ली से अपने गाँव गये हुए हैं। मैं 29 को दिल्ली जा रहा हूँ। नामवर जी का इंटरव्यू करने।

पत्र आप ज़रूर देते रहें। भोपाल में आपको अवश्य बुलाऊंगा। इसी एक-दो महीने में।

उदय प्रकाश

(14)

भोपाल

21.10.81

आदरणीय विश्वनाथ जी,

अर्से से लिखने की सोचता रहा हूँ लेकिन व्यस्तताओं और आलस्य के कारण लिखना टलता ही रह गया। आशा है आप अन्यथा नहीं लेंगे।

अभी 15 दिन के शासकीय दौरे पर था। आदिवासी इलाकों में कलाकृतियों के संग्रह की योजना संस्कृति विभाग ने बना रखी थी। साथ में प्रख्यात चित्रकार श्री जे. स्वामीनाथन भी थे। बहुत अच्छा लगा। दूसरी बार हम लोग नवम्बर में फिर जा रहे हैं। इस बार साथ में प्रयाग शुक्ल भी होंगे।

'दस्तावेज़' में प्रकाशित मेरी कविताओं पर मुझे ढेर सारी अच्छी प्रतिक्रियाएं मिली हैं। इसके पहले भी, आपको याद होगा जब सात कविताएं छपी थीं तब भी ऐसी ही उत्साहजनक प्रतिक्रियाएं मिली थीं। आपका आभारी हूँ। सम्पादकीय के अन्तर्गत प्रकाशित कविताओं को मैं अनुवाद समझ रहा था। आश्चर्य हुआ कि कविताएं आपकी ही थीं।

अपने मित्र सुदीप बॅनर्जी की कविता भेज रहा हूँ। वे अच्छे संवेदनशील कवि हैं और एक बहुत अच्छे आदमी भी। दूसरी बात आज की हालत में अधिक महत्त्वपूर्ण हैं। उम्मीद है कविता आपको पसन्द आयेगी।

परमानन्द जी को मेरा स्मरण करायें। डॉ. नामवर सिंह पर केन्द्रित 'पूर्वग्रह' का अंक प्रकाशित हो गया है। परमानन्द जी का लेख उसमें है। उन्हें शीघ्र ही अंक भेज रहा हूँ।

'पूर्वग्रह' के अगले अंक के लिए आप और परमानन्द जी यदि कोई अच्छी सामग्री भेज सकते हों तो आभारी रहूँगा। परमानन्द जी से पूछें कि इधर प्रकाशित कविता संग्रहों में से किस संग्रह की समीक्षा वे इस अंक में करना चाहेंगे, अपनी रुचि लिखें।

सागर से गोविंद द्विवेदी के सम्पादन में निकलने वाली पत्रिका 'तेवर' का एक अंक आलोचना की समकालीन हालत पर केन्द्रित है। उस अंक में श्री परमानन्द श्रीवास्तव पर लेख राजेन्द्र घोड़पकर लिख

रहे हैं। घोड़पकर एक प्रतिभाशाली लेखक और चित्रकार हैं। पेशे से डॉक्टर, सम्भवतः 'कलावार्ता' और 'पूर्वग्रह' के अंकों के मार्फत आप उनसे परिचित हों।

'दस्तावेज' के पिछले सारे अंक मैंने सम्बंधित लोगों को दे दिये थे। हाँ, समय रहते आपको सूचित नहीं कर सका था।

क्या 'पूर्वग्रह' के आगामी अंक की घोशणा का संक्षिप्त विज्ञापन आप पारस्परिक विनिमय के आधार पर 'दस्तावेज़' में प्रकाशित करना चाहेंगे, बदले में 'दस्तावेज़' का विज्ञापन हम 'पूर्वग्रह' में प्रकाशित करेंगे। कृपया तत्काल सूचना भेजें।

केदारनाथ जी के पत्र से पता चला कि बीच में आप दिल्ली आये थे।

उत्तर ज़रूर दें और सुदीप की कविता के सम्बन्ध में निर्णय से भी अवगत करायें।

आपका

उदय प्रकाश

(15)

भोपाल

बी-95, शास्त्रीनगर, जवाहर चौक

15.4.82

आदरणीय विश्वनाथ प्रसाद जी,

आपके दोनों पत्र मिले। सुदीप की कविता आप अगले अंकों में प्रकाशित कर रहे हैं यह जानकर खुशी हुई। यह जानकर और भी खुशी हुई कि आपने 'दस्तावेज़' में मेरी कविताओं पर कुछ लिखा है। मुझे याद हो आता है कि शुरू में आपने ही 'दस्तावेज़' में सात कविताएँ प्रकाशित की थीं जिनकी व्यापक प्रतिक्रियाएँ मुझे मिली थीं। सम्भवतः वहीं से अपनी कविताओं को सिर्फ़ अपने पास रख लेने का जो संकोच मुझमें था, वह टूटा।

'दस्तावेज़' के अंक की प्रतीक्षा रहेगी।

'पूर्वग्रह' के अंक आपको नियमित मिलते रहें इसकी व्यवस्था मैं ज़ल्द करवा रहा हूँ। भविष्य में कुछ अत्यन्त महत्त्वपूर्ण अंकों की हमने योजना बना रखी है।

परमानन्द जी से भेंट हो तो उन्हें बतलावें कि उनकी दोनों समीक्षाएँ 'पूर्वग्रह' के इसी अंक में प्रकाशित हो रही हैं। अंक अप्रैल के अन्त तक आ जायेगा। उनके लिए डॉ. नामवर सिंह पर केन्द्रित अंक ज़ल्द भिजवाने की व्यवस्था कर रहा हूँ।

आपकी किताब समीक्षा के लिए हमें सचमुच अभी तक प्राप्त नहीं हुई है। आप प्रकाशक को ज़रूर लिखें कि वह दो प्रतियाँ 'पूर्वग्रह' के पते पर भेज दे।

आपका कविता संग्रह भी अभी तक देखने को नहीं मिला। उत्सुकता है। क्या भेज सकेंगे? मैंने इधर कुछ कविताएँ लिखी हैं। आपके पास (हमेशा की तरह) ज़रूर भेजूंगा। अभी 'दिनमान' में जे. स्वामीनाथन के साथ मेरी एक बातचीत प्रकाशित हो रही है। देखियेगा। 'कथा प्रतिमान' में एक कहानी भी होगी। राय देते रहें।

मैंने सुना है राजेन्द्र रंजन आपके भाई हैं। क्या यह सच है? कृपया लिखें।

स्वस्थ-प्रसन्न होंगे।

आपका

उदय प्रकाश

(16)

1982

10, दरियागंज,
नई दिल्ली - 110002

आदरणीय विश्वनाथ प्रसाद जी,

नमस्कार,

मैं म.प्र. संस्कृति विभाग से अवकाश लेकर 'दिनमान' में आ गया हूँ। दिल्ली में रहने और लौटकर आने की इच्छा फिलहाल पूरी हो गयी है। 'दिनमान' में साहित्य, शिक्षा, विज्ञान आदि के स्तम्भ मैं देख रहा हूँ। आप भी कुछ लिखें। कम से कम किसी पुस्तक की समीक्षा या फिर वहाँ कहीं होने वाले साहित्यिक समारोहों का समीक्षात्मक आकलन। यह मेरा अनुरोध है।

अच्छा हो अगर आप चंद्रकांत देवताले के नये कविता संग्रह की समीक्षा भेजें। पुस्तक न हो तो मैं भेज दूँगा। लिखें ज़रूर।

अपनी एक कविता भेज रहा हूँ। बहुत अलग तरह की और दिलचस्प कविता है। केदारनाथ जी को भी पसन्द है, लेकिन पूरी तौर पर नहीं। लेकिन मुझे लगता है आलोचना की समकालीन स्थिति पर कविता की तरफ से यह एक अच्छी-खासी प्रतिक्रिया होगी।

'दस्तावेज़' का पिछला अंक प्रयाग शुक्ल के पास से देखने को लिया था। अगर आप मेरी प्रतियां 'दिनमान' के पते पर भेजना शुरू कर दें तो कृपा होगी।

कविता को 'दस्तावेज़' में सम्मिलित न करने की स्थिति में भी मेरी पिछली कविताओं की तरह आप इस पर भी अपनी राय ज़रूर भेजें। मैं कुछ नया तलाशने की कोशिश में हूँ। वरना लगता तो यही है कि इस वक़्त तमाम पत्र-पत्रिकाओं में अपनी कविताएं दुहराव और एकरसता की शिकार हैं।

पत्र आप ज़रूर दें। पत्र पाकर खुशी होती है। अगर ज्ञानेंद्रपति का पता मालूम हो तो कृपया लिखें। क्या आपकी किताब की समीक्षा 'दिनमान' में हो चुकी है?

स्वस्थ-प्रसन्न होंगे

आपका

उदय प्रकाश

(17)

'दिनमान'
10 / दरियागंज, नयी दिल्ली - 110002

26/12/82

आदरणीय विश्वनाथ प्रसाद जी,

आपका पत्र एक सप्ताह पहले ही मिला था। तब से लेकर आज तक इतना अधिक व्यस्त और अव्यवस्थित था कि उत्तर लिखने का समय ही नहीं मिल सका।

मुझे सचमुच चिंता है कि आपके साथ वह दुर्घटना कैसे घटी। साहित्य सेवा तो ठीक है लेकिन अपने शरीर का भी ध्यान आपको रखना चाहिए। केदार जी को भी मैंने सूचना दी - वे भी चिंतित थे। आशा है अब आप स्वस्थ हो चुके होंगे। जहाँ तक मुझे याद आता है लगभग दो वर्ष पहले भी इसी तरह आपके साथ कुछ हुआ था। ऐसा क्यों होता है। क्या लापरवाही या कोई शारीरिक अस्वस्थता? अपने स्वास्थ्य के बारे में ज़रूर सूचित करें।

दूसरी बात, आपको मेरी वह कविता पसन्द नहीं आयी, यह मेरे लिए आश्चर्यजनक सूचना

नहीं है। उस कविता के बारे में मैं खुद सन्तुष्ट नहीं हूँ। समकालीन आलोचना को लेकर एक तरह का विक्षोभ सा था, लेकिन उस विक्षोभ का संवेग कविता में, समूची प्रक्रिया से गुज़र कर कैसे रूपान्तरित हो- इसका धैर्य शायद मेरे पास नहीं था। जिस पत्रकारिता के पेशे को मैंने अब अपना लिया है उसमें कविता या रचना के लिए जितनी स्थिरता, फुर्सत और शांति चाहिए वह मेरे लिए उपलब्ध नहीं। बहुत तनाव और व्यस्तता से भरा रोजमर्रा का जीवन है। आप यहाँ आयेंगे तो खुद भी आपको अंदाज़ा लग जायेगा।

फिर भी मुझे खुशी इस बात की है कि इसके पहले भी मेरी कविताओं पर आपने निस्संकोच स्पष्ट राय दी है जो मेरे लिए मूल्यवान साबित हुई है। यही विरोधाभास देखिये कि एक मार्क्सवादी कवि को अपने भरोसे का और कविता के प्रति अधिक वास्तविक, वस्तुपरक और निष्पक्ष विश्लेषणात्मक रुख अपनाने वाला आलोचक लगभग स्वीकृत अथो में मार्क्सवादी नहीं है। क्या समकालीन मार्क्सवादी आलोचना पर यह एक गम्भीर टिप्पणी नहीं है। या मेरी कविताओं में ही कहीं खोट है। लेकिन वामपंथी दलों के साथ, विचारधारा के साथ जितना गम्भीर, अभिन्न सम्बन्ध मेरा पिछले कई वर्षों से रहा है, जितना मैंने अध्ययन किया है, सम्बद्ध रहा हूँ उसके आधार पर मैं बहुत से प्रशंसित और स्वीकृत रचनाकारों से अपने आपको ज़्यादा समृद्ध पाता हूँ।

वह कविता केदार जी को भी बहुत पसन्द नहीं थी, हाँ नामवर जी ने कहा था कि ''उसका अन्त लगभग 'कुमारविकलियन' हो जाता है। अगर Over tones हटा दिये जायं, तो कविता बहुत अच्छी है।''

आपको पसन्द न हो तो निश्चित ही आप उसे वापस कर दें। आपकी राय का मेरे लिए महत्त्व है और फिलहाल धुआंधार लिखने और छपने में मेरी कोई अधिक दिलचस्पी भी नहीं।

आप अपने स्वास्थ्य के बारे में सूचित करें। 'दस्तावेज़' का अंक फिर से बहुत अच्छा है मैं इसकी सामग्री पर कुछ लिखना चाहता था लेकिन लगता है अब अधिक हो जायेगा।

ज्ञानेंद्र का पता भेजने के लिए आभार। अभी मैं उसको पत्र नहीं लिख सका। आज ही लिखूंगा और आपके बारे में उसे खबर कर दूँगा।

'दिनमान' के लिए आपकी समीक्षा की प्रतीक्षा रहेगी। दो पुस्तकें मैं सुझा रहा हूँ -

1. भारतीय परम्परा के मूल स्वर - गोविंद चंद्र पांडे
2. काव्यशास्त्र और काव्य - राधावल्लभ त्रिपाठी

यह तो मेरा सुझाव है। आप अपनी पसन्द की पुस्तकों की समीक्षा भी भेजें तो वह भी हमारे लिए महत्त्वपूर्ण होगा।

नया वर्ष आपके लिए अत्यन्त मंगलमय हो।

आपका

उदय प्रकाश

(18)

1983

आदरणीय विश्वनाथ प्रसाद जी,

आपका पत्र इस बार बहुत देर से मिला। जानकर सचमुच खुशी हुई कि आप सब स्वस्थ हो

चुके हैं। होली के मौके पर रंगों की शुभकामनाओं के साथ-साथ मैं आपके ज़ल्द बिल्कुल स्वस्थ हो जाने की शुभकामना भी दे रहा हूँ। 'दस्तावेज़-18' और 19 के आने की सूचना मिली। मेरी कविता आपने प्रकाशन के लिए नहीं, इससे सन्तोष हुआ। आपने सोच-समझकर ही निर्णय लिया होगा। बल्कि यदि वह प्रकाशित हो जाती तो मुझे यही लगता कि आपने अन्य सम्पादकों की तरह औपचारिकता का ही निर्वाह किया है, उसे रोक लिया है इससे यही प्रकट होता है कि कम से कम मेरी कविताओं के सन्दर्भ में आप निश्चित ही गम्भीर हैं।

दिल्ली आप आयें तो हमारे साथ ही रुकें। कोई तकलीफ नहीं होगी। आने के पहले अपने आने की सूचना भेज दें।

मैंने आपसे 'दिनमान' में लिखने का आग्रह किया था। लगता है आपने इस तरफ गम्भीरता से ध्यान नहीं दिया। मैं चाहता हूँ कि आप इधर पढ़ी हुई किसी किताब की समीक्षा या फिर समकालीन साहित्य के किसी महत्त्वपूर्ण प्रश्न पर अपनी टिप्पणी लिख भेजें।

मेरा कहानी संग्रह छप गया है। ज़ल्द ही भेजूंगा। लोगों ने काफी पसन्द किया है। अभी पिछले हते ही प्रो. हिरयन्ना की पुस्तक 'Art Experiences' का हिन्दी अनुवाद पूरा किया है 'कला अनुभव' के नाम से। किताब Press में है।

पत्र लिखें। आने की खबर भेजें।

आ.

उदय प्रकाश

(19)

(यह पत्र 17.2.83 को प्राप्त हुआ) 'दिनमान', 10, दरियागंज, नयी दिल्ली-110002

आदरणीय विश्वनाथ प्रसाद जी,

आपका खत मिला। मैं इस बीच लम्बे समय से छुट्टी पर था और पत्र ऑफिस के पते पर था इसलिए उत्तर नहीं दे सका। क्षमा करेंगे।

अब मुझे पूरी आशा है कि आप अच्छी तरह से स्वस्थ होकर घर लौट आये होंगे। मेरी समस्त शुभकामनाएं आपके स्वास्थ्य के लिए हैं। आपके पत्र ने मुझे सचमुच आश्चर्यचकित किया। संयोगों और दुर्घटनाओं के बारे में अब तक मेरी अवधारणा यही रही है कि वे नियमतः नहीं होते। आकस्मिकता में घटित होना ही उनका स्वभाव है लेकिन आपके पत्र से लगा कि दुर्घटनाएं किसी के जीवन का स्वभाव भी हो सकती हैं। फिर भी आप सभी ज़रूरी सतर्कता बरतें तो बेहतर होगा। दुर्घटनाएं और संयोग मेरे जीवन में भी इसी तरह से सक्रिय हैं। अब यह एक विलक्षण संयोग ही हो सकता है कि मेरे परिवार में मेरे दादा, पिता, मां सभी क्रम से एक ही बीमारी यानी कैंसर से ग्रस्त होकर मृत्यु को प्राप्त हुए। 1968 से 1972 तक लगातार चलने वाले इस सिलसिलेवार मौत ने मुझे इतना आतंकित कर दिया था कि लगभग छह महीने मैं इंटेंस स्क्रीज़ो फ्रेनिया का शिकार होकर मेंटल हॉस्पिटल में रहा। तब से दस वर्ष हो गये मैं लौटकर अपने घर नहीं गया। मेरे भाई वहाँ रहते हैं जिनके एक पैर में बचपन से ही पोलियो है। वह पूरा घर मुझे अनहोनियों और हादसों की सांस से भरा हुआ मालूम पड़ता है। मुझमें इतना साहस नहीं होता कि उस आतंक का मैं सामना कर सकूं। अभी पिछले अप्रैल में अपनी सबसे छोटी बहन की शादी में मैं वहाँ गया था दो दिन के लिए तो मेरा यह निर्णय और पुख्ता हुआ कि मैं वहाँ जा ही नहीं सकता। दो रातों में एक भी नींद ऐसी नहीं थी जिसमें सारे बिछड़े हुए... गुज़रे समय के लोग लौटे नहीं हों। बड़ी तकलीफदेह, बड़ी कठिन रातें थीं। वे बच्चे भी लौटे जिनके साथ मैं बचपन में खेलता था। उनमें से कई अब नहीं हैं। शायद रिल्के

और लोर्का मुझे इसीलिए सबसे ज़्यादा हांट करते हैं। उनकी कविताओं में मृत्यु का वास है। बड़ा सुकून मिलता है वहाँ। आपने पढ़ी होगी वह सत्रह वर्ष की लड़की की मृत्यु वाली रिल्के की कविता।

एक बात मैं भूल गया था लिखना कि मेरी दादी की मृत्यु भी दो साल पहले कैंसर से ही हुई थी।

आप मुझे पत्र लिखते रहें।

अब शायद Exercise वगैरह करके आप धीरे-धीरे स्वस्थ हो जायेंगे। कोई लापरवाही न बरतें। मैंने 'दिनमान' में अभी प्रगतिशील लेखक संघ पर एक लेख लिखा था। बहुत सरलीकृत था वह। बहुसंख्य पाठकों को ध्यान में रखकर जब आप कुछ लिखते हैं तो बहुत सारी जटिल और गम्भीर चीज़ों को भी सरलीकृत करना पड़ता है। उस लेख की प्रतिक्रिया बड़ी व्यापक है। खूब सारे पत्र मिले हैं।

आप 'दिनमान' में लिखें मेरा निजी आग्रह है। समकालीन कविता या उपन्यास पर चाहें तो लिख सकते हैं। या क्या यह अच्छा नहीं होगा कि समकालीन आलोचना की स्थिति पर आप के ही लेख से हम एक बहस की शुरूआत करें। जैसा भी हो अपने पत्र से सूचित करें।
और मेरी कविता 'गले की बांसुरी' के बारे में आपका निर्णय जो भी हो मुझे स्वीकार है।
'दस्तावेज़' का अगला अंक कब तक आ रहा है? दिल्ली इस बार आयें तो ज़रूर मिलें।

आपका

उदय प्रकाश

(20)

नयी दिल्ली

आदरणीय विश्वनाथ प्रसाद जी,
आपका ख़त मिला। मैं सचमुच बहुत शर्मिन्दा हूँ कि आपके दिल्ली होने पर मैं आपसे मिल नहीं पाया। मेरी इच्छा बहुत थी लेकिन जितनी तरह की व्यस्तताएं ओढ़ रखी हैं उनसे दम लेने की फुर्सत ही नहीं मिल पाती। कभी कभी लगता है पूंजीपति सिर्फ श्रम ही नहीं खरीदता, हमारा आपका सारा समय भी खरीद लेता है।
मैं मधुरेश जी की उस समीक्षा से कतई भी कहीं प्रभावित या विचलित नहीं हुआ हूँ। दरअसल मेरी, ऐसी समीक्षाओं पर, चाहे वे प्रशंसा में हों या विरोध में, कहीं कोई आस्था ही नहीं है। अगर समीक्षा, आलोचना की किसी निश्चित अनुशासनात्मक पद्धति या निश्चित दृष्टि के अभाव में लिखी गयीं हों वे व्यक्तिगत पसन्दगी नापसन्दगी का पता तो देती हैं लेकिन न तो रचना के अन्तर्विरोधों को, न उसकी सीमाओं-संभावनाओं को पहचानने में कोई खास मदद कर पाती हैं। मेरे कहानी संग्रह की कहानियां काफी पहले की कहानियां हैं। उन्हें लिखते हुए भी मुझे काफी मुश्किलें सामने आयीं थीं, उन सीमाओं को भी मैं थोड़ा बहुत पहचानने लगा हूँ। फिर वे कोई परिपक्व कहानियां भी नहीं हैं। अभी-अभी तो हमने लिखना सीखा है, अनुभवों को किसी कदर व्यक्त कर पाने का 'ढंग' सीखा है इसलिए इन रचनाओं को लेकर अभी कोई ऐसा मुगालता पैदा नहीं हुआ है। फिर भी मधुरेश जी की समीक्षा (हालांकि उसे मैं ठीक से पढ़ भी नहीं पाया क्योंकि हमारे मित्र इब्बार रब्बी 'दस्तावेज़' का वह अंक ही ले गये) से मैं बिल्कुल भी Convinced नहीं हूँ। और एक मजेदार बात यह कि अभी मैंने 'दिनमान' के कार्यालय में एक कहानीकार के संग्रह को देखा (कहानीकार हैं श्री प्रेमचन्द सहजवाला) उसके बारे में मधुरेश जी ने जितनी प्रशंसा की है उसे पढ़कर मुझे उनकी रुचि, समझ, संवेदनशीलता और Critical sensibility सभी पर पक्का सन्देह पैदा हो गया है। ख़ैर!

आपने मेरी कविताओं में शुरू से ही जो रुचि दिखाई है उसके लिए मैं कृतज्ञ हूँ। बल्कि मुझे

यह कहने में भी यह संकोच नहीं होता कि 'दस्तावेज़' के माध्यम से ही मेरी कविताएं ज्यादा सामने आयी हैं। आपके पास एक वैचारिक खुलापन भी है। (कम से कम उस पत्रिका के सम्पादन में खास तौर पर) मुझे अफसोस है मैं आपसे व्यक्तिगत तौर पर अधिक बातें नहीं कर सका।

आपने मेरे पत्रों को 'पूर्वग्रह' के लिए भेजने की बात मुझसे पूछी है। उन पत्रों पर तो पूरा अधिकार आपका ही है। आप जो भी निर्णय लें मुझे कोई एतराज नहीं होगा। लेकिन मैं समझता हूँ कि क्या उन पत्रों में ऐसी कोई रचनात्मक चिंता भी कहीं प्रगट हुई है? मुझे याद ही नहीं आता। शायद पत्रों में अपेक्षित गम्भीरता मुझसे सध ही नहीं पाती। मेरे ज्यादातर पत्र आपके लिए व्यक्तिगत पत्र ही होंगे। आप खुद सोच लें और निर्णय लें। आपके निर्णय से मैं सहमत ही रहूँगा।

और आपका स्वास्थ्य कैसा है? कहीं फिर किसी संयोग और संकट के बिन्दु में पहुँचने से आप भरसक अपने आपको बचाएं। आपने अपने एक पत्र में जितनी बातें अपने जीवन के बारे में लिखी थीं, उनसे मुझे आश्चर्य तो है ही एक तरह की आशंका भी है। कहानियों में कई पात्र ऐसे हैं जिनकी नियति की कोई व्यावहारिक संगति ऊपर से दिखाई नहीं पड़ती, बल्कि असल में तमाम तरह के संयोग ही उनके चरित्र और उनकी नियति का निर्माण करते हैं।

यानी आप मुझे अच्छे खासे कहानी के पात्र भी लगते हैं।

नया साल आपको अच्छा स्वास्थ्य और बहुत सारी खुशियाँ लेकर आये।

इसी शुभाषी के साथ,

आपका ही,

उदय प्रकाश

(यह पत्र 29.12.83 को प्राप्त हुआ)

उद्भ्रान्त

(1)

उप निदेशक (कार्यक्रम) दूरदर्शन केन्द्र, नयी दिल्ली

दिनांक 30.8.96

भाई विश्वनाथ जी,

नमस्कार।

मेरा पत्र मिला होगा।

पिछले दिनों लगातार अपनी कविता 'शेष समर' की मूल प्रति खोजता रहा। 15 दिन के अथक परिश्रम के बाद अन्ततः वह मिल गई। मिलाकर देखा तो पाया कि इसमें समापन की 36 पंक्तियाँ छूट गईं हैं। इसी में वह अंश है जिससे मैंने कविता का सर्वप्रथम शीर्षक 'वह फिर उठ रहा है' चुना था।

नहीं जानता कि इसका कोई औचित्य है कि नहीं, किन्तु उस छूटे हुए अंश को इस पत्र के साथ आपके अवलोकनार्थ प्रेषित कर रहा हूँ। यदि समय हो और पत्रिका में स्थान भी; तथा आपका सम्पादकीय निर्णय भी अनुकूल हो– तो मैं अवश्य चाहूँगा कि इसे अगले अंक में प्रकाशित कर दिया जाय ताकि 'दस्तावेज़' के अपने महत्त्वपूर्ण पाठक-वर्ग को मेरी यह लम्बी कविता सम्पूर्ण सुलभ हो सके और अधूरी कविता पर ही वे कोई निर्णय क़ायम न कर लें। यदि यह अंश– मैं मानता हूँ कि मेरी ही असावधानीवश– आपको प्रेषित कविता से अलग न हो गया होता तो आप सम्पूर्ण कविता ही प्रकाशित करते, इसमें मुझे सन्देह नहीं है।

इस बीच 'दस्तावेज-60' पढ़ गया हूँ। 'मैं क्यों लिखता हूँ' के अन्तर्गत अरुण मित्र, सुभाष मुखोपाध्याय, नीरेन्द्रनाथ चक्रवर्ती और जय गोस्वामी के आत्म-वक्तव्य नवागत पीढ़ियों के लिए अत्यन्त प्रेरणादायी हैं। स्वयं मैं भी समृद्ध हुआ। 'इलियट की एज़रा पांड से भेंट' विषयक लेख भी बहुत महत्त्वपूर्ण है।

किन्तु 'दस्तावेज़-60' की उपलब्धि कहे जा सकते हैं 'नारियल प्रदेश' से गुड्डू के लिए लिखे गये आपके तीनों पत्र जो पत्र न होकर जानकारियों का खजाना हैं। आपकी भाषा भी प्रांजल है, सुगठित, आकर्षक। इस विधा में ये पत्र नये द्वार खोलते दीख पड़ते हैं। मैंने तो पहले-पहल आपके इस रूप को जाना। मेरी हार्दिक बधाइयाँ स्वीकार कीजिये। मेरी इच्छा है कि आपके इस तरह के और भी पत्र प्रकाशित हों और वे सभी पुस्तकाकार रूप में सामने आयें तो हिन्दी के पाठकों को एक अनोखी गद्य-शैली का आनन्द मिल सकेगा।

आशा है आप स्वस्थ सानंद हैं। वहाँ के मित्रों को मेरी याद। गुड्डू को मेरा स्नेह।

विनीत आपका ही,

उद्भ्रान्त

पु. - समापन अंश देना यदि आप उपयुक्त समझे तो उसके पुनः दो शीर्षक मंने रख दिये हैं (1) शंखनाद (2) वह फिर उठ रहा है अथवा आप इसे 'शेष समर-2' भी कह सकते हैं। अन्तिम

निर्णय जो आप उचित समझें कर लीजियेगा। - उद्भ्रान्त

(2)

नोएडा-201307

8.10.99

बन्धुवर तिवारी जी,

विश्व हिन्दी सम्मेलन की तैयारियों के सिलसिले में जब आप 8-10 दिन के लिए दिल्ली आये थे तो अरविन्द से जानकारी हुई थी– आपके आगमन के चार-पाँच दिन बाद और यह भी कि उन दिनों आप काफी भागमभाग में रहे और सम्भवतः इसी कारण न मिल सके। मुझे अफ़सोस है कि आपने मुझे एक फोन भी करना उचित न समझा अन्यथा मैं स्वयं आपसे मिलने पहुँच जाता। फिर आप लंदन जाने से पूर्व भी आये होंगे। ख़ैर मित्रों से ज़्यादा अपेक्षाएं नहीं करनी चाहिये। वरना तकलीफ़ के सिवाय कुछ नहीं मिलता।

मगर तब एक ही सवाल उठता है कि जिन पुस्तकों को मैंने व्यक्तिगत रूप से दिल्ली में कोई डेढ़ वर्ष पूर्व आपको दिया था और उसके पूर्व और दो-दो पुस्तकें डाक द्वारा भी समीक्षार्थ भिजवाई थीं उनकी समीक्षाओं के 'दस्तावेज़' में छपने की अपेक्षाएं क्या 'ज़्यादा' थीं?

मौजूदा वक़्त में रचना के सृजन से उसके प्रकाशन तक की यात्रा किन यंत्रणादायी चरणों से गुज़रती है उससे तो आप अनभिज्ञ नहीं हैं और 'दस्तावेज़' में नये से नये लेखक कवि की समीक्षाएं निरन्तर आ रही हैं। ऐसा तो नहीं माना जा सकता कि 'दस्तावेज़' के यशस्वी सम्पादक द्वारा निर्देश मिलने के बाद भी गोरखपुर या बाहर का कोई समीक्षक इतनी हीलाहवाली करेगा लिखने के लिए। तो क्या माना जाय कि सम्पादक द्वारा अपनी अति व्यस्तताओं के चलते पुस्तकें अभी तक समीक्षकों को दी ही नहीं गईं? या कवि को इस लायक नहीं माना जा रहा होगा। नोएडा आने के बाद एक कार्ड आपको भेज चुका हूँ इस निमंत्रण के साथ कि आप मेरे यहाँ ही ठहरें, मगर आप मुझे इसका अधिकारी कहाँ समझते हैं! सम्भव है कि मेरी पुस्तकें आपके यहाँ से कोई पढ़ने के लिए ले गया हो और आप उनके सम्बन्ध में भूल भी गये हों इसलिए एक बार फिर उन पुस्तकों के नाम आपको लिख रहा हूँ– 'लेकिन यह गीता नहीं' (राधाकृष्ण), प्रहरी हो देश के (नीलकंठ), प्रज्ञावेणु (डायमंड), काली मीनार को ढहाते हुए (इरावदी), स्वयंप्रभा (भावना), मैंने यह सोचा न था (विकास पेपर बैक्स), शब्द कमल खिला है (नेशनल), डुगडुगी (सामयिक), नवगीत सप्तक (जवाहर) – अन्तिम तीन पुस्तकें आपको बाद में डाक से प्रकाशकों द्वारा भेजी गई हैं। शायद 'हिरन-कस्तूरी' (अभिरुचि) भी प्रकाशक द्वारा आपको गई है। सम्भव हो सके तो इन पुस्तकों को आलोचक की बहुचर्चित उपेक्षा का शिकार होने से बचाइये– आभार मानूँगा। आलोचना के संकट के बारे में आप स्वयं लिखते रहे हो। अतः आपको और क्या लिखा जा सकता है। स्वस्थ-सानंद होंगे ही,

आपका अपना

उद्भ्रांत

एकान्त श्रीवास्तव

(1)

गाँव - कोमा (राजिम)
रायपुर (म.प्र.)
11.12.'89

मान्यवर

सादर

अपनी तीन अप्रकाशित कविताएँ– सफेद, काला, हरा– दस्तावेज के लिए भेज रहा हूँ। ये अप्रकाशित होने के साथ-साथ कहीं और विचाराधीन भी नहीं हैं। मैंने रंगों को लेकर एक सीरीज में छह कविताएं लिखी हैं - लाल, नीला, पीला, सफेद, काला तथा हरा। ये लगभग पाँच-छह महीनों में लिखी गयीं। चाहता था ये सब कविताएँ एक जगह एक साथ छपें लेकिन कमला प्रसाद जी की जल्दबाजी के कारण इनमें दो तीन (आरम्भिक) 'वसुधा' के पिछले अंक 15-16 में ही अन्य कविताओं के साथ छप गयीं। अस्तु। इन्हें आपके पास भेज रहा हूँ। उम्मीद है शीघ्र निर्णय देंगे।

आपका
एकान्त श्रीवास्तव

(2)

कोमा (राजिम), रायपुर

03.08.'91

मान्य तिवारी जी

'दस्तावेज़' का संयुक्तांक 49/50 मिला। आपका संक्षिप्त पत्र भी। धन्यवाद। इस बार भी तमाम सामग्रियाँ महत्त्वपूर्ण हैं।

माँ पर लिखी आपकी कविताएं बेहद मार्मिक हैं। पढ़ने के बाद देर तक मन उदास रहा। इन कविताओं के लिए बधाई स्वीकारें। साल भर पहले पिता के आ. निधन से मैं स्वयं ऐसे ही अनुभव-खण्ड में गिर गया था। बमुश्किल उबर सका हूँ। अभी बस इतना ही।

आपका
एकान्त

(3)

कोमा (राजिम), रायपुर

08.01.'92

मान्यवर तिवारी जी

सादर।

'दस्तावेज़' का अंक-51 मिला। धन्यवाद। पढ़ नहीं पाया हूँ। पढ़कर लिखूँगा। पिछले दिनों आपका पत्र भी मिला। समीक्षा ठीक लगी– जानकर कुछ सन्तोष हुआ। आभारी हूँ।

एक विशेष धन्यवाद भी देना चाहता हूँ। 'ऋतुगंध' सम्पादक श्री अशोक गुप्त से पता चला कि प्रधान निर्णायक होने के नाते आपने मेरी रंगों वाली कविताओं को 'कवि रामविलास शर्मा स्मृति पुरस्कार' के लिए चुना है। सुखद आश्चर्य हुआ। मैं हृदय से आपका कृतज्ञ हूँ।

उम्मीद है, स्वस्थ-सानंद होंगे।

नये साल की शुभकामनाएँ।

आपका

एकान्त श्री.

(4)

Ekant Shrivastava, Hindi Teaching Scheme,
Near - D.R.M. Office, Visakhapatnam (A.P.)
PIN . 530004

23.04.95

आ. विश्वनाथ प्रसाद तिवारी जी

सादर प्रणाम।

'दस्तावेज़ 65' मिला। 'रचना-आलोचना' का शेशांष भी उतना ही विचारोत्तेजक है। 'आशापूर्णा देवी से साक्षात्कार' एक साँस में पढ़ गया– इसे छापने के लिए सचमुच आभारी हूँ। पुस्तक समीक्षा खंड अब तक नहीं देख सका हूँ। कविताओं में रवीन्द्र भारती गदगद कर गए। उन्हें मेरी बधाई दें। सम्भवतः उनकी कविताओं ने पहली बार ध्यान आकृष्ट किया है। सम्पादकीय बेचैन करता है। शेषांश का इंतज़ार रहेगा। आपने ज़रूरी मुद्दे उठाये हैं।

लगभग डेढ़-दो माह पहले आपको एक प्रति, अपने संग्रह की, पोस्ट की थी। उसकी कथा दिलचस्प है। रास्ते में कहीं उसका कवर फट जाने से डाकतार विभाग वालों ने मेहरबानी करके कोमा (राजिम) के पते पर वापस लौटा दी। फिर वह काम टल गया। अन्ततः भेज रहा हूँ। देरी का अन्यथा न लें।

क्योंकि आप समीक्षा छाप रहे हैं। अतः एक प्रति आपके पास हो– इस बात को अगर दरकिनार भी कर दूँ तो भी आप तक संग्रह मैं पहुँचाना ही चाहूँगा। आपने तो मेरा शोधग्रंथ तक जाँचा है जो लगभग अकादमिक काम था। फिर मेरा दस वर्षों का रचनात्मक श्रम आपकी आँखों से न गुज़रे– यह असम्भव है। अलग से पत्र व टिप्पणी चाहूँगा। मेरा गौरव बढ़ेगा। प्राप्ति-सूचना फ़िलहाल दें।

प्रतीक्षा में,

आपका

एकान्त श्रीवास्तव

पता अंग्रेजी में ही लिखें।

(5)

विशाखापटनम - 26.05.2002

आ. व प्रिय तिवारी जी

सादर प्रणाम। अभी-अभी फ़ोन पर हुई बातचीत के आधार पर कविताएं भेज रहा हूँ। ये पूर्णतः अप्रकाशित हैं। मेरी प्रिय और चुनी हुईं। तीसरे कविता-संकलन की पाँडुलिपि में ये कविताएं एक स्वतन्त्र खण्ड में संकलित हैं। तीसरा संकलन इस वर्ष के अन्त तक प्रकाश्य है। कृपया इन्हें शीघ्र प्रकाशित करने का कष्ट करेंगे। एक कवि पत्र-पत्रिकाओं में ही पढ़ा जाता है। संकलन तो मन का सन्तोष मात्र है। पाठक तो दूर प्रायः कवि भी उसे पढ़ नहीं पाते। ख़ैर। जिस तत्परता व आत्मीयता से बिना पढ़े ही आपने फोन पर इन कविताओं को स्वीकार किया, उससे मैं अभिभूत हूँ। आभारी तो ख़ैर हूँ ही।

अगर उचित समझें तो इन कविताओं के साथ एक छोटा-सा सम्पादकीय नोट दे दें या मेरे ही पत्र की दो-तीन पंक्तियाँ - सन्दर्भ के रूप में - इन कविताओं का सम्बन्ध कुछ वर्ष पहले एक सड़क दुर्घटना में छोटे भाई के आकस्मिक निधन से है। लिख ली जाने के बाद महीनों ये अपने रफ ड्राट में उसी तरह पड़ी रहीं - अपने दूसरे पाठ से वंचित। लम्बे समय के बाद मैं इनके दोबारा पाठ का साहस कर सका। कुछ संशोधन के बाद ये फेयर हुईं और पुनः अपने प्रकाशन का इंतज़ार करती रहीं। दूसरी कविताओं की तरह इनके प्रकाशन का विचार मेरे भीतर कोई उत्साह और हर्ष जगा नहीं पाता था। अब, जब ये कविताएं मेरे तीसरे कविता-संकलन की पाँडुलिपि में संकलित होकर प्रकाशनाधीन हैं, किसी पत्रिका में इनका प्रकाशन मुझे ज़रूरी लगा है। प्रकाशन के बाद अभी भी मै इन्हें शायद बस देख पाऊँगा। पढ़ पाना अभी भी कठिन है। मेरी बहुत गहरी भावनाएं इनसे जुड़ी हैं। इन कविताओं की स्मृति मात्र मुझे अगस्त की उस रात में पहुँचा देती हैं जहाँ बारिश की तेज़ बौछारों में आपादमस्तक मैं भींग जाता हूँ और चारो तरफ जैसे कृष्ण पक्ष का सघन अंधकार फैल जाता है। पत्र दें।

आपका

एकान्त श्रीवास्तव

(6)

कोलकाता/04.10.2005

आ. व प्रिय तिवारी जी,

सादर अभिवादन। फोन पर आपसे बात हुई थी और उसके कुछ दिनों बाद आपका 12/7 का पत्र भी मिल गया था। यथासमय। धन्यवाद। बड़ी प्रसन्नता है कि मेरी पुस्तक पढ़कर आपने अपने बहुमूल्य विचारों से अवगत कराया। यह पत्र अब मेरी सम्पदा है। मेरे साहित्यिक जीवन में यह पहली बार घटित हुआ है जब आपका पत्र (पो.कार्ड नहीं लिफाफा) आपकी ओर से मिला। यह पत्रोत्तर नहीं था। मेरी पुस्तक की प्रतिक्रिया भी पहली बार आपने दी। संक्षेप में, लगाव और अलगाव, भाव व अभाव के सन्दर्भ में जो चर्चा आपने की है, वह याद रहेगी। यह सर्वथा नई टिप्पणी है और पहली बार कि मेरी कविता का बीजभाव 'करुणा' है।

'दस्तावेज़' के अंक 108 - यानी जिसमें रमेश मोहन झा लिखित समीक्षा (मेरी पुस्तक पर)

आप छाप रहे हैं– की प्रतीक्षा है। वे मुझसे अधिक अधीर हैं। हर हफ्ते फोन पर पूछते हैं। आप कैसे हैं? आपका स्वास्थ्य? लिखना-पढ़ना और नई कविताएँ। 'दस्तावेज़' के प्रति आपका समर्पण तो ख़ैर देखते ही बनता है।

पिछले दो वर्षों से एक बहुत लम्बी कविता चल रही थी। अब समाप्त प्राय है। कोलकाता के व्यस्तम जीवन में लिखना-पढ़ना अपनी गति से जारी है।

आशा है, आप कुशलपूर्वक हैं। आदर और अभिवादन सहित।

आपका

एकान्त श्रीवास्तव

(7)

कलकत्ता : 20.12.2005

मान्य तिवारी जी

सादर अभिवादन। 'दस्तावेज़' अंक 107 यथासमय मिला था। कुछ समय बाद प्रतीक्षित अंक 108 भी मिल गया। धन्यवाद। दोनों अंक 'दस्तावेज़' के स्तर और गरिमा के अनुकूल हैं। श्री रमेश मोहन झा लिखित समीक्षा मेरी पुस्तक 'बीज-फूल' पर प्रकाशित करने के लिए मैं आपका आभारी हूँ। वे (झा जी) बहुत उत्साहित हैं। आपको लिखेंगे ही। मुझे सुख-सन्तोष तो फिर है ही।

लम्बी कविता के प्रकाशन का प्रस्ताव रखने के लिए धन्यवाद। वह पत्र मिल गया था लेकिन कविता तो बहुत लम्बी है। पुस्तकाकार-80 (अस्सी) पृष्ठों की - चार खण्डों में विभाजित। प्रत्येक खण्ड का अलग शीर्षक दिया गया है। कविता का शीर्षक है - 'नागकेसर का देश यह'। अपनी इस महत्त्वाकांक्षी कविता को दो साल से लिख रहा था। अब समाप्त है। याद आ रहा है कभी आपने मेरी प्रिय व प्रतिनिधि कविता रंग-शृंखला पर प्रकाशित की थी। भाई वाली कविताएं भी जो 'बीज फूल' में एक पूरा खण्ड ही है। दस्तावेज़ का एक पृष्ठ दो के बराबर है। 'दस्तावेज़' में यह कविता 40 पृष्ठों की जगह घेरेगी। तो क्या यह सम्भव है? बताएँ। इंकार करेंगे तो बुरा नहीं लगेगा।

ऐसी स्थिति में आप इस कविता का कोई अंश भी छाप सकते हैं। अंश यानी एक पूरा खण्ड-बीस पृष्ठों का। दस्तावेज़ में दस पृष्ठों के बराबर। पत्र की व्यग्र प्रतीक्षा में हूँ। आशा है, स्वस्थ व सानंद हैं। आदर व अभिवादन

एकान्त श्रीवास्तव

ओम निश्चल

(1)

G-1è506A, Uttam Nagar, New Delhi
17.6.92 - मंगलवार

श्रद्धेय तिवारी जी,

प्रणाम।

आपका ख़त यथासमय मिल गया था। व्यस्ततावश उत्तर देने में विलम्ब हुआ। आज ही तुलसीरमण की पुस्तक की समीक्षा अलग डाक से भेजी है। मिलने की सूचना दीजिएगा।

दूरदर्शन का कार्यक्रम अच्छा लगा था, बधाई स्वीकारें।

'दस्तावेज़' पर 'स्व.भारत' के लिए एक आलेख दे रहा हूँ।

'आखर अनन्त' को इधर एक दफे और पढ़ा। कविताएं कुछ तो बहुत ही अच्छी बन पड़ी हैं। हिन्दी की समकालीन कवितायें आपकी अलग-सी पहचान ये कविताएं कराती हैं, कविता के रूटीन शिल्प से अलग...

सुस्वास्थ्य की कामना के साथ

(2)

NEW DELHI
MONDAY : 2.11.92

श्रद्धेय तिवारी जी,

'दस्तावेज़' का 55वाँ अंक प्राप्त हुआ। आभारी हूँ। अंक का सुसंयोजन प्रभावित करता है। सम्पादकीय के रूप में आपकी कविता 'आत्मा की वह धुन' पुनः पढ़कर नये अर्थ की प्रतीति हुई। संग्रह पढ़ते हुए इस कविता पर ध्यान नहीं जा पाया था।

पंजाबी साहित्य पर इस अंक की एकाग्रता काबिलेग़ौर है। पंजाब के विक्षुब्ध वातावरण की झलक इस अंक की कविताओं/कहानियों में देखने को मिलती है। इस अंक में गगन गिल की समीक्षा प्रकाशित की है। इसके लिए आभार स्वीकार करें। तुलसीरमण की कृति की समीक्षा के प्रकाशन की प्रतीक्षा रहेगी।

क्या इन दिनों दिल्ली आ रहे हैं? सूचित करेंगे। मेरे योग्य सेवा लिखिएगा।

आपके स्वास्थ्य की शुभकामनाओं सहित,

-ओम निश्चल

(3)

वाराणसी : 10.11.95

श्रद्धेय तिवारी जी,

आपका 25.10.95 का पत्र कल ही मिला है। ज्ञानेन्द्रपति जी के साक्षात्कार में आपका उल्लेख 'त्रयी प्रसंग' में था, जो कि 'पहल' को भेजे गये साक्षात्कार में शामिल था। परन्तु किन्हीं कारणों से त्रयी सम्बन्धी प्रश्नोत्तर व एक अन्य प्रश्न काव्य नाटक पर 'पहल' वाले साक्षात्कार में प्रकाशित नहीं हुए हैं। इन प्रश्नों में 'त्रयी' वाला सवाल काफी महत्त्वपूर्ण था, क्योंकि इसके अभाव में साक्षात्कार अधूरा-सा प्रतीत होता है। परन्तु यह किन कारणों से हटाया गया, यह मुझे मालूम नहीं हो पाया है। एक कारण तो पृष्ठसीमा भी हो सकती है। परन्तु ऐसी स्थिति में अगर कोई अन्य प्रश्न हटाया जाता जो कवियों से सम्बन्धित न होता तो इससे कम से कम अपूर्णता का बोध न होता।

वह छूटा हुआ अंश आपके लिए भेज रहा हूँ, व्यक्तिगत अवलोकन हेतु। कृपया पावती देंगे। ज्ञानेन्द्रपति से की गयी बातचीत का काफी हिस्सा अभी भी अप्रकाशित ही है, जो कि अनिवार्य रूप से प्रकाशन योग्य है तथा ध्यातव्य भी। इसे आपको सुव्यवस्थित रूप में मैं लगभग 2 महीने के भीतर भेज दूँगा।

आज फोन पर आपसे बातें हुईं। आप भोपाल से लौट आएँ तो गोरखपुर आने का कार्यक्रम बनाऊँगा। दिसम्बर के आखिर में या जनवरी के प्रथम हफ्ते में। दिसम्बर के दूसरी पखवाड़े में मेरे लखनऊ रहने की संभावना है। 15 दिनों की एक ट्रेनिंग है। लखनऊ का कोई कार्य हो तो बताएँगे। कुबेरदत्त जी दिल्ली में मिले थे, वे 'दस्तावेज़' में अपनी किताब पर समीक्षा का इंतजार कर रहे हैं, शायद उसे 'दस्तावेज़' के किसी आगामी अंक में दे रहे हों।

कल ही दिल्ली जा रहा हूँ। 16.11 को लौटूंगा। 15.11 को 'पहल' वाले कार्यक्रम (एजाज अहमद का व्याख्यान : बीसवीं शताब्दी का अवसान और मार्क्सवाद) में ज्ञान जी से भेंट होगी।

ज्ञानेन्द्रपति के इस साक्षात्कार से साहित्यिक दुनिया में थोड़ी हलचल हुई है। पटना और दिल्ली में इसकी अनुगूंजें सुनने को मिली हैं। वसुधा के 'कविता इन दिनों' शीर्षक बातचीत तथा इस बातचीत को साथ रखकर देखा जा रहा है।

आशा है, आप स्वस्थ एवं प्रसन्न होंगे। रामदरश जी की पुस्तक पर अपना संक्षिप्त आलेख दिल्ली से आपको डिस्पैच कर रहा हूँ।

सादर अभिवादन सहित,

आपका

ओम निश्चल

(4)

26.12.2001

श्रद्धेय डॉ. साहब,

कल ही 'दस्तावेज़' का 91वाँ अंक मिला। दिवंगत साहित्यकारों के पत्रों पर केन्द्रित। सर्वाधिक उत्तेजक, सुचिंतित, सुतार्किक एवं जवाबदेही से भरा आपका सम्पादकीय नामवर जी के आलोचनात्मक मैनरिज़्म को निर्वसन करता है।

मैंने कल ही डॉ. श्रोत्रिय, शंभूनाथ शुक्ल (संपा. जनसत्ता) और अन्य बौद्धिकों को इसे पढ़ने को कहा

है। कुछ को इसकी फोटो प्रतियाँ भी उपलब्ध करा रहा हूँ।

जिस साहसिकता और सलीके से आपने यह उपत्तिपूर्ण आलेख लिखा है वह इस बात का प्रमाण है कि जिरह से अब नामवर जी बच नहीं सकते और न ही भाषिक व वाचिक चमत्कार से पाठकों को देर तक भ्रमित कर सकते हैं।

बहुत-बहुत बधाई,

साभिवादन, - ओमनिश्चल

कोलकाता/

'नामवर के निमित्त' यहाँ भीड़ के बावजूद फीका ही रहा। कई लोग प्रकाश जी, रामशरण जोशी, मंगलेश, अरुण कमल, दूधनाथ सिंह, हरिवंश, शंभूनाथ शुक्ल (स्था.संपा. जनसत्ता) आदि नहीं आए। कुछ तो जानबूझकर ही। प्रतिभा के सम्मान का यह चतुर्दिक प्रायोजन लज्जाजनक है। कुछ कुछ प्रतिमापूजन जैसा ही। नामवर जी को ऐसे प्रलोभनों से बचना चाहिए था।

(5)

इलाहाबाद बैंक, प्रधान कार्यालय, कलकत्ता

आदरणीय तिवारी जी,

पिछले दिनों आपकी संस्मरणात्मक पुस्तक एक नाव के यात्री व आत्म की धरती परिषद पुस्तकालय से लेकर पढ़ी। दोनों पुस्तकों से आपके अध्यवसायी और लालित्यपूर्ण गद्य का परिचय मिलता है। संस्मरणों ने विशेष आनन्द दिया। हजारीप्रसाद द्विवेदी, नामवर सिंह, परमानन्द श्रीवास्तव, ठाकुर प्रसाद सिंह सभी के संस्मरणों में सर्जनात्मकता का गहरा समावेश है। परमानन्द जी पर आपकी लेखनी किनारों से टकराती हुई भी इतनी संतुलित होकर चली है कि मन वाह वाह कर उठता है। थोड़ी-सी भी असावधानी से संस्मरण का स्थापत्य नष्ट हो जाता। इस बहाने आपके बारे में भी काफी निजी बातें जानने को मिलीं। सहचर में तब प्रकाशित इस आलेख पर मेरा ध्यान न गया था, इसलिए इसे पढ़ने में नयापन लगा। ठाकुर दद्दा वाला लेख भी मेरे लिए नया था। नामवर जी वाले संस्मरण में भी नुकीलेपन से बात कही गई है।

यह संयोग ही है कि सारे टेप खराब होने के कारण अभी तक आपसे हुई वार्ता ट्रांस्क्राइव नहीं हो सकी। किन्तु इस बीच मुनमुन सरकार की भतीजी से बात हुई है। वे ट्रांस्क्रिप्शन का कार्य करती हैं। उन्हें आज या कल में टेप उपलब्ध करा दूँगा। आवश्यकता पड़ी तो कुछ बातें नए सिरे से हो जाएँगी। इसे उत्तर प्रदेश के किसी आगामी अंक में अच्छे ढंग से प्रकाशित कराना है। फिर पुस्तक में तो जाएगी ही। इसके लिए कृपया अपनी सभी पुस्तकों के आवरण 50 प्रतिशत ब्लोअप में फोटोस्टेट कराकर मुझे भिजवा दें ताकि उन आवरणों का एक कोलाज बनाया जा सके या उसे श्रोत्रिय जी के साक्षात्कार की ही तरह हाशिए पर दिया जा सके।

फिलहाल मुझे आप गद्य के प्रतिमान व एक नाव के यात्री शीर्षक पुस्तकें भिजवाने का कष्ट करेंगे। एक नाव के यात्री पर कहीं लिखना भी चाहूँगा।

दस्तावेज का नवीनतम अंक मिल गया है।

शेष शुभ। आशा है स्वस्थ एवं प्रसन्न होंगे। योग्य सेवा लिखेंगे।

अनन्त जी को सस्नेह,

आपका ही,
ओम निश्चल
24/4/02

कमलेश्वर

(1)

सारिका — टाइम्स आफ़ इंडिया बिल्डिंग, बम्बई-400 001

16.12.74

प्रिय भाई,

आपकी कहानी 'डायरी' के साथ बड़ी ज्यादती हुई। यह कहानी काग़जों में दबी छिपी रही और मेरे सामने तक नहीं पहुँच पायी। आज मैंने इसे पढ़ा है।

कहानी सचमुच बहुत गहरी और रचनात्मक है। आपकी यह पहली कहानी है, मैं अपनी सारी शुभकामनाएं इसके लिए भेजता हूँ और उम्मीद करता हूँ कि आप आगे लगातार कहानियां लिखते रहेंगे। आप जो भी कहानियां लिखें, पढ़ने के लिए जरूर भेजते रहें। यह सम्पादक के रूप में नहीं बल्कि कमलेश्वर के रूप में आपसे कह रहा हूँ। इस कहानी को हम छापेंगे। चूंकि समय बहुत गुजर गया है, नहीं मालूम इसे आपने कहीं और छपने के लिए तो नहीं भेज दिया, मुझे बताइए।

इस कहानी के पृष्ठ 5 पर मुझे एक वाक्य द्वारा रचनात्मक अनुशासन भंग होता हुआ लगा, अतः वह वाक्य मैंने काट दिया है। वह वाक्य है : "मैं उन तीनों की आंखों में पीने की तीव्र तड़प पढ़ सकता था।" चूंकि आगे यह वाक्य आया हुआ है। "उन तीनों ने बारी बारी से बोतल को हाथ में लेकर देखा था"। इस वाक्य से ही बात अपना अर्थ दे द्रेती है। आशा है आप इस संशोधन को स्वीकार करेंगे, क्योंकि जो पंक्ति मैंने काटी है, वह मुझे बहुत लाउड लग रही थी।

शेष ठीक है। आपके पत्र की प्रतीक्षा करूंगा। और कहानी की भी। अगर आप लगातार कहानियां लिखेंगे तब ही मुझे सन्तोष होगा।

सस्नेह,
(कमलेश्वर)

(2)

सारिका — **30.4.76**

प्रिय भाई,

आपका 3 अप्रैल का पत्र मिला।

'नये साहित्य का तर्कशास्त्र' प्राप्त हो गयी थी। इसे समीक्षा के लिए भी दे दिया है। समीक्षा हम जरूर प्रकाशित करेंगे। मैं स्वयं भी पुस्तक पढ़ूंगा और इसके सम्बन्ध में आपको लिखूंगा। 'डायरी' - आपकी कहानी तो अभी रोके ही रखनी पड़ेगी... या फिर जैसा आप कहें... आप चाहें तो 'आपके पास भिजवा दूँ - यदि स्थितियाँ अनुकूल हुईं तो दुबारा मंगवा कर प्रकाशित कर दूँगा। समीक्षा के लिए कुछ पुस्तकें शीघ्र ही आपके पास पहुँचेंगी। शानी का कहानी-संग्रह 'मेरी प्रिय

कहानियां' अभी भिजवा रहा हूँ। इसकी समीक्षा करके भिजवा दीजिए - समीक्षा संक्षिप्त रहे तो प्रकाशन में सुविधा रहेगी। और?
स्वस्थ व प्रसन्न होंगे।

आपका
(कमलेश्वर)

(3)

कथायात्रा
जानकी कुटीर, जुहू, बम्बई 400054

प्रिय मित्र,

यह पत्र मैं आपको नयी पत्रिका 'कथायात्रा' की जानकारी देने के लिए विशेष रूप से लिख रहा हूँ।

शायद आपको समाचार पत्रों आदि के ज़रिए उन स्थितियों के बारे में पता चला होगा, जिनके कारण अन्ततः मुझे 'टाइम्स ऑफ इण्डिया' संस्थान से अलग किया गया। मुख्य सवाल ईमानदार और निर्भीक पत्रकारिता तथा सम्पादकीय आज़ादी का था। टाइम्स आफ इण्डिया के मालिकों ने मेरे सम्पादकीय 'तीसरी आज़ादी की तैयारी-2' को रोका - जो मार्च 78 की 'सारिका' में छपा था - और मात्र इतना ही नहीं, सारिका के उस अंक को, जो सम्पादकीय के साथ छपा था, नष्ट कर दिया गया। उसे बाज़ार में बिक्री के लिए नहीं जाने दिया गया। मेरे और टाइम्स आफ इण्डिया के मालिकों के बीच अन्ततः संघर्ष का यही मूल मुद्दा बना, और मुझे 'सारिका' से अलग होना पड़ा। 'सारिका' छोड़ने के बाद से ही मित्रों और पाठकों का आदेश और आग्रह था कि मैं एक उद्देश्यपूर्ण प्रगतिशील नई पत्रिका का सम्पादन शुरू करूं।

इसी निर्णय के तहत हम मार्च 1979 से 'कथायात्रा' का प्रकाशन शुरू कर रहे हैं।

आप भी जानते हैं कि किसी भी क्षेत्र में पैसा लगाने वालों की कमी नहीं है। लेकिन हम ग़लत या मुर्दा पैसे से बेहतर उस पैसे को समझते हैं जो सही मेहनत से कमाया गया हो, क्योंकि सही पैसा ही सही पत्रिका को सुरक्षा दे सकता है।

इसीलिए हमें आपके सहयोग की सख़्त ज़रूरत है। आप 500 रु. देकर 'कथायात्रा' के आजीवन सदस्य बन सकते हैं और 1000 रु० देकर 10 शेयरों के सहयोगी भी।

मुझे पूरी आशा है कि आप हमारा साथ देकर स्वतंत्र पत्रकारिता और सही साहित्य का मार्ग प्रशस्त करेंगे।

उत्तर की लगातार प्रतीक्षा रहेगी -

आपका
3.2.79 **कमलेश्वर**

(4)

V/116ए ईरोस गार्डेन, नई दिल्ली-110044

13.8.92

प्रिय भाई,

दस्तावेज के दोनों अंक मिले। यह अकेली ऐसी त्रैमासिक पत्रिका है जो अपनी सार्थक उपस्थिति का लगातार एहसास देती है और जरूरी साहित्यिक मसलों पर बातचीत करती है– नही तो अब पत्रिकायें हैं कहाँ? ऐसी पत्रिकायें जिनमें साहित्यिक मान-मूल्यों की चर्चा हो।

आप इतने वर्षों से दस्तावेज निकाल रहे हैं, इससे लगता है कि अभी भी कुछ सार्थक बातचीत जारी है।

और क्या कहूँ? इसे जीवित रखिए– यही इच्छा है और जब भी आप आदेश देंगे, मैं दस्तावेज के लिए लिखूंगा।

सस्नेह

कमलेश्वर

(5)

29.12.01
भोपाल से लौटकर

7.01.02

भाई विश्वनाथ प्रसाद तिवारी जी,

आपका 20.11.01 पत्र समय से मिल गया था। दस्तावेज़-91 की प्रतीक्षा थी। यह परसों मिल गया। सम्पादकीय पढ़ गया हूँ।

आपने जिस तरह से हिन्दी की प्रबुद्ध पर प्रगाढ़ रूप से मूर्छित आलोचकीय मनीषा को सम्बोधित किया है उससे साहित्यिक प्रदूषण के उन्मूलन में निश्चय ही बहुत मदद मिलेगी। हालाँकि आपने नीयत और बदनीयती के निकष पर नामवर को कसा है लेकिन इसके बावजूद यह सम्पादकीय नामवर विरोधी नहीं है, बल्कि यह आलोचना में हुए घातक विपर्ययों और कुंठित वंचनाओं की वैचारिक वास्तविकता को विश्लेषित और उद्घाटित करता है। नामवर तो इसके 'निमित्त' मात्र हैं। आपने स्रोत, साक्ष्य और तर्कों के आधार पर सारे सन्दर्भों को पेशे किया है। आपके स्वर में पिछले पचास वर्षों का क्षोभ है, निषेध और विरोध नहीं। यही आलोचना का वैचारिक लोकतंत्र है, जिसे नामवर ने बाधित किया और आज वह लांछित हो रहा है... रचना की यही इयत्ता है जो निराला को लेकर हमारे परम आचार्य महावीर प्रसाद द्विवेदी तक से सवाल पूछ लेती है... यही सगुण प्रश्नाकुलता हिन्दी का प्राणबिन्दु है। इसी ने संवैधानिक प्रतिबंधों के बावजूद हिन्दी को इस देश की अनिवार्य भाषा बनाया है।

नामवरकालीन आलोचना ने लगातार रचना को छोटा और दिग्भ्रमित किया है... इससे सत्ता और व्यवस्था के संस्थानों में नामवर सिंह तो 'बड़े' होते गये पर उनके वामपंथी तेवरों के बावजूद उनके द्वारा सम्पोषित और समर्थित कोई रचना आज तक सत्ता और व्यवस्था के लिए चुनौती नहीं बन पाई।

उम्मीद करता हूँ कि आपके इस क्षोभ-ग्रस्त, तर्कसम्मत बयान से अवसरवादी आलोचना का

कुहासा छँटेगा और तमाम मनुष्य केन्द्रित सवालों को रचनात्मक रूप से सँभालती हिन्दी सृजनशीलता और आलोचना की सहभागिता का रास्ता खुलेगा!

कई तरह से आपका यह सम्पादकीय सही दिशा निर्देश के लिए संभ्रम के चौराहे पर लगा मील का पत्थर साबित होगा। इन्हीं शब्दों और शुभकामनाओं सहित।

सस्नेह

कमलेश्वर

नये वर्ष की शुभकामनाएं

(6)

नई दिल्ली

14.2.04

भाई विश्वनाथ तिवारी जी,

'दस्तावेज़' के 101वें अंक का मैं स्वागत करता हूँ। अभिनंदन भी। यह गाँधी जी की पत्रकारिता की परम्परा की उस नैतिक चुनौती को स्वीकार करता रहा है कि पत्रिका या अखबार में विज्ञापन नहीं होंगे। इसके बावजूद आप इसे चौथाई सदी से निकालते रहे हैं, उस गोरखपुर से, जो सनातनी वर्णवादी प्रकाशनों का केंद्र है। राष्ट्रवादी प्रगति चेतना का यह भी एक जरूरी आयाम है। आपने और 'दस्तावेज़' ने यह भूमिका साहस से निभाई है।

साहित्य की कुलीन पत्रिकाओं से अलग रहकर भी 'दस्तावेज़' ने साहित्य के लिए उस अवकाश (स्पेस) का संधान किया है जो लोकचेतना को वर्तमान लोकतांत्रिकता से जोड़ता है।

गाँधीवाद और मार्क्सवाद में कोई द्वैत या संघर्ष नहीं है, शर्त यही है कि वह किताबों से नहीं, ज़मीनी सच्चाइयों से आना चाहिए। आज के उपद्रवी-संकीर्ण हिंदुत्ववाद का उत्तर इसी में मौजूद है!

सस्नेह

कमलेश्वर

कमलाकान्त त्रिपाठी

(1)

1992

सी.आर.डी.-kk/3,पंडा पार्क
नई दिल्ली -110003

आदरणीय तिवारी जी,

आपका पत्र एवं दस्तावेज का 52वाँ अंक मिला। धन्यवाद। आपने अपने लेख में नामवर सिंह की अच्छी खबर ली है। मुझे तो लगता है वे अपने वाक्‌चातुर्य और विश्लेषण-क्षमता का दुरुपयोग करने लगे हैं। उनके कई भाषणों को सुनने के बाद मुझे पुराने यूनान के सॉफिस्टों की याद आती है। साफिस्टों को झूठ को सच और सच को झूठ साबित करने के लिए नियोजित किया जाता था। वे जिस पक्ष में बोलते थे उसी को सिद्ध कर देते थे। यह बाकायदा एक व्यवसाय था। फर्क इतना है कि वे धन के लिए ऐसा करते थे, नामवर सिंह अपनी धाक् जमाने के लिए करते हैं - दूसरों की छवि और व्यक्तित्व के मूल्य पर। अपने यहाँ का सन्दर्भ लें तो वे धर्मध्वजों की श्रेणी में आते हैं, जो वह स्थापित करते हैं जिसके प्रति उनकी अपनी प्रतिबद्धता नहीं होती। शेष कुशल है। यह दस्तावेज़ का वार्षिक चन्दा भेज रहा हूँ।

कमलाकान्त त्रिपाठी

(2)

सी-47, हैदराबाद एस्टेट, बम्बई

29.7.95

आदरणीय तिवारी जी,

दिल्ली से तबादले के बाद बम्बई आने पर आपसे सम्पर्क टूट गया। दस्तावेज़ वहाँ बराबर आता रहा था। यहाँ नहीं मिला। कल पीपल्स बुक हाउस से दस्तावेज़-66 मिल गया। पुरानी स्मृतियाँ लौट आयीं। भोजपुरी साहित्य पर आपने बहुत सटीक सामग्री एकत्र की है। खास कर आपका सम्पादकीय-आलोचना के हाशिए पर– बहुत विचारगर्भित और संतुलित लगा। वस्तुतः जन साहित्य तो लोक साहित्य ही हो सकता है।

आशा है सम्पर्क रखेंगे। दस्तावेज का वार्षिक शुल्क शीघ्र भेजूँगा। हो सकता है इस पत्र के साथ ही मिल जाय।

आपका
कमलाकान्त त्रिपाठी

(3)

बम्बई : 21.1.97

आदरणीय तिवारी जी,

आप लोगों के सहयोग से बिटिया की शादी कुशलतापूर्वक सम्पन्न हो गई। गोरखपुर से शादी करने में अंदर से एक डर-सा था जो निर्मूल साबित हुआ। विश्वविद्यालय का बड़ा सहयोग रहा।

'नामवर के विमर्श' में आपका सुविचारित लेख पढ़ा। 'दूसरी' परम्परा की खोज के दावे की आपने अच्छी खबर ली है। रामचन्द्र शुक्ल का लोकधर्मी पक्ष अच्छी तरह उभरा है। राधा बल्लभ त्रिपाठी की पुस्तक का सन्दर्भ देते हुए संस्कृत साहित्य की लोकधर्मी परम्परा का जो विवेचन आपने प्रस्तुत किया है वह बहुत आश्वस्तकारी है। अन्य लेखों के पिष्टपेषण से अलग अपना स्वतन्त्र स्वर लिए हुए आपके लेख में खासी विश्वसनीयता थी।

साथ में एक समीक्षात्मक टिप्पणी भेज रहा हूँ। पुस्तक 'महाभारत का काव्य-विमर्श' अलग से रजिस्टर्ड बुक पोस्ट से भेज रहा हूँ। यह मेरा विषय नहीं है पर व्यक्तिगत आग्रह के नाते कुछ लिखना पड़ा। शायद 'दस्तावेज' के काम आ सके। छप जाने से बड़ा प्रोत्साहन मिलेगा।

गोरखपुर आना हुआ तो आपसे मुलाकात करेंगे।

सादर,

आपका,
कमलाकान्त त्रिपाठी

(4)

बम्बई : 28.7.97

आदरणीय तिवारी जी,

दस्तावेज-73 समय से मिल गई थी। आज ही पढ़कर समाप्त किया है। इतनी गम्भीर चिन्तन-सामग्री आपको कहाँ-कहाँ से मिल जाती है? सम्पादकीय में आपने आलोचना की 'गीदड़ी प्रवृत्ति' की आलोचना करते हुए स्वीकृत मुख्यधारा से अलग लिखी जा रही रचनाओं की ओर समय से ध्यान खींचा है। प्रतिष्ठित आलोचकों ने वस्तुतः पाठकों को एक ढर्रे पर बाँधकर उनकी पहुँच और दृष्टि दोनों को सीमित कर दिया है।

शक्ति चोपाध्याय पर इतनी आत्मीय और विषद सामग्री है कि उससे केवल शक्ति के व्यक्तित्व, कृतित्व, सोच और संवेदना की ही झलक नहीं मिलती बल्कि बँगला साहित्य जगत का पूरा माहौल ही साकार होकर सामने आ जाता है। रामस्वरूप चतुर्वेदी, रमेश कुंतल मेघ, विश्वम्भरनाथ उपाध्याय और बच्चन सिंह की समीक्षा दृष्टि पर विस्तृत और गहन पड़ताल वाले लेख छापकर आपने पाठकों की चेतना का बहुआयामी विस्तार किया है और कई पूर्वाग्रहों और गलत सूचनाओं से मुक्ति दिलाया है। आशा है, यह क्रम आगे बढ़ेगा और युवा समीक्षक जैसे अजय तिवारी और ललित कार्तिकेय भी स्थान पायेंगे। डॉ. नगेन्द्र का साक्षात्कार बहुत संतुलित है जो ऐसे विवादास्पद व्यक्तित्व के बारे में मुश्किल था।

अरविन्द त्रिपाठी द्वारा संपादित 'स्वप्न और यथार्थ के कवि' के लेख पढ़े। इससे अधिक उच्च स्तर की अपेक्षा थी। अधिकांश लेख विद्यार्थीनुमा हैं, विववरणात्मक हैं, सपाट और सतही भी। आपकी कविताओं और उनके भावार्थों से ही ज्यादा पन्ने भरे गये हैं। इससे कहीं गहन विवेचना, विश्लेषण

और हिन्दी कविता संसार के व्यापक परिप्रेक्ष्य में आपकी कविताओं के कथ्य और संरचना दोनों के निहितार्थों को देखने की जरूरत थी। पर आप क्या कर सकते हैं, और अरविन्द जी क्या कर सकते हैं।

मेरा उपन्यास 'बेदखल' वाणी से छप गया है। मैंने एक प्रति आपको भेजने के लिए अरुण से कहा है। शीघ्र मिल जायेगी, यदि अब तक न मिली होगी। दस्तावेज का आजीवन चंदा साथ में भेज रहा हूँ।

आपका

कमलाकान्त त्रिपाठी

(5)

आयकर कार्यालय, क्लब रोड, बेलगाम (कर्ना.) - 590001

8.1.2000

आदरणीय तिवारी जी,

दस्तावेज़ 82 और 83 में आपका सम्पादकीय 'आलोचना के हाशिए' पर पढ़ा। अभी तो खत्म नहीं हुआ है पर अगला अंक मिला नहीं। सोचता था, पूरा पढ़ने के बाद आपको लिखूँगा पर इतने अन्तराल के बाद लिखने की हुड़क खत्म हो जाने का डर है।

बहुत दिनों से जो मेरे मन में घुमड़ रहा था उसे आपने बहुत सुगठित और धारदार तरीके से व्यक्त कर दिया है। अपनी ही बात जब कोई बेहतर ढंग से व्यक्त करता है तो कितनी खुशी होती है, इसका अंदाज आप लगा सकते हैं।

साहित्य में जो यह संकीर्ण राजनीति घुसी है, इसके पीछे कुछ आर्थिक कारण हैं। पर महत्त्वपूर्ण कारण है लेखक में असुरक्षा-भाव का घनीभूत होना और लेखकीय कर्म का लगातार हाशिए पर चलते चले जाना। खासकर हिन्दी जगत में। पता नहीं सांस्कृतिक दरिद्रता, जो शायद आर्थिक दरिद्रता से आई हो, या क्या कारण है, हिन्दी पट्टी में लेखक जीवन की मुख्य धारा में कही है ही नहीं। इतना कि तमाम लोगों से मिलते जुलते, बात करते, सामाजिक संबन्धों का निर्वाह करते बराबर एहसास होता रहता है कि लेखक होना बिल्कुल अप्रासंगिक है, अगर चूतियापा नहीं। ऐसे में गिरोहबन्दी करके हुआं-हुआं करने की प्रवृत्ति जगती होगी। ऐसे में सबसे बड़ा नुकसान उन लोगों का हुआ है जिनमें कुछ ऊर्जा और संभावना थी, पर जो त्वरित चर्चा और मान्यता के लोभ में गिरोह में शामिल हो गये। जैसा कि आपने कहा है उनका तो शोषण होना ही था। बाकी जो दादा लोग हैं वे तो घिसे-पिटे चुक गये लोग हैं। इसी तरह उनकी चौधराहट चल रही है, वर्ना बूढ़ी तारिकाओं की तरह एक कोने में पड़े खाँस रहे होते। यह वे लोग नहीं हैं जो पूरी निष्ठा से सारा जीवन लेखन-कर्म को होम कर सकते और लगातार लिखते हुए परिपक्वता की ओर बढ़ते जाते और मृत्युपर्यंत जिनके लेखक का अवसान न होता। अपनी उर्वरता के छोटे दौर में ये कुछ और तरह का हल्ला मचाते थे और अब बूढ़ी वेश्याओं की तरह नये लेखकों-लेखिकाओं को फुसलाकर चकला (यानि अपना प्रतिष्ठान) चलाते हैं। इनसे घबड़ाने की जरूरत नहीं है। इनकी कलई सबके सामने खुल चुकी है। यह अनायास नहीं है कि क्रान्ति के शुरू में उसके पक्ष में खड़े, पूरी संवेदना और ईमानदारी से लिखने वाले सोलोखोब ''और धीरे बहो दोन'' जैसी अमर रचना दे सके जबकि क्रान्ति के बाद के सोवियत लेखक बाँधों,

पंचवर्षीय योजनाओं और सहकारी खेती पर प्रायोजित लेखन का कचरा ही छोड़ गये। चेखब मे भी तत्कालीन रूसी सामंती समाज के पाखंड और अमानवीयता के प्रति तीव्र विरोधाभाव और वंचित, प्रताड़ित सामान्य लोगों के प्रति पूरी पक्षधरता है पर वे मानवीय आस्था के लेखक हैं, भाषा और संवेदना के स्तर पर ऊँचे उठे हुए। इसलिए जनवादी उनका जिक्र नहीं करते। बस उनको तो गोर्की की माँ मिलती है। कबीर, तुलसी, रामचन्द्र शुक्ल और निराला के सम्बन्ध में जो गलत सूचना फैलाने का अभियान चल रहा है उससे नये लेखकों का भारी नुकसान होने वाला है। आपने समय रहते सचेत किया है।

आपका

कमलाकान्त त्रिपाठी

(6)

कोची : 21.04.2011

आदरणीय तिवारी जी,

दस्तावेज़ के अंक नियमित भिजवाने के लिए आभारी हूँ। यदि प्रतिक्रिया में कुछ लिख नहीं पाता तो आलस्य ही एकमात्र कारण है। लेकिन इसका 129वाँ अंक पढ़ने के बाद, विशेषकर अयोध्या फैसले पर आपका सम्पादकीय, लिखे बिना नहीं रहा जा रहा है।

लगता है, आपने मेरे भीतर की बात कह दी है। मुझे भी लगता है कि एक समूह है, जो काफी मुखर है और अपनी वाचालता से कभी-कभी देश के प्रबुद्ध वर्ग का प्रतिनिधित्व करता प्रतीत होता है, जो देश की समस्याओं के समाधान में कोई रुचि नहीं रखता, वह तो इन्हें मुद्दा बनाकर अपने को प्रासंगिक बनाये रखने के लिए ही सब कुछ कहता-करता है। यदि कोई समाधान निकल आया तो उसका क्या होगा, वह तो निरर्थक हो जाएगा। यह वही समूह है जो जोड़-तोड़कर महाभारत काल को रामायण काल से पहले का सिद्ध करने की कोशिश करता रहा है। इस कोशिश में बौद्धिक कसरत के अलावा एक और बात है जो इसके असली चरित्र की पहचान कराती है। महाभारत में रामायण के चरित्रों और घटनाओं का अनेक बार उल्लेख है पर रामायण में महाभारत के चरित्रों का संकेत तक नहीं है। तो इसका मतलब हुआ महाभारत में एक षड्यंत्र के तहत इस तरह के उल्लेख हुए हैं। सारे अन्तःसाक्ष्य के प्रति यह नकारात्मक, आधारहीन दुर्भावना ही उस समूह के चिन्तन की असली पहचान है। हजारों साल से जो एक संस्कृति जीती-जागती रही, उसमें ढोंग, शड्यंत्र और मक्कारी के अलावा और कुछ था ही नहीं। आपने चित्तौड़ के 'अगिनअस्नान' का जिक्र किया है। मैं भी वहाँ गया था। उस महल में गाइड ने उस जगह को और उस प्रक्रिया को भी समझाया था जिसके द्वारा अलाउद्दीन को इस तरह पद्मावती को दिखाया गया था दर्पण के सहारे, कि उसे सामने से न देख सके। गाइड की व्याख्या महल की संरचना से पूरी तरह मेल खाती थी। तो निष्कर्ष यह है कि न केवल ग्रन्थों में बल्कि स्थानों में स्थापत्य में, लोकमानस में सब जगह उसे षड्यंत्र का ही साक्ष्य दिखाई पड़ता है। प्रकृति-प्रदत्त बुद्धि और प्रतिभा का इतना दुरुपयोग अपनी ही सभ्यता-संस्कृति को नकारने के लिए किसी अन्य 'देश' में शायद ही मिले।

चलिए, यदि इस तरह भी एक वर्ग में देश के प्रति एकजुटता पैदा हो तो इसकी कुछ सार्थकता कही जा सकती है। लेकिन वैसा कुछ भी तो नहीं हो रहा है। यदि यहाँ का मुसलमान देश की सभ्यता-संस्कृति से तादात्म्य महसूस करता है तो इस समूह के चलते नहीं, इसके बावजूद है।

इस अंक में कुमार विमल के लेख से रवीन्द्रनाथ टैगोर के जीवन एवं कृतित्व के कुछ अज्ञात

पहलुओं से परिचय मिला। कलकत्ते के बारे में अज्ञेय का संस्मरण पढ़कर बहुत दिनों बाद एक प्रिय लेखक का कुछ नया पढ़ने का स्वाद मिला। तुलसी पर श्री भगवान सिंह का लेख तो झकझोरने वाला है। डॉ. रामविलास शर्मा का वह लेख मैंने नहीं पढ़ा था, इसके द्वारा ही उसका परिचय मिला। हाँ शर्मा ने जो उद्धरण दिए हैं, आँख खोलने वाले हैं। वह पूरा लेख ही यदि छप सके तो बहुतों को आश्वस्ति मिलेगी और बहुतों की नींद भी हराम हो जायेगी। तुलसी की प्रासंगिकता का ही एक प्रमाण है कि अवध के किसान आंदोलन में बाबा रामचन्द्र ने किसानों को जागृत करने और एकजुट बनाने के लिए रामचरितमानस का ही सहारा लिया था। उसकी चौपाइयों के माध्यम से ही उन्होंने ताल्लुकेदारों के अन्याय के खिलाफ किसानों को खड़ा करने में सफलता पाई थी। सीताराम के उद्घोष को उन्होंने एक क्रान्ति का नारा बना दिया था क्योंकि इसके संस्कार लोकमानस में बहुत गहरे थे। यदि किसी पर अन्याय होता था तो वह जोर से सीताराम का उद्घोष करता था, उसको सुनने वाले सभी उस उद्घोष को दुहराते थे और देखते-देखते एक बड़ा जनसमूह पीड़ित की रक्षा के लिए जुट जाता था।

निर्मल वर्मा के पारिवारिक पत्रों पर रमाशंकर द्विवेदी का आलेख बहुत आत्मीय है। इसके साथ कुछ पत्रों को पूरा-का-पूरा दिया जाता तो बेहतर होता। 'लेनिन-संघर्ष और प्रेम' में लेनिन के जीवन का जो अंश उभरा है वह आगे-पीछे के सन्दर्भ से कटा होने के कारण पूरा प्रभाव नहीं छोड़ पाता। इसके साथ एक विस्तृत टिप्पणी की जरूरत थी।

पूरी पत्रिका बहुत श्रेष्ठ सामग्री से भरी है। संग्रहणीय है। किसी वाद-प्रतिवाद, गोलबन्दी से अलग रहकर साहित्य की स्वायत्तता के लिए आप इतना सार्थक काम कर रहे हैं कि मन अभिभूत हो जाता है। आपके सहायक अनन्तकीर्ति जी भी बधाई के पात्र हैं।

आपका

कमलाकांत त्रिपाठी

(7)

40/891 कूवेम्पू नगर (पोस्ट-हिंडल्गा)
बेलगाम (कर्ना.)-591108

27.11.2012

आदरणीय तिवारी जी,

दस्तावेज़-135 मिलते ही पूरा पढ़ गया। पहले अंकों की तरह इसमें भी कुछ विचारोत्तेजक सामग्री मौजूद है। पिछले अंकों की तरह इस अंक में भी आपके यात्रा-वृत्तांत ने (इस बार) कोरिया के सांस्कृतिक-साहित्यिक परिदृश्य को समझने में सहायता की। आद्यंत एक सहृदय 'मानवता' के परिप्रेक्ष्य में चीजों को साफगोई से आलोकित किया गया है, अतिरिक्त पाण्डित्य और वैचारिक पूर्वग्रह से मुक्त। कुछ नई जानकारियाँ भी मिलीं। मैं खोज रहा था उत्तरी और दक्षिणी कोरिया के बीच की समस्या, जो दोनों के कृत्रिम विभाजन से शुरू हुई, पर भी कुछ रोशनी मिलेगी। उससे पूरे विश्व के वैचारिक ध्रुवीकरण और तटस्थ देशों पर उसके दुष्प्रभाव का भी खुलासा होता। आखिर 1945 के पहले दोनों एक ही थे, यद्यपि जापानी साम्राज्य के अधीन थे।

गोयनका जी ने प्रेमचन्द और उनके असमाप्त उपन्यास 'मंगलसूत्र' के बहाने तथाकथित प्रगतिशील खेमे पर बेबाक टिप्पणी की है। उनके कुछ पूर्वग्रहों के बावजूद लेख Convincing है। इस समय तो उन और आप जैसे लोग अकेले-से पड़ गए हैं। मेरी समझ में मुख्य समस्या प्रगतिशीलों

या जनवादियों की नहीं है वह है छह प्रगतिशीलों-जनवादियों के कारण। वस्तुतः साम्यवादी दल का पूरा इतिहास ही ऐसे लोगों से आक्रान्त और उसी के चलते दिग्भ्रमित रहा है। इस आन्दोलन में दो तरह के लोग रहे हैं - छह धर्मध्वजी या धूर्त और भोलेभाले स्वप्नदर्शी। पहले वर्ग ने दूसरे वर्ग को, जो बहुसंख्यकों का वर्ग था, हमेशा स्वार्थ के लिए बरगलाया है। लेनिन-ट्राट्स्की के बाद से ही छह साम्यवादियों का बोलबाला हो गया था। स्टालिन और माओ उनके सरगना थे। साहित्यिक आन्दोलनों में भी कमोवेष वही हाल है।

लेकिन इस आंदोलन का केन्द्रीय अन्तर्विरोध साधन और साध्य का द्वैध है जब ईप्सित साध्य के लिए किसी भी साधन को स्वीकार करने की बात की जाती है, अपरिहार्य रूप से ऐसे लोग शिखर पर आ जाते हैं जो साध्य को भी अपने व्यक्तिगत एजेंडे का साधन बना लेते हैं। लगभग सभी विचारधाराओं के साथ यही हुआ है। मानव-स्वभाव की जटिलताओं के प्रति सरलीकृत अवधारणा के चलते। प्रेमचन्द परिवर्तनवादी थे; रूढ़ियों, अंधविश्वासों, मठाधीशों, शोषकों के विरुद्ध थे लेकिन उनका रास्ता स्टालिन का नहीं हो सकता था। गोयनका जी को साधुवाद।

आपका

कमलाकान्त त्रिपाठी

पुनश्च,

छह जनवादियों-प्रगतिवादियों ने ही अवसरवादी नारीवाद और दलितवाद का शगूफा भी छोड़ा है, जो फैशन के तहत अनेक पल्लवग्राही लोगों को आकृष्ट कर रहा है। नारियों और दलितों की वास्तविक समस्या के प्रति कोई संवेदना नहीं है, शायद जानकारी भी न हो। मैं गाँव जाने पर सामान्य दलितों की जो दशा देखता हूँ, दिल दहलाने वाली है, उससे किसी को लेना-देना नहीं है। उन्हीं के नाम पर एक छोटा तबका स्थाई रूप से सुविधाएँ लेता रहेगा, एक नया विशेषाधिकारी वर्ग बनता जा रहा है। जिस विषमता को दूर करने के लिए यह अस्थाई उपाय के रूप में आया था उसी को नये सिरे से शुरू करता हुआ।

इस सन्दर्भ में मैंने दो लेख लिखे थे। मुम्बई की एक नई पत्रिका चिन्तनदिशा में छपे थे, इतनी त्रुटियों के साथ कि अर्थ का अनर्थ हो गया। श्री लाल जी वाले लेख का तो बिना समझे-बूझे शीर्षक ही बदल दिया जो उलट अर्थ देता है। शायद आपको ठीक लगे।

कमल किशोर गोयनका

(1)

प्रेमचन्द जन्म शताब्दी राष्ट्रीय समिति (पंजीकृत)
कार्यालय : ए-98 अशोक विहार, फेज प्रथम, दिल्ली-110052

8 जनवरी, 80

आदरणीय तिवारी जी,

सादर नमस्कार

आपका 31/12 का पत्र मिला। 'दस्तावेज़' की इधर बहुत तारीफ़ सुनी थी, उसे पाकर लगा, प्रशंसा सही थी। आपने यह अंक इतना मूल्यवान बना दिया है कि इसे पुस्तकाकार रूप में भी सुलभ किया जाना चाहिए।

बन्धुवर सत्यभूषण वर्मा से आपके सम्बन्ध में एक-दो बार बातचीत हुई थी और वे आपके प्रयासों की प्रशंसा कर रहे थे। मैं आपके नाम और आपकी पत्रिका से परिचित था, परन्तु व्यक्तिगत अपनत्व स्थापित करने में सत्यभूषण वर्मा का जो योगदान रहा है, उसके लिए मैं उनका आभारी हूँ। आपके प्रति भी मैं अपना आभार प्रकट करता हूँ कि आपने मुझे पत्र लिखा। आप 'दस्तावेज़' का प्रेमचन्द विशेषांक निकाल रहे हैं, इससे मुझे आत्मिक प्रसन्नता हुई है। वास्तव में आप मेरा ही कार्य कर रहे हैं और जिस गम्भीरतापूर्वक आप इसे प्रकाशित करना चाह रहे हैं, वह मेरे लिये प्रेरणादायक है। मेरा पूरा सहयोग आपके साथ है। मैं अवश्य ही आपकी पत्रिका के लिये कुछ अप्राप्य, असंकलित रचनाएँ भेजूँगा। कृपया लिखें, क्या निम्नलिखित रचनाओं से आपका काम चल जायेगा। आप जो चाहें, चुन लीजिए और मुझे सूचित कर दीजिए—मैं लौटती डाक से उन्हें भेज दूँगा—

1. कहानी—प्रेमचन्द की 16 अज्ञात, अप्राप्य कहानियों को संकलित करके श्रीपतराय को दे चुका हूँ। यह संकलन मालूम नहीं छप रहा है या नहीं। इसमें से एक अज्ञात, अप्राप्य कहानी 'स्वप्न' आपको भेज सकता हूँ।

2. प्रेमचन्द ने प्रसाद के 'स्कन्दगुप्त' नाटक की कटु आलोचना की थी। यह तथ्य सब जानते हैं, परन्तु वह समीक्षा कहीं उपलब्ध नहीं है। इसे अपने संक्षिप्त विवरण के साथ जोड़कर भेज सकता हूँ।

3. प्रेमचन्द के कुछ पत्र भेज सकता हूँ—'सारिका' में इस प्रकार के 4-5 पत्र मेरे लेख के साथ छपे थे। आप कहें तो उस लेख को भेज सकता हूँ।

4.प्रेमचन्द के प्रथम उर्दू कहानी-संग्रह 'सोज़ेवतन' पर एक लेख 'सारिका' में छपा था। अनेक नवीन तथ्य दिये थे, कुछ नयी दृष्टि से सोचा था। आप उचित समझें तो इसे भेज सकता हूँ। प्रेमचन्द के उर्दू साहित्य के मूल्यांकन के सम्बन्ध में कुछ नया कहने की चेष्टा की है। आप चाहें तो सोज़ेवतन का एक फोटो दे सकते हैं। मेरे पास उसकी एक प्रति है।

प्रेमचन्द पर क्या आपने मेरा शोध-प्रबन्ध 'प्रेमचन्द के उपन्यासों का शिल्प-विधान' देखा है? मैं आपकी राय जानना चाहूँगा। शायद आपने मेरे कुछ लेख देखे हों—इन दिनों 'प्रेमचन्द विश्वकोश' -

पाँच खण्ड तैयार कर रहा हूँ—दो खण्ड प्रेस में चले गये हैं—ये पाँच खण्ड हैं—प्रेमचन्द का जीवन, साहित्य, पात्र, विचार तथा साहित्य की समीक्षा। लगभग 3000 पृष्ठों में होगा, 8-9 वर्षों से यह कार्य कर रहा हूँ। एक पुस्तक 'प्रेमचन्द और षतरंज के खिलाड़ी' लिख रहा हूँ—शतरंज के खिलाड़ी की पाण्डुलिपि, हिन्दी पाठ, उर्दू पाठ में जो अन्तर है, उसी पर यह पुस्तक आधारित है। 3-4 अन्य पुस्तकें प्रेमचन्द पर ही तैयार कर रहा हूँ। और प्रेमचन्द की पाण्डुलिपियों, पत्रों, फोटोग्राफों, डायरी, पासबुक, सर्टिफिकेट आदि 2000 वस्तुओं का संग्रह किया है। कलकत्ता में मैंने कुछ चीज़ों की प्रदर्शनी की थी। वहाँ लोगों ने बहुत पसन्द की।

मुझे अभी आपका 1/1 का पत्र मिला है। यह पत्र कुछ विलम्ब से मिला। इसका भी उत्तर दे रहा हूँ। मैं आज अश्क जी से मिलने वाला हूँ और उनके उत्तरों वाले लेख की प्रति लेकर आऊँगा। मैंने कुछ प्रश्न प्रेमचन्द और अश्क जी के सम्बन्धों पर पूछे हैं, आप चाहेंगे तो मैं भेज सकता हूँ, लेकिन मैं चाहूँगा कि आप उसे अन्यत्र प्रकाशित करने की अनुमति प्रदान करें।

प्रेमचन्द जन्म-शती पर आप गोरखपुर में क्या कार्यक्रम करने की योजना बना रहे हैं?

कृपया शीघ्र उत्तर दीजिए।

आशा है, आप स्वस्थ, सानंद हैं।

इन्दिरा गाँधी पुनः प्रधान मंत्री हो रही हैं। भारतीय प्रजातंत्र के इस फैसले पर आपकी क्या प्रतिक्रिया है।

आप जिन लेखों, रचनाओं का उपयोग करना चाहें, कृपया उनके नाम लिख दीजिए।

आपका

कमल किशोर गोयनका

(2)

अशोक विहार, फेज प्रथम, दिल्ली

20/1/82

मान्य डा. तिवारी,

आशा है, आप स्वस्थ, सानंद हैं।

दस्तावेज' का 13/14वां अंक क्या प्रकाशित हो गया?

'प्रेमचन्द विश्वकोश' पर क्या आपको डा. सत्यभूषण वर्मा की समीक्षा मिल गयी? लखनऊ में आपसे जब मुलाकात हुई थी, तब आपने डा. वर्मा से समीक्षा भिजवाने के लिए कहा था। डा. सत्यभूषण वर्मा ने कुछ दिन पूर्व कहा था कि वे आपको समीक्षा भेजने वाले हैं। विश्वास है, आपको मिल गयी होगी।

इधर प्रेमचन्द के अतिरिक्त कुछ और भी कार्य कर रहा हूँ। सम्भवतः इसकी चर्चा आपसे लखनऊ में की थी। आचार्य हजारीप्रसाद द्विवेदी के संस्मरणों का एक संकलन तैयार कर लिया है जो प्रभात प्रकाशन से छपना है। इसमें आपका संस्मरण देना चाहता हूँ। 'दस्तावेज़' में आपका प्रकाशित इन्टरव्यू-संस्मरण 'न मानुशात् श्रेष्ठतरं हि किंचित्' (कृपया इसकी एक प्रतिलिपि भेजें) इसमें संकलित करना चाहता हूँ। कृपया इसकी अनुमति प्रदान करें।

कृपया नर्मदेश्वर चतुर्वेदी का पता भेजिए।

'दस्तावेज़' के द्विवेदी विशेषांक (इसे पुस्तकाकार रूप में क्यों प्रकाशित नहीं करते?) के लिए क्या आपको अन्य संस्मरण भी प्राप्त हुए थे जो आपने प्रकाशित न किये हों? मैं उन संस्मरणों को

चाहूँगा और उन्हें संकलित करना भी।

कुछ ऐसे व्यक्तियों के नाम-पते भेजिए जो संस्मरण दे सकते हैं। इस दृष्टि से आपका विशेषांक एक अत्यन्त महत्त्वपूर्ण ऐतिहासिक दस्तावेज़ है। यह अंक भविष्य में आपको अमर बना देगा। बड़ी महत्त्वपूर्ण एवं व्यवस्थित सामग्री दी है आपने।

एक कार्य और - मणि मधुकर के रचना-संसार पर भी एक पुस्तक तैयार कर रहा हूँ- 'समीक्षा' मई, 73 में आपकी 'हवा में अकेले' समीक्षा छपी है। क्या इसकी प्रतिलिपि मिल सकती है? और संकलित करने की अनुमति भी। क्या आपने मणि की अन्य पुस्तकों की समीक्षा की है? उनकी प्रतिलिपियां यदि मिल जायें तो कृपा होगी।

कृपया उत्तर दीजिए। नवीन समाचार लिखें।

आशा है, आप स्वस्थ, सानंद हैं।

आपका

कमल किशोर गोयनका

श्री रामदेव शुक्ल (दस्तावेज, अगस्त, 81) का पता भी अवश्य ही भेजिएगा।

(3)

दिल्ली : 30/12/87

बन्धुवर,

दस्तावेज मिला। अज्ञेय पर आपने बहुत अच्छा अंक निकाला है—बधाई।

अज्ञेय पर संस्मरणों का संकलन निकाल रहा हूँ। 'मानव ही मानव की तीसरी आँख है' शीर्षक अपना संस्मरण संकलित करने की अनुमति प्रदान करें। आपने संस्मरण तिथि-वर्ष के आधार पर लिखा है, जो मेरे विचार में वैज्ञानिक तरीका है। अज्ञेय पर जब जीवनी लिखी जायेगी, तब ऐसे ही संस्मरण सबसेअधिक उपयोगी होंगे।

लघुकथा पर एक लेख लिखा है। यदि 'दस्तावेज़' में उसे स्थान दे सकें तो भेज दूँ। बच्चन वाली पुस्तक पर डा. पुष्पपाल सिंह की समीक्षा भेजी थी, मिल गयी होगी। क्या उसे छाप रहे हैं? आप इधर आते हैं और मुझे सूचना ही नहीं मिलती।

नव वर्ष पर शुभकामनाएँ

उत्तर दें। सप्रेम,

आपका

कमल किशोर गोयनका

(4)

दिल्ली : 20/10/89

बन्धुवर,

'दस्तावेज़' का नया अंक मिला। आभारी हूँ।

आपका प्रत्येक अंक स्तरीय एवं संग्रहणीय होता हैं सामग्री पठनीय एवं विचारोत्तेजक होती है। हिन्दी में 'दस्तावेज़' अपने तरह की अकेली पत्रिका है। ईश्वर इसे दीर्घ जीवन प्रदान करें।

श्री उषा प्रियंवदा से लिया इंटरव्यू भेजना चाहता हूँ। साथ ही कुछ समीक्षाएँ भी—कुछ स्वयं लिखी तथा एक-दो अन्य व्यक्तियों द्वारा मेरी पुस्तकों पर लिखीं। आपकी आज्ञा हो तो भेजूं।

बच्चन विशेषांक क्या अब नहीं निकलेगा? जुलाई, 85 के अंक में आपका सम्पादकीय—'एक

भारतीय दृष्टि की खोज' ने मुझे बहुत बल दिया है। मैं इधर 'प्रेमचन्द और भारतीयता' पर कार्य कर रहा हूँ। आपने भारतीयता पर महत्त्वपूर्ण मुद्दे उठाये हैं और मैं आपके विचारों से पूर्णतः सहमत हूँ। साहित्य की भारतीयता- पर अभी चिन्तन आरम्भ नहीं हुआ है। आपने इसे आरम्भ किया है। मैं अपनी कुछ जिज्ञासाएँ भेजना चाहता हूँ भारतीयता के बारे में, क्या आप उनका उत्तर देने के लिए कुछ समय निकाल सकेंगे? विश्वास है, सहयोग करेंगे। उत्तर की प्रतीक्षा में रहूँगा—आशा है, सानंद हैं।

दीपावली पर शुभकामनाएँ

आपका

कमल किशोर गोयनका

(5)

दिल्ली : 4/8/2001

बन्धुवर,

'दस्तावेज'-90 मिला। धन्यवाद।

पत्र साहित्य प्रकाशित करके आपने बहुत महत्त्व का कार्य किया है। इसके लिए आपकी जितनी प्रशंसा की जाये, कम है। आश्चर्य है, इसके महत्त्व को नहीं समझा गया है।

आगामी अंक में भी पत्र प्रकाशित होंगे। मेरे पास विपुल सामग्री है वाचस्पति पाठक ने दिवंगत होने से पूर्व मुझे सैकड़ों पत्र दिये थे। ये पत्र सभी प्रख्यात लेखकों के हैं। जैनेन्द्र कुमार के वीरेन्द्र कुमार जैन को लिखे लगभग सभी पत्र मेरे पास हैं। और भी क्या लिखूँ? 'दस्तावेज' के यदि आप 2-3 अंक और निकालें तब भी कम होंगे।

आप इनमें से जिनका उपयोग करना चाहें, सूचित करें। मैं फोटो कापी कराकर भेज दूँगा।

हिन्दी के लोग अपने हीरे-जवाहरातों को नहीं जानते, उन्हें सुरक्षित रखने की समझ का तो सवाल ही नहीं है। कैसा है यह हिन्दी समाज जो अभी तक प्रेमचन्द संग्रहालय तक नहीं बना सका। धिक्कार है इसे!

स्वस्थ होगे। सादर

विनीत

(पते में शहर के साथ उसका पिनकोड अवश्य दें।) **कमल किशोर गोयनका**

(6)

दिल्ली : 20/12/2001

मान्यवर,

'दस्तावेज़'-91 मिला। धन्यवाद। आपका सम्पादकीय ऐतिहासिक है, क्योंकि वह साहस के साथ लिखा गया है और नामवर की कटु चालों और दुहरे मापदंडों को उजागर करता है। कमलेश्वर का यह निष्कर्ष उचित है कि ये वामपंथी ही असल तालिबान हैं, पर दुर्भाग्य यह है कि ये फल-फूल रहे हैं। जब ये मार्क्सवादी रामविलास शर्मा जी को जाति-बहिष्कृत कर सकते हैं तो इनके ईमान पर किसका विश्वास होगा। आपका यह सम्पादकीय देश की अन्य पत्रिकाओं में लेख के रूप में छपना चाहिए। इधर मैंने भी इनके विरुद्ध कई लेख लिखे हैं, पर इन्हें संगठित होकर ही पराजित किया जा सकता है।

आपने मेरे भेजे जैनेन्द्र जी के पत्र प्रकाशित किये, धन्यवाद, पर इनके संग्रह और प्रेषक के रूप में आपने मेरा उल्लेख न करके उचित नहीं किया—मेरी टिप्पणी यदि आप इनके आरम्भ में देते

तो स्थिति स्पष्ट होती। मैं नाम का भूखा नहीं हूँ, पर एक अच्छे काम के लिए प्रेषक को श्रेय न देना, उसके नाम का उल्लेख न करना ऐसी सम्पादकीय नीति उचित नहीं है। मुझे विश्वास है, आप इस उपेक्षा का परिमार्जन आगामी अंक में करेंगे। आपके बारे में मैं तो सोच भी नहीं सकता कि ऐसी कोई भूल आप कर सकते हैं?

इन पत्रों को एकत्र करने, सुरक्षित रखने, उनकी प्रतिलिपियाँ तैयार करने में जो श्रम और समय लगा होगा, उसकी आप कल्पना कर सकते हैं।

स्वस्थ होंगे। सादर,

विनीत

कमल किशोर गोयनका

(मैंने एक बार पहले भी लिखा था गोरखपुर के साथ पिनकोड लिखा होना चाहिए।)

(7)

दिल्ली : 22/12/2001

मान्य बन्धु,

मेरा पत्र मिला होगा।

मुझे दुःख है, कुछ अप्रिय बातें लिख गया। आज एक कार्यक्रम में डा. वीरेन्द्र सक्सेना मिल गये। 'दस्तावेज़' उन्हें भी मिला और बोले कि गोयनका तुमने बड़ा अच्छा किया कि जैनेन्द्र जी के पत्र छपवा दिये। मैंने अपनी आपत्ति उन्हें बताई जो मैंने आपको लिखी है। उनसे ज्ञात हुआ कि आपने मेरे नाम का उल्लेख किया है। मुझे बहुत दुःख हुआ तथा अपने पर गुस्सा भी आया कि मैं इस तथ्य को क्यों नहीं देख पाया। घर आकर अंक देखा तो पाया कि मेरे सौजन्य का उल्लेख अन्तिम पत्र-47 के बाद नहीं है। वह ग़लती से पत्र-46 के बाद छप गया है। मैं पत्रों के आरम्भ और अन्त को देख रहा था और यह सोच भी नहीं सकता था कि पत्र-46 के बाद आप उल्लेख करेंगे। दूसरे मैं अपनी टिप्पणी देख रहा था जो पत्रों के साथ नहीं है। इसी कारण अनावश्यक रूप से मेरा मन खराब हुआ और आपको व्यर्थ ही कुछ लिख गया। कृपया उसके लिए क्षमा चाहता हूँ। पर उचित यही था कि पत्र-46 का सौजन्य पत्र-47 के अन्त में आता।

विश्वास है, आप क्षमा करेंगे।

सप्रेम,

आपका

कमल किशोर गोयनका

(8)

दिल्ली : 20/11/2002

मान्यवर,

दस्तावेज-95 मिला। धन्यवाद।

'हंस' के सम्पादक पर आपका सम्पादकीय एक जीवन्त दस्तावेज़ है। राजेन्द्र यादव के लिए 'छलात्कार' से भी कोई कठोर शब्द हो तो उसे देना चाहिए था। आपका विश्लेषण और निष्कर्ष तर्कसंगत है। मैंने सभी लेख पढ़े हैं और मैं स्वयं उन्हीं निष्कर्षों पर पहुँचा था जिन पर आप पहुँचे हैं। 'हंस' के सम्पादक मानसिक विकृति के शिकार हैं और उनका सन्तुलन बिगड़ गया है। यादव ने जब हनुमान

को पहला आतंकवादी कहा तो मेरे साथ 6 लेखकों ने उनके विरुद्ध वक्तव्य प्रकाशित कराये थे। वे शिवाजी को भी आतंकवादी कहते हैं। औरत उनकी कमजोरी है जिसे वे गौरवान्वित करते हैं। आपके सम्पादकीय की फोटो कापी कराकर कुछ मित्रों को भेज रहा हूँ। बधाई लें।

आपका

कमल किशोर गोयनका

(9)

दिल्ली : 27/5/07

बन्धुवर,

'दस्तावेज'-114 के आपके सम्पादकीय ने मुझे विह्वल कर दिया है। किसानों की आत्महत्या, लोकतंत्र की हत्या तथा सांसदों के अपराधी रूप की अखबारों में रोज ही चर्चा होती है, परन्तु 'दस्तावेज' का यह सम्पादकीय जैसे देश की दुर्दशा का विस्फोट बनकर सामने आता है। मैं आपके अन्तिम वाक्य पर विचार करता रहा कि क्या ऐसे देशद्रोही तथा अपराधी चेहरे के लोग नहर में डूबकर मरना चाहेंगे? यह तो न होगा। ये तो अपने शत्रुओं को इसी प्रकार से मारते रहेंगे, देश के शासक बने रहेंगे, देश को लूटते रहेंगे तथा देश की सीमाओं को छोटा करते रहेंगे। अपराधी स्वयं को नहीं मारेगा, उसे तो मरना होगा न्याय तथा जनता के हाथों से। न्याय की हालत हम देख रहे हैं, आतंकी मोहम्मद अफ़जल को फाँसी नहीं दे पा रहे हैं, और न्याय व्यवस्था मौन बनी बैठी है। लोकतंत्र को लोक चलाता है, इससे बड़ा झूठ क्या होगा? लोकतंत्र नेता चलाता है, अपराधी और डाकू चलाते हैं। जनता कहीं है ही नहीं। अब इस जनता को जाग्रत होना होगा। इस सोये भारत को जागना होगा, अन्यथा भूख, अशिक्षा, शोषण, निस्सहायता, गरीबी खाती रहेगी। मुझे लगता है, यदि ये स्थिति नहीं बदली तो बढ़ती जनसंख्या, भ्रष्टाचार, अपराधीकरण, साम्प्रदायिकता एवं देशविरोधी नीतियाँ इस देश को नष्ट-भ्रष्ट कर देंगे। देश विकास की नहीं बिखरने के कगार पर है और इसका नेतृत्व हमारे राजनेता कर रहे हैं। यदि यह सरकार डूबकर मर भी जाये तो दूसरी सरकार भी क्या ऐसी ही नहीं होगी? बड़ा सवाल यह है कि ऐसे लोकतंत्र में लोक क्या करे? इसका उत्तर तो मेरे पास भी नहीं है। मैं इसे भविष्य पर छोड़कर अपनी असमर्थता ही व्यक्त करूँगा अन्यथा विध्वंस के अलावा कोई विकल्प उभरता नज़र नहीं आता, लेकिन यह विकल्प कम्यूनिस्टी नहीं होगा। यह भारतीय भूमि से ही निकला कोई रास्ता हो सकता है।

मेरे लेखों की स्थिति - ? स्वस्थ होंगे। सप्रेम,

आपका

क.कि.गो.

कृपाशंकर सिंह का लेख - बधाई लेकिन वह पृष्ठ 31 पर ख़त्म कैसे हो गया? शेष अंश?

(10)

दिल्ली : 3/8/08

मान्य प्रो. तिवारी,

'दस्तावेज'-118 में आपका सम्पादकीय इस बार आपके राष्ट्रीय चिन्तन का प्रमाण है। इसकी चार टिप्पणियाँ चार बड़ी समस्याओं पर पाठकों का ध्यान आकर्षित करती हैं। साहित्य ही वह क्षेत्र है जहाँ जीवन की प्रत्येक समस्या पर विचार हो सकता है। 'बच्चे और हम' में व्यक्त आपके विचार

पूर्णता सत्य हैं। मेरा स्वयं एक बेटा अमेरिका में है और अब उसका भारत लौटना सम्भव नहीं है। यह ठीक है, उपभोक्तावादी संस्कृति और धन की राक्षसी माया वहाँ जाने को आकर्षित करती है, लेकिन एक बड़ा कारण यह भी है कि भारत में ज्ञान-विज्ञान के अध्ययन तथा आविष्कार की वे सुविधाएँ नहीं हैं जो अमेरिका आदि देशों में हैं। इसका कारण शिक्षा क्षेत्र में भ्रष्टाचार, अराजकता और राजनीतिक हस्तक्षेप भी है। हमारी जनसंख्या वृद्धि, जिस पर आपकी टिप्पणी भी है, इसका एक कारण है। भारत की जनसंख्या के विस्फोट पर अब सब चुप हैं, सबको वोट चाहिए, पर जब जनसंख्या को खिलाने के लिए अन्न नहीं होगा और लोग पानी तक को तरसेंगे तो ये राजनेता क्या करेंगे? हमारे सामने चीन का उदाहरण है, लेकिन हमारी राजनीति अंधी ओर देशद्रोहिता से भरी है। सभी पार्टियों के चेहरे एक हैं, लेकिन लोकतंत्र की रक्षा के लिए किसी को तो बिल्ली के गले में घंटी बाँधनी पड़ेगी। शायद हम ऐसे ही कलियुगी अवतार की प्रतीक्षा में हैं। हिंसा तथा आतंकवाद पर भी आपने जो कारण बताये हैं, वे ही जिम्मेदार हैं, परन्तु इनमें सबसे बड़ा कारण धार्मिक क़ुरता है। जो धर्म विश्व को अपने धर्म का अनुयायी बनाने पर विश्वास करते हैं, वे ही आतंकवाद के जनक हैं। अतः धर्मों के इस विश्वास से लड़ने की आवश्यकता है कि ईश्वर या अल्ला एक जैसी दुनिया नहीं चाहता। ईश्वर या अल्ला ने इस विश्व को बहुलतावादी बनाया है, भिन्न-भिन्न प्रकार के जीवन पैदा किये हैं, मनुष्य समाज भी अनेक रूपों का बनाया है, तब ईश्वर या अल्ला की सृष्टि को एक धर्म, एक विचार तथा एक शासन में लाने का विचार ही ईश्वर या अल्ला विरोधी है। जो धर्म एक जैसे, एक रूपात्मक समाज बनाने का आदेश देते हैं, वे मानवीयता के मित्र नहीं हो सकते। अतः गरीबी और असमानता राजसत्ताओं की विस्तारवादी नीति एवं सिद्धान्त के रूप में हिंसा की स्वीकृति तो आतंकवाद के लिए जिम्मेदार हैं ही, लेकिन धर्मों की करता सबसे अधिक उत्तरदायी है। जो धर्म हिंसा से धर्म का प्रचार करे वह धर्म नहीं और जो विश्व को अपने धर्म का अनुयायी बनाये वह ईश्वरीय धर्म नहीं। हम जबतक धर्मों के ऐसे विश्वासों, सिद्धान्तों तथा जिहादी प्रवृत्ति की भर्त्सना नहीं करेंगे तथा जब तक ऐसे धर्मावलम्बियों को मानवीयता के आदर्शों को समझाने का प्रयत्न नहीं करेंगे, यह आतंकवाद समाप्त नहीं होगा। तिब्बत की आजादी का मामला भी ऐसा ही है। चीन धर्म के स्थान पर राजनीति की चाल से दूसरे देशों को हड़प रहा है। यह विस्तारवादी नीति भी धर्म की नीति के समान ही ख़तरनाक है।

आप स्वस्थ होंगे। सप्रेम

आपका

कमल किशोर गोयनका

'साहित्य अमृत' (अगस्त) में क्या आपने स्वामी विवेकानंद की दलित चेतना' पर मेरा लेख देखा है?

(11)

दिल्ली : 31/8/08

मान्य तिवारी जी,

'विश्वास है, पुस्तकें मिल गई होंगी।

'दस्तावेज'-119 मिली। आभारी हूँ। जैनेन्द्र पर यह अंक बहुत ही उपयोगी है। आपका सम्पादकीय जैनेन्द्र और प्रेमचन्द के अन्तर तथा जैनेन्द्र की मौलिकता को सप्रमाण स्पष्ट करता है। आपके तर्क अकाट्य हैं और जैनेन्द्र के अध्ययन के सही रास्ते खोलते हैं। 'त्यागपत्र' का यह वाक्य

आपने उद्धृत किया है—ज्ञान जानने में नहीं, वैसा बनने में है।' इसे 'त्यागपत्र' पढ़ाते समय कई बार पढ़ा था, परन्तु इस बार पढ़ा तो एक नया अर्थ दे गया—प्रेमचन्द साहित्य क्या ऐसा नहीं है कि उसे जानने-पढ़ने में ज्ञान नहीं है, बल्कि वैसा बनने में है। उनके आदर्श चरित्र यही तो कहते हैं कि हमारे जैसा बनो। प्रेमचन्द का आदर्शवाद यही है कि वे पाठकों को वैसा बनाना चाहते हैं। प्रेमचन्द इन चरित्रों को चिन्तन और जीवन दोनों में उतारना चाहते हैं और शायद जैनेन्द्र से अधिक ऐसी इच्छा प्रेमचन्द की है। प्रेमचन्द के पास ऐसे चरित्रों की लम्बी सूची है, वैसी जैनेन्द्र के पास नहीं है। अतः 'त्यागपत्र' का यह वाक्य मुझे प्रेमचन्द पर ज्यादा लागू होता प्रतीत होता है। इस सम्बन्ध में आप कुछ कहेंगे तो मुझे अच्छा लगेगा।

इस अंक में डा. गोपाल राय, कृष्णदत्त पालीवाल, गोविन्द मिश्र के लेख बहुत अच्छे लगे। डा. गोपाल राय ने यदि जैनेन्द्र रचनावली की भूमिका लिखी होती तो कितना अच्छा होता।

आप स्वस्थ, सानंद होंगे। बिहार, कश्मीर, उड़ीसा की घटनाएँ व्यथित करती हैं। हमारा लेखक समाज चुप है। सादर

विनीत

कमल किशोर गोयनका

(12)

दिल्ली : 31/8/08

मान्यवर,

'कफ़न' वाले लेख को आप पत्रिका में देने के लिए कह रहे थे। मैं चाहता हूँ, उस पर बहस हो।

'शब्दयोग' में आपका पत्र छपा है प्रवासी अंक पर। उसमें आपने सच कहा है कि कुछ हिन्दी लेखक मुझे शत्रु समझते हैं, पर आप बतायें, इसमें मेरा क्या कसूर है? मैंने तो किसी के प्रति भी शत्रुता नहीं की। डा. नित्यानन्द तिवारी, केदारनाथ सिंह से भी नहीं जिन्होंने मेरे चुने जाने पर भी प्रोफेसर नहीं होने दिया। मैं उनका मिलने पर स्वयं ही अभिवादन करता हूँ, और कोई भी मार्क्सवादी यह नहीं कह सकता कि मेरा उनके प्रति व्यवहार अभद्रतापूर्ण है। अगर वे मेरे लेखों में उठाये गये मुद्दों का उत्तर नहीं दे पाते, तो यह उनकी मज़बूरी है। आपकी भूमिकाओं/सम्पादकीयों का भी कोई उत्तर उनके पास नहीं है। आपने जो नामवर सिंह, राजेन्द्र यादव, मार्क्सवाद पर सम्पादकीय लिखे उनका ये लोग उत्तर नहीं दे पाये। ये संवाद में सामने नहीं आते। डा. रमेश कुंतल मेघ ने मुझे लिखा था कि मेरा रास्ता उनसे भिन्न है तो मैंने उन्हें लिखा कि इसमें बुराई क्या है। मैं आपका अनुयायी नहीं हूँ, यह मेरे लिए शर्म की बात क्यों हो? डा. विशम्भरनाथ उपाध्याय के बारे में आपने मुझे बताया ही था। ये लोग पूर्वाग्रही, संकुचित तथा तानाशाह हैं—मुझे आपसे ताकत मिलती है—आप निर्भय होकर लिखते हैं—प्रमाण के साथ लिखते हैं और बहस के लिए तैयार रहते हैं। प्रेमचन्द को लेकर मैं भी इसी नीति पर चलता हूँ। ये लोग समझना नहीं, लड़ना चाहते हैं और पराजय के भय से चुप हो जाते हैं। स्वस्थ होंगे। सादर,

आपका

कमल किशोर गोयनका

(13)

दिल्ली : 6/4/2010

मान्य प्रो. तिवारी जी,

'दस्तावेज'-124 में हमेशा की तरह आपके सम्पादकीय विचारपूर्ण होते हैं। बीसवीं शताब्दी के जिन प्रमुख लेखकों की आपने गणना की है, उसे चुनौती देना सम्भव नहीं। हाँ, उसमें निराला, महादेवी वर्मा, अमृतलाल नागर, नरेष मेहता आदि के नाम जोड़े जा सकते हैं। कृषि भूमि के अधिग्रहण से भारत की कृषि संस्कृति तथा भारतीयता को नष्ट करने के षड्यन्त्र को आपने उजागर करके ठीक किया है। विदेशी खाद, बीज, कीटनाशक आदि का कुप्रभाव सामने आने लगा है और भारत की पुरानी कृषि-प्रणाली की ओर लौटने की आवाज़ उठने लगी है। पश्चिमी जगत और हमारा कारपोरेट संसार देश को योरप बनाने पर तुला है, परन्तु इससे देश का मूल चरित्र बदल जायेगा तथा करोड़ों लोगों के सामने जीने का संकट पैदा हो जायेगा। कृषि जीवन और संस्कृति भारत का आत्मा है। वह नष्ट हुई तो भारत नष्ट हो जायेगा। लालगढ़ की घटना ने नक्सलवाद और माओवाद दोनों के चेहरे स्पष्ट कर दिये हैं और छत्तीसगढ़ में नक्सलवादियों द्वारा 76 जवानों की हत्या ने तो देश को झकझोर दिया है। यह ठीक है, नक्सलवाद एक आर्थिक और सामाजिक समस्या है, परन्तु वह हत्याकांडों से हल नहीं होगा। आखिर मरने वालों का क्या कसूर था? जहाँ तक हिन्दी के विरोध का सवाल है, इसके लिए हिन्दी वाले भी कम दोषी नहीं हैं। हिन्दी बहुसंख्यक समाज की भाषा है और अब उसे अपने अधिकारों के लिए लड़ना होगा। जो अधिकार 20-30 लाख की एक भाषा को है, वह 70 करोड़ की हिन्दी के पास नहीं है। यह कोई लोकतन्त्र है?

मैंने कुछ पत्र भेजे थे। वे भी प्रकाशित करें।

सप्रेम,

आपका

कमल किशोर गोयनका

(14)

दिल्ली : 2/4/11

प्रिय तिवारी जी, सप्रेम वन्द्र!

'दस्तावेज'-129 मेरे सामने है। आपका सम्पादकीय अभी पढ़ा है और यह पत्र लिख रहा हूँ। मैं आपका मित्र हूँ, किन्तु इसे एक सामान्य हिन्दू नहीं, एक हिन्दुस्तानी के रूप में लिख रहा हूँ। अयोध्या पर अदालत के फैसले पर लिखा गया आपका सम्पादकीय बहुत ही संतुलित, तटस्थ और देश के प्रति सम्मान के भाव से लिखा गया है। आपने इतिहास को लेकर वामपंथियों की देशद्रोहिता के जो प्रमाण दिये हैं, उनकी चर्चा करके आपने एक बार फिर उनके चेहरे से नकाब हटा दिया है, लेकिन वे बेशर्म हैं और वे देश को तोड़ना चाहते हैं। हाईकोर्ट का निर्णय आम हिन्दुस्तानी को स्वीकार है, मुझे भी है और आपको भी है, लेकिन थोड़े-से लोग देश को फिर आग में डालना चाहते हैं। इतिहास-लेखन में चाटुकार हमेशा रहे हैं, आज भी हैं, परन्तु उनका निरन्तर विरोध होते रहना चाहिए। पश्चिम की आँखों से हिन्दुस्तान को नहीं देखा जा सकता, हमारे लोकविश्वास भी इतिहास के ही अंग हैं। मैं आपको इस सम्पादकीय के लिए बधाई देता हूँ, इसलिए भी कि मेरी आपके विचारों से पूरी सहमति है।

विश्वास है, आप स्वस्थ, सानंद हैं। डा. दीपक से मैंने अपनी बात कह दी है।

सप्रेम,

आपका

कमल किशोर गोयनका

इस बार लेखकों के पते देने से रह गये।

(15)

दिल्ली : 11/11/11

मान्य तिवारी जी,

'दस्तावेज'-131 में आपके सम्पादकीय पूर्व की तरह ही गम्भीर और विचारणीय है। अज्ञेय के विरुद्ध जो माहौल बनाया जा रहा है, आपने उसका सटीक उत्तर दिया है। साहित्य स्वायत्त है, वह पार्टी का प्रवक्ता नहीं है, परन्तु प्रगतिशील लेनिन का आदेश नहीं मानेंगे तो किसका मानेंगे? प्रेमचन्द की इस बात को भी ये अस्वीकार करते हैं कि साहित्य राजनीति के आगे चलने वाली मशाल है, इनके लिए साहित्य राजनीति की पिछलग्गू है। अज्ञेय अमर हैं और ये प्रगतिशील मरकर भी अज्ञेय को नहीं मार सकते। उत्तर प्रदेश हिन्दी संस्थान के पतन की कहानी आपने दे दी है। सरकारों के लिए कला-साहित्य बेकार की चीज़ें हैं। यह लोकतंत्र नहीं व्यक्ति-तंत्र, पार्टी-तंत्र है। अन्ना ने जन-जाग्रति तो की है, पर उन्हें सचेत रहना होगा। क्रिकेट के बारे में आपके विचारों की जानकारी मिली। आपने सच लिखा है कि राष्ट्रीयता का अर्थ है राष्ट्रहित में सोचना और करना। आपको जानकर आश्चर्य होगा कि प्रेमचन्द ने क्रिकेट पर एक कहानी लिखी थी 'क्रिकेट मैच'। यह कहानी आपकी ही बात कहती है। आप 'दस्तावेज़' में देना चाहें तो भेजूँ।

प्रेमचन्द के 'अधूरे उपन्यास 'मंगलसूत्र' पर मैं अपना लेख भेजना चाहता हूँ। स्वीकृति दें तो भेजूँ।

'प्रेमचन्द' पर मोनोग्राफ मैंने ब्रजेन्द्र त्रिपाठी जी को दे दिया है। फरवरी में पुस्तक मेला है, तब तक आ जाये तो अच्छा रहेगा।

क्या 'प्रेमचन्द : कहानी रचनावली' इस स्तर की नहीं है कि आप उस पर कुछ लिखें? आप लिखेंगे तो मेरे प्रति न्याय होगा।

स्वस्थ होंगे।

आपका

कमल किशोर गोयनका

(16)

दिल्ली : 6 मार्च, 2012

आवश्यक

सम्माननीय प्रो. तिवारी जी,

मैं इस पत्र के साथ डॉ. नामवर सिंह द्वारा पुस्तक मेले में किये गये पुस्तकों के लोकार्पण का विवरण भेज रहा हूँ जो 'जनसत्ता' (नई दिल्ली) के 5 मार्च, 2012 के अंक में छपा है।

मैं इसे आपके विचारार्थ इसलिए भेज रहा हूँ कि आपको यह जानकारी हो कि डॉ. नामवर सिंह मेरी शोध-साधना तथा प्रेमचन्द सम्बन्धी कार्यों का कैसा मूल्यांकन करते हैं। वे मेरे और आपके समय के एक बड़े आलोचक हैं और इस नाते अपने समय के साहित्यिक कार्यों के प्रति उनका दायित्व भी

बड़ा है, लेकिन वे जिस स्तर पर उतर कर प्रेमचन्द सम्बन्धी कार्यों का मूल्यांकन कर रहे हैं, वह उनकी गरिमा के प्रतिकूल है और मेरे लिए अपमानजनक है। आपको यह बताना उचित होगा कि वह 26 फरवरी, 12 को एक कार्यक्रम में मिले थे और मंच से उन्होंने मेरी प्रशंसा की थी। इससे पूर्व भी जब भी वे मिले हैं, उन्होंने यही कहा है कि गोयनका तुम्हें चुनौती नहीं दी जा सकती।

इस समाचार के बाद भी मेरे सम्मान-भाव में कोई कमी नहीं आयी है, परन्तु मुझे हार्दिक क्लेश अवश्य हुआ है। आप मेरे मित्र हैं, इस कारण मैं इस व्यथा को आपके साथ बाँटना चाहता हूँ और इसीलिए यह पत्र आपको लिख रहा हूँ। उचित समझें तो अवश्य ही इसका उत्तर दें।

यदि उचित समझें तो कृपया सम्पादकीय में इसकी चर्चा करें।

स्वस्थ होंगे।

आपका

कमल किशोर गोयनका

(17)

दिल्ली : 24/10/12

मान्य तिवारी जी,

साहित्य अकादमी के अध्यक्ष के दिवंगत होने के समाचार से दिल्ली का साहित्य-समाज हतप्रभ है। ईश्वर की माया बुद्धि से परे है।

उनकी आत्मा को श्रद्धांजलि—

नियति कितनी प्रबल है। सब अदृश्य में छिपा है। भविष्य कोई नहीं जानता। नियति अपना खेल खेलती है। हिन्दी के एक लेखक को साहित्य अकादमी का अध्यक्ष होना था, यह नियति ने तय कर दिया था। नियति ने आपको पहले उपाध्यक्ष बनाया और फिर अध्यक्ष। इसीलिए भारतीय-दर्शन है कि सब कुछ ईश्वर पर छोड़ दो। चाहने से कुछ नहीं होता, होता है तो नियति के संकेत पर। अध्यक्ष का जाना दुःखद है जबकि बैठक 27/10 को कोलकाता में होनी थी, परन्तु ईश्वर की माया देखिए कि एक हिन्दी साहित्यकार को अध्यक्ष भी बनाया, लेकिन मेरा मन कहता है कि अब चुनाव में भी आप अध्यक्ष बनकर आयेंगे। वास्तव में तभी आपके अध्यक्ष बनाने का गौरव है।

मुझे नहीं मालूम चुनाव कब होगा—कुछ का विचार है कि वर्तमान समिति को ही एक और अवसर दे दिया जाये और आप विधिवत अध्यक्ष बन जायें। यह संविधान का मामला है, अतः यह विधिवेत्ताओं को तय करना है।

लेकिन अब हम सब—हिन्दी समाज—आपको अध्यक्ष के रूप में देखना चाहते हैं।

नियति ने तो अपना निर्णय दे दिया है। अब सदस्यों को उस पर मोहर लगानी है।

आप देखेंगे ऐसा ही होगा।

इसके बाद कोई भी लेखक—पहले उपाध्यक्ष, फिर अध्यक्ष (प्रभारी) तथा बाद में चुनाव से अध्यक्ष बनकर नहीं आ सकेगा। आप साहित्य अकादमी के इतिहास में एक नया कीर्तिमान बनायेंगे -नियति ने इसे स्पष्ट कर दिया है।

मेरी शुभकामनाएँ आपके साथ हैं—

सप्रेम, आपका

कमल किशोर गोयनका

कल्याणमल लोढ़ा

(1)

कलकत्ता : 17.01.92

प्रियवर,

आपको मेरा पत्र पाकर आश्चर्य होगा। यह पत्र इसका प्रमाण है कि मैं दस्तावेज पढ़ता हूँ और आपको नामवर की आलोचना पर बधाई देता हूँ। आपने 'सहज और साधारण' वस्तुनिष्ठ दृष्टि से नामवर की आलोचना पद्धति पर विचार किया है जो प्रभावी है। आपकी पकड़ व सूक्ष्म दृष्टि का प्रमाण मिलता रहता है।

कुछ समय पूर्व मैंने आपको भारतीय हिन्दी परिषद् के 32वें राष्ट्रीय अधिवेशन पर दिए गए अध्यक्षीय भाषण की प्रति भेजी थी। सम्भव है डाक विभाग डकार गया हो अन्यथा पहुँच-पावती अवश्य देते।

कलकत्ते में आयोजित संगोष्ठी में भी आपकी प्रतीक्षा रही—पता नहीं आप भारतीय भाषा परिषद् के आयोजन में क्यों नहीं आ सके! मैंने 71 पार किए। जीवन की सांध्य वेला है—रात्रि में बहुत दूर नहीं। 'जिन जिन से पथ पर स्नेह मिला उस उस राही को धन्यवाद।' वह स्नेह ही पथ का पाथेय रहा है। रहेगा।

मेरे योग्य सेवा अवश्य लिखें।

दस्तावेज का अपना मानदंड है और आपने अध्यवसाय से अकेले ही उसे जीवित रखा है—जागरूक भी—यह आश्चर्य में डालता है।

नव वर्ष की शुभ कामनाएं स्वीकार करें।

आपका

कल्याणमल

(2)

कलकत्ता : 10.10.98

प्रिय भाई,

दस्तावेज का 78वां अंक मिला। मैं भी 78वें सोपान पर हूँ। कैसा विचित्र संयोग है। यों दस्तावेज के सारे अंक सहेज कर रखे हैं—वे एक दिन आधुनिक इतिहास के दस्तावेज होंगे। आपकी लगन, निष्ठा, संकल्पशक्ति अद्भुत है। रवीन्द्रनाथ की एक कविता है—यथ तोर डाक सुने केउनाआये, तवे एकला ए चलो रे' आप अकेले ही चल रहे हैं।

यों तो दस्तावेज का प्रत्येक अंक उसके नाम को सार्थक करता है। आपका इस अंक में सम्पादकीय 'आलोचना के हाशिए पर' में आप नागार्जुन की भांति 'उद्गाता' बने हैं—हैं—पर इसमें प्रतिहिंसा नहीं प्रतिबद्धता है। कवि की, रवि की तेजस्विता के साथ। देवेन्द्र सत्यार्थी नब्बे वें साल में और उदार हंसी का समंदर—प्रेरक संस्मरण हैं। सत्यार्थी ने जहाँ लोकगीतों पर अपना सर्वस्व निछावर किया, वहाँ उनके कवि ने अपने भावाभिव्यक्ति में कालिदास से भी पूछा—'विरह प्रथम या भूख। हे कालिदास! और अजन्ता के भित्ति चित्रों को ललकारा—'नाथ अजन्ता युग के क्यों नाच रहे हो

नर्तक—भूखा है अपना बंगाल,! आज तो सारा देश ही भूखा है। सारी सामग्री आपकी सहज भक्ति का प्रमाण है। आपका स्नेह-सौजन्य प्राप्त होता रहे।
मैं पुनः शीघ्र लिखूंगा।

ससम्मान

आपका
कल्याणमल

(3)

कलकत्ता : 09.10.02

प्रिय भाई,

दस्तावेज का अंक मिला। आपकी सारस्वत साधना अद्भुत है। दस्तावेज पत्र नहीं आपकी सिद्धि है—सां...(अस्पष्ट)... समर्पण तन्मै मना षिवसंकल्पमस्तु' का प्रमाण। वह साहित्य के आधुनिक काल का दस्तावेज है जिसे हर व्यक्ति संजोकर रखेगा। आपकी मुझ पर भी अशेष कृपा है। पत्रों का प्रकाशन अत्यन्त सार्थक है। इसने मुझे भी प्रेरित किया। मेरे पास न जाने कितने पत्र हैं, उन्हें संजोना चाहता हूँ पर इधर मन और तन दोनों ने विद्रोह कर रखा है। 82वां गत 28.9 को लगा। 'कहु रहीम केतिक रही' यही देखना है। मैंने सारे अंक संभाल कर रखे हैं।

इस बार परिषद् के वार्षिकोत्सव में आ नहीं पाऊंगा। सन्तोष यही है कि मैं अपनी अध्यक्षता में गुरु-ऋण से मुक्त हो गया। आज परिषद् के चुनाव यह बताते हैं कि वह कितनी जागरूक जीवित और समृद्ध संस्था है।

मैं अभी यात्रा से लौटकर आपको अपने पत्र भेजूंगा। कृपया स्वीकार करें।

आज इतना ही,

सादर

आपका
कल्याणमल

(4)

कलकत्ता : 07.01.2004

प्रिय भाई,

आपसे फोन पर बात हुई थी। आपकी साहित्य साधना और सिद्धि का मंगल-कलश दस्तावेज है, जिसे आपने सर्वस्व समर्पण कर सतत् रखा है। यह दुर्लभ है और हिन्दी पत्रकारिता के इतिहास का ध्रुव नक्षत्र। मुझे भी आपने बराबर नियमित भेजा है यह आपकी कृपा है। 100वां अंक भी मिल जाएगा सम्भवतः डाक में उलझ गया है।

मैं इस पत्र के साथ एक चेक पांच सौ (रु. 500) की...(अस्पष्ट)... सेवास्वरूप संलग्न कर रहा हूँ, कृपया स्वीकार करें और प्राप्ति की रसीद सूरदास न्यास के नाम से मुझे भेज दें।
आशा है आप स्वस्थ हैं। नव वर्ष की मंगल कामनाओं के साथ,

सादर

आपका

संलग्न : चेक नं दिनांक 07.01.04

कल्याणमल

कमला प्रसाद

(1)

6/138 सिविल लाइन्स, सागर

4.12.78

प्रिय भाई,

पत्र मिला, तथा पत्रिका भी। पूरी पत्रिका एक बैठक में पढ़ गया। देवेन्द्र की कविता अच्छी है। नवल ने सर्वेश्वर की कविताओं की स्तरीय समीक्षा लिखी है। वैसे आजकल नवल का लेखन मुझे बेहद प्रभावित कर रहा है। जो नये नाम आलोचक के रूप में उभर रहे हैं, उनमें से वे हैं। इस समीक्षा को थोड़ा और बढ़ाकर इस बहाने इस शैली की कविताओं पर लिखते तो और अच्छा होता। बच्चन सिंह का लेख उत्तरार्ध में बढ़िया है। आरम्भ में तो बेहद सरलीकरण है। हिन्दी से इतर साहित्य पर जो रचनात्मक संकेत हैं—वह एक अच्छी षुरुआत है। आपकी घोषणाओं के अनुसार अगले अंक अच्छे होंगे। भाई परमानन्द इस लेख से ज्यादा अच्छा लिखते हैं। समकालीन लेखन पर बहस भी करायें।

पहल में दस्तावेज के विज्ञापन का कर लेंगे। आप परसाई जी वाले प्रपत्र को संक्षेप में करके स्थान के अनुसार दे दीजियेगा।

आप अपना लेख जनवरी में दे देंगे। गोरखपुर में और कौन लोग हैं—जिनसे रचना मांगें परसाई जी पर। परमानन्द जी को तो लिखा ही है।

इधर आ रहे हैं क्या? सेमिनार में।

आपका ही

कमला प्रसाद

सम्पादक 'पहल'

(2)

सागर : 12/8/79

प्रिय साथी,

संयोग की बात थी कि जिस दिन आपको पत्र लिखने के लिए मैं तैयार हुआ, उसी दिन दस्तावेज का 4 था अंक मिला। पढ़ने में जुट गया। विश्वम्भर उपाध्याय का लेख, हालांकि छोटा है, पर विचारोत्तेजक है। इस तरह के प्रसंगों पर खूब लिखा जाना चाहिये। कई बार लगता है कि कला के बारे में हम सतही सवालों पर अथवा सवालों के सतही समाधानों पर काफी तृप्त रहते हैं। समझ की जटिलता का आधार सवालों के जटिलता से जुड़ा है। यह उत्तरोत्तर विकास की क्रिया है। मार्क्सवादियों के सामने तो खास कर चुनौती है कि वे एक रोज भी स्थिर न रहें, निरन्तर गति को पहचाने, जुड़ें और अपनी चेतना से उसमें गुणात्मक बदलाव लायें। अब तो मार्क्सवादी कला ने ऐसा सौन्दर्यशास्त्र रचा है कि कलावादी आयें तो सही सामने। मेरा ख्याल है कि ये बातें ईमानदारी से आनी चाहिये।

राजेन्द्र कुमार का भी लेख ठीक है। समीक्षा के लिये चुनी पुस्तकें तथा समीक्षक दोनों कमजोर लगीं। कविताओं में एक बात तो अच्छी है कि आपने बिल्कुल नये लोगों को लिया है ज्यादातर। कुल मिलाकर पत्रिका अपनी जगह कायम है।

तकाजा यह कि आपका परसाई जी वाला लेख नहीं आया। अब लगभग पुस्तक तैयार है। आप इस माह के अन्त तक अनिवार्यतः भेज दें।

हजारी प्रसाद द्विवेदी अंक के लिए लिखूँगा। कब तक आयेगा?

आपका ही

कमला प्र.

(3)

एफ/40 कोठारी कामप्लेक्स, शिवाजीगर, भोपाल

11.10.82

आदरणीय साथी,

काफी दिनों से आपने सुधि ही नहीं ली। सम्पादक हो जाने पर कमजोर लेखकों से आमतौर पर सम्पर्क कम ही रह पाता है। इसीलिये आप इधर नहीं घूमे। एक शिकायत कि आपने दस्तावेज भेजना बन्द कर दिया। रावत की कविता जिसमें छपी है उसके बाद मुझे अंक नहीं मिला। दूसरी कि आपको 'आँखन देखी' तथा 'रचना और आलोचना की द्वन्द्वात्मकता' दोनों पुस्तकें मिली होंगी। आपने यह भी नहीं लिखा कि किताबें मिल गईं? बहुत दुखी हूँ। हम आपसे इतना मोह अनुभव करें और आप कभी याद भी न करें—हमारे नमस्कार का उत्तर भी न दें, हमारी किताब को इस योग्य भी न मानें, कि पावती भेजें।

शायद इस पत्र का उत्तर भेजें। किताबों को दस्तावेज के लायक समझें या नहीं—यह कोई बात नहीं है।

पहल का रामविलास शर्मा अंक निकल रहा है—उसमें आपको लिखना है—किस पक्ष पर लिखेंगे—

आपका

कमलाप्रसाद

(4)

शिवाजीनगर, भोपाल : 2/11/82

प्रिय साथी,

पत्र मिला। आपके द्वारा भेजे दस्तावेज के तीनों अंक मिल गये। आज ही सप्ताह भर की यात्रा बाद लौटा हूँ—जगदलपुर से। वहाँ म.प्र. प्रगतिशील लेखक संघ का तीसरा राज्य सम्मेलन था। कैफी आजमी ने उद्‌घाटन किया। बेहद शानदार था वह। आपने "आँखन देखी" पढ़ी होगी। राय लिखें तथा समीक्षा करायें। इस पर समीक्षा आप किसी उस व्यक्ति से करा लें जिनके पास किताब है। लेख वालों के पास तो किताब है ही। राजकुमार सैनी से कैसा रहेगा। नवल जी लिखें (पटना) तो और अच्छा। विश्वम्भर उपाध्याय के पास भी है। 'रचना और आलोचना' किताब—धनंजय वर्मा, खगेन्द्र ठाकुर, परमानन्द जी आदि के पास हैं। आपके पास मैं एक प्रति भेजवा रहा हूँ—एकाध हते में। आप चाहें तो अपने आप कर दें या ज्यादे समीप के किसी से करा लें।

पहल में आप विषय बताइये, किस पर लिखेंगे। मेरा एक लेख 'लहर' में छपा है। आपने देखा क्या? लोगों ने पसन्द किया है। मैं दूसरा भी दूँगा। आपका लेख नवम्बर में आ जाये।

आपका

कमला प्रसाद

(5)

मध्य प्रदेश हिन्दी साहित्य सम्मेलन, भोपाल

दिनांक 28/4/89

आदरणीय भाई तिवारी जी,

इंदिरा कला एवं संगीत विश्वविद्यालय खैरागढ़ में दिनांक 21 से 24 मई 89 के बीच प्रस्तावित "ऋतुसंहार" कार्यक्रम के लिए आपने हमारा आमंत्रण स्वीकार कर लिया होगा। सम्भव है, आपकी ओर से स्वीकृति पत्र रास्ते में हो। आपने प्रो. रमाकान्त श्रीवास्तव, हिन्दी विभाग इन्दिरा कला एवं संगीत विश्वविद्यालय खैरागढ़ को भी सूचना दे दी होगी। अब चूंकि समय करीब है, अतः आप आने का आरक्षण करा लें और किस गाड़ी से आ रहे हैं, यह अवगत करा दें। वापसी के आरक्षण के बारे में लिख दें, ताकि तब आपको असुविधा न हो। आप प्रयत्न यह करें कि दिनांक 21 मई 1989 को किसी भी तरह दोपहर तक अवश्य आ जायें।

गर्मी का महीना है। अतः थोड़ी बहुत असुविधा तो होगी, पर हम आपको आश्वस्त करना चाहते हैं कि खैरागढ़ में आपको गर्मी से बचाने के लिए हम पूरा प्रयास करेंगे। वैसे भी यह स्थान आसपास की जगहों से कम गरम है। हम आपसे अपेक्षा करते हैं कि इस गैर सरकारी आयोजन में पधारने का मन बनायें। यह आपका सहयोग होगा। आप लोगों के भरोसे ही हमने इतनी बड़ी योजना बनायी है। आशा है, निराश नहीं करेंगे।

ह. : कमला प्रसाद

साहित्य मंत्री

भगवत रावत क्या बात है? आपका उत्तर ही

राजेन्द्र शर्मा नहीं आ रहा।

संयोजन सहयोगी।

(6)

मध्य प्रदेश हिन्दी साहित्य सम्मेलन, भोपाल

दिनांक 26/8/94

प्रिय तिवारी जी,

आपको यह बताने की आवश्यकता नहीं है कि हिन्दी कविता के विकास में 'तारसप्तक' की भूमिका विशेष रही है। यह एक कृति मात्र न रहकर आजादी के बाद की काव्यधारा का अनिवार्य उत्स बनकर पचास वर्षों तक प्रेरित करती रही है। पिछले पचास वर्षों में बार-बार इसका मूल्यांकन होता रहा है।

मध्यप्रदेश हिन्दी साहित्य सम्मेलन ने भोपाल में नवम्बर अन्त में 'तार सप्तक की अर्द्धशती और हिन्दी कविता' शीर्षक से त्रिदिवसीय कार्यक्रम आयोजित करने का निर्णय लिया है। सत्र होंगे —'सप्तकों की कविताएं और कवियों के आत्म कथ्य', 'प्रगतिशील काव्य धारा', 'पचास वर्षों की कविता और काव्य भाषा', 'समापन सत्र'। अनुरोध है कि इन विषयों में से एक अपने लिए चयन

करें। बताएं कि आप आलेख लिख सकेंगे या वक्तव्य के द्वारा भागीदारी निभायेंगे। हम आपके सुझावों का भी स्वागत करेंगे।

कार्यक्रम की विस्तृत रूपरेखा आपकी स्वीकृति के बाद भेजी जायेगी। आपके आने-जाने की सुविधा के लिए प्रथम श्रेणी का रेल किराया देय होगा। आवास आदि की सुविधाएं उपलब्ध रहेंगी।

हमारा प्रयास होगा कि यह अपनी तरह का विरल कार्यक्रम बने।

आपकी स्वीकृति की प्रतीक्षा में। स्वीकृति इस पते पर भेजें।–

कमला प्रसाद

एफ-20 सिविल लाइन्स, रीवा 486001 (म.प्र.)

भवदीय

कमला प्रसाद

महामंत्री

कमल कुमार

(1)

डी 38, प्रेस एन्क्लेव, साकेत, नई दिल्ली-17

15/1/91

आदरणीय विश्वनाथप्रसाद तिवारी जी,

आप सानंद होंगे। दस्तावेज की प्रति नियमित रूप से प्राप्त हो जाती है। गम्भीर और चिन्तनप्रधान साहित्यिक पत्रिकाओं के 'अकाल' काल में आप जिस प्रकार से यह पत्रिका निकाल रहे हैं, सुखद अनुभव है साहित्य प्रेमियों के लिए।

आपके साथ अपनी एक आकंक्षा की बात करना चाहती हूँ। कई वर्षों से मन में बुद्धिजीवियों स्त्रियों के लिए एक पत्रिका निकालने की इच्छा पाले हुए हूँ। इस समय बहुत सारी चीज़ें मेरे सामने स्पष्ट हैं। थोड़ा बहुत प्रबन्ध पूंजी का भी हो जाएगा। तो भी तकनीकी अनुभव न होने के कारण इतना विश्वास नहीं जम रहा। आप दिल्ली आते रहते हैं। फरवरी में साहित्य अकादमी का कार्यक्रम भी है। आप यदि आने पर सम्पर्क करें तो आपसे बैठकर बात करना चाहती हूँ। यह पत्रिका दूसरी महिला पत्रिकाओं जैसी कदापि नहीं होगी। एक विशिष्ट प्रकार की पत्रिका की योजना मन में है। आप अगर इस सम्बन्ध में मेरा मार्गदर्शन करेंगे तो आभारी होऊँगी।

मेरे 'गवाह' (काव्य संकलन) की प्रति आपके पास अवश्य पहुँची होगी। इसकी समीक्षा आप प्रभाकर श्रोत्रिय जी या वांदिवडेकर किसी से भी करवा सकते हैं उनके पास पुस्तकों की प्रति भी है। यदि आप चाहें तो डा. रामदरश मिश्र द्वारा की गई समीक्षा की प्रति मैं भिजवा सकती हूँ। जैसा आप आदेश देंगे! दस्तावेज़ के लिए आपको कुछ कविताएं और निर्मल वर्मा पर एक लेख भिजवा रही हूँ। नया वर्ष आपके लिए रचनात्मक हो। इस मंगल कामना के साथ।

हाल में प्रकाशित आपके कविता संग्रह राजकमल से मैं प्राप्त कर लूँगी। 'चीजों को देखकर' जो वाराणसी में प्रकाशित है उसकी एक प्रति क्या उपलब्ध करा सकते हैं?

सादर

कमल कुमार

(2)

साकेत, नई दिल्ली-17

3/9/92

आदरणीय विश्वनाथप्रसाद तिवारी जी,

आप सानंद होंगे। लम्बे समय से आपका कोई समाचार नहीं। हो सकता है इस बीच आप दिल्ली आए भी हों। पिछली बार आकाशवाणी में आपसे हिमाचल भवन में मिलने की बात हुई थी पर मुझे देर हुई जब तक मैं पहुँची आप जा चुके थे। पर दस्तावेज़ की निरन्तरता में आपसे सुखद भेंट हो जाती है। चन्द्रकान्त देवताले की कविता पर चन्द्रकान्त वांदिवडेकर का लेख पढ़कर अच्छा

लगा। जितनी गहरी कवि की पीड़ा है उतने ही गहरे जाकर उसे समझ सकने में वांदिवडेकर जी सफल भी हुए हैं। इस पर मेरी उनसे लम्बी बात भी हुई थी। तो भी लगता है चन्द्रकान्त देवताले को कवि के रूप में जो श्रेय मिलना चाहिए था वह आलोचकों के कारण सम्भव नहीं हो सका है।

आपकी पत्रिका के लिए सुझाव है। कई पत्रिकाएँ अपने Contributors की सूची अन्त में उनके पतों सहित प्रकाशित करती हैं। यह कई दृष्टियों से एक उचित व्यवस्था है। पाठक और लेखक के डायरेक्ट सम्बन्धों के लिए भी। अगर आप भी ऐसा करें तो पाठक लाभान्वित होंगे। पत्र के साथ अपने कविता संग्रह 'गवाह' की समीक्षा भी संलग्न कर रही हूँ। पुस्तक आपको दी भी थी। अगर चाहेंगे तो और भेज दूँगी।

आपके कविता संग्रह पढ़े थे। तब उसी समय बहुत कुछ कहने का मन हुआ था। लगभग छः माह पूर्व! और आपके नये कविता संग्रह की प्रतीक्षा भी है अब।

शेष कुशल।

सादर

कमल कुमार

(3)

चाणक्यपुरी, नई दिल्ली-110021

14/3/06

माननीय विश्वनाथप्रसाद तिवारी जी,

'दस्तावेज' के अंक निरन्तरता में मिलते रहे हैं। आभार। कुछ अंकों में बड़ी ही विशेष और अनुपलब्ध सामग्री को, पत्रों को दिया गया है। जो इस पत्रिका के दस्तावेज़ नाम को सार्थक करता है। आपको शायद पहले भी पत्रिका के लिए सामग्री भेजी थी। रचनात्मक सहयोग के रूप में एक लेख और कहानी भेज रही हूँ।

आप स्वस्थ सानंद होंगे। दिल्ली आएँ तो सम्पर्क करें।

सादर शुभाकांक्षी

कमल कुमार

राजनीति और साहित्य के सरोकार' आपका सम्पादकीय पढ़ा तो आपसे सच कहूँ मन को शांति मिली कि खरी, सही, साहसी बात कहने वाले भी हैं। भ्रष्ट राजनीति और राजनीति बनता साहित्य की असंगतियों, अनीतियों पर खुलकर कहना और साहित्य को माफिया बनाने वालों को भिगो भिगो कर मारना उनके चेहरों पर लगे नकाब के नीचे से असली चेहरा दिखाना जरूरी भी है। सच को तोड़मरोड़ कर अपंग करने की इनकी दुष्टता और दुःसाहस को आपने कहा, 'विचार' को विकृति बनाने वालों पर ऊँगली रखी। बधाई! अगर आपने 'यह ख़बर नहीं' मेरा उपन्यास पढ़ा हो तो! इस दर्द से रचनाकार के साथ नागरिक होकर जो गुजरे हों-उनके लिए।

(4)

साकेत, नई दिल्ली-17

24/8/06

आदरणीय विश्वनाथप्रसाद तिवारी जी,

डाक से दस्तावेज (111) का अंक मिला। आपका सम्पादकीय पढ़ा और मुझे उन दिनों की

याद आ गई जब निर्मल वर्मा पर पत्थर फेंके जा रहे थे। वे तटस्थ अपनी मुद्रा में अपने भीतर की समन्वयक दृष्टि और शक्ति में आश्वस्त थे। मेरी उनसे लम्बी बात हुई थी अनौपचारिक रूप से। मैं उनका बहुत सम्मान करती हूँ वे भी मुझ पर स्नेह रखते थे। दूरदर्शन और रेडियो पर मैंने उनको तीन बार इंटरव्यू किया। सैकड़ों साहित्यकारों का किया होगा पर उन जैसा व्यक्ति वे ही थे।

आपका सम्पादकीय पढ़कर लगा आप किसी संकरी संकीर्ण, उतरी ज़मीन से बाहर अपनी धरती पर खड़े होकर खुले में साँस ले रहे हैं। साथ ही उस एकतरफा सोच की अधूरी, अवसरवादी दुनिया से अलग होकर भीतर के चैतन्य से जुड़े हैं। जबकि अभी भी वे काली छायाएँ आपके आसपास मंडरा रही हैं और आपको भयभीत करने का प्रयास भी कर रही हैं। खैर!

उस दिन आपके भाषण में युग्मसंस्कृति की भारतीय अवधारणा पर विचार हुआ। मुझे लगा वे तो स्थापित मूल्य हैं ही। स्त्री अस्मिता के समकालीन सन्दर्भ में अन्त में आपने जो तीन-चार मुद्दे उठाए, उन पर विचार होना चाहिए था। 'सामाजिक मानसिकता' में यह सच है कि जनमानस जहाँ खड़ा है वहाँ स्थिर हो गया होता है। नयी स्थितियों में नये विचारों से उन्हें झकझोरना जरूरी होता है। यही इन मंचों पर विमर्श की सार्थकता होनी चाहिए। जरूरी नहीं कि सबकी सहमति हो। असहमति का मूल्य-विचार के स्तर पर अधिक होता है।

दस्तावेज़ में, इतनी सारी पुस्तकों, काव्य संकलनों की समीक्षा देखकर हर्ष हुआ।

आप वर्षों से, जिस प्रतिबद्धता के साथ यह पत्रिका निकाल रहे हैं। अद्भुत सामग्री प्रकाशित कर रहे हैं (पत्रों वाला अंक) सचमुच प्रशंसनीय है।

वर्षों बाद आपसे भेंट हुई लेकिन जिस संवाद की मुझे अपेक्षा थी वह रह गया। अगले दिन वर्षा की वजह से कार्यक्रम स्थगित करना पड़ा था। आप दिल्ली आएं तो सम्पर्क करें।

पत्रिका में समीक्षा देखकर इच्छा जगी कि अपने संग्रह की समीक्षा भी आपको भेज दूँ।

आप सानंद होंगे।

सादर

कमल कुमार

आप निरन्तर पत्रिका भेज रहे हैं। पता नहीं कभी शुल्क की राशि मैंने भेजी भी है या नहीं। एक चेक 300 रुपये का संलग्न है।

कर्मेन्दु शिशिर

(1)

न्यू पुनाईचक, शास्त्रीनगर, पटना-23

18/8/2000

आदरणीय भाई!

अभिवादन।

'दस्तावेज 86' मिला। भोजपुरी और मारिशस पर अंक निकालकर आपने बहुत ज़रूरी कार्य किया। इसमें सबसे पहले मैंने आपका यात्रा संस्मरण पढ़ा। आपने लेख/यात्रा-संस्मरण दोनों को मिला दिया है इससे यह बहुत उपयोगी हो गया है। मुझे लगा थोड़ा और विस्तार जरूरी था। संस्मरणों में कोताही नहीं होनी चाहिए। मेरी यह प्रिय विधा रही है।

पुस्तक-समीक्षा में अरुण कमल की पुस्तक वाली समीक्षा ही पढ़ी। मेरा ख्याल है आपको पुस्तक समीक्षाओं के प्रति और ज्यादा गम्भीर होना चाहिए। कई पुस्तकें ऐसी होती हैं जिन्हें प्रोत्साहन के लिए मना तो नहीं करूँगा लेकिन उसके लिए आप पुस्तक-परिचय जैसा कुछ कीजिए। हिन्दी में काफी महत्त्वपूर्ण काम हो रहे हैं - कई जरूरी विषयों पर पुस्तकें छप रही हैं मगर उनकी चर्चा नहीं होती। इसलिए चार-पाँच वर्षों की पुस्तक-सूची लेकर पहले छाँट लें। हर विधा पर ध्यान जाय—यह भी जरूरी है।

आप डॉ. रामविलास शर्मा/केदारनाथ अग्र. पर भी अंक निकालें। मैं तो 17 जुलाई से ही बीमार हूँ। जैसे-तैसे कार्ड लिख पा रहा हूँ। पत्रिका के लिए कृतज्ञता स्वीकार करें।

कर्मेन्दु शिशिर

(2)

38/9 न्यू पुनाईचक, शास्त्रीनगर, पटना-800 023

03/06/03

(प्रिय भाई!) आदरणीय भाई!

सादर अभिवादन।

मैंने अपने संग्रहालय की तमाम पत्र-पत्रिकाएँ जर्मनी के एक विश्वविद्यालय को भेंट कर दी हैं। संलग्न पत्र प्रमाण हैं। वे लोग अपने खर्चे से प्रत्येक पत्रिका के प्रति अंक की रचना-विवरणी तैयार करा रहे हैं। Binding के बाद ये अंक जर्मनी भेज दिये जायेंगे। बाद में बनी रचना-विवरणी का C.D. (कम्प्यूटर) तैयार कर वेबसाइड पर जारी कर दिया जायेगा। इससे भारत के बाहर 128 विश्वविद्यालय के छात्र और शोधार्थी लाभ उठायेंगे।

आपकी पत्रिका के सिर्फ निम्नलिखित अंक ही मेरे पास हैं—जो भेजे जायेंगे। अगर आप इच्छुक हों और उचित समझें तो अपनी पत्रिका के शेष अंकों को तत्काल भेज दें। अगर किसी कारणवश

भेजना सम्भव न हो तो आप यथाशीघ्र पत्र से सूचित कर दें जिससे Binding कराकर भेजा जा सके। कई पत्रिकाओं ने खुशी से ऐसा किया है। पत्र की प्रतीक्षा में।

शुभकामनाओं के साथ!

आपका

कर्मेन्दु शिशिर

'दस्तावेज' मेरे पास उपलब्ध अंक हैं–30, 79, 81, 82, 83, 84 85, 86, 87, 89, 90, 91, 92, 93, 94, 95, 96 (जहाँ तक मैं अनुमान करता हूँ इतने सारे अनुपलब्ध अंकों को देना शायद आपके लिए सम्भव नहीं हो तो कम से कम 80, 88 तो ज़रूर ही भेज देंगे जिससे 79 से 96 तक सिलसिलेवार बन जाय। 30 से 79 के बीच भी भेज सकेंगे तो अति उत्तम! जैसा हो उत्तर तत्काल देंगे जिससे Binding का रुका काम करा सकूँ।) किसी विदेशी विश्वविद्यालय में समकालीन पत्र-पत्रिकाओं का यह पहला संग्रहालय बनेगा–जिसे बेबसाइट पर सुलभ कराया जायेगा। वैसे आपकी इच्छा!

(3)

पटना-23/24.08.03

आदरणीय!

सादर अभिवादन।

आपने डॉ. विजेन्द्रनारायण जी के द्वारा 'दस्तावेज' के अनुपलब्ध अंकों को भेजकर बहुत बड़ी कृपा की। मेरे मन में एक खेद रह जाता। अब 'दस्तावेज' की नौ जिल्दें हो गई हैं। पत्रिकाएँ Binding में चली गई थीं और उनकी सिलाई भी हो चुकी थी। 'जुज' सिलाई में फोटोप्रति की सहूलियत रहती है। खैर! मैंने तत्काल उनकी रचना-विवरणी तैयार की और जाकर सारी सिलाई तुड़वाकर, उपयुक्त जगह रखकर दे दिया। सिलाई तक खर्च भी ज्यादा नहीं पड़ा। दरअसल University of Klurzburg ds Indology विभाग के प्राध्यापकों ने आपस में सहयोग कर Binding और जहाँज खर्च का जुगाड़ किया है। इसी कारण थोड़ा 'टाइट' खर्च करते हैं, वे लोग। उनके द्वारा नियुक्त आदमी थोड़ा-सा गैरजिम्मेदार भी है, लेकिन मिहनती है। उसने लोगों के यहाँ जा-जाकर पत्रिकाएँ जमा की। 300 जिल्दें तो हो चुकी हैं। कुछ और अधिक होंगी। बहुत ही बढ़िया संग्रह हो गया है। बस, पत्रिका चली जाय, फिर वे लोग ब्च्क्य में लगेंगे। आपका मैं निजी तौर आभारी हूँ। आपने मेरे आग्रह को स्वीकार किया।

कुछ ही दिनों बाद निश्चिंत होते ही आपको गुरदयाल सिंह के पत्र भेजना चाहता हूँ। आपकी अनुमति आते ही भेज दूँगा। दूसरा मेरी दो पुस्तकें छपी हैं- एक उपन्यास 'बहुत लम्बी राह' (भोजपुर अंचल) और 'राधामोहन गोकुल और हिन्दी नवजागरण' आपको समीक्षार्थ भेजना चाहूँगा। कई लोग समीक्षा के लिए प्रति लिये हैं। अगर आप अनुमति देंगे तो (उसके साथ पुस्तक भी) भेजूँ। मुझे 'दस्तावेज' अत्यन्त महत्त्वपूर्ण पत्रिका लगी और आपने अपने प्रयत्न से इसे निरन्तर निकाला। यह बहुत बड़ी और कठिन यात्रा है। इतनी सामग्री आपने छापी है कि चकित हो गया। बिना संस्था के ऐसी पत्रिका का नियमित प्रकाशन कितना मुश्किल है, मैं जानता हूँ। पत्रों की शृंखला ने तो इसे और महत्त्वपूर्ण बना दिया।

आभार और आदर सहित। पत्र की प्रतीक्षा में।

आपका

कर्मेन्दु शिशिर

(4)

पटना-23 : 29.07.006

आदरणीय भाई!

सादर अभिवादन।

'दस्तावेज-111' मिला। आपने कृपापूर्वक समीक्षा प्रकाशित की, मैं आपका कृतज्ञ हूँ। रेवती रमण जी ने संकोच या जिस कारण हो, समीक्षा नहीं लिखी और कहा कि भेज दिया। मेरे ख्याल से उनको ऐसा नहीं करना चाहिए था। कोई दूसरा उपन्यास पर लिख दिया होता। शायद विजेन्द्र बाबू!

आपका सम्पादकीय विस्फोटक है। आपने बड़े श्रम से और विवेक से एक-एक पक्ष के लिए तथ्य, तर्क दिये हैं और मार्क्सवाद के अवसान को लगभग सिद्ध सा कर दिया है। इसमें सबसे बड़ी भूमिका आपके दृष्टिकोण की है। कई बातें सत्य/यथार्थ के करीब होकर भी वस्तुगत सच्चाई को ठीक-ठीक नहीं रख पाती। विचारधारा, राजनीति, राजनेता - सबको घालमेल कर हम आक्रमण को जरूर प्रभावशाली बना सकते हैं - मगर इससे निष्कर्ष सही नहीं निकल सकता। आपने कहा भी है और सही भी है कि गतिशीलता की अनदेखी गलत थी। स्टालिन प्रसंग में कई बातों की अनदेखी हुई खासकर बेरिया की भूमिका और II W.W. में स्टालिन का नेतृत्व। तथ्य और सच के अन्य पक्ष भी छूटे हैं। मगर· लिखा जबर्दस्त है।

आदर सहित

कर्मेन्दु शिशिर

कान्तिकुमार जैन

(1)

विद्यापुरम्, मकरोनिया, सागर 470004

20.9.03

प्रिय भाई,

'दस्तावेज' नियमित मिल रहा है। साहित्यकारों के पत्र प्रकाशित कर आप एक ऐतिहासिक कार्य कर रहे हैं। ये पत्र आधुनिक हिन्दी साहित्य के वास्तविक इतिहास का कच्चा पात्र हैं, इनके आधार पर जो मूल्यांकन होगा, वह रोचक तो होगा ही, साहित्य की मनोवैज्ञानिक और सामाजिक पत्रिका का भी उद्घाटन करेगा।

मेरे पास अनेक साहित्यकारों के पत्र हैं। आप कहें तो हरिशंकर परसाई के पत्र 'दस्तावेज' के लिए भेजूं। सानंद होंगे।

आपका

कांति कुमार

(2)

सागर : 8.3.05

प्रिय भाई,

'दस्तावेज' मुझे बराबर मिल रहा है। पिछले अंक में मैं भी आपके साथ रूस की यात्रा कर आया। छोटे छोटे प्रसंगों का भी आपने बड़ा जीवंत चित्रण किया है। बधाई!

रमेश कुंतल मेघ का यह नया रूप देखा। यदि उनका यह लेख कोई हिन्दी फिल्म निर्माता पढ़ ले तो निश्चय ही वह रीतिकालीन नायिकाओं पर फिल्म बनाने से स्वयं को रोक नहीं पायेगा।

सानंद होंगे। 'दस्तावेज' आप इतने स्नेह से भेजते हैं और मैं उसके लिए कुछ भेज नहीं पाता, यह दंश मुझे बराबर सालता रहा है। इस बार मैं परसाई जी पर एक आलेख भेज रहा हूँ। पहुँच की सूचना देंगे तो कृपा होगी।

सस्नेह,

आपका

कांतिकुमार जैन

कुँवरनारायण

(1)

VISHNU KUTI, MAHANAGAR
LUCKNOW-6
5.2.75

प्रिय डा. तिवारी,

यह जानकर प्रसन्नता हुई कि आपके सम्पादन में नेशनल पब्लिशिंग हाउस, दिल्ली से एक पुस्तक अज्ञेय पर छप रही है। दो लेखों की प्रतिलिपियां भेज रहा हूँ जो ''कल्पना'' में छपे थे। इनमें से कोई, या दोनों, आप पुस्तक के लिए ले सकते हैं।

चाहते हुए भी नया कुछ अभी लिख सकने की स्थिति में नहीं हूँ : अप्रैल तक अत्यधिक व्यस्त होने के कारण बिल्कुल समय न निकाल सकूंगा। इस असमर्थता के लिए क्षमाप्रार्थी हूँ।

सादर,

आपका
कुँवर नारायण

(2)

विष्णु कुटी, महानगर, लखनऊ-226006

5.4.1993

प्रिय विश्वनाथ जी,

क्षमाप्रार्थी हूँ कि और पहले आपको पत्र न लिख सका। ढाई महीने बाद दिल्ली से लौटा हूँ। आपके पत्र और पुस्तक मिल गए थे, जिनके लिए अनेक धन्यवाद - और ''आखर अनन्त'' के लिए विशेष रूप से बधाई।

सचमुच सन्तोष हुआ इस संग्रह को पढ़ कर। अधिकांश कविताओं में सराहनीय संयम और अनुशासन है। ''सड़क पर एक लम्बा आदमी'' ख़ासतौर पर अच्छी लगी– शायद संग्रह की सर्वश्रेष्ठ कविता। ''कनाट प्लेस'' ''गोरखपुर का भैय्या'', ''तानाशाह के बावजूद'', ''मिट्टी की काया'' तथा ''शरारती बच्चा'' संग्रह की अन्य कविताएं हैं जो पसन्द आईं। ''मां'' - शृंखला की कविताओं में संयत भावबोध और मार्मिक अपनत्व है। एक सफल प्रयास पर मेरी हार्दिक शुभकामनायें स्वीकार करें।

लखनऊ इधर आपका आना तो हुआ होगा? अबकी आये तो अवश्य मिलें। अपनी कुछ नयी कवितायें भी लेते आये तो भेंट और भी सुखद रहेगी।

आशा है स्वस्थ व सानन्द होंगे।

सस्नेह,

आपका
कुँवर नारायण

कुबेर नाथ राय

(1)

P.O. Nalbari (Assam)

24/11/75

भाई तिवारी जी,

आपका पत्र मिला। धन्यवाद। मेरा जीवन यहाँ इतना व्यस्त (और ''त्रस्त'' भी एक अर्थ में) है कि मैं आपकी सेवा शायद इस समय अर्थात् June 76 तक कर नहीं पाऊँगा - जिन प्रकाशकों को पुस्तक देने का वादा किया है उन्हें पूरा नहीं कर पा रहा हूँ, सामग्री और क्षमता रहते हुए भी। 24 पीरियड दिन में भी 6 पीरियड रात में प्रति सप्ताह पढ़ाने पर देह-मन थक जाते हैं कोई रचनात्मक कार्य करने की इच्छा नहीं होती - इच्छित शब्दावली और वाक्य दोनों प्रकट होने से इन्कार कर बैठते हैं। गत सितम्बर में पिता जी की मृत्यु हो जाने से 'गृहस्वामी' की भूमिका भी शीश पर अपना कटहल फोड़ रही है। ऐसी हालत में इस बार तो मुझे क्षमा कर दें। फिर कभी आपकी पत्रिका की सेवा करूँगा।

अवश्य ही आपका काम हो जाये इसका साधन भी बता रहा हूँ। गोहाटी के 'वीरों' से शायद यह काम न हो, उनके पास अर्थप्राप्ति के अन्य ''गम्भीर'' और ''गुरुत्वपूर्ण'' योजनाएँ होंगी। आप लिखिए Prof. Chiranjib Jain, M.A. (English), Tihu Degree College, P.O. Tihu (Assam) को। महज संयोग की ही बात है कि मैंने इन्हें B.A. में अँग्रेजी पढ़ाई थी। ये असमीया की आधुनिकतम कवि-पीढ़ी के अन्तर्गत हैं (मेरा मतलब साठोत्तरी जैसी iconoclastic पीढ़ी से है - established poets से नहीं)। हिन्दी मातृभाषा होने से उसमें भी अच्छी गति रखते हैं। इन्होंने भारतीय ज्ञानपीठ के लिए 'असमीया साहित्य :: प्रतिनिधि संकलन'' का अनुवाद और सम्पादन किया है। यह किताब अभी निकली नहीं है। पर Contract हो गया है। खैर यह तो अवान्तर बाते हैं। परन्तु इसे quote करने का मतलब यह था कि यह आपका काम कर सकते हैं और शायद इनके पास तमंकल माल भी हो। क्योंकि उक्त संकलन के अवसर पर इनकी तैयार सामग्री का अधिकांश ही उपयोग में लाने की योजना है। आप इनको लिखें। इधर भेंट होगी, तो मैं भी कह दूँगा। एक पत्र भी उन्हें दे रहा हूँ।

यों दो एक और युवा हिन्दी M.A. या Research Scholar हैं। परन्तु उनकी नीयत पर मुझे विश्वास नहीं। इस पीढ़ी की 'न्यायबुद्धि' 'गुट-ग्रस्त है। अपने 'दल' की dialectis ही न्याय-अन्याय का आखिरी justification है - अतः मैं उनका नाम quote नहीं करता। आप श्री चिरंजीव जैन को ही लिखें। - इनकी लिखी हुई असमीया कविताओं का एक संकलन भी गत वर्ष State Publication Board की सहायता से प्रकाशित हुआ है। वे आपका काम कर सकेंगे। श्रीवास्तव जी को मेरा नमस्कार।

भवदीय

कु. ना. राय

(2)

Vill. Matsa, P.O. Deoria
(Via - Zamania), Distt. Ghazipur (U.P.)

7/6/78

प्रिय तिवारी जी,

आपका पत्र redirect होकर यहाँ मिला। मुक्तिबोध वाले लेख की दो प्रतियाँ मेरे पास हैं। परन्तु खेद है कि यहाँ पर नहीं। Nalbari 3तक July को जाने पर ही भेज सकूँगा। आपकी पुस्तक July के अन्त में released होगी। मैं लेख तो भेज दूँगा। पर तब तक आपकी पुस्तक छपकर तैयार हो गयी रहेगी। यदि सम्भव है तो डेढ़ फ़र्मे का space अन्तिम लेख के रूप में रखेंगे। यदि नहीं सम्भव हो तो लेख पढ़कर लौटा देंगे। यों प्रकाशक जब July कहते हैं तो उनका तात्पर्य December होता है। यह सोचकर लेख आपके पास अवश्य भेज दूँगा।

शेष कुशल।

भवदीय

कुबेर नाथ राय

(3)

Nalbari

11/7/78

भाई तिवारी जी,

आपके आदेश का पालन कर रहा हूँ। 'ब्रह्मराक्षस : बीज और विस्तार' जा रहा है। Printed Copy का 'शीनक़ाफ़' दुरुस्त करके। कृपया Proof को ठीक से पढ़वाइयेगा।

इधर साल भर से मैंने कुछ लिखा नहीं। कुछ सामूहिक और कुछ व्यक्तिगत कारणों से मनोबल टूट सा रहा है। 6 किताबें छप चुकीं। अन्तिम 'पर्णमुकुट' इसी मई-जून में लोकभारती प्रयाग से। 2 प्रेस में हैं - एक राजपाल के पास थी एक National Publishing House के पास। 2 की डे अपने पास है। सोचता हूँ कि ललित निबन्ध या निबन्ध के क्षेत्र में मुझे कुछ होना होगा, तो ये 10 किताबें काफ़ी हैं। और ज्यादा लिखकर पाठकों को 'बोर' क्या करूँ। मेरी किताबों की पर्याप्त उपेक्षा हुई है। कोई पढ़ा नहीं। B.H.U. जैसी University की Library में मेरी अपनी समझ से सर्वोत्तम पुस्तक 'निषाद बाँसुरी' की प्रति नहीं। तो और क्या कहूँ। इधर कुछ व्यक्तिगत यंत्राणाएँ भी ऐसी हैं कि कुछ लिखना मुश्किल सा हो रहा है। तो भी चेष्टा करूँगा, कुछ लिख भेजने की। आपकी नयी पत्रिका के लिए।

आशा है कि आप प्रसन्न होंगे। शेष बातें कभी मिलने पर।

आपका

कुबेर नाथ राय

कुँवरपाल सिंह

(1)

1 बैंक कॉलोनी, मैरिस रोड
अलीगढ़ - 202001

20/6/79

प्रिय भाई तिवारी जी,

पिछले दिनों भाई परमानन्द जी से भेंट हुई थी, दस्तावेज के सम्बन्ध में विस्तार से बातचीत हुई थी, रणजीत की टिप्पणी के उत्तर में भरतसिंह की यह टिप्पणी दस्तावेज की खुली बहस की परम्परा की दृष्टि से बहुत अच्छी और उपयुक्त भी है। अगले अंक में छाप दें, यह बहस बहुत समयानुकूल है और आप इसे किसी निष्कर्ष पर पहुँचने में मदद करके, एक महत्त्वपूर्ण कार्य में योगदान कर रहे हैं। हम लोग किसी सही निष्कर्षों तक इन्हीं बहसों के माध्यम से पहुँचेंगे।

मैं दस्तावेज का नियमित पाठक हूँ। आपके इस प्रयास के प्रशंसकों में से हूँ।

पत्र देने की कृपा करें।

सानन्द होंगे।

आपका
कुँवरपाल सिंह

(2)

अलीगढ़ 13/12/'91

प्रिय बन्धु,

आपका पत्र प्राप्त हुआ। दस्तावेज के लिए 'अलग-अलग वैतरणी' पर एक लेख, तथा 'नीला चाँद' पर एक टिप्पणी भेज रहा हूँ।

भाई! आप बहुत साहस का काम कर रहे हैं कि आज के युग में पत्रिका के 50 अंक निकाल लिए। अच्छी पत्रिकाओं के सामने सदैव संकट रहता है। इस बीच 19वीं शताब्दी की हिन्दी-पत्रकारिता पर काम करने का अवसर मिला है। साहित्यिक और सामाजिक पत्रों की यही स्थिति रही है। सहयोग करता रहूँगा।

सानन्द होंगे,

आपका
कुँवरपाल सिंह

कुमार विमल

(1)

लोहियानगर, पटना-20

9.7.80

बन्धुवर,

नमस्कार।

बहुत दिनों के बाद आपको पत्र लिख रहा हूँ। आपकी पत्रिका के सभी अंक स्थायी महत्त्व रखते हैं। पता नहीं, आप ''दस्तावेज़'' को इस रूप में सम्पादित और प्रकाशित करने में कितना कष्ट उठा रहे होंगे! हम जैसे मित्रों और शुभैशियों से आपको अपेक्षित सहयोग, शायद, नहीं मिल पाता होगा। किन्तु बाधाओं और विपदाओं के बीच भी प्रणबल का रथ आगे बढ़ने के लिए अपनी राह बना ही लेता है।

मैं एक और छोटी-सी बात के लिए आपको यह पत्र लिख रहा हूँ। जहाँ तक मुझे स्मरण है, जुलाई '1979 में मैंने अपनी एक कविता, जिसका शीर्षक है - ''निर्घोष'' आपके पास प्रकाशनार्थ भेजा था। अब काफी समय बीत चुका है और त्रैमासिक पत्त्रिका में ऐसा हुआ ही करता है। यदि आपकी अनुमति हो, तो मैं अब इसे कहीं अन्यत्र प्रकाशनार्थ भेज दूँ। शायद, अभी आपको अपनी योजना के अनुसार कुछ और विशेषांक निकालने हैं, जिनमें कविता का उपयोग नहीं हो सकेगा।

भवदीय,

डा. कुमार विमल

(2)

96, एम.आई.जी.एच.,
लोहियानगर, पटना-800 020

01.11.82

प्रिय महोदय,

आपके द्वारा प्रेषित 'दस्तावेज़' का 17वाँ अंक मिला। बहुत प्रसन्नता हुई।

आप लगन, परिश्रम, उत्साह और धैर्य के साथ 'दस्तावेज़' निकालते जा रहे हैं...यह अपने आपमें एक महत्त्वपूर्ण उपलब्धि है। साधनों की कमी के बावजूद ऐसी स्तरीय पत्रिका को इस रूप में निकाल लेना आसान काम नहीं है।

'समकालीन भारतीय लेखन' और 'देशान्तर' शीर्षक स्तम्भों ने इस पत्रिका के दृष्टि-विस्तार और पठनीयता को बढ़ा दिया है। यदि यह क्रम जारी रहा, तो हिन्दी पाठकों के लिए यह अनिवार्य-सा हो जायेगा कि वे अद्यतन बने रहने के लिए 'दस्तावेज़' अवश्य पढ़ें।

भवदीय,

कुमार विमल

कुमार अम्बुज

(1)

द्वारा - इन्दौर बैंक, स्टेशन रोड,
मुँगावली,
जिला - गुना, म.प्र., 473 443

19.01.87 - सोमवार

आदरणीय भाई,

सादर अभिवादन,

आपका चार जनवरी का पत्र पन्द्रह दिन बाद आज मिल पाया। आपका यह पत्र मात्र कविताओं की स्वीकृति लेकर नहीं आया बल्कि कविता में मेरे व्यक्तिगत विश्वास को अधिक दृढ़ बनाने का कारण भी हुआ है। आपके पूरे पत्र ने न केवल मुझे उत्साहित किया है अपितु एक ऐसी ऊर्जा भी दी है जो मुझे एक लंबे समय तक जागरूक और क्रियाशील बनाए रखेगी।

मुझे कविता लिखते हुए करीब पाँच-छः साल ही हुए हैं और इस बीच कुछ मिले-जुले अनुभवों से सामना हुआ है। कभी तो मेरी कविताएं लगातार वापस आती रहीं और कई बार इतनी प्रशंसा भी सुनने को मिली कि आश्चर्य हुआ। खुद भी काफी अनियमित हूँ इसलिए भी अधिक जगह रचनाएँ भेज नहीं पाता हूँ। एक जगह से वापस आईं तो बस रख देता हूँ।

दूसरी दिक्कत या कमजोरी ''चयन'' की है। दस्तावेज़ को कविताएँ भेजते हुए काफी सोचना पड़ा था और अक्सर होता यह है कि सही जगह गलत और गलत जगह, सही रचनाएँ भेज जाता हूँ। अभी छुटपुट कविताएँ 'पहल', न.भा. टाइम्स, ''आकंठ'' और प्रादेशिक अखबारों नई दुनिया/भास्कर वगैरह में निकली हैं।

खैर, ये सब तो यों ही लिख गया जिसकी कोई सार्थकता नहीं है। पूरी कोशिश रहेगी कि कविता के साथ ही जिंदा रहूँ। आपने जिस अपनत्व के साथ पत्र लिखा, उत्साहित किया और समझा ईश दी वह चिर स्मरणीय है। आभार!

उम्मीद है कि प्यार बना रहेगा और उचित मार्गदर्शन भी मिलता रहेगा। शेष फिर। पत्र दें। पुनः आदर के साथ!

आपका अपना
कुमार अंबुज

(2)

3.4.87

आदरणीय वर,
सादर अभिवादन!

मेरी छह कविताओं की स्वीकृति के साथ आपका कृपा-पत्र प्राप्त हुआ था, उत्तर में मैंने आपको

पत्र डाला था और कुछ कारणों से लम्बी छुट्टी पर गुना चला गया था। शायद आपने उत्तर भी दिया हो लेकिन इस बीच यहाँ डाक-काफी गड़बड़ हुई है।

अब मैं पुनः लिखने-पढ़ने का क्रम जमा रहा हूँ। 'आकंठ' के ताजा अंक में चार कविताएँ हैं और 'वसुधा', 'कबीर' और 'पहल' में करीब पंद्रह कविताएँ आना हैं। यदि सम्भव हो सके तो आप इन्हें देखें और अपनी मार्गदर्शन वाली प्रतिक्रिया जरूर दें। कुछ और बेहतर करने का बल मिल सकेगा। मैं 'दस्तावेज' का नियमित ग्राहक बनना चाहता हूँ, अंक भी भेज दें और वार्षिक मूल्य से अवगत करा दें, मैं अगले पत्र के साथ ड्राट भेज दूँगा।

कुछ और लिखें!

पुनः, आदर के साथ
आपका अपना
कुमार अंबुज

(3)

मुँगावली

05.02.88

'परम आदरणीय भाई,
सादर अभिवादन!

'अब एक हते के लिए थोड़ी फुरसत में हूँ। और इस फुरसत में भी लिखने-पढ़ने की व्यस्तता कर ली है।

'इसी क्रम में पहले तो ''दस्तावेज'' की सदस्यता के लिए रु. 40/- का एक ड्रॉट आपको संलग्न कर रहा हूँ। यह जरूरी काम कभी आर्थिक तंगी के कारण तो कभी अन्यान्य वजहों से टलता रहा था। दूसरे, जैसा कि (आपने चाहा भी था और) मैंने अपने पिछले पत्र में वायदा भी किया था, मैं अपनी 5 कविताएं 'दस्तावेज' के लिए संलग्न कर रहा हूँ। मुझे उम्मीद है कि ये भी आपको जरूर पसन्द आएंगीं। अपनी प्रतिक्रिया सहित उत्तर दीजिएगा।

'एक व्यक्तिगत इच्छा यह है कि मैं आपको अपनी सारी कविताएं (करीब 100 बताना चाहता हूँ। और न केवल बताना, बल्कि उन पर आपकी विस्तृत टिप्पणी और सलाह चाहता हूँ। मेरे खराब स्वास्थ्य तथा आलस्य वाले शरीर के कारण मेरे लिए सचमुच यह सम्भव नहीं है कि मैं उन्हें आपके पास भेज सकूँ। क्या आप भोपाल तरफ नहीं आते हैं? यदि हाँ, तो कृपया अपनी कार्यक्रम से मुझे अवगत कराएँ, मैं भी उन दिनों भोपाल आ जाऊँगा एवं अपनी साध, मय आपके दर्शनों के पूरी कर लूँगा।

उम्मीद है उत्तर शीघ्र आ रहा है।

विनम्रता से,

आपका
कुमार अंबुज

(4)

मुँगावली - जि. गुना

20.2.88

आदरणीय भाई,

सादर अभिवादन!

आपका कृपा पत्र मिला और दस्तावेज का अज्ञेय जी पर केन्द्रित अंक भी। अंक थोड़ा-सा पढ़ गया हूँ। खासकर पत्राचार। बढ़िया है। एक सुझाव : पत्रिका के ऊ (कवर) एक जैसा कलेवर monotonous हो रहा है इसलिए हर नए अंक का कवर अलग तरह का होना चाहिए। यों तो आपको भी अच्छे रेखाचित्रों का टोटा नहीं होगा, फिर भी आप चाहें तो कुछ नए मगर प्रतिभाशाली युवाओं के रेखांकन मैं आपको नियमित रूप से भिजवा सकता हूँ। लिखिएगा।

आप जब भी भोपाल आएँ, कृपा कर मुझे लिखें तथा एक-दो दिन का समय अलग से लेकर आएँ तो आभारी रहूँगा। कारण, मैं अपने कविता-संग्रह के प्रति उत्साहित तो हूँ मगर उतावला नहीं। मैं चाहता हूँ कि संग्रह के लिए रचनाओं का चयन पूरी कठोरता से हो और संग्रह पूरी तरह से परिपक्व होकर सामनेआए। यही मेरे लिए अधिक महत्त्वपूर्ण है। हाँ, भोपाल आना मेरे लिए कतई असुविधाजनक नहीं होता है। यहाँ से भोपाल मात्र 3-4 घंटों की दूरी पर है तथा संयोग से भोपाल में न केवल मेरे काफी मित्र हैं बल्कि ससुराल भी है। श्रोत्रिय जी तथा कमला प्रसाद जी का अतिरिक्त स्नेह भी है। तदानुसार, आप अपने कार्यक्रम तथा उपलब्ध समय से मुझे समय रहते अवगत कराईएगा!

'वसुधा' के 9-11 अंक में 3 कविताएं हैं और 15-20 कविताओं की पुस्तिका, वसुधा के अगले अंक के साथ निकाले जाने का विचार वहाँ चल रहा है। शायद अनुकूल निर्णय हो!

मैं यहाँ ठीक हूँ। मकान के सिलसिले में गुना आना-जाना लगातार होता है। फिर भी पढ़ना-लिखना जारी है -खासकर - कविताएं। अफसोस है कि अब तक आपका कोई संग्रह हाथ नहीं लगा। फुटकर कविताएं जरूर पढ़ी हैं। प्रयास है कि संग्रह पढ़ूँ!

आशा है स्वस्थ/सानंद हैं। पत्र दें।

आपका

कुमार अंबुज

(5)

मुँगावली

25.11.88

आदरणीय भाई,

अभिवादन!

आपके पत्र की मैं वाकई प्रतीक्षा कर रहा था। वह आज जाकर पूरी हुई। हालांकि इस बीच 'दस्तावेज' का नया अंक मिल गया था। दस्तावेज को मिला पुरस्कार, दरअसल आपकी रचनात्मकता और रचनाशीलता में विश्वास को जाता है। मेरी बधाईयाँ!!

आपने कविताओं के प्रति अपनी पसन्द जताकर मेरा उत्साह बढ़ाया है। आपकी प्रेरणा मेरे बहुत काम आएगी। एक रक्षित-ऊर्जा की तरह। यह मेरे लिए अत्यन्त ही प्रसन्नता की बात होगी

यदि आप मेरी कविताओं को लेकर लेख की शकल में कुछ लिखेंगे। आपका यह विचार नए कवियों केलिए सुखदायी सिद्ध होगा। लेकिन अभी मैं संग्रह छपवाने की जल्दी में कतई नहीं हूँ। 1990-91 में अपनी पहली किताब छपवाने का इरादा रखता हूँ। धैर्य के साथ यदि एक सार्थक कविता-पुस्तक सामने लाई जा सके तो ही ठीक है। क्या मैं उम्मीद करूँ कि आप किसी नए कवि पर लिखने के लिए संग्रह/किताब को ही आधार नहीं बनाएंगें? क्या आम आलोचनाओं से हटकर सिर्फ इधर-उधर छपी हुई कविताओं के आधार पर ही कुछ हिन्दी में नहीं लिखा जाएगा? कृपा कर इस तरफ विचार करें। हाँ, इसके लिए जरूरी हो तो मैं अपनी तमाम छपी हुई रचनाएँ आवश्यकतानुसार आपको पहुँचा सकूँगा।

आप भले ही मेरी कविताओं को न देखें मगर जब भी भोपाल आएं तो कृपा कर एक पत्र पहले ही डाल दें। आपसे मिलकर अच्छा लगेगा। हर सक्रिय रचनाकार से मिलकर कुछ सीखने को ही मिलता है। यदि सम्भव हो पाया तो मैं आकर मिल लूँगा। उम्मीद करूँ?

श्री ज्ञानरंजन भी आपको पुस्तिका की एक प्रति भेजें शायद। आप उसे गोरखपुर के अन्य किसी विद्वान तक भी पढ़ने के लिए पहुँचा सकते हैं। ज्ञान जी के जरिए ही श्री देवेन्द्र कुमार जी का एक प्रेरणा-पत्र मिला था। सम्भव हो तो उन तक मेरा अभिवादन पहुँचाएं, कृपा होगी।

आगामी कविताएँ पहल के कविताांक (शायद अंक-36) में आएंगी और कुछ अतएव, सापेक्ष, साम्य आदि में। समय पर सूचना देता रहूँगा।

आशा है कि स्नेह बनाए रखेंगे!

पत्र दें। सादर।

सदैव आपका

कुमार अंबुज

(6)

गुना (म.प्र.)/03.08.89

आदरणीय वर,

अभिवादन!

आपका पत्र इस बार काफी अन्तराल के बाद मिला। अच्छा लगा।

बधाई स्वीकार है। लेकिन धन्यवाद कैसे दूँ? इस पुरस्कार के पीछे आपकी ही प्रेरणा काम कर रही थी। कहीं न कहीं आपकी शुभकामनाएं थीं... और मेरा यह सब कहना मात्र औपचारिकता नहीं है।

मैं आपको उन थोड़े-से लोगों में याद करता हूँ, जिन्होंने बहुत स्नेहिल और तटस्थ भाव से मेरी कविताओं के लिए प्रेरणा दी थी - एक उत्साह और विश्वास पैदा किया था।

मैं आपका आभारी हूँ। उम्मीद यही है कि आपका प्यार और दिशा-निर्देश मेरे कमजोर क्षणों में, हमेशा मिलता ही रहेगा। यह सब दलीय-प्रतिबद्धता या ऐसी ही किसी बात से बहुत ऊपर की बातें हैं। आत्मीय संलग्नता है।

वैसे एक बार कमला प्रसाद पांडे जी (भोपाल) से आपकी चर्चा हुई थी। वे आपको (और हम सब भी) सुधी आलोचक तथा बेहतर कवियों में सादर स्मरण करते हैं।

मैं आपकी इच्छानुसार हमेशा प्रयास करूंगा कि एक सहज उत्सुकता, सुलभ आकर्षण के तईं कविताएं लिख पाता रहूँ। आप अपना प्यार जरूर ही देते रहिएगा। मुझे निश्चल-प्रेम सदैव उत्साहित

करता है।

'जनसत्ता' का आपका संक्षिप्त साक्षात्कार मैंने नहीं देखा है। मुँगावली से जबसे यहाँ आया हूँ, 'जनसत्ता' छूट गया है। प्रलेसं. के राज्य-सम्मेलन की तैयारियों और निर्माणाधीन मकान की व्याधियों में समय काफी लग जाता है। इसलिए कुछ दिनों से लिखना-पढ़ना भी व्यवधान पा रहा है। बहुत थोड़ा लिखा है। "दस्तावेज" को कुछ कविताएं भेजूंगा..., उस साक्षात्कार में आपने मेरा नाम लिया, यह मुझे आत्मीय-प्रसन्नता की बात है। आभार!

हाँ, यह सही है कि हमारी मुलाकात नहीं है लेकिन चेहरा-भर ही तो अपरिचित है। बाकी, मैं आपको अपने बेहद क़रीब महसूसता हूँ। शायद, आप भी ऐसा ही कुछ सोच पाते हों।

मेरा संग्रह, अब मैं 1991 के आसपास निकलवाने का विचार रखता हूँ। जल्दी ही हुआ तो 1990 के अन्त तक। डरते-डरते, प्रसंगवर्ष ही एक बात जानना चाहता हूँ - मेरा किसी भी प्रकाशक से कैसा भी संवाद या अनुभव नहीं है। किन्तु मैं चाहता हूँ कि संग्रह बेहतर प्रकाशन से निकले। जैसे राजकमल। क्या यह सम्भव हो पाएगा? यदि हां, तो कैसे? और क्या आप सहज भाव से, उसमें मुझे कोई सलाह, निर्देश, सहायता दे सकेंगे? मैं इन्तजार करूंगा। लिखिएगा।

12 अगस्त को दिल्ली जाना है, पुरस्कार समारोह है। 11 अगस्त की शाम तक पहुँच जाऊँगा। आपसे मुलाकात की साध तो है। देखिए, कब सम्भव होगी।/सादर

कुमार अंबुज

(7)

'परछाई', राधा कॉलोनी, गुना (म.प्र.) - 473 001

26.1.90

आदरणीय,

सादर प्रणाम और नए साल की शुभकामनाएँ!

मैंने आपके पत्र का उत्तर तो शायद समय पर ही दे दिया था लेकिन अब एक लम्बा वक्त हो गया है। इस बीच दो बातें व्यक्तिगत तौर पर हुई हैं– एक तो मेरा तबादला गुना से शिवपुरी हो गया है और फरवरी मध्य में शिवपुरी से भोपाल हो जायेगा। तीन महीने भोपाल रहना होगा। यानी करीब मई मध्य तक। दूसरे, मैंने अपना मकान गुना में बदल लिया है। अब मेरा स्थायी पता उपरोक्त हो गया है। आप पत्र इसी पते पर दें। क्योंकि सप्ताहांत में मैं गुना पहुँच जाता हूँ। जुलाई-अगस्त से अन्तिम और दो-तीन साल के लिए स्थायी पोस्टिंग होगी।

प्रगतिशील लेखक संघ के राज्य सम्मेलन की व्यस्तताओं के बाद तबादले और नौकरी के अन्य सम्यक संकटों में फँस गया। फिर भी, थोड़ा-बहुत लिखना-पढ़ना करता रहा हूँ।

मैंने दस्तावेज को कविताएँ भेजने का बहुत पहले से सोच रखा था। इधर मैंने एक लम्बी-सी कविता लिखी है। इसे ही दस्तावेज को भेज रहा हूँ - "टूटी हुई शाम एक" शीर्षक से। मुझे आशा है कि आप भी इसे दस्तावेज के उपयुक्त पायेंगे। मुझे लिखिएगा।

मैंने आपसे एक पत्र में निवेदन किया था कि "राजकमल प्रकाशन" से कविता-संग्रह (या किसी अन्य बेहतर प्रकाशन से) निकलवाने में आप मेरी सार्थक मदद करें। मैं आगामी दो माह में पांडुलिपि बनाने की स्थिति में हूँ। आप मेरे इस निवेदन पर प्राथमिकता से ध्यान दें तो आभारी रहूँगा। आपको इतने निःसंकोच भाव से इसलिए लिख रहा हूँ क्योंकि आपने मुझे सदैव ही सद्प्रेरणा दी है। औपचारिक तौर पर मैं राजकमल, वाणी और सम्भावना प्रकाशन को एक-एक पत्र

करीब एक माह पहले डाल चुका हूँ। उत्तर नहीं है।

दस्तावेज का अंक भी बहुत दिनों से प्राप्त नहीं है। क्या छपा नहीं है। इधर मेरी कविताएं पहल, साक्षात्कार और धर्मयुग में छपीं थीं। शायद आपने देखी हों। कुछ अन्य पत्रिकाओं में प्रकाश्य भी हैं।

आशा है आप स्वस्थ, सानंद हैं और शीघ्र ही पत्र दे रहे हैं।

संलग्न - एक कविता। सादर,

(8)

98, प्लैटिनम पार्क, माता मंदिर चौराहा, भोपाल - 462 003

22.03.2008

आदरणीय भाई,

प्रणाम!

कुछ दिनों से आपको पत्र लिखने का विचार मन में था। 'दस्तावेज-116' मुझे मिला। इसके पूर्व के कुछ अंक नहीं मिल सके हैं। शायद डाक की गड़बड़ी रही हो। मेरा पता भी भोपाल में बदला -2006 में। बहरहाल, अंक-111 के सम्पादकीय की चर्चा इस अंक में है, सो उत्सुक हूँ। यदि प्रति शेष हो तो भिजवाने की कृपा करें।

कल 'साक्षात्कार' के प्रकाश्य अंक में, : (एक मित्र द्वारा प्रूफ पढ़े जाने के दौरान) आपका इंटरव्यू तथा लेख पढ़ा। अच्छा लगा और आपकी विचारशीलता रेखांकित हुई। आप सहमत-असहमत होने के लिए भी उद्वेलित करते हैं।

इस बहाने आपकी याद भी कर रहा हूँ। (कल ही मैंने आपकी उस कविता का भी स्मरण करते हुए मित्र से ज़िक्र किया जिसमें माँ की चिता पर जलने का मार्मिक विवरण आता है। उसका बिम्ब बनता है।)

सादर

कुमार अंबुज

कुमार कृष्ण

(1)

शिव कुटीर, संजोली, शिमला-6

21/4/86

आदरणीय डॉ. तिवारी जी,
सादर नमस्कार।

इधर बहुत दिनों से आपके साथ पत्र द्वारा सम्पर्क नहीं कर सका। लेकिन फिर भी आपके बारे में जानकारी बराबर मिलती रही है। पिछले दिनों एक ग़ज़ल संग्रह के सिलसिले में दिल्ली गया था वहाँ डॉ. राजेन्द्ररंजन तिवारी जी से मुलाकात हुई। हम लोग कई दिन तक साथ-साथ रहे। उन दिनों आपके सम्बन्ध में भी बात होती रही। डॉ. राजेन्द्र रंजन निहायत शरीफ, नेक और योग्य व्यक्ति हैं। कई बार तो मुझे लगता है ऐसे व्यक्ति को वास्तव में पहाड़ पर होना चाहिए था। दिल्ली जैसा महानगर ऐसे व्यक्तियों के रहने का स्थान नहीं। वह तो लुच्चे-लफंगों का शहर है। यह दूसरी बात है कि उसने पूरे देश पर कब्जा किया हुआ है। आप आजकल क्या लिख रहे हैं? मेरा ग़ज़ल संग्रह 'काठ पर चढ़ा लोहा' आपको पहुँच गया होगा। ऐसा हरीश शर्मा जी के पत्र से ज्ञात हुआ है। उम्मीद है पढ़ा होगा। ग़ज़लें कैसी लगीं? आपके पत्र की इस सम्बन्ध में प्रतीक्षा रहेगी। मेरी एक आलोचना की पुस्तक 'कविता की सार्थकता' आ रही है। उसमें आपकी कविताओं पर भी एक लेख है। 'चीजों को देखकर' तथा 'साथ चलते हुए' संग्रह तो मेरे पास नहीं थे। कुछ पुस्तकों में कवितांष अवश्य मिले थे। इस पुस्तक के विभिन्न लेखों में 'बेहतर दुनिया के लिए' का भरपूर प्रयोग किया है। आप पर जो लेख है उसका शीर्षक है - 'एक मध्यवर्गीय व्यक्ति का बयान : विश्वनाथ प्रसाद तिवारी की कविताएं'। 'बेहतर दुनिया के लिए' पुस्तक में पृष्ठ संख्या 74 पर एक कविता है जिसका शीर्षक है - 'एक मध्यवर्गीय व्यक्ति का बयान'। समझ लें वहीं से यह शब्द उत्तर लिया है। ग़ज़ल-संग्रह की मेरे पास एक भी प्रति अभी नहीं है। अन्यथा इस पत्र के साथ ही आपको तीन-चार पुस्तकें भेज देता। भाई चित्तरंजन मिश्र जी को भी पत्र लिखने को कहें तथा मेरी ओर से नमस्कार भी। प्रतियां आ जाने पर उनको अलग से पत्र तथा पुस्तक भेजूंगा। इस पुस्तक के बारे में आपके विशेष सुझावों की प्रतीक्षा रहेगी। शीघ्र ही इन ग़ज़लों का एक केसेट भी बन रहा है। बन जाने पर आपको भेजूंगा। घर पर सभी को यथायोग्य। पत्र की प्रतीक्षा में,

आपका
कुमार कृष्ण

(2)

शिमला-6 : 10.12.87

आदरणीय डॉ. तिवारी जी,

सादर नमस्कार।

'दस्तावेज' मिलने पर आपकी याद पहले से अधिक ताजा हो उठती है। वास्तव में ही आप 'दस्तावेज' लगातार निकालकर ऐसा काम कर रहे हैं जो महावीर प्रसाद द्विवेदी से लेकर अज्ञेय तक विभिन्न पत्रिकाओं के द्वारा बहुत से लोग नहीं कर सके। आप पर जब-जब भी लिखा जाएगा, बेहतर दुनिया के सपने बुनने वाले कवि के सन्दर्भ में दस्तावेज का ज़िक्र बार-बार आएगा। यह दूसरी बात है कि भारतीय विश्वविद्यालयों में जब तक बिहारी और जायसी से प्रेम करने वाले लोग रहेंगे तब तक केदारनाथ सिंह, जगूड़ी, विश्वनाथप्रसाद तिवारी जैसे कवियों पर काम नहीं होगा। आप पर हमारे यहाँ जो विद्यार्थी काम करना चाहता था और जिसने आपकी सभी पुस्तकें तथा आलोचनात्मक सामग्री एकत्र भी कर ली थी उसके विषय को अन्तिम स्वीकृति नहीं दी। इससे कुछ बनने वाला नहीं। मेरे जैसे आदमी की लड़ाई ऐसे लोगों के प्रति हमेशा जारी रहेगी। आप आजकल क्या लिख रहे हैं। 'रचना के सरोकार' मेरे कई मित्र वी.पी. से मंगवाकर आजकल पढ़ रहे हैं। लेखक-सम्मेलन गर्मी के मौसम तक स्थगित कर दिया है। यह सब सूखा-कट की वजह से हुआ। मेरी इस वर्ष दो पुस्तकें आई हैं। एक कविता-संग्रह 'खुरों की तकलीफ', दूसरी आलोचनात्मक पुस्तक 'दूसरे प्रजातन्त्र की तलाश में धूमिल'। कविता-संग्रह आपको इसी पत्र के साथ भेज रहा हूँ। धूमिल वाली पुस्तक बाद में भेजूंगा। मैं चाहता हूँ कि मेरे क़विता-संग्रह पर आप स्वयं ही लिखें। मैं जानता हूँ अधिक व्यस्तता के कारण यह आपके लिए सम्भव नहीं होगा, किन्तु मुझे आशा है आप मेरी इस इच्छा को पूरा करेंगे। 'खुरों की तकलीफ़; कविता संग्रह के सम्बन्ध में आपके पत्र की प्रतीक्षा रहेगी। डॉ. चित्तरंजन मिश्र लगता है अधिक व्यस्त हैं इसीलिए पत्र का उत्तर नहीं देते। आशा है स्वस्थ एवं प्रसन होंगे।

उत्तर की प्रतीक्षा में।

आपका

कुमार कृष्ण

पुनश्च : प्रिय भाई डॉ. चित्तरंजन मिश्र के लिए पत्र तथा पुस्तक आपके पैकेट में ही है।

(3)

शिमला-6 : 14/4/89

आदरणीय डाक्टर साहब,

सादर नमस्कार।

लम्बे समय से पत्रिका निकालने की जो योजना थी, उसे अन्तिम रूप दे दिया है। 'हांक' नाम से पत्रिका का प्रवेषांक लोकार्पित कर दिया है, जिसे आपके पास अलग डाक से भेज दिया है। पत्रिका के स्वरूप एवं तेवर के सम्बन्ध में अपनी राय अवश्य भेजें। प्रवेषांक में समीक्षा-स्तम्भ के अन्तर्गत मैंने दो पुस्तकों को चुना है। पहली 'दारूलशफा' और दूसरी 'बेहतर दुनिया के लिए'। दोनों पुस्तकों पर बीस पृष्ठों की सामग्री है। मेरा विचार है कि हम प्रत्येक अंक में दो अथवा तीन पुस्तकों पर विस्तारपूर्वक आलोचना प्रस्तुत करेंगे। केवल दो-तीन पृष्ठों में किसी पुस्तक का सही मूल्यांकन नहीं हो

पाता। मैंने पत्रिका में कहानियां न छापने का निर्णय लिया है। प्रत्येक अंक में पांच-छः लेख, दो-तीन पुस्तकों की सविस्तार समीक्षा, 'एक लेखक की चिन्ताएं' स्तम्भ के अन्तर्गत साहित्य तथा साहित्य के नाम पर होनी वाली साजिशों पर हर बार एक लेखक के खुरदरे विचार, एक रचनाकार से बातचीत अथवा उसके कृतित्व का आलोचनात्मक अध्ययन और अन्त में तीन कवियों की चार-चार, पांच-पांच कविताएं। प्रवेशांक में यही सामग्री है। इस बार किसी रचनाकार के कृतित्व पर आलोचनात्मक सामग्री नहीं दी गई। पत्रिका का सिलसिला आपके सहयोग के बिना पूरा नहीं हो सकेगा। अगले अंक के लिए उधर से कुछ भिजवाएं तो कृपा होगी। अगले अंक में आपका आलेख नहीं तो 'एक लेखक की चिन्ताएं' के अन्तर्गत विचारोत्तेजक सामग्री तो जानी ही चाहिए। शेष आप जैसा उचित समझें। आप इधर कुछ नए कवियों पर लिख रहे थे, उस योजना का क्या हुआ? पत्रिका के साथ ही मेरी एक नयी पुस्तक 'मेरी कविताएं' छपी है। इसमें मैंने अपने तीन कविता-संग्रहों में से कुछ चुनी हुई कविताएं रखी हैं। इसे भी आपकी सेवा में भेज रहा हूँ। इस बार जून में एक आयोजन करने की योजना है, उसके लिए आपकी स्वीकृति आनी चाहिए। आशा है स्वस्थ एवं प्रसन्न होंगे। घर पर सभी को यथायोग्य।

आपका

कुमार कृष्ण

(4)

शिमला-6

29.10.92

आदरणीय डॉक्टर साहब,

सादर नमस्कार।

बहुत दिनों से स्वास्थ्य ठीक नहीं चल रहा था इसीलिए नियमित रूप से पत्र्व्यवहार नहीं कर सका। आपके द्वारा भेजी गई सामग्री समय पर मिल गई थी। शोध-प्रबन्ध नवम्बर के दूसरे सप्ताह में जमा हो जाएगा। जमा होने पर उसकी एक प्रति आपको अलग डाक से भेजूंगा। 'दस्तावेज' के पंजाब और हिमाचल के अंक का क्या हुआ। हिमाचल वाले अंक में क्या-क्या सामग्री जा रही है? शायद अंक प्रेस में होंगे। आपके पत्र की प्रतीक्षा रहेगी। डॉ. अमरेन्द्र मिश्र का दिल्ली से पत्र मिला है। उससे ज्ञात हुआ कि वह 'आखर अनन्त' पर लिखी सामग्री को 'गगनांचल' के अक्तूबर-दिसम्बर' 92 अंक में दे रहे हैं। उसे आपने ही उनके पास भेजा होगा। 'स्वतन्त्र भारत' में 'आखर अनन्त' पर ठीक सामग्री गई है। पर मुझे हैरानी होती है लोग उसे 'प्योर इंडियन पोयट्री' के रूप में क्यों नहीं देखते। मैं एक से सात अक्तूबर तक दिल्ली में था। आपकी पुस्तक को लेकर राजधानी के लुच्चे आलोचकों और आई.टी.ओ. पुल के तथाकथित गम्भीर रचनाकारों को बहुत तकलीफ़ है। अब उनके पास लिखने के लिए तो कुछ है नहीं। उन्होंने ग्रामीण संस्कारों, आस्थाओं और अशिक्षित स्मृतियों को दरियागंज की प्रूफ रीडरी में घिसा दिया है या फिर वे विश्वविद्यालयों और महाविद्यालयों के किराये के घरों में कैक्टस के पौधों को सींचकर बीसवीं सदी के महान आलोचक/रचनाकार हो गए हैं। आशा है स्वस्थ एवं प्रसन्न होंगे।

पत्र की प्रतीक्षा में,

आपका

कुमार कृष्ण

(5)

'रात्यप्रिया', कैथलीघाट, सोलन-173215 (हिमाचल प्रदेश)

25.2.2005

आदरणीय तिवारी जी,

सादर नमस्कार।

जितनी बार आपके साथ मुलाकात होती है मुझे आपकी कविता की पंक्तियां याद आती हैं कि सतयुग में ही होते थे ऐसे लम्बे आदमी। यह लम्बाई मात्र शरीर की, आकार की लम्बाई नहीं अपितु वह भावबोध की, संवेदना की लम्बाई है। आपने 'दस्तावेज' को जो ऊँचाई प्रदान की है उसे गुजरी हुई सदी और नयी सदी के तमाम रचनाकार, आलोचक तथा शब्द के माध्यमों के साथ जुड़े तमाम तरह के लोग याद करेंगे। मुझे लगता है 'दस्तावेज' एक पत्रिका नहीं एक राग है। एक कभी न समाप्त होने वाली लय है। सृजन की– ज़िन्दगी की लय जो मनुष्य को मनुष्य बनाती है। इन शब्दों के साथ कहानीकार काशीनाथ सिंह पर एक लेख भेज रहा हूँ आशा है इसे दस्तावेज़ में स्थान देकर कृतार्थ करेंगे। मलकीयत सिंह द्वरा 'दस्तावेज' पर पीएच. डी. उपाधि के लिए प्रस्तुत की गई रूपरेखा शोध समिति ने एप्रूव कर दी है। अब वह काम आरम्भ करेगा। लगता है गर्मी के मौसम में हमारी मुलाकात होगी। शिमला या फिर दिल्ली में। आशा है सपरिवार स्वस्थ एवं प्रसन्न हैं।

आपका

कुमार कृष्ण

कुमाररवीन्द्र

(1)

कुमार रवीन्द्र/क्षितिज 310 अर्बन एस्टेट-2, हिसार-125005

18.05.05

प्रिय भाई

डॉ. विश्वनाथ प्रसाद तिवारी,

'दस्तावेज़'-106 पिछले महीने की 09 तारीख को आ गया था। कई अन्य व्यस्तताओं के रहते आपको पत्र नहीं लिख सका। इस विलंब को अन्यथा न लें।

पत्रिका का यह अंक मेरे लिए बहुत उपयोगी रहा। रचना कालजयी कैसे बनती है, इस प्रश्न पर मैं उन्हीं दिनों सोच-विचार कर रहा था। अनायास ही काफी समृद्ध और समुचित सामग्री बैठे-बिठाये मिल गई। सभी आलेख विद्वतापूर्ण और सूचनाप्रद तो हैं ही, साथ ही विचारोत्तेजक भी हैं। आपके आलेख में उधृत श्रद्धेय हजारी प्रसाद द्विवेदी जी का आप्त वाक्य कि 'रचनाकार जड़ सामग्री के सहज धर्म पर विजय पाने की कोशिश करता है' मुझे सर्जनात्मकता की कुंजी जैसा लगा। शिल्प का सहज धन यही है। किन्तु उस जड़ता को तोड़ना कितना दुश्कर, कितना दुर्घेर्श श्रम का कार्य होता है, यह रचनाकार को ही पता होता है। शेली की कविता है, जिसमें उसने इस संघर्ष का बड़ा ही सटीक चित्रण किया है। आनन्द कुमार सिंह का आलेख तो एक ललित निबन्ध का आनन्द दे गया। ये आलेख 'दस्तावेज'-106 को संग्रहणीय बनाते हैं।

'काका से संवाद' अंक की एक और उपलब्धि है। फिलवक़्त की चिंताओं की परख करने की एक दृष्टि उससे मिलती है। पुस्तकों पर समीक्षात्मक आलेख भी नव-चिन्तन की बानगी देते हैं। प्रारंभ में श्रद्धेय अग्रज भाई विद्यानिवास मिश्र के त्रासद निधन पर आपका अन्तिम प्रणाम एक आत्मीय संस्मरण के रूप में अंक को समृद्ध करता है। कविता खंड में कुसुमाग्रज की आदिवासी संचेतना से जुड़ी कविताएं अंक की उपलब्धि हैं, विशेष रूप से 'घृणास्पद'। तेजराम शर्मा की 'स्वर्ग के सपने', गणेशचन्द्र राही की 'आदिवासी बच्चे' - एक और चार, राजकुमार कुम्भज की लघु काव्य-प्रस्तुतियां काव्य-विमर्श के लिए उपयोगी सामग्री देती हैं।

समग्रतः अंक श्रेष्ठ चिन्तन का, सच में, 'दस्तावेज़' है। इस प्रकार के सारस्वत संयोजन के लिए मेरा हार्दिक साधुवाद स्वीकारें।

आशा है यह पत्र आपको सपरिजन स्वस्थ सानन्द पाएगा।

स्नेहपूर्ण नमन सहित,

आपका

कुमार रवीन्द्र

(2)

20.12.07

प्रिय भाई जी,

दस्तावेज़-116 आज ही प्राप्त हुआ। आभारी हूँ कि मेरी कविताओं को उसमें स्थान मिला। हमारा यह जुड़ाव मुझे उल्लसित कर रहा है।

'दस्तावेज़' सच में, एक सारस्वत दस्तावेज़ है फिलवक्त का। अपने सम्पादकीय में आपने जो प्रश्न उठाये हैं, वे हमें रू-ब-रू करते हैं हमें आज के कई प्रपंचों से। साहित्यिक प्रपंच को आपने बड़ी खूबी से बेनकाब किया है। मंगलेश जी एक नये साहित्यिक मसीहा हैं। उनकी फ़तवेबाज़ी का क्या कहा जाये। 'वागर्थ'-75 इसका गवाह है। भाई सिद्धेश्वर प्रसाद का आलेख प्रसाद-अध्येता के लिए एक सन्दर्भ-सामग्री है ही। डॉ. प्रभाकर श्रोत्रिय इन दिनों अद्भुत लेखन कर रहे हैं अपनी सारी सम्पादकीय वर्जनाओं से अलग होकर। इन दोनों बंधुओं की रचनाएं इस अंक की उपलब्धि हैं। सीताकांत महापात्र की रचनाओं की प्रस्तुति मार्टिन ऑलउड के काव्यपत्र आलेख के साथ अंक को मेरे लिए विशिष्ट बना गया है। कविताओं में शोभानाथ यादव, श्रीधर मिश्र, देवेन्द्र कुमार, अमित कुमार और सुनील कुमार मिश्र की रचनाएं प्रभावी लगीं। इन सभी बंधुओं को मेरा साधुवाद। 'दस्तावेज'-111 का लल्लन राय द्वारा विस्तृत आकलन और उस पर आपकी संक्षिप्तं प्रतिक्रिया 'दस्तावेज़' के एक विचारशील मंच होने का प्रमाण है। अंक के संयोजन हेतु साधुवाद। सपरिजन ईस्वी नव वर्ष पर अभिनंदन, स्नेह-नमन स्वीकारें।

आपका

कुमार रवीन्द्र

ईस्वी / नववर्ष/ सर्वविध मंगल करे /

विश्व के लिए/ यही / कामना कि / 'आंसू बीतें / बच्चे हंसे खूब खुलकर/ नई धूप से भरें/ सभी के आंगन-घर'

कुमार रवीन्द्र

कुबेरदत्त

(1)

159 आकाश दर्शन अपार्टमेंट्स,
मयूर विहार, फेज़-1, दिल्ली-92

25 अप्रैल '92

श्रद्धेय डॉक्टर साहब,

पत्र मिला, दस्तावेज का ताज़ा अंक भी। आपके कार्यक्रम की यहाँ काफी धूम रही। आपने कई मार्के की बातें कही थीं, ऊपर से 'माँ' 'आरा मशीन' जैसी जीवन्त कविताएं। दर्शक गद्‌गद्‌ हो गए।

'पत्रिका' में किसी भूल-गलती से परिवर्तन नहीं हुआ है। यह रूटीन अदलाबदली है, औरों की भी हुई है। मैं साहित्यिक कार्यक्रमों का इंचार्ज अभी भी हूँ। यह भी सुविधा है कि अपनी पसन्द का अंक मैं जब बनाना चाहूँगा - बनाऊंगा। खैर!

'दस्तावेज़' के लिये अपनी चार ताज़ा कविताएं भेज रहा हूँ। अपनी राय जल्दी दीजिएगा– निःसंकोच होकर। 'हंस' के ताज़ा अंक में मेरी कविताएं देखी होंगी। 'साक्षात्कार' और 'समकालीन भारतीय साहित्य' में भी आयेंगी। शेष सब ठीक ठाक। पत्र की राह में–

आपका
कुबेर दत्त

(2)

दिल्ली-92 : 27.5.92

आ. डॉ. साहब,

कृपा पत्र मिला। इस बीच चि. रंजन से भी मुलाकात बात हुई। आपके बारे में, 'दस्तावेज' के बारे में, साहित्यिक उत्थान-पतन के बारे में, दिल-मन के तूफ़ानों, एकांतों, उदासियों और सांस्कृतिक उबासियों के बारे में बातें हुईं। यह तो सही है कि हिन्दी नामक स्त्री बांझ नहीं है पर अवैध प्रेमियों ने लगातार उसका पेट फुला रखा है। वह भयभीत है, बीमार है... वह सुजलां, सुफलां नहीं है, लगातार शामलां हो रही है। एक पं. किशोरीदास वाजपेयी ने भी ऐसा ही कुछ कहा था। आप तो सब कुछ समझते हैं। आपको मेरी कविताएं ज़रूरी लगीं, वे छप रही हैं, मैं संतुष्ट हुआ। ये तीनों ही कविताएं कई गोष्ठियों में पढ़ी गई हैं, श्रोताओं ने मुक्त कंठ से सिरमाथे लिया। भाषा-प्रयोग पर प्रेरक टिप्पणियां पहले भी मिली हैं। अभी हाल में जबलपुर गया था– 'एका' और 'पहल' के संयुक्त निमंत्रण पर– एकल कविता पाठ के लिए जो एक-सवा घंटा चला, चित्रकारों ने मेरी प्रकाशित कविताओं पर पोस्टर भी बना छोड़े थे– जबलपुर के तमाम गम्भीर लोग वहाँ जुटे थे। वहाँ भी मेरी कविताओं के भाषा-प्रयोगों पर सकारात्मक टिप्पणियां मिलीं। मैंने समादृत महसूस किया।

उस सच को एक और प्रतिष्ठा 'दस्तावेज़' ने दी। कृतज्ञ हूँ कवि का, गम्भीर सम्पादक का। बंगाली जी पर कार्यक्रम बनाने का मन है। अरविन्द और रंजन जी से बातें हुई हैं, और भी कुछ कुछ कुछ करने की।

कब तक आना हो रहा है दिल्ली फिर?

क्या मुझे कुछ परिचय-वरिचय भी भेजना है? बता दीजिएगा। 'वर्तमान साहित्य' का कवितांक तो लचर है, उससे भी ज़्यादा सम्पादकीय। दुचित्तेपन के शिकार चिन्तन-कर्म का यही फल होता है। ख़ैर।

पत्र की प्रतीक्षा रहेगी।

आपका अपना,

कुबेर

(3)

दूरदर्शन केंद्र, नयी दिल्ली

24 मई, 2006

आदरणीय विश्वनाथ जी,

'दस्तावेज़' बराबर मिल रहा है। हर अंक सन्दर्भ सामग्री से भरपूर। आपका अनथक श्रम हिन्दी जगत के लिए बहुत मूल्यवान है। अनन्त शुभ कामनाएं।

एक लेख 'कालेवाला' महाकाव्य पर, भेज रहा हूँ। आपको अच्छा जान पड़े तो प्रकाशित कीजियेगा।

आपकी यात्रा संस्मरण-पुस्तकों पर आपसे एक इंटरव्यू रिकॉर्ड करना चाहता हूँ। कब दिल्ली आ रहे हैं! मुझे बताइयेगा।

आदरपूर्वक

पु. : चिट्टी घर के पते पर दें तो ज़्यादा सहूलियत रहेगी।

कुबेरदत्त

कुन्दन माली

(1)

170, टेकरी, उदयपुर (राज.) 313001

29.10.91

आदरणीय डॉ. साहब,

प्रणाम। स्वस्थ-सानंद हैं।

'आखर अनन्त' की प्रति 26/10 को मिली। मुझ जैसे नये-नये साहित्यप्रेमी को आपने प्रति भेजना स्वीकार किया, इसके लिए मैं कृतज्ञ हूँ। इतना प्रेम, स्नेह किसी बड़े रचनाकार से मिलना किसी नये व्यक्ति के लिये सौभाग्य की ही बात हो सकती है। आपने मुझ जैसे अनजान-अपरिचित व्यक्ति को पुस्तक भिजवाकर मुझे गौरवांन्वित किया है। पुनः आभार।

आपका पत्र भी मिला। पढ़कर मज़ा आया कि आपने वर्तमान की परिस्थिति को बखूबी, दो-टूक शब्दों में रखा है। कविताएं पसन्द न आयेंगी, ये आपने सोच लिया, कारण पता नहीं चला। असल में, इस संकलन की कतिपय कविताएं मैं पहले ही अक्षरा, विपाशा, दस्तावेज़, संडे आब्जर्बर आदि में पढ़ चुका था तभी से ये गहरे तक मन में उतर गई थीं। इसी के वषीभूत होकर आपसे प्रति के लिये निवेदन किया था। मेरी इच्छा पूरी हुई, मुझे परम सन्तोष, आनन्द है इन्हें पढ़कर। एक बार तो किताब को पढ़ लिया है। बेहद जीवंत। ठोस। विचारणीय कविताएँ। मेरा यह सौभाग्य होगा कि मैं इन पर अपनी पाठकीय प्रतिक्रिया दूँ। मैं इन पर शीघ्र ही अपने विचार आप तक पहुँचा रहा हूँ। हाँ, आपको ये ठीक न लगें तो चुप रह जायें। आपका अधिकार है। साथ ही साथ एक आग्रह कर रहा हूँ, उम्मीद है निराश न करेंगे।

कलकत्ता से पिछले 18 वर्षों से एक गम्भीर/सार्थक राजस्थानी साहित्य की द्वैमासिक पत्रिका नैणसी निकलती आ रही है। कल ही सम्पादक जी का पत्र आया है। आगामी नव.-दिसम्बर' 91 के अंक में वे कुछ हिन्दी कविताओं के राजस्थानी अनुवाद भी दे रहे हैं। अंक कुछ छप भी गया है। उन्होंने मुझसे तुरन्त कुछ अनुवाद भेजने को लिखा है। अब, हिन्दी से राज. में अनुवाद मैंने किये नहीं थे। सो तुरन्त ही दिसम्बर में 'आखर अनन्त' की कुछ कविताओं के राज. अनुवाद करके भिजवाने का सोच लिया है।

यह कार्य मैं तुरन्त कर रहा हूँ। यह मानकर कि आप मुझे इन कविताओं (बल्कि पूरी पुस्तक) के राजस्थानी में अनुवाद करने की अनुमति प्रदान कर देंगे कृपापूर्वक। सो आप लौटती डाक से मुझे उक्त अनुमति भिजवा कर अनुगृहित करेंगे। यह निवेदन है। मुझे निराशा नहीं मिलेगी, यह मैं मानकर चलता हूँ। साथ ही अपने अमूल्य सुझाव भी। ये मेरा काफी मार्गदर्शन करेंगे।

कुछ अनुदित कविताओं की प्रति आपकी सेवा में यथासमय भिजवाऊँगा।

'कविता क्या है?' और 'रचना के सरोकार' पुस्तकें मैं एक-एक बार पढ़ चुका हूँ। सचमुच आपका कार्य बेहद मेहनतभरा, बौद्धिक धरातल का ज्वलंत परिचायक है। अपने समीप आपकी रचनात्मक उपस्थित पाकर मैं अत्यन्त प्रसन्न-प्रमुदित हूँ।

कृपा पत्र की प्रतीक्षा में।

भवदीय

कुन्दन

(2)

उदयपुर : 12.11.91

आदरणीय डॉ. साहब,

प्रणाम।

काव्यसंग्रह यथासमय मिला। आभार। आपका पत्र भी। उसी के अनुरूप 'आखर अनन्त' पर 14 पृष्ठों का समीक्षालेख अभी ही पूरा किया है। यथाशीघ्र आपके अवलोकनार्थ भिजवा रहा हूँ। आपकी प्रतिक्रिया से मुझे प्रोत्साहन-प्रेरणा मिलेगी।

'दस्तावेज़' 50 पर अपने एक सम्पादक-मित्र के आग्रह करने पर समीक्षा पिछले दिनों लिखी है, उसकी प्रकाशित प्रति शीघ्र ही आपकी सेवा में प्रेषित करूँगा। वह भरतपुर (राज.) से प्रकाशित होने वाले साहित्यिक-पाक्षिक 'दिशाबोध' में आ रही है।

'आखर अनन्त' की सारी कविताओं का एक बार राजस्थानी में अनुवाद कर लिया है, अब इतमिनान से इन अनुवादों को भाषा के लिहाज से परिमार्जित करूँगा, व्याकरण की दृष्टि से भी।

इन अनुवादों को पत्रिकाओं में उपयोग करने से पूर्व आपका अनुमतिपत्र चाहियेगा, इसलिये कृपया इसे शीघ्र भिजवाने का कष्ट करें, यह निवेदन है। सम्भव हो तो 'दस्तावेज'-51 के बारे में सूचना दीजियेगा।

दीपावली की हार्दिक शुभकामनाओं सहित। कृपापत्र की प्रतीक्षा में।

आपका

कुन्दन

(3)

उदयपुर : 6.5.92

आदरणीय डॉ. तिवारी जी,

नमस्कार। स्वस्थ प्रसन्न हैं।

पत्र कई दिनों बाद लिख पा रहा हूँ। वजह यह एही कि मेरा Appointment Gujarat Univ. ds Shri MalvanArts College में हो गया तथा मैंने Dec. 1991 से Join कर लिया है। अब 14 अप्रेल से 15 जून तक ग्रीष्मावकाश है तो मैं घर पर ही हूँ। पता भी मैंने बदलवाया नहीं था।

बहरहाल 'दस्तावेज़' 52 की प्रति यथासमय मिल गयी थी। पत्रिका तो आप घर के पते पर ही भिजवाने का कष्ट करें। मैं हर महीने एक बार तो घर आ ही जाता हूँ। विद्यानगर हमारे वहाँ से यानि Malvan से लगभग 5 घंटे की दूरी पर है। कोई कार्यसेवा हो तो लिखें, मैं अगले सत्र में विद्यानगर जाने की सोचता हूँ।

'आखर अनन्त' की समीक्षा मैंने 'विपाशा' में भेजी थी पर वह कल ही लौट आई है। पत्रिका के ताज़ा अंक में रेवतीरमण लिखित समीक्षा 'आखर अनन्त' पर छपी है।

कविता तथा इतिहासपरक संवेदनात्मक दृष्टिकोण को लेकर नवम्बर में एक लेख लिखा था। अगर आप अनुमति दें तो उसे मांजकर 'दस्तावेज़' के लिये प्रेषित करूं। यह लगभग 7-8 पृष्ठों में लिखा है।

'आखर अनन्त' के राज. काव्यानुवाद मैं यथासमय 'भाषा' के लिए भेजना चाहता हूँ। कोई अन्य पत्रिका आपकी दृष्टि में हो तो उसका उल्लेख करें ताकि कुछ कविताएँ वहाँ भी भिजवा सकूं।

'आखर अनन्त' की समीक्षा मेरी इच्छा है, जब भी छपे वह 'दस्तावेज' में ही छपे। फिर जैसा आप उचित समझें, लिखें। बाकी पत्रिकाएं इतनी विस्तृत समीक्षाएँ कम ही छाप पाती हैं।

नामवरजी पर केन्द्रित 'दस्तावेज़' अभी देखा ही है। पढ़कर विस्तृत प्रतिक्रिया दूँगा। हाँ 'परिक्रमा' स्तंभ आपने खूब चलाया है। मज़ेदार है चुटकी भरता हुआ। बहुत पसन्द आया है। अरूणेष जी बधाई के हक़दार हैं। जब भी सम्भव हो, उन्हें मेरी ओर से बधाई देने का कष्ट करें। पता मेरे पास नहीं है वरना उनको सीधे ही पत्र लिखता।

गुजराती की त्रैमासिक पत्रिका 'कविता' में 2 महीने पूर्व आपकी एक कविता 'मां और आग' का अनुवाद पढ़ा था। हालांकि अनुवादिका ने काफी मेहनत से यह कार्य सम्पन्न किया पर जो रौ कविता में हिन्दी में आती है वह गुजराती में तो हर्गिज नहीं ही आ सकी है। यह मेरा अपना ख़्याल है।

शेष कुशल है।

आपके पत्र की प्रतीक्षा रहेगी। साभिवादन!

आपका

कुन्दन

(4)

उदयपुर : 14.5.94

आदरणीय डॉ. साहब,

प्रणाम। आशा है स्वस्थ-प्रसन्न-सृजनरत हैं। मैं कुशल से हूँ। सम्भवतया मेरा पूर्व में लिखा पत्र प्राप्त हो गया होगा। उसी क्रम में यह पत्र और संलग्न सामग्री।

हमारे प्रान्त के हिन्दी के वरिष्ठ कवि नन्द जी चतुर्वेदी की काव्यकृति ''ईमानदार दुनिया के लिये'' पर मैंने समीक्षा लिखी। इसे उन्हें दिखाया तो उनके ही सुझाव के अनुसार यह समीक्षा और पुस्तक की प्रति आपकी सेवा में प्रेषित कर रहा हूँ।

कल ही जब उनसे मिला तब वे बड़ी आत्मीयता और स्नेह से आपको याद कर रहे थे। वे दिन भी उनको स्मरण हुए जब आप, डॉ. परमानन्द श्रीवास्तव तथा डॉ. विष्णुकांत शास्त्री नंद बाबू के यहाँ मेहमान बने। आपके लिये तो उनके मन में अत्यन्त स्नेह तथा गर्व है कि आप अकेले ही इतने दिनों से संघर्षरत रहकर 'दस्तावेज़' जैसी पत्रिका लगातार निकाल रहे हैं।

आशा है आपको समीक्षा ठीक लगेगी। अपनी सुविधा से अगर आप इसे पत्रिका में स्थान दे सकेंगे तो आभार मानूँगा। पुस्तक की एक प्रति मेरे पास है ही, दूसरी आपके लिये नंद जी ने कल ही मुझे सौंपी जो आपको भेज रहा हूँ। दस्तावेज़-62 आलोचना केन्द्रित अंक की प्रतीक्षा है।

14 जून तक मैं यहीं रहूँगा। आपका पत्र मेरे लिये अतिरिक्त प्रसन्नता का कारण होता है। शेष फिर।

सादर,

आपका-

कुन्दन माली

(5)

उदयपुर : 29.9.95

आदरणीय डॉ. साहब,

प्रणाम। स्वस्थ-सानंद-सृजनरत हैं। दस्तावेज़'-65 की प्रति मिल गई। धन्यवाद।

''आखर अनन्त'' के जो राजस्थानी काव्यानुवाद मैंने 1991 में किये थे, उन्हें Final करके पांडूलिपि तैयार कर ली है। पिछले एक हफ्ते से इसी में लगा था। प्रसन्नता है कि यह काम ठीक-ठीक सम्पन्न हो सका। पांडूलिपि को मैं अब Publication Grant के लिए राजस्थानी भाषा साहित्य अकादेमी, बीकानेर को भेजूंगा। मेरा ख्याल है कि इस पर ग्रांट मिल जायेगी तथा पुस्तक भी अगले साल मार्च 1996 तक छप सकेगी। मैं पूर्णतः आशान्वित हूँ।

''आखर अनन्त'' के काव्यानुवाद तथा प्रकाशन की अनुमति देने के लिये मैं एक बार पुनः आपका आभार प्रकट करना चाहूँगा।

''सृजन का अन्तरंग'' किताब छप गई है तथा अभी Binding का काम चल रहा है। Dummy आ गई है। दिल्ली में काम किस तरह का है प्रकाशकों का, आप बेहतर जानते हैं। 15 मई तक प्रतियां मुझे मिलने की आशा है। पहली प्रति आपको भेजूंगा।

'उत्तर संवाद'-2 की प्रति अभी अभी मिली है। इसमें 'आखर अनन्त' पर मेरी समीक्षा प्रकाशित हुई है। पत्रिका की प्रति आप तक या तो पहुँच गई होगी या पहुँच रही होगी।

अभी 8-9 अप्रैल को प्रांतीय लघु पत्रिका सम्मेलन में मैं जयपुर गया था। संयोगवश वहाँ पुस्तक प्रदर्शनी में सोमदत्त का काव्यसंग्रह ''पुरखों के कोठार से'' तथा आपकी किताब ''बेहतर दुनिया के लिये'' नज़र आईं तो खरीद लीं। इस तरह अब मेरे पास आखर अनन्त तथा बेहतर दुनिया... हो गई हैं, लेकिन चीजों को देखकर तथा साथ चलते हुए काव्य संग्रहों की प्रतियां मिल सकें तो आपकी कविता पर समग्रता में एक आलेख लिखने का पक्का मानस बना रखा है। उक्त दोनों अन्तिम संग्रह जब भी मिलेंगे, लिखूंगा।

शेष कुशल है। 15 जून तक मैं ग्रीष्मावकाश में उदयपुर ही रहूँगा। कृपया इसी पते पर पत्र दे सकें तो बेहतर। पत्र की प्रतीक्षा में।

सादर

आपका

कुन्दन माली

केदारनाथ सिंह

(1)

पड़रौना : 17/4/76

प्रिय भाई,

लम्बे अर्से से अस्वस्थ होकर चारपाई पर पड़ा हूँ। इसीलिये उधर आ नहीं सका। ज्ञात हुआ है कि आप हमारे यहाँ मौखिकी के परीक्षक होकर आ रहे हैं। कार्यालय से एक पत्र आपको भेजा गया है, जिसमें 24 अथवा 25 अप्रैल की तिथि इस कार्य के लिये प्रस्तावित है। मेरा व्यक्तिगत अनुरोध है कि आप 24 अप्रैल की सुबह आवें - 6 बजे सुबह गोरखपुर से एक गाड़ी चलती है, जो 9 बजे पडरौना पहुँचती है। दिनभर में मौखिकी सम्पन्न कर शाम की गाड़ी से वापस जा सकते हैं। दिन का भोजन मेरे साथ करें। 25 अप्रैल को इसलिये टाल रहा हूँ कि उस दिन मतदान है और जाहिर है, उसमें आपकी दिलचस्पी होगी ही।

कृपया पत्रवाहक को दो लाइन लिखकर दे दें, जिससे तिथि की पुष्टि हो जाय। अपना निर्णय 24 अप्रैल के पक्ष में ही दें।

शेष मिलने पर। आपके पत्र की प्रतीक्षा रहेगी।

सस्नेह

केदारनाथ सिंह

(2)

भारतीय भाषा-केन्द्र,
जवाहरलाल नेहरू विश्वविद्यालय,
नयी दिल्ली-110067

12/1/82

प्रिय भाई,

पत्र मिला। पहले वाला भी मिल गया था। उत्तर देने में देर इसलिये हुई कि छुट्टियों में बाहर चला गया था - बलिया। अभी अभी लौटा हूँ तो आपका यह दूसरा पत्र मिला। श्रीकान्त जी से मेरी बात हो गयी थी। मुझसे बात करने के बाद ही उन्होंने पत्र भेजा था। पर अब लगता है कि आपके कार्यक्रम की तिथि आगे बढ़ानी पड़ेगी। क्योंकि 14 फरवरी को ही भोपाल में Poetry Library का (और पूरे 'भारत भवन' का भी, जो कि कला और संस्कृति का एक केन्द्र होगा) उद्‌घाटन होने वाला है। चूँकि मैं इस संस्था का एक मनोनीत सदस्य हूँ, इसलिए मुझे वहाँ होना होगा। निर्मल जी तो वहाँ हैं ही, वे भी अनिवार्यतः उस कार्यक्रम में रहेंगे। श्रीकान्त जी को भी जाना पड़ेगा। इसलिये आपके द्वारा प्रस्तावित तिथियाँ तीनों के अनुकूल नहीं पड़ेंगी। अब उचित यही होगा कि आप तिथि कभी मार्च में रखें - महीने के शुरू में। कृपया निर्मल जी और श्रीकान्त जी को भी लिख दें - यही

लिखें कि भोपाल में होने वाले 'भारतभवन' के उद्घाटन (14 फरवरी) को ध्यान में रखते हुए तिथि में परिवर्तन किया जा रहा है।

एक अनुरोध और। रामविनायक जी गोरखपुर पहुँच गये हैं, यह तो मालूम हो गया था, पर उनका पता मालूम नहीं है। इसलिये कृपया यह पत्र पाते ही उन तक मेरा संदेश पहुँचा दें कि 12-13 फरवरी के कार्यक्रम में आना न तो मेरे लिये सम्भव होगा, न नामवर जी के लिये। उनका निमंत्रण अभी नहीं मिला है, मैं सिर्फ़ आपके पत्र के आधार पर लिख रहा हूँ। यदि अभी उनकी तिथियाँ Final न हुई हों, तो आपके आसपास ही रखें। ऐसा इसलिये लिख रहा हूँ कि उनके कार्यक्रम में भी शामिल होना चाहता हूँ।

पत्र तुरत दें—अपने तथा रामविनायक जी, दोनों के कार्यक्रम के बारे में। आशा करता हूँ, आपकी दक्षिण-यात्रा सुखद रही होगी।

नव वर्ष की शुभकामनाओं सहित!

आपका

केदारनाथ सिंह

(3)

नई दिल्ली-67 : 23/4/82

प्रिय भाई,

आशा है, आप सकुशल पहुँच गये होंगे। यहाँ मैंने निर्मल जी से सम्पर्क करने की बहुत कोशिश की। पर वे शायद 20 अप्रैल को ही चले गये थे। वैसे भी, मालूम हुआ कि वे विदेश-पथ पर हैं—उन्हें जर्मनी जाना है। इस बार दिल्ली उसी की पूर्व तैयारी के लिये आये थे। अब लगता है कि उनका पकड़ में आना मुश्किल ही है। हाँ, श्रीकान्त जी से कल बात हुई थी। वे चलने को तैयार हैं—पर अपनी सुविधा के अनुसार। अभी चुनाव को लेकर बुरी तरह व्यस्त हैं। अब अगले सत्र में ही यह कार्यक्रम सम्भव दीखता है। तब तक निर्मल जी भी वापस आ जायेंगे।

मैं और नेमि जी पूर्वनिश्चित कार्यक्रम के अनुसार ही यहाँ से 5 मई को चलकर अगले दिन शाम तक गोरखपुर पहुँच रहे हैं। यह पत्र केवल पहुँच की सूचना देने के लिये लिख रहा हूँ। सम्भवतः वहाँ तीन दिन रुकना होगा। नेमि जी का आग्रह है कि वहाँ के कुछ महत्त्वपूर्ण स्थल अवश्य देख लिये जायं—जैसे कुशीनगर और मगहर इत्यादि। कृपया श्रीमती रस्तोगी से कहें—मेरी ओर से नहीं, अपनी ओर से—कि इसकी व्यवस्था करें। नेमि जी तो खासतौर से उन्हीं के अतिथि होंगे!

अन्य मित्रों को भी इस कार्यक्रम की सूचना देवें—जैसे बंगाली और उनके माध्यम से हरिहर जी आदि को।

बाक़ी मिलने पर।

सस्नेह

केदारनाथ सिंह

(4)

ज.ने.वि., नई दिल्ली-67 : 19/12/82

प्रिय भाई,

आपका पत्र यथासमय मिल गया था—'दस्तावेज़' के अंकों के साथ। नामवर जी की प्रति दे दी। पर गीता शर्मा की प्रति मेरे पास से डॉ. मैनेजर उठा ले गये। अब उनसे वापस लेना मुश्किल

है। इसलिये, बेहतर हो, आप उनके लिये नई प्रति भिजवा दें।

अनिल कुमार शाही से ज्ञात हुआ कि आप दुर्घटनाग्रस्त हो गये थे। जानकर चिन्ता हुई। अब क्या स्थिति है, सूचित करें। आशा करता हूँ, पैर की चोट अब बिल्कुल ठीक हो गई होगी।

मैं जल्दी ही गोरखपुर आने वाला हूँ। बाक़ी बातें आने पर ही होंगी। सम्भवतः जनवरी के प्रथम सप्ताह में कभी पहुँचूँगा। डॉ. परमानन्द श्रीवास्तव को बधाई का पत्र भेजा था। मिल गया होगा। कृपया आप मौखिक रूप से भी मेरी शुभकामना उन तक पहुँचा दें।

इधर नामवर जी भी गम्भीर रूप से अस्वस्थ हो गये थे। अब पूर्णतः ठीक हैं। पर कमज़ोर बहुत हैं। फलतः विश्राम कर रहे हैं।

नव वर्ष की शुभकामनाओं के साथ।

आपका

केदारनाथ सिंह

(5)

ज.ने.वि., नई दिल्ली-67 : 28/9/85

प्रिय भाई,

आपका पत्र यथासमय मिल गया था। आपका संग्रह ('बेहतर दुनिया के लिये') एक दिन स्वयं राजकमल जाकर ले आया था। पूरा पढ़ गया– एक बार नहीं, कई-कई बार। कई कविताओं ने रोका, टोका, पकड़ा, विचलित किया। कुछ तो पहले सुनी या पढ़ी थीं, पर काफी मेरे लिये एकदम नई थीं। आपकी संवेदना और भाषिक पकड़ दोनों में एक निश्चित विकास और परिपक्वता मिली, जो पिछले संग्रह से आगे की चीज़ है। कुल मिलाकर चयन मुझे अच्छा लगा यानी ऐसा जिससे रचनाकार की 'निजता' का पता चले। उस 'निजता' की छाप मुझे अनेक कविताओं में मिली। मेरी बधाई स्वीकार करें। कभी मिलने पर संग्रह के बारे में विस्तार से बात होगी। हाँ, यह चुपके से कान में बता दूँ कि संग्रह की वे कवितायें मुझे ज़्यादा अच्छी लगीं जिनमें ज़्यादा 'प्राइवेसी' है और जाहिर है, ऐसी अच्छी चीजों पर बातचीत रूबरू बैठकर ही की जा सकती है। सो, आपके दिल्ली आगमन की प्रतीक्षा है। सुना है, आप अक्तूबर के प्रथम सप्ताह में आ रहे हैं। ऐसा न हो कि पिछली बार की तरह इस बार भी मुलाकात न हो। कृपया प्रोग्राम इस तरह बनायें कि कम से कम 11 या 12 अक्तूबर तक दिल्ली में रहना ज़रूर हो। मैं चार अक्तूबर को पटना जा रहा हूँ। वहाँ से बनारस में रुकते हुए 10 अक्तूबर की सुबह दिल्ली वापस आऊँगा। इसलिये उस दिन आपसे भेंट हो सकती है। कम से कम एक शाम तो ऐसी हो ही, जब जरा जमकर बैठ सकें। बहरहाल, मैंने अपना प्रोग्राम बता दिया। बेहतर हो, आप अपना प्रोग्राम उसी की रोशनी में तय करें।

इस पत्र के साथ अपने एक अभिन्न मित्र की कुछ कवितायें भेज रहा हूँ– 'दस्तावेज़' के लिये। कवि का नाम है श्री असलम परवेज़, जो मेरे विभाग में मेरे सहकर्मी हैं– उर्दू के जाने-माने कवि तथा आलोचक। इधर उन्होंने हिन्दी में भी लिखना शुरू किया है। मैं चाहता हूँ कि एक उर्दू कवि की ये हिन्दी कवितायें हिन्दी पाठकों के सम्मुख आनी चाहिये। कृपया इनमें तीन-चार जो भी पसन्द हों, चुन लें और अगले किसी अंक में प्रकाशित करें। चयन में सुविधा हो, इसलिये कुल 7 कवितायें आपके पास भेज रहा हूँ।

बाकी सब ठीक-ठाक है। अभी परमानन्द जी आये थे तो आप लोगों का समाचार मिला। अब आप भी आ ही रहे हैं। यदि एक पत्र द्वारा या तार से अपने कार्यक्रम की सूचना दे सकें तो

अच्छा हो। भरसक तार से ही। ठहरेंगे तो 'गोमती' में ही। जैसा हो, सूचित करें। मुलाक़ात ज़रूर होनी चाहिए, चाहे जैसे भी हो।

शेष मिलने पर।

आपका
केदारनाथ सिंह

(6)

ज.ने.वि., नई दिल्ली-67 : 3/5/86

प्रिय भाई,

आपका पत्र काफी दिनों पहले मिला था। तब आप यात्रा में थे, इसलिये उत्तर नहीं दिया। अब, आशा करता हूँ, आप लौट आये होंगे। मौखिकी का कार्य तो अब जुलाई में ही होगा। इस बीच, मुझे भी बाहर जाना है। आज ही अमरीका के लिये प्रस्थान कर रहा हूँ। लम्बी यात्रा है, इसलिये थोड़ी उलझन भी महसूस कर रहा हूँ। यदि सब कुछ ठीक-ठाक रहा तो इस महीने के अन्त या अगले महीने के आरम्भ में दिल्ली आ जाऊँगा। फिर उधर आने का कार्यक्रम बनाऊँगा। कुशीनगर में एक Viva लेना है। जून के उत्तरार्द्ध या जुलाई शुरू में रखना चाहता हूँ। जैसा होगा, सूचित करूँगा।

सभी मित्रों को यथायोग्य। बंगाली जी मिलें तो उन्हें मेरा सस्नेह अभिवादन दें। परमानन्द जी को भी।

शेष पुनः।

आपका
केदारनाथ सिंह

पुनश्च : डॉ. असलम वाली कवितायें आपके पास पड़ी हैं। अगले अंक में देने वाले थे। दे दे तो अच्छा रहेगा। - के.

(7)

ज.ने.वि., नई दिल्ली-67 : 25/9/86

प्रिय भाई,

पत्र मिला। जैसा कि आपको ज्ञात है, मैं दो अक्तूबर की सुबह गोरखपुर पहुँच रहा हूँ। चार-पाँच दिन रुकूँगा। इस बीच आपसे भेंट होगी ही। विशेषांक की योजना पर तभी बात कर लेंगे। श्रीकान्त जी पर मैंने 'आलोचना' के लिये लिखा है - बल्कि कहिये, लिखना पड़ा। अब क्यों न ऐसा हो कि 'दस्तावेज़' के लिये श्रीकान्त जी के बारे में कोई मुझसे बातचीत कर ले। कहने के लिये तो बहुत-सी बातें हैं। यदि ऐसा हो सके तो सोचकर तय कर लें। चूँकि कई दिन आप लोगों के साथ रहूँगा, इसलिये बातचीत करने के लिये पर्याप्त समय अपने पास होगा।
2 अक्तू. की शाम को आपसे भेंट होनी चाहिये। शेष मिलने पर।

आपका
केदारनाथ सिंह

(8)

ज.ने.वि., नई दिल्ली-67 : 18/10/86

प्रिय भाई,

इस पत्र के साथ डॉ. भगवान सिंह द्वारा लिखित एक निबन्ध भेज रहा हूँ– नामवर जी पर। श्री भगवान सिह हमारे विभाग के भूतपूर्व छात्र हैं और सम्प्रति भागलपुर विश्वविद्यालय में हन्दी के प्रवक्ता हैं। निबन्ध सुलिखित और सुविचारित है, जो नामवर जी को भी पसन्द आया और मुझे भी। वस्तुतः नामवर जी के परामर्श पर ही इसे आपके पास भेज रहा हूँ। कृपया नामवर जी पर निकलने वाले विशेषांक में इसका उपयोग करें। आशा है, निबन्ध आपको भी पसन्द आयेगा।

और सब ठीक-ठाक है। आप अब तक भले-चंगे हो गये होंगे, ऐसा विश्वास है। अपना हालचाल दें। बच्चों को स्नेह।

पत्र दें– इस सूचना के साथ कि नामवर जी वाला अंक कब तक प्रेस में जा रहा है।

आपका

केदारनाथ सिंह

(9)

नई दिल्ली-67 : 15/3/87

प्रिय भाई,

'दस्तावेज़' का नया अंक मिला श्रीकान्त जी पर अच्छा अंक निकाला है आपने। बधाई लीजिये। पर इस अंक ने मेरी मुश्किल थोड़ी बढ़ा दी है। आपने श्री विजय बहादुर सिंह लिखित 'आँका सूरज, बाँका सूरज' की समीक्षा प्रकाशित की है, जिसमें कवि का नाम ग़लत दिया गया है। उस पुस्तक के कवर पर कवि का नाम सिर्फ़ 'केदार' दिया गया है 'केदारनाथ सिंह' नहीं। मुझसे स्वयं कवि ने बताया था कि अपने नाम का संक्षेपीकरण उन्होंने इसलिये किया कि Confusion न हो। परन्तु आपके इस अंक ने अपनी ओर से यह Confusion पैदा कर दिया है। आपका अंक मिलने के बाद कम से कम तीन लोग मुझसे स्पष्टीकरण माँग चुके हैं और आगे न जाने और कितने लोगों को मुझे सफ़ाई देनी पड़ेगी। मुझे लगता है कि इस मामले में थोड़ी सम्पादकीय असावधानी हो गई है। समीक्षक ने यदि पूरा नाम लिखा भी तो उसे ठीक कर देना चाहिये था—क्योंकि पुस्तक के अनुसार 'आँका सूरज, बाँका सूरज' का रचनाकार 'केदारनाथ सिंह' नहीं, सिर्फ़ 'केदार' है। मैं चाहूँगा कि अगले अंक में इसका भूल-सुधार छाप दिया जाय। इससे बहुत से पाठकों का भ्रम दूर हो जायेगा– और शायद मैं बहुत-सी जिज्ञासाओं का समाधान करने की अनावश्यक जिम्मेवारी से भी बच जाऊँगा।

एक बात स्पष्ट कर दूँ कि यह पत्र प्रकाशित करने के लिये नहीं लिख रहा हूँ। यह बिल्कुल निजी पत्र है और इसका उद्देश्य सिर्फ़ इतना है कि एक असावधानीवश हो जाने वाली त्रुटि की ओर सम्पादक का ध्यान आकृष्ट कराया जाय। अस्तु, मेरा पत्र प्रकाशित न करें, न ही भूल-सुधार में उसका उल्लेख ही करें। सिर्फ़ अपनी ओर से एक टिप्पणी छाप दें।

पर सारा दोष मेरे नाम के मत्थे! अब इसका दोष किसी और को क्यों दूँ? पूर्वी उत्तर प्रदेश और बिहार का हाल यह है कि किसी भी भीड़ में यह नाम लेकर पुकारो तो कम से कम दस 'केदार' तो एकसाथ खड़े हो ही जायेंगे। थोड़ी-बहुत यह कठिनाई आपके नाम के साथ भी है। मैंने तो शुरू में अपना एक उपनाम भी रख लिया था। फिर त्रिलोचन शास्त्री के कहने पर छोड़ दिया। वे

तो 'वासुदेव सिंह' से 'त्रिलोचन' हो गये, मैं केदारनाथ सिंह ही रह गया। गाँव से आया था। इतनी अकल तो थी नहीं कि भविष्य की मुश्किलों का अन्दाज़ लगाऊँ। हम सब गाँव से आये हैं और अब भला हो, चाहे बुरा, जो नाम माँ-बाप ने प्यार से दे दिया है, उसी को हर कीमत पर बचा के रखना है। सो, उसी के बचाव के लिये आपसे गुहार लगा रहा हूँ। वैसे कहावत तो यही है कि नाम में क्या रक्खा है? पर असल में नाम मनुश्य की सृष्टि है और मनुष्य की हर सृष्टि की तरह उसकी भी अपनी एक अर्थवत्ता होती है। इसीलिये कोई भी नाम फिर वह चाहे जितना भी ऊबड़-खाबड़ हो, न अशुद्ध होता है, न असंस्कृत। वर्ना संस्कृत में 'कल्हण-विल्हण' के लिये जगह कहाँ से होती!

बस, अब नाम-पुराण खत्म करता हूँ। उत्तर देंगे। होली की एक मुट्ठी गुलाल के साथ।

आपका

केदारनाथ सिंह

(10)

नयी दिल्ली-67 : 12/4/99

प्रिय भाई विश्वनाथ ज़ी,

नमस्कार,

सबसे पहले इस बात के लिये क्षमा माँग लूँ कि पुनश्चर्या-कार्यक्रम में नहीं आ सका। जैसा कि आपको पाण्डेय जी ने बताया होगा, अचानक मेरी छोटी बेटी रोली की तबीयत ज़्यादा खराब हो गयी और फिर डॉक्टर की सलाह पर उसका एक आपरेशन कराना पड़ा। ऐसी स्थिति में मेरा आना एकदम असम्भव था। इससे आपको जो असुविधा हुई होगी, उसका थोड़ा-बहुत अंदाज लगा सकता हूँ। पर मेरी विवशता को देखते हुए मुझे क्षमा कर देंगे, ऐसा मानकर चलता हूँ। हाँ, इसकी क्षतिपूर्ति हेतु, अब जब भी आपका स्नेहादेश मिलेगा, ज़रूर आऊँगा। वैसे भी जुलाई में पूर्णरूप से रिटायर हो रहा हूँ—फिर मेरे पास समय ही समय रहेगा।

मुझे यह जानकर सुख मिलता है कि शताब्दी के अन्त में गोरखपुर विश्वविद्यालय के हिन्दी विभाग की अध्यक्षता का दायित्व आप सँभाल रहे हैं। यह उस विभाग पर पड़ने वाली अन्तिम महत्त्वपूर्ण छाप होगी जिसे नयी सदी में याद किया जायेगा। समय के दो पाटों के बीच सेतु बनने का सौभाग्य विरलों को प्राप्त होता है। इस ऐतिहासिक दायित्व का निर्वहन करने की जो क्षमता और प्रतिभा आप में है, उसके प्रति मैं पूर्ण आश्वस्त हूँ। कृपया इस अग्रज की शुभकामना स्वीकार करें।

एक अर्सा हो गया आपसे मिले। पिछली बार जब गया था तो आप कहीं बाहर थे। गर्मी की छुयिों में शायद उधर आने का कोई बहाना मिले। आने पर भेंट होगी ही। कृपया अनन्त जी को मेरा अभिवादन दें—हाँ, चित्तरंजन जी को भी।

सस्नेह।

केदारनाथ सिंह

कृष्णनाथ

(1)

बंगलोर-560 062 : 17.8.'04

प्रिय प्रोफेसर विश्वनाथ तिवारी जी,

7 अगस्त, 2004 को जेट एयरवेज/900 811 से दिल्ली-बेंगलूरु- 'हरिद्वनम्' पहुँचा।

यहाँ दस्तावेज़ 102, 103 पाकर अच्छा लगा। धन्यवाद।

मुझे उन दिनों का स्मरण हो आया जब आप महावीर प्रेस, भेलूपुर, वाराणसी से इसको छपाते थे। अपने दम पर 100 से ऊपर अंक छापना!

दस्तावेज़, 102 में ''रूस के महान शहर पीतेरबुर्ग में'' पढ़कर लगा कि जिसे हम सेन्ट पीटर्सबर्ग कहते हैं उसका रूसी असली नाम ''पीतेरबुर्ग'' होगा। है न? आपने पुश्किन का श्री वरयाम सिंह कृत अनुवाद उद्धृत किया तो उनका भी स्मरण हो गया।

दस्तावेज़ 103 पं. विष्णुकान्त शास्त्री के अमृत महोत्सव पर विशेष है। आपका उनसे इतना अन्तरंग परिचय था, यह पहली बार मालूम पड़ा। डॉ. कृष्ण बिहारी मिश्र का ''पाँकाल माछ'' उनके सम्बन्धों के हिसाब से संक्षिप्त है, किन्तु सार्थक। बांग्ला की छौंक से सुवासित। उनसे भी पत्र-व्यवहार इन दिनों टूट सा गया है।

विंध्य के दक्षिण, उत्तर की हवा भी थम जाती है। इसलिए 'हरिद्वनम्' में एक प्रकार से निर्वासित-जीवन जीता हूँ। वर्षा ऋतु यहाँ कृपालु है। 'हरिद्वनम्' हरित श्याम है। किन्तु हिमालय, गंगा-जमुना का जल विसरता नहीं। '...मोहे ब्रज बिसरत नाही।'

फिर यात्रा-चक्र : बंगलूरु-चेन्नै-दिल्ली-लेह-दिल्ली-धर्मशाला-अरुणाचल प्रदेश इत्यादि।

इस पते पर 'दस्तावेज़' आप भरोसे से भेज सकते हैं। सारनाथ, वाराणसी की डाक का भरोसा नहीं। किस बात का है?

शेष कुशल है। आशा है वहाँ भी सब कुशल-मंगल है। डॉ. करुणेश शुक्ल, डॉ. चितरंजन मिश्र, डॉ. परमानन्द श्रीवास्तव और अन्य मित्रें को मेरा नमस्कार कहेंगे। सानंद होंगे।

सप्रेम,
आपका
कृष्णनाथ

कृष्णबिहारी मिश्र

(1)

7-बी, हरिमोहन राय लेन, कलकत्ता-700 015

13. 4. '92

भाई तिवारी जी, नमस्कार!

'दस्तावेज'-52 शनिवार को मिला। शनिवार-रविवार को मेरी छुट्टी रहती है, पर सामाजिक प्रपंच सघन हो जाता है। तथापि संवस निकालकर कई निबन्ध पढ़ गया। चूंकि अंक मेरे सम्मान्य अध्यापक डॉ. नामवर सिंह पर केन्द्रित है, सहज आग्रह था मन में।

आपका निबन्ध ही सबसे पहले पढ़ा। ऐसा तर्क-पुष्ट विवेचन करने वाले और नैकट्य का संकोच छोड़कर दो टूक बात कहने वाले लोग आज विरल हैं। नामवर जी बकौल उनके स्नेहभाजन डा. परमानन्द श्रीवास्तव, निष्पक्षता को विचार जगत् के लिये विधायक नहीं मानते। और इस मान्यता से दबकर ही नामवर जी के सगोत्री विद्या व्यापार को उलटते-पलटते रहते हैं। मगर 'दस्तावेज' की और आपकी भूमिका मुझे बराबर निष्पक्ष लगी है। पत्रकारिता विषयक अपनी लिखावटों में मैंने 'दस्तावेज़' की विशिष्टता को रेखांकित भी किया है। आपका निबन्ध निष्पक्ष विवेक का प्रमाण है। हार्दिक बधाई।

श्री रेवती रमण जी का विवेचन मुझे अच्छा लगता है। मगर आपके प्रश्नों का उत्तर नहीं बन पाता न तो रेवती रमण जी के निबन्ध से और न श्री भगवान सिंह के तर्क से। नामवर जी के धनपक्ष, उनकी प्रातिभ प्रखरता को आपने अचूक विवेक और औदार्य के साथ रेखांकित किया है, जो निष्पक्ष विवेक-धरातल से ही सम्भव है, मगर उन सवालों का क्या जवाब है जो आपका निबन्ध उठाता है।

श्री भगवान सिंह को मैं अपना पुराना मित्र गोरखपुरी भगवान सिंह मान रहा था, जो विलायती किस्म की दाढ़ी बढ़ाकर अब देहलवी बन गये हैं। पन्ना पलटने पर पता चला कि ये भगवान जी भागलपुरी हैं। इन्हें मैं जानता नहीं। हिन्दी लेखन का परिदृश्य बहुत व्यापक हो गया है। मेरा ज्ञान बहुत सीमित है।

श्री अरुणेश नीरन की 'परिक्रमा' दिलचस्प ही नहीं विचारोत्तेजक है।

एक बात बताइये तिवारी जी, हिन्दी समीक्षा पर विचार करते आचार्य नन्ददुलारे वाजपेयी, आधुनिक चेतना के समर्थन और प्रतिष्ठा में जिनकी कृती भूमिका रही है, और डॉ. रामविलास शर्मा जैसे शुक्ल जी के पक्षधर विचारक ने जिन्हें शुक्लोत्तर हिन्दी समीक्षा का सबसे समर्थ समीक्षक स्वीकार किया है, उन्हें प्रायः नज़रअन्दाज क्यों किया जाता है? द्विवेदी जी के वैदुश्य, अनुशीलन और चिन्तन का अपना विशिष्ट स्तर है, किन्तु शुद्ध समीक्षक के रूप में शुक्ल जी के बाद की पीढ़ी में वाजपेयी जी का समीक्षा-कार्य किस विशेष से उन्नीस जान पड़ता है? मेरी समझ में यह बात नहीं आती कि समीक्षा विषयक पूरी चर्चा हजारी प्रसाद द्विवेदी, राम विलास शर्मा और नामवर सिंह तक ही क्यों सिमट कर रह जाती है? अज्ञेय का कार्य या फिर नामवरजी की पीढ़ी के इलाहाबाद के विचारकों

(डॉ. रघुवंश, विजयदेव नारायण साही, भारती और डा. रामस्वरूप चतुर्वेदी) का लेखन क्या दोएम दर्जे का है? विचार की यह सरणि मुझे तो अजीब लगती है। तवारीख पर लीपापोती करने की साज़िश। यह श्रेय की बात है कि 'दस्तावेज' की यात्रा शिविर-मुक्त सरणि की यात्रा रही है। पता नहीं, यह पंथी आपके सहकर्मी बन्धु श्री परमानन्द जी को कितना तोष दे पाती, मेरे विवेक के अनुकूल यही है।

नामवर जी को केन्द्र में रखकर कुछ दिनों पहले 'पहल'—सम्पादक को एक लम्बा पत्र लिखा था जो छाप नहीं सके। आप ही के कोण से, लगभग, मैंने नामवरजी के व्यतित्व पर विचार किया था। शायद सोच-साम्य के कारण भी आपका निबन्ध अच्छा लगा।

आशा है, सानन्द हैं।

सस्नेह

कृष्ण बिहारी मिश्र

(2)

कलकत्ता/19.8.'92

प्रियवर श्री तिवारी जी, नमस्कार!

एक दिन की संगति अत्यन्त प्रीतिकर लगी। यद्यपि संकोच से दब गया था कि आपका पूरा दिन ही खा गया। निरुपाय था कि आपके अलावे दूसरे मकाम से मेरा आत्मीय परिचय नहीं था। और अब गोरखपुर अच्छा लगने लगा है कि मेरी जाति के लोग वहाँ मिल गये हैं। रामकृष्ण परमहंस कौतुकी मुद्रा में कहा करते थे कि गंजेड़ी गंजेड़ी को खोजता है।

गाड़ी में ही आपकी अधिकांश कवितायें पढ़ गया था। आपकी कविता से पहला परिचय है। अकविता की भीड़ में यकायक संवेदना की रोशनी को पाकर चित्त प्रसन्न हो गया। मेरी गृहिणी साथ थीं और नौकरी की लाचारी थी अन्यथा आपको बधाई देने गोरखपुर लौट गया होता।

माँ पर केन्द्रित कविताओं ने मेरी संवेदना के कोने-अन्तरे तक को आलोकित कर दिया। आपके विद्या-व्यक्तित्व के मूल में यही संवेदना है। 'माँ के अमृत पयोधर' से जन्मी संवेदना। लपटों से, हवा से, आकाश से अकेली लड़कर' आंचल की बाती की रक्षा करने वाली मां के अमृत पयोधर रुई की तरह जल जाते तो कविता और आदमियत की सुरक्षा का आश्वासन मर गया होता। दूध से जुड़ी संवेदना जीवित है तभी इतनी संवेदन-पुष्ट कविता आप रच पाते हैं। आपकी कविताओं को पढ़ते बार-बार भवानी भाई याद आते रहे। भवानी भाई कविता पढ़ते थे तो संवेदना में ज्वार आ जाता था। मेरे मुंह से अपनी चार पंक्तियां सुनकर भवानी भाई की आंखें बरसने लगी थीं। पं. विद्यानिवास मिश्र और डॉ. परमानन्द जी उपस्थित थे। और बरसती रहीं बड़ी देर तक भवानी भाई की आंखें जब वे कविता पढ़ रहे थे यानी रोशनी से हम लोगों को समृद्ध कर रहे थे। मैं कविता विषयक अपनी रुचि और आस्वाद की ओर इषारा करना चाहता हूँ। मेरी समझ की सीमा की भी बात है। और ईश्वर का बड़ा अनुग्रह है कि मैं अपनी सीमा से परिचित हूँ। सो 'आखर अनन्त' की समीक्षा लिखने की हिमाकत नहीं कर सकता। प्रसंगवर्ष यह कहना जरूरी लगता है कि यदि आपने मेरे निबन्धों पर दृष्टिपात किया होता तो मेरी तरह आपने भी लक्ष्य किया होता कि आपके बहुत करीब है मेरी संवेदना।

कविता के नाम पर आज जो पढ़ने को मिलता है, सच कहता हूँ, साहित्य की सर्वोत्कृष्ट विधा से वितृष्णा हो जाती है। मेरे साथ बातचीत करते, रेडिओ पर, वात्स्यायन जी ने मेरे एक प्रश्न के

जवाब में कहा था कि नवता को नहीं सर्जन को मैं गुरुता देता रहा हूँ। रचना के सन्दर्भ में नवता की अपेक्षा सर्जन का महत्त्व होता है। मगर आज की कविता के सन्दर्भ में पीड़क स्थिति यह है कि नवता को वरीयता दी जाने लगी और आयासपूर्वक कविता को अकविता बनाया गया। नवता का अनावश्यक आग्रह ताकि नामावरी हासिल की जा सके। जन का हल्ला करने वालों की उद्भावना वैयक्ति गुहा-लोक की ग्रंथियों से ऐसी उलझ गयी कि संस्कारी जन ने कविता से मुंह फेर लिया। पूरा आस्वाद ही प्रदूषित कर दिया कविता ने। आचार्यों की महफ़िल में संप्रेषणीयता के प्रश्न पर बहस होती है, कविता के सरोकार के सवाल को लेकर चिन्ता प्रकट की जाती है, मगर विडम्बना यह है कि तरजीह उस रचना को दी जाती है जो Subjectivity के भार से निहायत अपरिचित और अबूझ होती है। अपनी कमजोरी आपको बताऊं, शमशेर और मुक्तिबोध तो दूर, केदारनाथ सिंह तक की इधर की कवितायें मेरी समझ में नहीं आतीं, जबकि अपनी ऋजु उद्भावना के लिये एक समय मेरे सतीर्थ बन्धु केदारनाथ सिंह मेरे प्रिय कवि थे। और महापण्डित रामविलास शर्मा जिसे 'जनकवि' कहते हैं उनसे तीखा व्यंग्य पटना के सत्यनारायण और गोपीवल्लभ तथा इलाहाबाद में कैलास गौतम और दूसरे अनेक कवि लिखते हैं जिन्हें आज का समीक्षक यत्नपूर्वक हाशिये पर रखना जरूरी समझता है। नामवर जी की दृष्टि में नागार्जुन आधुनिक कबीर हैं। नामी लोगों की विवेक विवर्जित धारणा ने हिन्दी कविता और कवियों को कितनी क्षति पहुँचाई है, विपथगामी बनाया है, आपसे छिपा नहीं है। वैचारिक ऊष्मा और विप्लवी चेतना बांग्ला कवि श्री सुभाष मुखोपाध्याय में कम नहीं है, लेकिन उनकी उद्भावना गहरी व्यंजना से सम्पन्न होकर भी इतनी स्पष्ट और ऋजु है कि आम आदमी को स्पर्श-आलोकित करती है। आपकी कविता ने मेरे आस्वाद को समृद्ध किया है। भारतीय संस्कृति की स्वकीयता को व्यंजक मुद्रा में रेखांकित करने की कला आपने अर्जित की है। मन प्रीत-प्रेरित हुआ आपकी कविताओं को पढ़कर कि कविता के प्रति मेरी मरुआई रुचि पुनर्नवा हो गयी। हार्दिक बधाई!

'दस्तावेज़' के सम्बन्ध में आपने जो दायित्व सौंपा है उसे जरूर पूरा करूंगा। आपकी साध - सौ अंक निकालने की सहज इच्छा पूरी हो, मेरी मनः कामना ही नहीं सक्रिय सहयोग आपके साथ रहेगा।

'भारतीय भाषा परिषद्' के अधिकारियों ने पत्रकारिता वाली गोश्ठी के विषय में, पता नहीं, आपको कुछ लिखा या नहीं! रेड्डी जी के आदेश से ही मैंने आपसे बातचीत की। लौटकर उन्हें फोन से बता भी दिया। खबर मिली कि जनसत्ता के श्री प्रभाष जोशी के सुझाव पर नये सिरे से परिकल्पना रची जा रही है। मैंने जो प्रारूप प्रस्तावित किया था उसकी ज़ेराक्स प्रति आपके अवलोकनार्थ भेज रहा हूँ। मानसिक प्रस्तुति रहे, क्योंकि रेड्डी जी के कथनानुसार आपके वहाँ नेवता जाने वाला है।

'दस्तावेज' के आजीवन सदस्य कुछ बनाये जा सकें, इसके लिए मेरे पास कुछ फार्म भेज दें। आपने पांच की बात कही थी। देखें, कितना कुछ कर पाता हूँ।

पत्र की प्रतीक्षा रहती है।

सस्नेह

कृष्ण बिहारी मिश्र

पुनश्च—मगर यह खूब है साहब, इतने प्रेम से मैंने आपको अपनी पुस्तक दी थी और डेढ़ वर्ष तक उसे देखने का आपको अवकाश नहीं मिला! मेरे शहर में कुछ समर्थ कवि हैं। इनकी कवितायें आप देखें, मेरा आग्रह है। नामवर जी में काव्य-विवेक के अनुरूप सहृदयता और शिविर-मुक्त विवेक होता तो अब तक वे आचार्य शुक्ल या आचार्य वाजपेयी के स्तर पर पहुँच गये होते। समीक्षक के लिए सहृदय होना पहली शर्त है। क्यों?—कृ.बि. मिश्र

पं. अरुणेश जी ने अच्छी पुस्तक की संस्तुति की थी। आपकी पुस्तक पढ़ते समय उनकी याद

आई थी। उनकी सहृदयता और विवेक का स्तर ऊँचा है। उन्हें हार्दिक साधुवाद। आपकी कविता 'कनॉटप्लेस' को पढ़ते रवीन्द्रनाथ की याद आई थी। व्यावसायिक आपाधापी में अदृश्य होता मनुष्य, इस त्रासद स्थिति की ओर मार्मिक इशारा रवीन्द्रनाथ में भी है। आपकी स्वकीय मुद्रा है। यानी 'आखर अनन्त' के आखर-आखर बांच गया हूँ। भेंट होगी तो और बातें होंगी। मां का अशेष अनुग्रह है आप पर। —कृ.बि. मिश्र 19.8.92

अन्ततः—श्री बालशौरि रेड्डी से अभी-अभी फ़ोन से बात हुई। आपको आज ही पत्र भेजा गया है। अवश्य आइये।

'दस्तावेज' की सामग्री साथ ही लाइये। काम हो जायेगा। पुराने अंक के पांच सेट बिकवाने की अपेक्षा पांच या कुछ अधिक आजीवन सदस्य बनाना शायद ज्यादा ठीक रहेगा। आप विचार कर लें। चेष्टा रहेगी कि अधिक सहयोग मिल सके। पत्र लौटती डाक से दें। कृ.बि.मिश्र

लौटने की आरक्षण-व्यवस्था की जिम्मेदारी 'भाषा परिषद्' की है, पर यह दायित्व आप निःसंकोच मुझे भी सौंप सकते हैं। पत्र देने में विलम्ब न करें। -कृष्ण बिहारी मिश्र

(3)

कलकत्ता / 25.4.2001

भाई तिवारी जी, नमस्कार!

आपके आग्रह के जवाब में पुराने रचनाकारों-आचार्यों के पत्र आपको देने का मैंने वादा किया था। मगर दो सप्ताह की अस्वस्थता ने इतना दुर्बल बना दिया कि पुराने कागजों से काम की सामग्री खोज निकालना सम्भव नहीं था। मेरी सारी सामग्री अव्यवस्थित है। व्यवस्थित करना अब मेरे बूते की बात है भी नहीं। और बेटों की जीविका-चर्या और गार्हस्थिक व्यस्तता इस तरह के काम का अवकाश नहीं देती। दूसरे युवा सहयोगी पाना तो असम्भव ही है आज।

अपनी प्रतिश्रुति का ध्यान था। सो थोड़े श्रम से ऊपर-ऊपर जितने पत्र मिल गये ज़ेराक्स करा दिया। देख लें, आपके काम का हो तो उपयोग कीजिये अन्यथा मुझे सुरक्षित लौटा दें। मुझे तो इतनी ही चिन्ता थी कि आपका आग्रह मेरी ओर से अनुत्तरित न रह जाय।

मोहवश पुराने-नये विद्याव्रतियों के पत्र संजोकर रखता रहा हूँ। मगर उन्हें व्यवस्थित विधि से रखने की सजगता नहीं रही। अपने प्रमाद के चलते मूल्यवान सामग्री अब बोझ लग रही है। पं. माखनलाल चतुर्वेदी, यशपाल, पं. अम्बिका प्रसाद वाजपेयी, पं. वनारसीदास चतुर्वेदी, डॉ. सम्पूर्णानन्द, आचार्य विश्वनाथ प्रसाद मिश्र, आचार्य नन्द दुलारे वाजपेयी, आचार्य हजारी प्रसाद द्विवेदी, पं. शान्तिप्रिय द्विवेदी, पं. केदारनाथ मिश्र 'प्रभात', डॉ. सुनीति कुमार चाटुर्ज्या, डॉ. नगेन्द्र, पं. विद्यानिवास मिश्र, डॉ. रघुवंश, श्रीकृष्ण नाथ जी, डॉ. शिवप्रसाद सिंह, डॉ. शिवकुमार मिश्र, डॉ. रामकुमार वर्मा, डॉ. उदयनारायण तिवारी, डॉ. रामदरश मिश्र जैसे पाक्तेय जन के पत्र मेरे कागजों में दबे पड़े हैं। ऋता शुक्ल, चित्र मुद्गल, कुमारेन्द्र पारसनाथ सिंह, शलभ श्रीराम सिंह, कर्मेन्दु शिशिर इत्यादि के ढेर सारे पत्र। आचार्य नन्ददुलारे वाजपेयी, पं. केदारनाथ मिश्र 'प्रभात' और डॉ. शिवप्रसाद सिंह के पत्रों की संख्या सबसे अधिक है। पर इनका उद्धार कैसे हो!

डॉ. राममोहन पाण्डेय की कन्या के विवाह में सम्मिलित होने मैं काशी जा रहा हूँ। उम्मीद है, वहाँ मेरे जामाता चि. डॉ. अविनाश जी से भेंट हो। काशी से 30 ता. को अपने गाँव चला जाऊँगा। यदि आवश्यक समझें, फ़ोन (368622, डॉ. राम मोहन पाण्डेय और डॉ. इन्दुमती सिंह- 368161) से आप बात कर सकते हैं। 2 मई से मैं अपने चेरे भाई के फ़ोन (बलिया) 22799 पर उपलब्ध हो सकता हूँ।

आशा है, सपरिवार सानन्द हैं।

भवदीय
कृष्ण बिहारी मिश्र

(4)

कलकत्ता/31.12.2001

भाई तिवारी जी, नमस्कार!

'दस्तावेज' का नया अंक मिला। आपके सम्पादकीय आलेख में सत्य की पक्षधरता और बौद्धिक प्रखरता देखकर प्रीत हो गया। हार्दिक बधाई।

डॉ. नामवर सिंह जी खुरपी से हिमालय को कोड़ने में जूझ रहे हैं। स्वयं को पुजवाने एक पखवारे में दो बार कलकत्ता आये थे। 'नामवर निमित्त' - समारोह में सम्मिलित होने उनके समधी और समर्पित अनुचर आपके शहर के मुंशी परमानन्द जी भी आये थे। संयोजक शम्भुनाथ जी थे। हँसुआ के विवाह में खुरपी की गीत झूम-झूम कर जनवादी गिरोह गाता रहा। ब्राह्मण समाज में मैं ही अछूत था। सो अपनी कुटिया में दुबका पड़ा रहा।

आपकी सम्पादकीय टिप्पणी के बारे में आपके शिष्य अमरनाथ जी से फोन पर बात हुई।

सस्नेह - कृष्ण बिहारी मिश्र

पुनश्च - आपके आलेख के आकर्षण में मेरी प्रति मित्रों के यहाँ घूम रही है। मेरे पास लौटकर आयेगी या नहीं, संदिग्ध है। क्या एक अतिरिक्त प्रति मुझे उपलब्ध कराना सम्भव है? श्री शंकर माहेश्वरी आजीवन सदस्य बने थे, मेरे आग्रह से। पर 'दस्तावेज' के अंक उन्हें मिल नहीं रहे हैं।

कृष्ण बिहारी मिश्र

(5)

कलकत्ता/30.11.02

भाई तिवारी जी, नमस्कार!

आपका पत्र समय से मिल गया था। तभी दस दिनों के लिये अपने गाँव के लिये निकल रहा था। और काशी, गाजीपुर, गोरखपुर के मित्रों से मिलते हुए अपने ठाँव लौटने की बात मन में थी। सो तुरन्त पत्र का जवाब न दे पाया। और गाँव जाकर प्रपंच में ऐसा उलझा कि फिर बुरी तरह से थक थकाकर बलिया से ही कलकत्ता लौट आया। तिवारी जी को बलिया से फोन किया था। पर पता नहीं, आपकी दोनों में से एक भी लाइन क्यों नहीं मिली, जबकि मुहल्ला एक ही है।

पं. विष्णुकान्त शास्त्री कृपापूर्वक मेरे गाँव आये थे। एक संस्कृति-मंच का उद्‌घाटन करने। आपके यादव विषयक निबन्ध की प्रशंसा कर रहे थे। कल दोपहर में डॉ. शिवकुमार मिश्र मेरी कुटिया में पधारे थे। प्रसंगवश नामवर जी सम्बन्धी 'दस्तावेज' वाले आपके निबन्ध की बड़ी प्रशंसा कर रहे थे। 'नेह के नाते अनेक' की अपनी प्रति उन्हें भेंट कर दी। 'दस्तावेज' के लिये शीघ्र ही आप को समीक्षा भेजेंगे। जो प्रति प्रकाशक ने आपको भेजी है, उसे अपने संग्रह में रखिये। पुस्तक पर दृष्टिपात करने का अवकाश मिला? कुछ ही निबन्ध आपने देखे थे। अपनी सम्मति भेजिये।

कर्मेन्दु शिशिर के पत्र से सूचना मिली कि 'नेह के नाते अनेक' की समीक्षा 'सहारा' में छपी है। आपने देखी थी क्या?

'परम्परा का पुरुषार्थ' शास्त्री जी को पसन्द आई है। पढ़कर प्रसन्न हैं। क्या 'माध्यम' के लिये इसकी समीक्षा लिखना आपके लिये सम्भव है? डॉ. सत्यप्रकाश मिश्र को संकेत किया था। शायद आप से आग्रह किया हो।

राजेन्द्र यादव के शील की संवेदनहीन अश्लील जमीन को आपने मार्मिक और प्रमाण-पुष्ट कोण से उजागर किया है। एक बड़े प्रयोजन को आपने पूरा किया है। हार्दिक बधाई। उम्मीद है, यह निबन्ध भी व्यापक स्तर पर पढ़ा जायेगा, प्रशंसित होगा।

पत्र की बाट जोहूँगा। चि. अनन्तकीर्ति के लिये अशेष आशीर्वाद।

कृष्ण बिहारी मिश्र

(6)

कलकत्ता/11.2.04

प्रिय भाई तिवारी जी, नमस्कार!

आपका कार्ड मिल गया था। अभी-अभी 'दस्तावेज' का 'गाँधी अंक' मिला। बेसब्री से बाट जोह रहा था। लेकिन 101वाँ अंक आपने नहीं भेजा। चि. अनन्तकीर्ति को कहिये, भेजें।

डॉ. शिवकुमार जी ने 'नेह के नाते अनेक' की समीक्षा मेरे आग्रह से नहीं, अपनी सहज इच्छा से लिखी थी। उन्हें मैंने पुस्तक भेंट की थी, जब मेरी कुटिया में आये थे। और आप के गुरु सम्मान्य पं. रामचन्द्र तिवारी ने तो पुस्तक खरीदकर पढ़ी थी, 'माध्यम' में लम्बी समीक्षा लिखी थी। ऐसी सहृदयता आज सचमुच विरल है।

श्री अरुणेश नीरन के विश्व भोजपुरी सम्मेलन में डॉ. चित्तरंजन मिश्र से मुलाकात हुई थी। पहली मुलाकात। 'परम्परा का पुरुषार्थ' की उन्होंने उच्छवसित प्रशंसा की थी। अच्छी लगी थी उनकी प्रतिक्रिया। उन्होंने बताया था कि 'दस्तावेज' के लिये पुस्तक की समीक्षा लिख रहे हैं। उसके पहले आपके पत्र में भी संकेत था। इसीलिये उनकी समीक्षा के प्रकाशन के बारे में आपसे पूछा। सहज प्रेरणा से वे चाहें तो लिखें अन्यथा मेरा कोई आग्रह नहीं है। मेरे लिये यह अलम् है कि मुझे अपने काम से तोष है, और कुछ रसज्ञ लोगों को भी मेरी पुस्तक पसन्द आई है। मेरी पुस्तकों की समीक्षा आप सहृदयतापूर्वक अपनी पत्रिका में छापते हैं। आभारी हूँ।

प्रेमशंकर जी के आग्रह से शास्त्री जी के सम्बन्ध में एक छोटा आलेख तैयार किया है। फरमाइशी लेख मुझसे लिखा नहीं जाता। राग उठता ही नहीं। पं. विष्णुकान्त जी की 60वीं वर्षगांठ के अवसर पर स्थानिक दैनिक 'सन्मार्ग' में मेरा लम्बा लेख छपा था। उसमें संवेदना की सहज अभिव्यक्ति थी। प्रेमशंकर जी ने उस निबन्ध को अपनी पुस्तक में संकलित किया है। शायद आपकी नज़र पड़ी हो।

यह आलेख आपको ठीकठाक लगे तो 'दस्तावेज' में उपयोग कीजिये। संकोच कतई न करें। आपका आग्रह मेरी ओर से अनुत्तरित नहीं रहा, मुझे यह सन्तोष रहेगा।
अनन्तकीर्ति को अनन्त आशीर्वाद।

डॉ. प्रेमशंकर त्रिपाठी का फोन नं. 25761522

सस्नेह
कृष्णबिहारी मिश्र

(7)

कलकत्ता/12.4.04

भाई तिवारी जी,

'दस्तावेज'-110' मिला। सम्पादकीय टिप्पणी पढ़ी। आपके मित्र डॉ. परमानन्द श्रीवास्तव ने 'दस्तावेज' पर जो टिप्पणी की थी वह मैंने नहीं देखी। पर डॉ. गोपाल राय जी का तर्क-पुष्ट वक्तव्य 'समीक्षा' में पढ़ा था। और उसी में पं. रामदरश जी का मूल्यवान पत्र। इसके बाद आपकी कैफियत की कतई जरूरत नहीं थी।

यह अंक आपके साहित्यिक सद्भाव, विवेक और विचक्षण संयोजन का साक्ष्य पेशे कर देता है। और यह अलम् है : 'दस्तावेज' की सर्जनषील भूमिका की महत्ता का प्रामाणिक दस्तावेज।

हीनमन्यता से जिसके जीवन और सोच का व्याकरण अनुशासित हो, उसके मनोविकार का मोचन आपकी कैफियत कर सकती है, चाहे जितनी सटीक क्यों न हो।

'अब हवायें खुद करेंगी रोशनी का फैसला,
जिस दीआ में जान होगी वो दीआ रह जायेगा।'

आशा है, सपरिवार सानन्द हैं।

सस्नेह

कृष्णबिहारी मिश्र

दम्भ और दुराग्रह ही प्रतिबद्ध बौद्धिकों की मूल सम्पदा है। गिरोहबन्द लोगों से न्याय-बुद्धि और विचार की अपेक्षा करना मुझे तो नादानी ही लगती है। और क्या कहूँ, कभी मुलाकात होगी तो बतकही होगी।

कृष्णबिहारी मिश्र

(8)

कलकत्ता/21.8.2010

प्रिय भाई श्री तिवारी जी, नमस्कार।

कल कवि-चिंतक शीन काफ़ निज़ाम से फोन से बतियाते यह सूचना मिली कि अज्ञेय जी पर केन्द्रित 'दस्तावेज' का आप विशेषांक निकाल रहे हैं।

कुछ वर्षों पूर्व मैंने 'हिन्दी साहित्य : बंगीय भूमिका' नामक आकलन-ग्रंथ सम्पादित किया था। उक्त ग्रंथ के लिये वात्स्यायन जी से आग्रह-अनुरोधपूर्वक कलकत्ता-प्रवास-काल का संस्मरण लिखवाया था। गहरी संवेदना के साथ लिखा गया वात्स्यायन जी का संस्मरण बहुत प्रशंसित हुआ था। मगर उनके किसी निबन्ध-संग्रह में नहीं संकलित हुआ। कम से कम मैंने नहीं देखा। देखें और आपके काम का लगे तो उपयोग करें।

आप पावस-उत्सव में शरीक होने भोपाल गये थे। गाजियाबाद से सूचना मिली कि अज्ञेय जी के बारे में आपका और डॉ. रमेशचन्द्र शाह का वक्तत्य महत्त्वपूर्ण था। और यह कि विजयबहादुर सिंह की भूमिका बहुत तिक्त थी। भोपाल से लौटने के बाद विजयबहादुर सिंह से भेंट नहीं हुई। समाचार दें।

आशा है, सपरिवार सानन्द हैं।

सस्नेह

कृष्णबिहारी मिश्र

गंगाप्रसाद विमल

(1)

26/53 रामजस रोड, करोलबाग, नयी दिल्ली-5

20.10.1971

प्रिय भाई,

आपका पत्र मुझे दिल्ली लौटने पर मिला। मैं पतझड़ के कुछ दिन बिताने दिल्ली से बाहर शिवालिक की घाटियों में बसे नगर – चंडीगढ़ – चला गया था।

आपसे बहुत ही संक्षिप्त मुलाकात हुई थी। एक संक्षिप्त सी सूक्ति की तरह बहुत बार छोटी मुलाकातें लम्बे वक्त तक याद रहती हैं। इसलिए जब आपका पत्र मिला, और दिल्ली की थका देने वाली हवा के बीच अजीब सी परेशानी से न उबरने वाली हालत हो रही थी तब अन्दर की सूखी सतहें भी बहुत अच्छी लगीं। हुआ यह कि आपका पत्र मिलने की और बीच के आखरों का मतलब जानने की कोई जल्दी शायद मुझे न होती, (शायद इस किस्म की कि आपका पत्र मिलेगा – कोई उम्मीद नहीं थी) पर अचानक मिले ख़त को खोलने की जल्दी ने काम कर दिखाया।

मैं 'अज्ञेय की कहानियों' पर एक लेख आपको दो माह के भीतर भेज दूँगा। उम्मीद है आप मज़े में हैं। गोरखपुर के मित्रों को मिलने के लिए हो सकता है कभी उस इलाके की तरफ़ आऊँ। कभी फ़ुरसत में आपको विस्तार से लिखूँगा। इस वक्त यह उखड़ा उखड़ा खत ही सही। पत्र की प्रतीक्षा में,

आपका ही
गंगाप्रसाद विमल

(2)

6.7.1983

प्रिय भाई,

मैं इन गर्मियों में कुछ दिन राजस्थान की ओर निकल गया था। और मुझे लगा मैंने अच्छा ही किया। गर्मियों में पहाड़ की बजाय रेगिस्तान की ओर जाना अपने आप में एक अनुभव है।

यहाँ से चलते मैंने सोचा था कि तमाम दोस्तों के लिए वहाँ से फुरसत भरे लम्बे लम्बे पत्र लिखूँगा। और दो चार अधूरे काम भी पूरे कर लूँगा। पर रेगिस्तान इतनी मोहक चीज़ थी–कि प्यास के अलावा वहाँ कोई दूसरी जरूरत आदमी को छूती ही नहीं–देखने को इतना कुछ था कि शायद वहाँ पैदा होकर ही आदमी अपनी यह इच्छा पूरी कर सकता है।

'दस्तावेज़' के लिए फिर तीन कविताएँ भेज रहा हूँ। ये कविताएँ मुझे अच्छी लगीं और मैंने इनका अनुवाद कर डाला। उम्मीद है आपको भी ये कविताएँ अच्छी लगेंगी।

एक तकलीफ आपको देनी है। पिछले जिस अंक में आपने रूसी कविताएँ (मेरे अनुवाद) छापे

थे, वह अंक कोई दोस्त उठा ले गया। मैं उस अंक की एक प्रति चाहता हूँ। आपके पास हो तो मुझे अवश्य भेजेंगे।

मैंने उस अंक की कविताओं की सिर्फ एक 'फोटोकापी' की थी और वह आन्द्रेइ वोजेन्सेंस्की को भेज दी थी। आन्द्रेई उसे पाकर बहुत खुष हुए थे– यह उस मित्र ने लिखा जिन्होंने आन्द्रेई को वह प्रति दी थी।

आपकी रचनाओं के अनुवाद सेंकेविच जी ने किए हैं– ऐसा मैंने कहीं पढ़ा है। आशा है आपको इसकी खबर होगी ही।

—बाकी फिर लिखूंगा। मेरे लिए काम लिखेंगे।

प्रतीक्षा में,

आपका ही

गंगा प्रसाद विमल

(3)

17.1.1984

प्रिय भाई

आपके पत्र का तुरन्त उत्तर देना चाहिए था। और मेरी इच्छा भी यही थी। पर न जाने क्या क्या चीजें बीच-2 में इच्छित कामों को रोक देती हैं और मुझे दूसरे कामों की ओर धकेल देती हैं।

मैं इसके लिए शर्मिन्दा हूँ। पर यह क्या कोई स्थायी भाव सा नहीं बन गया कि मैं हमेशा माफी मांग कर बरी होने की कामना भी करता हूँ।

खैर... दस्तावेज़ में अनास्तास स्तोयातोव की कविताओं की मैं प्रतीक्षा कर रहा था। तभी आपने सुझाया कि कुछ ज्यादा कविताएँ जानी चाहिए। मैं काफी सारी कविताओं को टंकित कर आपको भेज रहा हूँ – पर चाहूँगा कि उनमें स्तोयातोव की वे कविताएँ अवश्य जायें। और यह भी इच्छा है कि यह अंक आप जल्दी निकालें तो कितना अच्छा रहे।

मास्को में मास्को पत्रिका के एक सम्पादक ब्लादीमिर मिर्नेव मेरे बहुत प्यारे दोस्त हैं। उनकी पत्रिका में हिन्दी की बहुत सी कविताएँ आयेंगी – जल्दी ही। उसमें आपकी कविताएँ भी हैं। यह बहुत ही प्रतिष्ठित पत्रिका है और रूस से बाहर भी इसकी प्रतिष्ठा है। आपको जब अंक मिलेगा तो यह जरूर लगेगा कि जो काम आप लोग दस्तावेज़ की मार्फत कर रहे हैं वैसे ही काम बाहर की पत्रिकाएँ भी उसी स्तर से कर रही हैं। फ़र्क सिर्फ़ इतना है कि उनके पास साधन हैं और भारत में हम साधनहीन हैं।

पर आप यह 'जोत' जगाये रखेंगे – यह बात मैं बराबर दोस्तों में भी कहता हूँ आपको भी लिखता हूँ। भले ही कितनी ही बदनामी क्यों न हो। कोशिश रहे कि अपने तईं कोई भी ऐसा काम न हो जिसे अनुत्तरदायित्वपूर्ण या ईमानदारी से परे कहा जाय – शायद लिखने की ओर आदमी इसीलिए आता है। तो मुझे उम्मीद है आप हर लड़ाई में – ढेर सारे लेखकों के साथ खरे उतरते रहेंगे और यह मशाल थामे रहेंगे जो 'अभिव्यक्ति की स्वतन्त्रता' को रूपायित करती है।

—फिर किसी मौके पर, कोई लम्बी गद्य सामग्री भेजूँगा।

अपने समाचार देंगे। और मेरे लिए काम लिखेंगे – निःसंकोच।

कविताओं पर आपकी प्रतिक्रिया प्रतीक्षित है।

आपका ही

गंगाप्रसाद विमल

गिरिजा कुमार माथुर

(1)

बी-3/44, जनकपुरी, नयी दिल्ली-58

17.9.1984

प्रिय भाई,

पिछली बार जब आप दिल्ली आए थे तब अकस्मात् हमारी भेंट तिलक मार्ग के उस समारोह में हुई थी। 'दस्तावेज़' के मुझे 1-2 ही अंक मिले, उसके बाद इधर नहीं मिल रहे हैं।

पिछले वर्ष मेरा काव्य 'कल्पान्तर' प्रकाशित हुआ था जिसकी दो प्रतियां समीक्षार्थ प्रकाशक ने आपको भेजी हैं। यदि उसकी समीक्षा 'दस्तावेज़' के किसी अंक में हुई हो तो उस अंक की प्रति मुझे अवश्य भिजवाइए।

डा. परमानन्द श्रीवास्तव का पता मेरे पास नहीं है। उन्हें भी एक प्रति भिजवाई थी। पता नहीं उन्हें मिली या नहीं।

रघुवीर सहाय के संकलन पर मैंने उनकी दो समीक्षा 'दस्तावेज़' में देखी थी वह मुझे बहुत अच्छी लगी। उसमें बड़ी गहराई और सूझबूझ से विश्लेषण किया गया था। इसी तरह डा. हेतु भारद्वाज का लेख 'कविता का स्थापत्य' मुझे बहुत पसन्द आया। वस्तुतः समकालीन कही जाने वाली समस्त कविता का नयी और निष्पक्ष दृष्टि से मूल्यांकन किया जाना ज़रूरी हो गया है।

सस्नेह

गिरिजा कुमार माथुर

(2)

8.1.1987

प्रिय विश्वनाथप्रसाद जी,

काफी दिन से 'दस्तावेज़' का कोई अंक देखने को नहीं मिला। अंक नं. 30 के बाद कोई अंक नहीं आया। इसके बाद अवश्य ही कुछ अंक निकल गये होंगे। क्या 'कल्पान्तर' के सम्बन्ध में मेरा स्पष्टीकरण प्रकाशित हो गया? सूचित करें—मैं इधर 1) महीने से अस्वस्थ रहा—निमोनिया हो गया था।

आपकी कविता पुस्तक 'बेहतर दुनिया के लिए' की समीक्षा 'गगनांचल' के ताजे अंक में प्रकाशित हो गयी है। सम्भवतः आपको ज्ञात होगा कि आजकल इस त्रैमासिक का सम्पादन मैं ही कर रहा हूँ। यह पत्रिका विदेशों में भेजी जाती है।

पत्रोत्तर दें। नए वर्ष की मंगलकामनाओं सहित—

सस्नेह

(3)

3.6.1987

प्रिय विश्वनाथ प्रसाद जी,

कुछ दिन पहले मैं इलाहाबाद गया था और एक सप्ताह रहा। वहाँ से लौटकर मालूम हुआ कि आप गुप्त स्मृति समारोह में लखनऊ बीच में गए थे। 'गंगनांचल' आपको प्राप्त हो रहा है या नहीं। उसका अभी 'गुप्त स्मृति विशेषांक' भी मैंने निकाला है। क्या वह आपको मिल गया? अपनी प्रतिक्रिया अवश्य भेजें।

मुझे 'दस्तावेज़' का 31-32 के बाद का कोई अंक नहीं मिला है और वह अंक भी नहीं जिसमें 'कल्पान्तर' के सम्बन्ध में मेरा पत्र आपने दिया होगा। आशा है आप मुझे वह अंक भेजेंगे। वाणी प्रकाशन ने एक बार फोन किया था। उसके बाद नहीं। आप 'गंगनांचल' के लिए एक लम्बी कविता अवश्य भेजिए। वाणी प्रकाशन से आपकी आलोचना की पुस्तक की एक प्रति भी भिजवा सकें तो अच्छा होगा।

सस्नेह

गिरिजा कुमार माथुर

पुनः वात्स्यायन जी पर कब तक कुछ चाहिए? संस्मरण तो भेज सकता हूँ - पर अन्तिम सीमा तारीख की ज़रूर लिखें।

(4)

22.9.1987

प्रिय विश्वनाथ प्रसाद जी,

कल दस्तावेज़ का 34 नं0 अंक मिला। किन्तु 33वां अंक नहीं मिला। पिछले अंकों में 31-32 तक ही मिले थे। 35वां अंक शायद अभी प्रकाशित नहीं हुआ होगा। मेरा 'कल्पान्तर' पर स्पष्टीकरण किस अंक में छपा है। इस अंक पर (अंक 34) पर अलग से प्रतिक्रिया भेज रहा हूँ। मुझे न तो आपका कविता संकल नही अब तक मिला, न आलोचना की पुस्तक। 'गगनांचल' के लिए कविता/कविताएं तो भेजिए। आईसीसीआर पत्रिकाएं नहीं खरीदता! मेरा तो मात्र सम्पादन से ही सम्बन्ध है– अन्य किसी कार्य से नहीं।

अंक नं0 33 तुरन्त भिजवाने की व्यवस्था करेंगे।

सस्नेह

गिरिजा कुमार माथुर

(5)

14.5.1990

प्रिय डॉ. तिवारी,

आपका 11 अप्रैल का पत्र समय पर मिल गया था। आपकी तीन कविताएं 'गगनांचल' के आगामी अंक में प्रकाशित हो रही हैं। कृपया आप अपना जीवनवृत्ति, परिचय, प्रकाशित कृत्तियों के नाम आदि वापसी डाक से भिजवा दें।

साहित्य अकादेमी में अभी पं. रामनरेश त्रिपाठी की संगोष्ठी में आप बहुत थोड़े समय के लिए मिल पाये थे। गोष्ठी के आद आपसे भेंट नहीं हो सकी। डॉ. ललित शुक्ल ने बताया था कि आप इधर आने वाले थे किन्तु आप सम्भवतः व्यस्त रहे। अब आप इधर कब आ रहे हैं।

सस्नेह

गिरिजा कुमार माथुर

(6)

11 अक्टूबर, 1990

प्रिय भाई,

आपका 4 अक्टूबर 1990 का पोस्ट-कार्ड मिला। आपने डा. अरविन्द त्रिपाठी को विस्तृत समीक्षा के लिए कह दिया है, मेरी पुस्तक "मैं वक्त के हूँ सामने" मैंने अरविन्द को यहीं दे दी थी, और वह 'दस्तावेज़' में शीघ्र प्रकाशित करेंगे, यह जानकारी मिली। धन्यवाद!

'गगनांचल' की प्रति मैंने एक व्यक्तिगत पत्र के साथ औपचारिक रूप से भिजवा दी थी, वह मिली या नहीं? सूचित अवश्य करें।

मेरा एक प्रतिनिधि काव्य संकलन - 1937-1990 तक का, शीघ्र ज्ञानपीठ से आ रहा है। इसी महीने या अगले मास के मध्य तक आ जायगा। वह भेजूँगा जिससे आप सुविधापूर्वक 'दस्तावेज़' में कुछ लिख सकें - संकलन 400 पृष्ठ का होगा - मेरी कविता पुस्तकें अब अप्राप्य हैं। उनकी अधिकांश रचनाएं इस संकलन में आ जायंगी।

सस्नेह

गिरिजा कुमार माथुर

गिरिराज किशोर

(1)

11/210, सूटरगंज, कानपुर

10-9-74

प्रिय भाई,

आपका 1.9.74 का पत्र मिला, धन्यवाद। अज्ञेजी के सन्दर्भ में आलोचनात्मक ग्रन्थ प्रकाशित करने का उल्लेख आपने पहले भी मुझसे किया था लेकिन तब मुझे यह ज्ञात नहीं था कि इस जकड़ में आप मुझे भी ले लेंगे।

अज्ञेय की कहानियों पर लेख लिखना बहुत आसान नहीं है। क्योंकि मैं स्वयं भी कहानियाँ लिखता हूँ और हम दोनों की रचनात्मकता और अनुभूति में पीढ़ियों का काफी अन्तर हैं। यह भी सम्भावना हो सकती है कि अज्ञेय जी के प्रति बावजूद सम्पूर्ण तटस्थता के कहीं अन्याय न हो जाये।

मैंने आपको अंक गोरखपुर के श्री अरुण श्रीवास्तव के माध्यम से भिजवा दिया था। मुझे प्रसन्नता है कि आपको मिल गया है। अज्ञेय जी की कहानियों के संग्रहों की एक सूची मुझे चाहिये। आशा है आप उन्हें उपलब्ध कराने का कष्ट करेंगे और साथ ही समय की भी थोड़ी छूट दें।

सस्नेह!

आपका

गिरिराज किशोर

(2)

आई.आई.टी., कानपुर

28.11.80

प्रिय भाई तिवारी जी,

इस बीच मैं अपने ही कारणों से आपसे कोई पत्र व्यवहार नहीं कर सका। हालाँकि दस्तावेज़ के जो जो अंक मिलते रहे उन्हें देख-देखकर मुझे प्रसन्नता होती रही कि आप उन्हें बड़े मनोयोग और अनुभव सम्पन्नता तथा साहित्यिक अभिरुचि के साथ संपादित कर रहे हैं। कई बार सोचा कि आपको लिखूँ परन्तु कभी कभी ऐसी परेशानियाँ हो जाती हैं कि वे दम मारने की फुर्सत ही नहीं देतीं। ऐसा ही आप इस सन्दर्भ में भी समझें।

मैं आपके इधर के अंकों की लगातार प्रशंसा करता रहा हूँ। आपके लेखे तो वह मौन प्रशंसा ही रही।

इधर 'दस्तावेज' का व्यक्तित्व एक तरह से वैचारिक और आलोचनात्मक ही होता गया है।

ख़ैर, यह भी बहुत ज़रूरी है। पर कभी-कभी लगता है कि हिन्दी से रचनात्मक साहित्य की पत्रिका एक तरह से लोप ही हो गई। समझ में नहीं आता ऐसा क्यों हुआ? और कब तक रहेगा?

ख़ैर, जो भी हो! आप बहुत महत्त्वपूर्ण कार्य कर रहे हैं।

आज पत्र लिखकर भार कम हुआ। मेरी इस बीच की ख़ामोशी को आप अन्यथा न लें।

सस्नेह,

आपका

गिरिराज किशोर

(3)

26.12.82

प्रिय तिवारी जी,

आशा है आप सानन्द हैं।

'दस्तावेज़' के दोनों अंक सूटरगंज के पते पर मिले। आपको बहुत बधाई! आप बहुत निष्ठा और लगन के साथ इस पत्रिका को निकाल रहे हैं। साहित्य में निष्ठा रखने के लिए कहीं न कहीं अपने को उलझाना पड़ता है। दस्तावेज के माध्यम से, आप एक दिशा में जो प्रयत्न कर रहे हैं, वह साहित्य और उससे सम्बन्धित विधाओं को आगे ले जाने का सुनिश्चित प्रयत्न है।

आपने पिछली बार कहानी संग्रह की समीक्षा की बात लिखी थी। फिर शायद सम्भव नहीं हो पाया। इस बीच मेरे दो उपन्यास 'तीसरी सत्ता' और राजकमल से 'यथाप्रस्तावित' भी आये हैं। मैं जानता हूँ कि साहित्यिक राजनीति से अलगाव के कारण और थोड़ा सामान्य रुचि से हटा हुआ लेखन होने के कारण मेरी रचनाओं की समीक्षा से बचने की कोशिश रहती है। यह स्वाभाविक भी है। लेकिन मुझे लगता है कि समय की ही बात है। क्योंकि साहित्य को जहाँ तक मैंने पहचाना है और जाना है, वैसे साहित्य के साथ इस तरह की कठिनाइयाँ होती हैं। समय के गुज़रने के बाद, (जितना गुज़रना आवश्यक है) स्थितियाँ बदल जाती हैं। यह सब स्नोबॉल की तरह होता है। जब एक बार बर्फ़ की गेंद लुढ़कना शुरू हो जाती है तो वह उस पर बर्फ़ लिपटता जाता है और वह भारी होती जाती है। वैसे भी रचनाकार को इतना लगाव महसूस नहीं करना चाहिये। ख़ासतौर से अपनी रचनाओं के सन्दर्भ में। उनकी स्वीकृति या अस्वीकृति रचना की दीर्घ-स्वांस के साथ दौड़ सकने पर निर्भर होती है। समीक्षायें केवल इतना ही योगदान देती हैं कि वे रचना को एक बौद्धिक विज्ञापन और अविज्ञापन बनकर उनकी ओर दृष्टि आकर्षित कर सकें। ख़ैर!

मैं अपनी सीमाओं और सामर्थ्य के बारे में सचेत रहने का निरन्तर प्रयत्न करता रहता हूँ। इसलिये समीक्षा का होना या न होना धूप-छाँह से अधिक कुछ नहीं। भावनात्मक स्तर पर!

इस बीच मैंने कहानियाँ भी लिखीं। एक बड़ा नाटक भी। गिरीश जी को हो सका तो भेजूँगा। परमानन्द जी के क्या हाल हैं। कभी-कभी लगता है वे लघु नामवर बनते जा रहे हैं जो उनके दीर्घ साहित्यिक जीवन के लिए शायद लाभकर न हो। मैंने उनमें एक निष्पक्ष प्रतिभा के कभी दर्शन किये थे।

सस्नेह,

आपका

गिरिराज किशोर

(4)

9.2.83

प्रिय भाई तिवारी जी,

आपका 17.1.83 का पत्र यथासमय मिल गया था। लेकिन मैंने सोचा था कि 'जय जानकी जीवन यात्रा' के यात्री के रूप में मैं स्वयं आपके पास जाकर आपकी मिजाज़पुर्सी करूँगा। परन्तु मुझे बेतिया से ही वापिस लौट जाना पड़ा और आपसे तथा गोरखपुर के अन्य मित्रों से मिलने का अवसर खो बैठा। अतः अब यह पत्र लिख रहा हूँ।

आपके पैर की हड्डी टूट जाने के इस समाचार ने मुझे थोड़ा परेशान कर दिया। क्योंकि आप जैसे जुटकर काम करने वाले के लिये इस तरह का व्यवधान काफ़ी महंगा पड़ता है। परन्तु अब तो आप उस पूरे संघर्ष को पार कर आये। आशा है अब आप घर आ गये होंगे तथा डाक्टरों द्वारा बताई गई एक्सरसाइज़ेज़ कर रहे होंगे। क्योंकि हड्डियों का केवल टूटना और जुड़ना ही नहीं होता। जुड़ने के बाद पोसना और उस टूटेपन की मानसिकता से उभरना भी होता है। यह पूरा क्रम, एक वर्ष के लगभग ले लेता है। ईश्वर से प्रार्थना है कि आप जल्दी से स्वास्थ्य लाभ करें! आप फिर भी बहुत काम कर गये। अंक छपवाना और वहीं से उसे डिस्पैच कराना अपने में कम बड़ा काम नहीं। पूरी प्रसव-यातना है।

जैसे ही समय मिलेगा मैं आत्मकथ्य के रूप में लेख आपको भेजूँगा। मुझे प्रसन्नता होगी यदि आप समीक्षा छापेंगे। वैसे मैं, मैं क्या कोई भी, जो मेरा जैसा है, साधारण और सामान्य ही लेखक है। लेखक होना ही अपने में बहुत बड़ी बात नहीं। लेखक होने से बड़ी बात है अपने लेखन और रचनात्मकता की सीमाओं को जानना। उससे बड़ी बात है उनसे छुटकारा पाना। अब सबसे बड़ी बात, लेखक बन पाने की आती है। क्योंकि उस सीमा में मैं कम से कम नहीं आता इसलिये कभी कभी रचनाओं की समीक्षा और मूल्यांकन के बारे में सोचना चालू कर देता हूँ। अन्यथा उसकी चिन्ता क्यों होनी चाहिए! अगर इस चिन्ता से मुक्त हो सकेंगे तभी आगे की मुक्ति और लेखन की योजना बन सकेगी। पिछले के बारे में सोचता रहना ही वास्तविक लेखक बनने में सबसे बड़ा व्यवधान होता है। हम जो रचकर छोड़ चुके होते हैं, उससे यदि मोह बना रहता है तो फिर अपने आपको ही अपनी बाढ़ बना लेते हैं जिसे फाँदना कठिन पड़ जाता है।

आशा है परिवार में सब स्वस्थ प्रसन्न होंगे। आपकी अस्वस्थता की जो छाया परिवार के सदस्यों की मानसिकता पर पड़ी होगी अब वह भी छंट रही होगी और उससे सब मुक्त होकर अपनेपन में वापिस लौट रहे होंगे। मेरा सबको यथायोग्य। गोरखपुर के अन्य मित्रों को भी मेरा नमस्कार कह दें।

सस्नेह,

आपका

गिरिराज किशोर

(5)

27.6.1989

प्रिय तिवारी जी,

बहुत दिन से आपका कोई समाचार नहीं मिला। आपने पिछली बार वायदा किया था कि

आप अहिन्दी भाशी लेखकों के पते भेजेंगे। परन्तु सम्भवतः वह वायदा विस्मृति का शिकार हो गया। पिछली बार दूरदर्शन पर आपकी बातचीत भी सुनी थी। मुझे लगा अन्त में मुद्राराक्षस ने अपनी बात आपसे सही करा ली।

दस्तावेज के पिछले अंक में महाराजकृष्ण काव के काव्य पर कोई समीक्षा थी। अगर वह काव्य आपके पास हो तो मुझे पढ़ने के लिए भेज दें। मैं आपको वापस कर दूँगा। साथ ही उन लेखकों का प्रस्ताव भी भेज दें जिसको दो-एक महीने के लिए आई.आई.टी. में आमंत्रित किया जा सकता है। वे हिन्दी और अंग्रेजी जानते हों। दूसरा, भारतीय भाषाओं की जो हम संगोष्ठी करना चाहते हैं उनमें विभिन्न भाषाओं के लोगों को आमंन्त्रि करना चाहिए। उनकी सूची भी भेजने की कृपा करें। और यदि साहित्य एकेडेमी ने इसमें आर्थिक सहयोग दिया तो इन नामों से मुझे साहित्य एकेडेमी से भी सहमति लेनी पड़ेगी।

कई बार मैं सोचता हूँ कि आप दस्तावेज के माध्यम से बहुत महत्त्वपूर्ण कार्य कर रहे हैं। लेकिन दूरदर्शन पर जो प्रश्न था - आर्थिक पक्ष वह वास्तव में मुझे चिन्तातुर कर देता है।

सभी मित्रों को मेरा नमस्कार कहें। नवनीत मिश्र मिलें तो उन्हें भी और परमानन्द और डॉ. रस्तोगी को।

सस्नेह,

आपका

गिरिराज किशोर

(6)

11/210 सूटरगंज, कानपुर

25.11.08

प्रिय विश्वनाथ जी,

मेरे फोन करने के बाद आपके बात करने का रास्ता तो खुला। आपने तो इस बीच बात ही बन्द कर दी थी। मुझे उस दिन बात करने का सुख मिला तो एक कष्ट हुआ कि आपने दिसम्बर में होने वाले कथा सम्मेलन की अध्यक्षता के लिए नौत दिया। फोन न करता तो शायद इस धर्मसंकट से बच गया होता। मेरा धर्मसंकट है कि मैं हर लेखक का दायित्व मानता हूँ कि अकादेमी की उन्नति में सहयोग करे। पांच साल में से चार वर्ष मैं प्रशासन से हिन्दी के काम को सुचारु रूप से चलाने के लिए संघर्ष करता रहा। लेकिन बॉटलनेक उप सचिव थे। उनको राजनीतिक कारणों से अध्यक्ष का समर्थन था। वे हिन्दी के पक्ष में बातें तो करते थे पर जड़ हिन्दी की काटते थे। पाकिस्तान में दिए गए उनके हिन्दी विरोधी वक्तव्य से यह बात स्पष्ट हो गई थी। उसका नतीजा सामने है कि आज प्रशासन में कोई हिन्दी का न उपसचिव है न सचिव है। जो जरा मरा था भी उसको अनियमित ढंग से सम्पादक बना दिया। मजे की बात यह है कि जो पद खाली हुआ था उसको विज्ञापित न करके जो पद रिक्त नहीं था उसे विज्ञापित कर हिन्दी की परम्परा को इरादतन एवं दुरभिसंधि के तहत खत्म कर दिया गया। मैं जानता हूँ उ.सचिव का पद भाषा के नाम से आरक्षित नहीं होता। लेकिन अकादमी के आदि स्थापकों ने परम्परा डाली थी कि देश की सबसे अधिक बोली और लिखी जाने वाली भाषा का विद्वान या लेखक एक उपसचिव होगा। भले ही वह किसी प्रदेश का हो। यह हिन्दी की विशाल हृदयता थी। आप तो जानते हैं कि प्रभाकर माचवे और भारतभूषण अग्रवाल तारसप्तक के यशस्वी कवि, हिन्दी के प्रसिद्ध कवि विष्णु खरे, रणजीत साहा जैसे लेखक उपसचिव के पद पर

रहकर हिन्दी साहित्य को आगे बढ़ाने में सकारात्मक सहयोग देते रहे। यह ठीक है कि इस काम को पहले वाले उप सचिव उस निष्ठा के साथ काम नहीं कर पाए। इस बात को मैं बोर्ड आदि में बार बार उठाता रहा। दरअसल उनके हित कई जगह बंटे हुए थे।

जब से मुझे पता चला कि इस परम्परा को ध्वस्त करके एक ऐसे व्यक्ति को इस पद पर बैठा दिया गया जो न हिन्दी साहित्य से भिज्ञ है, न इस क्षेत्र से और न हिन्दी लेखकों से। यह उन सज्जन का कसूर नहीं यह प्रशासन की मनमानी है। हिन्दी को अवनति की ओर ले जाने वाली सोची समझी नीति मालूम पड़ती है। वर्तमान अध्यक्ष जो सम्भवतः चयन समिति के अध्यक्ष थे पहले प.बंगाल में कहते रहे हैं कि बंगाल से हिन्दी वालों को जाना होगा। अगर बंगालियों ने बंगाल का भावनात्मक और वैचारिक पक्ष मजबूत किया है तो हिन्दी भाषियों ने उसकी आर्थिक पक्ष मजबूत करने में सकारात्मक सहयोग दिया है। वागर्थ के पूर्व सम्पादक श्रोत्रिय जी ने वागर्थ में इस विषय पर सम्पादकीय भी लिखा था। मुझे नहीं मालूम आप चयन समिति में थे या नहीं। अगर थे तो इसका आरोप लोग आपके सिर पर मढ़ेंगे। क्या इतनी बड़ी भाषा को जिसे वरिष्ठतम साहित्यकार चलाते थे उसे एक प्रोग्रेम अफसर या सिनियर असिस्टेंट चलाएगा? जब हिन्दी की ऐसी गति हो रही हो आपने मुझे अध्यक्षता के लिए आमंत्रित करके बहुत बड़े धर्मसंकट में डाल दिया। आप मेरे कई दशक पुराने मित्र हैं। भले ही आपने मेरे निवेदन को नजरअंदाज किया हो लेकिन मेरे लिए सम्बन्धों का निर्वाह भी एक महत्त्वपूर्ण मुद्दा रहा है। लेकिन मेरी गैरत मुझे यह इजाजत नहीं देती कि जहाँ हिन्दी की इरादतन बेइज्जती कराई जाए और अपने सम्बन्धों के निर्वाह के लिए गलत नियुक्तियां की जाए वहाँ मैं सम्मिलित होकर उस अनैतिक काम में सहयोग दूँ। इसके बावजूद अगर आप कहेंगे तो मैं आऊंगा। लेकिन मैं अपनी बात कहूँगा। आशा है, मेरी बात को अन्यथा न लेंगे।

सस्नेह,

आपका

गिरिराज किशोर

गोविन्द मिश्र

(1)

22, बैलवेडियर, वार्डन रोड, बम्बई-36
'85 या '86

प्रिय विश्वनाथ जी,

दस्तावेज़ का ताज़ा अंक देखा। मेरी तरफ से कृपया 'तुम्हारी रोशनी में' के समीक्षक को बहुत-बहुत बधाई दें। उन्होंने जिस गहराई में जाकर चीज़ों को उठाया उससे मेरा मनोबल बढ़ा है... कि आखिर रचना की बारीक से बारीक बात को पकड़ने वाले लोग भी हैं। ऐसी आलोचना ही रचना का विस्तार होती है, जो उसे होना चाहिए। अन्ततः हम दोनों ही तो पाठक के लिए हैं... जबकि आलोचना को रचना पर 'जजमेंट' देने तक ही सीमित कर दिया जाता है। आपको भी साधुवाद कि आप इतना स्वस्थ दृष्टिकोण लेकर चल रहे हैं और सही आलोचक खोज निकालते हैं।

इस समीक्षा के बाद मेरा लालच बढ़ गया। 'खाक इतिहास?' बम्बई आने का क्या हुआ? पत्र दें।

आपका
गोविन्द मिश्र

(2)

7.8.86

प्रियवर विश्वनाथ जी,

आपके बम्बई से जाने के बाद से ही हम (बांदिवडेकर और मैं) पत्र की प्रतीक्षा में थे। आप पहुँचते ही व्यस्त हो गये होंगे।

बन्धुवर... अज्ञेय और नागर जी के अंक जमे नहीं। नागर जी वाले में कविताएं और अन्य सामग्री देना ऐसा दर्शाता है जैसे आपके मन में ही पूरा उत्साह नहीं था। अज्ञेय जी वाली सामग्री बिखरी-बिखरी है।

अगर आपकी लिस्ट में मैं भी शामिल हूँ (जैसा कि आप कह रहे थे) तो मैं चाहूँगा कि थोड़ा तैयारी के साथ अंक निकले। मैं भी उसमें मदद कर सकता हूँ .. .. .. उसकी रूपरेखा बन जाये और जो लिखेंगे उनसे भी अभी से कह दिया जाय। लेखक की एक अप्रकाशित रचना, कुछ व्यक्तिगत डायरीनुमा चीजें और पाठकों के पत्र (महत्त्वपूर्ण, जो समीक्षा से कम नहीं होते) .. .. ..
इनके लिए भी जगह होना चाहिए। आप अगर मुझ पर अंक केन्द्रित कर रहे हैं तो क्या उसकी प्रस्तावित रूपरेखा भेजेंगे? मैं उन पर अपने सुझाव दूँगा ,, ,, ,, अन्तिम निर्णय आपका, क्योंकि आप सम्पादक हैं।

'हंस' को लेकर जोर-शोर है। भाई राजेन्द्र यादव दनादन पत्र लिख रहे हैं। एक कहानी भेजी है जो सम्भवतः सितम्बर अंक में आये। एक लम्बी कहानी 'धर्मयुग' के ताजे अंक में है। समय मिले

तो देखियेगा।

नये उपन्यास में जुटा हूँ। पूरी जुलाई छुट्टी पर था, सितम्बर में फिर एक माह की छुट्टी ले रहा हूँ। आपका काम ध्यान में रहेगा, अवसर पाते ही कुछ करूंगा। पत्र जल्दी दें,

आपका ही
गोविन्द मिश्र

(3)

20.12.86

प्रिय बन्धु तिवारी जी,

आपके पत्र का उत्तर मैंने भेजा था। आप मौन हैं।

इस बीच डा. भगवानदास वर्मा का स्वीकृति पत्र आया है– ''मैं काम शुरू कर देता हूँ।'' उनको पूरे कृतित्व को समेटते हुए लिखने का आग्रह किया था। डा. प्रभाकर श्रोत्रिय ने लिखा है ''यह जानकर खुशी हुई कि दस्तावेज का एक अंक आप पर केन्द्रित होगा। यह उचित ही है। उनका पत्र आने पर मैं उन्हें लेख भेज दूँगा। उनके पत्र से यह भी पता चल जायेगा कि वे किस माह निकालेंगे। आपकी सभी कहानियों पर एक लेख लिखना भी है।'' इनसे कहानियों पर लेख लिखने को कहा था। 'डा. वांदिवडेकर का 'हुजूर दरबार' पर लेख तैयार है। आप कृपया इन तीनों सज्जनों को एक पत्र अवश्य लिख दें। यह भी लिखें कि यहाँ की सामग्री (डा. बांदिवडेकर का लेख, पाठकों के पत्र, मेरी रचनाओं का चयन) ये आपको कब तक भिजवाये जायें? शशिबाला श्रीवास्तव (पाठिका) का पत्र आया है, वे लेख लिख नहीं पातीं .. .. .. हाँ पत्रों से चुनकर कुछ देने में उन्हें आपत्ति नहीं है। वे बहुत अच्छे पत्र लिखती हैं। डा. माधुरी शाह का 'तुम्हारी रोशनी में' पर समीक्षा तैयार है। एक बेबाक सा लेख व्यक्तित्व पर भी हो तो बढ़िया रहे - बल्लभ सिद्धार्थ से पूछ रहा हूँ।

और कैसा चल रहा है? नये अंक (श्रीकान्त वर्मा और नागार्जुन पर केन्द्रित) कब तक आ रहे हैं?

गोरखपुर के और हालचाल लिखियेगा। हंस की रिपोर्ट से पता चला कि इस बीच आप मेरी नगरी बांदा भी हो आये, केदार बाबू के सम्मान समारोह में। कैसा रहा?

पत्र देंगे, बहुत दिन हुए।

स्नेहाकांक्षी
गोविन्द मिश्र

पुनश्च : 'हंस' कैसा लग रहा है, वहाँ भी आपकी तरह बैलेन्स करके चलने का आग्रह तो है। डा. वर्मा, डॉ. श्रोत्रिय आदि को पत्र जरूर तत्काल भेज दें .. .. .. और मुझे भी सूचित कर दें।

(4)

19.7.88

प्रिय विश्वनाथ जी,

आपका पत्र मिला। आज्ञानुसार प्रतिबद्धता/सर्जनात्मकता पर अपना संक्षिप्त लेख या बड़ी

टिप्पणी - आप जैसे लें - भेज रहा हूँ। प्राप्ति की सूचना दीजियेगा, ताकि मैं आश्वस्त हो सकूं। कैसा लगा .. .. .. यह भी लिखियेगा।

'पगला बाबा' कहानी संग्रह के अतिरिक्त मेरा लेख संग्रह 'कथाभूमि (राजपाल से) भी मिला होगा। इस माह नया उपन्यास 'धीर समीरे' (छठवां उपन्यास) भी राजपाल से आयेगा। भिजवाऊंगा। कहोगे कि एक पर एक किताबें आप पर लाद रहा हूँ - पर भाई! गुणी पाठक मुश्किल से मिलता है।

ऐसा लगता है कि आपकी जो कुछ विशेष लेखकों पर केन्द्रित अंकों की योजना थी वह स्थगित है। तो उनकी जगह अब किस तरह के अंक प्रस्तावित हैं।

'दस्तावेज' के लिए हार्दिक शुभकामनाएं। खूबसूरत बात यह है कि स्तरीय और मुख्यतः आलोचना-पत्रिका होते हुए भी यह सूखी नहीं है। रस रहता है, सभी रचनाएं पढ़ने का जी करता है .. .. .. वर्ना आजकल पत्रिकाएं तो बेशुमार हैं, पर सम्पादक लोग जैसे बस पृष्ठ भर कर प्रस्तुत कर देते हैं। पत्र दीजियेगा।

आपका

गोविन्द मिश्र

(5)

'अक्षरा' हिन्दी भवन, श्यामला हिल,
भोपाल-462 002

9/9/97

प्रिय श्री विश्वनाथप्रसाद तिवारी जी,

'अक्षरा' के लिए रचना का मेरा आग्रह आप तक पहुँचा होगा।

आज कुछ ऐसा हो गया है कि श्रेष्ठ रचनाएँ, उन रचनाओं के वे कोने जो उच्च स्तरीय लेखन की दृष्टि से रेखांकित किये जाने चाहिए ये उस तरह प्रकाश में नहीं आ पाते। हम अपने मतों-मित्रों के संकुचित दायरे में पड़कर यह बुनियादी बात ही ओझल कर देते हैं कि अगर विशुद्ध लेखकीय निकष और आकलन नहीं रहेंगे तो साहित्य दूसरी तरह के लेखन से कैसे अलग किया जा सकेगा, मतलब कैसे बचेगा।

आपकी प्रतिष्ठा निष्पक्ष और वरिष्ठ आलोचक की है। कृपया 30 अक्टूबर तक अपना कोई आलेख हमें भेजें जिसमें किसी कृति के माध्यम से लेखन के ऐसे बिन्दु उजागर हो सकें जो आमतौर पर ओझल रहे आते हैं। कृति कब प्रकाशित हुई यह गौण है। महत्त्वपूर्ण हैं वे बिन्दु जो आपका आलेख सामने लाता है।

आपका जो स्नेह मुझे मिलता रहा है, उससे यह विश्वास मेरे मन में उपजता है कि आप मुझे निराश नहीं करेंगे।

आपका

गोविन्द मिश्र

(6)

IIX-94, E-7, अरेरा कौलनी,
भोपाल - 462016

13/11/02

आ. विश्वनाथ जी,

'दस्तावेज़' के नये अंक में आपका सम्पादकीय देखा। मेरी हार्दिक बधाई। सबसे बढ़िया बात कि आपने राजेन्द्र यादव को उन्हीं के शब्दों को उठा-उठा कर नंगा किया है। यह हिन्दी का दुर्भाग्य है कि नामवर, राजेन्द्र यादव जैसे लोग लेखन और उसके सच्चे सरोकारों से कोसों दूर रहकर, इतर साधनों से अपने को केन्द्र में रखे हुए हैं। मैंने भी इन महारथियों पर लोकमत समाचार के लिए लिखा था, जहाँ तक आपको भी एक कॉपी भेजी थी। नवम्बर-दिस. अंक के साथ ही मैंने 'अक्षरा' का सम्पादन छोड़ दिया है। उपन्यास पूरा करना है। वह काम अब कोई और संभाले।

अपने हालचाल लिखियेगा, भोपाल कब आ रहे हैं?

सस्नेह
गोविन्द मिश्र

(7)

3-2-06

प्रिय विश्वनाथ जी,

अच्छा हुआ आपने अपना लेख पहले मेरे पास भेजा .. .. वर्ना काफी दिनों बाद मुझे वह आस्वाद मिलता जो अभी मिल गया। आपने उतने ही मुग्ध भाव से लिखा है जिससे मैं यात्रा करता हूँ। मेरी इन पुस्तकों में आप इतना गहरे डूब सके हैं जो कदाचित् पुस्तकों के कारण नहीं, इस कारण कि आप कवि हैं, यात्राएं भी करते हैं। मेरा और इन यात्रावृत्तों के पाठकों का यह सौभाग्य कि आपने इन पर इतना जमकर लिखा। एक कमी खटकी कि आपका मुग्धभाव इतना ज्यादा रहा कि आपको एक दोष भी नज़र नहीं आया। सोचता रहा .. .. .. लगा शायद इसलिए कि ये कहानी-उपन्यास नहीं, यात्रा-वृत्त हैं जो वहाँ ले जाते हैं .. .. .. यात्रा, स्थान और लेखक के मन के साथ-साथ। इतनी महत्त्वपूर्ण विधा .. .. .. फिर कितने कम लेखक लिखते हैं, ऐसा तो है नहीं कि वे घूमते नहीं।

बहरहाल, एक बार फिर साधुवाद। डा. शीतांशु को मिल गया है, उन्होंने फोन पर बताया। जैसे ही मेरा नया यात्रा-वृत्त टाइप होकर आया (बिंसर पर है), उसके साथ इस लेख को 'वागर्थ' भेज दूँगा। उम्मीद है कि रवीन्द्र कालिया इसे ढंग से छापेंगे। आप इसे अपनी उस पुस्तक में रखेंगे ही जिसके लिए मुख्यतः आपने इसे लिखने का सोचा था।

अब गर्मियों के बाद कभी पचमढ़ी का कार्यक्रम बनायें। साथ चलेंगे और जितने दिन आपके कुर्ते की जेब में होंगे, उतने दिन वहाँ रहेंगे।

आपका
गोविन्द मिश्र

गोपाल राय

(1)

पटना / 21.3.77

प्रिय भाई,

आपका 18.3.77 का पत्र मिला। इस बीच कितना कुछ घटित हो चुका है, और जब तक यह पत्र आपके हाथों में पहुँचेगा तब तक न जाने कितना कुछ घटित हो चुका रहेगा। इन्दिरा गाँधी की हार तो एक ऐतिहासिक घटना है। कल तक जो बात अविश्वसनीय लगती थी अब सच ही नहीं हो गयी है, बासी भी होती जा रही है। इन्दिरा गाँधी की पराजय एक ट्रैजेडी है। इस महान् औरत की विशेषताओं को भुलाया नहीं जा सकता। उसके ऐतिहासिक निर्णयों ने, उसके साहस और विवेक ने भारतीय राष्ट्र का मस्तक ऊँचा किया है। पर उसकी एक भूल - हाँ एक भूल- संजय के प्रति कमजोरी और भ्रम ने - इस ट्रैजेडी के लिए सारी परिस्थितियाँ जुटा दीं। फिर इन्दिरा गाँधी में तानाशाही की प्रवृत्ति भी पनपने लगी थी। वे चापलूसों, स्वार्थियों और छोटे लोगों से घिर गयी थीं। आपात् स्थिति ने उन्हें जनता से दूर कर दिया।

संजय की हार त्योहार मनाने की चीज है। इस उद्धत और भ्रष्ट मेघनाद को जनता ने धूल चटा दिया। विद्याचरण शुक्ल, बंशीलाल आदि से जनता ने खूब बदला लिया है। देवकान्त बरुआ हिन्दी क्षेत्र में होते तो उनकी कैसी दुर्गति होती, इसका केवल अनुमान ही किया जा सकता है।

अजीब माहौल है। हम लोग पिछली रात रात भर जगे हैं। पटना की सड़कों पर खुशी का त्योहार उतर आया है। जयप्रकाश बाबू का निवास उनके भक्तों से घिरा है। ऐसा दृश्य मैंने इसके पहले नहीं देखा।

अब न्यूज बुलेटिन सुनने का वक़्त हो रहा है, इसलिए पत्र समाप्त कर रहा हूँ।

मैंने तीन चार दिन पूर्व एक पत्र आपको लिखा है। मेरे गोरखपुर युनिवर्सिटी के बिल का क्या हुआ? कृपया उसे पास कराकर चेक भेजें। नये वर्ष की परीक्षकता फिर प्राप्त हुई है। अब पिछले वर्ष का भुगतान तो हो ही जाना चाहिए। विभाग का शुल्क भी भिजवायें। जनवरी 77 अंक मिल गया होगा।

आशा है, सानंद हैं।

आपका

गोपाल राय

(2)

पटना / 17.11.78

प्रिय भाई,

आपके 1-11 के पत्र का जवाब इतने विलम्ब से दे रहा हूँ। इसके लिए खेद है। एक व्यर्थ की झंझट में पड़ गया था। अब उससे मुक्ति मिली है।

'दस्तावेज' का अंक मिल गया है। आज ही मैंने उसे पूरा का पूरा पढ़ा है। सच कहता हूँ 'दस्तावेज' के प्रवेशांक ने मुझे प्रभावित किया है। विशेष रूप से अरुणेश नीरन की समीक्षा का तेवर और समझ मुग्ध करने वाली है। नन्दकिशोर नवल की समीक्षा भी बहुत साफ तर्कसंगत और विश्लेषण ात्मक है। आरम्भ में प्रकाशित देवेन्द कुमार की कविता 'बहस जरूरी है' बहुत अच्छी लगी। आज कल मैं कविताएं पढ़ रहा हूँ। ढेर सारी अबूझ पहेली जैसी, जिन्दगी से कटी हुई कविताओं के बीच देवेन्द कुमार की यह कविता मुझे बहुत पसन्द आयी। डा. बच्चन सिंह का लेख भी अच्छा लगा। कुल मिलाकर 'दस्तावेज' के प्रवेषांक पर मेरी प्रतिक्रिया बहुत प्रशंसात्मक है। छपाई कमजोर जरूर है और प्रूफ की भूलें भी कुछ अधिक हैं। गोरखपुर में मुद्रण की व्यवस्था तो अच्छी नहीं हो सकती पर अशुद्धियों की मात्र निश्चय ही कम की जा सकती है। 'समीक्षा' के चालू अंक में 'दस्तावेज' पर एक टिप्पणी दे रहा हूँ। मुझे विश्वास है आप उसे पसन्द करेंगे। 'दस्तावेज़' का विज्ञापन भी हर अंक में जाया करेगा। 'साहित्याब्दकोश' का सेट अब खंडित रूप में ही प्राप्त है। 1967 और 1970 के खंड उपलब्ध नहीं हैं। 1967 का खंड तो छपा ही कम था, 1970 की प्रतियां पिछली बाढ़ में नष्ट हो गयीं। अब खंड 68-69 तथा 71-76 उपलब्ध हैं। इनकी कुल कीमत 225.00 रुपये है इस पर 35 प्रतिशत कमीशन देकर 146.00रुपये 25 पैसे होता है। डाक व्यय लगाकर 150) रूपया। कृपया डा. पाठक से 150.00 रुपये मनिआर्डर द्वारा अथवा ग्रंथ निकेतन के नाम ड्राट द्वारा भिजवाने की व्यवस्था करें। कृपया अपने विभाग से 'समीक्षा' का शुल्क तथा साहित्याब्दकोष का पैसा भिजवाने का व्यवस्था करें।

'समीक्षा' का सितम्बर-अक्तूबर अंक जो 15 नवम्बर को भेजा जाने वाला था मेरे अन्यथा व्यस्त हो जाने के कारण समय पर नहीं निकल सका। अब यह 15 दिसम्बर को भेजा जायगा। मेरा टाइपिस्ट कैसा है, पत्र से ज्ञात हो जाएगा।

आशा है, सानन्द हैं।

आपका

गोपाल राय

(3)

87/24, राजेन्द्र नगर,

पटना / 2.6.81

प्रिय भाई,

नवल जी के माध्यम से आपका 24/5 का पत्र, दस्तावेज-11 तथा परिपत्र मिला। 'दस्तावेज के शुभचिन्तकों से' अपील भी।

'दस्तावेज' के इस अंक की सबसे बड़ी उपलब्धि देवेन्द्रनाथ शर्मा का लेख है। इस लेख को

पढ़कर मेरी पहली प्रतिक्रिया यह हुई कि यदि शर्मा जी 'धर्मच्युत' न होते तो साहित्य के क्षेत्र में बहुत यश प्राप्त करते। उनके लेख में चिन्तन की सफाई, अपने पक्ष को प्रभावशाली ढंग से प्रस्तुत करने की कुशल पद्धति तथा बड़ी ही पारदर्शी भाषा है। हिन्दी के आलोचक अक्सर आइ.ए. रिचर्ड्स से आतंकित से रहते हैं। श्री शर्मा ने उनकी आलोचना की दुर्बलताओं की ओर इशारा करके न केवल अपनी समझ का बल्कि आत्मविश्वास का परिचय भी दिया है। लेख की कमी यह जान पड़ती है कि उसमें रिचर्ड्स को केवल नकारा गया है। हिन्दी के पाठक यह जानना चाहेंगे कि रिचर्ड्स भी आलोचना में उनके लिए ग्राह्य क्यूँ हैं? कदाचित् लेख के उत्तरार्ध में यह चीज सामने आए।

यदि शर्मा जी अब भी जगत् की भाषा से निकलकर अपने स्पष्ट और प्रखर चिन्तन का लाभ हिन्दी पाठकों को दें तो उन्हें वैसी कीर्ति मिलेगी जो कुलपति ऐसे किसी भी पद से उन्हें कभी नहीं मिल सकती।

जहाँ तक परिपत्र की बात है, ऐसे परिपत्रों को भरकर भेजना बड़ा मुश्किल और उबाऊ काम होता है। फिर कितने लोग इतनी सारी रचनाएँ पढ़ पाते हैं। मुझे ही अगर उपन्यास के बारे में सूचनाएँ देनी होती तो कोई दिक्कत नहीं होती। मैं कविता पुस्तकें बहुत कम पढ़ पाता हूँ। सभी आलोचना ग्रन्थों को पढ़ पाना तो किसी के लिए भी असम्भवप्राय है। इसलिए मैंने आपके आदेश का पालन 'जैसे तैसे' कर दिया है।

अब रही 'दस्तावेज' पर आपको गालियाँ देने वाले 'मत्सरी प्रकृति' के लोगों की। मैं आपको सलाह दूँगा कि उनकी बातों और गालियों की नोटिस ही न लें। प्रकृति में आप देखेंगे कि सुन्दर से सुन्दर फूल के आसपास गन्दगी और कीचड़ ही होता है। यही हाल अच्छे कामों और उन्हें सम्पादित करने वाले लोगों का भी है। आपके आसपास के लोग आपसे जलते हैं, क्योंकि 'दस्तावेज' फलफूल रहा है और साहित्य जगत् में उसे प्रतिष्ठा प्राप्त है। आप कभी भी अपने आसपास से सहयोग प्राप्त करने की आशा न करें। मत्सरी लोगों की गालियों को चुपचाप सड़ने दें। वे खाद बन जाएंगी। आप उनसे कहें कि 'दस्तावेज' अपने लेखकों को न पारिश्रमिक देता है न देगा। आप कह दें कि हाँ, मैं पुस्तकें तैयार कर लखपती बनने जा रहा हूँ। आपके असली मित्र और सहयोगी स्थिति से अच्छी तरह परिचित हैं। वे आपसे हमेशा सहयोग करते रहेंगे। आपको आश्चर्य होगा, बाहर के लोगों तक इन मत्सरी लोगों की गालियाँ पहुँचती भी नहीं। आप व्यर्थ इन्हें पब्लिसिटी दे रहे हैं। आप तब तक 'दस्तावेज' को निकालते जाएँ, जब तक निकाल सकें। थक जाएँ, बन्द कर दें। 'दस्तावेज' से आपको कोई आर्थिक लाभ कभी भी हो सकेगा, मैं इसकी उम्मीद नहीं करता। विज्ञापन कैसे प्राप्त होते हैं, उसकी क्या कठिनाइयाँ हैं, पुस्तकों की रायल्टी भी कितनी और कैसे मिलती है, यह सब मुझे मालूम है। बन्धुवर आत्मविश्वास कायम रखिए। आपके 'दोस्त' उसे ही तोड़ना चाहते हैं। बाहर के लोग आपके साथ हैं।

मैं खुद 'समीक्षा' से थक रहा हूँ। कोशिश कर रहा हूँ कि यह बन्द न हो। अगले सम्पादक की कलम लगा रहा हूँ। पर सब ईश्वर के हाथ में है।

मैंने आपको एक पत्र लिखा था 15 मई के आसपास। आपने उत्तर नहीं दिया। आशा है, मेरे निर्देशों के मुताबिक बिहार पुस्तकालय अधीक्षक के पास दस्तावेज की खरीद के लिए आवेदन पत्र भेज दिया होगा।

रेलवे का विज्ञापन 'समीक्षा' को नहीं मिला। सम्भव हो तो कोशिश करें, अगले अंक के लिए।

आशा है, सपरिवार सानंद हैं।

आपका,

गोपाल

(4)

पटना / 12.7.84

प्रिय भाई,

आपका 2/7 का पत्र तथा 160/- का ड्राट मिला। आपने तो चमत्कार कर दिया। सम्पादकों द्वारा संचालित पत्रिकाएँ लेखकों को पारिश्रमिक देने की स्थिति में नहीं होतीं। 'समीक्षा' तो निश्चय ही नहीं होगी। मैंने मान लिया कि आप मुझसे अधिक कर्मठ हैं। मेरी शुभकामना स्वीकार करें .. ..वन्दना भी।

पर मैं 'दस्तावेज' से यह राशि पारिश्रमिक के रूप में स्वीकार नहीं कर सकता। हाँ, 'समीक्षा' के खाते में यह राशि जा सकती है और यही कर रहा हूँ। 'समीक्षा' की आर्थिक स्थिति सन्तोषजनक नहीं है; मैं विज्ञापन एकत्र नहीं कर पाता। अतः 'समीक्षा को दस्तावेज की भेंट' मानकर यह राशि स्वीकार कर रहा हूँ।

नवल बता रहे थे कि भोपाल की संगोष्ठी अत्यन्त सफल रही।

'शिखर और षून्य' की प्रति मैंने आपको आपके निवास पर ही दी थी। कृपया उसे ढूँढ़कर समीक्षा भेज दें।

'दस्तावेज' की प्रति आचार्य शर्मा को पहुँचा रहा हूँ।

आशा है, सपरिवार प्रसन्न हैं।

आपका
गोपाल

(5)

पटना / 2.6.96

प्रिय विश्वनाथ जी,

नमस्कार।

दस्तावेज-69 मिला। आपका सम्पादकीय इतना स्पष्ट, अनुभूत और ईमानदारी से भरा है कि मैं अपनी प्रशंसात्मक प्रतिक्रिया लिख भेजने को बाध्य हो गया। अन्तस् से निकली हुई स्पष्ट, तटस्थ और संवेदनशील समीक्षा आज दुर्लभ वस्तु बन गयी है। अधिकतर समीक्षक समीक्षा को बहुत आसान लेखन मानते हैं। उनमें सन्तुलन और विवेक की इतनी कमी होती है कि उन्हें पढ़ने की इच्छा नहीं होती।

आप 'दस्तावेज' के माध्यम से साहित्य की जो सेवा कर रहे हैं, वह अविस्मरणीय रहेगी।

डॉ. मैनेजर पांडेय का लेख भी बहुत अच्छा है। मैं उन्हें भी पत्र लिख रहा हूँ।

आशा है, सानंद हैं।

आपका
गोपाल राय

(6)

8.9.97

प्रिय भाई,

यद्यपि 'दस्तावेज-74' मिल गया है, और उसे देख भी चुका हूँ, पर 'दस्तावेज-73' पर नजर बाद में पड़ी। मैं इधर बहुत अस्त-व्यस्त रहा हूँ। तनिक गम्भीर रूप से अस्वस्थ भी हो गया था। इसी सिलसिले में 4 जुलाई से 29 अगस्त तक दिल्ली में रहा। स्वस्थ होकर 30 अगस्त को पटना लौटा हूँ, पर निकट भविष्य में 'समीक्षा' का मुख्य कार्यालय दिल्ली जाएगा, और, साथ ही, मेरा मुख्य आवास भी दिल्ली ही हो जाएगा।

'दस्तावेज-73' के सम्पादकीय से मैं बेहद प्रभावित हुआ। आपने हिन्दी साहित्य की एक दुखती रग पर अँगुली रखी है।

अनन्तकीर्ति जी की पुस्तक की समीक्षा जुलाई-सितम्बर' 97 अंक में छप रही है। डॉ. कृष्णचंद्र लाल ने मेरी पुस्तक की समीक्षा आपको दी या नहीं?

आशा है, सानंद हैं।

आपका

गोपाल राय

(7)

18.12.01

प्रिय भाई,

'दस्तावेज-91' मिला और आपका सम्पादकीय पढ़ गया। मैं स्वीकार करता हूँ कि ऐसा 'तेजस्वी' सम्पादकीय मैंने इसके पहले नहीं पढ़ा था। यदि नामवर सिंह का 'आलोचना सहस्राब्दी अंक-5' का सम्पादकीय, कमलेश्वर के शब्दों में, 'पत्रकारिता का निर्लज्जतम प्रमाण' और आपके शब्दों में 'सम्पादकीय बदनीयत का अविस्मरणीय उदाहरण' है तो आपका सम्पादकीय बालकृष्ण भट्ट, महावीर प्रसाद द्विवेदी, बाबूराव विष्णुराव पराड़कर, माखनलाल चतुर्वेदी आदि की परम्परा की एक महान कड़ी है। आपने बड़ी ही ईमानदारी, निर्भीकता और प्रामाणिकता के साथ एक पाखंड को उजागर करने का सफल प्रयास किया है। सबसे बड़ी बात यह है कि आपने बिना संयम खोए पुष्ट प्रमाणों के आधार पर एक साहित्यिक गुंडागर्दी को बेनकाब किया है। चूँकि आपने एक असत्य के विरुद्ध आवाज उठाई है, इसलिए आपकी भाषा में बेपनाह ताकत आ गयी है - कबीर की तरह। गद्य ओजस्विता की इतनी ऊँचाई प्राप्त कर सकता है, इसके बहुत कम ही उदाहरण साहित्य में मिलेंगे।

नामवर सिंह उन पंडितों के उदाहरण हैं जो विचारधारा को 'लादी' की तरह ढोते फिरते हैं। मैं आपके इस कथन से पूरी तरह सहमत हूँ कि 'नामवर जी ने विचारों को सिर पर उठाये उठाये फिरने के लिए ही स्वीकार किया है।' कोई बुद्धिजीवी समकालीन राजनीति के एक पक्ष का ऐसा अन्ध समर्थक हो सकता है, यह देखकर आश्चर्य और दुःख होता है। आपने नामवर सिंह के वैचारिक अन्तर्विरोधों का, उदाहरणों के साथ, पर्दाफाश करके नन्दकिशोर नवल के इस कथन को आइने के सामने रख दिया है कि 'नामवर सिंह हिन्दी जगत् के कॉन्सस कीपर' हैं। रामविलास शर्मा की एक

ही पुस्तक के बारे में नामवर सिंह की परस्पर विरोधी टिप्पणियाँ देख कर भी कोई उन्हें हिन्दी जगत् का 'कॉन्सस कीपर' माने, इससे बड़ा पाखंड और क्या हो सकता है! मैं आपकी इस बात से भी सहमत हूँ कि नामवर सिंह की अनेक ग्रन्थियों में 'परम्परा' भी एक ग्रन्थि है। उनके लिए 'परम्परा' एक गाली है। आपने ठीक लिखा है कि ''कुछ बुद्धिजीवी अपने निजी विरोध या अपनी निजी उपेक्षा को विचारधारा का मुद्दा बना लेते हैं। इससे उन्हें संगठन जुटाने और संगठन के लोगों को आकर्षित करने का तर्क हासिल हो जाता है।' नामवर सिंह यही करते हैं। आपने कितना सही लिखा है - और, वाह! क्या भाषा है! - ''मदोन्मत्त गजराज की तरह नामवर जी ज्ञान के कदली वन में निरंकुश उत्पात मचाते हैं। किसी को पैर की ठोकर से, किसी को मस्तक के आघात से, किसी को दाँत से, किसी को पूँछ से और किसी को सूँढ़ में लपेट कर।''

भाई, मैं आपको इस सम्पादकीय के लिए बधाई देता हूँ। मैं आपको एक निहायत 'शालीन' व्यक्ति के रूप में - जो संसार में चाहे जो अनर्थ घट जाए, उसे सह लेता है - के रूप में देखता था। आज तक कहाँ छिपा रखा था यह तेज? मुझे विश्वास है, आप भविष्य में भी ऐसी सम्पादकीय टिप्पणियाँ लिखते रहेंगे। अन्याय और पाखंड को चुपचाप देखते रहना और उसका विरोध न करना भी अपराध है। बुद्धिजीवियों के लिए अब अपनी चुप्पी तोड़ना जरूरी हो गया है; अन्यथा ये पागल हाथी साहित्य की फसल को रौंद डालेंगे!

आशा है, सानन्द हैं।

आपका

गोपाल राय

(8)

दिल्ली / 13.11.02

प्रिय भाई,

'दस्तावेज' का नया अंक मिला। आपका राजेन्द्र यादव पर सम्पादकीय। अद्भुत है। बेलाग और तर्कपूर्ण। यह जरूरी था। जहाँ कहीं भी पाखंड दिखाई पड़े, उसका पर्दाफाश जरूरी है। कितने दिनों तक चुप बैठा रहा जा सकता है? अभी तक यह लड़ाई मैं अकेले लड़ रहा था। आपके मैदान में उतर आने से मुझे बहुत बल मिल गया है। बधाई!

'एक नाव के यात्री' की समीक्षा 'समीक्षा' के नये अंक में छप गयी है। मेरे पास इसकी एक और समीक्षा आयी थी जिसे मैंने सदानंद जी की पत्रिका के लिए उनके पास भेज दिया है। अंक प्रेस में जाने वाला है। कृपया पुस्तक की एक प्रति सदानंद गुप्त जी को उपलब्ध करा दें।

आपके दिल्ली आने की सूचना आपके जाने के बाद मिली। ऐसा होना तो नहीं चाहिए था। यदि मेरे घर आने में कठिनाई हो तो कम से कम फोन तो कर दें।

आशा है, सानंद हैं।

आपका,

गोपाल राय

(9)

06. 06. 2007

प्रिय भाई,

बहुत हिचकिचाहट के बाद यह पत्र लिख रहा हूँ। अभी भी तय नहीं कर पा रहा हूँ कि यह पत्र लिखकर कुछ गलत तो नहीं कर रहा हूँ। पर, आपके साथ मेरे आत्मीयता के तार कुछ इस प्रकार जुड़े हुए हैं कि नहीं लिखना भी सहज नहीं लग रहा है। यह पत्र 'दस्तावेज : 114' में प्रकाशित डा. विजेन्द्र नारायण सिंह के लेख 'हिन्दी की उपन्यास आलोचना (1910-1970) के सन्दर्भ में है। विजेन्द्र जी से मेरा बहुत अच्छा सम्बन्ध है। वे मेरे छात्र भी रह चुके हैं और आज भी मेरा सम्मान करते हैं। उनके प्रति मेरे दुर्भावग्रस्त होने की अपेक्षा नहीं की जा सकती। पर मैं कहना चाहता हूँ कि उनका यह लेख इतना साधारण है कि वह 'दस्तावेज' में छपने लायक नहीं है। उसमें कुछ भी नया नहीं है। उपन्यास की आलोचना पर मैंने एक लम्बा लेख अशोक वाजपेयी द्वारा सम्पादित 'नटरंग' के स्व. नेमिचन्द जैन स्मृति अंक में लिखा था। यदि आपने वह लेख पढ़ा होता तो शायद इस लेख को नहीं छापते। इस लेख में तो विजेन्द्र जी ने रामविलास शर्मा के उपन्यासलोचन तक को कोई महत्त्व नहीं दिया है। शीर्षक में '1910-1970' जोड़ने का भी कोई औचित्य मुझे नहीं दिखाई देता। नेमिचन्द्र जी के 'अधूरे साक्षात्कार' के बाद भी लोगों ने उपन्यासालोचन को आगे बढ़ाया है। विजेन्द्र जी ने उनकी चर्चा क्यों नहीं की है? क्या वे चर्चा के लायक भी नहीं हैं? मेरी तो समझ में ही नहीं आता कि यह लेख लिखा क्यों गया है और आपने इसे प्रकाशित क्यों किया है? मैं आपके सम्पादकीय विवेक पर तो कोई प्रश्न उठा नहीं सकता। वह मेरे अधिकार-क्षेत्र के बाहर की बात है। पर मैं आपका प्रशंसक हूँ, यह तो आप जानते ही हैं।

आप मेरी भावनाओं को तो समझ ही गये होंगे। शब्द सब कुछ व्यक्त नहीं कर पाते।...एक अनुरोध है। इस पत्र को प्रकाशित मत कीजिएगा। यह नहीं कि मैं इसके प्रकाशन से डरता हूँ। पर विजेन्द्र जी की भावना पर कोई आघात नहीं पहुँचाना चाहता। आपसे मुझे कोई डर नहीं है। क्योंकि मैं जानता हूँ आपको मेरे बारे में कोई गलतफहमी नहीं हो सकती। इस पत्र का उत्तर भी न दें तो अच्छा हो।

आशा है, सपरिवार स्वस्थ-प्रसन्न हैं।

आपका
गोपाल राय

(10)

11. 04. 08

प्रिय भाई,

आप जब भी 'सम्पादकीय' लिखते हैं, 'जोरदार' ही लिखते हैं। 'दस्तावेज-117' का आपका सम्पादकीय मैंने आज पढ़ा है, आपके दोबारा अंक भेजने पर। पहले प्रेषित प्रति में मैं केवल अपने पर लिखा सत्यकाम का भावुकतापूर्ण लेख ही पढ़ पाया था कि सत्यकाम ने मुझसे अंक ले लिया था, और फिर वह प्रति ऐसी गायब हुई कि मैं उसे फिर देख ही नहीं पाया। आज मैंने पहले आपका सम्पादकीय ही पढ़ा और आपके चित्त की निर्मलता और उससे उत्पन्न सात्विक आक्रोश से प्रभावित हुए बिना नहीं रह सका। 'भाषा को भ्रष्ट मत करो' और 'तिब्बत देश' में आपका यह सात्विक

आक्रोश बहुत प्रभावी रूप में व्यक्त हुआ है। मैं आपके इस वैचारिक ओजस् और तेवर का कायल हूँ। किन शब्दों में आपका अभिनन्दन करूँ, यह समझ में नहीं आता।

'प्रौद्योगिकी समय में कविता' और 'तुलसी जयन्ती' पर आपकी टिप्पणियाँ पढ़कर मुझे लगा कि आपका अध्ययन कितना गम्भीर है। हल्की सी ईर्ष्या और अपने अज्ञान पर थोड़ा क्षोभ भी हुआ। पर यह संचारी भाव रहा। स्थायी भाव श्रद्धा का ही रहा। प्रभु से प्रार्थना है कि आप इसी प्रकार गहरे अध्ययन और चिन्तन का बोध कराते हुए लिखते रहें, ताकि हमारे जैसे लोग उसे पढ़कर सुख का अनुभव करें।

सत्यकाम अभी सोफिया में हैं। जुलाई में आ जाएँगे। सीमा (मेरी बहू) 17 अप्रील को बेटी के साथ सोफिया जा रही है। वे सब साथ ही लौटेंगे। मेरा कहानी के इतिहास-लेखन पर काम चल रहा है।

आशा है, सपरिवार स्वस्थ-प्रसन्न हैं।

आपका

गोपाल राय

चन्द्रकांत बांदिवडेकर

(1)

7 शाकुंतल, साहित्य सहवास, बांद्रा (पूर्व), मुम्बई-51

17/2/1976

प्रिय बन्धु,

आपके 3.1.76 के पत्र का उत्तर लिखने में अक्षम्य विलंब हुआ परन्तु आप उदारता से क्षमा करेंगे ही।

आपकी पुस्तकों को पढ़ूँगा अवश्य। कहीं समीक्षा करने के लिए कहा जाय तो करूँगा भी। लेकिन मैंने देखा है अपनी ओर से पर्याप्त तटस्थता बरतने के बावजूद मित्र नाराज होते हैं। ज्ञान के क्षेत्र में अगर हम बहुमुखी नहीं हो सकेंगे तो कहाँ होंगे? श्री गोपाल राय मुझे बहुत बार पत्र लिखते थे परन्तु इधर लगता है नाराज हो गये हैं। 'कल्पना' में उनकी पुस्तक 'उपन्यास : शिल्प' की समीक्षा के कारण। अगर समीक्षा में फैक्ट ग़लत होते तो उन्हें अधिकार था कि उत्तर देते - परन्तु नाराज ही हुए। वस्तुतः श्री गोपाल राय, जो दूसरों पर सशकत कलम चलाते हैं को नाराज नहीं होना चाहिए था। हो सकता है मेरा अनुमान गलत हो या कार्यव्यस्तता के कारण पत्रचार रुक गया हो। इस स्थिति में मुझे सन्तोष होगा।

आपको भेजा गया लेख "स्वातंष्योत्तर मराठी साहित्य" अगर छपने में देर हो तो वापस लौटा दें - मैं उसको टाईप करके एक प्रति आपके पास भेज दूँगा। मेरे पास उसकी अच्छी कॉपी नहीं है।

आप बम्बई आने का कार्यक्रम अवश्य बनायें। आपसे मुलाकात करने में मुझे बड़ी खुशी होगी।

आप सानन्द होंगे।

आपका

चंद्रकांत बांदिवडेकर

(2)

9/7/79

प्रिय विश्वनाथ तिवारी जी,

सस्नेह नमस्कार।

आपका पूना का साथ बड़ा ही प्रसन्न रहा। वैसे आपने अपने निबन्ध से और उपस्थित प्रज्ञा से सबको प्रभावित किया परन्तु मैं आपकी सहज, निश्छल और निरभिमानी मानवीयता से अधिक अभिभूत रहा। मैं सबसे अधिक महत्त्व इसी को देता हूँ।

साथ में प्रेमचन्द साहित्य पर लिखी मेरी टिप्पणियाँ हैं। मेरे पास अब कोई कापी नहीं रही है अतः इन्हें सुरक्षित रखें। काम की हों तो अवश्य उपयोग करें।

भाई परमानन्द जी को भी मेरा सस्नेह नमस्कार बताएं। आप दोनों की युगल जोड़ी विशेष

चेतनाप्रद रही।

पत्रोत्तर दें।

आपका

चंद्रकांत बांदिवडेकर

(3)

मुम्बई विद्यापीठ
रानाडे भवन, विद्यानगरी,
मुम्बई - 400 098

2/5/92

प्रिय विश्वनाथप्रसाद तिवारी,

सस्नेह नमस्कार।

पत्र मिला। अगस्त में मराठी साहित्य की सामग्री आपके पास पहुँच जायगी। यह अंक सामान्यतः नौवें दशक पर केन्द्रित होगा। यह जिम्मेदारी मैंने ली है। चिन्ता न करें।

आपका लेख पढ़ा। नामवर जी के साथ मित्रता के सम्बन्धों को तथा अन्य बातों को दूर रखकर आपने बहुत वस्तून्मुखी दृष्टि से लिखा है। आपने नामवर जी के मूलभूत दोषों और कमियों का संकेत करते हुए बल केवल 'दूसरी परम्परा की खोज' पुस्तक पर दिया है। मेरे पास जो प्रति पहुँची है उसमें IX पृष्ठ के बाद पीछे का भाग कोरा है अतः उसके बाद आपने कितना लिखा पता नहीं) आपकी पकड़ अचूक है और उस पुस्तक के मूल बिन्दुओं की सार्थकता पर आपके उठाये प्रश्नचिन्ह बहुत मौजूं हैं। मेरी अपेक्षा यह थी कि नामवर जी के अन्य विचारों की अन्तर्गत संगति पर भी विचार किया जाय। उदाहरण के लिए उनका साहित्य के प्रति देखने का। मार्क्सवाद से प्रभावित परन्तु एक सीमा तक स्वायत्त भी दृष्टिकोण, उनके काव्यविषयक अभिमतों की जाँच (-दो दृष्टियों से (1) इसमें हिन्दी के समकालीन समीक्षा विचार से कितना ग्रहण किया गया है (2) क्या नया है) नयी कहानी के सम्बन्ध में उनकी सोच का मूल्यांकन, उनके द्वारा मूल्यांकित कवियों/लेखकों की असलियत, शैली के तीखेपन को और आक्रामक युयुत्सु मुद्रा को दूर कर उनके सकारात्मक विचारों का विवेचन फिर भी आपने एक पुस्तक के सन्दर्भ में बहुत सारी बातें उठाकर पुनर्विचार के लिए प्रेरित किया है। सबसे बड़ी बात यह है कि इसमें कहीं भी अनावश्यक निर्ममता या दो शैड़ दृष्टि का लेशमात्र भी नहीं है। प्रश्न यह उठता है— अगर अनर्गल विसंगतियों के कारण किसी व्यक्ति को महत्त्व मिलता है और अन्य समकालीन कुछ उपेक्षित होते हैं तो उसका रहस्य क्या है। क्या हमारी पूरी पीढ़ी तल स्पर्शी नज़रिए या गहरी शोध दृष्टि का परिचय नहीं दे गई है। अगर ऐसा है तो बड़ा संकट है। मुझे लगता है छोटे छोटे स्वार्थों ने भी शायद मूल्यदृष्टि को प्रभावित किया है।
यह पत्र केवल आपकी प्रतिक्रिया के लिए है— प्रकाशन के लिए नहीं; क्योंकि यह तत्कालिक प्रतिक्रिया है।

सानन्द होंगे।

आपका

चन्द्रकांत बांदिवडेकर

(4)

19/11/94

प्रिय विश्वनाथप्रसाद तिवारी,

सस्नेह नमस्कार।

आज एक विशेष कारण से 'आखर अनन्त' को पढ़ा। पहले भी पढ़ा था परन्तु आज विशेष ध्यान देकर पढ़ा। वह सन्दर्भ कथा बाद में बताऊँगा।

मुझे कविताएँ बहुत अच्छी लगीं। लगा कि आपकी पुस्तक पर न लिखकर मुझसे अनजाने में आप पर अन्याय हो गया है। उसका परिमार्जन कभी करूँगा– अब अधिक समय नहीं लगेगा।

दायीं आँख के आपरेशन के बाद दो महीने पूर्ववत् होने में गये। अभी बायीं आँख का भी करवाना होगा। कुल पाँच प्रोजेक्ट चल रहे हैं। एक साल में प्रायः सभी पूर्ण होंगे। यहाँ कुछ विवषता में समय और समाज के दबाव में अन्य काम भी लेना पड़ता है।

बहुत सुन्दर कविताओं ने आज की सुबह सार्थक और समृद्ध की। कुछ कविताएँ मराठी में छपा रहा हूँ। छपने पर भेजूँगा।

सानन्द होंगे।

आपका

चंद्रकांत बांदिवडेकर

पुनश्च : कुछ बहुत अच्छा पढ़ने पर मैं अपने को संयत नहीं कर पाता। सम्बन्धित व्यक्ति को तुरन्त लिख देता हूँ। - च.कां.

(5)

10/1/97

प्रिय बन्धु,

सप्रेम नमस्कार।

लेख भेज रहा हूँ। आशा है आपको ठीक लगेगा। आपकी राय जानने की उत्सुकता है। अगर कहीं कुछ ऐसा है जो आपको उचित नहीं लग रहा है तो काट दें, आपके समीक्षा विवेक पर पूरा भरोसा है।

हाँ, आपको लिखते समय अपराधबोध महसूस करता हूँ। दो काव्य संकलनों पर लिखना है– लिखूँगा। शीघ्र ही। असल में आलस्य नहीं, ऐसा भी नहीं कि काम अरुचिकर है। वस्तुतः आपकी कविताएँ मुझे बहुत पसन्द आयीं। लेकिन इधर काम के बोझ के नीचे दब गया हूँ। कुछ कुछ राहत फरवरी में मिलेगी। विश्वास रखें वरीयता आपकी कविता को और गोविंद मिश्र के उपन्यास को ही देनी है। अलग से गोविन्द मिश्र के एक उपन्यास पर लिखूँ तो पूरी पुस्तक बन जायगी। लेकिन पिछले दो वर्षों से - जरूरी काम एक वर्ष से नहीं हो सका। क्षमा करेंगे।

सानन्द होंगे।

आपका

चंद्रकांत बांदिवडेकर

(6)

6-10-99

प्रिय डॉ. विश्वनाथ प्रसाद तिवारी,

दस्तावेज का 83 अंक अभी देखा। आपके सम्पादकीय का दूसरा भाग पढ़ा। आपने मेरे मन की बातें जोरदार ढंग से लिखी हैं - मुझसे अधिक क्षमता के साथ। अभिनन्दन। यह बहुत ज़रूरी था।

आप धारावाहिक रूप में लिख रहे हैं। कुछ प्रश्न मेरे मन में उठते रहते हैं।

1. शमशेर बहुत बड़े कवि हैं - क्या प्रगतिवादी मानदंडों के आधार पर यह सिद्ध किया गया है– किया जा सकता है।

2. मुक्तिबोध गहराई, तीव्रता, व्यापकता और वैचारिक चिन्तनपरक समृद्धि के आधार पर कवि के रूप में उतने प्रषंसित हो सकते हैं जितना प्रगतिवादी भाइयों ने सिद्ध करना चाहा है? क्या उनकी तमाम कविता में एक ही मानसिकता में अनुभवों को व्यक्त नहीं किया गया - जीवन का उल्लास, हास्य, प्रणयभाव ये भी भाव हैं। इनके सन्दर्भ में उनका क्या योगदान है?

3. निराला की कविता में (वनवेला, कुकुरमुत्ता ही में) और गद्य में भी कम्युनिस्ट पक्ष का मज़ाक नहीं है? फिर इनकी उत्तरकालीन आध्यात्मिक रुझान को विक्षिप्तता का प्रकाशन कहा जायगा या उनकी अपनी जमीन से जुड़ने का?

4. नागार्जुन व्यक्ति के रूप में बहुत भले आदमी हैं लेकिन उनकी कविताओं और उपन्यासों का 'इकहरापन' देख कर क्या उन्हें प्रथम श्रेणी का साहित्यकार माना जा सकता है– कहीं भी गहनता के आयाम में उनकी कविता शक्तिशाली है?

अब स्थिति यह है कि एक एक कवि/लेखक को लेकर वस्तुनिस्ट होना चाहिए। बिना पढ़े रिमार्क देने की प्रवृत्ति जनवादी युवा लेखकों में काफी दीखती है, दुःख होता है।

आपका

चंद्रकांत बांदिवडेकर

(7)

सी/2-7, स्टेट बैंक नगर, पंचवटी पाषाण,
पुणे-411 008

प्रिय विश्वनाथ तिवारी,

सस्नेह नमस्ते।

'दस्तावेज़' का 91 अंक कुछ देर से हाथ में आया और पढ़ने में और देर हो गयी। नामवर जी से दो हाथ करने का साहस आपने दिखाया और उसको भलीभाँति निभाया। इस आलेख में नामवर जी की शैली, लेखनगत उद्देश्य और मानसिकता की जो पहचान आपने दिखायी है, वह हिन्दी पाठकों को निश्चित ही चकित करेगी। कभी कभी मैं सोचता हूँ कि कट्टर प्रगतिवादियों ने समीक्षा का जो नुकसान किया है उसकी छानबीन करूँ। मेरे हाथ में जो काम अभी है, उसमें... पाना मुश्किल है।

किसी भी आलोचक का कद निश्चित करने में कुछ स्थूल मानदंड को बता रहा हूँ।

1. क्या आलोचक ने साहित्य के सैद्धान्तिक पक्ष का और साहित्य से सम्बद्ध साहित्यिक अनुशासनों का अध्ययन किया है - यह अध्ययन उसकी समूची समीक्षा दृष्टि में और समीक्षा व्यापार में कार्यान्वित हुआ है?

2. सैद्धान्तिक पक्ष दो प्रकार से प्रकट हो सकता है - (अ) साहित्य सिद्धान्त की विशुद्ध चर्चा के स्तर पर - मतलब काव्यशास्त्रीय सौन्दर्य शास्त्रीय चर्चा के रूप में, (ब) साहित्य सिद्धान्त प्रत्येक व्यवहारिक समीक्षा में आधार के रूप में प्रवाहित होता रहता है। मुझे 'ब' अधिक रुचता है और 'अ' की आवश्यकता भी महसूस होती है।

3. क्या समीक्षक ने कुछ महत्त्वपूर्ण कवियों/लेखकों की समीक्षा कर उनको मूल्यांकित किया है?

मैंने देखा है दलबन्द प्रगतिवादी खेमे के आलोचकों से बातचीत होती है तो लगभग एक ही तरह की भाषा सुनने को मिलती है।

मुझे लगता है शमशेर ने 3-4 तथाकथित प्रगतिवादी कविताएं लिखीं तो वे सर्वप्रथम हो गये! (मैं उनकी महत्ता को इन्कार नहीं करता लेकिन उनके स्तर के और भी कवि हैं।)

प्रगतिवादी समीक्षकों के नाम जप में निराला के तुरन्त बाद नागार्जुन, त्रिलोचन आते हैं। क्या इनका स्थान/स्तर समान है? नागार्जुन के सरोकार व्यापक हो सकते हैं लेकिन वे उससे कितनी अच्छी/श्रेष्ठ रचनाएँ दे सके हैं?

इधर पुणे में नामवर जी ने हिन्दी के श्रेष्ठ कवियों/लेखकों में अज्ञेय का नाम लिया। जिस ढंग से गौरवपूर्ण शब्दों में खंडेकर का नाम लिया उससे मैं चकित हुआ क्योंकि दिल्ली की एक सभा में गो.पु. देशपांडे और नामवर जी ने खंडेकर पर कड़ी टीका-टिप्पणी की थी और महाराष्ट्र में प्रतिकूल हवा उत्पन्न हुई थी। पुणे में दो बार मैंने कहा - नामवर जी आज जो अज्ञेय, भारती इ. लेखकों के बारे में बोल रहे हैं वे अगर 20/21 वर्ष पहले बोलते तो हम जैसे दोयम दर्जे के समीक्षकों को लिखने की आवश्यकता न होती और समीक्षा में सन्तुलन होता।

नामवर जी महाराष्ट्र के भालचन्द्र नेमाड़े - चमकदार लच्छेदार शैली में वक्रतापूर्ण रिमार्क देते हैं लेकिन उन्हें कभी स्पष्ट नहीं करते। जो हो - बातें बहुत हैं। आपसे मिलकर बात करने की इच्छा है। क्या शिवाजी विश्वविद्यालय में कभी आप आ सकते हैं? अर्जुन चव्हाण ने मुझसे पूछा था।

विश्वास देशमुख की पुस्तक 'खोज : सच्चे भारत की' आपके पास भेजी गयी है। मैंने उस पर छोटी-सी समीक्षा लिखी है। भेज रहा हूँ। यह पुस्तक इसलिए महत्त्वपूर्ण है क्योंकि यह भारत की सही शक्ति और सीमा का भान कराती है और लोकभाषाओं का पक्ष समर्थ रूप में प्रस्तुत करती है। लेखक 29/30 वर्षों तक अमेरिका में रह कर वापस आया है।

-चंद्रकांत बांदिवडेकर

(8)

6/8/2002

प्रिय डॉ. विश्वनाथ प्रसाद तिवारी,

सप्रेम नमस्कार।

अभी आपकी एक बहुत समर्थ पुस्तक 'हजारी प्रसाद द्विवेदी' का मराठी अनुवाद देख रहा हूँ। अनुवाद अच्छा हुआ है और मुझे उसको देखते समय यत्रतत्र कुछ सुधार करने का अवसर आ मिला। लेकिन कुल मिलाकर अनुवाद अच्छा हो गया है। यह पुस्तक मेरी नज़र में पहले गुज़री नहीं थी। पुस्तक बहुत ही बेहतरीन लिखी है आपने। डॉ. हजारी प्रसाद पर लिखना मुश्किल था परन्तु आपने उसको पूरी तरह से आत्मसात् कर और उनके उद्धरणों को पैनी दृष्टि से पकड़कर पुस्तक लिखी है। यह पुस्तक पढ़ते समय बार बार आपको याद करता रहा। आपकी कविता पुस्तकों में आपकी अपनी

दृष्टि से सर्वोत्तर पुस्तक कौन सी है? आप कुछ ऐसे कविता संकलन बताएँ जो इधर 20 वर्षों में प्रकाशित हुए हों और आप को बहुत अच्छे लगे हों।

धीरे धीरे एक पुस्तक बनाने का इरादा है।

अभी मेरी एक पुस्तक मराठी में छपी है जिसमें साहित्य अकादमी पुरस्कृत 63 भारतीय उपन्यासों की समीक्षाएँ हैं। मराठी में अप्रत्याशित प्रशंसा मिल रही है। सानन्द होंगे।

आपका

चंद्रकांत बांदिवडेकर

(9)

12/5/2004

प्रिय भाई,

सप्रेम नमस्ते।

सुबह से कुछ बातें मन में आ रही हैं। सोचा कि आपसे शेयर करूँ।

हिन्दी में एक जातिवाद है – प्रगतिवादी/गैरप्रगतिवादी समीक्षकों का। प्रगतिवादी बहुत ही क्रूर हैं। आप जीवन/साहित्य की ओर प्रगतिशील दृष्टि से देखने वाले हैं।

एक जिज्ञासा – नामवर जी ने किसी रचना पर (उपन्यास हो या कविता) जमकर कुछ लिखा है जो औरों का प्रतिवाद न करते हुए अपनी खुद की समीक्षा दृष्टि से लिखा गया है? मुझे लगता है प्रतिवाद करते समय उनके हाथ से रचना का गहरा मर्म छिटक जाता है। 'अंधेरे में' हो या कुछ दूसरी रचना पर लिखा हो। हो सकता है मेरा अज्ञान हो। मुझे लगता है छायावाद/हिन्दी काव्य की प्रवृत्तियाँ लिख चुकने के बाद धारदार लिखने के नशे में बहुत कुछ खो गया।

एक बात और आपके सामने रखना चाहता हूँ। दिल्ली में 100वें दस्तावेज का विमोचन हुआ। उस समय चेअर पे अशोक वाजपेयी थे। दस्तावेज़ वनाम आलोचना, बहुवचन, वसुधा, पहल का अन्तर मुझे बिना नाम लिए रखना था। अतः मैंने प्रखरता और परिपक्वता का मुद्दा उठाया। मुझे लगता है अशोक वाजपेयी और नामवर दोनों की परिपक्वता को प्रखरता ने खा लिया है। जब अपने विरोधी की बात को सुनने, गुनने की क्षमता को बड़बोलापन खा जाता है तब यही होता है। उस दिन अध्यक्षीय भाषण में अशोक वाजपेयी भी प्रखरता कैसे आती है, इस पर बोले जबकि वह उनका मुद्दा नहीं था। लेकिन परिपक्वता के साथ जोड़ने में सफल नहीं हो पाये – अपने नाटकीय ढंग से यह कहा – ''रहने दीजिए।'' मुझे लगा मेरा तीर निशाने पर लगा है।

पता नहीं मेरी बात आपको औचित्यपूर्ण लगी कि नहीं। बाद में हमारा अधिक संवाद नहीं हो पाया। हाँ, उस रात को लहर, प्रखर शब्द को लेकर एक ने कहा अशोक जी तो प्रखर हैं। आपकी राय अवश्य लिखिए।

कुछ ज्यादा ही लिख गया – यह पत्र केवल आपके लिए है।

भारतीय श्रेष्ठ उपन्यासों पर अगले माह से लिखना शुरू करूँगा।

आपका

चंद्रकांत बांदिवडेकर

(10)

10/7/05

प्रिय भाई,

आपका पत्र मिला। कृपया इसके बाद मानसिक क्लेश की बात निकाल दें। 'दस्तावेज़' जैसी पत्रिका को इतने वर्षों तक चलाना एक पहाड़ को सिर पर उठाकर दौड़ की प्रतियोगिता में हिस्सा लेना था। आपके पास आलोचना जैसा गुट भी नहीं है और वह आपकी प्रकृति भी नहीं है। मैं भी उम्र के 17वें वर्ष से परिवार के लिए संघर्श करता आया हूँ - 70 रुपये हर महीना वेतन और सिर पर 7 व्यक्तियों का बोझ। यह स्थिति लगभग 1970 तक। फिर कुछ अच्छी स्थिति। दस्तावेज़ ने मुझे भी कुछ अमूल्य दिया है। अगर उसकी किंचित् सी भागीदारी होती है तो कृतार्थता का बोध होता है। वैसे भी बता दूँ - हर साल मैं एस.एस.सी. में अपने बलबूते पर चमकने वाले छात्रों के लिए या ज़रूरतमंदों के लिए खर्च करता हूँ - यह मेरी जेब से नहीं।

मुझे जो छोटे बड़े पुरस्कार मिलते हैं उनके ज़रिए। यह मै लिखना नहीं चाहता था। लेकिन आपके मानसिक कष्ट की कल्पना करके लिख रहा हूँ - भविष्य में यह अन्तराल हमारे बीच न रहे। आपके साहस की भी मैं दाद देता हूँ। आप जिस बौद्धिक ईमानदारी से सम्पादन कर रहे हैं, वह सम्भवतः अपने आपमें अद्वितीय है। यह पत्र केवल आपके लिए।

आपका

चंद्रकांत बांदिवडेकर

यह पत्र आपका पत्र मिलने पर लिखा था - हमारे यहाँ पोस्ट बॉक्स टूट गया है - पत्र सम्भवतः विश्वविद्यालय में जाऊँगा तब पोस्ट होगा। अशोक केलकर की पुस्तक पर का आलेख- वे कुछ शिथिल हो गये हैं। - चं0बां0

(11)

22/11/05

प्रिय विश्वनाथ जी,

निर्मल की मृत्यु के बाद अवसाद ने घेरा है। उनकी पुस्तक 'चीड़ों पर चाँदनी' पढ़ रहा हूँ - एक बार वर्षों पहले पढ़ी थी कुछ कुछ बोरियत सी भी लगी थी। लेकिन तब मैं हिन्दी का ऐसा पढ़ाकू छात्र था जो पुस्तक के भीतर प्रयत्नपूर्वक बार बार घुसकर उसके मर्म को पकड़ने की अपेक्षा बीच में अपने ही व्यवधानों को रखकर पढ़ता था। ऐसे लोगों के हाथ में निर्मल के साहित्य का मर्म नहीं आ सका। यह पुस्तक वही पढ़ सकता है जो पुस्तक के प्रति अपने को पूरी तरह समर्पित होने दे। आज यह कर रहा हूँ– और इतना विलम्ब हुआ इसका दुख भी है। मेरे पास निर्मल के तीन पत्र हैं - दो इधर के, एक बहुत पहले का जो कहीं पत्रों के गट्ठर में खो गया है - मिलेगा। मुझे लगता है हमने निर्मल के प्रति उचित न्याय नहीं किया। अगर 'चीड़ों पर चाँदनी' पर कुछ लिख सकूँ तो दस्तावेज के लिए भेजूँगा - वादा नहीं, अपनी अपनी सामर्थ्य की बात है। कभी लगता है हमने निर्मल को न्याय नहीं दिया - तारीफ भी की तो मुँह देखी। चाहता हूँ कि 'दस्तावेज़' का एक अंक निर्मल पर केन्द्रित किया जाय। लेकिन यह महज़ वैयक्तिक इच्छा।

आपका

चंद्रकांत बांदिवडेकर

(12)

12/12/05

प्रिय भाई,

केल्कर का अंक आज दोपहर को मिला। उनके पास भेज रहा हूँ — चिंता न करें।

निर्मल की मृत्यु के बाद उनका 'अन्तिम अरण्य' पुनः पढ़ना चाहता था। उसका सम्बन्ध उनकी मृत्यु से है। लेकिन मेरी अपनी कापी किसी को दी थी, याद नहीं आ रहा है। दो पत्र भेज रहा हूँ — एक कहीं गुम हो गया है।

कुछ कुछ उदासीनता की मानसिकता से 'चीड़ों पर चाँदनी' पढ़ना शुरू किया - तीसरी बार तो ऐसा डूब गया कि पुस्तक पूरी पढ़ने के बाद एक लम्बा लेख लिख दिया। उसी समय वर्धा में मीटिंग थी। गोपीनाथन से जिक्र किया तो उन्होंने लेख मांगा — बहुवचन के लिए। दे दिया। दो लेख पहले छपे थे एक वर्ष पहले कमलेश्वरजी ने छापा था, दूसरा भी किसी अच्छी पत्रिका में।

अगर 'दस्तावेज़' में कुछ छापना चाहें तो 'अन्तिम अरण्य' पर लिखूँगा। दुर्भाग्य से यहाँ विश्वविद्यालय का संग्रहालय दरिद्र है और हिन्दी पुस्तक की दूकान भी नहीं है। फिर भी 'अन्तिम अरण्य' खरीदूँगा। कुछ कुछ स्मृति के सहारे 'ज्ञानोदय' के लिए लिखा। स्मृति भी कुछ कुछ गड़बड़ हो रही है।

हाँ, एक मराठी में लेख लिख रहा हूँ। यह मेरा कर्तव्य बनता है।

निर्मल जी से मेरी कुछ कुछ आंतरिक आत्मीयता थी।

'चीड़ों पर चाँदनी' बहुत ही महान पुस्तक है।

सानंद होंगे।

आपका

चंद्रकांत बांदिवडेकर

(13)

23/1/06

प्रिय भाई,

सस्नेह नमस्ते।

पत्र मुम्बई से लिख रहा हूँ। यहाँ विंदा करंदीकर को ज्ञानपीठ पुरस्कार मिलने पर दीपावली जैसा वातावरण है। दस्तावेज़ को मैंने कुछ वर्ष पहले बिन्दा करंदीकर की चुनी हुई कविताओं का संकलन भेजा था। इन कविताओं को छोड़कर अन्य महत्त्वपूर्ण कविताओं का अनुवाद मैंने किया था। संकलन संवाद प्रकाशन द्वारा छाया गया था। इसमें मेरी भूमिका है जिसमें करंदीकर जी की कविताओं की समीक्षा भी है। कृपया नोटिस लें।

मैं 'अन्तिम अरण्य' पर कार्यरत हूँ। पुस्तक केवल विदग्ध पाठकों के लिए लिखी गयी है— मैंने पाँच बार उसको पढ़ा। आलेख तैयार होने पर 'दस्तावेज़' के लिए भेजूँगा। यथासम्भव जल्दी ही।

सकाल दैनिक के रविवारीय अंक में अशोक वाजपेयी का मराठी में आलेख है। उसमें अनुवाद कार्य का सराहना की गयी है।

एक और बात। मैंने कहीं लिखा है 'अगर बालकों के लिए लिखी कविताओं पर पुरस्कार देना हो तो बिन्दा को नोबल पुरस्कार देना चाहिए। कुछ अनुवाद आपके लिए भेजूंगा -

आपका

चंद्रकांत बांदिवडेकर

(14)

3/11/2011

प्रिय भाई,

'अज्ञेय सहचर' ग्रंथ मिला। प्रथम पृष्ठ से अन्तिम पृष्ठ तक पठनीय। इसके लिए किये गये परिश्रम की कल्पना मैं कर सकता हूँ। एक अतिशय आवश्यक कार्य की सफल सिद्धता के लिए हिन्दी पाठक की हैसियत से आपका अभिनन्दन - आपके अभिनन्दन में उन सभी का अभिनन्दन है जिन्होंने आपकी सहायता की। ऐसा कार्य एक दो व्यक्तियों द्वारा असम्भव है - बहुत बहुत धन्यवाद। हिन्दी पाठकों के लिए इस ग्रंथ की आवश्यकता थी। उपयोगिता के साथ सम्पादन की सार्थकता भी इसमें है। अज्ञेय जन्मशती के सुअवसर पर यह ग्रंथ आया है। आपके सम्पादन कौशल के प्रति मेरे मन में सदैव आदरभावना रही है।

यह पत्र व्यक्तिगत समझें।

आपका

चंद्रकांत बांदिवडेकर

(15)

24/8/2011

प्रिय भाई,

'विश्वनाथ प्रसाद तिवारी : साहित्य का स्वाधीन विवेक' ग्रंथ पढ़ा। यह गौरव ग्रंथ है। लेकिन मेरा विश्वास है आप जैसे समृद्ध व्यक्तित्व को यह ग्रंथ उचित न्याय दे सका है। गौरव और गर्व लगभग समान उच्चारण के शब्द हैं लेकिन आप जैसे विवेकी व्यक्तित्व ने सदैव इनके बीच का महान अन्तर अपने जीवन व्यवहार में ध्यान में रखा है। इसीलिए आप मेरे अत्यन्त निकट के व्यक्ति भी हैं। इस ग्रंथ को आकार देने में जिन्होंने सहयोग दिया है वे सब प्रशंसा के धनी हैं।

आपका

चंद्रकांत बांदिवडेकर

प्रिय बंधु,

पत्र गलती से पुनः खोला गया। कृपया इसे अन्यथा न लें।

चन्द्रकान्त देवताले

(1)

रतलाम : 25/12/81

प्रिय भाई,

आपका पत्र प्राप्त हुआ था। मुझे दुःख है कि मैं इतने दिनों बाद उत्तर दे पा रहा हूँ। दस्तावेज का ताज़ा अंक मुझे प्राप्त हो गया था। निस्सन्देह 'दस्तावेज़' हमारी ज़रूरी पत्रिका की शकल पा चुका है। आपकी निष्ठा के अतिरिक्त समावेशी और उदार दृष्टि के कारण 'दस्तावेज़' प्रगतिशील किन्तु किसी भी तरह के बाड़े से मुक्त पत्रिका बन सकी है। यह बहुत बड़ी बात है।

20 वर्षों की महाविद्यालयीन सेवा के बाद पता नहीं क्यों और कैसे मैं पी.एच.डी. के चक्कर में U.G.C. की टीचर फेलोशीप की चपेट में आकर पिछले छः महिनों से प्रभात त्रिपाठी के साथ (कदाचित उसी के कारण और डा. प्रेमशंकर जी के स्नेहवर्ष) सागर हूँ। परिणामतः एक निरन्तर उचटी हुई स्थिति में रहता हूँ। घर-परिवार रतलाम ही है। आना जाना, जो बहुत थकाने वाला है, बना रहता है। काम भी अभी तक शुरू नहीं हो पाया है।

इसी बीच कोलाइटिस के कारण बार बार तबियत बिगड़ती रही। और कुल मिलाकर इन्हीं कारणों से न तो आपको उत्तर दे पाया और न कुछ कर पाया। दो-तीन संग्रहों पर लिख पाना भी मेरे लिए कठिन ही होता। बहुत मुश्किल से ही गद्य लिख पाता हूँ। आशा है मेरे विलम्ब और मेरी विवशता को आप अन्यथा न लेंगे। दस्तावेज़ के लिए कविताएं ज़रूर बाद में जब आप चाहेंगे भेजकर मुझे बहुत खुशी होगी।

आशा है आप प्रसन्न हैं और दस्तावेज़ के विशेषांक ज़रूर भेजेंगे जिनकी प्रतीक्षा रहेगी।

नए वर्ष के लिए मेरी हार्दिक शुभकामनाएं।

आपका

चन्द्रकान्त देवताले

(2)

रतलाम : 8.3.82

प्रिय भाई,

आपका 24.2 का पत्र अभी 8.3 को प्राप्त हुआ। सौमित्र मोहन पर मेरी समीक्षा आवेग में प्रकाशित हुई थी। पूर्वग्रह में भगवत रावत के बाद विष्णु खरे के संग्रह पर समीक्षा थी। जो भी हो आप सहर्ष पुनर्मुद्रित करें। दूसरी बात मैं अपनी कविताएं आपको इसी सप्ताह भेज दूँगा। विशेष यह कि 9 या 10 फरवरी को सागर से प्रभात त्रिपाठी ने मेरे संग्रह 'लकड़बग्घा हँस रहा है' पर समीक्षा आपको भेजी है। आपके पत्र से लगता है कि वह समीक्षा आपको प्राप्त नहीं हुई। खास बात यह भी कि प्रभात ने रिव्यू की मूल प्रति ही आपको भेज दी थी और इसलिए रजिस्टर्ड डाक से भेजी है।

पोस्ट आफिस मैं स्वयं गया था। विजय कुमार की समीक्षा दे रहे हैं यह ठीक है पर प्रभात की रिव्यू आपको कैसे प्राप्त नहीं हुई? आश्चर्य है। देर सबेर प्रभात की रिव्यू प्राप्त होने पर आप रजिस्टर्ड डाक से उसे मेरे पते पर ही भेज दें क्योंकि फिल वक़्त प्रभात सागर में नहीं हैं। कविताएं मैं शीघ्र ही भेज रहा हूँ। दस्तावेज के अंक की प्रतीक्षा रहेगी। आशा है आप भी सानंद हैं।

आपका
चन्द्रकान्त देवताले

(3)

23.3.84

प्रिय भाई,

आशा है प्रसन्न हैं।

मेरी कविताओं पर आपका लेख जबसे पढ़ा था कुछ लिखने का मन था आपको। पर पिछले चार माह जिस भाग दौड़ में बीते सम्भव नहीं हो पाया। आपने बहुत हार्दिकता से तो लिखा ही पर कई ऐसे महत्त्वपूर्ण पक्ष भी उभारे जो मुझे भी ज्ञात नहीं थे।

मैं रतलाम से स्थानान्तरित होकर उज्जैन आ गया हूँ यहाँ शासकीय कन्या महाविद्यालय में प्रोफेसर के रूप में। प्रमोशन भी था। अतः रतलाम 14 वर्षों के बाद छूट गया। यहाँ का पता है:

"6 सेठी नगर, उज्जैन (म.प्र.) - 456 010"

दस्तावेज़ का नया अंक कब आ रहा है। आपकी ताज़ी गतिविधियाँ?

उम्मीद है पत्र देंगे। याद के साथ,

आपका
चन्द्रकान्त देवताले

चन्द्रकान्त पाटील

(1)

Dept. of Botany è S.B.College of ScienceèAurangabad : 431 001

5/5/1987

प्रा. डॉ. विश्वनाथप्रसाद जी,

'दस्तावेज' के दोनों इश्यूज प्राप्त हुए/धन्यवाद! मुझे अफसस है कि मैंने अबतक 'दस्तावेज' के लिए कुछ सहयोग नहीं दिया है// श्रीकान्तजी पर केन्द्रित अंक काफी पठनीय है // उज्जैन में हमारी मुलाक़ात नहीं हो सकी इसलिए कि पारवारिक समस्याओं के कारण मुझे अचानक कहीं अन्य जगह जाना आवश्यक था //

'दस्तावेज' के लिए मराठी दलित कविता का शीर्षस्थ कवि नामदेव ढसाल की सात नई कविताओं का अनुवाद भेज रहा हूँ // कृपया अपनी राय दे देना //

इतना ही फिलवक्त // श्रीकान्त जी के 'मगध' तथा इसी टमपद में लिखी बाद की कविताओं के मेरे किए मराठी अनुवादों का संकलन छप कर तैयार है / शायद 25 मई पर प्रकाशित हो जाएगा // आशा है स्वस्थ, प्रसन्न होगे //

चंद्रकान्त पाटील

(2)

14.7.1987

प्रिय भाई विश्वनाथप्रसाद जी,

एक लम्बे अर्से के बाद आपके पत्र का उत्तर दे रहा हूँ / इधर मैं लगातार गैर-साहित्यिक कामों में फँसा हुआ था तीन महिनों तक //

'दस्तावेज़' के मराठी विशेषांक की प्लॅनिंग निशिकान्तजी के साथ पूरी हो गई है / अब उसका अन्तिम प्रारूप 8-10 दिनों में आपको प्राप्त होगा / अंक का पूरा मॅटर हम अक्तूबर के पहले सप्ताह में भिजवाने की कोशिश करेंगे!

इन दिनो मैं समकालीन हिन्दी कविता के मराठी अनुवादों के संकलन पर काम कर रहा हूँ / इसलिए कि भारत भवन ने मुझे पहिली 'श्रीकान्त वर्मा फेलोशिप' प्रदान की है/ अनुवाद के लिए दी जाने वाली इस फेलोशिप का स्वरूप है : 2000/= प्रति माह और छः महिनों के लिए 12000/= // वैसे लगभग 60 : काम मैंने पूरा कर दिया है // आशा है नवम्बर तक इसे पांडुलिपि के रूप में लाकर किसी पब्लिषर के ऑफिस तक पहुँचा सकूँ//

मैंने 'समकालीन मराठी कविता' के हिन्दी अनुवादों की पांडुलिपि भी तैयार की है और किसी हिन्दी पब्लिषर की तलाश में हूँ//

इतना ही फिलवक़्त/आप इन दिनों किस काम में जुटे हुए हो, क्या लिख रहे हो?

इधर देवताले पर केंद्रित 'आवेग' का अंक प्रकाशित होनेवाला था, पर पता नहीं क्या हुआ?

आप औरंगाबाद आने का प्लॅन बना दो छुट्टियों में / औरंगाबाद में सांस्कृतिक वातावरण नहीं के बराबर है, विश्वविद्यालय के हिन्दी विभाग से इस प्रकार की अपेक्षा करना मूर्खता है - लेकिन् इधर एलोरा और अनन्ता के लिए आप अपना कुछ समय दे सकते हो //

इतना ही/ आशा है स्वस्थ प्रसन्न होगे //

चन्द्रकान्त पाटील

(3)

12/7/91

प्रिय भाई विश्वनाथप्रसाद जी,

आपका पत्र तथा 'दस्तावेज़' का अंक यथासमय प्राप्त हुआ था // पत्र पाकर खुशी हुई / इसलिए कि आजतक 'समकालीन हिन्दी कविता' के सन्दर्भ में सिर्फ चार कवियों के ही पत्र मिले हैं, जिसमें केदारनाथ सिंह जी, सुदीप बॅनर्जी, परमानन्द जी के साथ आपका पत्र था //

सम्भव है कि लोगों ने 'बकुल-समर्थनगर' के पते पर पत्र लिख दिए हो - और मैंने पिछले माह वह घर छोड़ दिया है // मेरा नया पता अस्थायी है इसलिए आप अब से कॉलिज के पते पर ही पत्र तथा 'दस्तावेज' भिजवा देने की कृपा करें //

संकलन आपको ठीक लगा यही मेरा तमूंतक है - मराठी में उसका ठीक ही स्वागत होगा ऐसा मेरा अनुमान है // 'दस्तावेज' के लिए कुछ बढ़िया प्लॅन बनाएँगे, जब कभी मुलाकात होगी तब // इधर मैंने पिछले वर्ष (मराठी) 'आलोचना' का एक Special issue edit किया था जिसकी काफी सराहना हुई थी।//

इन दिनों निराला के 'बिल्लेसुर बकरियाँ' का मराठी अनुवाद कर रहा हूँ // National Book Trust के लिए //

इतना ही फिलवक़्त // आशा है स्वस्थ प्रसन्न होंगे / लिखना //

आपका

चन्द्रकान्त पाटील

(4)

5.5.1992

प्रिय भाई विश्वनाथप्रसाद जी,

एक लम्बे अरसे के बाद यह पत्र // आपको विदित होगा कि इस वर्ष फरवरी में मराठी के एक ज्येष्ठ तथा शीर्षस्थ कवि विन्दा (तथा गो.वि.) करंदीकर को 'कबीर सम्मान' प्राप्त हुआ है // फरवरी अन्त में म.प्र. साहित्य परिषद् के सचिव तथा 'साक्षात्कार' के सम्पादक मनोहर वर्मा जी ने मुझसे कहा था कि विन्दा करंदीकर पर विशेष सामग्री का आयोजन कर 'साक्षात्कार' के लिए भिजवा दो // मैंने वह सामग्री तो उन्हें भिजवा दी; पर तुरन्त 'साक्षात्कार' के नए सम्पादक तथा म.प्र. साहित्य परिषद् के सचिव प्रभाकर श्रो़त्रीय ने उसे लौटा दिया है - यह कहते हुए कि मनोहर वर्मा ने आपसे क्या कहा था, मुझे पता नहीं //

शायद वह शासकीय-साहित्यिक राजनीति का कुछ मामला हो! ख़ैर!

अब वह सामग्री 'दस्तावेज' में प्रकाशन हेतु भेज रहा हूँ // यदि आप उसका उपयोग कर सकते

हो तो ठीक, अन्यथा सामग्री वापिस लौटा दो- इसलिए कि उसकी कोई कार्बन या Xerox copy मेरे पास नहीं है। यह प्रयास - खासकर अन्य अनुवादकों का - waste न हो इसलिए //इतना ही फिलवक़्त // लिखना तुरन्त // आशा है स्वस्थ प्रसन्न होंगे //

चंद्रकान्त पाटील

नोट :-

आपका पत्र आने पर मैं श्री विन्दा करन्दीकर जी को सूचित करूँ // वैसे 'साक्षात्कार' के बारे में उन्हें लिखा था // और अब 'साक्षात्कार' में हुआ परिवर्तन तथा सामग्री 'दस्तावेज़' को भिजवा दी है आदि सूचित किया है// यदि आप इस सामग्री को 'दस्तावेज़' के लिए उचित समझते हैं तो करन्दीकरजी को सूचित करूँगा।

और एक : इस सामग्री में एक विशेष लेख था निशिकान्त ठकार का - उसे श्रोत्रिय जी ने अपने पास रख लिया है // आप यदि इस सामग्री को छापना चाहते हैं तो मैं श्रोत्रिय से Telegraphically वह विशेष लेख मँगवाकर उसे Post करूँगा // या फिर ठकार का लेख उन्हें दे देते हैं और बिना उस लेख इस सामग्री को छाप देते हैं // क्या करना है सूचित करना //

मेरा ख़याल है कि यदि आप इस सामग्री को 'दस्तावेज़' में छाप देते हैं तो विन्दा करन्दीकर के साथ साथ मराठी कविता पर (यानी आदि कवि सन्त ज्ञानेश्वर तथा महान आधुनिक कवि (स्व.) बा. सी. मर्ढ़ेकर पर) यह Issue एक महत्त्वपूर्ण उपलब्धि हो सकती है // खैर! इतना ही //

चित्रा मुद्गल

(1)

300 डी, पाकेट-2, मयूर विहार,

दिल्ली-91

11/9/89

आ. विश्वनाथ जी,

कभी आपसे भेंट नहीं हुई, न पत्र व्यवहार, मगर कोई संकोच आड़े नहीं है। आपको पढ़ते रहना और 'दस्तावेज़', परस्पर संवाद का माध्यम् हो रहा है। 'दस्तावेज' का विचारोत्तेजक तेवर हमारे मस्तिष्क पर सदैव दस्तक साबित हो रहा है। अज्ञेय जी पर प्रकाशित अविस्मरणीय अंक संग्रहणीय रहा है। इन्हीं तेवरों ने मुझे यह साहस दिया है कि आप से जान सकूं कि क्या मेरे दो कथासंग्रहों 'इस हमाम में' तथा 'ग्यारह लम्बी कहानियां' पर विश्वम्भरनाथ उपाध्याय का समीक्षात्मक लेख प्रकाशित करने की गुंजाइश है? लेख मेरी रचनाप्रक्रिया की प्रतिबद्धता पर प्रश्नचिन्ह लगाता हुआ सा है किन्तु यह उनकी अपनी प्रतिक्रिया है। लेख उन्होंने मेरे पास ही भेज दिया है। आपकी अनुमति होगी तो मैं तुरन्त भेज सकूंगी।

अपना नया उपन्यास भी आपके पास भेजना चाहती हूँ। हाथ में आते ही शीघ्र प्रेषित करूंगी। आ. परमानन्द जी क्या गोरखपुर लौट आये?

उत्तर की प्रतीक्षा रहेगी।

आपकी

चित्रा मुद्गल

चन्द्रकला त्रिपाठी

(1)

25.11.88

श्रद्धेय गुरुवर

सादर चरणस्पर्श

आशा है सानन्द होंगे। 'दस्तावेज' प्राप्त हुई। कई दिनों से आपको पत्र लिखना चाहती थी किन्तु सम्भव नहीं हो पा रहा था। इधर 'रचना के सरोकार' के साथ-साथ कई पत्रिकाओं और पुस्तकों में मैंने आपके लेख पढ़े। स्पष्टता और सुलझाव ने प्रभावित किया। मुझे यू.जी.सी. कैरियर एवार्ड मिला है और मैं 'समकालीन कविता' पर काम कर रही हूँ। आपके काव्य संग्रह मेरे पास नहीं हैं यद्यपि छिटपुट प्रकाशित कुछ कविताएं मेरे पास हैं। आपकी कविताओं के बहुत से प्रशंसक यहाँ बनारस में हैं, विशेषकर 'बेहतर दुनिया के लिए' की खूब चर्चा है। समकालीन कविता के बारे में स्पष्ट होने के लिए मैं स्वयं गोरखपुर आऊंगी। आपको कब सुविधा होगी, मुझे अवश्य लिख देंगे। इधर क्या बनारस आने का कोई कार्यक्रम बन रहा है?

'दस्तावेज' के लिए आपके सात्विक संघर्ष के प्रति पूरा हिन्दी जगत ऋणी है। पत्रिकाएं तो बहुत हैं किन्तु उनके प्रकाशन के पीछे ऐसी निर्दोष निष्ठा कहीं नहीं है। प्रो. रामदरश मिश्र की आत्मकथा 'रोशनी की पगडंडियाँ' पर मैंने एक समीक्षा लिखी थी। सम्भवतः वह आपके पास है। क्या इधर निकट उसके प्रकाशन की सम्भावना है? मैंने इधर बेहतर कविताएं लिखी हैं। आपको भेजूंगी। उनके बारे में आपकी सम्मति भी जानना चाहूँगी। उस दिन आपकी बातों से बहुत बल मिला था और एक तटस्थ परिपक्व दृष्टि के बीज कहीं पड़े थे। त्रिपाठी जी भी आपको अक्सर याद करते हैं। हम दोनों ही आप का दर्शन करेंगे। आप अपनी सुविधा बता देंगे। पत्र की प्रतीक्षा रहेगी। आदरणीया भाभी जी को सादर चरण स्पर्श। बच्चों को आशीर्वाद।

सादर

चन्द्रकला

(2)

5-5-90

आदरणीय तिवारी जी,

सादर चरण स्पर्श।

आज ही आपका पत्र और रघुवीर सहाय का काव्यसंग्रह मिला। इधर इस संग्रह की चर्चा काफी हो रही थी। लैप और निवेदन पढ गयी। 'आत्महत्या के विरुद्ध' और 'हँसो हँसो जल्दी हँसो' से ये मुझे अपने समकालीनों से अलग, अनायास जटिलता साधने वाले और संरचना के स्तर पर नये सधाव वाले कवि लगे थे। 'जनचिंता' का इनका अपना स्वभाव है जो मार्क्सवादी दृष्टि के अनुकूल नहीं

पड़ता और न ही गैरमार्क्सवाद (प्रतिक्रियावाद) के। इनमें एक ईमानदारी, गहरी बेचैनी और ऊष्मा है। मैं इन कविताओं पर अवश्य लिखूंगी। 'कविता क्या है?' कहाँ से छपी है? कृपया अवश्य बतायें।

आदरणीया भाभी जी को सादर चरण स्पर्श, बच्चों को स्नेह। द्विवेदी जी सपरिवार सानन्द हैं। मेरे यहाँ भी अब तक टेलीफोन लग जाना चाहिए था किन्तु शायद जल्दी ही लग जाये। त्रिपाठी जी सादर प्रणाम कह रहे हैं।

मेरे पास मंगलेश डबराल, असद जैदी, केदारनाथ सिंह, त्रिलोचन (अमोला और उनका कहानी संग्रह भी) शमशेर (चुका भी हूँ मैं नहीं), जगदीश चतुर्वेदी शमशेर का ही 'काल तुझसे होड़ है मेरी' चन्द्रकान्त देवताले आदि के नये काव्य संग्रह हैं। अज्ञेय का अन्तिम काव्य संग्रह 'ऐसा कोई घर आपने देखा है' भी है। अपनी किताब के सिलसिले में इन तमाम संग्रहों पर नोट्स ले रही हूँ। रघुवीर सहाय का 'सीढ़ियों पर धूप में' और 'लोग भूल गये हैं' नहीं मिल पाई है। इसके लिए लिखा है। 29 मई को गुरुवर रामदरश मिश्र जी वाराणसी आ रहे हैं। आपका बनारस आना कब तक होगा, लिखियेगा। आपके नये संग्रह की प्रतीक्षा है। आपकी कविताओं पर एक मुकम्मल लेख के लिए विशेष रूप से।

'रिव्यू' जल्दी ही भेजूंगी। पत्र लिखियेगा।

सादर

चन्द्रकला

(3)

बनारस / 4.5.92

आदरणीय तिवारी जी,

'दस्तावेज' समय से मिल गई। महत्त्वपूर्ण अंक है। रामचन्द्र तिवारी जी एवं परमानन्द श्रीवास्तव जी के लेख महत्त्वपूर्ण हैं। अरुणेष नीरन की परिक्रमा में तेजी है। तीखापन भी। मगर वे (सम्भवतः भावुकतावश या किसी अन्य कारण से) कुछ अनावश्यक संस्तुतियों के चक्कर में पड़ गये हैं। इस प्रकार के विचलन से बात कमज़ोर पड़ती है, यानी समूची बात का कोई असर नहीं होता। मामला जब 'सच के सिवा कुछ भी न कहने' का हो तो किसी प्रकार की रियायत से काम नहीं लेना चाहिए। मैं केवल संकेत दे रही हूँ। समझने की जिम्मेदारी आपकी और नीरन जी की।

'आखर अनन्त' ने आपको एक ताक़तवर कवि के रूप में साबित कर दिया है। इस दौर की कविताएं जब सावधानीवश (सिर्फ तकनीकी कलाबाजी के बल पर) कविता साबित होने के लिए सिर के बल पर खड़ी हो रही थीं और अनुभूतिगत विपन्नता को ढकने के लिए कविता और कविता की आलोचना में एक खास किस्म के ठण्डेपन की हिमायत हो रही थी 'आखर अनन्त' की कविताओं ने साबित कर दिया कि कविता का कविता होना सबसे ज्यादा किस चीज़ पर निर्भर करता है। इन कविताओं से कविता में मार्मिकता लौटी है। मानवीय सम्बन्धों की गर्माहट को कविता में लौटने और विकसित होने की जगह मिली है। इन दिनों एक लम्बे लेख पर काम कर रही हूँ जिसे 10जी May तक पूरा हो जाना चाहिए उसके बाद इस संग्रह की रिव्यू करूंगी। एक बात कह दूँ कि 'बेहतर दुनिया के लिए' तक आप प्रचलित काव्य रूढ़ियों से काम चला लेने वाले कवि थे 'आख़र अनन्त' से आप अनन्त सम्भावनाओं वाले बड़े कवि साबित हुए हैं।

'कविता क्या है?' की समीक्षा 'समीक्षा' में आई। शायद आपने अब तक देख ली हो। पत्र दीजिएगा। मेरे योग्य कोई काम हो तो आदेश दीजिएगा। मेरे लिए कहीं कुछ करने की गुंजाइश बने तो याद रखियेगा। बलिराज पाण्डेय मेरे विभाग में रीडर हैं। 'दस्तावेज़' की वार्षिक सदस्यता राशि

भेज रहे हैं। विशेष रूप से उन्हें 52 अंक चाहिए। अन्य सदस्यताओं के लिए प्रयास कर रही हूँ। त्रिपाठी जी प्रणाम कह रहे हैं।

सादर

चन्द्रकला

(4)

वाराणसी / 6.6.92

आदरणीय तिवारी जी,

सादर प्रणाम।

16 से 24 तक दिल्ली यात्रा पर थी। लौटी तो आपका पत्र देखा। कवि केदारनाथ सिंह पर लेख लिखूंगी। आपके संग्रह की रिव्यू भी करनी है। जल्दी।

आपका लेख मैंने बाद में पढ़ा था। खास चीजें फुरसत से पढ़ने की आदत के कारण। नामवर जी की विडम्बना को आपने खूब पकड़ा है। ठीक वहाँ चोट जहाँ जरूरी थी। आपके आलोचक का संयम प्रभावित करता है। कुछ लोग आलोचना में इतने प्रखर हो जाते हैं कि उनका व्यक्तिगत राग द्वेश जैसा कुछ सतह पर आ जाता है। नामवर जी का प्रगतिशील आलोचना की परम्परा में अपना स्थान है मगर उनसे कुछ गड़बड़ भी हुई है और इसे वे भी खूब जानते हैं। 'दूसरी परम्परा की खोज' के सिलसिले में उठाये गये सवाल सटीक हैं। दो मुर्गे लड़ाने में रस लेने वालों की तरह ही दो विद्व ानों को लड़ा देना और उनके जड़ तथा गतिमान चाहने वालों में भयानक तूफान उठा देना, वहाँ उठे विवाद से निरन्तर चर्चा में रहना। चौपालों में सुर्ती ठोंकते, यहाँ-वहाँ की उड़ाते ठेठ किसान की किसानी ही है नामवर जी में। इसकी भव्यता निराली है।

इस अंक की बड़ी मांग है। कुछ विद्यार्थी मेरे यहाँ आये थे। मैंने उन्हें पता दे दिया है। M.O. पहुँचेगा। इन्हें इस अंक की खास जरूरत है। इन लोगों ने मुझसे अनुरोध किया है कि मैं उनका उल्लेख आपसे कर दूँ। ये हैं श्री दिनेश कुशवाह और श्री शिवशंकर मिश्र।

त्रिपाठी जी की पुस्तक मिली होगी। उसकी समीक्षा के विषय में जो भी निर्णय लें, बतायें।

भाभी जी को हम दोनों का चरणस्पर्श। त्रिपाठी जी आपको नमस्कार कह रहे हैं।

सादर

चन्द्रकला

(5)

बनारस / 10.1.97

आदरणीय बड़े भाई,

आपका पत्र मिला। तुलसीदास जी से सम्बन्धित बड़े महत्त्वपूर्ण अभियान में आपने मुझे स्मरण किया। कृतार्थ हूँ। हुआ यह कि पूरे दिसम्बर घर से बाहर रहना पड़ा। विलासपुर, कानपुर, बम्बई इत्यादि जगहों पर। पारिवारिक कार्यक्रमों के सन्दर्भ में। 1 जनवरी को लौटी। अब इसे लिख भेजना है। सोचा आपको नववर्ष की बधाइयाँ दूँ और विलम्ब का कारण तो बता दूँ।

वर्ष 97 आपके लिए नयी रचनात्मक व्यस्तताओं का वर्ष हो। काफी दिनों से पत्र लिखना चाहती थी। 'सहचर' में परमानन्द जी पर आपके लिखे की लोगों ने बहुत प्रशंसा की है। उसमें एक अद्‌भुत पठनीयता तो है ही वह बेलौस ईमानदारी भी है जो आपकी क्षमता का परिचय देती

है। सचमुच बहुत अच्छा है। भाई, इन दिनों मेरी अरचनात्मक व्यस्ततायें बहुत हैं। विश्वविद्यालय के स्नातकोत्तर महिला छात्रवास की प्रशासनिक वार्डन बना दी गई हूँ। बहुत समय उसमें जाता है। तुलसी से समकालीन कविता के अन्तर्क्रियात्मक सम्बन्ध के तमाम महत्त्वपूर्ण बिन्दु निगाह में हैं। तुलसी को अपनी रचनाशीलता के सन्दर्भ में देखना कहीं अपने रचनात्मक आधारों की खोज है। शीघ्र लिख भेज रही हूँ। त्रिपाठी जी आराम कर रहे हैं और प्रणाम कह रहे हैं। बनारस आना कब होगा?

पत्र दें। सादर

चन्द्रकला

(6)

17.9.98

आदरणीय बड़े भाई,

आपका पत्र मिला था। तत्काल उत्तर न दे सकी। पिछले दिनों कई दिन शाम को फोन किया किन्तु लाइन नहीं मिलने से बात नहीं हो पाई। बाढ़ की स्थिति देखकर हम सब आप लोगों के लिए चिंतित थे। इधर शिवप्रसाद सिंह जी बहुत अस्वस्थ हो गये हैं। कल रात से कुछ ज्यादा ही। त्रिपाठी जी भाग-दौड़ में लगे हैं। उनकी चिंता हो रही है। 'पहल' का नया अंक पढ़िये। उसमें संजय राय नाम छात्र से क्या कुछ लिखवाया गया है। बच्चन सिंह के अभिनन्दन समारोह में नामवर जी ने सचमुच बड़ी क्रूरता बरती थी और बच्चन जी उसके बाद बहुत अस्वस्थ हुए थे। शिवप्रसाद जी उससे अत्यधिक मर्माहत हुए थे। शिवप्रसाद जी के लिए किस तरह की बातें (असत्य) लिखने का साहस इन लोगों ने किया यह हम लोगों के लिए बड़े शर्म की बात है।

भाई, मेरे पास नमिता सिंह का नया उपन्यास 'अपनी सलीबें' है। यदि इस पर कोई न लिख रहा हो तो मैं लिख भेजूं। मुझे उपन्यास अच्छा लगा है। नमिता जी बहुत समझदारी से लिखती हैं। कवयित्रियों वाला आलेख भी जल्दी ही भेजूंगी। नयी पुस्तकें जिन पर आप समीक्षा चाहते हैं उन्हें बस सूचित कर दिया कीजिए। कवितायें हो तो अच्छा। कवितायें पढ़ने में मन लगता है। इधर पुनः हमारा पता बदला है। हमें एक ज्यादा बड़ा और आरामदायक घर मिला है। पता पृष्ठ पर लिखा है। आपका नाम एक प्रबन्ध में दे रही हूँ। चाहती हूँ कि आपके आने का संयोग बनता रहे। हो सके तो आप ज्ञान भाई को पत्र लिखकर पूछिये कि वे 'पहल' को इस घराने की राजनीति में क्यों डाल रहे हैं। आपके पूछने का मतलब होगा। मैं भी लिखने जा रही हूँ। हम सब इससे दुखी हैं। शायद शिवप्रसाद जी ने यह पत्र पढ़ा नहीं है और हम चाहते नहीं कि वे इसे पढ़ें। वे संवेदनशील व्यक्ति हैं। अपमान उन्हें मृत्यु जैसा लगता है। इतने अस्वस्थ हैं कि हम भयभीत हैं।

अनन्त जी की पुस्तक की मेरे शोध छात्र प्रशंसा कर रहे थे। उन्हें बताइयेगा। भाभी जी को प्रणाम। बच्चों को स्नेह। त्रिपाठी जी का प्रणाम स्वीकारें।

साभार

चन्द्रकला

जगदीश गुप्त

(1)

181-ए/1, नागवासुकि, प्रयाग-6

18.9.79

प्रिय भाईश्री,

यों ज्यादा देर नहीं की, सिर्फ एक महीने के भीतर भेज रहा हूँ। पर, हो सकता है, अंक छप गया हो। ज़रूरत ख़त्म हो गयी हो अतः सुरक्षित वापसी का विश्वास रखकर इसकी रजिस्ट्री करा रहा हूँ। एक रेखाचित्र-संलग्न कर रहा हूँ। उपयोग होने या न होने - दोनों स्थितियों में वापस यह भी आयेगा। आप फोटोस्टेट से कई कापियाँ करा लें। आजकल यह रीति सहज सुलभ है।

दस्तावेज़ दस्तयाब होता रहा है। मुझे उसके वैचारिक स्तर, दिशा-बोध और सुरुचि-सम्पन्नता से परितोष हुआ है। आलोचना के क्षेत्र में यह अपनी पहचान स्थायी रूप से करा सकेगा, मुझे विश्वास है। आपकी सूझ-बूझ और संलग्नता सार्थक हो रही है अतः मेरा साधुवाद स्वीकारें।

विशेष :- दुश्यंत वाला पत्र आपके पास है ऐसा मुझे परमानन्द जी ने बताया। मैंने तो उसे खोया हुआ मान लिया था। अब आप उसे सहर्ष छापें और मूल मुझे भेज दें। मैं एक टिप्पणी भी दे सकता हूँ।

(2)

23.7.82

प्रिय तिवारी जी,

आपकी कर्मठता, आग्रहशीलता और तत्परता के आगे प्रणत हूँ। एक बार फिर आपने प्रस्ताव किया और मैंने स्वीकारा अब 20 जून तो कब की बीत गयी।

ज्ञात हुआ है कि अभी आप सामग्री संचय में संलग्न हैं। उस क्रम में यदि मेरा कुछ मिल जाय तो श्रेय आपको ही होगा। वैसे सुनवायी की दूसरी तारीख लिख भेजें। मुकदमा मेरा है, जज आप। खारिज़ कर देंगे तो साहित्यिक जीवन का क्या होगा?

ईद मुबारक!

स्नेहाधीन

जगदीश गुप्त

(3)

8.12.83

प्रिय भाई,

30.9.83 का पत्र अब तक अनुत्तरित रह गया। इसका उत्तर भी नैनीताल में बैठकर लिख पा रहा हूँ। बीच में अनेकानेक यात्राएं हो गयीं। अहमदाबाद, गोहाटी, शान्तिनिकेतन, विश्व हिन्दी सम्मेलन अलग से– ये दिल्ली की ढाल ये दिल्ली ढाहन वाल। गोहाटी में मेघ जी, शिवकुमार जी, राममूर्ति आदि बहुत से मित्र जुटे थे। वैश्णव धर्म का वैष्णवेतर प्रभाव का ऑकलन करने। श्री वीरेन्द्र कुमार भट्टाचार्य के घर जाकर और असमीया साहित्यकारों की सभा में पहुँचकर बहुत सुख मिला।

अरुणेश ने आकर अपनी विषम स्थिति को स्वयं सुनाया। कुछ सुधार तो है पर असाध्य रोगों का दंश तो अनुभव होता ही है।

शुक्ल जी पर आपका आमंत्रण लेख के लिए स्वीकार है पर कुछ हो पाये तब न। आपका इशारा पाकर मैंने अरुणेश को पत्र नहीं लिखा।

स्नेहाधीन

जगदीश गुप्त

(4)

25.10.84

प्रिय भाई,

दोनों अंक मिले। अत्यन्त आभारी हूँ। काफी अच्छी सामग्री है। सम्भव है साहित्य अकादमी सन्दर्भ में हमारी भेंट हो जाय; 29 से 31 के बीच, दिल्ली में। शायद परमानन्द जी से भी मिलना हो।

हमारे विभाग में पद-सप्तक का आरोहण हुआ। गोरखपुर तक सन्देह वार्ता पहुँच गयी होगी। 'मिल्क मास्टर' को भी हम लोगों ने सर्वसम्मति से प्रतिष्ठित कर दिया। जो रघुवंश जी के काल में सम्भव नहीं हो सका उसका श्रेय मुझे मिला। अभी कार्यकारिणी की प्रतीक्षा है। वरिष्ठानुक्रम को प्रायः रक्षित रक्खा गया है।

वि.वि. अनुदान आयोग की सहायता से दिसम्बर 25, 26, 27 को इसी वर्ष 'साहित्य का तुलनात्मक अनुशीलन शोध की नयी दिशाएँ' विषय पर त्रिदिवसीय संगोष्ठी करनी है। आप दोनों बन्धु मनसा आमन्त्रित हैं। औपचारिक पत्र अनुकूलता का संकेत पाते ही भेज दूँ। अभी अल्टीमेटम दे दिया है।

सद्भावेन

जगदीश गुप्त

(5)

15.7.90

मान्यवर, डा. विश्वनाथ तिवारी, सं. 'दस्तावेज़'

बेतियाहाता, गोरखपुर।

हिन्दुस्तानी एकेडेमी, एक लम्बे अन्तराल के बाद राष्ट्रीय स्तर पर संगोष्ठी आयोजित कर रही है। आप भी अनुभव कर रहे होंगे कि बदलते हुए विश्व-परिवेश में भारतीय साहित्यकार की भूमिका विशेषतः विचारणीय है। आज विचारों के क्षेत्र में हो रहे मूलभूत परिवर्तन प्रत्येक रचनाकार को सोचने के लिए प्रेरित कर रहे हैं।

हमारी इच्छा है कि आप इस संगोष्ठी में अपने विचार अवश्य व्यक्त करें। आपका वक्तव्य यदि लिखित प्राप्त हो सके तो अति कृपा होगी। आप एक से अधिक विषयों पर विचार व्यक्त करने के लिए स्वतंत्र हैं और लिखकर भी भेज सकते हैं। प्रस्तावित विषय में किसी विशेष से प्रेरित हों या उसी तक सीमित रहना चाहें तो पूर्व सूचना देकर कृतार्थ करें।

प्राप्त आलेख विशेषांक के रूप में प्रकाशित होंगे, और इनके लिए मानदेय की भी व्यवस्था है। प्रवर्तन दायित्व से युक्त आलेखों पर विशेष विचार होगा। आमंत्रि साहित्यकारों एवं विशेषज्ञों को वातानुकूलित (द्वितीय) अथवा प्रथम श्रेणी का रेलमार्ग व्यय दिया जायेगा। आवास/भोजन की व्यवस्था एकेडेमी करेगी। यात्राकाल में प्रति दो दिन के लिए एक सौ रुपये की अतिरिक्त व्यवस्था होगी।

कृपया अपनी स्वीकृति तथा आगमन के समय एवं तिथि की सूचना शीघ्र देने का कष्ट करें, जिससे समुचित व्यवस्था की जा सके। हमें विश्वास है कि हमारा संकल्प आपको प्रेरक लगेगा। कार्यक्रम की रूपरेखा संलग्न।

आप तो सदा सहयोग देते रहे हैं। इस अवसर पर भी विश्वास है कि आप अवश्य आयेंगे। अपने विचार लिखकर पहले भेज दें तो सुविधा रहेगी।

जगदीश गुप्त

(6)

13.7.91

प्रियवर,

'आलोचना' के बन्द हो जाने से आपका दायित्व बढ़ गया है। वैसे भी आपने उदार नीति बनाये रखी, और साहित्यिकों के साथ सद्भाव बनाये रखा। आलोचना में इस बात की कमी आ गयी थी। उन्होंने मेरे जैसे लोगों के पास भी प्रतियाँ भेजना बन्द कर दिया था। सहयोग की बात तो दूर रही। नामवर जी के सठिया जाने से वह बन्द हुई ऐसा मैं नहीं कह सकता, क्योंकि अब तो बहुत से इस वर्ष में आ गये हैं। मैं भी उन्हीं में से हूँ।

यह पत्र डॉ. प्रभाकर माचवे के निधन के बाद जो मर्मान्तक प्रभाव मुझ पर पड़ा उससे उबर कर कुछ सामग्री एकत्र कर ली है। आपको उन पर कुछ छापने की भावना होगी ऐसा सोचकर उसे भेज रहा हूँ। ऐसी अलभ्य सामग्री का आप समुचित समादर करेंगे। ऐसा विश्वास है। चित्रता और मित्रता के बीच लेख भी भेज रहा हूँ जो अपनी बात स्वयं कह दे।

सद्भाव सहित

जगदीश गुप्त

(7)

4-6-94

प्रिय तिवारी जी,

आपकी सद्भावना से यों तो 'दस्तावेज़' के अंक मिलते ही रहे हैं पर 62वाँ अंक पाकर विशेष सुख हुआ। 'रचना और आलोचना' पर विभिन्न साहित्यकारों के अभिमत आपने प्रकाशित करके इस सम्बन्ध में आधुनिक चिन्तन को जिस प्रकार समृद्ध किया है वह आधुनिकोत्तर आयाम का स्पर्श करती है। बहुत कुछ ध्यान से पढ़ गया। आपने बहुतों के वक्तव्य कलमबन्द कराकर बड़ा रोचक परिदृश्य उपस्थित कर दिया है। आपने मुझसे कहा होता तो मुझे भी कुछ लिखने की प्रेरणा होती, क्योंकि मेरी रचनाशीलता साहित्य तक सीमित नहीं है उसमें कलाएँ भी आ जाती हैं जिससे रचना का फलक मिश्रित हो जाता है। साहित्य अनुवाद सापेक्ष होता है किन्तु कलाकृति अनुवाद निरपेक्ष होती है। उसकी ग्रहणशीलता व्यापक स्तर पर घटित होती है। रचना का एक दृष्टिकोण "मोहि तो मेरे कवित्त बनावत" के साथ जाता है और दूसरा मेरी इस पंक्ति से जुड़ा है - "कवि वही जो अकथनीय कहे"।

रही आलोचक की बात तो इस सम्बन्ध में निराला जी के अभिमत से मैं निरन्तर प्रेरणा ग्रहण करता रहा हूँ क्योंकि उनकी आलोचना स्वतः रचनाधर्मी रही है। इस अवसर पर मुझे दिनकर जी की दो पंक्तियाँ याद आती हैं जो आपको भी मार्मिक लगेंगी—

जब कभी अहं पर नियति चोट करती है,
कुछ चीज अहं से बड़ी जन्म लेती है।"

मेरा सुझाव है कि एक अंक रचना-प्रक्रिया पर आयोजित किया जा सकता है। मेरे मन में उसकी पूरी कल्पना है पर यदि आपको अनुकूल लगेगी तो आगे बात होगी।

सद्भाव सहित,
डॉ. जगदीश गुप्त

पुनश्च : यहाँ इलाहाबाद संग्रहालय में 'रचना और आलोचना' विषय पर ही एक संगोष्ठी निकट भविष्य में आयोजित हो रही है। मैंने आपके अंक का जिक्र डॉ. पाण्डे जी से कर दिया है।

(8)

11.12.96

मान्यवर तिवारी जी,

आपका 28.11.96 का पत्र तीन दिन पहले मिला। मुझे अपना वयन याद था पर आपने उसे फिर से दोहराकर मुझे और अधिक प्रतिबद्ध कर दिया। युग ही प्रतिबद्धता का है। वैसे मैं प्रतिबद्धता से प्रतिश्रुति को अधिक महत्त्वपूर्ण मानता हूँ। बहरहाल 'दस्तावेज' के लिए एक 'तुलसी का कवि व्यक्तित्व' और दो लेख निराला-सन्दर्भ के भेज रहा हूँ। दोनों का विषय जुड़ा हुआ है और आप चाहें तो एक साथ छाप सकते हैं।

निराला जी ने शम्बूक को शूद्रक लिख दिया है जबकि शम्बूक होना चाहिए। फिर भी उनका शम्बूक के प्रति वही दृष्टिकोण है जो मैंने अपने 'शम्बूक' संवाद काव्य में प्रस्तुत किया है। आप

चाहें तो इस सम्बन्ध में मेरे पत्र के आधार पर एक टिप्पणी दे सकते हैं। तुलसी के सन्दर्भ में मैं दो पृष्ठ की एक टिप्पणी भी भेज सकता हूँ जो अद्यतन सन्दर्भ से जुड़ी हो। जब मैंने अपना लेख पढ़ा तो मुझे उसकी अनिवार्यता नहीं लगी। शेष शुभ।

संलग्नक : तीन लेख - 1. तुलसी का कवि व्यक्तित्व,

2. निराला की दृष्टि में वर्ण-व्यवस्था और अधिकार की समस्या,

3. राम का समर्थन और विरोध

सद्‌भाव सहित,

डा. जगदीश गुप्त

(9)

11.4.2000

मान्यवर,

'दस्तावेज 84' के अन्तर्गत आपका 'यात्र-संस्मरण' लन्दन से लौटकर बड़ी रुचि और तन्मयता के साथ पढ़ा। विदेशी भूमि पर आपका देसी मन कैसी-कैसी अनुभूतियाँ सहेजता रहा और अन्त तक आप क्या-क्या अनुभव करते रहे, क्या कहूँ? छठें विश्व हिन्दी सम्मेलन में आप किन लोगों के साथ गये और किन-किन स्थानों पर आपने भाग लिया, मुझे बहुत रोचक लगा। डॉ. तोमिओ मिज़ोकामी द्वारा प्रेमचन्द के 'कायाकल्प' का नाट्य रूप में प्रस्तुति संयोग से मुझे इलाहाबाद में भी देखने को मिल गयी। इस अर्थ में मैं आपके साथ हो सका।

''भारतीय हिन्दी प्रतिभागियों का हीनता बोध' कुछ कम हुआ हो, हिन्दी परिवार के जीवन्त अनुभव के साथ आपने प्रत्यक्ष देखा होगा। हिन्दी प्रेमियों में एक आत्म-विश्वास का भाव जरूर दृढ़ और हिन्दी के भविष्य के लिए विश्वास भी''। यह निष्कर्ष प्रेरणादायक है। डॉ. लक्ष्मीमल सिंहवी सपत्नीक शामिल हुए यह स्वाभाविक था क्योंकि वह लन्दन में बहुत काल तक भारतीय राजदूत के रूप में रहे। आपका लेख इतना संवेदनशील है कि मैं उसे अविस्मरणीय मानता हूँ।

स्नेहाधीन,

डॉ. जगदीश गुप्त

ज्योतिष जोशी

(1)

219, कावेरी, जे.एन.यू.
नई दिल्ली-67

1/3/94

श्रद्धेय तिवारी जी,

सादर चरण-स्पर्श,

बहुत दुःख हुआ कि मैं 19 फर. को आपसे न मिल पाया। ख़ैर...क्षमा कर देंगे। 'आखर अनन्त' पर जो समीक्षा लिखी थी, उसकी फोटो कॉपी सहित आगे दो-तीन पृष्ठ और जोड़कर भेज रहा हूँ। वैसे भी इसे मनोनुकूल नहीं बना पाया हूँ, फिर भी एक संक्षिप्त ही सही, दृष्टि ज़रूर दिखाई देगी। जो त्रुटि हो उसे सुधार लेंगे।

अशोक वाजपेयी की कविताओं पर लेख जल्दी ही भिजवाऊँगा, निश्चिंत रहेंगे। नेमिजी वाला लेख ज़रा जल्दी भिजवायेंगे।

हमारे ही हॉस्टल में एक लड़का है - पंकज चतुर्वेदी। अच्छी कविताएँ लिखता है। समकालीन भारतीय साहित्य, पल-प्रतिपल, आजकल तथा साक्षात्कार आदि में उसकी कुछ कविताएँ आई हैं। उसकी दो कविताएँ भेज रहा हूँ, अच्छी लगें तो छाप देंगे। एक बार उसने अपनी कुछ कविताएँ भेजीं थीं जिन्हें आपने वापस किया था - कह रहा था। उनसे ये बेहतर हैं। और कोई सेवा हो, तो लिखिए। पत्र दीजिये।

आपका
ज्योतिष

(2)

ललित कला अकादेमी
रवीन्द्र भवन, नई दिल्ली-110 001

22/10/98

आदरणीय तिवारी जी,

चरण-स्पर्श,

इस बीच कितना कुछ बदला पर आपको अपनी खुशी में भी शरीक करने से ऐतराज है शायद। पर हमें तो बहुत प्रसन्नता हुई कि विभागाध्यक्ष के बहाने कुछ बेहतर काम होगा और अच्छे लोग भी लिये जायेंगे। 'दस्तावेज़-79' कल ही आया, अत्यन्त सुन्दर और पठनीय है। पर मुझे लगता है कि अब साल में कम से कम एक अंक विशेषांकों के रूप में आना चाहिए। उपन्यास, कहानी, आलोचना और लेखक केन्द्रित आयोजन हों।

मेरी पुस्तक 'जैनेन्द्र और नैतिकता' पर 25 जुलाई को भारतीय ज्ञानपीठ ने साहित्य अकादेमी में एक गोष्ठी कराई थी, काफी चर्चा हुई। उसमें से पढ़ा गया एक महेश दर्पण का परचा भेज रहा हूँ। अच्छी समीक्षा है, अगर छपे तो खुशी होगी। किताब की प्रति प्रकाशक को भेजने को कहा था, न भेजा हो तो शीघ्र पता कर भिजवाऊँगा। एक और अपनी समीक्षा भेज रहा हूँ; देखियेगा। आजकल एक पुस्तक उपन्यास की आलोचना पर केन्द्रित करने का मन बन रहा है; आपका आशीर्वाद होगा तो सफल होगा। 'महादेवी' पर आपका मोनोग्राफ सुन्दर बना है, लिखूँगा। 'हमार गाँव' में आपका आलेख आनन्द और स्थानीय रंग से आह्लादित करने वाला है। शेष कुशल है। सादर,

आपका

ज्योतिष जोशी

(3)

3/7/2000

आदरणीय तिवारी जी,

प्रणाम,

पीयूष से बात हो गई थी; वे आपके व्याख्यान की प्रति दो-एक दिन में देंगे। सम्भवतः सितम्बर के 'कथादेश' के लिये उसका उपयोग हो। आपको याद होगा, 'आलोचना' के नये अंक के लिये हमने अपने लेख की चर्चा की थी। परमानन्द जी के अनुरोध पर लिखे गये इस लेख को कदाचित् इसलिए नहीं छापा गया कि इससे उस अंक की कथित एकपक्षीय फासीवाद विरोधी छवि को नुकसान पहुँचता। आपके लिये वह आलेख भिजवा रहा हूँ जिसे आप अपनी सुविधा से 'दस्तावेज़' में प्रकाशित कर सकें। आप स्वयं देखेंगे कि लेख में सन्तुलनवादी दृष्टि है और बौद्धिकों से उसकी माँग भी; जिसकी ताक़ीद आप स्वयं करते रहे हैं।

बोधिसत्व और कुछ अन्य कवियों पर शीघ्र ही लिखूँगा। अपने उपन्यास की प्रति भेजने के लिए प्रकाशक को दोबारा कहा है। शेष ठीक है।

पत्र दें।

आपका

ज्योतिष

ठाकुर प्रसाद सिंह

(1)

विधान भवन, लखनऊ

19.4.1968

प्रिय श्री विश्वनाथप्रसाद जी तिवारी,

प्रसन्न होंगे।

पिछले 2-3 दिनों से आपकी कविता पुस्तक पढ़ रहा हूँ 'साथ चलते हुए'। इसके पहले 'नये साहित्य का तर्कशास्त्र' पढ़ा था। दोनों पुस्तकों पर कुछ लिखना चाहता हूँ और जल्दी ही। छपने पर आपको प्रति भिजवाऊँगा।

मुझे इस बात की प्रसन्नता है कि आप लेखन को एक गम्भीर विधा के रूप में स्वीकार कर रहे हैं। आज बहुतों के पांव डगमग हैं ऐसी हालत में यह एक अच्छी बात है कि आप जो कुछ भी सोचते हैं, मजबूती से सोचते हैं।

मित्रों को स्नेह,

आपका
ठाकुर प्रसाद सिंह

(2)

उत्तर प्रदेश हिन्दी संस्थान
हिन्दी भवन, महात्मा गाँधी मार्ग,

लखनऊ : 12.9.1977

प्रिय श्री तिवारी जी,

हमें आपको यह सूचित करते हुए प्रसन्नता का अनुभव हो रहा है कि आपकी पुस्तक 'नये साहित्य का तर्कशास्त्र' पर अनुशंसा स्वरूप उत्तर प्रदेश हिन्दी संस्थान की ओर से आपको एक सहस्र रुपये की धनराशि भेंट की जायेगी। इसके लिए हमारी हार्दिक बधाई स्वीकार करें।

प्रशस्ति-पत्र तथा एक सहस्र रुपये का ड्राट आपकी सेवा में शीघ्र ही भेजा जा रहा है।

इस वर्ष केवल विशिष्ट पुरस्कार प्राप्त करने वाले साहित्यिकों को ही लखनऊ आने का आमंत्रण दिया जा रहा है इसलिए हमें आपके दर्शन का लाभ न मिल सकेगा, इसका दुःख है।

असुविधा के लिए क्षमा प्रार्थना सहित,

आपका
ठाकुर प्रसाद सिंह

(3)

लखनऊ : 29.4.78

प्रिय श्री तिवारी जी,

कलकत्ता से लौटने पर आपका पत्र मिला, यह जानकर दुःख हुआ कि आपकी किसी से भेंट ही न हुई।

'अज्ञेय' पुस्तक की चर्चा तो मैंने सुनी थी लेकिन पुस्तक अभी तक मेरे सामने नहीं आयी। दूसरी पुस्तक 'आधुनिक हिन्दी कविता' मैंने देखी है लेकिन कृतियाँ मेरे पास नहीं हैं।

आप लोगों के सहयोग से गोरखपुर गोष्ठी सफल हुई, इसके लिए मेरा आभार स्वीकार करें। आज ही बनारस जा रहा हूँ लौटने पर विस्तार से उत्तर दूँगा।

आपका

ठाकुर प्रसाद सिंह

(4)

3/7/78

प्रिय श्री विश्वनाथ जी,

आपका पत्र मिला, इसके पहले आपकी चिट भी मिल चुकी थी। मुझे दुःख है कि लखनऊ में आपसे विचार-विमर्श नहीं हो सका। बताइयेगा कि आप लखनऊ कब आ रहे हैं नही तो मैं जब गोरखपुर आऊँगा तभी आपके दर्शन होंगे। डा. मेघ पूरे एक दिन यहाँ रहे थे और उनका साथ निश्चित ही बड़ा ही प्रेरणादायक और लाभप्रद रहा। दस्तावेज की प्रतीक्षा करूँगा। जब आप लोग उसमें लगे हैं तो निश्चित ही वह स्तरीय होगी।

'अज्ञेय' पुस्तक की प्रति मिली, धन्यवाद।

आपका

ठाकुर प्रसाद सिंह

(5)

सूचना एवं जन सम्पर्क विभाग,
सूचना भवन, लखनऊ

28.7.1980

प्रिय डा. विश्वनाथप्रसाद तिवारी,

आपका प्रेमचन्द विशेषांक मिला। मेरी बधाई स्वीकार करें। अंक बहुत अच्छा निकला है।

'दस्तावेज़' को मान्यता सूची में सम्मिलित किये जाने की कार्रवाई यहाँ चल रही है। आशा करता हूँ शीघ्र ही विज्ञापनों के लिए रास्ता निकल सकेगा। बिना सूचना विभाग की सहमति के और विभागों के विज्ञापन मिलने की संभावना नहीं है। इसीलिए इसी दिशा में प्रयत्नशील हूँ।

मित्रों को स्नेह।

आपका

ठाकुर प्रसाद सिंह

(6)

लखनऊ : 8.7.1981

प्रिय श्री तिवारी जी,

प्रेमचन्द जन्म शताब्दी के क्रम में आगामी 1 और 2 अगस्त 1981 को लखनऊ में एक लेखक सम्मेलन का आयोजन किया गया है जिसमें अखिल भारतीय महत्त्व के अधिकांश हिन्दी लेखक आमंत्रित किये जा रहे हैं।

निवेदन है कि आप इस समारोह में उपस्थित होकर प्रेमचन्द जी के सन्दर्भ में हिन्दी कथा साहित्य की नवीनतम प्रवृत्तियों पर होने वाले विचार-विनिमय में विशेष रूप से योगदान करें। आपकी उपस्थिति से यह समारोह निश्चित ही महत्त्वपूर्ण बन सकेगा।

मुझे विश्वास है कि आप 15 जुलाई तक अपनी लखनऊ आने की सूचना दे देंगे जिससे आपके स्वागत तथा लखनऊ में रहने के समय आपके लिए आवश्यक सुविधाओं की व्यवस्था सुचारु रूप से की जा सके।

विस्तृत कार्यक्रम हम शीघ्र ही आपकी सेवा में भेजेंगे।

आपका

ठाकुर प्रसाद सिंह

तुलसी रमण

(1)

भाषा एवं संस्कृति विभाग
हिमालच प्रदेश, शिमला—171001

27-12-1984

श्रद्धेय तिवारी जी,

आपका 21 दिसम्बर, का कृपा पत्र अभी अभी मिला। मालूम हुआ है कि आपको अभी हिमसंस्कृति की प्रति नहीं मिली। दरअसल पत्रिकाओं में डाक विभाग के कर्मचारी भी रूचि लेने लगे है, क्योंकि पत्रिकाओं के न पहुँचने की काफी शिकायतें मिल रही है। अपने हाथ से पता लिखा कर प्रति अलग से भेज दी है। वैसे आगामी अंक से हमने इसे मूलरूप से एक साहित्यिक पत्रिका बनाने का निश्चय किया है, इसके लिए पत्रिका का नाम बदलने की प्रक्रिया चल रही है। क्षेत्रीयता व विधाओं की सीमाओं से रहित कोई प्रतीकात्मक सा नाम होगा। हिमसंस्कृति नाम के अन्तर्गत सबसे बड़ी कठिनाई यह रही कि असंख्य लेखकों ने ''हिमसंस्कृति'' की परिभाषाओं को संकलिक करके भेज दिया। कुछ ने लोक गीतों के अर्थ कर दिये और बाकी वही अन्त्यानुप्रास वाली कवितायें वगैरह....खैर.....

अपने कवितायें भेजने का आश्वासन दिया है जिससे मैं गदगद हो रहा हूँ। पत्रिका का परिष्कृत रूप निश्चय ही इससे बेहतर होगा और आपकी कवितायें इसकी अहमीयत बढ़ायेगी ही। कुछ सामग्री प्रेस में दे दी गयी। लौटती डाक से कवितायें अवश्य भेज दें। शिखर के कवितांक के लिए हम आप पर काफी कुछ निर्भर करेंगे इसलिए सम्पर्क शुरू कर दें तो बेहतर रहेगा।

शिमला में आपके साथ आत्मीयता और उन्मुक्तता भरे जो क्षण कटे उन्हें भुलाया नहीं जा सकता।

आशा है सपरिवार सानन्द होंगे। आपको तथा आपके दस्तावेज के लिए नये वर्ष की शुभकामनाओं सहित।

स्नेहाधीन
तुलसीरमण

(2)

25-3-85

श्रद्धेय डॉक्टर साहिब,

आपका कृपापत्र आज ही मिला। अर्से से प्रतीक्षा में था। इधर हमारी पत्रिका हिमसंस्कृति का नाम अब बदलकर 'विपाशा' हो गया है। इस योजना संसोधन में समय लग गया इसीलिए और अंक न निकल सके। अब नयी योजना व नये नाम से प्रकाशित होने वाली पत्रिका में विशुद्ध साहित्यिक रचनाओं को अधिकाधिक स्थान दिया जा सकेगा। हिम व संस्कृति के पाशों से विपाश होकर बह सकेगी विपाशा लेकिन तभी अगर आप जैसे साहित्यकारों का सहयोग मिल सका।

शिखर से बची दो कविताएँ मैंने आपकी हथिया ली है। विपाशा में दे रहा हूँ। आपको सूचित कर दूँ यानी अनुमति से मुक्त हो लूँ।

केशव के नाम पत्र में आपने कविता अंक की विस्तृत योजना भेजी है आभार अब हम कार्यान्वयन शुरू कर रहे है। शिखर-4 अप्रैल के दूसरे संप्ताह तक छपेगा। प्रति भेजेंगे ही। दस्तावेज-26 के लिए धन्यवाद। इसके देशान्तर व 'भाषान्तर' तथा समीक्षात्मक सामग्री का कायल हूँ। ऐसी स्तरीय पत्रिका निकालने के लिए आपकी सामर्थ्य की दाद देनी होगी।

दो 'कच्ची' रचनायें आपके विचारार्थ भेज रहा हूँ छपने योग्य समझें तो छापें वर्ना राय की अपेक्षा तो रहेगी ही। अभी तक गर्मियों के कार्यक्रम तय नहीं हुए हैं। समय-समय पर सूचित करते रहेंगे। अप्रैल के पहले सप्ताह में दिल्ली जा रहे है।

स्नेहाधीन
तुलसी रमण

(3)

अप्रैल 1985

श्रद्धेय तिवारी जी,

आपका 31 मार्च का पत्र मिला। आप 'ढलान पर आदमी' कविता छाप ही रहे हैं तो कुछ संशोधन करके भेज रहा हूँ यदि अब तक कम्पोज़ न हुयी हो। वैसे आपको कवितायें भेजने का उद्देश्य आपकी राय जानना भी था यानि अधिकाधिक अँधेरे कोनों से अवगत होता।

आपकी चार कवितायें मेरे पास हैं—आँखें, शब्द पाठ, ज़मीन और पंख तथा स्वतन्त्रता। अब आप स्वयं आदेश दें कि यही छापें या कुछ और भेज रहे हैं आप?

दस्तावेज का ताज़ा अंक मिल गया था। सारी सामग्री स्तरीय रहती है इसमें।

शिखर का जो भी आयोजन होगा उसके बारे आपको निर्णय होने पर तुरन्त लिख दिया जायेगा

ताकि आपके पास अधिकाधिक समय रहे। वैसे यदि आपका किसी अन्य उद्देश्य से भी आना तप हो जाये तो आप तुरन्त सूचित करें ताकि हम 'एक पंथ दो काज' के लिए कोई सार्थक आयोजन तुरन्त निश्चित कर सकें। वैसा न समझें जैसा पिछले वर्ष हुआ था।

आपके सुझावों के मुताबिक शिखर के कवितॉंक का काम हमने शुरू कर दिया है। कल ही दिल्ली से लौटे हैं। कविता पुस्तकें आदि सामग्री जुटा लाये हैं। प्रगति से आपको अवगत कराते रहेंगे।

सानन्द होंगे। आपके पत्र की प्रतीक्षा रहेगी।

स्नेहाधीन

तुलसी रमण

(4)

10-5-06

आदरणीय तिवारी जी,

आपको यह जानकर हर्ष होगा कि 'विपाशा' ने प्रकाशन के बीस वर्ष पूरे कर लिए हैं। इस उपलक्ष्य में पत्रिका का कविता विशेषांक प्रकाशित किया जा रहा है। इससे पूर्व 'विपाशा' के अनेक विशेषांक निकले हैं जिनमें अधिकांश रचनाकारों पर केन्द्रित रहे और इनके अतिरिक्त 'दशक' तथा 'शतक' अंक भी पाठकों ने पसन्द किए थे। 'कहानी विशेषांक' भी बीते वर्षों में निकाला गया था, लेकिन विपाशा का कविता विशेषांक पहली बार प्रकाशित हो रहा है।

वास्तव में कविता साहित्य की प्रमुख विधा है। बाकी विधायें भी रचना के स्तर तक तभी पहुँचती हैं अगर उनमें कहीं कविता जैसा या कविता जितना कुछ हो। आप एक प्रतिष्ठित कवि हैं। आपसे अनुरोध है कि 'विपाशा' के इस विशेषांक के लिए अपनी कुछ कवितायें भिजवा कर अनुगृहीत करें। इस आयोजन में आपके शामिल होने से यह प्रयास सार्थक हो जायेगा। इसमें विभिन्न पीढ़ियों के समकालीन कवियों की रचनाओं के साथ कविता विषयक गद्य और अनूदित रचनायें भी रहेंगी। रचनाओं के लिए पारिश्रामिक का प्रावधान भी है।

यदि आप कवितायें न दे पा रहे हों तो कृपया 'आज के समय में कविता की स्थिति', 'समकालीन हिन्दी कविता और पाठक', 'कवि और कविता का रिश्ता', 'कविता में आंतरिक सत्य और बाह्य यथार्थ' जैसे किसी भी विषय पर अपनी विस्तृत टिप्पणी अवश्य भिजवायें जिसमें आप अपनी कविता विषयक सोच को शब्द दे सकेंगे। ऐसी टिप्पणियाँ मिलकर एक बहस का रूप ले सकेंगी। इनसे कविता से जुड़े विभिन्न सवालों पर चर्चा सम्भव होगी।

आशा है आप अवश्य सहयोग करेंगे। रचनायें ज़रूर भिजवायें। नई किताब समीक्षा के लिए भी। और आपके हाल चाल।

भवदीय

तुलसी रमण

दिलीप झवेरी

NIROG CLINIC
OPP. VANDANA SOC. L.B.S. ROAD,
HIGHWAY NAKA, NAUPADA,
THANE - 400 602.
Email : dileepjhaveri@aol.in

7-5-11

(1)

प्रिय मित्र,

बड़ी खुशी की बात है कि आपका साहित्य अकादमी ने उचित सम्मान किया।

With your down to earth approach, fearless upholding of liberal and secular values[concern for life and environment as a human being and a poet with aesthetic standaros. We expect that the post-of vice president of Sahitya Akademi will acquire greater meaning.

At the same time your modesty, inspite of your singular achievements will be an asset of the Akademi and an asurance to the growing as well as dwindling languages. Through you the writers of India will again come closer to Hindi and benefit from the wisdom of stalwarts like Namvarje. I remember him feeling distanced from Akademi our several conversations you have been a friend to me and we will continue to be. I want you to be a friend of Gujarati language also. आपको जब भी सुविधा हो, संवाद करेंगे।

आपका स्वास्थ्य सदा कुशल रहे। आपने अपनी आँख के पास में हुई छोटी गाँठ का उपचार कराया?

अनेक शुभेच्छाओं के साथ

दिलीप झबेरी के वंदन

मैं.....अपनी स्वाधीनता और सम्मान का विकट समर्थक हूँ
विश्वनाथ प्रसाद तिवारी
दस्तावेज–121

(2)

25-2-12

प्रिय मित्र,

आप स्नेह से, 'दस्तावेज' भेजते हैं तो मेरा भी कुछ उत्तरदायित्व है, साथ में जोड़ता हूँ छोटा अनुगृहीतोश्मि।

आपके सामाजिक, नैतिक और राजकीय मूल्यों की स्पष्टता और मौलिकता से मैं प्रभावित हूँ। आप गाँधी जी के विचारों का विशेष सम्मान करते रहे हैं और आपके सम्पादकीय लेखों में उसका प्रमाण प्रतीत होता है। आपका यह विश्वास आशा, प्रेरणा और प्रसन्नता का दायक है। अन्ना हजारे के विषय में आपने विविध परिमाणों को लक्षित करके लिखा है जो निर्विवाद प्रस्तुत है। हमें अन्ना के साथ प्रश्न है संविधान निष्ठा का और अतिश्योक्ति का। जो परिवर्तन लाना चाहते है उन्होंने भी परिवर्तनशील रहना चाहिए।

The issue 132 is sifnificant in many ways. the emphasis on Marathi poetry is very encouraging. Besides the poets represented, there are other who need to be noticed because of their experiments with language and confrontation with the contemporary challange of globalisation and technology. Hemant Divate, Mangesh kale, Sanjeev Khandekar, Sachin Ketker and Manya Joshi are a few of them.

The article on Nandkishor Acharya inspires to obtain his enydopedia. Nandkishor is a very important thinker and articulator of multiple disciplines from the generation after Namwarsinh. And he is such a simple man He is a good personal friend also. Kripashankar has raised a valid point and thinks beyond the beaten track. In this article he has emphasised the technical aspect of poetry writing mainly. Perhaps in future he will consider the entire process of poetry and he will be able to write how the dynamic nature of poetry and multiple extensions with plurality of language itself perpetuate the unending participation of the reader, not allowing a poem to be complete. Rajendra Prasad Pandey is more erudite and has rare originality as well as a clear comprehension both of Art and modernism. He is unambiguous about the function of literature and is free from traditional type about its value. He reminos$ of the existentialist idea of choice to stress the right place for art in like. It would be a pleasure to meet him someday.

Some of the poems in Hindi are not very impressive. But as an editor you have to give opportunity for the Lasser known poets to grow. And your Kindness to them will perhaps enlarge them to realise their greater potential.

I admire the hard work you are doing inserverl fielos$. yesterday my wife told me that she heard you speeking at the Sahitya AKademi function broad cost on Door Darshan. She was highly inpressed with the range of your knowledge and the details of your travels. She particularly mentioned your concern about travelogues of Rahul san krityayan and your encounters in Russia. I missed seeing you being busy at the clinic.

But we shall meet again and share the joy of life and poetry.

With every best wish for your health and crealirity affectionately yours.

दिलीप झबेरी

दिविक रमेश

(1)

बी-57, अमर कॉलोनी
लाजपत नगर
नई दिल्ली-110024

12-11-78

डॉ. साहब,

कुछ दिनों पूर्व दस्तावेज—1 की प्रति मिली थी। आभारी हूँ। उत्तर पहले ही देना चाहता था। लेकिन कुछ व्यवस्ताओं की वजह से वैसा हो नहीं सका।

सबसे पहले तो एक साफ-सुथरी पत्रिका के लिए आपको बधाई हूँ। खुला मंच लेकर चलने वाली यह पत्रिका निंसदेह समय के साथ, बहुत कुछ ढूँढ़ पायेगी, 'प्राप्त' कर सकेगी। आपका संक्षिप्त सा सम्पादकीय आज के परिवेश की सही जरूरत को रेखांकित करता है।

'गुटवाद' पर पूरी तरह से अक्रमण होना ही चाहिए—लेकिन होता यह है कि एक व्यक्ति 'एक गुट विशेष' से प्रताड़ित होकर पहले उसका और 'गुटवादिता' का विरोध करता है और फिर धीरे-धीरे एक नए गुट को जन्म दे देता है। यह प्रवृत्ति निसन्देह घातक है जिसे सच्चे साहित्यकारों को बचना चाहिए। 'गुटवाद' की यह प्रवृत्ति पिछले कुछ वर्षों में काफी 'घटाटोप' हुई है। इसीलिए कम से कम कविता के क्षेत्र में तो कोई भी ऐसा नाम नहीं उभर कर आया है जिसे सम्भावनाओं में आगे का साहित्यकार कहा जा सके। अपने-अपने गुट में, कुछ कवियों/रचनाकारों के नामों का अलाप कर लिया जाता है—बस। मजेदार बात यह है कि जब एक गुट अपने गुट के कवि की वंशी बजाता है तो दूसरा गुट उस वंशी को न केवल ध्वस्त कर देता है बल्कि अपने गुट का धन्वा ले तीर साधने लगता है। ऐसे में जो लोग सन्तुलित ढंग से सोचते हुए अपने सृजन में लगे हैं वे तात्कालिक रूप से उपेक्षित-से नज़र आने लगते हैं। लेकिन पत्रिका की सही तलाश यही सन्तुलित लेख होता है। वर्ना चालू नामों की चकाचौंध और स्वनाम धन्य गुटबाज समीक्षकों के प्रचार के अलोक में अपनी बिनाई को बरकरार रखना बहुत ही साध्य काम होता है। सम्पादक की दृष्टि अवश्य खुली होनी चाहिए लेकिन इतनी भी खुली नहीं कि वह स्वार्थी अवसरवादी और गुटबाज चालू लेखक को पहचानते हुए दूर न करने की उदारता बरतता रहे। आज समीक्षकों (कुछ नए उभरते समीक्षकों) की पुस्तकें अपना-अपना गुट-चालाकी पूर्ण तरीके अपनाने के बावजूद स्पष्ट करने में सक्षम हैं। किसका नाम वे क्यों छोड़ते हैं और किसका नाम वे क्यों लेते है यह उनके 'स्वार्थ' की पुष्टि-अपुष्टि पर निर्भर करता है।

देवेन्द्र कुमार की कविता सचमुच आज की कविता का सही रूप और सही दृष्टि प्रस्तुत करती है। लेखक का यही एट्टीटयूट ही अब कुछ उपलब्ध करा सकता है। बिना 'अनुभव की तलाश' के कविता केवल 'विचार' पर सिद्धान्त-कथनों पर बहुत दिनों तक टिकी नहीं रह सकती। 'यथास्थिति' को रख कर ही 'वास्तविकता' की ओर बढ़ा जा सकता है।

श्रीरामचन्द्र तिवारी का लेख खोजपूर्व लेख है। इसमें यूँ तो पुराने ही सवाल को उठाया गया है तो भी जानकारी दिलचस्प है। यूँ पूर्ण नहीं है।

श्रीनन्द किशोर नवल ने 'सर्वेश्वर की कविताओं को लगता है। किसी भी कारण से सही, पूरी तरह नहीं समझा है। यूँ भी उन्होंने कई बार समझदारी का परिचय देने के बावजूद न जाने क्यों चर्चित होने का घटिया फार्मूला अपना रखा है जिसकी तहत समीक्षक एक ओर तो अपने को 'मसीहा' मान बैठता है और दूसरी ओर 'नकारात्मक' दृष्टि से रचनाओं को परखता है। सर्वेश्वर जी के साथ न्याय नहीं हुआ है। कई जगह तो बहुत ही बचकाने ढंग से सर्वेश्वर जी पर आरोप लगाये हैं।

पत्रिका में 'भारतीय लेखन' का कॉलम होना बहुत ही महत्वपूर्ण है। इससे बरकरार रखें।

संक्षेप में फिलहाल इतना ही। पत्र लिखें।

स्नेहकांक्षी

दिविक रमेश

(2)

7-6-1985

आदरणीय भाई,

दस्तावेज, 27 की प्रति हाल ही में मिली थी। मैं कृतज्ञ हूँ। पिछले दिनों आपको पत्र लिखने की सोच रहा था लेकिन कई प्रकार की व्यस्तताओं ने विवश रखा। पहले गुजरात की यात्रा पर जाना हुआ और लौटने पर घर बदलना पड़ा।

सिर नामे पर नया पता है—यूँ समझे कि अब मैं भी उत्तर प्रदेश निवासी हो गया हूँ। कृपया भविष्य के लिए इसी पते को लिख लें।

दस्तावेज का रामविलास शर्मा विशेषांक पहले ही दिन त्रिलोचन जी ले गए थे। फिर लौट नहीं सका है। कोई प्रति सुरक्षित हो और भिजवा सकें तो कृपा होगी।

दस्तावेज—27 की सामग्री पढ़ गया हूँ। आप अथक इस बड़े और जरूरी काम को निभाये जा रहे हैं, बधाई/पत्रिका निकालकर मैंने देखा है और जाना है कितना श्रमसाध्य काम है यह—खासकर उस स्थिति में और भी कष्टदायी है जब साधन सीमित हों और लक्ष्य बहुत ऊँचा। दस्तावेज निसन्देह एक निखरी हुई पत्रिका है—गुटबाजी से परे। वरना तो आजकल संस्थाओं तक की पत्र-पत्रिकायें बहुत जल्द एक खास गुट की गिरफ्त में फँसकर कीचड़ होती रहती हैं पिछले कुछ दिनों से नवभारत टाइम्स के रविवारीय परिशिष्ट का यही हाक हो गया है। अब किस-किसका नाम लें, किसका नहीं। आपने अपने सम्पादकीय मैं जो मसला उठाया है वह मुझे काफी छू गया है। शायद इसलिए कि पिछले वर्ष मुझे सोवियत लैंड नेहरू पुरस्कार मिला था और इस वर्ष हिन्दी अकादमी दिल्ली का। पुरस्कारों की घटिया राजनीति किसी

से छिपी नहीं है। गनीमत यही है कि कुछ ठीक-ठाक लोगों को भी कभी-कभार यह पुरस्कार मिल जाया करता है। छोटे-मोटे (श्राद्धवत) पुरस्कारों के वितरण में जो घपलेबाजी है वह तो पुरस्कार प्राप्तकर्त्ताओं को भी दयनीय बना जाती है। उस पर तुर्रा यह है कि पुरस्कार प्राप्तकर्त्ता बिना मूँछों के भी ताव देते फिरते हैं। तो भी यह बात बहुत पटी है कि पुरस्कार दान या एहसान न होकर लेखक का अधिकार होना चाहिंए।

मूल्यांकन के अन्तर्गत अब के द्वारा की गई श्रीकांत वर्मा की कविता पुस्तक की समीक्षा मुझे व्यक्तिगत तौर पर बहुत ही अच्छी और काम की लगी है। श्री कान्त की भी इन कविताओं से बेहतर-ढंग से मैं आपकी समीक्षा के द्वारा ही समझ पा रहा हूँ। हिन्दी-संस्कृति में ऐसी समीक्षायें अपवाद ही हैं।

श्री विजय कुमार ने डॉ. चन्द्रकान्त वांदिवडेकर की अच्छी सबर ली है किन्तु निष्पक्ष ढंग से डॉ. वांदिवडेकर न जाने क्यों मुझे सदा अज्ञेय या कहूँ अज्ञेयतर से आक्रान्त लगे हैं। लगता है हर वक्त वे अज्ञेय की शरण में ही जाना पसन्द करते हैं।

'देशान्तर' में विनोद शर्मा के मेहनत से किये गये अनुवाद प्रस्तुत किये गये हैं मुझे विशेष रूप से 'डरो मत बच्चो', नजर अपनी-अपनी, जंगल में बारिश, प्यार, सेब कथा, मेरा बेटा और श्रीमान 'र.व.' कवितायें बहुत अपनी लगी हैं। 'कविताएँ' शीर्षक में प्रकाशिति जिन कविताओं ने अपनापन दिया है, वे हैं—अनिल जनविजय की 'कवि की उष्मा', कविता और व्यवहारिक लड़ाई तुलसी रमण की ढलान पर आदमी।

दिविक रमेश

(3)

29-11-86

आदरणीय भाई तिवारी जी,

कही से आपकी कविता पुस्तक 'बेहतर दुनिया के लिए' हाथ लगी तो पूरा पढ़ गया। कविताओं में बाकी भरपूर ताजगी, नयापन और अपनी छाप लिए बुनावट मन को छू गयी है। इतनी खूबसूरत कवितायें एक साथ पढ़ने को मिलेंगी मूझे आशा न थी। शोर-शराबे, कविता-रीतियों वाले इस दौर में आप इतनी मुक्त, दृष्टिसम्पन्न कवितायें दे रहे हैं, यह हिन्दी कविता का सौभाग्य है। सचमुच, जो परवाह नहीं करता, उसी की अभिव्यक्ति में सच्चाई दिख सकती है—तानाशाह मैं तुम्हारी परवाह नहीं करता। मुझे तुमसे पद नहीं चाहिए। मुझे तुमसे दूसरों का हक नहीं चाहिए।

कृपया मेरी बधाई स्वीकार करें। मुझे आपकी और कवितायें पढ़ने की लालसा रहेगी।

सारी खुराफात की जड़ हैं ये हाथ
ये लिखते हैं कवितायें
ये बनाते हैं बारूद
ये तोड़ते हैं चट्टानें
ये गलाते हैं लोहा

इसी सहजता को तो खोजते हैं लोग आज की कविता में—

दिविक रमेश

(4)

आदरणीय तिवारी जी,

डॉ. अलेक्सान्द्र सेंकेविच के एक लेख का हिन्दी-अनुवाद दस्तावेज में प्रकाशनार्थ भेज रहा हूँ। इसके प्रकाशन की लिखित अनुमति मेरे पास है तथा मूल (अँग्रेजी) लेख भी सुरक्षित है। आप को ठीक लगे तो सुविधाजनक प्रकाशित कर लें। हाँ इसका कुछ अंश एक पुस्तिका में छप गया है। लेकिन आप पूरा लेख छापेंगे तो लेखक के साथ न्याय हो सकेगा।

पिछले दिनो डॉ. सेंकेविच यहाँ थे तो आपको खूब याद कर रहे थे।

आशा है आप पत्र अवश्य देंगे और किसी कारण वश इस लेख को सम्पूर्ण रूप में छापने में असमर्थ होंगे तो कृपापूर्वक लौटाने का कष्ट करेंगे।। शुरुआत में थोड़ा बहुत विलम्ब हो जाये तो जरूरी कोई बात नहीं।

जल्दी ही अपनी कुछ रचनाएँ भी भेजूँगा।

आपके पत्र की प्रतीक्षा में।

दिविक रमेश

(5)

12-4-2011

आदरणीय प्रो. तिवारी जी,

पत्र तो पहले ही लिखना चाह रहा था। आपको मिली उपलब्धियों और सम्मान के लिए विशेष रूप से पर लिख अब पा रहा हूँ। देश-विदेश के भ्रमण में फँसा रहा। खैर आपका मेरे प्रति जो स्नेह है उसी के बल पर बधाई अब दे रहा हूँ। दस्तावेज के अंक भी मिलने शुरू हो गये हैं। आपके सम्पादकीय बहुत ही प्रेरणा और विचारोत्तेजक है। नागार्जुन की बँगला कविताओं पर लेख देकर बहुत ही जरूरी काम किया है। हालाँकि किसी जगह आपका अज्ञेय पर केन्द्रित बहुत ही अच्छा लेख भी पढ़ने को मिला था।

यह पत्र एक और कारण से भी 'गेहूँ घर आया है' की प्रति आपके पास है। इसी पुस्तक पर मुझे स्वतः सम्पूर्ण लिखी गयी एक समीक्षा डॉ. उमा त्रिपाठी से प्राप्त हुई है। इसे मैं भेज रहा हूँ। बहुत अच्छा लगेगा यदि यह दस्तावेज जैसी हमारी महत्त्वपूर्ण पत्रिका में प्रकाशित हो जाये। इसे मेरे आग्रह के रूप में ही स्वीकार कीजिये, बाध्यता के रूप में नहीं।

शुभकामनाओं के साथ।

स्नेहाधीन

दिविक रमेश

एन.के. देवराज

(1)

52 बादशाह नगर
लखनऊ—226007

30-8-88

प्रियवर तिवारी जी,

अनेकं विध व्यस्तताओं के दबाव में आपको चाहते हुए भी पत्र नहीं लिख पाता यह संभवतः प्रथम व्यक्तिगत पत्र है। अभी भी शिमला का प्रोजेक्ट समय ले रहा है, यद्यपि मैं कहाँ से चला आया हूँ।

इधर मेरे दो संग्रह (उपालंभ पत्रिका तथा अन्य कविताएँ, किरण-व्यूह बहुरंगे छपे है। प्रथम आया है। दूसरा मेरे पास आने वाला है।

(1) युगसाक्षी के लिए अपनी रचना—कवितायें तीन-चार अवश्य भेजें। यह Standing अनुरोध है। मेरे विचारों से असहमतिपरक लिखें, या संशोधन सुझाव तो विशेष प्रिय लगेगा।

(2) उक्त दोनों संग्रहों की आपके पास निजी प्रतियाँ रहनी चाहिए। साथ ही 'दस्तावेज' में रिव्यू होना चाहिए।

यदि चाहें, उचित समझें, तो डॉ. श्रीवास्तव से करायें। उन्हें लिखा है।

पत्रिका बहुत समय ले रहा है। यह आपका अनुभव भी है। प्रोजेक्ट खत्म होते ही एक नाटक ('अवतार क्यों नहीं') को अन्तिम रूप देना है। एक उपन्यास पूरा करना है। और आशा है नया काव्य-संग्रह तैयार करने की प्रेरणा स्फूर्ति मिलेगी। दसियों कवितायें अधूरी-अधलेखी इधर-उधर पड़ी होंगी। आपकी निकटता, सौहार्द अपेक्षित है। एक पत्र को अनेक समझें।

सस्नेह
देवराज

(2)

7-12-1988

प्रियवर तिवारी जी!

प्रसन्न होगे। आपका 'दस्तावेज' नियम से आता रहा है, किन्तु ठीक से पढ़ा अब जायेगा। सरसरी

तौर पर देखने से कुछ अंक विशेष अच्छे लगे-स्तरीय। मैं अब शिमला से प्रायः मुक्त होकर आ गया हूँ; आशा है अब 'युगसाक्षी' सब तरह से अधिक नियमित हो सकेगा। सातवाँ अंक प्रयाग से प्रेस में है, आठवें की सामग्री शीघ्र भेज दी जायेगी।

आपसे निवेदन है कि कोई भी रचना भेजें-कविता, निबन्ध आदि। आपका एक परिपत्र यहाँ आया हुआ देखा, उस पर तिथि 30 जून पड़ी है। विषय-प्रतिबद्धता। सम्भव है आप तत्सम्बन्धी विचार छाप चुके हो। फिर भी, पत्राचार का समय बचाने के लिए, अपनी संक्षिप्त प्रतिक्रिया शब्द बद्ध करके इस पत्र के साथ भेज रहा हूँ।

शुभकामनाओ सहित।

आपका
देवराज

पुनश्चः अँग्रेजी पुस्तक पर दो सम्मतियाँ भी संलग्न हैं। कोई भी रचना भेजें। कवितायें?

मेरी दृष्टि में साहित्यकार के लिए 'प्रतिबद्धता' का सही अर्थ है—अपने लिखे हुए जीवन-सत्य के प्रति वफादार होना। इसका एक मतलब यह है कि साहित्यकार स्वयं अपने अनुभव और चिन्तन पर निर्भर करे और उस सस्ती नारेबाजी से बचे/जिसका लक्ष्य सामयिक सत्ता या आलोचनात्मक फैशन को तुष्ट करना होता है।

पार्टी-प्रतिबद्धता नाम की चीज़ राजनैतिक कार्यकर्त्ता के लिए आवश्यक हो सकती है, और है; लेखक के लिए वह निश्चित ही हानिकार है—विचारक के लिए भी। यदि 'इन्टर पाटी', स्वतन्त्रता का कोई अर्थ है तो मानना चाहिए कि पार्टी विशेष के निर्देशों का तार्किक अनुगमन देश या समाज के लिए हितकर नहीं होता। साहित्य का और चिन्तन का भी एक महत्वपूर्ण सरोकार स्तरीयता अथवा उत्कर्ष है; ये चीजें सर्वत्र गुणात्मकता और स्तर के भेदों को देखने की अपेक्षा करती हैं।
पुनश्चः पाया कि अंक निकल चुका, फिर भी भेज रहा हूँ।

आपका
देवराज

आचार्य देवेन्द्रनाथ शर्मा

(1)

अध्यक्ष
बिहार हिन्दी ग्रन्थ अकादमी
कदम कुआँ
पटना - 800003

11-3-1981

प्रियवर,

आपका पत्र मिला। मैं अपने गोरख-धंधों के कारण तत्काल उत्तर न दे पाया। आपने जो विज्ञापन-दर-तालिका भेजी थी वह कहीं कागजों के बीच पड़ गयी है। उसकी एक दूसरी प्रति भेजने का कष्ट करें।

फुटकर लेख लिखने का समय नहीं मिल पाता। इधर पाश्चातय आलोचना पर एक पुस्तक लिख रहा हूँ। भाषण और लेखन दोनों में मैं सम्प्रेषण कों सर्वाधिक महत्त्व देता हूँ। जब ग्रहीता के पल्ले कुछ पड़ा ही नहीं या पड़ा तो ऐड़ी-चोटी का पसीना एक कर के तो भाषण और लेखन की सार्थकता खंडित हो जाती है। इसलिए विषय के स्पष्टीकरण के प्रयास में समय अधिक लगता है। हजारों पाठकों की अपेक्षा एक लेखक का श्रम मुझे अधिक उचित प्रतीत होता है। हिन्दी में एक तो पाश्चात्य साहित्य पर नाममात्र का ही लिखा गया है और जो लिखा गया है वह मेरी समझ में नहीं आता। तब सोचता हूँ कि मेरे जैसे अन्य पाठकों को भी समझने में कठिनाई होती होगी। इस कठिनाई को दूर करने के लिए ही मैंने लेखनी उठायी। सम्भव है कि इस पुस्तक के प्रकाशन के बाद पाठकों को पाश्चात्य आलोचना की दुरुहता में कुछ कमी दिखे। एक-एक आलोचक पर 30 से 60 पृष्ठ लिखे हैं। 'दस्तावेज' के लिए ये लेख कुछ बड़े हो सकते हैं। फिर भी, यदि आप चाहें तो 30 पृष्ठों तक का किसी आलोचक का विवेचन भेज सकता हूँ। पाद टिप्पणी में उद्धरण काफी मात्रा में हैं और अँग्रेजी में। इलियट या रिचर्ड्स की आलोचना बहुत लम्बी हो गयी है। कोलरिज या क्रोचे की लगभग 30 पृष्ठों की है। यदि 'दस्तावेज' में यह अँट सके तो सहर्ष भेज दूँ।

इतने नियमित रूप से, इतने सुरुचिपूर्ण ढंग से, इतनी अच्छी पत्रिका निकालने में जो अध्यवसाय अपेक्षित है, उसका कुछ अनुमान मुझे है। इसके लिए आपकी जितनी भी प्रशन्सा की जाय, थोड़ी होगी।

आशा है, स्वस्थ-प्रसन्न हैं।

सस्नेह
देवेन्द्रनाथ शर्मा

(2)

24-3-1981

प्रियवर,

मैंने जैसा कल सूचित किया है, आज रिचर्ड्स के आलोचना सिद्धान्त पर अपना लेख भेज रहा हूँ। लेख 60 पृष्ठों का है। इसे दो भागों में प्रकाशित करने का सुझाव आपने दिया है। सुझाव ठीक है। पृष्ठ संख्या 31 तक एक भाग और वहाँ से दूसरे भाग की अच्छी सीमा-रेखा बन जाती है। लेख जिस रूप में है, इसी रूप में छपना चाहिए; अँग्रेजी के उद्धरण भी ज्यों के त्यों रहने चाहिए। मुझे विश्वास है कि लेख पढ़कर आपको सन्तोष होगा। इसकी प्राप्ति की सूचना कृपया शीघ्र दे देंगे।

आशा है, स्वस्थ-प्रसन्न हैं।

सस्नेह

आपका

देवेन्द्रनाथ शर्मा

(3)

22-10-1983

प्रियवर

नमस्कार।

आपका पत्र मिला। मैं इधर बहुत अस्वस्थ हो गया; कमजोरी अब भी गयी नहीं है। इसीलिए तत्काल उत्तर नहीं दे सका। मैं शुक्ल जी पर एक लेख 15 नवम्बर तक अवश्य भेजूँगा। आपके प्रति जो भाव हैं, उसमें 'ना' का प्रश्न ही नहीं उठता।

पाश्चात्य आलोचना वाली पुस्तक आधी छप गयी है। नवम्बर में निकल जानी चाहिए। अब भारतीय काव्यशास्त्र पर लिखना आरम्भ किया है। झाड़-झखाड़ को काटना चाहता हूँ। देखिये, क्या हो पाता है।

आपके अध्यावसाय और कर्मठता के लिए मेरे मन में स्नेह भी है, आशा भी।

आशा है सपरिवार स्वस्थ हैं। आप विश्व हिन्दी सम्मेलन में दिल्ली आयें तो भेंट होगी।

देवेन्द्रनाथ शर्मा

देवेन्द्र शर्मा 'इन्द्र'

(1)

10/61 सैक्टर 3 राजेन्द्र नगर, साहिबाबाद,
गाजियाबाद 201005—उ.प्र.

22-6-95

प्रियवर तिवारी जी

सादर सस्नेह स्मरण

आज ही आपका व्यक्तिगत पत्र और दस्तावेज़ का एक अंक (दो नहीं) मुझे मिले। कभी एक बार इस यशस्विनी पत्रिका का एक कहीं देखा था जिसे देखकर लगा था कि यह पत्रिका केवल छन्दोमुक्त कविताओं का दस्तावेज़ है, अतः मैं इस के अन्य अंकों को प्राप्त करने का दुःसाहस नहीं कर सका था। यों मुझे आशा है कि दस्तावेज़ मेरे सहयोगी बन्धु डॉ. हरदयाल के पास तो आता ही होगा। अब मैं उनके माध्यम से, कॉलेज खुल जाने पर पिछले अंक भी देखना चाहूँगा। कदाचित् आपको स्मरण होगा हम लोग कई वर्ष पहले AIIMS में एक शाम मिले थे जब वहाँ आप शैय्याग्रस्त आचार्य जानकी वल्लभ शास्त्री जी को देखने आये थे। मैं, डॉ. राजेन्द्र गौतम और डॉ. पाल भसीन उस समय वहाँ पर मौजूद थे। क्षणभर की वह भेंट मुझे अब तक याद हैं।

प्रियवर डॉ. राजेन्द्र गौतम से एकबार बातचीत में विदित हुआ था कि उन्होंने नवगीत पर एक विस्तृत आलेख दस्तावेज़ के लिए भेजा हुआ है। आप चाहें तो प्रस्तुत अंक में उसका सदुपयोग कर सकते हैं क्योंकि दुर्भाग्यवश अभी तक इस विधा को उनके जैसा गम्भीर, तटस्थ और अपक्षधर समीक्षक नहीं मिला। नवगीतकारों और नवगीत विधा को आपका कृतज्ञ होना चाहिए कि अन्ततः 'दस्तावेज' और उसके सम्पादक ने उनके प्रति उदाराशयता का परिचय दिया। मुझे आशा है कि आप इस विधा के साथ विशेषांक में समुचित न्याय कर सकेंगे।

एक बात मेरी समझ में नहीं आयी कि आपने नवगीत के साथ गजल को क्यों नत्थीकर दिया। क्या दोनों पर अलग-अलग अंक नहीं निकाले जा सकते थे? क्या इन दोनों के लिए आप आधी-आधी रोटी ही दे सकते थे जिसे लेकर वे आपस में उलझते रहें? और यदि आप यह मानते हैं कि ये दोनों ही विधाएँ छान्दसि हैं और अपनी-अपनी सीमाओं एवं सम्भावनाओं के रहते अपने समान लक्ष्य की दिशा में अग्रसर हो रही हैं, तो इनके अतिरिक्त दोहा भी कर रहा है। सचाई तो यह है कि आज के दोहे को दोहरी जिम्मेदारी निभानी पड़ रही है—उसमें नवगीत जैसी बिम्ब धर्मिता और गजलों की जैसी

भंगीभणिति का युगपत् निर्वाह करना पड़ता है। सम्भव हो तो कभी दोहे पर भी ऐसी ही उदारता का परिचय दें।

विश्वविद्यालय सेवाओं से मैं डेढ़ वर्ष पूर्व मुक्त हो चुका था किन्तु इन दिनों पुनर्नियुक्त होकर श्यामलाल कॉलेज शाहदरा में ही सेवारत हूँ। विगत तीन-चार वर्षों से नवगीत, गजल और समीक्षात्मक लेखन के साथ-ही-साथ दोहे भी लिख रहा हूँ और अब तक लगभग पाँच हजार दोहे लिख चुका हूँ। इसी सन्दर्भ में एक योजना का सम्पादन भी कर रहा हूँ—'सप्तपदी' नाम से सात खण्ड़ों में अखिल भारतीय स्तर पर दोहाकारों के दोहों का संकलन-सम्पादन कार्य ले लिया है जिसके तहत सप्तपदी के दो खण्ड प्रकाशित हो चुके हैं। तीसरा जौलाई तक प्रकाश्य है। और तभी चौथा खण्ड भी मुद्रणार्थ दे दिया जायेगा। प्रत्येक खण्ड में 7 दोहाकारों का चयन किया है और प्रत्येक दोहाकार के 101 दोहे चुने गये हैं, इस प्रकार 'सप्तपदी' का प्रत्येक खण्ड स्वयं में एक सतसई भी बन जाता है। इस योजना को अन्य मित्रों ने भी इतना सराहा हैं जितने की मुझे आशा नहीं थी। अब तक इस सिलसिले में लगभग 25-30 हजार दोहे तो लिखे ही जा चुके हैं, देशभर में, इस बात का यथा शक्य ध्यान रखा गया है कि पारम्परीक दोहे से नया दोहा अपने कथ्य, प्रस्तुति और वाग्विच्छित्ति में पृथक दिखे। प्रसन्नता की बात है कि इधर कुछ उत्साही अनुसन्धारक नये दोहे पर शोधकार्य भी कर रहे है। आप सुविज्ञ सम्पादक के अतिरिक्त अपने विश्वविद्यालय में प्रमुख पद पर कार्यरत हैं अतः उचित समझें तो समकालीन कविता की इन विविध अन्तर्विधिओं पर शोधकार्य करायें तथा उच्चस्तरीय पाठ्यक्रम में भी प्रतिष्ठापित करें अथवा करायें।

बहुत संशय है कि मैं अपने पहलें ही पत्र में कुछ अप्रत्याशित लिख बैठा होऊँ—वैसी स्थिति में, अन्यथा न लेंगे ऐसी मुझे उम्मीद है।

हाँ, अन्त में एकबात और। मैं व्यवसायधर्मी और मंचीय गीतकार नहीं हूँ जो अपनी इनी-गिनी चीज़ों के सहारे अखिल भारतीय ख्याति अर्जित कर लेते हैं। वस्तुतः अर्थोपार्जन के सिलसिले में उनके पास इतना समय भी तो नहीं होता कि वे कुछ नया लिखते रहें—वीरेन्द्र मिश्र उनमें अपवाद थे जिन्होंने स्तरीयता और परिमाण पुष्कलता को एक ही साथ निभाया था। मैं आपको जो चार नवगीत भेज रहा हूँ वे सभी अप्रकाशित हैं। पसन्द आयें तो इनका उपयोग कर लें। सम्भव हो तो इस अंक को भाई वीरेन्द्र मिश्र जी की स्मृति को समर्पित करें।

आशा है आप सानन्द हैं। उत्तर की प्रतीक्षा तो रहेगी ही।

भवदीय
देवेन्द्र शर्मा 'इन्द्र'

(2)

6-7-95

परम प्रिय डॉक्टर तिवारी जी,

सप्रेम सादर वन्दे,

कल की डाक में ताजा हवा के झोंके जैसा आपका पत्र मिला, सच मानियेगा, मुझे आशा नहीं थी कि आप भी पत्राचार में मेरी ही भाँति सत्वर निकलेंगे। पत्र में दिये गये आपके स्पष्टीकरण से कई भ्रम

स्वतः ही निवृत्त हो गये। मैं इसे अपना दुर्भाग्य ही कहूँगा कि अब तक बिना देखे-पढ़े 'दस्तावेज' की बाबत यह धारणा बनाये था कि वह केवल प्रयोगधर्मा नयी कविता की पक्षधर पत्रिका है जहाँ छान्दसिक रचना की स्थिति राजभवन के लौहे द्वार पर खड़े एक प्रवेशवर्जित निरुपाय आगन्तुक के जैसी ही है। आज मैं सरल मन से अपनी इस कुंठाजन्य भ्रान्ति के लिए खेद का अनुभव करता हूँ। यह जानकर तो और भी प्रसन्नता हुयी कि आप विविध काव्याभिव्यक्तियों में दोहे के प्रति सविशेष कृपालु हैं। वस्तुतः छन्द्, लय-संगीत एवं रागविवर्जित काव्य की परिकल्पना मेरे जैसे संस्कार वाला कोई व्यक्ति कर ही नहीं सकता। (नवता, 'आधुनिकता' और 'सम सामयिकता' जैसे सन्दर्भों को लेकर कभी-कभी तो लगता है—हमारे सुबुद्ध साहित्यचेता एक अधूरी और नकली लड़ाई लड़ते रहे हैं। इन तत्त्वों का जीवन की भाँति काव्य में भी सहज सन्निवेश युगानुरूप होता ही रहता है। इन्हें 'टोपी' या 'झण्डे' की तरह इस्तेमाल शमयद नहीं किया जा सकता। ऐसा करना अप्रकृत और बाह्यारोपण मात्र होगा। अपनी शैली का एक विशिष्ट कलावाद भी होगा। इस किस्म के विचारकों ने समय-समय पर काव्य में उद्‌भुत शैलियों के आविष्कार के नाम पर उसके मूल स्वरूप को विकृत और धूमिल ही किया है।) इससे भी अधिक प्रीतिकर लगा यह पढ़कर कि आप स्वयं भी दोहा लेखन की दिशा में प्रवृत्त एवं सक्रिय हैं।

जिन दिनों मैं दोहा लेखन की दिशा में सक्रिय हुआ था उन दिनों ऐसा सोचा भी नहीं था कि यह छन्द कुछ ही समय में एक स्वतन्त्र काव्य विधा का रूपकार ग्रहण कर लेगी और स्वयं को नवगीत एवं गजल का स्नानापन्न भी बना लेगी। कुछ लोग पहले से ही खड़ी बोली में दोहे लिख रहे थे, तभी मुझे लगा कि क्यों न इस छन्द के माध्यम से आज के यथार्थ को नये-से-नये किन्तु कलात्मक प्रतीकों, बिम्बों और शब्द संकेतों के माध्यम से प्रस्तुत किया जाये। धीरे-धीरे मेरे इस सोच ने सर्जनात्मक आकार ग्रहण किया और उसके फलस्वरूप लगभग 5000 दोहे अस्तित्व में आ गये। यहाँ के पार्श्ववर्ती और सुदूरवर्ती किन्तु मुझसे सम्पृक्त रचनाकारों पर भी इसका प्रभाव पड़ा और फिर उत्तरोत्तर अखिल भारतीय स्तर पर नया दोहा लिखने की एक परम्परा सी ही चल पड़ी। इसी का परिणाम है मेरे द्वारा सम्पादित अनेक खण्डों में 'सप्तपदी' का प्रकाशन। तीसरा खण्ड प्रायः छप चुका है। और अभी कम-से-कम इसके दो खण्ड और निकलने का पूरा विश्वास है। इरादा तो इसके सात खण्ड निकालने का है किन्तु अभी अनागत स्थितियों के विषय में कुछ नहीं कहा जा सकता। 'सप्तपदी' के प्रत्येक खण्ड में मैंने अलग-अलग रूप से सात-सात दोहाकारों का चयन किया है। प्रत्येक खंड में 'दोहा' को लेकर पृथक-पृथक धरातलों पर सम्पादकीय भूमिका के रूप में अपने विचार भी व्यक्त किये हैं। समाविष्ट रचनाकारों को प्रत्येक खण्ड में आयुगत शीर्षताक्रम से रखा गया है, यथा—

सप्तपदी **I**	सप्तपदी **II**	सप्तपदी **III**	सप्तपदी **IV**
1. श्री विश्वप्रकाश दीक्षित 'बटुक'	1. श्रीराजकुमार शर्मा	1. श्री कुँअर बेचैन	1. श्री जग प्रकाश चतुर्वेदी
2. श्रीपाल भसीन	2. श्रीविभाकर आदित्य शर्मा	2. श्री राधेश्याम शुक्ल	2. श्रीमती रमा सिंह
3. श्री कुमार रवीन्द्र	3. श्री बाबूराम शुक्ल	3. श्रीमती विद्या बिन्दु	3. श्री रामबाबू रस्तोगी
4. श्री ब्रज किशोर	4. देवेन्द्रशर्मा इन्द्र वर्मा शैदी	4. श्री श्याम 'निर्मम'	4. श्री घमण्डी लाल अग्रवाल
5. श्री दिनेश शुक्ल	5. श्री योगेन्द्र दत्त शर्मा	5. श्री राजेन्द्र गौतम	5. श्री अजय जनमेजय
6. श्री हस्ती मल	6. हरीश निगम	6. श्री लक्ष्मी खन्ना	6. श्री मनोज अबोध

हस्ती

7. श्री ज़हीर क़ुरैशी 7. भारतेन्दु मिश्र 7. कु. शरद् सिंह 7. श्री गंगा प्रसाद शर्मा

आपने अपने पत्र में मुझसे अधिकतम 10 दोहाकारों के 50-50 दोहे भेजने के लिए लिखा है। इस सन्दर्भ में मेरा निवेदन है कि शेष 9 दोहाकारों को भी 'दस्तावेज़' की ओर से ही दोहा भेजने के लिए कहा जाये। मैं भी उनको अपनी ओर से पत्र द्वारा अथवा मौखिक रूप से सहयोग करने के लिए लिख या कह दूँगा। इस बहाने उनकी लेखकीय-गरिमा का निर्वाह भी हो जायेगा। इसी बीच मैं आपके पास 'सप्तपदी' के प्रकाशित खण्ड भी भेज दूँगा। जो स्वतन्त्र दोहा संग्रह आये हैं उनकी भी एक-एक प्रति आपके पास भेजने के लिए तत्तद् रचनाकारों को लिख दूँगा। उस सामग्री को आधार बनाकर ही तो आप अपना आलेख तैयार कर सकेंगे। आप कृपया निम्न दोहाकारों को पत्र लिख दें–

1. डॉ. पाल भसीन – माडर्न स्कूल, वसन्त विहार, नयी दिल्ली
2. प्रो० कुमार 'रवीन्द्र – 'क्षितिज' 310 अरबन एस्टेट-2, हिसार हरियाणा
3. प्रो० राधेश्याम शुक्ल – सी.आर.एम.जाट कॉलेज, हिसार हरियाणा
4. श्री दिनेश शुक्ल – रामेश्वर रोड, खण्डवा, म.प्र.
5. डॉ. बाबूराम शुक्ल – सप्तर्षि मार्ग, सुभाष पार्क, शाहदरा, दिल्ली 110032
6. डॉ. योगेन्द्र दत्त शर्मा – के.बी. 47, कविनगर, गाजियाबाद
7. डॉ. भारतेन्दु मिश्र – एफ- 2/26 दयालपुर विस्तार, दिल्ली
8. डॉ. राजेन्द्र गौतम – बी-226 राजनगर, पालम गाँव, नयी दिल्ली
9. प्रो० जगप्रकाश चतुर्वेदी – 'किरणोदय' राधारमण मार्ग, डी.एन.पुरम्, मैनपुरी, उ.प्र.

इन उपर्युक्त 9 दोहाकारों के अतिरिक्त दसवें दोहाकार के रूप में आपने मुझे आदेश दिया है, अतः फिलहाल मैं इस पत्र के साथ अपने 50 दोहे भेज रहा हूँ। आशा है आपको पसन्द आयेंगे। जो अन्य दोहाकार मैंने छोड़ दिया है (सप्तपदियों में शामिल) उसके अनेक कारण हैं जिनमें प्रमुख तो आप द्वारा संख्या निर्धारण ही है अन्यथा उनके दोहे भी कमतर नहीं कहे जा सकते।

यह जानकर मुझे अच्छा लगा कि आप 'दस्तावेज' के आगामी अंक को श्रीवीरेन्द्र मिश्र की पुण्यस्मृति को समर्पित करने जा रहे हैं। मिश्र जी अन्य समानधर्माओं की भाँति कोरे कवि सम्मेलनी गीतकार नहीं थे। उन्होंने वास्तव में नवगीत की दिशा में रेखांकनीय कार्य किया था। हाँ, अन्यजनों की भाँति अपने कियें का शंखनाद नहीं किया था.....जीवन भर उन्होंने सिद्धान्तों की एक सार्थक लड़ाई लड़ी थी।

आपके पत्रों ने मुझे भावनात्मक स्तर पर कुछ इतना बाँध लिया है कि मैं अब स्वयं को आपसे और 'दस्तावेज' से अलग करके देख नहीं पाता। भविष्य में जब भी मुझे लिखने योग्य समझें आपको सहयोग मिलता रहेगा।

आशा है सानन्द होंगे।

परिवार में सभी को यथोचित अभिवादनाशीष कहें।

पुनश्चः आपके वि.वि.में जो श्री मती गिरीश अस्थाना हैं, वे एम.ए. में आगरा कॉलेज की छात्रा रहीं हैं। मैं उन दिनों कॉलेज के हिन्दीविभाग में नियुक्त हो चुका था। डॉ कमलेश, डॉ. भगवतस्वरूप मिश्र, डॉ. रमेश कुमार शर्मा, डॉ. विश्वम्भर नाथ उपाध्याय और डॉ. रामगोपाल सिंह चौहान आदि हम सभी सहकर्मी हुआ करते थे। पूज्यपाद पं. जगन्नाथ तिवारी हमारे विभागाध्यक्ष थे। सम्भव है डॉ. अस्थाना को यह सब स्मरण हो। मैंने यदा-कदा हिन्दी नाट्य साहित्य पर उनकी समीक्षायें पढ़ी हैं। मिले तो उनसे मेरा नमस्कार कहिये।

भवदीय

देवेन्द्र शर्मा 'इन्द्र'

(3)

22-11-95

प्रिय सुहृद्वर!

"आपके द्वारा प्रेषित 'दस्तावेज़' का 67वाँ अंक मिला। प्रसन्न हूँ पुलकित हूँ, आपके सश्रम साहित्यिक अनुष्ठान को देखकर। गीत-नवगीत-गज़ल और भोजपुरी की रचनाओं के चयन में आपने असाधारण सम्पादकीय सौष्ठव का परिचय दिया है। आपका सम्पादकीय आलेख सर्वतो भावेन प्रशस्य हैं। अन्य लेख भी अपनी-अपनी दृष्टि से उल्लेखनीय हैं। डॉ. राजेन्द्र गौतम ने नवगीत पर जिस तटस्थ सुनिश्चिन्त और विशद दृष्टि का परिचय दिया है वह इस विधा पर लिखने, शोध करनेवालों के लिए ध्यातव्य और अनुकरणीय है।"

मैंने सर्वश्री राधेश्याम शुक्ल, बाबूराम शुक्ल, पाल भसीन, हरीश निगम और जगत्प्रकाश चतुर्वेदी को पुनः पत्रों के माध्यम से आप तक दोहे भेजने का अनुरोध कर दिया है। आशा है कि इनमें से कम-से-कम चार सज्जन तो सामग्री भेजेंगे ही। अगले सप्ताह छुट्टियाँ बीतने पर, अयन प्रकाशन वालों से कहकर 'सप्तपदी' के तीनों प्रकाशित खण्ड भी भिजवा दूँगा जो शायद उस अंक के लिए उपयोगी रहें।

दीपावली के उपलक्ष्य में मेरी ओर से हार्दिक शुभकामनाएँ स्वीकार करें। 'दस्तावेज' के साथ इस दीपवर्ष में जुड़ने को मैं अपनी एक उपलब्धि समझता हूँ। विश्वास है कि आगे भी यह सम्पृक्ति भाव बना रहेगा।

इति नमस्कारान्ते,

भवन्निष्ठ

देवेन्द्र शर्मा 'इन्द्र'

(4)

14-11-1995

प्रियवर,

सप्रेम वन्दे, आपका पत्र मिला। 'दस्तावेज' की प्रति मुझे मिल चुकी है जिसे मैं कृपण के कोष की भाँति छिपाकर रखे हुए हूँ। क्योंकि मुझे ज्ञात है कि जिस भी गीत/नवगीतकार बन्धु को दिखाऊँगा वह उस पर लुब्ध होकर उसे वापस नहीं करेगा। फिर भी ऐसा अधिक समय तक नहीं हो पाया और अन्ततः पिछले रविवार को उसे पढ़ने के लिए डॉ भारतेन्दु मिश्र ले गये। ईश्वर से प्रार्थना करें कि वह मुझे वापस मिल जाये।

जहाँ तक दोहों का प्रश्न है अब तक आपको सर्वश्री दिनेश शुक्ल, राधेश्याम शुक्ल, बाबूराम शुक्ल, कुमार रवीन्द्र, योगेन्द्र दत्त शर्मा, राजेन्द्र गौतम, भारतेन्दु मिश्र के तथा मेरे दोहे मिल चुके हैं। डॉ. पाल

भसीन को दो पत्र लिख चुका हूँ, एक पत्र हरीश निगम को भी। यदि इनसे सामग्री मिल जाये तो बहुत अच्छा। न मिले तो आप श्री रामबाबू रस्तोगी से कुछ दोहे और मँगवा सकते हैं। बहुत अच्छे दोहे लिखे हैं उन्होंने। श्री जगत प्रकाश चतुर्वेदी के दोहे आपको मिल ही चुके हैं। पिछले दिनों अस्वस्थ थे वे। इस अंक को और भी अधिक प्रमाणिक तथा पुष्ट एवं अद्यतवीन बनाना चाहें तो सर्वश्री कैलाश गौतम (135 MIG, प्रीतमपुरा, इलाहाबाद) सूर्यभानु गुप्त (बम्बई) यश मालवीय (इलाहाबाद) तथा कैलाश सेंगर (धर्मयुग, बम्बई) जहीर कुरेशी (ग्वालियर) से भी सम्पर्क कर सकते हैं। नये दोहे को इन लोगों का अवदान भी चर्चित रहा है। यों दोहा छन्द में भी अभिधाप्रधान शैली में कोरे उपदेश अथवा नारे लिखनेवाले तो आज सैंकड़ों लोग सक्रिय हैं। आशा है कि सप्तपदी-4 की प्रति भी आपको इस वर्षान्त तक भिजवा सकूँ। इन दिनों पाँचवें खण्ड पर काम शुरू हो चुका है। क्योंकि यह एक लेखकीय आर्थिक सहयोग पर आधृत योजना है। अतः श्रेष्ठ रचनाओं के साथ सहयोग राशि भेजने के लिए भी लोगों को सहमत करना होता है। इस प्रक्रिया में कुछ समय भी लगता है। आपको नया दोहा एक शोधनीय विषय लगा एतदर्थ कृतज्ञ हूँ। दस्तावेज के 67वें अंक पर प्रतिक्रियाएँ आना शुरू हो चुका होगा। विश्वास है कि आपका यह प्रयास सुबुद्ध पाठकों द्वारा अनिन्दनीय होगा। सानन्द होंगे। परिवार में सबको यथायोग्य प्रणाम। आशीष कहें।

भवन्निष्ठ

देवेन्द्र शर्मा 'इन्द्र'

(5)

15-2-2001

परमप्रिय बन्धुवर!

सप्रेम नमस्कार,

एक लम्बी अवधि से आपको पत्र न लिख पाने का अपराध कर बैठा हूँ जिसका परिमार्जन करने का आज अवसर निकाल रहा हूँ। हुआ असल में यह कि पिछली असाध्य विपत्तियों में जहाँ मेरे उच्च्य रक्तचाप और मधुमेह ने योगदान किया वहाँ मेरी सहधर्मिणी पत्नी भी कंठनली के कैंसर का शिकार हो गयीं। पिछले पूरे वर्ष आगरा में इलाज चलता रहा। हर महीने एक सप्ताह के लिए उन्हें वहाँ चिकित्सार्थ भेजा जाता था। उनके साथ यहाँ रह रहे मेरे दो पुत्रों में से एक को बारी-बारी जाना पड़ता था क्योंकि मुझे पीछे अपनी बेटी की देखभाल करनी पड़ती थी जो पिछले चालीस वर्षों से भूकता, वधिरता और मानसिक अविकास की शिकार है। दिसम्बर 2000 में आगरा वाले डॉक्टर के परामर्शानुसार उन्हें मुम्बई स्थित Tata Institute of Cancer में इलाज के लिए भेजना पड़ा। मेरा ज्येष्ठ पुत्र राजीव भी मुम्बई में स्थायी रूप से निवास कर रहा है। अतः हस्पताल में दाखिले की असुविधा से हम लोग बच गये। 10 जनवरी को उनका ऑपरेशन, जो लगभग 8 घण्टे तक चला था, हुआ और 23 जनवरी को वे घर-चेम्बूर-आ गयीं। पिछले तीन महीनों से उन्हें केवल दूध, दही अथवा फलों के रस पर रखा जा रहा है। ऑपरेशन के समय जहाँ जीवन के लिए खतरा था वहाँ इस बात की आशंका भी थी कि बचने पर शेष जीवन में वे बोल भी न सकें। ईश्वर की कृपा और आप सभी शुभेच्छुकों की दुआओं से वे दोनों दुःस्थितियाँ इस समय तो टल गयीं लगती हैं किन्तु इधर कुछ ऐसे Post operational complications आ गये हैं जिनके निवारण के लिए उन्हें पुनः भर्ती कराना होगा।

21 फरवरी के बाद, क्योंकि अभी सम्बद्ध डाक्टर विदेश में हैं।

अब आपने मेरी पीड़ा का कदाचित् कुछ अनुमान किया होगा और मेरे पत्राचारीय प्रमाद की वास्तविकता को समझा होगा। अस्तु। मैं व्यक्तिगत रूप से आपको अपना आभार व्यक्त करना चाहता हूँ कि आपने 'दस्तावेज़' के माध्यम से दो बार मेरी सम्मतियों को सार्थक किया—पहले गीत विशेषांक और तत्पश्चात् दोहा विशेषांक निकाल कर, मेरे जैसे निःसाधन एवं अवकाश प्राप्त व्यक्ति पर आभारज्ञापन के अतिरिक्त और देय है भी क्या?

इधर आपके द्वारा प्रेषित 'दस्तावेज़' का प्रत्येक अंक मुझे समय पर मिलता रहा है। पत्रिका के सम्पादकीय आलेखों में व्यक्त आपकी वैचारिक प्रत्यग्रता के सम्मुख मैं हृदय से अवनत हूँ। आप ही ऐसे उदारमना सम्पादक हैं जो प्रत्येक छोटी-बड़ी साहित्य-विद्या के प्रति समान भाव रखत हैं। काश, ऐसी विशद प्रज्ञता सभी सम्पादकों में होती। आपने 'दस्तावेज़' के नवीनतम अंक में भाई राजशेखर के ग्यारह (एक-से-एक बढ़कर श्रेष्ठ) सॉनेट प्रकाशित करके मेरे भीतर प्रेरणा जागृत की है कि मैं भी आपकी सेवा में; अपने सोलह हज़ार दोहों में से एक-सौ-एक दोहे प्रकाशनार्थ प्रेषित करूँ। यदि आपको ये दोहे नापसन्द न आयें तो कृपया इन्हें सकुशल छापकर कृतार्थ करें....अथवा जैसा उचित समझें। आपके परामर्श पर मैंने अपने द्वारा सम्पादित दोहा संग्रह के पाँचवें खण्ड में डॉ. वेदप्रकाश पाण्डेय के दोहे रख लिए थे। आशा करता हूँ कि उन्होंने सम्बद्ध खण्ड की प्रति आप तक पहुँचायी होगी। इधर 'सप्तपदी' का छठवाँ खण्ड भी निकलने जा रहा है चार-छः महीनों में, सातवें—अन्तिम-खण्ड की सामग्री का चयन-सम्पादन प्रायः पूरा हो चुका है, तत्पश्चात् अपने दोहों का पुस्तकाकार निकलवाने का सपना है, जो कदाचित् अधूरा ही रह जायेगा—कौन छापेगा पन्द्रह हजार दोहों को? आभारी हूँ मैं 'अनुभव प्रकाशन' का जहाँ से मेरे एक हज़ार दोहों का संग्रह ''आँखों खिले पलाश'' निकल गया।

आशा करता हूँ कि आप सपरिवार स्वस्थ और सानन्द होंगे। नववर्ष, नवशताब्द और नूतन सहस्राब्द के उपलक्ष्य में मेरी शुभकामनाएँ स्वीकारें। दोहों की बाबत जैसा भी निर्णय हो कृपया सूचित करेंगे। इत्यलम्।

भवन्निष्ठ

देवेन्द्र शर्मा 'इन्द्र'

(6)

और एक प्रतिक्रिया

शालीनतापूर्वक, संयमपूर्ण, तर्क संगतनिष्ठ, प्रत्यक्षर बोधभास्वर शैली के माध्यम से सर्जनात्मक और समीक्षात्मक भूमि पर उगाये जा रहे विचार भ्रामक तर्काभासित जगड्वाल का किस प्रकार भद्रजनोचित प्रत्याख्यान सम्भव है—यदि यह दिदृक्षा हो तो 'दस्तावेज़' के अंक 91 तथा 95 के सम्पादकीय आलेख हिन्दी साहित्य को ऋद्धिमान और गुणाढ्य करनेवाले सिद्ध होते हैं। आपने अपने दायित्व को बड़ी शिष्टता और विशिष्टता के साथ निभाया है। तिवारी जी, आप अनन्वय हैं मूर्तिमान् : मैंने आपके आलेखों का पुनर्वार वाचन किया है। हिन्दी जगत में और भी ऐसे महिमामण्डित व्यक्ति हैं जिन पर आपका पारदर्शी और अतलभेदी दृष्टिपात यथासमय होगा। आपकी यह चिन्तन-परिक्रिया सतत गतिशील रहे, मेरी शुभाशंसाएँ स्वीकार करें। मैं आपसे शब्दशः सहमत और सतीर्थ हूँ।

देवेन्द्र शर्मा 'इन्द्र'

धर्मवीर भारती

(1)

17-10-1988

प्रिय भाई,

आपका कृपापत्र मिला। बहुत आभारी हूँ । एक संक्षिप्त BIO DATA आपको भेज रहा हूँ। शायद उपयोगी हो।

जहाँ तक पुस्तकों की प्रथम प्रकाशन तिथियों का प्रश्न है, मैंने स्वयं उसका रिकार्ड नहीं रखा। पहले मेरे पास सभी पुस्तकों के प्रथम संस्करण सुरक्षित रखे थे, लेकिन बम्बई में सन् 70 में पुराना फ्लैट छोड़कर इस वर्तमान फ्लैट में आया उस समय पुस्तकों का एक बक्सा कहीं खो गया जिसमें वे पुस्तकें भी थीं।

एक कष्ट यदि कर सकें। किताब महल और साहित्य भवन जाकर कोई आपका छात्र या मित्र (जो इलाहाबाद में हो) उनके प्रथम संस्करणों की तिथियाँ उनके रेकार्ड से निकाल सकें तो प्रमाणिक तिथियाँ मिल जायेगी। पत्र व्यवहार से तो इन दोनों के यहाँ से कुछ सूचना नहीं मिलती। ज्ञानपीठ से प्रथम प्रकाशित कृतियाँ थोड़ी-सी ही हैं।

कनुप्रिया, बन्द गली का आखिरी मकान और कहनी अनकहनी। पश्यंती। इनकी तिथियाँ ज्ञानपीठ को लिखकर मँगवा दूँगा।

सस्नेह

धर्मवीर भारती

(2)

31-1-1989

प्रिय भाई,

आशा है आप केरल यात्रा से लौट आये होंगे। डॉ. अरविन्दाक्षन का पत्र मेरे पास भी आया है आज उन्हें अनुमति भेज रहा हूँ।

मेरी बड़ी बेटी और दामाद कोचिन में ही हैं। मैं दिसम्बर में सपरिवार कोचिन में ही था। ज्ञात

होता तो डॉ. अरविन्दाक्षन से मिल लेता।

केरल बहुत सुन्दन है न? मैं तो बेहद घूमा। कालाडि, गुरूवैयुर, त्रिचूर, क्विलोन, ट्रिवेन्ड्रम, कोवालम, कन्याकुमारी अद्भुत सौन्दर्य है हारियाली का।

सस्नेह

धर्मवीर भारती

धनंजय वर्मा

एम. 433/ई-7, अरेरा कालोनी/भोपाल-462016

17-8-1984

प्रिय पंडित तिवारी जी,

आपके 20/7 और 1/8 के दोनों पत्र यथासमय मिल गये थे। आचार्य शुक्ल के दोनों पत्र भी। इन्हें भिजवाने के लिए आपको किन शब्दों में धन्यवाद दिया जाय! हम सब ''इसलिए'' परिवार वाले आभारी हैं।

मैं आपके पत्रों का जल्दी जबाव नहीं दे पाया। 16/7 को मेरा मकान (जो मुकद्दमें में फँसा था) किरायेदार ने खाली किया। और 1 अगस्त को में यहाँ रहने आ गया। किराये पर फिर देने की हिम्मत नहीं हुयी।.....इस अस्तव्यस्तता में आपको लिख नहीं पाया। आशा है, आप क्षमा करेंगे।

''दस्तावेज'' का शुक्ल विशेषांक राजेश जोशी को दे दूँगा।

अपनी पुस्तक की समीक्षा के लिए ''इसलिए'' की ओर से सम्पादक मण्डल के सदस्य डॉ. कमला प्रसाद ने डॉ. परमानन्द जी से वायदा करवा लिया था। ''दस्तावेज'' का 26वाँ अंक तो बाद में आयेगा। क्या यह सम्भव नहीं है कि ''इसलिए'' के इस अंक में परमानन्द जी की समीक्षा देने की अनुमति आप हमें दे दें और उसके बाद किसी अन्य की समीक्षा की व्यवस्था ''दस्तावेज'' के लिए कर ली जाये 1.... हम आचार्य शुक्ल विशेषांक में आलोचना-पुस्तकों पर समीक्षायें विशेष रूप से दे रहे है। इसी प्रयोजन से परमानन्द जी की पुस्तक पर भी समीक्षा इस अंक में जानी है। बहरहाल, प्रस्ताव मेरा है, वह भी ''इसलिए'' के सम्पादक मण्डल के एक अदना से सदस्य के रूप में। मानना न मानना आपके सम्पादकाचार्यत्व के अधिकार क्षेत्र की बात है। विजयराय को मैंने एक खत भी लिखा था कि क्या ये वही सज्जन हैं जो पहले भोपाल में विराजते थे। उन्होंने आपसे मेरा चर्चा तो किया लेकिन मेरे खत का जवाब नहीं दिया। मुमकिन है, लिखना-पढ़ना न आता हो.....

शलभ श्रीराम सिंह मिले थे.....आप लोगों को याद कर रहे थे.....आप तो उन्हें क्या भूलेंगे।....

आप लोगों की तरह के खुले दिल-दिमाग वाले लोगों की नस्ल अब कम हो रही है इसलिए जब भी ऐसे लोग मिलते हैं तो जीवन सार्थक होने का एहसास होने लगता है। अब कब कर रहे हैं हमारा जीवन सार्थक 1....डॉ. परम-आनन्द जी को हमारा सलाम कहियेगा......

आपका

धनंजय वमा

(2)

27-05-2006

प्रियवर तिवारी जी,

आपका 03-05-06 का पत्र मिला। धन्यवाद।

यह जानकर बहुत अच्छा लगा कि आपको वाजपेयी जी पर मेरा संस्मरण पसन्द आया। आपको मेरा लेखन पसन्द आता है, यह मेरे लिए सुख और सन्तोष का विषय है। आप स्वयं एक सिद्ध कवि-आलोचक हैं, अतः आपकी राय मेरे लिए कितनी महत्वपूर्ण है, कह सकना मुश्किल है। कृतज्ञ हूँ।

आचार्य नन्ददुलारे वाजपेयी पर आप भी एक अंक केन्द्रित करना चाहते हैं, यह जानकर भी अच्छा लगा। मैं अपना लेख ''आचार्य नन्ददुलारे वाजपेयी की समीक्षा-दृष्टि'' भिजवा रहा हूँ। आशा है आपको पसन्द आयेगा।

अब आगे जो कुछ भी लिखूँगा पहले आपको ही भिजवाऊँगा।

'दस्तावेज' के अंक बराबर मिलते रहे हैं। आपके इस विशेष अनुग्रह के प्रति मैं सचमुच आभारी हूँ।

आपके इस पत्र और इसकी सदाशयता से, मैं स्वीकार करूँ कि, मेरे मन का एक भरम दूर हो गया।

मैं सचमुच आपका आभारी हूँ।

शुभकामनाओं सहित,

आपका

धनंजय वर्मा

डॉ. नगेन्द्र

(1)

आचार्य, हिन्दी विभाग
दिल्ली विश्वविद्यालय
16, कैवलरी लाइन्स, दिल्ली-110007

13-6-68

प्रियवर,

आपका कृपापत्र दिनाँक 31-5-68 और आपके शोधप्रबन्ध की प्रति यथासमय मिली। धन्यवाद। यह महत्वपूर्ण ग्रन्थ आपके अध्यवसाय और साहित्यिक विवेक का परिचायक है। मुझे विश्वास है कि इस विषय के अनुसन्धित्सुओं की यह समुचित सहायता करेगा। कृपया मेरी बधाई स्वीकार करें।

शुभैषी
नगेन्द्र

(2)

30-7-88

प्रियवर,

आपसे 'हिन्दी साहित्यः सन्दर्भ कोश' के लिए निम्नोक्त प्रविष्टियाँ लिखने की प्रार्थना की थी। किन्तु कई स्मरण-पत्र लिखने के बावजूद आपकी प्रविष्टियाँ उपलब्ध नहीं हुयीं। जैसा कि आप स्वयं समझ सकते हैं, इस प्रकार कार्य योजना-बद्ध रीति से एक विशेष कालावधि में पूरा करना होता है। प्रकाशक के बार-बार तकाज़े आ रहे हैं, क्योंकि नियत अवधि धीरे-धीरे समाप्त हो रही है। मेरे मन पर भी इसका काफी बोझ है। आपके प्रति पूर्ण आश्वस्त भाव से मैंने यह कार्य आपको सौंपा था और हमें विश्वास था कि आपका सहयोग हमें निश्चय ही मिल जायेगा।

अतः आपसे निवेदन है कि 31 अगस्त 1988 तक अपनी प्रविष्टियाँ अवश्य ही भेजने की कृपा

करें। यदि किसी अनिवार्य कारण से आप यह कार्य सम्पन्न न कर सकें, तो कृपया संलग्न पोस्ट कार्ड पर नकारात्मक उत्तर देने का कष्ट करें जिससे कि हम अविलम्ब ही कोई वैकल्पिक व्यवस्था कर सकें।

आपके उत्तर की प्रतीक्षा में,

शुभेच्छु
नगेन्द्र

(3)

23-7-89

प्रियवर,

हिन्दी साहित्य सन्दर्भ कोश के लिए आपकी प्रविष्टियाँ अभी तक नहीं मिली हैं। एक के बाद एक स्मरण पत्र भेजे जा चुके हैं। किन्तु आपके बार-बार आश्वासन के बावजूद आपका सहयोग हमें प्राप्त नहीं हुआ। स्वभावतः इससे हमें बड़ी परेशानी हो रही है। एवं हमारे कार्य में अनावश्यक विलम्ब हो रहा है। आखिर प्रकाशक के प्रति सम्पूर्ण सम्पादक मण्डल का दायित्व है—लिखना निर्वाह करना अनिवार्य है।

कृपया सलंग्न कार्ड पर लौटती डाक से उत्तर देने का कष्ट करें। इतने दिन बाद आप असमर्थता व्यक्त करते हैं तो इससे हमें निराशा होगी। फिर भी एक बार स्थिति स्पष्ट करना अच्छा रहेगा। हमने सर्वथा विश्वस्त मित्रों से ही सहयोग माँगा है। इसलिए आपके विलम्ब के कारण और भी कठिनाई हो रही है।

आशा है आप प्रसन्न होंगे।

शुभाकांक्षी
नगेन्द्र

नन्दकिशोर नवल

(1)

रानीघाट लेन
महेन्द्रू, पटना-6

6-1-71

प्रिय भाई,

आपका पत्र। 28 की रात से लेकर 29 की सुबह तक मैंने अपने हाथों करीब पच्चीस लेखकों को विदा किया था। उन्हें कोई कष्ट नहीं हुआ था। दिक्कत कमोबेश उस समय पैदा हुई जबकि दिल्ली और इलाहाबाद के लोग जाने लगे और कारणवश मुझे स्टेशन से अनुपस्थित रहना पड़ा।

सम्मेलन मेरे एक मित्र शिवशंकर जी की सहायता से अयोजित हुआ था। वे साप्ताहिक के लिए युवा लेखकों का व्यापक सम्पर्क चाहते थे। मेरी योजना उन्हें मालूम थी। उसके लिए उन्होंने मुझे चुना और मेरे अनुसार उन्होंने सारा होने दिया। वे विचारों से वामपन्थी हैं और उनके साप्ताहिक का उद्देश्य व्यावसायिक नहीं, इसलिए उनकी सहायता पर काम कराने में मुझे कोई एतराज न था। बहरहाल सम्मेलन बुला लिया गया, उसी शानदार रूप में, जिसकी कल्पना शिवशंकर जी ने की थी।

सम्मेलन में जिस तरह विभिन्न शिविरों के लेखकों को न्योता गया था उससे सम्मेलन के असफल होने की पूरी आशंका थी। दिल्ली के अकविता ग्रुप और इलाहाबाद के अजयसिंह ग्रुप के लोग इस बात से असन्तुष्ट थे कि सम्मेलन पर एक व्यक्ति का आधिपत्य हो, पर उनमें इतनी ताकत नहीं थी कि वे मंच पर आकर अपनी बात बलपूर्वक कहें और एक व्यक्ति के प्रभाव को काटें। लिहाजा वे गोष्ठियों में हल्ला करने और उनका बायकाट करने पर उतारू थे। मैं इन चीजों के प्रति बहुत सावधान था और हर ग्रुप के लोगों को अपने व्यक्तिगत सम्बन्धों के द्वारा या उस ग्रुप के अपने मित्रों की सहायता से रोके था। निश्चय ही एक तरफ सौमित्र ने मेरी भरपूर सहायता की और दूसरी तरफ दूधनाथ ने। विजयमोहन और कुमारेन्द्र भी अपनी सारी शक्ति का उपयोग कर रहे थे। धूमिल जी या परमानन्द जी का ध्यान भी सम्मेलन को निर्विघ्न समाप्त होने देने पर था। नामवर जी का प्रभाव क्षेत्र बहुत व्यापक है। उनकी उपस्थिति मात्र सभा के सुचारु संचालन की गारंटी है। मैं चाहता था कि विभिन्न रचनात्मक और वैचारिक शिविरों का टकराव सामने आता, युवतर कविता और कहानी की पहचान स्पष्ट होती, मुखौटे उतरते, साहित्यिक महन्ती और दोस्तीवाद का पर्दाफाश होता, पर दुर्भाग्यवश वह सबकुछ न हुआ। लेकिन इसके

लिए दोषी नावबर जी या कोई और नहीं, बल्कि वे लेखक हैं जो केवल गालियाँ निकाल सकते हैं, अपने मामले की ठीक से पैरवी नहीं कर सकते।

अजय सिंह मेरे लिए एक समस्या थे। गोष्ठियों में तो नामवर जी ने उन्हें हल्का कर दिया था, पर बाहर वे नीलाभ, वीरेनडंगवाल, रमेन्द्र त्रिपाठी, पंकज सिंह वगैरह के साथ काफी गालियाँ बकते थे और चाहते थे कि यह सम्मेलन किसी तरह तहस-नहस हो। उन्होंने शिवशंकर जी को मुँह पर गालियाँ दी थीं। उन्हें असन्तोष कई बातों का था—उन्होंने पर्चा नहीं पढ़ा, उन्हें अग्रदूत नहीं माना जाता, उन्हें अपेक्षित सम्मान नहीं मिलता, आदि। उनके अलावा सैकड़े पचासी लेखक ऐसे थे जो शाम होते ही शराब चढ़ा कर गालियाँ बकते थे, चीखते थे, नाचते थे या उल्टियाँ करते थे। एक-दो ने इससे भी ज्यादा आपत्तिजनक कार्य किये। इसका असर सम्मेलन की कार्यवाहियों पर तो नहीं पड़ा, उन्हें तो मैंने बेदाग निकाल लिया, पर कुछ आयोजकों पर जरूर पड़ा। वह भी इतना कि साहित्य से सम्बन्ध न रहने के कारण उनके मन में साहित्यकारों का जो इमेज था, वह टूट गया। कहाँ वे उन्हें हमसे ज्यादा आदर देते थे, कहाँ वे उन्हें साधारण व्यक्ति से भी कम आदर का अधिकारी मानने लगे। मैं उन्हें समझाता था, पर वे कहते थे, ये तो सब-के-सब पियक्कड़ और स्वच्छन्द किस्म के लोग हैं। वे लेखकों के जटिल स्वभाव से अपरिचित थे। मेरे पास उन्हें समझाने के अलावा और कोई चारा न था। लेखकों के प्रति आयोजकों का किंचित् अनादर भाव देखकर मुझे काफी पीड़ा हुई थी, पर कुछ घंटों का मामला था, मैंने उन्हें समझा बुझाकर, प्रकट होने से रोक लिया था।

सुबह क्षण भर के लिए एक दिक्कत और पैदा हो गयी। वह यह कि हॉल के कर्मचारी हॉल खाली कराने पर उतारु हो गये। मुझे पता था कि 10-12 बजे दिन तक हॉल खाली कराना है, पर यह दुर्घटना सुबह सात-आठ बजे ही घट गयी। पर उसे तुरन्त सँभाल लिया गया, क्योंकि मैं जब खबर मिलते ही स्टेशन से हॉल पहुँचा तो वहाँ सब ठीक था। एक पाखाने में जाम होने की वजह से ताला लगा दिया गया था, उसके बारे में यह गलत खबर उड़ा दी गयी थी कि पाखाना बन्द कर दिया गया है।

हॉल से सारे लेखक स्टेशन आये। स्टेशन पर जो सबसे अप्रिय बात हुई वह यह कि आयोजकों ने, जिन्हें लेखकों को देने के लिए रुपये दिये गये थे, उन्हें मेरे मुताबिक रुपये बाँटने से इनकार कर दिया। मैं स्थिति समझ कर शिवशंकर जी से मिलने पैलेस होटल पहुँचा। वहाँ यह पाया कि मन्त्रियों में से एक शिवदेव ने निराशा और प्रतिशोध में आकर उन्हें यह कह रखा था कि नवल जी अपने मित्रों को ज्यादा पैसा दिलवाते हैं। मुझे इस आरोप को काटने में काफी समय लग गया। बात बढ़ी तो और बातें निकलीं। मेरा मन थोड़ा खट्टा और उदास भी हो गया। फिर भी शिवदेव पर विश्वास करके उन्हें लेखकों को छोड़ने स्टेशन भेजा गया, मेरे मनोनुकूल आदेश देकर, पर वे ही षड्यन्त्रकारी थे। उन्होंने न तो अपेक्षित दिलेरी का परिचय दिया, न अपेक्षित सहिष्णुता का ही। नीलाभ या अजय सिंह से उनकी झड़प भी हुई थी। मैं होटल में अग्निकांड में घिरा था। मुझे शाम को जब सही-गलत हाल मालुम हुआ तो मैं शोक में डूब गया। लेखकों के सारे कारनामों को भुलाकर मैंने अपने को दोषी करार दिया। पटना में जो लोग रुके थे, उनसे जाकर माफी माँगी और जहाँ तक हो सका, स्थिति स्पष्ट की।

सम्मेलन को स्थानीय राजनीति से बचाना एक अलग समस्या थी। अपने गलत विश्वास और समय की कमी के कारण सम्मेलन अन्त में उसका शिकार हुआ, लेकिन उससे लेखकों को थोड़ी-बहुत असुविधा भर हुई, वैसा कुछ नहीं हुआ कि उपसंहार को 'घृणास्पद' कहा जाय। उन सभी लेखकों को, जिन्हें हमारे तीसरे मंत्री के कारण तकलीफ पहुँची, पत्र लिखकर मैं क्षमा माँग चुका हूँ। इतने विराट सम्मेलन को बेदाग निकाल लेना सम्भव न था, फिर भी मैं उसके लिए आशान्वित था। वह अपने ही एक मित्र के कारण न हो सका। मैं इस घटना से बहुत दुखी हू, बन्धु...पर अब तो जो होना था, वह तो हो चुका।

सम्मेलन मे आये कुछ लेखकों को इस बात के लिए कष्ट था कि मैं शराब पीने वाले लेखकों को

नहीं रोकता और उन्हीं को लेकर यह सम्मेलन कर रहा हूँ। ऐसे लेखकों को मैं इसके सिवा क्या कह सकता था कि लेखक को वश में रखना न तो मेरा लक्ष्य है, न मेरी शक्ति के भीतर की बात। वैसी पवित्रताओं को कष्ट पहुँचना था, वह पहुँचा।

आप अपनी रपट में चाहें तो खुलकर प्रबन्ध सम्बन्धी बातों की आलोचना करें। मैं सम्मेलन के प्रति स्वयं बहुत Critical हूँ। आपको सारी बातें खोलकर लिख दी हैं। इन्हें अधिक से अधिक परमानन्द जी को दिखलाएँ और जहाँ तक हो, मेरी स्थिति स्पष्ट करते रहें। आप लोग आत्मीय जन हैं, मेरे सुख-दुख के हिस्सेदार हैं। पत्र दें।

आपका
नवल

(2)

23-3-71

प्रिय भाई,

पत्रोत्तर बहुत देर से दे रहा हूँ। असुविधाओं के लिए क्षमा करें।

'माध्यम' वाला निबन्ध आपको पसन्द हो तो उसे ले लें। निराला वाला निबन्ध अपने टाइपिस्ट की अनुपस्थिति की वजह से अभी तक टाइप न करा सका हूँ। यदि वह जरूरी हो तो लिखें उसकी कोई व्यवस्था करूँ।

'सिर्फ' अप्रैल के पहले हफ्ते तक आनी चाहिए। आपकी कविताओं की प्रतीक्षा है। कवि अज्ञेय में तो मैं दिलचस्पी रखंता ही हूँ, और लोगों की तरह, मैं गद्यकार अज्ञेय में रूचि रखता हूँ। आप कहेंगे तो मैं 'अज्ञेय का गद्य' विषय पर एक लेख लिख रहा हूँ यह बात काफी दिनों से मेरे मन में है। उससे कई बातें निकलेगी जिससे कवि अज्ञेय को समझना भी आसान होगा।

आपका
नन्दकिशोर नवल

(3)

16-4-19

प्रिय भाई,

आपकी लम्बी कविता मिली है वह मुझे पसन्द आयी है इसलिए मैंने उसे सिर्फ के लिए परख लिया है। 'सिर्फ-6' सौ पृष्ठों का अंक होगा। उसके बाद शायद मेरे लिए 'सिर्फ' निकाल सकना सम्भव नहीं होगा। इस समापन का मुख्य कारण आर्थिक है।

पीछे से मैं 'काव्य-विकासः निराला की प्राप्ति' शीर्षक अपना निबन्ध भेज रहा है। कोई शोधपरक निबन्ध शायद आपकी पुस्तक के लिए उपयुक्त न होता, इसीलिए मैंने इस टॉपिक पर निबन्ध भेजना ही ठीक समझा है। इसमें मेरे शोध प्रबन्ध का सारांश आ गया है। 'कल्पना' का अंक अभी मिला नहीं, इसलिए रपट पढ़ नहीं सका हूँ। 'किन्तु' और संचेतना में भी रपट छपी है। 'सिर्फ-5' इस महीने के अंत तक निकल जाना चाहिए।

आपका
नन्दकिशोर नवल

(4)

27-9-71

प्रिय भाई,

'सिर्फ-6' के प्रस्ताव में होने वाले अप्रत्याशित विलम्ब की वजह से आपकी कविता लौटा रहा हूँ। यह मेरे पास अनेक महीनों से पड़ी थी। अब इसे और रोकना मुझे एकदम ठीक नहीं लगा रहा है।

'सिर्फ' का अंक जब कभी-प्रेस में जायेगा, आपसे यही या ताजा रचनायें मँगा लूँगा। कृपया मेरी सीमाओं के चलते जो असुविधा हुई हो, उसे मन में न लायेंगे। 'सा. हिन्दुस्तान' में धूमिल का एक झूठ से भरा पत्र छपा है। मैंने उसका उत्तर दे दिया है। फिर भी यह तय किया है कि किसी की रचना को अपनी सुविधा के लिए ज्यादा देर न रोकूँगा। और सब ठीक है प्रसन्न होगे।

आपका
नवल

(5)

3-8-78

प्रिय भाई,

पत्र के लिए धन्यवाद।

'दस्तावेज' की योजना बहुत अच्छी है। आज जब साहित्यिक पत्र-पत्रिकाओं का घोर अभाव है, इस तरह के लेखकीय प्रयत्नों से ही अपनी बात दूसरों तक पहुँचायी जा सकती है। मैं आपकी विचारधारा से परिचित नहीं हूँ, पर अनुमान है कि आप भी वामपन्थी झुकाव के ही साहित्यकार होंगे। ऐसी स्थिति में यह अपेक्षित है कि आप अपनी पत्रिका को स्पष्ट वामपन्थी चरित्र प्रदान करे। भारतीय इतिहास

में वह घड़ी उपस्थिति होने जा रही है जब साहित्य अधिक कारगर ढंग से सामाजिक और राजनीतिक भूमिका अदा करेगा। वामपन्थी पत्रिकाओं को दुहरा काम करना होगा—एक तो दक्षिणापन्थी विचारधारा और लेखन का विरोध और दूसरे वामपन्थी भटकावों अथवा अपना छद्मवामपन्थ पर आक्रमण। अपनी पत्रिका को ऐसा बना देना कि उसमें सभी चीजें आ जायें, मुझे ठीक नहीं लगता है। निश्चय ही इसका मतलब यह नहीं है कि दक्षिणापन्थी या छद्मवामपन्थी लेखन में जो प्रगतिशील और उल्लेखनीय तत्व हो उन्हें महत्व नहीं दिया जाये। मुझे विश्वास है आप मेरे इस सुझाव का बुरा नहीं मानेंगे।

मेरा हाल इधर यह है कि आलोचना वाली अपनी पुस्तक को, जिसका एक अध्याय लिखना भी रह गया है, पूरा करने में मैं बुरी तरह से व्यस्त हूँ। बीच में भी डॉ.गोपाल राय की 'समीक्षा' या अपने 'धरातल' के लिए ही कुछ लिख पाता हूँ। ऐसी स्थिति में कोई लेख भेज सकना मुझे सम्भव नहीं दीखता है। 'दस्तावेज' के लिए एक काम मैं कर सकता हूँ। यदि आप उसमें पुस्तकं की विस्तृत समीक्षायें छापें, तो मैं सर्वेश्वर की कविताएँ-1 की समीक्षा करना पसन्द करूँगा, लेकिन पुस्तक आपको भिजवानी पड़ेगी और कोई उल्लेखनीय पुस्तक मुझे नहीं दीख रही है, जिसकी मैंने समीक्षा न की हो। यदि आपको उसका पता हो तो मुझे लिखे। इधर केदार की 'गुलमेंहदी' और रामविलास जी की नयी कविता और अस्तित्ववाद पुस्तकें आयी हैं, पर इनका 'धरातल' में समीक्षा के लिए चुनाव हो चुका है और मैं ही उनकी समीक्षा के लिए प्रतिश्रुत हूँ।

आपने अज्ञेय की आलोचना पर लेखन भेजने के लिए मुझे अनेक पत्र लिखे थे। पर मैं वह लेख भेज़ नहीं सका। बाद में अपनी पुस्तक में उन पर आलोचक के रूप में विचार करने का विचार ही छोड़ देना पड़ा। लेकिन मुझे उन पर एक लेख लिखना है—अज्ञेयः विचारक और आलोचक? क्योंकि मैंने उनका सम्पूर्ण विचार और आलोचना साहित्य अभी-अभी पढ़कर समाप्त किया है और सारे स्थलों को चिन्हित कर रखा है, लेकिन वह लेख भी, छः महीनों के बाद ही लिखा जा सकेगा। आशा है, वह आपको भेज कर मैं अपना वचन देर से ही सही, पर पूरा कर सकूँगा। 'दस्तावेज' के अगले किसी अंक के लिए मेरा यह वादा है।

आपकी पुस्तक मैं देखता रहा हूँ। अज्ञेय वाली सम्पादित पुस्तक भी देखी। पसन्द आयी पिछले दिनों 'साथ चलते हुए' की मैंने 'समीक्षा' में समीक्षा भी की थी। आपने देखा होगा कि समीक्षा प्रतिकूल थी। उसके बाद भी आप मुझे याद करते रहे है और मुझसे अपना सम्बन्ध बनाये रहे हैं। यह बहुत बड़ी बात है। आपके चारित्रिक गुणों ने मुझे बहुत प्रभावित किया है। आमतौर पर तो यही होता है कि एक शब्द भी प्रतिकूल होने पर न केवल लोग सम्बन्ध तोड़ लेते हैं, बल्कि अहित करने के लिए सक्रिय हो जाते हैं। मैं इसके लिए आपका कृतज्ञ रहूँगा कि आप मेरी समझदारी में भले संदेह रखते हों, मेरी ईमानदारी में आपको सन्देह नहीं है। 'दस्तावेज के लिए अनन्त शुभ कामनाएँ'

आपका
नवल

(6)

24-10-78

प्रिय भाई,

'दस्तावेज' का अंक देखने को मिला, पर अपने पास नहीं, डॉ. गोपाल राय के पास। लगता है, मेरा

अंक डाक में गायब हो गया। आप कृपया मुझे उसके दो अंक भिजवायें, इस तरह कि अबकी वह गायब न होने पाये। पहली नजर में अंक बहुत ही अच्छा लगा है। यदि आपने उसके दस अंक भी निकाल लिए तो समकालीन लेखन के लिए आपका यह कार्य स्मरणीय बन जायेगा। साहित्यिक पत्रिकाओं के अभाव में आज अपनी बात लोगों तक पहुँचाना मुश्किल हो गया है।

गोपालजी कह रहे थे कि छापे की भूले बहुत ज्यादा हैं। यदि ऐसा हो तो अंक निकालने में शीघ्रता न करें। क्या हर्ज है, अंक हफ्ता भर बाद ही निकलेगा। मेरा दूसरा सुझाव यह है कि आप 'दस्तावेज' को 'स्टिच' कराकर ऊपर से कवर पेस्ट कराएँ उसे सिलवायें नहीं। तब उसकी खूबसूरती बहुत बढ़ जायेगी।

मुझे और मेरे मित्रों को अंक की उत्कट प्रतीक्षा है। मैं समझता हूँ, आप Registered Book Post से भेजेंगे तो अंक मुझे जरूर मिल जायेंगे। नवम्बर के अंक तक मैं कुछ भेजने की स्थिति में हो जाऊँगा।

आपका

नवल

(7)

28-11-79

प्रिय भाई,

कल डॉ. राय ने 'दस्तावेज' का द्विवेदी स्मृति अंक दिया। देखकर तबीयत खुश हो गयी। अंक बहुत ही शानदार निकला है। सीमित साधनों में इससे अच्छा अंक निकालना सम्भव न था। आपने यथासाध्य द्विवेदी जी के साहित्य के सभी पक्षों पर सामग्री देने का प्रयास किया है। मैं इस स्मृति-अंक को नई पीढ़ी की ओर से द्विवेदी जी को दी गयी श्रद्धांजलि मानता हूँ कृपया इस आयोजन पर मेरी हार्दिक बधाई स्वीकार करें। मैं इस बात से बहुत प्रसन्न हूँ कि मेरा लेख एक ऐसी जगह प्रकाशित हुआ है, जहाँ उसकी सार्थकता बढ़ गयी है। आपकी इस उदारता और स्नेह के लिए मैं अपका आभारी रहूँगा।

पिछले दिनों मैं काफी बाहर रहा। आगरा-प्रवास से लौटा तो सागर, भोपाल और दिल्ली चला गया। दिल्ली से 19 नवम्बर को लौटा हूँ। इसी कारण अभी तक आपको युवा लेखक सम्मेलन वाली तस्वीर नहीं भेज सका। अब जल्दी ही भेजूँगा। आपसे एक व्यक्तिगत अनुरोध है। मेरी दो पुस्तकों (आलोचना वाली पुस्तक और एक लेख संग्रह) के प्रकाशन की व्यवस्था हो गयी है। अब मुझे अपनी पुस्तक 'निराला की आत्मयात्रा' जो कि मेरे शोध प्रबन्ध का संक्षिप्त और परिष्कृत रूप है, के प्रकाशन की चिन्ता है। आलोचना वाली पुस्तक राजकमल से आ रही है, लेख-संग्रह के सँभावना से आने आने की सँभावना हे। आप क्या निराला वाली पुस्तक के प्रकाशन के सम्बन्ध में मेरी कोई मदद कर सकते हैं? कृपया मुझे लिखने का कष्ट करें। प्रसन्न होंगे।

आपका

नवल

(8)

20-12-79

आदरणीय बन्धु,

युवालेखक सम्मलेन के समूह-चित्र की एक प्रति मेरे पास बची हुयी थी। आपके आग्रह पर काफी विलम्ब से ही सही मैं वह आपको भेज रहा हूँ। आशा है, इससे आपका काम चल जायेगा।

'दस्तावेज' के द्विवेदी-स्मृति अंक की ढेर सारी चीजें मैं पढ़ गया। डॉ. प्रभाकर माचवे, डॉ. शिवमंगल सिंह सुमन, डॉ. आनन्दप्रकाश दीक्षित और डॉ. गोपाल राय के सस्मरणात्मक और आलोचनात्मक निबन्ध मुझे पसन्द आये। डॉ. परमानन्द श्रीवास्तव का निबन्ध छोटा है, पर द्विवेजीजी की भाषा के सम्बन्ध में उसमें कई महत्वपूर्ण संकेत हैं। परमानन्दजी को चाहिए कि वे एक विस्तृत निबन्ध लिख कर द्विवेदी की भाषा की सृजनात्मकता के बारे में हमें बतलायें।

(कई दिन पहले गुरुदेव आचार्य देवेन्द्रनाथ शर्मा से बातें हो रही थीं। वे 'दस्तावेज' के उस अंक से बहुत प्रभावित हैं।) उन्होंने मुझसे कहाः 'तिवारी जी बहुत जीवट के आदमी हैं। उन्होंने बहुत अच्छा अंक निकाला है।') और सब समाचार ठीक है।

आशा है, आप सपरिवार प्रसन्न होंगे।

आपका

नवल

(9)

16-7-80

आदरणीय बन्धु,

'दस्तावेज' का प्रेमचन्द- विशेषांक मिल गया। बहुत ही शानदार निकला है। यदि ऐसे अंकों में कोई त्रुटि नजर आती है, तो उसका कारण सम्पादक नहीं, बल्कि-समकालीन हिन्दी आलोचना का स्तर होता है, जो निश्चय ही सन्तोषजनक नहीं है। अभी मैंने 'मुक्ति संघर्ष' के विशेषांक के लिए 'प्रेमचन्द की विवादास्पद कहानीः 'कफन', 'शीर्षक एक लेख लिखा है, जिसमें 'दस्तावेज से डॉ.बच्चन सिंह को अद्धृत भी किया है।

बाजार में 'दस्तावेज' का द्विवेदी-विशेषांक पुस्तक रूप में आ गया है। क्या आप उसकी एक प्रति संग्रह के लिए, मुझे नहीं भिजवा सकते? पत्रिकायें तो पत्रिकाओं की जगह रहती हैं।

मैं आपको पुस्तक-समीक्षा जुलाई के आरम्भ में ही भेज सकूँगा। इधर आलोचना के लिए एक विस्तृत लेख तैयार करने में व्यस्त हूँ।

प्रसन्न होंगे।

आपका

नवल

(10)

18-6-81

आदरणीय बन्धु,

आपका 14-6-81 का पत्र मिला। आपको कविता की मुक्ति भी मिल गयी। जानकर प्रसन्नता हुयी। आप मेरी पुस्तकों की सभी समीक्षाएँ 'दस्तावेज' में निकलवायें। मैं यह जानने को बहुत उत्सुक हूँ कि मेरा लेखन कितना विश्वसनीय है और उसमें कौन-कौन सी त्रुटियाँ हैं। 'दस्तावेज' के अगले विशेषांकों में यदि स्वस्थ रहा तो जरूर ही लिखूँगा। इधर गैस्ट्रिक हाइपर एसिडिटी से बहुत परेशान हूँ। होम्यौपैथिक इलाज से लाभ मालूम पड़ता है। वही कन्टीन्यू कर रहा हूँ। अरुण कमल को मैं आपका पत्र दे दूँगा और उन्हें प्रेरित करूँगा कि यदि उनके पास अच्छी कविताएँ बच रही हों तो आपको भेजें। धरातल 11-12 में उनकी पाँच कविताएँ छपी हैं। अंक आपको मिला या नहीं? 'साक्षात्कार' (मार्च-मई, 81) में 'मुक्तिबोध' की आलोचना शीर्षक मेरा लिखा लेख प्रसाशित हुआ है। उसे पढ़कर उस पर मुझे अपनी प्रतिक्रिया लिखने का कष्ट करें।

आपने लेखकों को जो परिपत्र भेजा है वह अवैज्ञाानिक है। मैं समझता हूँ, बहुत कम लोग उसे भरकर भेजने का कष्ट उठाएँगे। क्योंकि उसके लिए पूरा शोध करना पड़ेगा। मेरा सुझाव है कि आप एक दूसरा परिपत्र जारी करें। जिसमें कृतियों और कृतिकारों का पूरा विवरण दें और लेखकों से कहें कि वे उनमें चिन्ह लगाकर अपना अभिमत सूचित करें। तभी आपको ठीक-ठीक अन्दाज लग सकेगा, वर्ना स्मृति के सहारे जो जाहिर किया जायेगा, वह कतई भरोसे का नहीं होगा। पिछले दशक में शमशेर, केदार, नागार्जुन, त्रिलोचन, मुक्तिबोध, केदारनाथ सिंह, राजेश जोशी, अरुण कमल, उंदयप्रकाश आदि के जो काव्य संग्रह निकले हैं, मेरे लिए महत्त्वपूर्ण हैं। कुमारेन्द्र, कुमार विकल, वेणुगोपाल आदि के संग्रहों को भी रखा जा सकता है। रघुबीर सहाय और विष्णु खरे को भी मैं भिन्न दृष्टि से विशेष कवि मानता हूँ। आलोचना में डॉ. रामविलास शर्मा के अलावा कोई नहीं दिखलाई पड़ता है। नामवर जी की कोई पुस्तक आई नहीं। नई पीढ़ी के आलोचकों की पुस्तकें मैंने ठीक से पढ़ी नहीं। इसलिए कुछ कह नहीं सकता। गोपाल राय, मैंनेजर पांडेय और आप जैसे लोग साफ लिखते हैं। कुछ और भी होंगे, पर बिना पढ़े कैसे कहा जाये 'पूर्वग्रह' ग्रुप के आलोचकों ने मुझे आकृष्ट नहीं किया है। अशोक वाजपेयी ने तीसरा साक्ष्य समीक्षार्थ दिया था। उसे इसी तरह पूरा खरा है। मलयज की पुस्तक ही रामस्वरूप चतुर्वेदी भी मुझे रुचिकर नहीं लगते। कर्णसिंह चौहान और पचौरी बोगस हैं। क्या इतने से आपका कार्य चल जायेगा?

अरुण जी का पता है—

C/O रामवृक्ष यादव का मकान
मखनिया कुआँ रोड
पटना—800004

आपका
नवल

(11)

3-4-86

आदरणीय बन्धु,

आपका पत्र मिला।

'आलोचना से मेरा सम्बन्ध-विच्छेद मेरे लिए अप्रत्याशित था। मुझे कारण का ठीक-ठीक पता अभी भी नहीं। लेकिन जो हुआ, ठीक हुआ। मैं अब निर्विघ्न अपना लेखन चला सकूँगा। बल्कि चला रहा हूँ। 'अभी!' एक जनसाधारण का। अविरल फाउंटेनपेन चला रहा....।'

(मुक्ति.)

पटने में आपका इंतजार था, पर आप आये नहीं। आप लिखें तो 'दस्तावेज़' के लिए आपको अपना वह आलेख ('आधुनिक हिन्दी कविता का इतिहास लेखन भेज दूँ। जो मैंने संगोष्ठी में पढ़ा था और सब ठीक हैं।

आपका

नवल

(12)

18-8-88

आदरणीय बन्धु,

आपका विस्तृत पत्र पाकर बहुत प्रसन्नता हुयी। रामविलास जी कहते हैं कि लम्बा पत्र पढ़ने में मजा आता है, लिखने में भले कष्ट हो! आपने प्रोफेसर-पद के सम्बन्ध में जो भी लिखा है, वह सही है। पद से व्यक्ति का महत्व क्या बढ़ेगा, वह भी ज्ञान के क्षेत्र में, व्यक्ति से पद का महत्व बढ़े तो बढ़े। मैंने अपनी प्रोन्नति के बारे में आपको औपचारिक सूचना-भर दी थी, उस पद का मेरे लिए थोड़ा-बहुत आर्थिक महत्व हो तो हो, शैक्षिक महत्व कभी नहीं रहा। मैं फिर रामविलास जी को ही उद्धृत करूँगा। उन्होंने एक जगह लिखा है कि बलवन्त राजपूत कालेज में लेक्चरर हो लेने के बाद मेरी जीविका की समस्या हल हुयी और मैं अपनी लिखाई-पढ़ाई में लगा। नौकरी के प्रति मेरा भी यही रुख रहा है, इसलिए पद के पीछे पाटलिपुत्र छोड़ने की मैंने कभी बात भी नहीं सोची। अपने विश्वविद्यालय में भी मुझे जो लाभ मिलता गया है, वह कालबद्ध प्रोन्नति था, उसके लिए अलग से कभी आवेदन करने की हिम्मत मैं नहीं जुटा पाया। ऐसी स्थिति में मैं उन गुरुजनों और मित्रों की वीरमूर्ति निहारता ही रहा हूँ, जो पद और अधिकार के लिए, जिससे कि वे उनका उपयोग अपने हित में कर सकें, सुदूर दिशाओं में जाकर बस गए हैं! आपकी बातों से मुझे कोई कष्ट नहीं पहुँचा है। आपका कहना बिलकुल ठीक है। बधाई के लिए आप मेरा धन्यवाद स्वीकार करें।

छद्‌म क्रान्तिकारियों और प्रतिबद्‌धों के बारे में आपने मुझे जो लिखा है और मुझसे जो शिकायत की है, उससे भी मैं सहमत हूँ। इस सम्बन्ध में मैं आपको बतलाना चाहता हूँ कि पिछले दो-तीन वर्षों में मेरे विचारों में बहुत परिवर्तन हुआ है और मैं अपनी संकीर्णताओं से मुक्त होता गया हूँ। मार्क्सवाद,

कम्युनिज्म, प्रगतिशील और जनवादिता वही नहीं हैं, जो हमें सुलभ कराये गए हैं। उनका अर्थ अधिक गहरा, अधिक व्यापक, अधिक मानवीय और अधिक मार्मिक है। इसे समझ लेने के बाद साहित्य की कृत्रिम घेरेबन्दी खुद टूट जाती है और बादलों से निकलने वाले चाँद की तरह आँखों के सामने सत्य खुद चमकने लगता है। आने वाले दिनों में आप देखेंगे कि मैंने निर्देशित 'लाइन' को बिलकुल छोड़ दिया है और अपने विवेक से सही लगने वाले रास्ते पर चल रहा हूँ। कभी-कभी मुझे लगता है कि कहीं मैं अपने कम्युनिस्ट पूर्व दिनों में तो नहीं लौट रहा हूँ, लेकिन नहीं, यह 'प्रत्यावर्तन' नहीं होगा, यह वह प्रगति होगी, जिसका सम्बन्ध संकीर्ण पार्टी लाइन की परम्परागत महान् मानववादी परम्परा से होगा। आज जब प्लेखानोव, गोर्की, कॉडवेल और लूकाच की 'लाइन' भी संकीर्ण और किसी हद तक गलत सिद्ध हो सकती है, तो साहित्य में निश्चय ही 'लाइन' देने की कोशिश ही गलत है। यहाँ प्रश्न यह उठता है कि उक्त महान् विचारकों की तरह ही शेक्सपियर, गेटे तोलस्ताय और हेमिंग्वे की मानववादी लाइन गलत क्यों नहीं हुयी? हमें अब इन महान् लेखकों के मानववाद को समाजवाद के सारतत्व से संयुक्त कर अपनाना है, पर इसका मतलब यह कतई नहीं है कि किसी ऐसे संकीर्ण ढाँचे में बँध जाना है, जिससे वस्तुतः मार्क्सवाद और समाजवाद का कोई सम्बन्ध नहीं। सोवियत संघ में होने वाला परिवर्तन बन्द घरहै, मुझमें यह क्रिया पहले शुरू हो गयी थी, सम्भव है, मुक्तिबोध के प्रभाव से। आपने कुछ व्यक्तियों की बात लिखी है। मुक्तिबोध ने भी उन लेखकों को पहचानने पर बल दिया है, जो केवल शब्दों में प्रगतिशीलता का दीप जलाया करते हैं।

'दस्तावेज' दसवाँ वर्ष पूरा करने जा रहा है, यह समाचार मन में विस्मयजनक आह्लाद भरता है। आपका यह काम 'हीरोइक' है। आपने अकेले रण-क्षेत्र को जीत लिया है। आप भारतेन्दु और द्विवेदी युग के उन सम्पादकों की परम्परा के सम्पादक हैं, जिन्होंने अपने रक्त-मांस से अपनी पत्रिकाएँ निकालीं और निकालते रहे। उत्तर प्रदेश हिन्दी संस्थान ने 'दस्तावेज' को 'सरस्वती सम्मान' से उचित ही सम्मानित किया है। आप इस शुभ अवसर पर मेरी ढेरों हार्दिक बधाइयाँ स्वीकार करें।

40वें अंक के लिए मैं मुक्तिबोध पर अपना लेख आपको भेज रहा हूँ। चूँकि यह पुस्तक के लिए लिखा गया है और इसमें मैंने विषय के सर्वांगीण विवेचन को अपने लक्ष्य में रखा है, इसलिए यह अब और संक्षिप्त नहीं हो सकता। मैं इस प्रयास में हूँ कि मुक्तिबोध को धुँधलके से निकाल कर रोशनी में ला दूँ, निश्चय ही आप जैसे उन तमाम विद्वानों के कार्य से सहायता लेते हुए, जिन्होंने मुक्तिबोध पर बहुमूल्य सामग्री प्रस्तुत की है। मैं कह नहीं सकता, मैं अपने प्रयास में कितना सफल हुआ हूँ और होऊँगा। आपसे अनुरोध है कि मेरे इस लेख में कोई काट-छाँट न करें और इसे यथावत् प्रकाशित करें। दस-बारह पन्नों में यह आ जायेगा। इसके पहले के तीन लेख क्रमशः 'आलोचना', 'पूर्वग्रह' और 'साक्षात्कार' में सम्पूर्ण रूप में आ रहे हैं। एक अनुरोध आपसे यह भी है कि जहाँ मैंने कविताएँ कविताओं की शक्ल में ही उद्धृत की है, वहाँ स्थान-संकोच के लिए आप Obliques देकर उन्हें गद्यावत न करे। जहाँ वह हो सकता था, मैंने कर दिया है। 'दस्तावेज' के 37वें अंक में एक लेख में कुछ पंक्तियाँ रेखांकित कर दी गयी हैं, जबकि उन्हें Black types में कम्पोज कराना चाहिए था। मेरे इस लेख में भी कुछ रेखांकित पंक्तियाँ हैं। उन्हें Black types में कम्पोज कराएँगे। वैसे मैंने लेख में यथास्थान उस सम्बन्ध में हिदायत दे दी है।

अन्त में आपसे निवेदन करूँ कि आपका यह आत्मीयतापूर्ण पत्र मुझे बहुत अच्छा लगा है।

लेख प्राप्ति की सूचना अवश्य दें। शेष सब ठीक है।

आपका

नवल

(13)

30-5-89

आदरणीय बन्धु,

'दस्तावेज' के अंक समय से मिल रहे है।

मेरी इच्छा है कि अपनी पत्रिका में आप मुक्तिबोध पर मेरा एक और लेख छाप दें। यह लेख भी उतना ही बड़ा होगा, यानी छपकर 'दस्तावेज' के करीब 25 पृष्ठों में आयेगा। उसमें छपे अपने पिछले लेख पर मुझे नाववर जी की विस्तृत प्रतिक्रिया प्राप्त हुयी थी, जिससे मैं बहुत उत्साहित हुआ हूँ। ये पत्रिका पढ़ी जाती है। उसमें छपने का लोभ स्वाभाविक है और 'दस्तावेज' को तो मैं अपनी पत्रिका समझता हूँ।

लेख आपका पत्र मिलते ही आपको भेज दूँगा। जिससे वह यथाशीघ्र प्रकाश में आ सके।

शेष कुशल है।

आप पूर्णतः स्वस्थ होंगे।

आपका
नवल

(14)

23-7-89

आदरणीय बन्धु,

इधर मैंने आपकी पुस्तक 'समकालीन हिन्दी कविता' के कुछ लेख पढ़े, अपने पुस्तक लेखन के सिलसिले में। उससे मैं इस निष्कर्ष पर पहुँचा हूँ कि आपके आलोचनात्मक लेखन की विशेषता है—निर्व्याजता। यह निष्कर्षता आपकी भाषा में भी है और विषय-प्रतिपादन में भी। इस गुण ने मुझे प्रभावित किया है। मैंने जरूरी समझा कि आप तक अपनी यह प्रतिक्रिया पहुँचा दूँ।

मेरा पढ़ने का ढंग यह है कि मैं चीजें सँभालकर रखता जाता हूँ। और जरूरत आने पर उन्हें पढ़ता हूँ। उसी समय यह तय करने में सहूलियत होती है कि वे कैसी है। वैसे कुछ चीजें मिलते ही पढ़ जाता हूँ, जिन्हें जरूरत आने पर दुबारा पढ़ना पड़ता है।

आप प्रसन्न होंगे।

आपका
नवल

(15)

7-9-90

आदरणीय बन्धु,

आपका कार्ड समय से मिल गया था। 'दस्तावेज' के अंक की प्रतीक्षा है। मुक्तिबोध वाला लेख छपजाने के बाद मैं उस पुस्तक से एक लेख आपको जरूर भेजूँगा, जो मैं लिख रहा हूँ।

एक चीज के लिए आपको बधाई है। साही पर लिखने के क्रम में मैंने ढूँढ-ढूँढ़कर उनसे सम्बन्धित चीजें पढ़ी। मुझे इस बात से आश्चर्यमिश्रित प्रसन्नता हुयी कि मुझे दो ही चीजें ऐसी मिलीं जिनमें साही को ठीक से समझने की कोशिश की गई है—'अभिप्राय' में आपका लेख और 'पूर्वग्रह' में साखी की अशोक वाजपेयी की समीक्षा।

एक बात आपको याद दिला रहा हूँ। दस्तावेज में मेरी पुस्तक 'शब्द जहाँ सक्रिय है' की समीक्षा नहीं आयी। उसकी एक अच्छी बुरी समीक्षा आप निकाल दें जिससे कि समीक्षार्थ पुस्तक का भेजना सार्थक हो जाय।

शेष कुशल है।

आपका
नवल

(16)

14-5-91

आदरणीय बन्धु,

वीणा जी से मुझे 'अपोलो का रथ' और 'दिनारंभ' इन दोनों पुस्तकों की फोटोस्टेट प्रतियाँ यथासमय प्राप्त हो गयी थीं। आपके द्वारा भेजी गयी सामग्री मुझे उसके बाद मिली। यद्यपि एक कार्ड मनाही के लिए मैं आपको डाल चुका था। सामग्री आपने भय छोड़कर भेजी, इस सहयोग और प्रेमभाव के लिए आप मेरा हार्दिक धन्यवाद स्वीकार करें।

'दिनारंभ' की आपकी प्रति में जैसा कि आपने लिखा था, कई पृष्ठ अनुपस्थिति थे। मैंने आपकी प्रति को हर तरह से मुकम्मल कराके उसकी जिल्दबंदी करा दी है। इसी लघु कार्य के लिए मैं रुका रहा, वर्ना श्रीकांत जी पर मेरा लेख तो काफी पहले तैयार हो गया था। आशा है मुकमल रूप से मेरा 'दिनारंभ' को लौटाना आपको पसन्द आयेगा।

इस बार दिल्ली यात्रा में मैंने वीणा जी से मिलने का प्रयत्न किया, लेकिन चूँकि वे चुनाव-कार्य में व्यस्त थीं, इसलिए सिर्फ फोन से ही सम्पर्क हो पाया। उन्होंने लेख के प्रकाशन के लिए 'दस्तावेज' का

ही नाम सुझाया है, लेकिन इसकी लम्बाई देखकर मैं हिचक रहा हूँ। करीब अड़तालीस पृष्ठ हैं। टंकित। आप विचार कर देखें। यदि पुनः मेरा एक लंबा लेख छापने का आपका आदेश हो तो मुझे लिखें। मैं आपको वह भेज दूँगा। इधर विजयमोहन जी 'इन्द्रप्रस्थ भारती' के संपादक हो गये हैं। वे रघुवीर सहाय और साही पर भी मेरे लम्बे लेख छाप रहे हैं। आप अस्वीकार करेंगे तो उन्हीं को यह लेख भी दे देंगे। 'आलोचना' और 'पूर्वग्रह' के स्थगित/बन्द होने तक 'साक्षात्कार' के संकटग्रस्त होने के बाद कोई उपाय नजर नहीं आता।

'दस्तावेज' के अंक मिल रहे हैं। पहले की तरह ही अच्छी मात्रा में पठनीय सामग्री रहती है। कुछ चीजें कम भी होती हैं। नियमित रूप से निकलने वाली पत्रिका में, तो मैं उसे नजर अन्दाज करता हूँ। 'दस्तावेज' का अंक 45 पता नहीं मुझे कैसे नहीं मिला। आप वह मुझे भिजवाएँ और अगले अंक से लेखों के शीर्षक के साथ लेखकों के नाम भी किंचित मोटे टाइप में दिया करें। इससे लेखक को आत्मसंतोष होता है।

शेष कुशल है।

अंक 45 के साथ पत्र दें।

आपका
नवल

(17)

19-9-99

आदरणीय बन्धु,

'कसौटी' का दूसरा अंक प्रेस में है, अक्तूबर के प्रथम सप्ताह में प्रकाश्य। उसे हम समय पर निकाल सकें, इसलिए हमने तीसरे अंक की तैयारी शुरू कर दी है। इस अंक में परिचर्चा का विषय है: साहित्य का केन्द्र संवेदना है या विचारधारा?' हमारा आपसे अनुरोध है कि आप इसमें सम्मिलित होकर विचार-विमर्श को पूर्णतर बनाने की कृपा करें। हम बहुत थोड़े लेखकों से यह अनुरोध कर रहे हैं, इसलिए अपेक्षा है कि आप इसे गम्भीरतापूर्वक लेंगे।

साहित्य और विचारधारा का सवाल नया नहीं है। साहित्य के साथ कभी यह दर्शन के रूप में उठाया गया है और कभी विश्वदृष्टि के रूप में। मार्क्सवादी सौन्दर्यशास्त्र साहित्य में विचारधारा के विनियोग के आग्रह को लेकर बदनाम रहा है। इधर मार्क्सवादी की जगह दलितवाद, नारीवाद और सामाजिक न्याय की विचारधारा का जोर है।

यह दिलचस्प है कि भारतीय काव्यशास्त्र में सौन्दर्य और रस की चर्चा तो है, लेकिन उसमें विचारधारा क्या, विचार का भी कोई सन्दर्भ नहीं मिलता। भक्त कवियों के सिरमौर तुलसीदास ने अवश्य विचार को लेकर कविता को परिभाषित किया है, यथा 'जौ बरखै बर बारि बिचारू। होहि कबित मुकुता मनि चारू।' एक दूसरी बात यह है कि भक्त कवियों का कोई न कोई दर्शन रहा हो, लेकिन कविरूप में वे उसको अतिक्रान्त करके ही कृतकार्य हुए। यही बात आधुनिक काल के विचारधारा से प्रतिबद्ध देशी-विदेशी

लेखकों के बारे में भी कही जा सकती है, यद्यपि विचारधारा के अनुशासन में बँधकर चलनेवाले महान् लेखक भी मिल जायेंगे, यथा हिन्दी के कवि मुक्तिबोध। इस तरह विचारधारा से साहित्य का कोई शाश्वत विरोध नहीं।

आपत्ति की बात तब होती है, जबकि साहित्य में विचारधारा को कसौटी के रूप में व्यवहृत किया जाता है और साहित्य-संवेदना से शून्य या उस दृष्टि से निहायत कमजोर रचना को भी विचारधारा के आधार पर श्रेष्ठ ठहराने की कोशिश की जाती है। प्रबुद्ध जनों की मान्यता यह है कि विचारधारा से रहित अथवा विचारधारात्मक असंगतियों से भरपूर रचना भी यदि गहन संवेदना से युक्त हुयी, तो उत्कृष्ट हो सकती है, लेकिन विचारधारा की दृष्टि से दुरुस्त होने पर भी संवेदना की दृष्टि से प्रभावहीन रचना उत्कृष्ट नहीं हो सकती। इधर हिन्दी में नए सिरे से विचारधारा को साहित्य के केन्द्र में स्थापित करने की चेष्टा चल रही है, जिसके परिणामस्वरूप ढेर सारी ऐसी रचनाओं को श्रेष्ठ बतलाया जा रहा है, जिनका साहित्य-कोटि में प्रवेश ही संदिग्ध है। हम आपसे जानना चाहते हैं कि किसी भी रचना को साहित्य बनानेवाली चीज उसकी सौन्दर्यात्मक या रसात्मक संवेदना है, या शुष्क विचारधारा, जिससे सबसे पहले सहमति-असहमति का प्रश्न सामने आता है? स्मरणीय है कि साहित्यिक रचना सर्वप्रथम सबके लिए आस्वाद्य होती है। निश्चय ही साहित्य का विचार क्या, विचारधारा से भी कोई विरोध नहीं है, बशर्ते कि वह उसमें आस्वाद्य हो सके। विचारणीय यह भी है कि साहित्य की सौन्दर्य-संवेदना क्या मूल्यचेतना से रहित होती है और क्या वह स्वयं विचारधारा का स्थान नहीं ले सकती? क्या वही सर्जनात्मकता का स्त्रोत नहीं है?

हम आशा करते हैं कि प्रस्तावित विषय पर आप अपने विचार किंचित् विस्तार से हमें 15 अक्तूबर, 99 तक अवश्य लिख भेजेंगे, जिससे कि हम अंक बिल्कुल समय से निकाल सकें। हम पहले ही कह चुके हैं कि प्रतीकस्वरूप हम प्रत्येक रचना पर कुछ पारिश्रमिक भी देते हैं।

अग्रिम धन्यवाद सहित,

आपका
नन्दकिशोर नवल

(18)

25-10-99

आदरणीय बन्धु,

दिल्ली से लौटने के बाद आपका कार्ड और रजिस्टर्ड लिफाफा दोनों ही मिले। परिचर्चा के लिए आपने अपना वक्तव्य समय से भेज दिया इसके लिए मेरा हार्दिक धन्यवाद स्वीकार करें। दरअसल आप लोगों के भरोसे ही 'कसौटी' के पन्द्रह अंक निकालने की योजना बनायी है। मेरा विश्वास है, इस लक्ष्य को मैं स्पृहणीय रूप में प्राप्त कर लूँगा।

दिल्ली में आपकी सद्यः प्रकाशित पुस्तक 'कविता क्या है' राजकमल में देखने को मिली। वह पुस्तक मेरे पास पहुँच रही है। आपने नये सिरे से जो सनातन सवाल उठाया है, उस पर मैं कभी अपने सम्पादकीय में चर्चा करना चाहूँगा। आप मुझे लोकभारती से प्रकाशित अपनी आलोचना वाली पुस्तक

की भी एक प्रति भिजवाएँ।

'कसौटी-2' को फाइनल कर आया हूँ। शीघ्र ही आपको मिलेगी।

अगले वर्ष के मार्च-अप्रैल में मैं जरूर गोरखपुर आऊँगा, वादा रहा।

आप प्रसन्न होंगे।

आपका
नवल

(19)

20-5-2000

बन्धुवर,

15-5 का पत्र मिला।

आपने प्रतिवेदन भेज दिया, आश्वस्ति हुयी। अगली कार्रवाई की सूचना यथा समय मैं आपको दूँगा।

'कसौटी' पर आपकी प्रतिक्रिया से बहुत सन्तोष हुआ। मेरी कोशिश है कि अंक उतरोत्तर बेहतर हों। चौथा अंक इस महीने के अंत तक आ जाना चाहिए।

नामवर जी, लगातार कह रहे है कि 'कसौटी' की कोई दिशा नहीं है, कोई दिशा होनी चाहिए। क्या साहित्य की जो अपनी दिशा है, उसके ऊपर से भी कोई दिशा दरकार है?

प्रसन्न होंगे।

आपका
नवल

(20)

10-6-2000

बन्धुवर,

'दिशा' से नामवर जी का क्या आशय है, यह तो 'आलोचना' के परिपत्र से ही मुझ पर प्रकट हो गया था। मुझे रघुवीर सहाय की बात याद आती है कि लड़ें हम सभी-मोर्चों पर, लेकिन मरें अपने मोर्चे पर। मेरी कोशिश यही है कि 'कसौटी' का साहित्यिक चरित्र अंततः सुरक्षित रहे।

आपका पत्र और 'दस्तावेज' का अंक साथ ही मिले। मैं आपकी बात का अन्यथा क्यों लूँगा, मैं तो धीरे-धीरे उसी मार्ग पर आ गया हूँ, जिस पर आप पहले से चलते रहे हैं। फर्क सिर्फ इतना है कि

मैं मार्क्सवाद से गुजरकर यहाँ पहुँचा हूँ। इससे जो अन्तर पड़े।

'कसौटी' का चौथा अंक दिल्ली से पहुँचने ही वाला है। उसके पाँचवे अंक में 'गद्य के प्रतिमान' की समीक्षा जा रही है। उसकी एक प्रति प्रकाशक को लिखकर मुझे और भिजवायें। प्रसन्न होंगे।

आपका

नवल

नन्द चतुर्वेदी

(1)

राजस्थान साहित्य अकादमी, उदयपुर
विद्याभवन रूरल इन्स्टीट्यूट

7-6-77

आदरणीय भाई,

आपकी सेवा में 'साहित्य के बुनियादी सरोकार' परिचर्चा के लिए प्रारम्भिक वक्तव्य भेज रहा हूँ। यह परिचर्चा राजस्थान साहित्य अकादमी की पत्रिका 'मधुमती' के वास्ते है। इस परिचर्चा में पन्द्रह विद्वानों को आमन्त्रित किया है।

इस परिचर्चा से सम्बन्धित वक्तव्य के लिए मानदेय के रूप में 70रु. (सत्तर रुपये) तक भेंट किये जायेंगे।

आपसे निवेदन करता हूँ कि अपना वक्तव्य इस महीने की 15 तारीख तक भेज दें इतने कम समय में आपको लिखने के लिए कहना अनुचित है लेकिन किन्हीं कारणों से यह आवश्यक हो गया है। आप मेरे लिए यह कष्ट करेंगे।

आपका

नन्द चतुर्वेदी

(2)

प्रियवर,

आपका स्नेह-पत्र मिला। आपके साथ रहने का सुख हमारा भी है। आपने उस भाग-दौड़ में जो कुछ भी हो सका उसे इतना माना यह आपकी सहदयता है। गोष्टी के लिए जरूर कुछ–लिखा जाना चाहिए। कहीं नहीं तो युग विचार में तो जरूर। जल्दी भी, ताजा फल का स्वाद कुछ और ही होता है।

इस परिचर्चा की प्रेरणा आप से ही मिली है, इसलिए आपका शामिल होना बहुत आवश्यक है। आपके पास तो प्रारम्भिक रूप में लिखी हुयी कुछ सामग्री है ही–उसे फिर से जाँचकर भेज दें। समय अधिक नहीं है फिर भी मेरे लिए कष्ट करें।

कवितायें भेजूँगा–युग विचार को एक दम समय के साथ जोड़ना चाहिए। आप और भाई परमानन्द जी

हों तो किस बात की कमी है। अभी तो आपकी पूरी दृष्टि प्राप्त नहीं है ऐसा लगता है। अन्य और परमानन्द जी मुझे पुस्तकें भेजने वाले थे—क्या हुआ? मैं भी फिर कोई छोटी-मोटी पत्रिका निकालने की सोचता हूँ।

आपके आने से उदयपुर में कुछ दिनों हलचल रही। लोग याद करते रहे। परिचर्चा में लिखना बहुत-बहुत आवश्यक है।

आपका

नन्दचतुर्वेदी

(3)

30, अहिंसा पुरी

उदयपुर

9-8-79

प्रिय भाई विश्वनाथ जी,

'दस्तावेज' के अंक मुझे नियमित मिल रहे हैं। मुझे यह कहते हुए कोई संकोच नहीं है—कि इन अंकों ने साहित्यिक-पत्रकारिता का उत्कृष्ट मानदण्ड स्थापित किया है। अकेले आदमी के द्वारा नियमित, श्रेष्ठ सामग्री युक्त और शुद्धता पूर्वक पत्रिका निकाल पाना सारे साहित्यकारों के लिए प्रसन्नता और गर्व की बात है।

चौथा अंक प्राप्त हुआ। यह अंक कविताओं से आक्रान्त हो गया है। ढेर सारी कविताएँ निकालेंगे तो अच्छीः नहीं अच्छी कविताओं का पता नहीं चलेगा।

मेरा यह भी विचार है कि साहित्य के साथ वैचारिकता का एक अटूट सिलसिला भी चलना चाहिए। विचार भी एक रचना ही है, एक अन्तःसलिला की तरहः उसके तट यद्यपि अगम्य हैं फिर भी वे चिन्हित किये जा सकते हैं। अभी यह वैचारिक सिलसिला स्थापित किया जाना चाहिए। भविष्य में यह दस्तावेज को भविष्य का दस्तावेज बनायेगा।

मैं आपके उन सब पत्रों के प्रति कृतज्ञ हूँ जो अनन्य मानकर मुझे लिखे गये हैं लेकिन मैं सदैव इस बात से डरता हूँ कि मेरी साधारण सी कविताओं के लिए किसी असाधारण पत्रिका का कागज जाया न हो। मैं इस मामले में हमेशा फिसड्डी हूँ। आप अन्यथा न लें बल्कि इसे सेवा ही मानें।

नवल जी मिलते रहते हैं। मैंने उनसे एक 'उपनिषद' के लिए (गोष्ठी) के लिए) कहा था लेकिन वे इन दिनों कुछ खिन्न से हैं, कहते हें उनकी पुस्तक पर आपने कुछ नहीं छाया। वे अपेक्षा रखते हैं कि छपना चाहिए था।

हमारे यहाँ कॉलिज खुले हैं। पत्रिका के कुछ ग्राहक बनाने का प्रयास प्रारम्भ करेंगे।

यहाँ वर्षा के कुछ सुखद दिन बीत रहे हैं।

आशा है आप प्रसन्न होंगे। आपकी पत्रिका और आपके लिए अनेक शुभकामनाओं के साथ।

सस्नेह

नन्दचतुर्वेदी

(4)

17-7-2010

प्रिय भाई विश्वनाथ प्रसाद जी,

आप का कृपा-पत्र। अकादमी के इस महत्वपूर्ण कविता-संकलन में मैं आपके कारण शामिल हो सकूँगा इसे मैं स्नेहादर के साथ लक्षित करता हूँ। हिन्दी के ज्यादा लोग इतने सहृदय और जानकार नहीं हैं। आप हिन्दी सलाह मण्डल के संयोजक हैं इसकी जानकारी मुझे जयपुर में आयोजित कविता-पाठ वाले कार्यक्रम से लगी थी, जिसमें मैं शामिल नहीं हो सका था।

आप से अनायास लन्दन में मुलाकात हो गयी थी। उसके पहले आप, परमानन्दजी, विष्णुकान्त जी शास्त्री एक दिन के लिए उदयपुर आये थे। इसका जिक्र आपने 'दस्तावेज' में विष्णुकान्त जी केन्द्रित अंक में किया है।

तीन कवितायें भेज रहा हूँ। दो एक श्रृंखला की हैं शायद तीन पृष्ठ इन्हीं दो में चुक जायें तब तीसरी कविता 'दस्तावेज' के लिए स्वीकार कर लीजिये।

इसके साथ 'दस्तावेज' के लिए लोहिया के एक संवाद/भाषण की प्रस्तुति (निराशा के कर्त्तव्य) भेज रहा हूँ। शायद आपको अच्छा लगे। लगे तो छापने का आग्रह करूँगा।

अभी-अभी प्रकाशित पुस्तक 'अतीत राग' की एक आपके अवलोकनार्थ भेज रहा हूँ। इस में हिन्दी को समर्पित दो पुरोधा साहित्यकारों के बारे में स्मृत्यालेख हैं: जिन्हें हिन्दी साहित्य में शायद ही कोई जानता है। मैं आपका ध्यान इन दोनों हिन्दी सेवियों की कीर्ति-विस्तार की तरफ आकर्षित करना चाहूँगा। शायद केन्द्रीय-अकादमी कुछ कर सके।

मैं यह लिखना भूल गया कि गुट-सापेक्ष हिन्दी की साहित्यिक पत्रकारिता के दायरों में 'दस्तावेज' की चर्चा अपेक्षाकृत कम होती है लेकिन मैं आदर के साथ उसे मन लगाकर पढ़ता हूँ। हिन्दी की कई पत्रिकायें साहित्य के अकादमिक पक्ष की चाह जितनी अवमानना करती हों लेकिन, 'दस्तावेज' में वह जिस तरह समादृत है, उसे मैं 'मूल्यवान जरूरत' समझता हूँ। साहित्य के रचनाकार साहित्य के अकादमिक पक्ष की उपेक्षा कर के केवल अपने अज्ञान पर ही आत्म-मुग्ध हो सकते हैं।

आपके सम्पादकीय साहसिक, सुतार्किक और मूर्ति भंजक होते हैं। आपने नामवरजी और राजेन्द्र यादव के विदुषत्व पर जिस आक्रामकता के साथ लिखा वह जितना प्रासंगिक था उतना ही जरूरी।

'दस्तावेज' ने साहित्यकारों के दुर्लभ पत्र छापकर साहित्य के प्रति उनके अनन्य अनुराग, उनकी चिन्तायें उनके गहरे सरोकारों को व्यक्त किया है।

'दस्तावेज' मेरे लिए एक जरूरी पत्रिका है।

आपका सस्नेहाकांक्षी

नन्द चतुर्वेदी

नन्दकिशोर आचार्य

(1)

द्वारा लोकनीति परिषद्
223, राउज एवेन्यू, नई दिल्ली।

24-7-73

आदरणीय भाई,

आपका पत्र मुझे कुछ विलम्ब से प्राप्त हुआ क्योंकि इन दिनों मैं बीकानेर से दिल्ली Every man's में आ गया हूँ—इसीलिए उत्तर में भी विलम्ब हो रहा है।

निबन्ध मैं आपको पन्द्रह सितम्बर तक भेज सकूँगा—यदि और जल्दी चाहते हों तो लिख दें—पर समय कम होने से कुछ असुविधा होगी। मैं अज्ञेय की काव्य सम्बन्धी मान्यताओं पर लिखना चाहूँगा। क्या इस विषय पर आपको कोई लेख प्राप्त हो चुका है? यदि ऐसा हो और आप इस विषय पर अन्य निबन्ध न चाहते हों तो शीघ्र लिखें—ताकि दूसरे किसी विषय पर लिखूँ—फिलहाल मेरी रूचि का विषय यही है।

शेष शुभ।

आपका
नन्दकिशोर आचार्य

(2)

बीकानेर

20-2-86

भाई तिवारी जी,

आपका पत्र। वात्स्यायन जी पर केन्द्रित अंक की बात मुझे डॉ. मोहनकृष्ण बोहरा से पिछले दिनों

मालूम हुयी थी। मैं चाहता था कि अज्ञेय से मेरा लिया एक इन्टरव्यू उसमें प्रकाशित हो पाता। इन्टरव्यू मैंने पिछले दिनों लिया था पर उसकी प्रति अभी मेरे पास नहीं है—वह वात्स्यायन जी के पास ही है ताकि वे उसे दुबारा देख सकें। मैंने वात्स्यायन जी को पत्र लिखा है कि वे उसे जल्दी ही देख लें। मेरा सुझाव है कि आप मेरे पत्र के हवाले से उन तक पत्र लिख दें ताकि वे सीधे आप को ही इन्टरव्यू भेज दें। इन्टरव्यू लम्बा है पर आप चाहें तो कुछ अंश छोड़ सकते हैं।

अज्ञेय की कहानियों पर लिखा गया डॉ. नवलकिशोर का एक बहुत अच्छा लेख मेरे पास है। क्या आपने उन्हें लिखा है। यदि चाहें तो वह लेख आप मुझसे ले सकते हैं। उसकी एक प्रति डॉ. नवलकिशोर के पास भी है।

आपके पत्र की प्रतीक्षा में।

आपका
नन्दकिशोर आचार्य

पुनश्चः 'रचना का सच' आपने श्रीराम वर्मा को दी है—यह अच्छा रहा। मैं वैसे भी पुस्तक उन्हें भेजता। पर मेरे पिछले कविता-संग्रह 'वह एक समुद्र था' पर आपने कोई समीक्षा नहीं प्रकाशित की। पुस्तक तो मैंने भेजी थी। क्या अच्छी नहीं लगी।

(3)

बीकानेर

2-3-86

भाई तिवारी जी,

आपका पत्र। इन्टरव्यू के लिए मैंने वात्स्यायन जी को लिख दिया था—शायद आप के पास पहुँचा हो। मैं परसों दिल्ली जा रहा हूँ—पाँच-छः दिनों के लिए—यदि नहीं भिजवाया गया होगा तो वहाँ जाकर भिजवा दूँगा।

डॉ. नवलकिशोर का लेख भेज रहा हूँ। साथ ही एक छोटी टिप्पणी 'उत्तर-प्रियदर्शी' पर भी भिजवा रहा हूँ। वागीश कुमार सिंह राष्ट्रीय नाट्य विद्यालय रंग मंडल के वरिष्ठ सदस्य हैं। कुछ समय पूर्व मेरे आग्रह पर उन्होंने यह टिप्पणी लिखी थी। देख लें, यदि काम कर सके।

'वह एक समुद्र था की समीक्षा श्रीराम वर्मा से जरूर करवायें। आप ही उन्हें लिखें तो अच्छा लगेगा। पुस्तक आप को भिजवायी तो गयी थी पता नहीं क्या हुआ?

लेख की पहुँच दें।

आपका
नन्दकिशोर आचार्य

(4)

सुथारों की बड़ी गुवाड़,
बीकानेर (राज) 334001

22-5-87

भाई तिवारी जी,

आपका पत्र मुझे बहुत पहले मिल गया था—लेकिन क्षमा चाहता हूँ कि उत्तर नहीं दे सका। पहले सोचा था कि उत्तर में लेख ही भेज दूँगा—उत्तर अज्ञेय (काव्य) पर लिखने का मन था—वह आपको भी भेज देता और बाद में मेरी पुस्तक 'अज्ञेय की काव्य-तितीर्षा' के नये संस्करण को पूरा भी कर देता।

लेकिन यह अभी सम्भव नहीं दीखता। आपको शायद दिल्ली में सूचना मिली होगी कि जिस दिन वात्स्यायन जी का देहान्त हुआ, उसी दिन सुबह मेरे बाबा (ताऊ—उन्होंने ही मेरा पालन किया और मुझे गोद भी ले रखा है) को भी दिल का दौरा पड़ा। 26 अप्रैल को दुबारा तक भयंकर दौरा हुआ—कृत्रिम प्रक्रियाओं से उन्हें जीवित रखा जा सका। अब वे पहले से काफी अच्छे है, लेकिन कोई न कोई परेशानी बनी रहती है और जमकर सोचने लिखने का अवसर ही नहीं मिल पाता। मुझे बहुत अफसोस है कि मैं कुछ भी नहीं लिख पा रहा हूँ आप के लिए।

श्रीवीरेन्द्र कुमार जैन का लेख मेरे पास है—अद्भुत लेख है—वह आप को भेज रहा हूँ। वीरेन्द्र दा को लिख दें कि यह लेख मैंने आपको भेज दिया है।

वात्स्यायन जी के पत्रों में से कुछ पत्र भी भेज रहा हूँ। शायद आपको काम के लगें—सोचता हूँ कि इस अंक में मेरा कुछ न हो तो मेरे नाम वात्स्यायन जी के पत्र ही सही। और भी कई पत्र हैं—पर अभी तरतीब से नहीं हैं। जो आसानी से 'छाँट सका—भेज रहा हूँ। पर इनसे उनकी मनःस्थिति की कुछ परतें खुलती हैं।

आप सरीखे लोगों पर अब बड़ी जिम्मेदारी है। पत्र देंगे ताकि निश्चिन्त हो सकूँ कि आपने क्षमा कर दिया और यह भी कि सामग्री आप को मिल गयी है।

आपका
नन्दकिशोर आचार्य

पुनश्चः 'वह एक समुद्र था' और 'रचना का सच' की समीक्षायें अब तक दे रहे हैं?

(5)

18-8-87

प्रियवर तिवारी जी,

बहुत दिन से आपकी ओर से कोई खबर नहीं। इस बीच मेरा नाटक 'देहान्तर' मिला होगा। मैंने

प्रकाशक से कहा था और उसका कहना है कि आपको भिजवा दिया गया है।

अज्ञेय अंक क्या हुआ? और क्या कर रहे हैं? मेरा एक कविता-संग्रह शायद अगले माह प्रकाशित हो—भेजूँगा। पर पिछली पुस्तकों की समीक्षायें न आने से वे कुछ संकोच करते हैं। फिर भी!

आपकी पुस्तक 'रचना के सरोकार' मेरे पास आयी है—शायद आप ही ने प्रकाशक से कहा है। पढ़ रहा हूँ। जल्दी ही अपनी राय आप को लिखूँगा। एक छोटी टिप्पणी 'शिविरा' में लिख सकता हूँ— पर पता नहीं आप को वैसा करना रुचेगा या नहीं। अन्य कोई पत्र चाहे तो उसके लिए भी लिख सकता हूँ। सानन्द होंगे।

आपका

नन्दकिशोर आचार्य

(6)

22-1-92

प्रियवर तिवारी जी,

आपका नया कविता-संग्रह 'आखर अनन्त' मिला और साथ ही प्रकाशक का सन्देश भी कि आपको इसकी प्राप्ति की सूचना दे दूँ।

संग्रह मैंने पढ़ लिया है और पहले ही पाठन में कई कवितायें बहुत अच्छी लगी हैं। आपका पिछला कविता-संग्रह मेरे पास नहीं है, अतः तुलनात्मक रूप से तो कुछ कहना मुश्किल है, पर अपने आप में यह संग्रह अच्छा बन पड़ा है। आप की सहजता आप की कविताओं की भी बड़ी शक्ति है, यद्यपि कहीं-कहीं, वही सीमा भी बन जाती है। सबसे बड़ी बात यह है कि आप की काव्यभाषा में न प्रचालित 'ठंडापन है और' न भावोच्छवास। एक तनावपूर्ण संतुलन है जो संवेदना और तटस्थता को एक साथ साधने की कोशिश से पैदा होता है।

दिक्कत यह है कि इन दिनों कहीं लिखने की जगह ही नहीं बची है—इसलिए बेहातर समझता हूँ कि आप तक अपनी प्रतिक्रिया पहुँचा दूँ।

आप 'दस्तावेज' को जिस निष्ठा से निकाल रहे हैं, वह निश्चय ही स्तुत्य है। कई बार सोचता हूँ आप को कुछ भेजूँ, फिर कुछ न कुछ व्यवधान हो जाता है और लिख नहीं पाता। इन दिनों अशोक वाजपेयी की आलोचना दृष्टि पर एक संक्षिप्त लेख मेरे पास अप्रकाशित है और कुछ कवितायें भी। आप जैसा कहें आपको भेज दूँ।

शुभकामनाओं सहित

आपका

नन्दकिशोर आचार्य

पुनश्चः आप का पोस्टकार्ड भी मिल गया है। कविता-संग्रह की समीक्षा अगले अंक में दे रहे हैं, यह जानकर अच्छा लगा। मेरे नाटक 'देहान्तर' और 'पागलघर' भी आपको भेजे गये थे और आपने शायद गिरीश रस्तोगी को समीक्षार्थ दिये थे। क्या समीक्षा मिली नहीं?

'बेहतर दुनिया' के लिए की कोई प्रति उपलब्ध हो सकेगी क्या?

एन.ई. विश्वनाथ अय्यर

(1)

19-3-93

प्रिय बन्धुवर,

नमस्कार। सबसे पहले अपना दुःख बताऊँ कि लखनऊ तक आने के बावजूद गोरखपुर नहीं आ सका। दुराशा थी कि आप लोग शायद उत्तर प्रदेश हिन्दी संस्थान की गोष्ठी में आयेंगे। वहाँ बालसाहित्यकार पर 4, 5 मार्च को जो गोष्ठी हुयी उसकी सूचना आपको मिली होगी ही। मैं मलयालम का प्रतिनिधि बनकर गया था। मेरा मन आपसे और परमानन्दजी से विशेष मिलने उत्सुक था। खैर

दस्तावेज का नवीनतम अंक पढ़कर दिल खुश हुआ। महापंडित राहुल सांकृत्यायन पर विद्यानिवास जी का लेख आत्मीयतापूर्ण और उच्चकोटि का रहा। अन्य अधिकांश लेख ज्ञानवर्धक हैं। बधाई। अब की बार कई कवितायें दिल को मथ रही थीं। शलभ श्रीराम सिंह की दिल्लियाँ कुबेर दत्त की चिदग्निकुंड सम्भूता—दोनों विशेष उल्लेखनीय हैं। सभी अच्छी हैं। इस परिश्रमपूर्वक सम्पादन के लिए हिन्दी जगत आभारी होगा।

अगले वर्ष (1993-94) में निदेशालय की भाषणमाला के बहाने केरल आइये न! मैं "बेकुर्सी" हूँ। वरना कोई बहाना निकालता। आपकी साहित्यिक सेवा के प्रति श्रद्धा है।

खैर, यहाँ हम सब सकुशल हैं।

आपका

विश्वनाथ अय्यर

(2)

30-4-93

प्रिय बन्धुवर,

नमस्कार। आप की डाक से आज की चुनी हुई कविताओं के अनुवाद की फोटोस्टेट मिली।

अरविंदाक्षण का अनुवाद और आपकी कवितायें—दोनों सशक्त हैं। ''कुमकुम'' काफी प्राचीन पत्रिका है। दूसरी पत्रिका स्तरीय है। इधर मलयालम में ऐसी अनूदित रचनायें कम निकलती हैं। अब अन्य लोग भी आपकी रचनाओं का अनुवाद करेंगे। यहाँ मैं दस्तावेज की चर्चा जहाँ जहाँ हो सके करता हूँ।

मैंने शायद आप को लिखा भी है कि राहुल पर केन्द्रित अंक बढ़िया निकला है।

आपको केरल ज्योति के अंक मिलते होंगे। उसमें अपने नियमित स्तम्भ सारस्वत प्रदक्षिणा में मौका मिलने पर दस्तावेज की चर्चा करता हूँ।

यहाँ अपना कार्य कुछ कुछ चल रहा है।

शेष फिर।

आपका

विश्वनाथ अय्यर

(3)

8-10-02

प्रिय बन्धुवर,

दस्तावेज का 94वाँ अंक प्राप्त हुआ। आप जिस मनोयोग से प्रबुद्ध साहित्यिकों के पत्र छापते हैं वह निराला है। अब की बार बनारसीदास और शैलेश मटियानी के पत्र थे। ये पत्र उन दिनों के अनुपम व्यक्तित्व पर प्रकाश डालते हैं। दोनों ने यथाक्रम स्वतन्त्रता सेनानी साहित्यकारों और हिन्दी पत्रकारिता के लिए जो त्याग सहन किया उसकी झलक मिलती है। विशेषकर शैलेश मटियानी स्वयं अभावों से जूझने के बावजूद उत्तम पत्रिका चलाने के लिए जो कष्ट झेल रहे थे वह ऐतिहासिक था। साहित्यिक पत्रिकायें हिन्दी में नियमित चलानेवाले व्यक्तियों को प्रांयः यही अनुभव होता है। (आप भी अपवाद नहीं)। मटियानी जी के तेजस्वी व्यक्तित्व के इस कम ज्ञात पहलू पर आपने प्रकाश डाला है। साहित्य साधकों के धन्यवाद।

आपका

विश्वनाथ अय्यर

नरेश सक्सेना

(1)

ELDORADO
DHANKHETI
SHILLONG - 793003

16-7-04

प्रिय विश्वनाथ जी,

आपके भेजे हुए दस्तावेज के तमाम अंक मुझे मिले थे। अत्यन्त पठनीय और उत्तेजक। तत्काल आपको नहीं लिख सका, क्षमा करियेगा। मेरी इस कमी को स्वीकार कर जिन्होंने अपनाया है, उनके प्रति सिर्फ आदर ही नहीं, प्रेम भी है।

दस्तावेज के लिए, भरत त्रिपाठी के हाथ मात्र सौ रुपये भेज रहा हूँ कृपा कर स्वीकार करिये और इधर का कोई अंक भिजवा सकें तो बहुत अच्छा हो। यहाँ कोई पत्रिका नहीं मिलती।

आपकी कुछ कविताओं की याद भी मुझे आती है खासकर चिड़िया, बढ़ई, कुर्सी, दाना के आसपास वाली कवितायें

सस्नेह और सादर
आपका
नरेश सक्सेना

(2)

31-03-10

प्रिय विश्वनाथ तिवारी जी,

28 मार्च को गोरखपुर आते हुए उम्मीद थी कि आपसे भेंट होगी। बहुत निराशा हुयी। फोन मिल नहीं रहा था। शायद बाहर रहे हों।

आपकी कवितायें विशेषांक में जा रही हैं। आप हिन्दी के प्रमुख कवियों में हैं ऐसा मैं मानता आया हूँ। आपकी कवितायें इसका प्रमाण हैं। यदि आप अनुमति देंगे तो आपकी चुनी हुयी कविताओं की एक छोटी पुस्तिका भी सम्पादित करना चाहूँगा। ऐसी कविताओं/पुस्तकों की एक सीरिज प्लान कर रहा हूँ।

जिन प्रश्नों के उत्तर न देना चाहें—उन्हें छोड़ दें या जो प्रश्न अप्रासंगिक लगें—उनकी जगह अपनी तरफ से जो भी जोड़ना चाहें।

समय बहुत कम है। 15 अप्रैल तक। जल्दी मचाने के लिए क्षमा करेंगे।

सस्नेह सादर

आपका

नरेश सक्सेना

नरेन्द्र कोहली

(1)

एस-362, ग्रेटर कैलाश-1
नई दिल्ली- 110048

21-7-77

प्रिय तिवारी जी,

पत्र मिला। आभार।

'शम्बूक की हत्या' नाटक आपको पसन्द आया, ऐसा लगा। प्रसन्नता हुयी। लेखक की प्रसन्नता इसी में है कि उसकी रचनायें आप जैसे सुधीजन से प्रशंसित होती रहें। अपनी अन्य रचनाओं पर भी आपकी प्रतिक्रिया पा कर मुझे प्रसन्नता होगी।

अमृतसर के विषय में आपने लिखा है कि हमारा साथ सुखद और क्षणिक था। (क्या आप कहना चाहते हैं कि क्षणिक था, इसीलिए सुखद था?) सुखद तो मेरे लिए भी था। यदि मैं अपना अधूरा उपन्यास छोड़े, भाग-दौड़ में वहाँ न गया होता तो मन अधिक रमता। वैसे आपका परिचय (और शीतांशुजी का भी) मेरी अमृतसर की उपलब्धि रही।

एक पुस्तक भिजवा रहा हूँ—प्रेमचन्द! प्राप्ति सूचना दीजियेगा, बाद में अपनी प्रतिक्रिया भी।

पत्र-व्यवहार का मैं पक्का हूँ। अन्य लोगों के पत्रों की चिन्ता न करें। लेखक के लिए 'आलोचक' किसी भी सुन्दरी से अधिक आकर्षक होता है।

ठीक होंगे। घर पर सब को यथायोग्य कहें।

आपका
नरेन्द्र कोहली

पुनश्चः दिल्ली आयें, समय लेकर आयें, ताकि साथ क्षणिक मात्र न हो।

(2)

175, वैशाली, पीतमपुरा,
दिल्ली 110034

4.3.2000

प्रिय तिवारी जी,

महाभारत कथा पर आधृत मेरे उपन्यास महासमर के अन्तिम खण्ड (महासमर–8, निर्बंध) को प्रकाशित हुए, कुछ समय हो गया है। आप जानते हैं कि इस का पहला खण्ड–बन्धन–1988 में प्रकाशित हुआ था। इस पूरी शृंखला के प्रकाशन की अवधि बारह वर्षों की रही; किन्तु उस के लिखने में मुझे उससे भी कहीं अधिक समय लगा है। इस लम्बे प्रकल्प के पूर्ण होने का मुझे सन्तोष है। अब तक समय समय पर उसके विभिन्न खण्डों की चर्चा हुयी है। किन्तु अब जब वह शृंखला पूर्ण हो गयी है और वह कृति अपनी पूर्णता में आपके सामने है, मेरी इच्छा है कि उस पूरी कृति के विषय में आप समग्रता से विचार करें। यदि महासमर पर आप एक लम्बा निबन्ध लिखें तो मुझे न केवल हार्दिक प्रसन्नता होगी, हिन्दी के गम्भीर पाठकों का उस उपन्यास के विषय में मार्गदर्शन भी होगा।

स्वस्थ सानन्द होंगे।

आपका
नरेन्द्र कोहली

नरेन्द्र मोहन

(1)

के—55, कीर्तिनगर
नयी दिल्ली-110015

10-4-76

प्रिय भाई,

आपका पत्र यथासमय मिल गया था। आभारी हूँ। आपके कविता संग्रह की प्रतीक्षा करता रहा, पर अभी तक प्राप्त नहीं हुआ है।

आप को यह जानकर प्रसन्नता होगी कि मैं हिन्दी की लम्बी कवितायें शीर्षक से एक समीक्षा-ग्रन्थ का सम्पादन मैकमिलन कम्पनी के लिए कर रहा हूँ। इसमें आप का एक लेख सम्मिलित करना चाहता हूँ। आप से निवेदन है कि श्री नरेश मेहता की लम्बी कविता समय देवता (जो दूसरा सप्तक में संग्रहीत है) पर 10-12 पृष्ठों का एक समीक्षात्मक निबन्ध, मई के प्रथम सप्ताह में भेजने की कृपा करें।

आप जानते ही है कि लम्बी कविता के कई पहलू इधर उभर कर सामने आये हैं, जैसे—लम्बी कविता का अपने रूप-विधान में प्रगीत और प्रबन्धात्मक कृति से भिन्न और विशिष्ट होना, इसकी नाटकीय संरचना, इसकी रचना प्रक्रिया में सर्जनात्मक तनाव की निरन्तरता, इसमें अनुभव और विचार का संश्लिष्ट विधान आदि। लम्बी कविता के कई अन्य पहलू भी आपके सामने होंगे। लेख लिखते समय अगर आप इन पहलुओं को सामने रखें तो इससे हमें पुस्तक को व्यवस्थित रूप और चरित्र देने में मदद मिलेगी।

प्रकाशक की ओर से एक प्रपत्र संलग्न कर रहा हूँ। कृपया इस पर हस्ताक्षर करके इसकी एक प्रति हमें भेज दें। सहयोग के लिए धन्यवाद।

मुझे आपके पत्र की प्रतीक्षा रहेगी।

आपका
नरेन्द्र मोहन

(2)

5-12-79

प्रिय भाई,

आपका पत्र मिला। आभारी हूँ। यह जानकर खुशी हुयी कि आप 'दस्तावेज' का प्रेमचन्द विशेषांक निकाल रहे हैं। मैं 'प्रेमचन्दः हिन्दी आलोचकों की दृष्टि में' या साहित्य के बारें में उनके विचारों के सन्दर्भ में लेख आप को भेज सकूँगा।

मैं स्वयं प्रेमचन्द का कथा-संसार नाम से एक पुस्तक का सम्पादन कर रहा हूँ। इस पुस्तक में आपका एक लेख हर हालत में शामिल करना चाहता हूँ। प्रगतिशीलता की अवधारणा के सन्दर्भ में प्रेमचन्द के उपन्यासों पर आप का लेख मुझे 25 दिसम्बर को मिल जाये तो विशेष आभार मानूँगा। पांडुलिपि इस मास के अंत तक प्रकाशक को देनी है, इसीलिए यह विशेष अनुरोध आप से है। हाँ, इस बीच आपने यदि प्रेमचन्द के कहानीकार/उपन्यासकार पक्ष पर कोई लेख तैयार किया हो तो उसके शीर्षक के बारें में भी सूचित कर दें।

प्रकाशक की ओर से मानदेय स्वरूप 50/- और पुस्तक की एक प्रति की व्यवस्था है।

पत्र लौटती डाक दें।

आपका

नरेन्द्र मोहन

(3)

24-12-04

प्रिय भाई,

सोचा था डायरी पर सबसे पहली समीक्षा 'दस्तावेज' में छपेगी और विश्वनाथ प्रसाद तिवारी खुद उस पर लिखेंगे अपने खास अन्दाज में 'अक्षरा' में मगर सोचा हुआ सब सच कहाँ हो पाता है? न आपने 'अक्षरा' में लिखा, न 'दस्तावेज' में समीक्षा छपी। जबकि हर छोटी-बड़ी पत्रिका में डायरी पर पिस्तार से लिखा गया है। 'दस्तावेज' परिवार के 'अपने' तो इस पुस्तक पर तत्काल लिख ही सकते थे। आपके हाथों 'अन-नोटिस' रह जाना मैं कैसे कबूल कर लूँ?

आप जानते ही हैं 'डायरी' कोई एक किताब नहीं होती, किताबों की किताब?होती है—अपने में एक लम्बे समय को सँझोये हुए। और नहीं कुछ तो अपनी टिप्पणी के साथ डायरी के कुछ टुकड़े/अंश आप दे ही सकते थे।

खैर, जम्मू की रजनी बाला ने एक समीक्षा डायरी पर लिखी है। वह भिजवा रहा हूँ। इस समीक्षा के साथ डायरी के कुछ अंश और अपनी टिप्पणी देकर डायरी को एक खास प्रोजेक्शन दें तो सारी कसर पूरी हो जायेगा।

पत्र की प्रतीक्षा रहेगी।

आपका

नरेन्द्र मोहन

नवल किशोर

(1)

हिन्दी विभाग, उदयपुर विश्वविद्यालय
291, एम/1,भूपालपुरा, उदयपुर

5-2-74

भाई तिवारी जी,

आपकी प्रतिक्रिया के लिए आभारी हूँ। जहाँ तक पाश्चात्य विचारों के उद्धरण हैं, मैं इतना ही कह सकता हूँ कि वे प्रसंग की अनिवार्यता में मुद्दों के स्पष्टीकरण के लिए हैं और किसी भी Scholarly book-writing के प्रयास में वैसे उद्धरणों की कुछ न कुछ अपरिहार्यता होती है। यह मैं अपने बचाव में नहीं, अपनी दृष्टि की बात कह रहा हूँ। वैसे खामियाँ होगी ही और उनके प्रति एक लेखक को खुला होना चाहिए—मैं भी खुला हूँ और मित्रों व आलोचकों के सुझावों को गम्भीरता से लेता हूँ—खुद को आत्मालोचन की गहरी प्रक्रिया में सुधारना या बदलना भी सदा होना चाहिए। बहरहाल, आपके प्रति बहुत बहुत आभार।

'भंगिमा' मैंने देखी भी नहीं है, प्रतीक्षा करूँगा। आपकी नये साहित्यपर पुस्तक के प्रकाशन पर सूचना दें, उसे पाने की तत्परता होगी—प्रकाशक का नाम पता भी। शायद उसका अच्छा उपयोग मैं कर सकूँ।

अज्ञेय के बारे में 'अपने अपने अजनबी' वाला लेख अभी उपलब्ध नहीं करा पा रहा हूँ। लेकिन उपन्यासकार अज्ञेय पर ही एक लेख की रिप्रिंट भेज रहा हूँ—आपके लिए उपयोगी हो तो रख लें, अन्यथा बुक पोस्ट से वापस कर दें क्योंकि रिप्रिंट यही भर है। उपयोगी पायें तो सूचित अवश्य करें। 'अपने अपने अजनबी' पर उपलब्ध होते ही भेजूँगा—यदि जल्दी ही हो सका।

इलाहाबाद लेखक-सम्मेलन की खास बात हो तो बतायें—अखबार में तो उसके हँगामे में खत्म होने की सूचना थी।

प्रसन्न होंगे।

आपका
नवल किशोर

(2)

11-11-76

भाई तिवारी जी,

आपका पत्र पटियाला से लौटने पर प्राप्त किया। आपके स्नेह-सिक्त शब्दों के प्रति आभार प्रकट करूँ तो उनका महत्व कम ही होगा, इसलिए उस बारे में बस। परमानन्द जी को बहुत बहुत याद करें। इधर मैं अपनी पुस्तक पूरा करने के चक्कर में हूँ। 'तर्कशास्त्र' के लिए उसमें Ref. देना चाह रहा हूँ और 'युग विचार' वाले चाहें तो फुरसत होते ही लिखूँगा। यह मेरी अपनी बात आप इससे संकोच न अनुभव करें। परमानन्द जी वाली पुस्तक पर भी साथ ही 'युगविचार' में भेजना चाहूँगा।

डॉ. विश्व. उपा. की 'स्ट्रेटेजी' में मेरे लिए कोई जगह नहीं थी, पूरी रपट में एक सिरे से गायब कर दिया है– इतनी insigfnificant भागीदारिता तो मेरी नहीं ही थी। खैर, ये हाल है क्रान्तिकारियों के वे dissent बर्दाश्त नहीं कर सकते–स्वार्थ में नगेन्द्र वगैरह का यशोगान जरूर कर सकते हैं।

आपका

नवलकिशोर

(3)

4-10-78

भाई तिवारी जी,

दीपावली की शुभकामनायें। आपका पत्र मिल गया था। जहाँ तक मैं समझता हूँ काशीनाथ विचारों में Dogmatic Communist हैं और इससे मेरे जैसे 'भ्रष्ट या भटके तथाकथित वामपन्थी' की समीक्षा से उन्हें खास खुशी नहीं होगी और आपके लिए भी उचित होगा कि किसी उपयुक्त व्यक्ति को ही वह काम सौंपें। मुझे भी जिसमें रूचि हो, उसी की छूट दें। जैसे मधुमती के ताजा अंक में नागरजी के उपन्यास की संक्षिप्त समीक्षा मैंने बड़ी रूचि से लिखी और उसे पसन्द भी खूब किया गया। शायद मैं इस तरह ही आपके लिए ज्यादा उपयोगी हो सकूँगा। यों फिर आप कहेंगे कि order is order तो हुक्म की तामील भी होगी ही–इतना आपको मुझपर भरोसा करना ही चाहिए।

इन दिनों वर्मा जी के लिए व्यस्तता में हूँ। पत्र कि आपने संस्मरण भेजा नहीं है–लिखा हुआ है तब इतनी देर क्यों कर रहे हैं? तुरन्त भेजें न।

आपको अंक में सामग्री की जरूरत हो और ठीक समझें तो ही फॉस्टर का अनुवाद देना ठीक होगा। अभी जल्दी तो है नहीं, देख लें।

बाकी ठीक है।

सम्पादकी ली है तो पत्राचार का चक्कर तो रहेगा ही। मेरे जैसा आपका प्रशंसक बन्धु गुस्से का

पात्र नहीं बनाया जाना चाहिए।

आपका
नवलकिशोर

(4)

19-10-78

भाई विश्वनाथ जी,

दीपावली मुबारक।

'दस्तावेज' का प्रवेशांक बहुत जोरदार और शानदार है—मेरी बहुत-बहुत बधाई स्वीकारें। आपकी एक नयी सामर्थ्य से सुखद आश्चर्य हुआ है।

आप जैसे समर्थ मित्र याद कर लेते हैं—अपने सौभाग्य पर गर्व होता है।

आपके पास इतने नामी-गिरामी लेखक हैं कि मेरे लेख भेजने-न-भेजने की चिन्ता आपको नहीं होनी चाहिए। मुझे सुविधा से ही कुछ भेजने की छूट दें। फोरेस्टर का अनुवाद भी आपकी योजना में कहीं खपता हो तो मँगाये। उसे आधार बनाकर कथा-तत्व पर एक बहस चलाना चाहें तो ही ठीक होगा।

'गवाह' को संस्मरण भेज दिया न!

मैंने अपनी किताब की दस्तावेज में रिव्यू की चिन्ता की थी। समीक्षा के लिए घोषित पुस्तकों में वह नहीं है। मैं मैत्री के नाते कोई दबाव नहीं डालना चाहूँगा। पुस्तक पर चूँकि कुछ इधर-उधर ठीक-सी चर्चा हुयी थी और 'प्रतिमान' के सम्पादक ने लिखा था कि उसमें डॉ. शिवकुमार मिश्रा ने लम्बी सी समीक्षा देने की कृपा की है—मैं सोचता था कि पुस्तक चर्चा योग्य तो होगी ही। लेकिन मैं अपना अनुरोध वापस लेता हूँ। मैं आपके सम्पादकीय निर्णयादि में परिचय लाभ से कोई प्रेशर नहीं डालना चाहूँगा। आप उस अनुरोध के बन्धन से मुक्त हैं।

मुक्तिबोध की कहानियों पर कभी कहीं आग्नेश्का सोनी का लेख पढ़ा था—बहुत ही अच्छा लगा था। अब स्मरण नहीं है—पर एकदम मौलिक और नया कहता—सा लगा था। मैंने आपकी आज्ञा पर कुछ सोचने की कोशिश की। लगा कि बहुत नया कुछ कहने को बन नहीं रहा। घिसा-पिटा लेख न आप लेना चाहेंगे और न मैं देना चाहूँगा। कुछ सूझता तो मैं जरूर जरूर ही भेजता।

बिहार से एक लघुपत्रिका मिली थी। उसमें नन्दकिशोर 'नवल' का भवानी प्रसाद पर लेख है—वितृष्णा होती है गाली की उनकी घिसी पिटी शब्दावली पर। दस्तावेज में उन्होंने वैसा नहीं किया? भवानी भाई चूँकि जयप्रकाश के नजदीक हैं और सर्वेश्वर इधर 'दिनमान' में क्रान्तिमुद्रा के लेखकों पर मेहरबान हुए हैं। खुद ने भी वह मुद्रा कारण की है शायद इसी से अजीब विडम्बना है। खैर-आपका सम्पादकीय बेलाग और समझपूर्ण है।

आपका
नवलकिशोर

(5)

च-6, सैक्टर-5, हिरणमगरी
उदयपुर-313001

6-6-81

प्रिय भाई,

पिछले दिनों इलाहाबाद से एक पत्रिका 'साहित्यनामा' आयी थी। उसमें 'दस्तावेज' को लेकर कुछ था। मैंने आज ही उसके सम्पादक को लिखा है कि अज्ञेय पर सम्पादित आपकी पुस्तक में मेरे लेख पर मुझे रॉयल्टी दी गयी है। साथ ही मैंने लिखा है ऐसे प्रसंगों पर लिखने के पूर्व सम्पादकों से पूरी जानकारी ले लें और उनकी बात साथ ही छापें। अच्छे सम्पादकीय प्रयासों पर अवांछित प्रहार नहीं होना चाहिए—आप खूब आलोचना करें, पर पूरी जानकारी के साथ। प्रसन्न होंगे। विभाग में अब तक परमानन्द जी व आपको कुछ उन्नति मिल ही गयी होगी। खबर दें तो बधाई दूँ।

सस्नेह
नवलकिशोर

(6)

15-2-1991

भाई तिवारी जी,

आपका पत्र मिला। आपके निर्देशानुसार 'त्यागपत्र' पर अपना लेख भेज रहा हूँ।

यह लेख 1986 में भारत-भवन में आयोजित जैनेन्द्र-प्रसंग में पढ़ी गयी मेरी एक टिप्पणी पर आधारित है। टिप्पणी 'पूर्वग्रह' में निकली भी है। गत वर्ष (1990) में जैनेन्द्र के बारें में भाषण के सिलसिले में मैंने इसे फिर से लिखा। यह भाषण डॉ. शिवकुमार जी और डॉ. रामदश मिश्र जी की उपस्थिति में सरदार पटेल वि.वि. वल्लभ नगर में पढ़ा गया था। वहाँ इस पर प्रतिक्रिया अच्छी और उत्तेजक रही थी। लेकिन इसे कहीं प्रकाशानार्थ भेजने का खयाल ही नहीं आया। 'नई कहानी' की ओर से डॉ. सत्यप्रकाश मिश्रा ने 'गोदान' पर लेख माँगा तो मुझे अपने इस लेख का स्मरण भी हुआ। जब 91 में जैनेन्द्र की स्मृति में ज्यादा कुछ पढ़ने को नहीं मिला तो सहसा ही मुझे 'दस्तावेज' को कुछ भेजने की अपनी जिम्मेदारी का ध्यान आया और मैंने आपको पत्र लिखा था। यह लेख अपने पूरे व वर्तमान रूप में सर्वथा अप्रकाशित है। लेख का टंकण बड़ा खराब था। मैंने अपनी तरफ से ठीक कर दिया है। फिर भी दिक्कत हो तो दुबारा टंकित करा लें और मुझे बिल भेज दें (यह मेरे उस टंकित लेख की फोटोकॉपी है।)

आपके स्नेहभाव के लिए आभारी हूँ। 'दस्तावेज' मुझे मिलता रहा था—हो सकता है कि इधर डाक की गड़बड़ी में अंक न मिले हों। अंक 45-46 मुझे मिल गये हैं। आपसे मिले अर्सा हुआ। मैं अगले सत्र

में अपने यहाँ कोई संगोष्ठी आयोजित करने की सोच रहा हूँ। अगर कर सका तो आप आयेगें ही। गत 89 से मैं यहाँ कुछ बेहतर स्थिति में हूँ पर तभी से सत्रारम्भ और परीक्षायें विलम्बित भी होती रही हैं, इसलिए कुछ करना चाहकर भी नहीं कर पा रहा हूँ। बीच में सालभर के लिए बन्धुवर हेतु भार. संयोग से राज. सा. अंका. के स्थानापन्न अध्यक्ष हो गये थे। इधर वहाँ एक वाजपेयी अध्यक्ष हैं। उनके भाजपायी होने से भी फर्क नहीं पड़ता पर वे साहित्य से ज्यादा जुड़े नहीं हैं और इससे उनसे जुड़ी व्यवस्था से निकटता भी संभव नहीं है। म.प्र. में एक तरह की जागीरदारी टूटी यह तो ठीक, पर क्या 'भारत भवन' या 'साहित्य-परिषद्' को अच्छी वैकल्पिक व्यवस्था मिल सकी है? सुना 'आलोचना' बन्द हो गयी है। साहि. पत्रिकायें इक्का-दुक्का ही रह गयी हैं। उपभोक्ता-समाज पाठक को ब्रांड-शीट इतवारियों की ही दरकार ज्यादा है ऐसा लग रहा है। कुल मिला कर लगता है कि लम्बे समय तक साहित्य और कलाओं की पत्रिकाओं का पुनरुद्भव नहीं होने वाला।

भाई हेतु जी के कार्यकाल में राज. सा अका. ने मुझसे सम्बन्धित एक मोनोग्राफ निकाला था। वह अपने अनुसार दिया उनका यह पहला और अन्तिम मोनोग्राफ था। आप दो-चार पंक्तियाँ (मात्र) उसके बारे में दस्तावेज में दे सकें तो सोचें। अपने सम्पादकीय या अन्य किसी रूप में भी दे सकते हैं बशर्ते कि आपको वह मोनोग्राफ एक प्रादेशिक अकादमी का एक ठीक-ठाक सा प्रकाशन लगा हो। आपको मिला ही होगा। कहीं कोई ठीक-सा काम होता है तो उसका साधारण उल्लेख तो आप जैसे सम्पादक से अपेक्षित ही रहता है—अगर ठीक सा काम लगा हो तो मुझे नजन्दाज करते हुए भाई हेतु जी के कार्य को मान दें— इससे अच्छे कार्य को स्वीकृति तो मिलती है। अगर आपको वह ठीक नहीं लगा हो तो फिर मेरा कोई आग्रह नहीं है।

प्रसन्न होंगे। यथासुविधा लेख मिलने की सूचना दें—समय हो तो खत में अपने इधर के काम व चिन्तन से परिचित करायें।

सस्नेह
नवलकिशोर

(7)

5-10-95

भाई तिवारी जी,

आप इतने साल से 'दस्तावेज' निकाल रहे हैं और यह भी कि उसे एक महत्वपूर्ण पत्रिका बनाये हुये हैं। मेरा सश्रद्ध साधुवाद स्वीकारें। दीपावली की मंगल-कामनायें।

प्रिय अनन्तकीर्ति के अनुरोध को नहीं रख पाया, उसका मुझे मलाल रहा। मैं एक लम्बा लेख भेजना चाहता था, पर लगा कि परिचर्चा में वह असंगत रहेगा। 'दस्तावेज' मुझे मिलता रहा है और मैं तदर्थ आभारी हूँ। इधर मैंने गिरीश कार्नाड के 'तलेदंड' पर एक लेख लिखा था। आप समकालीन भारतीय साहित्य पर भी लेख प्रकाशित करते रहे हैं। इसी से यह लेख 'दस्तावेज' को भेजते हुए उसे पाते रहने की पात्रता बनाये रखना चाहता हूँ। फिर भी वापसी लिफाफे के साथ ही भेज रहा हूँ ताकि न जमे तो लौटाने में संकोच न करें और जमे तो स्वीकृति सहित प्रकाशन-सम्भाव्य अंक की सूचना दें। इधर दस्तावेज बहुत दिनों से नहीं आया है और इसलिए आशंका भी होती है कि कहीं बढ़ते आर्थिक

दबाव में आपको बन्द तो नहीं करना पड़ा। बहरहाल, आपके पत्र से ही कुछ पता चलेगा।

आपकी नई कृतियों की मुझे ठीक से जानकारी नहीं है, बतायें। मैं अगले वर्ष तक दो-तीन किताबें देना चाहता हूँ। आपसे मिलने का कोई संयोग भी नहीं बन रहा है—वर्षों से। प्रसन्न होंगे।

सस्नेह

नवलकिशोर

नासिरा शर्मा

(1)

डी-37/754, छत्तरपुर हील्स,
नई दिल्ली—110074

23-8-11

विश्वनाथ तिवारी जी,

आदाब!

उम्मीद है आप खैरियत से होंगे।

उस दिन आपको तकलीफ जरूर दी मगर बात कर के अच्छा लगा। पत्रिका खोली तो उस में संगसार पर लेख देख सुखद आश्चर्य हुआ।

मेरा नया उपन्यास 'पारिजात' आया है। यूँ तो इस उपन्यास में वह सब है जिसको लेकर जनता परेशान है और हम कलम उठाते रहे हैं मगर यह उपन्यास कुछ ऐसे मुद्दे लेकर चला है जिसकी ओर अगर ध्यान न दिया गया तो अधूरी बात रह जायेगी। समीक्षा अच्छी बुरी छपती रहती है लेकिन विषय को आगे बढ़ाने की बात कुछ और हो जाती है। आप जब उपन्यास उलट पलट कर देखेंगे तो मेरी परेशानी समझेंगे कि मैंने खत क्यों लिखा। दरअसल मुझे इस समय 'उपन्यास' पर सकारात्मक नजरिये की जरूरत है जो गम्भीरता से मेरे सवालों को पूरा उपन्यास पढ़ कर कुछ लिखें! उर्दू भाषा के रचनाकार वहाँ मौजूद है क्योंकि परिवेश वैसा है।

आप अगर समय निकालकर पढ़ें तो मेरी खुशनसीबी होगी। माहौल लखनऊ इलाहाबाद है, कर्बला और हुसैनी ब्रह्मण से बात चलकर वर्तमान की सारी समस्याओं को छूती है।

ज्यादा क्या लिखूँ? पुस्तक आपके हाथ में है।

खुलूस के साथ
नासिरा शर्मा

(2)

28-9-11

विश्वनाथ तिवारी जी,

आदाब!

आप से बात करने के बाद दिल व दिमाग 'पायक' के बहाने दोआबा की जमीन पर काफी देर तक भटकता रहा। हम जिन चीजों को खोई समझ लेते हैं वह दरअसल खोती नहीं है मगर अतीत के तहखानों में महफूज हो जाती है।

आपको अक्षयवट पर एक लेख और संचेतना का कृति विशेषांक भेज रही हूँ जिसमें जाहिदा मौजूद है पता नहीं वही लेख भेजा है या दूसरा। आप चेक कर लेते। किरण ने पहले भी मेरी रचनाओं पर लेख लिखे हैं। अगर आपको यह ठीक लगे तो दस्तावेज के लिए ले सकते हैं, यह अभी कहीं छपा नहीं है।

यात्रा से आप बखैरियत लौटे होंगे! बाकी फिर।

खुलूस के साथ

नासिरा शर्मा

नारायण दत्त

(1)

239, 6th Main IV Block
Jayanagar, Bangalore 560011

26-11-2002

आदरणीय तिवारी जी,

श्री विष्णु प्रभाकर जी के अनुरोध पर आपका भिजवाया हुआ 'दस्तावेज 94' का अंक कल प्राप्त हुआ। इस कृपा के लिए आभारी हूँ।

पिछले दिनों मैंने इंदिरा गाँधी राष्ट्रीय कलाकेन्द्र, नई दिल्ली के निर्देश पर श्रद्धेय बनारसीदास जी चतुर्वेदी के लिखे पत्रों का एक संकलन तैयार करके उसे दिया है। उस संकलन को तैयार करने के लिए विविध स्रोतों से मेरे पास आयी सामग्री में श्री बनारसीदास जी के नाम डॉक्टर राजेन्द्र प्रसाद जी के लिखे 17 छोटे-बड़े पत्र भी थे। उन्हें मैंने आवश्यक पाद स्थितियाँ जोड़कर सम्पादित किया है। यदि आप 'दस्तावेज में प्रकाशन की दृष्टि से उन्हें देखना चाहें तो वह सामग्री आपके पास भिजवाऊँ। मुझे नहीं मालूम कि गैरसाहित्यकारों के लिखे पत्र भी आप छापते हैं या नहीं। (अपने इस अज्ञान के लिए क्षमा चाहता हूँ) साथ में पता लिखा कार्ड इसलिए रख रहा हूँ कि उत्तर तुरन्त दिया जा सके।

'दस्तावेज 94' की प्रति के लिए एक बार फिर धन्यवाद।

आपका
नारायण दत्त

(2)

4-12-2002

आदरणीय बन्धु,

डॉ. राजेन्द्र प्रसाद जी के 7 छोटे-बड़े पत्र साथ हैं। एक छोटी भूमिका आरम्भ में है और अन्त मे कुछ पादटिप्पणियाँ हैं। सब मिलाकर मेरे हाथ के लिखे 16 पन्ने हैं।

दस्तावेज 94 और 95 जो पत्र छपे हैं उनके साथ भूमिका पादटिप्पणियाँ आदि पूछल्ले नहीं हैं। मैं

नहीं जानता कि इस विषय में आपकी सम्पादकीय नीति क्या है। बहरहाल मैटर आपके पास भेज रहा हूँ। आप जैसा उचित समझें, करें। यदि इसका उपयोग आपके यहाँ न हो सके तो कृपया वापस भेज दें।

नमस्कार

आपका

नारायण दत्त

(3)

4-12-2002

आदरणीय बन्धु,

कल आपका 26/11 का कृपा पत्र मिला। श्रद्धेय चतुर्वेदी जी के नाम डॉ. राजेन्द्र प्रसाद जी के पत्र हो सका तो आज, वरना कल आपकी सेवा में रवाना कर दूँगा।

डॉ. रामशंकर जी द्विवेदी ने आपसे उन पत्रों की चर्चा की और आपने तुरन्त स्वंय पत्र लिखा, यह आप दोनों की उदारता है। यों इस बीच 'दस्तावेज 94' के मिलने पर मैंने आपको धन्यवाद का पत्र लिखा था और उसमें डॉ.राजेन्द्र प्रसाद की चिट्ठियों का जिक्र किया था। वह पत्र आपको अब तक मिल गया होगा। दस्तावेज का 95वाँ अंक भी मिला। दोनों अंकों में मेरी दिलचस्पी की बहुत सी सामग्री थी। यह जानकर खुशी हुयी कि पत्रिका के 100वें अंक की तैयारी शुरू कर दी गयी है। निश्चय ही इस प्रकृति क़ी पत्रिका का 100वाँ अंक निकलना अपने आप में एक सिद्धि है।

विनीत

नारायण दत्त

(4)

20-4-2004

आदरणीय भाई,

आज जबकि गाँधी की अप्रासंगकिता की डुग्गी पीटी जा रही है आपने दस्तावेज का 100वाँ अंक पूरी तरह गाँधी को अर्पित करके एक आवश्यक शुभ कार्य किया है। मेरे जैसे लोग आपके कृतज्ञ रहेंगे।

आपका

नारायण दत्त

निर्मल वर्मा

(1)

नयी दिल्ली

16-6-1979

प्रिय तिवारी जी,

आपका पत्र मिला, अनेक धन्यवाद।

मुझे यह जानकर बहुत प्रसन्नता हुई कि आप आचार्य हजारी प्रसाद द्विवेदी की स्मृति में 'दस्तावेज' का एक विशेषांक निकाल रहे हैं। मुझे सचमुच बहुत खुशी होती, यदि मैं भी इसमें अपना योगदान कर पाता। पर मौजूदा स्थिति में यह असम्भभ्व जान पड़ता है। मैं इधर एक उपन्यास लिखने में व्यस्त हूँ, जिसे जल्दी ही पूरा कर देना चाहता हूँ। आचार्य जी पर लेख लिखने के लिए मुझे उनके साहित्य को दुबारा से पढ़ना होगा—जिसके लिए इस समय मेरे पास दुर्भाग्यवश—अवकाश नहीं है। मैं उन्हें व्यक्तिगत रूप से नहीं जानता था, इसलिए किसी प्रकार का संस्मरण लिखना तो असम्भव ही है।

किन्तु आपके इस पुण्य कार्य की सफलता के लिए मैं अवश्य आपको अपनी शुभाकांक्षाएँ भेजना चाहूँगा।

आपका
निर्मल वर्मा

(2)

नयी दिल्ली

16-12-1979

प्रिय तिवारी जी,

आपका पत्र मिला, धन्यवाद।

आप 'दस्तावेज' का प्रेमचन्द-विशेषांक आयोजित कर रहे है यह जानकर बहुत खुशी हुयी। मैंने हाल में प्रेमचन्द पर एक छोटा-सा लेख विश्वविद्यालय की गोष्ठी में पढ़ा था। वह काफी अधूरा और असँवरा सा लेख है—यदि समय पर उसमें सुधार कर सका और छपने लायक बना सका, तो आपको भेजूँगा।

आशा है, सानन्द हैं।

आपका
निर्मल वर्मा

(3)

निराला सृजनपीठ द्वारा मध्यप्रदेश कला परिषद्
रवीन्द्र नाथ ठाकुर मार्ग भोपाल-462003

4-11-1981

प्रिय तिवारी जी,

आपका पत्र मिला, धन्यवाद।

मुझे यह जानकर बहुत खुशी हुयी कि आप गोरखपुर में चिन्तक लेखकों की व्याख्यान-माला आयोजित कर रहे हैं। यह जानकर भी सन्तोष हुआ कि इस सिलसिले में आप श्रीकान्त वर्मा और केदारनाथ सिंह को काव्य पाठ के लिए आमन्त्रित कर रहे हैं। आपने स्नेहवश मुझे भी बुलाया है। आप सब से मिलने ओर कुशीनगर देखने का भी अतिरिक्त आकर्षण है। किन्तु मेरे लिए इतनी जल्दी कोई प्रोग्राम बनाना असम्भव होगा। कौन से विषय पर बोलना सही और सार्थक होगा इस बारे में भी मैं निश्चित नहीं हूँ। यदि सम्भव हुआ तो आने की अवश्य कोशिश करुँगा।

आपने 8 वें दशक की कविता के बारे में कुछ प्रश्न पूछें हैं। पिछले दिनों जो नयी कविता पुस्तकें प्रकाशित हुयी हैं और उन पर जो आलोचनायें लिखी गयी हैं, दुर्भाग्यवश मैं नियमित रूप से उनके सम्पर्क में नहीं रह सका। इधर-उधर कुछ छुटपुट संग्रह अवश्य पढ़े हैं। इतनी कम जानकारी के आधार पर आपके प्रश्नों का उत्तर देना मुझे असम्भव सा जान पड़ता है।

आपके पत्र के साथ मुझे 'दस्तावेज' का नया अंक भी मिला। मैं अभी उसे केवल सरसरी निगाह से देख पाया हूँ, पढ़ने पर अपनी राय लिखूँगा।

आशा है सानन्द होंगे।

आपका
निर्मल वर्मा

(4)

28-11-1981

प्रिय तिवारी जी,

मैं इन दिनों दिल्ली में था, जहाँ श्रीकान्त वर्मा और केदारनाथ सिंह ने भी मुझे गोरखपुर के कार्यक्रम के बारे में बताया। अभी दो दिन पहले भोपाल लौटा हूँ और यहाँ मुझे आपकी चिट्ठी मिली।

मैं गोरखपुर अवश्य आना चाहता हूँ। आशा है जनवरी या फरवरी तक व्याख्यान के लिए कोई लेख लिख सकूँगा। मुझे फरवरी का महीना अधिक उपयुक्त जान पड़ता है, यों आप केदारनाथ सिंह और श्रीकान्त जी को लिखकर पता चलायें कि उनके लिए कौन सी तिथियाँ सुविधाजनक रहेंगी। यदि आप फरवरी में कार्यक्रम रखते हैं तो कृपया उसकी निश्चित तिथि मुझे लिख भेजें।

आप सबसे मिलकर बहुत खुशी होगी। कुशीनगर जाने का अतिरिक्त आकर्षण भी रहेगा। कृपया अपनी चिट्ठियाँ भोपाल के पते पर ही लिखें। आशा है सानन्द होंगे।

आपका
निर्मल वर्मा

(5)

13-1-1982

प्रिय तिवारी जी,

आज ही आपका पत्र मिला। मुझे आश्चर्य है कि आपको मेरा पहला पत्र नहीं मिला।

शायद आपको मालूम है, भोपाल में 13 फरवरी के दिन भारत-भवन का उद्घाटन हो रहा है। भविष्य में समस्त साँस्कृतिक कार्यवाहियों का केन्द्र यही भारत-भवन होगा, इससे आप इसके महत्व का आसानी से ही अनुमान लगा सकते हैं। उद्घाटन-दिवस पर यहाँ मेरा रहना जरूरी है। सम्भवतः श्रीकान्त वर्मा भी इस अवसर पर भोपाल आयेंगे। ऐसी स्थिति में 14,15 फरवरी के दिनों में गोरखपुर आना मेरे लिए असम्भव होगा। वैसे अगर श्रीकान्त वर्मा और केदारनाथ सिंह उन दिनों भोपाल नहीं आ रहे तो

मेरा सुझाव यह है कि मुझे छोड़कर ''रचना-82'' के लिए जो कार्यक्रम आपने पहले से ही निर्धारित किया है उसमें किसी तरह का परिवर्तन न करें। मैं कभी बाद में फिर आ सकता हूँ।

मुझे अफसोस है कि मेरे कारण आपको इतनी असुविधा हुयी। आशा है आपकी दक्षिण भारत की यात्रा सुखद रही।

आपका

निर्मल वर्मा

निशिकांत ठकार

(1)

सुरसंगत
राघवेन्द्र नगर
सोलापुर—413001

21-1-1987

प्रिय भाई विश्वनाथ प्रसाद जी,

दस्तावेज 29 और 30 प्राप्त हुए। आपका आभारी हूँ। आपके उज्जैन से चले जाने के बाद मैंने चन्द्रकान्त देवताले का पता ढूँढ़ लिया। ग्रांड होटल से बहुत दूर नहीं था। उसे भी रंज रहा कि आपसे मुलाकात नहीं हो सकी। संयोग ऐसा रहा कि मैं फिर 9/10 जनवरी को उज्जैन गया था। म.प्र. साहित्य परिषद् की ओर से समकालीन मराठी कविता पर संगोष्ठी के निमित। चन्द्रकान्त देवताले व पाटील दोनों थे। और हमने आपको याद किया।

दस्तावेज के दोनों अंक विशेषांक हैं और काफी वजनदार हैं। मराठी विशेषांक को लेकर चन्द्रकान्त पाटील से आरम्भिक चर्चा की है। मजे की बात यह कि इसी प्रकार का प्रस्ताव संगोष्ठी के सूत्रधार सोमदत्त ने भी 'साक्षात्कार' के लिए सामने रखा है। इस पर फिर विचार किया जा सकता है।

यथा समय कीजियेगा। आशा है आप स्वस्थ एवं सानन्द होंगे।

आपका
निशान्त ठकार

(2)

17-10-1987

प्रिय भाई,

दीपावली के शुभ पर्व पर मंगलकामनायें स्वीकार कीजिये। दस्तावेज बना रहे।

अंक 34 और फिर 33 दोनों आप की कृपा से प्राप्त हुए। आभारी हूँ। दोनों अंक दस्तावेज की पूर्व प्रतिष्ठा के अनुकूल ही हैं। गम्भीर और विचारोत्तेजक। चन्द्रकान्त पाटील का पत्र आया था। उसने आपको लिखा ही है। यथासमय मराठी की सामग्री जुटा पायेंगे यह उम्मीद है।

'साक्षात्कार' में आपके यात्रा वर्णन पढ़े और समानधर्मा अनुभूति का आनन्द पाया। पाठक को वहाँ पर होने का अनुभव देने में आप सफल हुए हैं और निस्सन्देह यह अनुभव व्यक्तित्व सम्पन्न भी है। अस्तु। इधर हड़ताल के कारण हमारी छुट्टियाँ समाप्त कर दी गयी हैं। जिसकी वजह से कहीं आना जाना या नया कुछ कर पाना मुश्किल-सा हो गया है।

स्वस्थ एवं सानन्द होंगे।

आपका

निशान्त ठकार

निरंजन श्रोत्रिय

(1)

भार्गव बिल्डिंग, कुशवाह ठेला उद्योग के पास,
कैंट रोड, गुना (म.प्र.) 473001

20-7-92

आदरणीय तिवारी जी,

स्वस्थ-सानन्द होंगे। आशा है, मेरा पूर्व पत्र मिला होगा और यह पत्र मिलने तक ''दस्तावेज'' के अंकों की राशि 200/- धनादेश से प्राप्त हो चुकी होगी।

''आखर अनन्त'' पढ़ने के बाद जब मैं प्रतिक्रिया लिखने बैठा तो मुझे लगा कि कई बातें कहने की इच्छा है। अतः वह प्रतिक्रिया थोड़ी लम्बी हो गयी यहाँ तक कि कुछ-कुछ समीक्षा की तरह। आप कृपया इसे पढ़ें और अपनी राय दें। आप स्वयं हिन्दी के प्रसिद्ध आलोचक हैं अतः सम्भव है आप शास्त्रीय कारणों से इसमें खामियाँ देखें। लेकिन इतना स्पष्ट कर दूँ कि यह एक पाठक का मत है। वैसे यह मैंने आपको प्रकाशनार्थ नहीं भेजी है लेकिन कृपया बतायें कि क्या इसे कहीं प्रस्तुत किया जा सकता है?

शेष शुभ।

पत्रोत्तर की प्रतीक्षा में,

आपका
निरंजन श्रोत्रिय

(2)

18-8-92

आदरणीय तिवारी जी,

आपका पत्र मिला। 'आखर अनन्त' की समीक्षा (लगभग लम्बी प्रतिक्रया) आपको पसन्द आयी। धन्यवाद। यह समीक्षा मैंने 'अक्षरा' को दी है जिसके कार्यभारी सम्पादक विजयकुमार हैं। यदि आप कुछ पत्रिकायें सुझा देते, जैसा कि मैंने अपने पत्र में पूछा था तो वहाँ दी जा सकती थी। खैर। गुना में

'प्रयास' संस्था का एक दिवसीय आयोजन सफल रहा। बहुत विचारोत्तेजक रहा। मैंने निमंत्रण भिजवाया था, मिला होगा। इस अवसर पर एक पुस्तिका 'परिदृश्य' निकली है जिसके प्रथम खण्ड में आपकी कविता 'उड़ गयी माँ' को मैंने सम्पादन सहयोग के बतौर सम्मिलित किया है। यह कविता अद्‌भुत है। एक प्रति अवलोकनार्थ भिजवा रहा हूँ।

विनोद कुमार शुक्ल पर आलेख तैयार कर रहा हूँ। दरअसल उनके नए संग्रह 'सब कुछ होना बचा रहेगा' के प्रकाशन के बाद उस पुराने आलेख को पुनः लिखने की जरूरत है। शीघ्र ही भिजवाऊँगा। 'दस्तावेज' में प्रकाशित मेरी दस कविताओं पर पाठकीय प्रतिक्रियायें क्या रहीं, कृपया अवगत कराईएगा। कृपया 'दस्तावेज' का नया अंक भी मुझे भेजें। वार्षिक सदस्यता की औपचारिकता शीघ्र ही पूरी कर दूँगा।

पत्र की प्रतीक्षा में,

आपका

निरंजन श्रोत्रिय

(3)

22-9-92

आदरणीय तिवारी जी,

आपका पत्र मिला। 'अक्षरा' के वर्तमान सम्पादक श्री विजयकुमार का पत्र आया है कि वे इसे (आखर अनन्त की समीक्षा) अगले अंक में (सम्भवतः) देंगे। और भी कुछ बातें लिखी हैं, उस पत्र की फोटो प्रति आपको भेज रहा हूँ ताकि आप अवलोकन कर निर्णय ले लें। मैं आपके निर्णय से सहमत रहूँगा। वैसे मेरी इच्छा है कि यह किसी अच्छी पत्रिका में अविकल छपे। बहरहाल! मुझे सूचना दीजियेगा।

विनोद कुमार शुक्ल पर लेख कल ही पूरा हुआ। अब इसे टाइप कर रहा हूँ। दो-तीन दिन में आपको भेज दूँगा। लेख थोड़ा लम्बा है, आप देखियेगा कि 'दस्तावेज' में इसका उपयोग हो सकेगा या नहीं। वैसे कवि के समूचे आकलन के प्रयत्न में लेख लम्बा हो ही जाता है।

अभी ''माया'' में 'आखर अनन्त' की समीक्षा पढ़ी थी छोटी-सी। 'दस्तावेज' के अगले अंक की प्रतीक्षा है। 53-54 अंक मुझे 'दस्तावेज' के पुराने अंकों के बंडल में ही मिल गये थे।

विश्वास है, स्वस्थ-सानन्द हैं।

घर पर सभी को यथायोग्य।

आपका

निरंजन श्रोत्रिय

पुनश्चः यदि समीक्षा 'गगनांचल' में आती है तो 'अक्षरा' में उसे संग्रह पर टिप्पणी के रूप में भी दे सकते हैं। अपना निर्णय मुझे शीघ्र सूचित कीजियेगा। मैं 2 से 8 अक्तूबर तक उज्जैन तथा फिर 9 से 12 अक्तूबर तक भोपाल में रहूँगा। इसके पहले ही आपका जवाब आ जाये तो विजयकुमार से व्यक्तिगत चर्चा भोपाल में कर लूँगा।

नीलाभ

(1)

5-खुसरो बाग रोड, इलाहाबाद-1

4-5-1988

प्रिय भाई,

एक अर्सा पहले आपने मुझे 'जंगल खामोश है' की समीक्षा भेजी थी, इस आशय के साथ कि उसे देख लूँ और टाइप करा के एक प्रति आपको भिजवा दूँ। यह बात मार्च 1978 की है। उसके बाद जिन्दगी बड़ी तेजी से कई बार बदली। विदेश गया। चार वर्ष वहाँ रहा। फिर इस्तीफा देकर लौटा। पीछे मेरी गैर मौजूदगी में बड़ी अव्यवस्था पैदा हो गयी थी। घरेलू परेशानियाँ भी थी। प्रकाशन बहुत पिछड़ गया था। सो, जब से लौटा, उसी को ठीक करता रहा।

खैर, तीन दिन पहले कुछ पुरानी फाइलें देख रहा था तो आपकी समीक्षा और उसकी टंकित प्रति मिली। अनुमान किया कि यह आपको भेजने से रह गयी होगी। दस साल गुजर चुके हैं, यहाँ यमुना के पुल के नीचे से ढेरों पानी बह चुका है। फिर भी शायद आपको इस समीक्षा की कहीं जरूरत पड़े। लिहाजा भेज रहा हूँ।

इस बीच आपसे सम्पर्क नहीं रहा है इसलिए नहीं जानता आजकल आप किसी चीज में मशगूल हैं। अलबत्ता आपके कविता संग्रह पर एक समीक्षा किसी पत्रिका में पढ़ने को मिली थी। हाल-चाल दीजियेगा।

अर्सा पहले हमने हिन्दी की प्रमुख कृतियों पर मूल्यांकन और मूल्यांकन माला शुरू की थी। कामायनी, गोदान और निराला की कवितायें शीर्षक से तीन पुस्तकें प्रकाशित भी हुयी थीं। अब इस माला को आगे बढ़ाने का विचार है। फिलहाल, डॉ. सत्यप्रकाश मिश्र 'शेखर एक जीवनी' और 'मैला आँचल' पर पुस्तकें सम्पादित कर रहे हैं। इनमें आपके भी लेख चाहिए। अनुरोध-पत्र संलग्न है। जल्द ही उत्तर दीजियेगा।

इसके अलावा बताइयेगा अगर आप भी ऐसी कोई पुस्तक हमारे लिए सम्पादित कर सकें। कर सकेंगे तो कृतियों की सूची आपको भेजूँगा ताकि आप पसन्दीदा कृति का चुनाव कर सकें।

इस बीच अगर इलाहाबाद आयें तो मिलकर खुशी होगी।

सप्रेम

आपका
नीलाभ

(2)

25-11-1997

प्रिय भाई,

यह पत्र जल्दी-जल्दी में लिख रहा हूँ। कारण आप समझ ही लेंगे।

'अश्क स्मृति समारोह' का निमन्त्रण पत्र संलग्न है। आपको एक सत्र की अध्यक्षता करनी है। यहाँ पर सब उत्सुकता से 14-12-97 का इन्तजार कर रहे हैं।

अपने आने की पक्की सूचना....यानी किस गाड़ी से, किस समय, आदि हमें लौटती डाक से दें। साथ ही यह भी बता दें कि आपकी वापसी की सीट किस गाड़ी से किस दिन की बुक करायी जाय।

आप आयोजनों की अस्त-व्यस्तता और अफरा-तफरी से वाकिफ हैं, लेकिन मैं इत्तफाक के भरोसे कुछ नहीं छोड़ना चाहता। न यह चाहता हूँ कि हमारी गफलत से किसी को कोई कष्ट हो। अस्तु।

बाकी सब ठीक है। अब आपके आने की प्रतीक्षा है।

सप्रेम

आपका

नीलाभ

(3)

11-9-98

प्रिय भाई,

आशा है यह पत्र आपको पूरी तरह स्वस्थ और सानन्द पायेगा।

जब पिछली बार आपसे इलाहाबाद में भेंट हुयी थी तो मेंने आपसे इस विषय पर चर्चा की थी कि हम 'नीलाम प्रकाशन' से अन्य लेखकों की भी पुस्तकें प्रकाशित करने का क्रम शुरू करना चाहते हैं और कुछ ऐसी पुस्तकें छापना चाहते हैं जो पाठकों, छात्रों तथा आलोचकों के बीच लोकप्रिय हो सकें। मैंने आपसे कुछ योजनाओं के सिलसिले में भी राय मश्विरा किया था। इसके बाद मुझे श्वेताभ ने बताया था कि आपने अज्ञेय पर एक पुस्तक लिखी है। मैंने उससे कहा था कि वह उसके प्रकाशन के सम्बन्ध में आपसे बात करें। कुछ समय बाद उसने बताया कि वह पुस्तक आप पहले ही नैशनल पब्लिशिंग हाऊस को देने का वायदा कर चुके हैं। मैं जानता हूँ आपको प्रकाशकों की कोई कमी नहीं है, लेकिन मुझे आपका सहयोग चाहिए और यह अनुरोध नहीं, आग्रह है।

आपने हमारी 'मूल्यांकन और मूल्यांकन माला' देखी है। अब तक हमने उसमें तीन पुस्तकें प्रकाशित की हैं। 'गोदान', 'कामायनी' और 'निराला की कवितायें'। मेरी हार्दिक इच्छा है कि आप इस 'मूल्यांकन और मूल्यांकन माला' के अन्तर्गत कम-से-कम दो पुस्तकों का सम्पादन हमारे लिए करें।

इस विषय में मैंने आज ही सत्यप्रकाश से बातचीत की थी। उन्होंने कहा कि विश्वनाथ जी अवश्य

सहयोग देंगे। उनका भी आग्रह मेरे आग्रह में शामिल समझें।

इस क्रम में जो पहली कृति मैंने चुनी है, वह 'अपने अपने अजनबी' है। पुस्तक की रूपरेखा इस प्रकार है कि कुछ पहले से प्रकाशित और कुछ नये लेख इस कृति के विभिन्न पक्षों की समीक्षा करते हुए पुस्तक में शामिल किये जायें। आरम्भ में आपकी एक विस्तृत भूमिका रहे और अन्त में कृति के बारे में महत्वपूर्ण समीक्षकों की टिप्पणियाँ। ये टिप्पणियाँ ऐसे ग्रन्थों या लेखों से उद्धृत की जायेगीं जिनमें हिन्दी के उपन्यासों अथवा अज्ञेय के उपन्यासों की चर्चा करते हुए 'अपने अपने अजनबी' पर विचार व्यक्त किये गये हों। पुस्तक का आकार डिमाई साइज के 160 पृष्ठ होगा। ऐसी पुस्तकों का मूल्य अपेक्षाकृत कम रखना पड़ता है तो भी हमने इस बात की व्यवस्था की है कि सम्पादक को 3000 रु. एक मुश्त दिये जायें पारिश्रमिक यदि आप चाहें तो आपके माध्यम से दिया जायेगा।

मुझे पूरा विश्वास है कि आप भरे इस आग्रह मरे अनुरोध का मान रखेंगे और लौटती डाक से अपनी स्वीकृति हमें भेज देगे ताकि आपको हम अग्रिम राशि भिजवा सकें।

हमारी इच्छा है कि हम पुस्तक को दिसम्बर में प्रकाशित कर दें। दूसरी कृति के बारे में आप खुद ही मुझे सुझायें कि आप किस कृति पर इस माला के अन्तर्गत सम्पादन करना चाहेंगे।

शुभकामनाओं सहित,

आपका
नीलाभ

(4)

28-1-2000

प्रिय भाई,

यह पत्र मैं आपको एक विशेष कारण से लिख रहा हूँ।

हाल के दिनों में बीसवीं सदी के साहित्यिक और साहित्येतर परिदृश्य के बारे में विचार करते हुए अकसर कुछ विशेष बिन्दु मेरे मन में कौंधते रहे हैं। मिसाल के तौर पर पिछले सौ वर्षों के अर्से में साहित्य तो हिन्दी में बहुत लिखा गया है और साहित्यालोचन तथा समीक्षा आदि से सम्बन्धित सामग्री भी प्रचुर मात्रा में मिलती है, मगर साहित्य से जुड़ा ऐसा साहित्येतर काम ज्यादा नहीं हुआ, जिससे हिन्दी साहित्य के पीछे की, अकसर नजरन्दाज रह जाने वाली दृश्यावली अथवा साहित्य की मुख्य—दिखने वाली—धारा के पीछे की अन्तर्धारायें या अन्र्कथायें सामने आ सकें।

अपने सहकर्मियों-समकालीनों से बातचीत के दौरान इस कार्य की एक अस्पष्ट सी रूप-रेखा मेरे मन में बनती रही है, जिसे पिछले दिनों मैंने किसी कदर स्पष्ट रूप देने का प्रयास किया है और जिसे मैं आपके साथ मिल-बाँटना चाहता हूँ। मैंने इस साहित्येतर कार्य के तीन प्रमुख सरोकार चिन्हित किये हैं:

1. साहित्यिक नगर— अन्य भाषाओं के साहित्य की तरह हिन्दी की भी साहित्यिक गतिविधि का अधिकांश कुछ विशेष नगरों से जुड़ा रहा है। सुविधा के लिए हम इन्हें साहित्यिक केन्द्रों के नाम देते रहे

हैं। जाहिर है, हिन्दी की साहित्यिक सरगर्मियों का जायजा इन नगरों के चरित्र-चित्रण के बिना अधूरा रहेगा। फिर, कुछ नगर इसलिए भी महत्वपूर्ण हो उठते हैं क्योंकि वे एक समूचे दौर के साक्षी रहे होते हैं। प्रसाद का बनारस जैसा कि वह उनकी रचनाओं में झलकता है, महज एक शहर की नहीं, एक संस्कृति, एक मिजाज की झलक देता है।

2. साहित्यिक विवाद— अकसर साहित्यिक गतिविधि का एक बहुत बड़ा हिस्सा गम्भीर-अगम्भीर विवादों से जुड़ा रहता है। बहसें और विवाद—और यदा-कदा प्रवाद भी—साहित्यिक गतिविधि को प्रेरित-प्रभावित करते पाये जाते हैं।

3. साहित्यिक स्मृतियाँ— साहित्य से जुड़ी स्मृतियों का ताल्लुक उन तमाम सरगर्मियों से है, जो किसी काल-विशेष के साहित्यिक परिवेश और परिदृश्य में रंग भरती हैं। मिसाल के तौर पर आयोजन, आन्दोलन, गोष्ठियाँ, अड्डेबाजी, जमावड़े, व्यक्ति-चर्चायें, लतीफे-चुटकुले, किस्से-कहानियाँ, यहाँ तक कि साहित्यकारों के आपसी सम्बन्ध, छेड़-छाड़, छीटाकशी और पुराने तथा नयी पीढ़ी के साहित्यकारों के आपसी सम्बन्ध।

संलग्न पत्रक में आपको इन तीनों सरोकारों के बारे में विस्तृत जानकारी देने का प्रयास किया गया है। 'महात्मा गाँधी अन्तर्राष्ट्रीय हिन्दी विश्वविद्यालय' के कुलपति श्री अशोक वाजपेयी ने भी इन सरोकारों के महत्व को स्वीकार करते हुए विश्वविद्यालय की ओर से इन पर समुचित कार्य करने की कठिन जिम्मेदारी मुझे सौंपी है। यह पत्र इसी सिलसिले में आपको लिख रहा हूँ।

हमारा मानना है कि आप स्वयं एक लम्बे दौर के साक्षी हैं और आपके पास ऐसी अनेक बहुमूल्य स्मृतियाँ हैं, जो एक काल-विशेष के साहित्यिक परिदृश्य की तसवीर को मुकम्मल करने के काम में सहायक और जरूरी सिद्ध हो सकती हैं।

इस सब को डॉक्यूमेण्ट करने के लिए हम आपसे एक खुली, अनौपचारिक बातचीत रिकॉर्ड करना चाहते हैं। बातचीत लगभग दो घण्टे की होगी और ऑडियो टेप पर रिकार्ड की जायेगी। यह समूचा सम्वाद 'महात्मा गाँधी अन्तर्राष्ट्रीय हिन्दी विश्वविद्यालय' के अभिलेखागार का हिस्सा बनेगा। हमारी कोशिश यह भी रहेगी कि इस बातचीत का लिप्यन्तरण करके इसका एक सम्पादित अंश पाठकों को भी उपलब्ध करायें।

आपकी सुविधा के लिए एक प्रश्नावली भी संलग्न है, जो पत्रक में वर्णित तीनों सरोकारों को ध्यान में रख कर बनायी गयी है। प्रश्नावली का उद्देश्य सिर्फ हमारी जिज्ञासाओं के स्वरूप और विस्तार का अनुमान कराना है। बातचीत यकीनन इतनी औपचारिक नहीं होगी।

मुझे विश्वास है, आप संलग्न रूपरेखा और प्रश्नावली को ध्यान से पढ़ेंगे और इस सम्वाद के लिए अपनी स्वीकृति देकर अनुगृहीत करेंगे। आपकी स्वीकृति मिलने के बाद हम आपकी सुविधा के अनुसार बातचीत का समय तय कर लेंगे।

आपके उत्तर की प्रतीक्षा में,

शुभकामनाओं सहित,

आपका

नीलाभ

नेमिचन्द्र जैन

(1)

आई-47, जंगपुरा ऐक्सटैंशन, नई दिल्ली-14

23-2-71

प्रिय भाई,

आपका 18/2 का पत्र मिला। धन्यवाद।

अज्ञेय जी के बारे में मैं कुछ लिखना जरूर चाहूँगा, पर क्या अप्रैल के अन्त तक निबन्ध भेजने से काम नहीं चलेगा? अगले एक-डेढ़ महीने मैं कुछ ज्यादा ही व्यस्त हूँ। आशा है यह सम्भाव होगा।

मेरे लिखे हुए निबन्धों में सिर्फ 'नदी के द्वीप' पर ही है जिसे मैं अब इस ग्रन्थ में नहीं देना चाहता। वैसे भी मैं उनकी कविता के किसी एक पक्ष पर लिखना चाहता हूँ। यदि आप इस ग्रन्थ के सम्भव्य निबन्ध और उनके लेखकों के नाम मुझे सूचित कर सकें तो बड़ी कृपा होगी। तब तक मैं अपने निबन्ध का निश्चित विषय भी आपको सूचित करने की स्थिति में हो सकूँगा।

साथ ही यह भी सूचित करें कि ग्रन्थ प्रकाशित कहाँ से होगा और लेखकों के पारिश्रमिक आदि की क्या व्यवस्था होगी।

आपके पत्र की प्रतीक्षा रहे।

साभिवादन
नेमिचन्द्र जैन

(2)

14-1-1980

प्रिय भाई,

आपका 2-1-80 का पत्र मिला। 'दस्तावेज' के अंक मुझे नियमित रूप से मिलते रहे हैं और हजारी प्रसाद द्विवेदी स्मृति अंक भी डॉ. केदारनाथ सिंह से मिल गया था। इसके लिए आभारी हूँ। मैं आपका नाम 'नटरंग' की विनिमय सूची में शामिल कर रहा हूँ और नवीनतम अंक भेज रहा हूँ। आशा है आपको यह व्यवस्था स्वीकार होगी।

जहाँ तक 'दस्तावेज' के लिए लिखने का सवाल है, तुरन्त ही शायद कुछ लिख सकना सम्भव

न हो। मेरे ऊपर पहले से ही किये हुए वादों का इतना बोझ है कि और कुछ भी अपने सिर पर लेते घबराता हूँ। यों भी आपका प्रेमचन्द विशेषांक तो बहुत जल्दी निकल रहा है। अगले कुछ हफ्तों में मैं कई चीजों में उलझा हुआ हूँ। वैसे आपका विषय आकर्षक अवश्य लगता है।

'दस्तावेज' के लिए मैं आगे से अवश्य कुछ-न-कुछ लिखने की कोशिश करूँगा।

आशा है सानन्द हैं।

साभिवादन

नेमिचन्द्र जैन

(3)

12-4-1982

प्रिय भाई,

आपका 4 अप्रैल का पत्र मिला। 'दस्तावेज' के नये अंक की प्रतीक्षा है।

यह अच्छा विचार है कि आप 'दस्तावेज' का अगला अंक आलोचना पर केन्द्रित करेंगे। पर इसके लिए मैं नया कुछ लिख पाऊँगा, इसकी सम्भावना फिलहाल बहुत नहीं लग रही है। दरअसल अगले दो-तीन महीने मैं अपनी एक पुस्तक पूरी करने में लगाना चाहता हूँ। इसलिए कोई लेख अलग से लिखना सम्भव नहीं हो पायेगा। यह विचार भी मुझे बहुत आकर्षक नहीं लगता कि पहले प्रकाशित समीक्षा को अपने अंक में दुबारा छापें। फिर भी आपका विशेष आग्रह होने पर मलयज की पुस्तक 'कविता से साक्षात्कार' की समीक्षा की एक प्रतिलिपि मैं आपको भिजवा दूँगा। मुक्तिबोध के बारें में अलग से लिखना चाहता हूँ पर पता नहीं यह काम कब तक पूरा होगा।

'जनान्तिक' 1981 के अंत में प्रकाशित हुआ, सम्भावना प्रकाशन, हापुड़ से। आप चाहें तो प्रकाशक को लिखें। मैं समझता हूँ कि वे समीक्षा के लिए प्रति आपको भेज देंगे।

आशा है सानन्द हैं।

साभिवादन

नेमिचन्द्र जैन

(4)

14-10-1983

प्रिय तिवारी जी,

आपका 2 अक्तूबर का पत्र मिला। धन्यवाद।

यह जानकर बड़ी दिलचस्पी हुयी कि 'दस्तावेज' के अगले दो अंक रामचन्द्र शुक्ल और रामविलास शर्मा पर विशेष सामग्री पर होंगे। उनकी उत्सुकता से प्रतीक्षा रहेगी।

जहाँ तक इन अंकों के लिए लिखने का सवाल हैं, मैं बहुत ही लज्जित हूँ कि इस स्थिति में नहीं हूँ कि कोई आश्वासन दे सकूँ। पहले से ही जो काम मैंने स्वीकार कर रखा है वह किसी तरह पूरा होने में नहीं आ रहा। मेरी अन्य पुस्तकों की पांडुलिपियाँ भी लगभग तैयार होकर पड़ी हैं। उन्हें मुकम्मिल करके प्रकाशक को दें सकने का समय नहीं मिल रहा है। इसलिए इसकी सम्भावना बहुत कम ही दिखती है कि आपके लिए कुछ लिख सकूँगा। इसके अतिरिक्त इन दोनों ही व्यक्तियों के बारे में मेरी जानकारी बहुत ही सीमित है, और कुछ भी लिखने के लिए बहुत परिश्रम करना पड़ेगा।

आशा है मेरी असमर्थता के लिए मुझे क्षमा करेंगे।

एक बात और! मेरी पुस्तक जनांतिक जब प्रकाशित हुयी थी तब कुछ ऐसी बात थी कि उसकी समीक्षा कभी दस्तावेज में निकलेंगी। जहाँ तक मुझे याद है उसकी प्रतियाँ भी दस्तावेज को भिजवायी गयी थीं। उसका क्या हुआ? यह केवल कुछ उत्सुकतावश ही लिख रहा हूँ, कोई शिकायत या विशेष आग्रह इसके पीछे नहीं है।

आशा है सानन्द हैं। शुभकामनाओं के साथ,

आपका

नेमिचन्द्र जैन

(5)

29-3-1990

प्रिय तिवारी जी,

आप जानते ही हैं, कुछ समय पहले नटरंग का अर्धशती विशेषांक संयुक्तांक 50-52 प्रकाशित हुआ जिसका लोकार्पण विख्यात रंगकर्मी श्री शम्भु मित्र ने किया था। यह अंक आपके पास भेजा गया है। आशा है आपको मिला होगा।

आप सहमत होंगे कि इसमें समकालीन हिन्दी रंगमंच के सम्बन्ध में बहुत-सी ऐसी नयी और विशिष्ट सामग्री है जिसकी हिन्दी नाटक और रंगमंच के सन्दर्भ में सामयिक ही नहीं, एक हद तक दीर्घकालीन प्रासंगिकता हो सकती है।

इस दृष्टि से यदि आप अपनी पत्रिका में इसकी समीक्षा प्रकाशित कर सकें तो साहित्य और रंगमंच में रूचि रखने वाले अनेक पाठकों को तो उसका कुछ परिचय मिलेगा ही, नटरंग का प्रयास भी सार्थक होगा।

आशा है आप यह सम्भव पायेंगे। यदि समीक्षा के लिए अंक की एक और प्रति की आवश्यकता हो तो लिखें।

आशा है सानन्द हैं।

शुभकामनाओं के साथ,

आपका

नेमिचन्द्र जैन

(6)

15-3-1993

प्रिय बन्धु,

नटरंग प्रतिष्ठान एक निजी न्यास (ट्रस्ट) है जो रंगमंच, साहित्य, कला और संस्कृति के उत्थान, विशेषकर नाट्यसम्बन्धी सर्वेक्षण, प्रलेखन, अध्ययन और अनुसंधान के लिए स्थापित किया गया है। निस्संदेह दिल्ली में संगीत नाटक अकादेमी और राष्ट्रीय नाट्य विद्यालय जेसे संस्थान सक्रिय हैं जिनके पास देश के विभिन्न क्षेत्रों की प्रदर्शनकारी कलाओं के सम्बन्ध में दृश्य-श्रव्य सामग्री मौजूद हैं। पर उत्तर भारत, विशेषकर हिन्दी भाषी क्षेत्र के लिए ऐसी कोई संस्था नहीं है जहाँ भारतीय और हिन्दी रंगमंच के लिए किसी ऐतिहासिक, व्यवाहारिक या समीक्षात्मक पक्ष की सामान्य जानकारी अथवा उस पर कोई गम्भीर काम करने के लिए आवश्यक सामग्री उपलब्ध हो।

आपको यह जानकर प्रसन्नता होगी कि नटरंग प्रतिष्ठान को ऐसी बहुमूल्य सामग्री बड़ी मात्रा में सुलभ है। यह सामग्री पिछले 30-40 वर्ष में संग्रहीत हुयी है। इसमें पुस्तकों के अतिरिक्त पत्रिकायें, स्मारिकायें, दुर्लभ अखबारी कतरनें, आलेख, फोटोग्राफ, स्लाइड, ऑडियो कैसेट आदि हैं जिन सबका किसी एक स्थान पर मिलना शायद मुश्किल है। इस सामग्री को व्यापक उपयोग के लिए एक स्थान पर सुलभ करने के उद्देश्य से नटरंग प्रतिष्ठान ने एक रंग साधन केन्द्र स्थापित किया है।

लक्ष्य तो यह है कि नाटक और रंगमंच का ऐसा संग्रहालय स्थापित हो सके जहाँ रंगशालाओं से सम्बन्धित सभी जानकारी सुलभ हो और जहाँ दृश्य-श्रव्य सामग्री को देखने-सुनने की सुविधा हो, जिससे रचनाकार और अध्येता सुविधापूर्वक काम कर सकें। इसकी भी योजना है कि प्रतिष्ठान द्वारा पत्रिका और पुस्तकों का प्रकाशन किया जाये जिससे यह सामग्री को व्यवस्थित करने और उसकी सूचियाँ, अनुक्रमणिकायें आदि बनाने के साथ-साथ नयी सामग्री के संग्रह का भी कार्य करेगा। इसके अतिरिक्त व्याख्यानों, कार्यशालाओं और विचार-गोष्ठियों तथा प्रदर्शनियों के आयोजन भी किये जायेंगे।

आपको यह जानकर प्रसन्नता होगी कि आपकी प्रतिष्ठित पत्रिका भी रंग साधन केन्द्र के संग्रहालय में है। मगर दुर्भाग्य से पत्रिका के कुछ अंक हमारे संग्रह में नहीं हैं जिनकी सूची संलग्न है। यदि ये अंक भी उपलब्ध हो जायें तो केन्द्र का संग्रह अधिक सम्पूर्ण और समृद्ध हो सकेगा। इन अंकों के बिना पत्रिका को सजिल्द करके रखना भी सम्भव नहीं हो पा रहा है।

यदि आप ये अंक भेज सकें तो हम बहुत आभारी होंगे। इस सम्बन्ध में आपके उत्तर की बहुत उत्सुकता से प्रतीक्षा रहेगी।

आशा है आपका सहयोग अवश्य मिलेगा।

शुभकामनाओं के साथ,

आपका

नेमिचन्द्र जैन

पद्मा सचदेव

(1)

I-B-I, GIRIRAJ
ALTAMOUNT ROAD, BOMBAY 400026

आदरणीय तिवारी जी,

मुझे याद किया उसके लिए धन्यवाद। सामग्री मार्च के अन्त या अप्रैल के शुरू में भेज सकूँगी। मेरे पति जो गायक हैं उस्ताद अमीर खाँ साहेब की बरसी मना रहे थे। पाँच दिन की कान्फ्रेंस थी सो मैं भी बेहद व्यस्त रही। अभी भी हूँ। इस लेख पर पहिले बहुत पढ़ने की आवश्यकता है। आशा है आप मुझे कुछ दिन अधिक देंगे। पत्र अवश्य लिखिये।

आपकी
पद्मा

(2)

आदरणीय तिवारी जी,

आपकी आज्ञानुसार दो कवियों की डोगरी रचनाओं का अनुवाद भेज रही हूँ। अनुवाद इधर उधर करना चाहें तो कर लें। मेरी कवितायें जो आपके पास हैं उन्हीं में से जो पसन्द आये छाप लें। मेरे योग्य और कोई सेवा हो तो लिखें। 8 जून के धर्मयुग में मेरा डोगरी के नये लेखकों पर एक लेख आया है। आशा है आपने देखा होगा। 11 मई की वीकली में भी एक लेख था।

आपकी
पद्मा

(3)

आदरणीय तिवारी जी,

लेख भेजने में जो देर हुयी उसके लिए क्षमाप्रार्थी हूँ। आशा है लेख आपकी आवश्यकता के अनुसार ही है। मेरा दस्तखत बहुत ही खराब है। आशा है आप लेख ठीक से पढ़ लेंगे। छपने पर दो चार कापियाँ अवश्यक भेजियेगा।

मेरे योग्य कोई सेवा।

आपकी
पद्मा सचदेव

पाण्डेय शशिभूषण शीतांशु

(1)

हिन्दी-विभाग
गुरुनानक यूनिवर्सिटी
अमृतसर(पंजाब)

28-11-1977

प्रिय एवं मान्य भाई,

सादर नमस्कार स्वीकारें।

आपका स्नेह पत्र मिला। प्रसन्नता हुयी। जैनेन्द्र वात्स्यायन का पता भी प्राप्त हुआ। उन्हें पत्र लिख दिया है। निबन्ध की वापसी की प्रतीक्षा में हूँ।

हिन्दी में समीक्षा-कर्म अब विरल हो गया है। समीक्षक समीक्षा का दायित्व नहीं समझते। वस्तुनिष्ठ रूप में समीक्ष्य कृति में जो सामग्री है, उसका परिचय भी देना नहीं चाहते। पाठकीय दायित्व (को) वे भूल जाते हैं। कृति की समीक्षा केवल कृति के लेखक के प्रति दायित्व नहीं है, बल्कि यह दायित्व उस व्यापक पाठक संसार से जुड़ा है, जो बिना कृति पढ़े यह जानना चाहता है कि कृति में क्या है। इसके बाद ही पुजाई और खिंचाई महत्व रखती है। यह दुर्भाग्य है कि डॉ. नगेन्द्र द्वारा गोपालराय को यह लिखे जाने के बाद भी कि तेजाबी कलम से समीक्षा नहीं लिखी जाती, गोपाल राय को होश नहीं आये। उन्होंने 'वैतरणी' (भैया शिवप्रसाद सिंह) की समीक्षा उस समय की जब बी.एच.यू. में रीडर का अन्तर्व्यूह होने वाला था। और वे अपनी समीक्षा के सहारे स्वयं को रीडर रूप में बी.एच.यू. में प्रतिष्ठित करना चाहते थे, अभ्यर्थी थे। उन्होंने 'तुलसीः आधुनिक वातायन' से की 'समीक्षा' में वचनदेव जी से तब समीक्षा करायी जब अपने डॉ. मेघ प्रोफेसर शिप के उम्मीदवार हो रहे थे और गलत आरोपों से समीक्षा भरी गयी। गोपाल राय समीक्षक को आग्रही पत्र भी लिखते रहे हैं। बहुत आरम्भ में डॉ. नागेश्वर लाल से वे ऐसी समीक्षायें मँगवाते थे। हाँ, यह दूसरी बात है कि परमानन्द जी को मैं इतना छोटा नहीं समझता था। मैंने गोरखपुर से आपके और उनके नामों के लिए लिखा था तथा दिल्ली से रवीन्द्रनाथ श्रीवास्तव के नाम के लिए, क्योंकि उस कृति में एक शैली वैज्ञानिक विश्लेषण भी था। उन्होंने 'परमानन्द जी को कृति भेज दी। मैं खिंचाई किये जाने का समर्थन करता हूँ। पर उसके पीछे तार्किक बन्धन होना चाहिए। परमानन्द जी की समीक्षा में अहमन्य बचकानापन लगा है। वैसे मैंने उनके एक निबन्ध के विषय में अपने शोध प्रबन्ध में लिखा था—"कल्पना के नवलेखन विशेषांक-1 में डॉ. परमानन्द श्रीवास्तव का लेख 'नयी कहानीःप्रयोग की सार्थकता' अत्यन्त ढीला-ढाला और विवेच्य-बिन्दुहीन है। यह प्रारुपात्मक

भी नहीं है। सम्भव है, मेरी कृति पर की गयी समीक्षा इसका उत्तर हो। ऐसे मैं काव्यभाषा और कथा भाषा तथा निराला काव्य की समझ के मामले परमानन्द जी को अपने सामने कभी तरजीह न दे पाया हूँ और न दे ही सकूँगा। उनकी पुस्तक नेशनल वाली भी देखी है। मेरा शोध छात्र उसकी बखिया ढीली और तार-तार कर रहा है—तकाजे तथ्य और प्रतिपादन और चिन्तन चोरी के हैं, पूर्वग्रस्तता के नहीं! मैं भी समीक्षक और समीक्षा कर्म पर एक लेख लिखना चाहता हूँ।

आपकी बधाई से आनन्दित हुआ। सेमिनार के दिनों में आपने शुभकामनायें भी की थी। डॉ. मेघ से पिछले 8 वर्षों से आत्मीय परिचय रहा है। हम लोग आपका पत्र आने के दिन आपकी सम्मिलित चर्चा करते रहे। शुभकामनाओं और बधाई के लिय आनत हूँ। दूरवासी अनुज को याद रखेंगे।

'नेशनल- अगले मास तक पुस्तक छाप देगा, इस समाचार ने प्रसन्न किया। कृपया पुस्तक यहाँ के पते पर भिजवायेंगे। पुस्तक देखने को अभी से उत्सुक हो उठा हूँ।

आप हमारे विश्वविद्यालय में आयेंगे। फिर प्रसन्न भाव से हम लोग वार्ता—रस में पगेंगे डूबेंगे। अवधि प्रतीक्षित है।

विद्यासागर विद्यालंकार को प्रकर के लिए 'अर्थगौरव' की 2 प्रतियाँ चली गयी हैं। उनके यहाँ से आपको 1 समीक्ष्यप्रति शीघ्र ही प्राप्त होगी। आप समय निकालकर कृपया पूरी पुस्तक पढ़ेंगे और शीघ्र ही समीक्षा उन्हें भेज देंगे। शेष कुशल है।

आशा है, स्वस्थ-प्रसन्न हैं।

स्नेह भाई,
शीतांशु

(2)

मकान- 4856, गुरु अर्जुनदेव नगर
डाकखानाः खालसा कॉलिज, अमृतसर

10-10-1983

आदरणीय भाई,

अभिवादन स्वीकारें!

आपका 1/10 का लिखा कृपा-पत्र मिला। प्रसन्नता हुयी। विशेषांक की आपकी योजना अच्छी है। 'आचार्य रामचन्द्र शुक्ल के मनोभावमूलक निबन्धों की शैली' और 'निराला का काव्यमर्म और रामविलास शर्मा की भावनधर्मिता' जैसे विषयों पर निबन्ध तैयार कर सकूँगा। आप यथा योग्य लौटती डाक से विषय-सम्पुष्टि करें, तो लेखन-निरत होऊँ।

मेरी पुस्तक 'शैलीविज्ञान का इतिहास' तो आपने श्री अशोक से देखी ही है। दूसरी पुस्तक भी दिल्ली से एक दूसरे प्रकाशन से 'शैलीविज्ञानः प्रतिमान और विश्लेषण' नवम्बर में आ रही है। दोनों की

प्रतियाँ आपको इकट्ठी भेजूँगा—क्या दस्तावेज में दोनों ही पुस्तकों की इकट्ठी समीक्षा आप दे सकेंगे?

मेरी पुस्तक 'रचना-सन्दर्भ और काव्यभाषा' तथा 'प्रगामी आलोचनाः अद्यतन प्रवृतियाँ' के लिए प्रकाशकों की खोज जारी हैं। इस दिशा में यदि आप अपनी दिल्ली यात्रा में मेरी कुछ सहायता कर सकें, तो अवश्य करें। आभार रहेगा। श्री अशोक से भी कहकर देखें।

अमृतसर त्रासद हो उठा है। पंजाब का समाज राजनीतिक सन्दर्भ बहुत अशान्त और उत्तेजक है। राष्ट्रपति शासन से स्थिति में क्या अन्तर आ पाता है, देखें! अब तो सप्रसिंधुभूमि त्यागनी है, ऐसा सोचने लग गया हूँ।

शेष कुशल है। अपने समाचार दें। योग्य सेवायें लिखें।

आपका भाई
शीतांशु

(3)

28-5-1984

मान्य भाई,

सप्रेम अभिवादन स्वीकारें!

आपका कृपा-कार्ड मिला। लज्जित हूँ कि प्रतिश्रुत होकर भी 'दस्तावेज' के दोनों विशेषांकों में से किसी के लिए भी मैं अपना अभिलेख नहीं भेज पाया। शुक्ल जी की भाषा पर विलम्ब से जनवरी 84 में अपना आलेख तैयार कर पाया—तब तक आपका अंक प्रेस में चला गया था। शर्मा जी पर लिखे निबन्ध को Re-set करना था। सोचता रहा कि यह अंक भी प्रेस में चला गया होगा। आपका पत्र मुझे परसों मिला है। 11/5 का लिखा 11 दिनों बाद मिला नहीं तो इसे Re-set कर भेज देता। आशा है, आप अन्यथा नहीं लेंगे। अगले अंकों के लिए सामग्री भेजूँगा। एक-दो अंक तो सामान्य निकलेंगे ही या पुनः किसी विशेषांक की योजना है? मेरी असमर्थता के लिए मुझे क्षमा कर देंगे।

आपको एक कष्ट दे रहा हूँ। कृपया मुझे जानकारी दें कि 1985 के उत्तर प्रदेशीय सरकारी पुरस्कार के लिए पुस्तकों की कितनी प्रतियाँ, कहाँ और कब तक जमा करनी-करवानी हैं। मैंने संस्थान से यह सूचना चाही थी, पर नहीं मिल पायी।— आशा है, आप मुझे यह जानकारी अवश्य भिजवायेंगे। मैं शैली विज्ञान का इतिहास की प्रतियाँ जमा करवाना चाहता हूँ। प्रतीक्षा रहेगी।

इधर मेरी पुस्तक जनवरी '84 में' 'शैलीविज्ञानः प्रतिमान और विश्लेषण' निकली है।

जुलाई 84 में 'भारती की काव्यभाषा' तथा 'रचना सन्दर्भ और काव्यभाषा' प्रकाशकों के यहाँ पड़ी है। वर्षान्त तक ये निकल पाएँ—इसकी सम्भावना है। शैली विज्ञान पर दो और पांडुलिपियाँ मुकम्मल कर रहा हूँ। पिछले दिनों दमा का बड़ा जबरर्दस्त अटैक हुआ था, अब तक उपचाराधीन हूँ। इस कारण भी इधर एक महीने से लगकर कोई काम नहीं कर पाया हूँ। समाज-राजनीतिक परिवेश तो यहाँ का असुरक्षित हो ही उठा है। पंजाब छोड़ना चाहता हूँ। हिन्दी प्रदेश में कहीं सुस्थित होने का इरादा है। पर

सिर्फ चाहने से क्या कुछ होता भी है? नियति-निर्भर परमात्मा से अपने लिए और परिवार के लिए तथा अपने ही जैसे अन्य लोगों के लिए सुरक्षा की प्रार्थना करता रहता हूँ। आप लोगों की शुभ कामनाएँ चाहिए जिससे सुरक्षित रह सकूँ। आशा है, आप स्वस्थ-प्रसन्न होंगे। मेरे योग्य सेवाएँ लिखें।

आपका

'शीतांशु'

(4)

टीचर्स फ्लैट-12, युनिवर्सिटी कैम्पस,

अमृतसर

23-9-87

प्रिय भाई तिवारी जी,

यह पत्र उलाहने के रूप में लिख रहा हूँ। अन्यथा नहीं लेंगे। आपके पत्र के लिए डेढ़-दो वर्षों से आचार्य रामचन्द्र शुक्ल के काव्यभाषा-सिद्धान्त और कवियों की भाषा-विषयक उनकी टिप्पणियों के अन्तस्सम्बन्ध से जुड़ा मेरा एक आलेख आपके यहाँ मार खा रहा है। आपने मेरे द्वारा की गयी प्रत्येक पत्र जिज्ञासा के उत्तर में यही लिखा कि वह या तो अगले अंक में छप रहा है या मुद्रणस्थ अंक में आ रहा है। पर आज तक वह आलेख प्रकाशित नहीं हो पाया। आपके पत्र का वह चौंतीसवाँ अंक भी देख गया हूँ। जिस अंक के लिए आपने लिखा था।

'दस्तावेज' आपकी नीति-रीति से ही प्रकाशित हो और आलेख रचना-चयन में आप पूरी तरह स्वतन्त्र रहें, मैं सदैव यही चाहूँगा। पर मेरे जिस आलेख को आप छापने से जिस किसी भी कारण समर्थ नहीं हो वह आलेख मुझे सम्पादक की ईमानदारी के अनुरूप लौटा दिया जाना चाहिए। मुझे खेद है कि इन डेढ़ दो वर्षों में मेरा वह आलेख किसी भी दूसरे पत्र में छप चुका होता। स्पष्ट निर्णय नीति के अभाव में आपने मुझे इस अवसर से वंचित किया। रचना को टंकित कराना जितना कठिन नहीं होता उससे अधिक कठिन काम इसका संशोधन करना होता है। मेरे पास उस आलेख की कोई संशोधित टंकित प्रति नहीं है। अतः आपसे विनम्र आग्रह है कि आप लौटती डाक से मेरा उक्त आलेख मेरे आवासीय पते पर वापस कर दें। मैं अन्यत्र उसका उपयोग कर लूँगा। जब आप आवश्यकता में थे तो आपने दो दर्जन पत्र लिखकर मुझसे 'अज्ञेय की काव्यभाषा' आलेख मँगवाया था। अब मैं आवश्यकता में हूँ। आशा है, मेरे इस पत्र की अवमानना किये बिना आप मेरा उक्त आलेख लौटती डाक से वापस भेज देंगे। अब प्रतीक्षा सूची में मैं टँगा रहना नहीं चाहता। अपनी एक मुद्रणस्थ पुस्तक में भी उसे सम्मिलित करना चाहता हूँ। आशा है, मेरी मजबूरी को समझते हुए आप मुझे क्षमा कर मेरी यह प्रार्थना स्वीकार करेंगे।

अपने आलेख की प्रतीक्षा करता—

साभिवादन आपका

शीतांशु

(5)

बंगलो न.-बी-9
गुरुनानक देव यूनिवर्सिटी कैम्पस,
अमृतसर 143005

24-12-1991

प्रिय भाई,

सादर अभिवादन!

'दस्तावेज' का नया अंक मिला। सामग्री पसन्द आयी। पर श्री केशव का 'डी-कांस्ट्रक्शन' वाला लेख बहुत दोषपूर्ण है। अनुवाद घटिया है। इससे पूर्व 'डी-कांस्ट्रक्शन' पर एक लेख 'दस्तावेज' में आप छाप चुके हैं। वह इससे उत्तम था। हिन्दी में अब तक डॉ. बच्चन सिंह का लेख बहुत साफ है। श्री केशव का लेख बहुत पक्षों पर प्रकाश नहीं डाल सका है। इसकी अपेक्षा थी।

भाई शिव प्रसाद जी पर कब विशेष सामग्री दे रहे हैं। 'मंजुशिमा' पर मैं जनवरी के आरम्भ में भेज दूँगा। जानकारी दें।

'दस्तावेज' (आठवें दशक का हिन्दी आलोचना विशेषांक) अंक-15-16 की एक प्रति उपलब्ध हो, तो भेज दें लौटती डाक से। यदि अंक उपलब्ध नहीं हो, तो उसमें प्रकाशित मेरे आलेख की छाया प्रति भिजवा दें। आभार होगा। आत्यंतिक अपेक्षा है।

कभी गोरखपुर बुलाने का सन्दर्भ निकालें। कभी आपके शहर में आना नहीं हुआ। आप तो इधर आना ही नहीं चाहते!

स्वस्थ प्रसन्न होंगे।

सादर एवं साभिवादन
आपका
शीतांशु

(6)

महात्मा गाँधी अन्तराष्ट्रीय
हिन्दी विश्वविद्यालय
वर्धा (महाराष्ट्र) 442001

4-2-07

प्रियादरणीय भाई तिवारी जी,

अपनी भाग-दौड़ और अव्यवस्था में दो महीनों से अधिक पहले लिखी हुयी यह समीक्षा अब किसी तरह टंकित कराकर आपको भेज रहा हूँ। अशुद्धियों का संशोधन अपने हाथ से कर दिया है। जिस सन्ध्या टंकित समीक्षा मुझे मिली उसी रात वर्धा के लिए प्रस्थान करना था। अतः इसका संशोधन टंकण में सम्भव नहीं हो सका। अन्यथा नहीं लेंगे। इस आलेख को आप जहाँ चाहें, प्रकाशनार्थ दे सकते हैं। छाया-प्रति अपने पास रख सकते हैं। समीक्षा कैसी लगी? लिखेंगे।

'दस्तावेज' के नये अंक में अपनी पुस्तक की समीक्षा देखी। प्रूफ की अनेक अशुद्धियाँ तो हैं ही, साथ ही पंक्ति (पूरी-की-पूरी) कम्पोजिंग में छूटी हुयी है, जिससे अर्थ का अनर्थ हो गया है। कुछ सम्पादकीय कैंची भी चली हैं। प्रूफ के संशोधन के प्रति कृपया जागरूकता बरतें। डॉ. भाटिया का पत्र आया था। उन्हें पत्रिका का अंक मिला गया है। सन्तुष्ट हैं कि इतनी प्रतीक्षा के बाद समीक्षा लेख छप गया। मैं तो आपका आभारी हूँ ही।

आशा है, 'उत्तर-मार्क्सवाद' वाला मेरा आलेख शीघ्र प्रकाशित करेंगे। आपके पिछले सम्पादकीय को शब्द-प्रति शब्द पढ़ गया। बहुत अच्छा लिखा है, तर्कपूर्ण, प्रमाण सम्पुष्ट इस सन्दर्भ में प्रकारान्तर से आपने 'दस्तावेज' में पहले भी लिखा है। कुछ और लिखकर इन सबको पुस्तक रूप में प्रकाशित कीजिये। हम सबका यह धर्म बनता है कि ऐसा लेखन उन प्रतिभाओं के हित में करें, जो दिग्भ्रान्त होकर एक विशेष शिविर में दीक्षित होते हैं और अपना सहृदयत्व और साहित्य-विवेक सब कुछ खोकर दिशाहारा भर रह जाते हैं।

शेष सामान्य है। सदैव सादर, सप्रीति और साभिवादन,

आपका

शीतांशु

प्रकाश जैन

(1)

लहर
पो. बॉ. 82 अजमेर (राज.)

24-1-1981

प्रियवर,

आपका लेख मिला। पसन्द आया। सहयोग के लिए कृतज्ञ हूँ।

'दस्तावेज' वाकई दस्तावेज है। आप बहुत बड़ा काम कर रहे हैं याद किया जाने योग्य। पर मुश्किल है कि मुझे केवल 2 या 3 अंक ही मिले हैं। जब कि इसकी फाइल होनी चाहिए। क्योंकि मेरी लाइब्रेरी शोधार्थियों के काम आती है।

प्रसन्न होंगे।

आपका
प्रकाश जैन

(2)

3-3

आदरणीय भाई,

"लहर" के राजनीति अंक के लिए मित्रों ने जो उत्साह प्रकट किया, उसे देखते हुए हमें विश्वास है कि एक सार्थक अंक निकल सकेगा।

आजादी के बाद किन गलत दिशाओं को विकसित किया गया कि आज हमारा राजनैतिक और सामाजिक चरित्र ही लड़खड़ा गया है।

भारत की सत्ता राजनीति और सत्ताहीन विकल्प की राजनीति का सामाजिक चिन्तन क्या है? चिन्तन है भी या नहीं। चिन्तन जहाँ है, वहाँ धारा के रूप में है या क्षण के रूप में।

प्रतिबद्धता की बात बहुत महत्वपूर्ण है। पर क्या उस पर केवल सैद्धान्तिक बातें की जाती रही है और वे भी राजनैतिक लाभ की ही वापस नहीं बनी है? व्यावहारिक दृष्टि से आप क्या सोचते कहते हैं।

और एक परिचर्चा "साहित्य की राजनीति" पर भी।

शीघ्र ही लिखें-भेजें सुझायें। कृपा मानेंगे।

विनम्र
प्रकाश जैन

कवितांक जा रहा है। स्पष्ट अभिमत दें। सम्भव हो तो दस्तावेज में चर्चा करवायें। बिटिया की किताब की चर्चा करवाने का आश्वासन भी आपने दिया था। इधर अस्वस्थ हूँ। सहयोगें।

प्रकाश मनु

(1)

545 सेक्टर-29
फरीदाबाद (हरियाणा) 121008

13-3-2001

आदरणीय डॉ. साहब,

'दस्तावेज' का नया अंक अभी दो दिन पहले ही मिला है। अभिभूत हूँ—सच कहूँ मैंने यह न सोचा था कि लेख इतना लम्बा हो जायेगा और आप इस लायक मुझे समझेंगे कि दस्तावेज के कीमती पचासी पन्ने (दोनों अंक मिलाकर) मुझे दे डालेंगे।

कृतज्ञता की जो दूर तक फैलती गयी लहर अपने भीतर महसूस कर रहा हूँ नहीं जानता कि आप तक कैसे पहुँचाऊँ। मैं यहाँ एकदम लाचार हूँ। सिर्फ अपना मन दे सकता हूँ कि मैं इसे जीवनभर भूलूँगा नहीं। यह मेरे जैसे आदमी को—जो टूटकर मेहनत करता है, लेकिन गैर-दुनियादार है—नया जीवन देना है।

फिर याद आता है, वही पोस्टकार्ड पर लिखा आपका वाक्य। 'आप निराश न हों। आपके उपन्यास और कविता वाले लेख भी दस्तावेज में छपेंगे। लेख लिखे न गये थे और आप मुझे वचन दे रहे थे। कृपया मुझे इस योग्य होने और बने रहने का आशीर्वाद दें कि आप के इस विश्वास की रक्षा कर सकूँ।

कहानी वाला लेख– बीसवीं शताब्दी की कहानी– एक सप्ताह और लेगा। पूरा होते ही भेज दूँगा। स्वस्थ होंगे।

इस बार सम्पादकीय में बहुत दृढ़ता से और खरे ढंग से आपने दलित प्रश्नों पर विचार किया है। मुझे अच्छा लगा।

वहाँ सभी लेखक बन्धुओ को मेरी शुभकामनायें और अभिवादन। डॉ. रामचन्द्र तिवारी का लेखन मुझे बड़ा आत्मीय लगता है। मिला नहीं हूँ। पर लगता है कि मिला हूँ।....(प्रतिक्रियायें कैसी आयी हैं? बहुत गालियाँ-वालियाँ मुझे दी गयी हैं (क्या?) बहुत आदर और शुभकामनाओं सहित।

आपका
प्रकाश मनु

(2)

29-8-2001

आदरणीय डॉ. साहब,

सादर अभिवादन।

आपका पत्र मिला। बेहद आभारी हूँ। बाल कविता वाला लेख आपको उपयोगी लगा। मेरा सौभाग्य। उम्मीद है, पाठकों को बहुत रूचिकर लगेगा, क्योंकि बालकविता पर ढंग का कोई काम अभी तक हुआ ही नहीं। बालकविता में क्या कुछ हुआ है, इसका ठीक से कल्पना अभी लोगों को नहीं है।

पीठ के दर्द में अब थोड़ा आराम हैं, पर डॉक्टरों ने दवा के साथ-साथ व्यायाम और नियमित सिकाई-मालिश के लिए कहा है। स्पांडिलाइटिस बताते हैं पर यह कि मैंने अपनी लापरवाही उसे काफी बढ़ा लिया। अब पूरी सतर्कता बरत रहा हूँ।

आपकी दोनों किताबों पर लिखकर समीक्षा भेज दी है। उम्मीद है, अब तक उन्हें मिल गई होगी सम्पूर्ण गांधी वाङ्मय के लिए श्री सुभाष सेतिया संयुक्त निदेशक प्रकाशक विभाग से मिला था। उन्होंने कहा कि नया संस्करण आ रहा है—समय थोड़ा लगेगा। वह महँगा यानी दस हजार रुपये का होगा। पुराना ढाई हजार का था। पुराने के सौ के बजाये सत्तर के करीब खण्ड मौजूद हैं। डाकखर्च समेत वे दो हजार के लगभग पड़ेंगे। जो अनुपलब्ध खंड हैं वे आप बाद में नये ले सकते हैं। उससे बचत हो जायेगी।

इस बारे में ज्यादा चर्चा के लिए आप पत्र लिख सकते हैं—

बिजनेस मैनेजर
प्रकाशन विभाग,
पटियाला हाउस,
नई दिल्ली—110001

यहाँ से पुस्तक भेजने में डाकखर्च आपका न लगेगा। प्रकाशन विभाग ही वहन करेगा।

पत्र लिखने पर आपको पूरी जानकारी मिल जायेगी।

या कभी आने पर भी बात हो सकती है। जैसा आप उचित समझें।

इस बीच हिन्दी बालकविता का इतिहास पूरा करके प्रकाशक को दे दिया है—और इतना सुख मिल रहा है कि बयान नहीं कर सकता। प्रकाशक ने वादा किया है कि फरवरी 2002 के पुस्तक मेले में पुस्तक आ जायेगी। आप उससे पहले अगर दस्तावेज में बालकविता लेख ले सकें तो मुझे बेहद खुशी होगी। वैसे, जिसमें आपको सुविधा हो, वह करें।

स्वस्थ, सुखी होंगे।

शुभकामनाओं सहित।

आपका
प्रकाश मनु

प्रभाकर माचवे

(1)

120, रवीन्द्र नगर
नई दिल्ली-3

23-2-71

प्रिय भाई,

वात्स्यायन जी पर मैंने हंस के रेखाचित्रांक में "अज्ञेयः जितने मुझे होय हुए" लेख सन् '38या40 के करीब लिखा था। वह आप पुनर्मुद्रित कर सकते हैं। दूसरा लेख मेरे "व्यक्ति और वाङ्मय" (1952 में सूरज मुंद्रि साहनी 57 एस्प्लेने रोड, दिल्ली-6 से छपी पुस्तक) में है उनकी कविता पर। आप मँगवाये। मेरे पास प्रतियाँ नहीं। नया कुछ लिख नहीं पाऊँगा। बहुत व्यस्त हूँ। इधर बीमार भी था। 15 दिन तक मैं नर्सिंग होम में पड़ा था।

सप्रेम
प्रभाकर माचवे

(2)

36, शेक्सपीयर सरणि, कलकत्ता-700017

13-5-80

प्रिय भाई,

22-4 की चिट्ठी मिली थी। पता चला कि जो लेख 'विदेशों में प्रेमचन्द' मैंने आपके 'दस्तावेज' के लिए लिखा था—सो काम नहीं आया। एक पत्र पहले भी भेजा था मेरा लेख मुझे लौटा दें, तो उसे और किसी काम में ला दूँ। श्रम अकारथ न जाये, बस।

वैसे आप जो सम्पादित कर रहे हो वह 'युग का दस्तावेज' है—बहुत अच्छी पत्रिका निकाल रहेहो।

सस्नेह
प्रभाकर माचवे

प्रभाकर श्रोत्रिय

(1)

82/101 तुलसी नगर
भोपाल 462005

2-12-81

प्रिय भाई विश्वनाथ जी,

आपका पत्र मिला, तब तक लेख टंकित हो चुका था। अब इसमें काट-छाँट करने की हिम्मत मुझमें नहीं है, क्योंकि यह पहले की बहुत मेहनत करवा चुका है। अब आप अपने सम्पादन कौशल का इसमें इस्तेमाल कीजिये। आप जो करेंगे वह उचित ही होगा। वैसे मेरा विचार है कि सातवें दशक की बात किये बिना आठवें दशक का परिप्रेक्ष्य तैयार नहीं होता। दोनों दशक इस लेख में गुथे हुए से हैं। यदि आप इस लेख का शीर्षक इस तरह का बना सकें कि उससे प्रकट हो कि, सातवें दशक की पृष्ठ भूमि पर गौर करते हुए आठवें दशक पर बात की गयी है, तो अधिक उचित होगा। जब से आपका पिछला पत्र आया था, तभी से मैं इसमें जुटा हुआ था। शायद मुझे कुछ (दशक के बारे में) भ्रम था।

खैर आप जैसा सही समझें कीजियेगा। लेख पूरा भेज ही रहा हूँ।

पुस्तक समीक्षा देंगे, यह जानकर सन्तोष हुआ। नये अंक की योजना सफल हो और वह एक सार्थक संवाद का वातावरण बना सके। यही कामना है। पहुँच की सूचना जरूर दीजिए।
स्वस्थ होंगे।

शुभकामनाओं सहित

आपका
प्रभाकर श्रोत्रिय

(2)

14-4-82

प्रिय भाई विश्वनाथ जी,

आपका पत्र मिला। दस्तावेज के ताजे अंक की प्रतीक्षा है। पत्रिकाओं की झंझट मैं जानता हूँ, फिर अपने बूते पर कोई पत्रिका निकालना! सचमुच आप जैसे जीवट वाले लोगों से ही यह सम्भव है! यह भी नहीं कि दस-बीस पेज हो! इतने बड़े-बड़े अंक, ऐसा प्लानिंग ऐसी सामग्री सराहना और विस्मय के अलावा कोई और भाव आता ही नहीं मन में। इसलिए आप जब जो कहते हैं, वह समय होने पर, न करना कर्तव्यहीनता लगती है। इसलिए पुस्तकों पर लिखने की मनस्थिति में न होने पर भी लिखूँगा। रीतिविज्ञान पुस्तक बहुत पहले पढ़ी थी, लेकिन किसी से लेकर, मेरे पास नहीं है कृपया भिजवा दीजिये। 'वक्रोक्ति और छायावाद' तो मेरे देखने में ही नहीं आयी। कृपया दोनों पुस्तकें भिजवा दीजिये।

मेरी पुस्तक कविता की तीसरी आँख की समीक्षा के लिए आपने शायद श्रीराम वर्मा को लिखा है। आठवें दशक की आलोचना में शायद शामिल करेंगे।

'संवाद' के लिए मेरा आग्रह है कि आप—डॉ.रमेश कुंतल 'मेघ', कर्ण सिंह चौहान, श्रीराम वर्मा, विजेन्द्र, डॉ. माहेश्वर, डॉ. रघुवंश, नवलकिशोर में से किसी को पुस्तक देने की कृपा कीजिये। ताकि कम से कम एक मित्र को तो पुस्तक मिल सके। प्रकाशक से तो बहुत सीमित पुस्तकें मिलती हैं और पत्रिकायें जाने किन-किन को समीक्षा के लिए भेज देती हैं। इनमें से भी जिनके पास पुस्तक न पहुँची हो उनसे लिखवाना बेहतर होगा—एक उद्देश्य उन्हें पुस्तक मिलना है। जिसे भेजें कृपया मुझे सूचित अवश्य कर दीजिये। ताकि किसी एक के पास पुस्तक पहुँचने का आश्वासन मिल सके। आप चाहें तो मसूरी के डॉ. कैलाश चन्द्र भाटिया भी हैं। अभी प्रेस में एक पुस्तक और है 'कालयात्री है कविता' आपकी राजकमल वाली पुस्तक की खोज में हूँ। यहाँ स्टॉल पर नहीं आयी है। पत्रिकायें भी जाने कौन-कौन सी पुस्तकें भेजती रहती हैं—समीक्षा के लिए।

बाकी ठीक है।

बहुत बहुत शुभकामनाओं सहित।

आपका

प्रभाकर श्रोत्रिय

(3)

30-11-83

स्नेही भाई विश्वनाथ जी,

आपके पत्र बराबर मिले, उत्तर न देने का अपराधी हूँ। क्षमा चाहता हूँ। दिल्ली जाने से पहले पत्र मिला था, सोचा वहाँ किसी से बात करके नाम बता दूँगा, फिर मुझे उम्मीद थी कि आपसे भेंट होगी, वहीं बात हो जायेगी। दिल्ली से ही बीमार लौटा, अब तक ठीक नहीं हुआ हूँ। पत्र न लिख पाने की

यही वजह है।

डॉ. विश्वम्भर नाथ उपाध्याय ने स्वयं ही प्रस्ताव किया था कि वे मेरी आलोचना पर एक लेख लिखना चाहते हैं। आप उन्हें लिखकर भेज दीजिये। उन्हें पुस्तक भेजने के लिए प्रकाशकों को लिख रहा हूँ। वर्मा जी को भी लिख ही दिया है आपने, जिनकी समीक्षा आ जाये जल्दी या आपको अच्छी लगे, छाप लीजिये। दूसरा भेंज दीजिये मुझे मैं उसका उपयोग कर लूँगा। वैसे कविता की तीसरी आँख पर वर्मा जी की समीक्षा से भी काम चल सकता है। संवाद पर कोई समीक्षा भिजवा दूँगा। उस पर कर्णसिंह चौहान तथा अन्यों ने लिखा है। व नवलकिशोर जी ने क. की ती. आँख पर लिखा था, वे बहुत धीमा लिखते हैं। संवाद पर आप खुद ही क्यों न लिख दे? आप मुझे पुस्तक की सामग्री प्रेस में देने की निश्चित तिथि लिख भेजिये, कोई न कोई प्रबन्ध कर लूँगा। मुक्ति बोध वाला निबन्ध आप सहर्ष ले लीजिये। आपके हाथ में कोई भी रचना सुरक्षित रहेगी।

आपकी कवितायें मिली। खुशी हुयी। अक्षरा में छपेगी। रेवती रमण जी का आपकी एक कविता-पुस्तक पर लेख भी छपेगा। अक्षरा का चौथा अंक आ गया है, दो-एक दिन में पोस्ट होगा।

आपके पत्रों के उत्तर न दे पाने का मुझे भारी दुःख है। पर क्या करता?/संवाद के बाद दो पुस्तके और आयी हैं—1. 'कालयात्री है कविता' और 2. 'हिन्दी : आज' पहली तो शायद मिली होगी, दूसरी भिजवाऊँगा।

और क्या लिख रहे हैं?

नये साल की शुभकामनायें

आपका
प्रभाकर श्रोत्रिय

(4)

82/101 तुलसी नगर,
भोपाल-462005

5-2-86

बन्धु मेरे,

'बेहतर दुनिया के लिए' पाकर बहुत खुशी हुयी—उससे भी अधिक उसे पढ़कर। अब तक का सर्वाधिक प्रभाव छोड़ा—इन कविताओं ने। बधाई। लिखना ही है। सम्भवतः 'अक्षरा' में साक्ष्य में ही लिखूँ या कहीं भी। बस, 'खुराफात की जड़' इस हाथ को ठीक हो जाने दीजिये। अभी ज्यादा कुछ लिखते हुए तकलीफ होती है। दाहिने में ही चोट थी कंधे की हड्डी डिस् लोके हो गयी थी। अभी शरीर के बाकी हिस्सों में भी टीस उठती है। दो माह बाद अभी अभी नौकरी पर जाने लगा हूँ। इस पुस्तक पर लिखना मेरा सुख है। हालाँकि मेरे लिखने की प्रक्रिया जरा लम्बी है।

रेवती रमण को पुस्तक देकर आपने बहुत अच्छा किया। मुझे उनकी सम्मति पर भरोसा है। तिवारी जी वाली समीक्षा अन्यत्र दे दूँगा। अक्षरा का नया अंक मिला होगा। कोई खास नहीं निकला मजबूरियाँ हैं। पता नहीं कब तक चले पत्रिका।

और क्या हाल चाल हैं। पूरी तरह, सपरिवार स्वस्थ होंगे।

शिमला में आपसे मुलाकात बहुत प्यारी रही, आपको जीभर कर सुना।

आपका
प्रभाकर श्रोत्रिय

(5)

8-6-87

बन्धुवर विश्वनाथ जी,

20 दिन की यात्रा के बाद आज जब लौटा तो वाणी प्रकाशन द्वारा आपकी पुस्तक 'रचना के सरोकार' मिली। बहुत अच्छी छपी है। सूची देखने से ही पुस्तक महत्वपूर्ण लगी। इसके कुछ लेख तो मैंने यहाँ वहाँ पढ़े भी हैं। पुस्तक पढ़ने के बाद बाकी बातें लिखूँगा। पहले तो इसके लिए कृतज्ञ हूँ कि आपने पुस्तक भिजवायी।

हाँ, इस बार डॉ. 'सुमन' को सारस्वत सम्मान दिया जा रहा है। 27 मई को आयोजन है। इस अवसर पर एक विशेष अंक निकाला जा रहा है 'जनधर्म' का। उसके लिए आपसे एक संस्मरण भेजने का अनुरोध है। कृपया शीघ्रातिशीघ्र एक संस्मरणात्मक लेख (डॉ. सुमन से सम्बन्धित) भेजने का कष्ट कीजिये। उनकी साहित्यिक उपलब्धियों पर भी, यदि सम्भव हो तो कुछ कहिये। मैं उत्सुकता से प्रतीक्षा करुँगा। अज्ञेय जी पर एक लेख मैं आपको भेजूँगा।

बाकी ठीक, स्वस्थ होंगे।

आपका
प्रभाकर श्रोत्रिय

(6)

10-11-87

बन्धुवर,

आपका कृपापत्र। कृतज्ञ हूँ।

दस्तावेज 34 में आपने ठाठ से लेख छापा। अपने पूरे स्नेह भाव से। मुझे भी कुछ पत्र मिले हैं।

गुप्तजी वाली पुस्तक नेशनल दिसम्बर में छाप ही देंगे। प्रेस में दे दी है उन्होंने।

मैं एक सम्पूर्ण नाटक लिखने में बेहद उलझा था। लिख चुका पाने लगभग अन्तिम रूप दे चुका 7-8 स्क्रिप्ट के बाद 100 पृष्ठ का है। जिन निर्देशकों लेखकों ने पढ़ा उन्होंने बहुत उत्साहित किया। उसका क्या बनता है राम जाने।

दस्तावेज के लिए यहाँ से हम लोग 8-10 सदस्य बनायेंगे। एक आप मुझे बना लीजिये। जहाँ तक सोक खरीदी–(अंकों की) का सवाल है पुस्तकालयों की हालत खस्ता है और उनसे जुड़े हुए लोग मूढ़ हैं फिर भी कहीं भी जैसे ही मौका देगा। मैं इस पवित्र काम को अपना समझकर करुँगा।

मुझे खेद है कि मैं अज्ञेय जी पर आपको कुछ न दे सका। गुप्त जी पर बाद में दिया। अब महादेवी पर? बड़ा कठिन है भाई ऐसा? कुछ संस्मरणात्मक भेजने की कोशिश करुँगा? परन्तु संस्मरणों से डरता हूँ, बुढ़ापे का डर अभी कहीं कहीं आत्म-स्तवन यह चीज खल जाती है अन्दर तक।

आप पत्रिका को जारी रखिये आपका संकल्प सफल हो, फिर आप दृढ़ और जीवट के लेखक हैं।

हाँ अभी तो मुझे आपकी कविता और आलोचना पुस्तक पर लिखना है जो मेरी चिन्ता है। पर मेरी लिखने की प्रक्रिया बहुत उबाऊ और लम्बी है। पर वह मैंने अपने लिए तय की है। स्वस्थ होंगो।

आपका
प्रभाकर श्रोत्रिय

(7)

19-2-88

प्रियवर तिवारी जी,

'बेहतर दुनिया के लिए' पढ़कर लगा कि इसे पहले क्यों नहीं पढ़ा? आप मुझे दोनों संग्रह भिजवाइये। आपकी कविता पर एक लेख लिखना चाहता हूँ ताकि किताब में भी शामिल हो सके।

'रचना के सरोकार' पढ़ रहा हूँ। इसी दौर में संयोगवश 'रविवार' से भी उसकी प्रति आ गयी। वहाँ, उस पर लिखूँगा। आप अपने विचारों में काफी सुलझे हुए हैं, स्पष्ट, दो टूक और संवेदनशील। लेकिन कविता–इधर की कविता में, आप काफी मार्मिक होकर उभरे हैं। संग्रह की प्रारम्भिक एक तिहाई कविता तो खूब! अच्छा लगता है। वरना हम लोगों का काम तो 'गुनाह बेलज्जत है। कविता पुस्तकों पर लिखूँगा। भाई, काव सा. की इच्छा है कि उनकी पुस्तक पर लिखा लम्बा लेख आप दस्तावेज में ही छापें। शायद उनका पत्र मिला होगा। जो उचित समझे लिखे। जयशंकर प्रसाद की कहानियों–उपन्यासों पर आपको एक अपना प्रिय लेख दूँगा। तैयार है जब कहें भेज दूँ। आपका प्रतिबद्धता वाला परिपत्र अंक के साथ मिला था–क्या उस पर लिखूँ? मेरा नाटक 'इला' छप गया है–भेजूँगा। दो पुस्तकें पुनर्सस्करण में हैं। आप स्वस्थ होंगे। यथा समय समाचार देते रहिए।

आपका
प्रभाकर श्रोत्रिय

(8)

31-8-88

बन्धुवर विश्वनाथ जी,

बहुत-बहुत बधाईयाँ। 'दस्तावेज' का चयन निष्पक्ष हुआ है। 'सरस्वती' पुरस्कार के लिए वह सर्वथा उचित पत्रिका है। आपकी अनवरत साधना रंग लाई है। इतने समय तक अकेले बूते पर इतनी स्तरीय पत्रिका और विशेषांक निकालना बहुत जीवट का काम है और अत्यन्त प्रशंसनीय। अगर आप खुद प्रतिष्ठित लेखक न हुए होते तो पत्रिका के लिए ऐसी सामग्री बिन बुलाये ही न आती, जो लोगों को पचीसों खत लिखने पर भी नहीं मिलती। मैं पुनः बधाई देता हूँ।

मेरा लेख अगले अंकों में छाप रहे हैं, जानकर खुशी हुई। 'रविवार' वाला लेख पसन्द आया, बहुत कृतज्ञ हूँ। समझदार लेखक से ही संवाद करना। 8-10 कवि चुनकर उन पर लिखना चाहता हूँ। लेकिन पुस्तकों की परेशानियाँ। दस्तावेज में ऐसी सिरीज शुरु करना चाहेंगे तो क्या पुस्तकें भी जुटवा देंगे? धूमिल से शुरु कर अद्यतन कवियों में से चुनना चाहता हूँ। आपके ख्याल में किन्हें चुनना चाहिए? केवल व्यक्तिगत विचार-विमर्श के स्तर पर लिखिये। स्वस्थ होंगे।

आपका
प्रभाकर श्रोत्रिय

(9)

हिन्दी भवन
शामला हिल्स, भोपाल-462002

बन्धुवर,

आपकी कवितायें मिलीं, कृतज्ञ हूँ। सुन्दर हैं। अक्षरा में छपेगीं।

'प्रसाद की कहानियों' वाला अंक मिला। अब 'बादल' का कवि नहीं रहा। एक सड़क दुर्घटना में रामविलास जी चले गये। बेहद पीड़ित हूँ।

किसी तुरन्त अंक में 'बादल' की समीक्षा जरूर छापिये। वह एक बहुमूल्य रचना है। नन्दकिशोर जी को कृतज्ञता का पत्र लिख दूँगा। उत्सुकता रहेगी—उनकी प्रतिक्रिया जानने की।

एक प्रवाह में, आपकी समीक्षा कृति के साथ ही कविताओं पर लिखना चाहता था। अधिक समेटने के प्रलोभन में 'पुस्तके' चाही थी, इस काम में समय तो लगना ही था। फिर रौ टूट गयी और आये दिन नयी नयी फर्माइशों और स्वयं भी लंबा प्रोजेकट उठा लेने के कारण वह काम रह गया। आपका अपराधी हूँ। लेकिन पुस्तकें मेरे पास हैं तो लिखना होगा ही, देर-अबेर हो सकती है।

कुछ दिनों में प्रसाद पर पुस्तक पूरी कर लूँगा।

'इला' की प्रतियाँ न मिली हों तो प्रभात प्रकाशन, दिल्ली (205 चावड़ी बाजार दिल्ली—6) को एक

पोस्टकार्ड लिखकर मँगवा लीजिये। मैं तो लिख ही चुका हूँ।

अक्षरा का अगला अंक कहानी अंक होगा। ढेरों कहानियाँ आयी रखी हैं।

शेष सब चल रहा है।

हाँ, घर सम्पर्क के लिए फोन लग गया है—66331

आप स्वस्थ, प्रसन्न होंगे।

सागर आप आते तो मिलना होता, मैं गया था। भोपाल आते तब भी भेंट होती ही। इसी बहाने आ जाया कीजिये।

आपका

प्रभाकर श्रोत्रिय

(10)

भारतीय भाषा परिषद

36-ए, शेक्सपीयर सरणी, कलकत्ता-700017

15-9-1994

प्रिय भाई,

आप जानते हैं कि इस वक्त हिन्दी की श्रेष्ठ रचनाशीलता जबरदस्त घुटन महसूस कर रही है। इसके कई संक्रामक कारण वायुमंडल में मौजूद हैं। परन्तु सबसे दुखद है व्यापक प्रसार की पत्रिकाओं का धड़ाधड़ बन्द होना और संस्थानों की पत्रिकाओं का निष्प्राण होते जाना। व्यावसायिकता और शिविर बद्धताओं के दो पाटो के बीच सृजनधर्मी चेतना का पिसना एक अलग त्रासदी है।

भारतीय भाषा परिषद ने इन प्रश्नों पर गहराई से विचार किया, और निर्णय लिया कि संस्था द्वारा एक मासिक साहित्यिक पत्रिका प्रकाशित की जाये जो भारतीय रचनाशीलता की ऐसी पत्रिका हो जिसे हर प्रबुद्ध और मर्मज्ञ पाठक अपने लिए अनिवार्य समझे। कोशिश यह रहेगी कि पत्रिका न सिर्फ नियमित रूप से प्रकाशित हो, वरन समय पर भी निकले और अधिकाधिक पाठकों तक पहुँचे। जिस निष्ठा, समर्पण और ईमानदारी से भारतीय भाषा परिषद पिछले बीस वर्षों से निर्धारित उपक्रम पूरे करती रही है उसे देखते हुए यह विश्वास किया जा सकता है कि वह साहित्यिक पत्रिका के प्रकाशन जैसे कठिन और जोखिम भरे अभियान को भी सार्थक ढंग से संचालित करेगी। पत्रिका का प्रवेशांक सम्भवतः सितम्बर-अक्टूबर 1994 में आ जायेगा।

यह पत्रिका रचनाकारों के लिए एक खुला मंच होगी, जहाँ हर प्रकार के विचारों की स्तरीय और सर्जनात्मक अभिव्यक्ति की जा सकेगी क्योंकि मत-मतान्तरों के बावजूद उच्चस्तरीय सृजन गहरे जीवनानुभव की अभिव्यक्ति है जो अंततः मानवीय चिन्ताओं और सरोकारों से अविच्छिन्न है। पत्रिका में कविता, कहानी नाटक, निबन्ध, आलोचना, संस्मरण, डायरी, साक्षात्कार अर्थात् समस्त सर्जनात्मक विधाओं की रचनायें शामिल की जायेगी।

कोई भी पत्रिका अच्छे रचनाकारों और अच्छी रचनाओं से ही उच्चस्तरीय बन सकती है। इसलिए मैं आपसे आग्रह करुँगा कि आप अपनी उत्कृष्ट और मार्मिक रचना या क्रान्तदर्शी आलेख भेजने की

कृपा करें, ताकि उसे प्रवेशांक में प्रकाशित किया जा सके मैं अत्यन्त उत्सुकता से आपकी रचना की प्रतीक्षा कर रहा हूँ।

प्रसंगवश एक औपचारिक संकेत देना चाहता हूँ कि पत्रिका में प्रकाशित रचना के लिए यथाशक्ति मानदेय की समुचित व्यवस्था है।

पत्र और रचना की प्रतीक्षा में।

भवदीय

प्रभाकर श्रोत्रिय

(11)

27-11-1998

बन्धुवर विश्वनाथ जी,

गोरखपुर में बड़ा आत्मीय वातावरण रहा। प्रिय अनंतकीर्ति और परिवार ने मेरा बहुत ध्यान रखा। आपके परिवार का सौमनस्य देखकर बड़ा अच्छा लगा। आपकी कमी खली—वह अपनी जगह है।

एक कष्ट आपको दे रहा हूँ। आचार्य शुक्ल पर साहित्य अकादेमी के लिए मुझे पुस्तक लिखनी हैं। दस्तावेज का एक विशेषांक शुक्ल जी पर निकला है। वह मेरे पास भोपाल में तो होगा, यहाँ नहीं है। आप क्या कृपा कर मुझे वह अंक यथाशीघ्र भेज देंगे? दो-तीन माह में पुस्तक लिखकर देनी है।

आपके लिए 'शमशेर बहादुर सिंह' पुस्तक देकर आया हूँ। पढ़कर कृपया अपनी सम्मति दीजिये।

आपने मेरी पुस्तक 'मेघदूतः एक अंतदृष्टि' पढ़ी या नहीं? कृपया उसे, यदि न आयी हो तो राधाकृष्ण प्रकाशन से मँगवा लीजिये।

गोरखपुर में श्री रामचन्द्र तिवारी जी और शुक्ल जी से भेंट न हो सकी, बाहर गये थे। उन्हें मेरा स्मरण करा दीजिये।

आप स्वस्थ प्रसन्न होंगे। परिवार को स्नेह।

आपका

प्रभाकर श्रोत्रिय

प्रभात त्रिपाठी

(1)

C/128, sector-6
ROURKELA ORISSA

28-11-81

प्रिय तिवारी जी,

मैं स्वयं भी आपको बहुत दिनों से लिखना चाहता था, पर नहीं लिख सका था।

आपके आगामी अंक के लिए मैं चन्द्रकान्त देवताले की किताब 'लकडबघ्घा हँस रहा है पर लिखूँगा। इसके अतिरिक्त कोशिश करुँगा कि एक छोटी टिप्पणी भी इधर की कविता पर भेजने की कोशिश करुँगा। अगर आप सम्पर्क करना चाहें तो मैं महीने भर के प्रवास का पता लिख रहा हूँ। महीने भर बाद फिर सागर के पते पर लिख सकते है।

आशा है स्वस्थ प्रसन्न है। दस्तावेज अच्छा निकाल रहे है। मेरा सहयोग जब भी चाहेंगे मिलेगा। क्या आप कविता के अनुवाद छापेंगे?

आपका
प्रभात त्रिपाठी

(2)

19-4-89

प्रिय तिवारी जी,

मंगलेश की किताब मिली। उसी दिन मैंने आपकी याद भी की थी, क्योंकि उसी दिन मुझे श्री आचार्य की चिट्ठी भी मिली थी।

मैं दोनों पुस्तकों की समीक्षायें 10-12 दिन के अन्दर यहाँ से रवाना कर दूँगा। कृपया अपने अगले पत्र में आप गोरखपुर का पिन कोड जरूर लिखेंगे।

यह कैसा संयोग है कि भुवनेश्वर वाली मीटिंग में मैं भी नहीं जा पाया। बाद में श्री पंडा से मुलाकात हुयी थी तो वे शिकायत कर रहे थे। उसमें नामवर जी को भी आना था, वे भी नहीं आये। सिर्फ चन्द्रकान्त आया था, खैर अगली मीटिंग वे दिल्ली में रखने की सोच रहे हैं—अगर वे यूनिवर्सिटी के इनचार्ज रहे तो।

आप अपना समाचार दें। आश्वत रहें कि मैं 10-12 दिन के भीतर रीव्यूज भेजूँगा जो बहुत लम्बी नहीं होगी—लम्बी और विस्तृत के लिए अगर आप चाहें तो ज्यादे वक्त की जरूरत होगी।

आशा है सपरिवार स्वस्थ और सानन्द है। पत्र दें। यथाशीघ्र।

आपका

प्रभात त्रिपाठी

(3)

C/128, sector-6

ROURKELA CORISSA 769002

19-4-89

प्रिय तिवारी जी,

एक अरसे बाद आपको लिख रहा हूँ मूलतः इसलिए कि इतने कठिन समय में भी आपने धैर्य लगन और निष्ठा के साथ 'दस्तावेज' को न सिर्फ जारी रखा है, बल्कि उसके स्तर में भी किसी तरह की कमी नहीं आने दी है। आपका व्यक्तिगत योगदान निश्चित रूप से प्रशंसनीय है।

इधर 'दस्तावेज' में छपी कवितायें भी (आपकी) मुझे अच्छी लगी थीं। शायद ये नये संकलन की कवितायें होगीं। संकलन मेरे देखने में नहीं आया है, अगर आप प्रकाशक को लिख दें, और वी.पी. से भेज दें, तो मैं छुड़ा लूँगा। अलावा इसके आपके यात्रा संस्मरण भी मुझे अच्छे लगते रहे हैं, क्या उनकी पुस्तक आ गयी? अभी दो दिन पहले श्री वालेंदुशेखर तिवारी आये थे, तब आपकी चर्चा हुयी थी। उन्होंने बताया कि आप अगले महीने राँची आने वाले हैं। मैंने उनसे कहा कि भैय्या, हमें भी बुला लेते। उन्होंने वादा तो किया है, अब देखिये।

आशा है सपरिवार स्वस्थ और सानन्द हैं।

आपका

प्रभात त्रिपाठी

प्रभा खेतान

(1)

4 बी लिटिल रसल स्ट्रीट,
कलकत्ता-700071

19-10-81

प्रिय भाई श्री विश्वनाथ जी,

नमस्ते। दस्तावेज, मिला, 'अपरिचित उजाले, पर चर्चा मैंने पढ़ी। चर्चा प्रकाशित करने के लिए आप मेरा हार्दिक धन्यवाद स्वीकारें। आपका सहयोग मुझे हमेशा कवितायें लिखने के लिए प्रेरणा देता रहेगा। हाँ और एक बात। दस्तावेज का जो कविता विशेषांक आप निकाल रहे है। उसमें क्या केवल 1980 की कवितायें रहेगी या उसके बाद की भी? तथा बाद के कवियों को यदि आप स्थान दें तो क्या मैं अपनी हाल ही की लिखी कवितायें आपके पास भेज सकती हूँ? कृपया उत्तर जरूर से दें।

आपका
प्रभा खेतान

(2)

3-3-86

प्रिय विश्वनाथ जी,

''एक और आकाश की खोज में'' की प्रति आप की सेवा में भेज चुकी हूँ, आशा है, प्राप्त हो गयी होगी।

''दस्तावेज'' में अगर पुस्तक की समीक्षा छपती तो मैं और अधिक प्रेरित होगी।

मेरे पास डॉ. विश्वम्भरनाथ उपाध्याय ने एक लम्बी समीक्षा भेजी है क्या उसे आप छाप सकेंगे? यदि आप अनुमति दें तो भेज दूँ।

आशा है, आप स्वस्थ-सानन्द हैं।

साभिवादन,
प्रभा खेतान

प्रभातकुमार भट्टाचार्य

(1)

संस्कृति प्रकाशन
माधवी, 129, दशहरा मैदान,
उज्जैन (म.प्र.) 456010

2-4-2008

प्रिय भाई विश्वनाथ जी,

यह मेरा पहला पत्र आपको सोद्देश्य लिख रहा हूँ।

अभी हाल ही में, 15 मार्च 2008 को, इंडिया इन्टरनेशनल सेन्टर, नयी दिल्ली में कविवर कुँवर नारायण जी के कर कमलों से 'समावर्तन' मासिक पत्रिका के प्रवेशांक का लोकार्पण हुआ। लगभग सभी महत्वपूर्ण साहित्यकार उपस्थित थे। आखिर वर्षों से उनके साथ मेरे सम्बन्ध काम आये।

उज्जैन जैसे, मध्यप्रदेश के एक कस्बे से प्रकाशित यह पत्रिका दिल्ली में इतनी बड़ी मान्यता पायेगी, इसकी मुझे कामना नहीं थी। सभी को यह जानने की उत्सुकता थी कि 75 वर्ष की आयु पार करनेवाले, विक्रम विश्वविद्यालय उज्जैन में 35 वर्षों तक प्रोफेसर विभागाध्यक्ष रहने के, और सेवानिवृत्ति के 15 वर्षों के बाद एक बड़ी पत्रिका और वह भी मासिक, निकालने का दुस्साहस इस बूढ़े ने कैसे किया।

लेकिन इसमें आश्चर्य क्या? एक प्रोफेसर विभागाध्यक्ष रहते हुए और बाद में भी तीन दशक से अधिक समय से, आप भी तो पूरे दमखम के साथ दस्तावेज निकाल रहे हैं। सैकड़ों पत्रिकाओं की भीड़ में 'दस्तावेज' न केवल प्रतिष्ठित बल्कि हिन्दी की प्रथम पंक्ति की पत्रिकाओं में से एक के रूप में सर्वमान्य है। खासकर आलोचना की पत्रिकाओं में तो आप शीर्षस्थ हैं।

आप तो एक बड़े साहित्यकार हैं—विद्वान, चिन्तक, कवि, आयोजक। आपके बारे में, दिल्ली की सेवा निवृत्त प्रोफेसर और हिन्दी-अंग्रेजी की विश्व विख्यात कवियत्री कथाकार—डॉ. सुनीता जैन, जब बोलने लगती हैं तो एक दुर्लभ तथ्य आपके बारे में, उजागर करती हैं। वे मुझे अपना बड़ा भाई मानती हैं और कहती हैं—"भैया, डॉ. विश्वनाथ प्रसाद तिवारी जी जितने बड़े साहित्यकार हैं, उतने ही बड़े इन्सान—निश्छल, उदार और भलेमानुस भी हैं जो साहित्यिक जगत् में तो दुर्लभ हैं ही—हमारे आपके संसार में भी दुर्लभ हैं।"

मेरे बारे में आप कितना क्या जानते हैं, यह तो मुझको पता नहीं, इसलिए अभी हाल में सात खण्डों में प्रकाशित मेरे काव्यसंग्रह का ब्रोश्यो भेज रहा हूँ, जिसके अन्तिम पृष्ठ पर मेरा परिचय है।

आपको समावर्तन का प्रवेशांक भेजने में विलम्ब का एक ही कारण है कि दिल्ली से लौटकर मैं वायरल बुखार की चपेट में आ गया था। अब पूर्णतया स्वस्थ हूँ।

आपको प्रवेशांक भेजते हुए बेहद खुशी हो रही है और यह खबर देते हुए भी कि हम दूसरे अंक की तैयारी में पूरी तरह जुटे हुए हैं।

प्रवेशांक में खामियाँ तो हैं ही, खासकर, मुद्रण-राक्षस के घुसपैठ के कारण—अशुद्धियाँ कुछ ज्यादा ही हैं। आगामी अंक से इस खामी पर काबू पाने की भरपूर कोशिश निरन्तर जारी रहेगी।

आपसे पुरजोर अनुरोध है कि कृपया अपनी रचना समावर्तन में प्रकाशनार्थ भेजकर हमें कृतार्थ करें। वैसे तो यह पत्रिका किसी उद्योग घराने की नहीं, बल्कि शिक्षक घराने की पत्रिका है। किन्तु लेखकीय गरिमा के सम्मानार्थ, 'समावर्तन' में प्रकाशित समस्त रचनाओं के लिए रचनाकार को नितान्त और नाममात्र की सम्मान राशि नियमित रूप से भेंट की जाएगी।

आपके पत्रोत्तर का बेताबी से इन्तजार रहेगा।

साभिवादन एवं साभार।

आपका

प्रभात कुमार भट्टाचार्य

(2)

11-8-2008

प्रिय भाई विश्वनाथ जी,

आपको 'समावर्तन' के अंक प्रतिमाह नियमित रूप से मिल रहे होंगे। आगामी अंक 6 सितम्बर 2008 में चिट्ठी पत्री के अन्तर्गत आपका पत्र छापने का सौभाग्य हमने जैसे-तैसे हथिया लिया। देखिये न, यह पत्र आपने हमें 6-4-2008 को लिखा था, लेकिन जिस बालक को हमने महत्वपूर्ण लेखकों के पत्र सम्हालकर रखने के लिए कहा था, उसने आपके पत्र को इतने सम्हालकर रख दिया था कि बेतरह ढूँढ़ने के बाद भी नहीं मिला। इसलिए इसे हम तुरन्त नहीं छाप सकें। एक फाइल उसने मेरे निजी महत्वपूर्ण पत्रों की बनायी थी, आखिर उस फाइल में आपका यह पत्र ससम्मान रखा हुआ था। आपके नाम से, अब तक, समावर्तन में कुछ भी नहीं छपा था। मन कचोट रहा था। इसलिए जैसे ही अकस्मात यह पत्र हाथ लगा, हमने इसे छापने का गौरव हासिल किया। आप तो अपने पत्र में भी सूक्ति quptable quots लिखते हैं आपकी एक पंक्ति हमारे पैरो तले की जमीन को कितनी मजबूती देती है—'मनुष्य के संकल्प से बड़ा कुछ नहीं होता।'

आपने दो और पंक्तियाँ ऐसी लिखी हैं जिन्हें मैने अपने लिए सहेजकर रख ली हैं—

''यह साहित्य की एक पापुलर पत्रिका जैसी है जो स्टालों आदि पर बिक सकती है। ऐसे चार-पाँच अंक निकल जायें तो पत्रिका अपनी जगह बना लेगी।''

ईश्वर की कृपा ऐसी कि अंक 5 अगस्त 2008 भी समय से प्रकाशित हो गया। अभी तक तो हर महीने समय से ही प्रकाशित हो रहा है।

आपके इस पत्र की एक और पंक्ति 'समावर्तन' के लिए अत्यन्त महत्वपूर्ण है—''मेरा हर प्रकार का सहयोग इस पत्रिका के साथ रहेगा।''

हम चातक की तरह आपकी रचना की स्वाति दूँ की प्रतीक्षा में 'समावर्तन' कार्यालय (यानी मेरा घर) के द्वार पर टकटक लगाये बैठे रहते हैं कि कब डाकिया (आजकल तो कूरियर संवाहक) आपकी रचना लेकर पहुँचता है।

आपसे मेरी यह कर बद्ध प्रार्थना है कि 'समावर्तन' के लिए अपनी रचना भेजकर हमें कृतकृत्य करें। हम बाट जोहते थक गये हैं। प्लीज, मेरी थकावट की लाज रख लीजिये।

एक और सूचना की प्रतीक्षा में हूँ।

आपके निर्देशानुसार मैंने अपनी प्रकाशित पुस्तकों के दो बण्डल आपके पास कई माह पहले भेजे थे। किन्तु अभी तक उनकी प्राप्ति-सूचना मुझ तक नहीं पहुँची है। बस, इतना भर लिख देंगे कि आपको मेरी पुस्तकें मिल गयी हैं तो मुझे तसल्ली हो जायेगी।

आपकी महत्वपूर्ण रचना और पत्र की उत्कट प्रतीक्षा में साभिवादन एवं साभार।

आपका

प्रभात कुमार भट्टाचार्य

पुनश्चः आपको यह सूचना देते हुए मुझे बेहद खुशी हो रही है कि 'समावर्तन' मासिक पत्रिका की प्रतियाँ, पूरे देश भर में फैले 52 बुक स्टॉलों में प्रतिमाह पहुँच रही हैं और बिक रही हैं। 'समावर्तन' का सातवाँ अंक अक्टूबर 2008 मुम्बई में एक अखिल भारतीय आयोजन में, मुम्बई के लिए लोकार्पित हो रहा है। उसके बाद हम ह्वीलर स्टॉल को 'अप्रोच' करेंगे।

(3)

18-9-2008

प्रिय भाई विश्वनाथ जी,

आपका पत्र हमेशा मेरी बूढ़ी नसों में रक्त संचार तेज कर देता है और मेरा युवा-बोध सहसा उजागर हो उठता है। मैं आपके प्रति कृतज्ञ हूँ।

आपने 'कविता प्रभात' के सात खण्डों में से प्रथम दो खण्ड पढ़ लिए हैं, यह अपने आप में बहुत बड़ी खबर है। स्वनामधन्य श्री विश्वनाथ प्रसाद तिवारी जी को मेरी कवितायें अच्छी लगीं, इससे बड़ी खबर क्या हो सकती है। आप जो भी लिखते हैं, उसका महत्व ही दस्तावेजी होता है। आपने चाहा है कि कविता प्रभात के सातों खण्डों पर किसी को लिखने के लिए कह दूँ क्योंकि 'मेरी रचनाओं पर कुछ प्रकाशित करने में आपको प्रसन्नता होगी। ज़हे नसीब।

किन्तु इस आमंत्रण को आकंठ कृतज्ञता पूर्वक ग्रहण करते हुए भी, आपके पत्र की दो पंक्तियाँ मेरे लिए ऐतिहासिक महत्व की हैं। आपने लिखा है—''कविता प्रभात के दो खंड-नीडराग और वृक्षराग पढ़ गया हूँ। और भी पढ़ लूँ तो विस्तार से आपको पत्र लिखूँ। आपकी कवितायें बहुत गम्भीर और दार्शनिक मिजाज की हैं।''

विश्वनाथ भाई, आपकी उपर्युक्त पंक्तियाँ मेरे लिए तो कारुँ का खजाना हैं। क्योंकि मैं साँस रोककर मेरी कविताओं पर विस्तार से लिखे आपके पत्र की प्रतीक्षा करुँगा।

'दस्तावेज' में छपना किसी भी लेखक के लिए परम नहीं, चरम सौभाग्य की बात है। किन्तु, मेरी कविताओं पर विस्तार से लिखा आपका पत्र तो मेरे लिए ऐतिहासिक दस्तावेज होगा।

इस विचार मात्र से रोमांचित हो उठता हूँ कि आपका लिखा उपर्युक्त पत्र मेरे लिए तो धरोहर बन जायेगा। आगे और कुछ सूझता नहीं है।

'समावर्तन' का सातवाँ अंक—यानी अक्टूबर 2000 अंक एक नयी सौगात लेकर आ रहा है। इस सौगात की सूचना हम सितम्बर अंक में दे चुके हैं। इरादा तो हमारा यह था कि व्यंग्य केन्द्रित 'वक्रोक्ति'—एक 'पुल आउट' के रूप में निकालें लेकिन फिलहाल हमारी हैसियत ऐसी नहीं है इसलिए 'वक्रोक्ति' का शुभारम्भ हम 'समावर्तन' के अधबीच कर रहे हैं। आपकी महत्वपूर्ण प्रतिक्रिया जानने के लिए उत्सुक रहूँगा। इस विशिष्ठ अंक का मुम्बई के लिए लोकापर्ण मुम्बइ में ही हो रहा है—4 अक्टूबर 2008 को अखिल भारतीय सर्वभाषा सम्मेलन के तत्वावधान में। इस अंक की एक और विशिष्ठता है। इसमें 17 भारतीय भाषाओं की 17 कविताओं का हिन्दी अनुवाद दिया जा रहा है। ताकि अखिल भारतीय सर्वभाषा सम्मेलन में इसके लोकार्पण की सार्थकता सिद्ध हो सके। 'वक्रोक्ति' हम साल में तीन बार निकालेंगे।

कुछ और 'पुल आउटस्' की योजना भी है। देखें, कब सम्भव होता है।

'दस्तावेज' में मेरी रचनाओं पर कुछ प्रकाशित करने में होने जा रही आपकी प्रसन्नता के लिए मैं भला चुप कैसे बैठ सकता हूँ।

आपके लेखन की यानी हस्तलिपि की विशिष्ठता के बारे में शुरु में ही मैं कुछ कहना चाहता था। वैसे तो हर एक की हस्तलिपि में उसका निजत्व तो होता है किन्तु वह इतनी खूबसूरत नुकीलापन का आकर्षण लिए हुए हो, यह केवल आपकी हस्तलिपि की विशिष्ठता है। पत्र का 'कन्टेन्ट' आपके लेखन की तरह ही बेहद आकर्षक है। पत्र तो आपके मिल जाते हैं। किन्तु लेखन कब मिलेगा, इसी की बाट जोह रहा हूँ—लेकिन कब तक?

साभार एवं साभिवांदन।

आपका

प्रभातकुमार भट्टाचार्य

(4)

18-10-2008

प्रिय भाई विश्वनाथ जी,

कल ही आपका प्रतीक्षित पत्र मिला। आजकल पत्रों के आवागमन में बहुत समय लगता है। आपका 29-9- का पत्र मुझे 17-10 को मिला। कब से बाट जोह रहा था आपके पत्र की। यानी जब से सुनीता ने खबर दी थी। सुनीता ने जिस खुशी से यह खबर दी थी, उसी के फलस्वरूप मेरी बेसब्री बढ़ गयी थी। और मैं यह भी तो स्वीकार करता हूँ कि मेरा कैशोर्य कहीं बहुत गहरे मेरे भीतर जमकर बैठा

है। यह भी स्वीकार करता हूँ कि उसे मेरा आयुगत वार्धक्य निकाल फेंकना भी नहीं चाहता। सच यह भी है कि अपनी आयु को मैं ढोता नहीं हूँ और न ही ओढ़ता—बिछाता हूँ। एक पिंक सिल्कन स्कार्फ की तरह गले में लपेटे रहता हूँ। वह है जरूर क्योंकि उसका होना भी तो शोभा है—'धवल किरीट होता है बुढ़ापा' क्योंकि 'वृक्ष कभी नहीं होते बूढ़े। वह लिखते नहीं, जीते हैं। प्रेम कविता।'

और आपने भी तो लिख दिया—'आप में वृक्ष की मजबूती है सच विश्वनाथ भाई, मैं यह तो जानता था, यानी जितना जो कुछ आपको समझ सका हूँ, मात्र पत्रों के माध्यम से कि आप जो कुछ लिखेंगे दो टूक लिखेंगे और बेबाकी से लिखेंगे। मगर यह कल्पना नहीं थी कि इतनी गहरायी से मेरी कविताओं को पढ़ेंगे। सुनीता ने यह खबर तो दे दी थी कि आपने मेरे सातों काव्य संग्रह पढ़ लिए हैं लेकिन यह तो दूर-दूर तक नहीं सोच सका था कि आप मेरा काव्य-नाटक अभी भी पढ़ चुके होंगे। परम और चरम सौभाग्य मेरा।

ऐसा बहुत-बहुत कम होता है कि कोई किसी का पत्र एक या दो बार नहीं, कई बार पढ़े। मैं आपका यह पत्र कई बार पढ़ चुका हूँ। और आश्वस्त हूँ कि इसे फिर-फिर पढ़ूँगा।

आपने लिखा है—'चार दशक पूर्व के उद्दाम प्रेम की स्मृति एकदम ताजा है।'

तो आपको यह खबर दूँ कि एक वर्ष, चार महीने पूर्व 20 जून 2007 को, हमारे दाम्पत्य जीवन की अर्धशती उत्सव के अवसर पर मेरे सातों काव्य-संग्रहों का लोकार्पण एक साथ हुआ था। यानी एक दशक और लगभग डेढ़ माह और बीत चुके हैं फिर भी स्थिति वही है। और बनी ही रहेगी आखिरी रात तक। और जब आयेगी, तब एक उत्सव की तरह आयेगी।

आपकी भाषा का तो मैं प्रथम पत्र से ही क़ायल हूँ। और इस पत्र में तो आपने उस उन्मुक्त भाषा का दुशाला मेरे कंधों पर सजा दिया। कितनी अद्भुत है आपकी बेबाकी। एकदम दो टूक लिखते हैं आप।

कितना सही है आपका यह कहना कि आप किसी अन्तिम निष्कर्ष पर नहीं पहुँचे लेकिन मेरा 'भारतीय, भावमय, हीनतामुक्त और मूल्यचेता मन' आपको 'व्यक्तिगत तौर पर अच्छा लगा।'

इसके पूर्व में लिखी गयी एक-एक पंक्ति साक्षी है कि कितनी गहरायी से पढ़ी हैं आपने मेरी सारी कवितायें। मैं अभिभूत हूँ—कृतज्ञ हूँ—कृतकृत्य हूँ कि स्वनामधन्य विश्वनाथ प्रसाद तिवारी जी ने मेरी सारी कविताओं को पढ़ने की जहमत उठायी और उन पर अपनी प्रतिक्रिया व्यक्त करना भी जरूरी समझा। मैं तो सम्मान के उत्तुंग शिखर पर बैठा हूँ।

आपने मेरे काव्य-नाटक-त्रयी 'मुक्तिकथा' का विश्लेषण छह पंक्तिमात्र में इतनी निपुणता से किया है कि मैं तो आपकी अल्प में सकल समेटने की अद्भुत शब्द कौशलमय अभिव्यक्ति का मुरीद हो गया। एक बार फिर आपके प्रति अपनी असीम कृतज्ञता व्यक्त करता हूँ और खम ठोककर कहता हूँ कि आपने ही मेरी कविताओं के मर्म को सही सही समझा। मैं केवल पढ़ने-लिखने के लिए चश्मा तो लगाता हूँ लेकिन रंगीन चश्मा लगाने से इनकार करता हूँ। मुझे अनदेखे और उपेक्षा की किंचित मात्र भी चिन्ता नहीं है। मेरे दो खण्ड काव्य तैयार हैं। उपन्यासों, संस्कृत नाटकों के हिन्दी रूपान्तरण एवं पुनर्रचना तथा मेरे अपने नाटकों के प्रकाशन की भी तैयारी है।

वर्ष 2008 के आपके दो प्रकाशनों की राह देख रहा हूँ। 'आलोचना के हाशिये पर' तथा 'फिर भी कुछ रह जायेगा' की आस लगाये बैठा हूँ।

और बहुत-बहुत बेताबी से अपने पिछले पत्र के उत्तर की प्रतीक्षा में हूँ। आपके व्यक्तित्व और कृतित्व पर केन्द्रित 'समावर्तन' के एक अंक की सामग्री के लिए।

साभार एवं साभिवादन।

आपका

प्रभातकुमार भट्टाचार्य

(5)

26-11-2008

प्रिय भाई विश्वनाथ जी,

अजीब जुनूनी व्यक्ति हूँ मैं। किसी चीज में रम जाता हूँ तो बस 'लागी नहीं छूटे राम' के तरन्नुम में खो जाता हूँ। 'फिर भी कुछ रह जायेगा' की सोहबत में बेहाल हूँ। उसके पाश से छूटना मुश्किल ही नहीं नामुमकिन है। फिर भी करता तो हूँ खुदी के साथ जबरदस्ती। क्या करुँ, एक और जुनून पर तो पिछले नौ-दस महीने, या कहना चाहिए, सालभर से सवार हूँ, जिसका नाम है 'समावर्तन'।

'समावर्तन' का जो अंक प्रख्यात आलोचक, कवि, सम्पादक चिन्तक प्रोफेसर विश्वनाथ प्रसाद तिवारी पर केन्द्रित होगा उसके लिए मैंने ओम निश्चल जी को साक्षात्कार के लिए, प्रकाश मनु जी को व्यक्तित्व पर लेख के लिए और रेवतीरमण जी को कृतित्व पर लिखने के लिए—अलग, अलग पत्र लिख दिये हैं। उन तीनों से सानुरोध, साग्रह, सप्रेम निवेदन किया है कि एक माह के अन्दर मेरे पास वांछित सामग्री पहुँचाने की अनुकम्पा करें।

शुरु से ही हमारी कोशिश रही है कि 'समावर्तन के लिए हम कम से कम तीन महीनों की तैयारी रखें। इस कोशिश में कोताही नहीं करना चाहता। एक मासिक पत्रिका को समय पर निकालने की यह बुनियादी शर्त है।

समावर्तन का अंकः नौ दिसम्बर 08 प्रेस में है। जनवरी 2009 की तैयारी जोरों पर है। मार्च 2009 का अंक प्रथम वार्षिकांक होगा। अप्रैल से दूसरा साल शुरु हो जायेगा।

मन में इच्छा तो है कि समावर्तन के प्रथम वार्षिकांक का लोकार्पण—आयोजन तनिक उत्सवधर्मिता के साथ हो। यह आयोजन मार्च 2009 के प्रथम सप्ताह में उज्जैन में ही करना चाहते हैं।

आपको अभी से निमन्त्रण दे रहे हैं कि इस लोकार्पण आयोजन में आपकी महत्वपूर्ण उपस्थिति लाल स्याही से रेखांकित हो।

वैसे मुम्बई वालों का भी दबाव बन रहा है।

तो मैं समझौता यों करना चाहता हूँ कि क्यों न हम दूसरे वर्ष का प्रथम अंक मुम्बई में लोकार्पित करें। यह होगा अप्रैल 2009 का अंक। यह अंक किस महत्वपूर्ण साहित्यकार पर केन्द्रित हो, इसे मैंने तो मन ही मन तय कर लिया है, किन्तु अन्ततोगत्वा होगा क्या, यह तो सामग्री संचयन की सफलता पर निर्भर करेगा। और सम्पादक मंडल के निर्णय पर भी।

'आलोचना के हाशिये पर' के पन्ने मैंने पलट लिए हैं। पढ़ना तो थोड़ा ठहरकर ही होगा। पहले 'फिर भी कुछ रह जायेगा' का बुखार तो उतर जाये। इन दिनों इसी बुखार की जकड़न में आपादमस्तक समर्पित हूँ।

साभिवादन उत्तर की प्रतीक्षा में।

आपका

प्रभातकुमार भट्टाचार्य

(6)

13-12-2008

प्रिय भाई विश्वनाथ जी,

आपको मेरा 26-11-08 का पत्र मिला होगा।

आपके व्यक्तित्व पर लिखने के लिए आमंत्रित श्री प्रकाश मनु का एवं कृतित्व पर लिखने के लिए आमन्त्रित श्री रेवती रमण के पत्रोत्तर की प्रतीक्षा में हूँ। हाँ, आपके साक्षात्कार के लिए आमन्त्रित ओम निश्चल जी का फोन जरूर आया। बेहद आत्मीय ढंग से उन्होंने बातचीत की और मुझे आश्वस्त किया कि मेरे द्वारा निवेदित एक माह की अवधि में ही मुझे आपका लम्बा साक्षात्कार भेज देंगे। यदि प्रकाशमनु जी और रेवती रमण जी भी समयावधि में अभीक्षित सामग्री भेज देते हैं तो फिर शेडूल करने में हमको सुविधा होगी।

दिसम्बर '08 अंक आपको अवश्यक मिल गया होगा। डाक पंजीयन सुविधा मिल जाने से समावर्तन बुकपोस्ट से भेजने की बहुत बड़ी सहूलियत मिल गयी है। और हम एक बड़े व्ययभार से मुक्त हो गये हैं।

इस अंक में हमने चार पृष्ठ अतिरिक्त जोड़े हैं–'समावर्तन विशेष'। इन अतिरिक्त पृष्ठों के प्रथम पृष्ठ यानी समावर्तन के 97वें पृष्ठ में हमारे प्रधान सम्पादक महोदय ने लेखको, बुद्धिजीवियों आदि को आमन्त्रित किया है आतंकवाद को लेकर कुछ लिखने के लिए। आप जैसे महत्वपूर्ण विचारक-चिन्तक-सम्पादक की यदि एक टिप्पणी प्राप्त हो जाये तो हम इसे अपना सौभाग्य मानेंगे। यानी आपकी सामग्री 'समावर्तन' का कम से कम एक पृष्ठ तो हो।

फिर से याद दिला रहा हूँ। 'समावर्तनं' के प्रथम वार्षिकांक के मार्च में लोकार्पण-उत्सव में आपको उज्जैन पधारना है। सम्भवतः 5 मार्च से 7 मार्च तक इसका त्रिदिवसीय आयोजनं होगा। जिसमें काव्य पाठ भी होगा– कहानी पाठ भी और होगी समावर्तन संगोष्ठी। 5 मार्च के मुख्य समारोह में आपका समावर्तन सम्बन्धी महत्वपूर्ण वक्तव्य भी होगा और अगले दिन आपका काव्यपाठ।

भाई प्रमोद त्रिवेदी को मैंने साग्रह अनुरोध किया है कि वे–फिर भी कुछ रह जायेगा' और 'आलोचना के हाशिये पर' की समावर्तन के लिय समीक्षा लिखें। और उन्होंने मेरा अनुरोध स्वीकृत भी कर लिया है।

'फिर भी कुछ रह जायेगा' का बुखार जारी है। क्या करुँ–ऐसा ही हूँ मैं।

ढेरों मंगलकामनायें और अभिवादन सहित पत्रोत्तर की प्रतीक्षा में।

आपका

प्रभातकुमार भट्टाचार्य

(7)

11-12-2009

प्रिय भाई विश्वनाथ जी,

आप मेरे आत्मीय हैं इसलिए खबर दे रहा हूँ।

अभी-अभी पाँच दिन पहले 6 दिसम्बर को 78 वाँ वर्ष लग गया, मेरा। और 5 दिसम्बर को, हर

माह की निश्चित तिथि पर, 'समावर्तन' का 21 वाँ अंक निकल गया।

दस्तावेज का 121 वाँ अंक मिला। 'समावर्तन' से 100 कदम आगे। 'दस्तावेज' की साहित्यिक पहचान के आगे तो 'समावर्तन' बौना है। जैसे आपके व्यक्तित्व और कृतित्व की तुलना में प्रभातकुमार नाम का भट्टाचार्य।

अभी कुछ दिनों पहले फोन पर आपसे बातचीत हुयी थी। आपने मेरे अनुरोध को स्वीकारते हुए कहा था कि आप 'समावर्तन' के लिए कुछ विशिष्ठ सामग्री भेजेंगे। मैं प्रतीक्षा में हूँ। 'समावर्तन' के पलक-पाँवड़े बिछे हुए हैं।

'समावर्तन' की उसी जाने पहचाने स्वरूप में और Archival Value की सामग्री के साथ, हर माह की निश्चित तिथि पर प्रस्तुति एक बूढ़े के जुनून को और इसके सुयोग्य साथियों के अतुलनीय team work की कल्पनाशीलता और परिश्रम की सार्थकता सिद्ध करती है। मैं आपका और आप जैसों का बहुत आभारी हूँ।

यों तो, प्रभु कृपा से योगासन-प्राणायाम आदि के प्रताप से स्वस्थ हूँ किन्तु मुहावरे वाली मेरी कमर टेढ़ी हो गयी है समावर्तनीय ऋण के बोझा तले। आखिर है तो रिटायर्ड युनिवर्सिटी प्रोफेसर। कहाँ से लाऊँ, वह जमा पूँजी। अपनी सन्तान से भी कब तक सहायता लूँ। इसलिए आपसे नतमस्तक होकर कर बद्ध प्रार्थना कर रहा हूँ कि कृपया कम से कम एक विज्ञापन का जुगाड़ कर दीजिये—बहुत-बहुत अहसानमन्द रहूँ। एक बार फिर विज्ञापन सम्बन्धी कागजात नत्थी कर रहा हूँ। प्लीज, थोड़ी दया कीजिये।

गिरीश रस्तोगी जी ने कहा था कि उनकी समीक्षा दस्तावेज में आयेगी। पत्र लिखते रहियेगा। आपके पुत्र बहुत अच्छे लगते हैं। कृपा बनाये रखे।।

साभिवादन।

आपका

प्रभातकुमार भट्टाचार्य

पुनश्चः संलग्न विज्ञापन-अनुरोध पत्र में मेरे हस्ताक्षर हैं लेकिन ऊपर की पंक्तियों को खाली छोड़ दिया है—आप अत्यन्त कृपापूर्वक भर लें।

(8)

23-4-2010

प्रिय भाई विश्वनाथ जी,

ऐसा तो पहले कभी हुआ नहीं कि आप मेरा पत्र पढ़कर मौन साध लें। अब तो एक माह से भी अधिक समय हो गया। मैंने आपसे निवेदन किया था कि भाई रमेश दवे के अमृतोत्सव-शुभारम्भ के अवसर पर समावर्तन का एक अंक केन्द्रित हो रहा है, उन पर एक आलेख की प्रार्थना मैंने आपसे की थी।

यह अंक जून 2010 में छप रहा है। आपसे करबद्ध प्रार्थना है कि भाई रमेश दवे के व्यक्तित्व/कृतित्व पर आप अपना आलेख हर हालत में, देर से देर 7 मई 2010 तक हमारे पास पहुँचाने की असीम

अनुकम्पा करें।

आपने हमेशा हम पर कृपा की है। दस्तावेज 124 में मुझ अकिंचन को स्थान देकर आपने जो उपकार किया है उसे मैं भूल नहीं सकता। दस्तावेज जैसी अत्यन्त महत्वपूर्ण पत्रिका में इसके प्रकाशन का ही तो नतीजा है कि मेरे पास चिट्ठियों और फोन कॉल का ताँता बँधा हुआ हैं मैं कृतकृत्य हूँ।

जिस दिन हिन्दी की प्रथम पंक्ति के शीर्षस्थ लेखक स्वनामधन्य श्री विश्वनाथ प्रसाद तिवारी मुझ अकिंचन पर लिखेंगे, उस दिन अस्सी के आसपास का यह बूढ़ा, जवान हो जायेगा।

भाई रमेश दवे पर आपके आलेख की तीव्रतम प्रतीक्षा रहेगी।

साभार एवं साभिवादन।

आपका

प्रभातकुमार भट्टाचार्य

पुनश्चः समावर्तन के लिए साहित्य अकादेमी का विज्ञापन अभी तक नहीं आया।

प्रमोद वर्मा

(1)

बी-4/33, सेक्टर-9,
भिलाई म.प्र.

8-10-98

प्रिय विश्वनाथ जी,

'दस्तावेज' 77 और 78 की प्रतियाँ यथा समय प्राप्त हुयी। आभारी हूँ। सचमुच यह समकालीन साहित्य का महत्वपूर्ण दस्तावेज है। ठोस वित्तीय सहायता के बिना दस्तावेज जैसी गम्भीर साहित्यिक पत्रिका का बीस वर्ष तक जारी रहना अपने आप में एक अभूतपूर्व घटना है। यह सहज ही अनुमान लगाया जा सकता है कि इस दौरान आपने अपनी कितनी प्राण-शक्ति इसमें उलीची होगी।

'दस्तावेज' 77 में सांवली मित्र का संस्मरण और विजेन्द्र नारायण का लेख तथा दस्तावेज' 78 का सम्पादकीय और के. सच्चिदानन्दन की कविताओं की जितनी भी प्रशन्सा की जाये कम होगी।

फिलहाल इतना ही। ल़म्बी और जानलेवा बीमारी भुगत कर अभी-अभी उठा हूँ। शरीर में थोड़ा बल आ जाय तो दस्तावेज के लिए कुछ भेजूँगा।

शुभकामनाओं सहित,

आपका
प्रमोद वर्मा

(2)

4-11-98

प्रिय विश्वनाथ जी,

आपका पत्र मिला। दस्तावेज 79 की प्रति भी। धन्यवाद।

अगस्त के महीने में म़ेरे चेहरे पर लकवे का हल्का सा हमला हुआ था जिससे वाणी में थोड़ी लड़खड़ाहट आ गयी थी। उसके बाद मलेरिया ने धर दबोचा। समय पर सही उपचार मिल जाने से तबीयत सम्भल गयी। अब काफी ठीक हूँ और थोड़ा-थोड़ा काम करने लगा हूँ।

इस अंक के सम्पादकीय में भी आपने बेहद महत्वपूर्ण मुद्दे उठाये हैं। अब तो पश्चिम के विचारक भी मानने लगे हैं कि आज गाँधी से अधिक प्रासंगिक विचारक कोई ओर नहीं है। मानव-केन्द्रित विश्व की धारणा बेहद संकुचित है। हमें अपनी जड़ों की ओर लौटना होगा। सम्पूर्ण चराचर को निबद्ध करने वाली वैश्विक या ब्रह्मांडकीय धारणा सदियों से रही है हमारी। मनुष्य के प्रादुर्भाव के पूर्व से ही पहाड़ और नदियाँ, वनस्पतियाँ और जीव-जन्तु इस सृष्टि के वासी रहे हैं। वह मनुष्य की बपौती नहीं हैं। विकास की अंधाधुंध के खिलाफ अब खुलकर

सामने आना जरूरी है।

प्रसन्नता की बात है कि विचार के स्तर पर हम तकरीबन एक ही वेव लेंग्थ पर हैं।

एक लेख भेज रहा हूँ। आशा है, पसन्द आयेगा।

अच्छे होंगे।

आपका

प्रमोद वर्मा

प्रमोद त्रिवेदी

(1)

हिन्दी विभाग
सान्दीपनि महाविद्यालय
उज्जैन (म.प्र.) 456001

30-3-89

मान्य बन्धु,

आप 'दस्तावेज' का अगला अंक श्री नरेश मेहता पर निकालने की योजना बना रहे हैं। ऐसा इलाहाबाद से लौटने पर आ. नरेश जी ने बतलाया था। और यह भी कहा कि वे आपकी ओर से कह रहे हैं कि इस अंक के लिए मैं भी कुछ लिखूँ। मेरे पास उनका हाल ही में प्रकाशित काव्य संकलन 'पिछले दिनों नंगे पैरों'' था और मैं उन्हीं कविताओं से गुजर रहा था। मुझे सुविधाजनक लगा कि इसी संकलन के बहाने श्री नरेशजी की कविताओं पर बात की जाये। परिणाम यह आलेख है।

पता नहीं आपको कैसा लगे।

कभी आपसे यों तो मिलने का अवसर नहीं मिला पर भारत भवन के एक कार्यक्रम में आप भी थे और मैं भी, दूरी फिर भी बनी ही रही। क्योंकि वहाँ कई स्तर होते हैं। और जब तक उचित अवसर या प्रसंग न हो सारी निकटता कभी औपचारिक ही होती है मौका तो इस तरह मिलना था।

लेख पहुँचने की सूचना तो आप देंगे ही ऐसी आशा है। लेख कैसा लगा, यदि आप लिख सकें तो और अच्छा लगेगा।

आपका
प्रमोद त्रिवेदी

(2)

21-11-2007

बन्धुवर तिवारी जी,

अब नये सिरे से अपना परिचय देने की जरूरत नहीं होगी, ऐसा विश्वास है। भोपाल में आयोजित-पावस व्याख्यानमाला में आपका वक्तव्य ऊर्जा से भरा हुआ था। क्या उस वक्तव्य को आपने लिपिबद्ध किया?

अर्से बाद उज्जैन से हम फिर एक पत्रिका-सबद शुरू करने जा रहे हैं। आपका सहयोग हमें बराबर मिलता रहेगा ऐसा पूरा विश्वास है। आप अपनी आठ-दस कवितायें, अपना संक्षिप्त परिचय और छायाचित्र यथाशीघ्र मुझे भेजिये। जिन लोगों पर भरोसा है और जिनका बल भी संकल्प को दृढ़ करता है, आप उन थोड़े लोगों में से हैं। हमें आपका लेख भी चाहिए—याने सदा कुछ न कुछ चाहिए—आपके अक्षय पात्र से।

आशा है, आप स्वस्थ-सानन्द हैं।

सदा आपको याद करता हूँ। आपका रचनात्मक सहयोग शीघ्र मिलेगा इसी आशा के साथ।

आपका

प्रमोद त्रिवेदी

(3)

दीवावली 2008

बन्धुवर,

कल 'नरक चतुर्दशी' की शाम नन्हें-नन्हें सैकड़ों-हजारों दीप अन्धकार को चुनौती देने लगे थे, कोरियर-सर्विस वाले एक युवक ने एक पैकेट मुझे थमाया। दीपावली की शुभकामना दी और सायकिल से मेरी आँखों के सामने से ओझल हो गया!

''आलोचना के हाशिये पर'' को उलटते पलटते अचानक नजर इन पंक्तियों पर टिक गयी—

''जिस समय वह लिख रहा होगा
सबसे अच्छी कविता
जरूर होगा उस समय वह
सबसे अच्छा आदमी''

अच्छी कविता, निश्चय ही अच्छा आदमी बनाती है। अच्छी कविता पाठक को भी अच्छा आदमी बनाती है पर अच्छी कविता और अच्छे शब्दों का स्पर्श भी एक आदमी में अच्छापन जगाता है, यह मेरे लिए कल का खास और अमिट अनुभव रहा! उस कोरियर वाले ने कहा—

—''जरा इधर यहाँ आ जाइये, रोशनी में। मैं यहाँ इसलिऐ खड़ा हूँ कि यहाँ रोशनी है।''

मैं सचमुच-रोमांचित हो उठा। मुझे लगा वह मुझे पुकार नहीं रहा—कविता सौप रहा है। फिर जाते जाते बोला ''हैप्पी दीपावली सर।'' यह आपके भेजे शब्दों के स्पर्श का असर ही तो है। आप न अपनी

पुस्तकें भेजते, न मैं उस व्यक्ति से मिलता। और दिन भी दीपोत्सव की पूर्व संध्या। कह रहा—जरा इधर रोशनी में आ जाइये। इस से अमूल्य उपहार भला और क्या होगा। इस समय में जिसका जिक्र ''फिर भी कुछ रह जायेगा'' की पहली ही कविता ''पुस्तकें'' में है। हम लिख ही इस आशा में रहे हैं कि फिर भी कुछ बाकी है सतत नष्ट होने की प्रक्रिया के बीच! पृथिवी कभी निर्बीज नहीं होती।

आपके इस आत्मीय अनुग्रह के प्रति ''आभार'' बहुत ही सतही, औपचारिक और अपर्याप्त शब्द है।

आपके जैसी प्रखर आलोचक दृष्टि तो नहीं है मेरी फिर भी मैं लिखूँगा जरूर। थोड़ा समय जरूर लग सकता है।

आपको और पूरे परिवार को दीपोत्सव और इससे आरम्भ हो रहे नववर्ष के लिए हार्दिक शुभकामनायें।

श्रीमती सुनीता जैन ने ही सूचित किया था कि भारत सरकार की साहित्य अकादमी, दिल्ली ने आपको महत्वपूर्ण दायित्व सौंपा है। सचमुच बहुत खुशी हुयी थी। सोचा आपको बधाई दूँ। पर इस संकोच की वजह से कि ऐसी ''बधाई'' का अर्थ <u>अपनी याद दिलवाना</u> ज्यादा होता है, मैंने अपनी याद दिलवाने से खुद को बचा लिया। कई बार ऐसी खुशी को अपने मन में भी सहेज कर रख लेना चाहिए। देरी से ही सही अब बधाई स्वीकार कीजिये।

याद तो मैं करता ही हूँ आपको।

आशा है, आप स्वस्थ-प्रसन्न हैं। मैं भी अच्छा ही हूँ लिखना-पढ़ना भी थोड़ा-थोड़ा चल ही रहा है।

आपकी दोनों मूल्यवान पुस्तकों को पाकर मैं सचमुच सम्पन्नता का अनुभव कर रहा हूँ।

आपका

प्रमोद त्रिवेदी

(4)

24-8-2009

आदरणीय तिवारी जी,

सादर नमस्कार। यह पत्र तो काफी पहले लिखा जाना था पर विलम्ब हो गया, पर इतने दिनों मैं आपसे दूर रहा भी कहाँ! चण्डीगढ़ में कृपापूर्वक आपने अपने दो काव्य-संकलन ही नहीं दिये, परोक्ष रूप से आपने अपने को ही चुपचाप सौप दिया कि तुम जब चाहो, पुस्तक का कोई भी पृष्ठ खोलो, एक आत्मीय वार्तालय के लिए समय और अवसर पा लोगे। मैं जितना इससे बाहर हूँ, उससे ज्यादा अपनी इन कविताओं में हूँ और जो बाहर वही इन रचनाओं में। उतना ही प्रामाणिक! बल्कि कविता के निकष पर इस से बाहर जो विश्वनाथ प्रसाद तिवारी है उसकी भी परख करो।

बन्धुवर! जो दिल्ली, पटना, भोपाल के कवि, लेखक, आलोचक हैं—''सभ्य'' और चतुर उनके लिए आपकी कविताओं के क्या अर्थ हैं मैं नहीं जानता। पर एक शुद्ध गोरखपुर के कवि की कवितायें उज्जैन के जनपद के एक सामान्य से कवि-व्यक्ति के लिए महत्व इसलिए रखती हैं कि ये मिट्टी की उपज हैं! सभ्यता की उपज नहीं। इसलिए इसकी गंध बाँध लेती है और सभ्यता के देश से मुक्त भी करती है। ...यह आलोचना नहीं है, मैं खुद बात कर रहा हूँ, इन कविताओं की साक्षी में खुद से।

अस्तु।

आपकी वजह चण्डीगढ़ यात्रा हो गयी। अच्छा ही लगा वहाँ आकर। काव्य प्रेमी इतने श्रोता मिलें ऐसा कवियों के साथ कम ही होता है। काफी मधुर स्मृतियाँ लेकर मैं लौटा। सच तो यह है कि विद्वत्ता मुझ से वहन नहीं होती। (सुनना सदा अच्छा लगता है। कुछ न कुछ हो मिलता ही है नया) पर विद्वान होकर बैठने में मुझे संकोच होता है और असुविधा भी होती है। आप जब भी रचना-पाठ (कहानी पाठ के लिए भी) मुझे याद करेंगे मैं उपस्थित होने की कोशिश करुँगा। वैसे मैं आप से इतना अपनत्त्व पा सका, मेरे लिए तो इतना ही पर्याप्त है।

''दस्तावेज'' के लिए कवितायें संलग्न हैं। यदि अनुकूल समझें तो किसी अंक में जगह दें।

इतनी व्यस्तताओं में—''वन तुलसी की गंध'' और उपन्यास—''तथापि'' को पलटने का अवसर अभी मिला ही नहीं होगा, पर आपकी राय से मैं अवगत होना अवश्य चाहूँगा।

आशा है आप स्वस्थ-सानन्द हैं। आपको याद करता हूँ।

आपका

प्रमोद त्रिवेदी

(5)

18-11-2010

बन्धुवर तिवारी जी,

नमस्कार। दीपोत्सव और दीपालोक में आरम्भ हो चुके नववर्ष पर हार्दिक स्मरण शुभकामनायें।

कमलकुमार और उनकी महत्वाकांक्षाओं से आप तो परिचित होंगे ही। उनमें यह कौशल भी कूट-कूटकर भरा है कि ''अपना काम'' किसी भी तरह, किसी से भी करवा लें। हम में तो यह कला आयी ही नहीं।

उनका उपन्यास—''मैं घूमर नाचूँ'' की यह समीक्षा उनके इसी ''कौशल'' का परिणाम है। मैं तो ''दस्तावेज'' के लिए भेजता तो अपनी कुछ कवितायें ही भेजता पर जब मन या बेमन से समीक्षा लिखनी ही पड़ी तो आपको भेजने का ही पहला ख्याल आया।

यदि आप उचित समझें तो ''दस्तावेज'' में इसे जगह दे दें। कोई आश्चर्य नहीं होगा मुझे कि आपसे सूचना मिले कि कमल कुमार ने ''दस्तावेज'' के लिए पहले ही समीक्षा भिजवा दी है। जो भी स्थिति हो आप सूचित अवश्य करें।

आशा है, आप स्वस्थ-सानन्द हैं और सक्रिय तो हैं ही। आपकी कोई नई पुस्तक इधर प्रकाशित हुयी? याद तो करता ही रहता हूँ मैं आपको।

प्रिय अनन्तकीर्ति को स्नेह।

आपका

प्रमोद त्रिवेदी

(6)

14-8-2012

बन्धुवर तिवारी जी,

"दस्तावेज" से आपके हालचाल मिल जाते हैं। पहले आपकी चीन यात्रा और इस बार कनाडा यात्रा की तफसील। व्यस्ततायें अब काफी बढ़ गयी हैं आपकी।.....एक बात हमेशा ही अच्छी लगती रही है और वह यह कि आप कहीं जायें, आप में आपका ठेठ गोरखपुरियापन पीछा नहीं छोड़ता। वह बार-बार भागने से बचने की कोशिश में लगा रहता है। पर जिम्मेदारियाँ धकेलती हैं। इसी ठेठपन में आपका यात्री कवि भी बिना वीजा पासपोर्ट के साथ हो लेता है। आप अपने लिए चाहे कुछ न लायें पर हमारे लिए ये यात्रा वृत्त उपहार स्वरूप ले ही आते हैं। इस आत्मीयता के लिए—"आभार" शब्द तो औपचारिक ही नहीं, अपर्याप्त भी है। सच मानिये खूब मन रमा है। आशा है आगे भी ऐसे 'उपहार' हमें मिलते रहेंगे।

"दस्तावेज" के लिए कुछ कवितायें संलग्न हैं। शायद आपको प्रकाशन के योग्य लगें।

साभिवादन, आपका
प्रमोद त्रिवेदी

(7)

2-4-2013

बन्धुवर तिवारी जी,

यह सुखद समाचार तो मुझे समय से ही मिल गया था कि साहित्य अकादमी के अध्यक्ष पद के दायित्व का निर्वाह अब आपको करना है। सचमुच, हमारे लिए यह गर्व की बात है कि पद-लाभ और पद-लिप्सा के लिए जो जमावट की जाती रही है, इसके विपरीत सेवा और कर्तव्य-निष्ठा, सरलता, सादगी (और समयोचित दृढ़ता भी) को यह मान मिला है। एक निरा देहाती व्यक्ति कुछ अलग ढंग से सपने देखता है, वह सबको साथ लेकर चलता है, सब के सपनों में अपना सपना भी जोड़ लेता है और उनमें रंग भरने को जुट जाता है। कर्तव्य के आगे अपनी सारी सुविधायें गौण! "ग्रामवासिनी भारतमाता...." का जो बिम्ब आज भी हमारे मन-मस्तिष्क में बना हुआ है, इसी भारतमाता के सपूत मुझे विश्वनाथ प्रसाद तिवारी लगते रहे हैं चाहे वे किसी भी पद पर हों। (या न भी हो)। आपकी इसी निश्छल सरलता और वैचारिक दृढ़ता का मैं सदैव कायल रहा हूँ। इस पद पर आपके होने से हिन्दी का मान बढ़ा है तो हमारा मान भी बढ़ा ही है। मेरी हार्दिक बधाई और शुभकामना स्वीकार कीजिये बन्धुवर।

बधाई और शुभकामनायें प्रेषित करने में थोड़ी देरी अवश्य हुयी है। मैंने सोचा, ऐसी बधाई और

शुभकामनाओं की भीड़ कुछ कम हो जाने दूँ। कतार छँट जाये तब मेरी भावना आपसे रु-ब-रु हो। पद बड़ा है तो व्यस्ततायें भी बढ़ गयी होंगी। यों भी आपको फुरसत कब रही? दूसरा ग्रामीण संकोच मुझमें यह भी बना रहा, बल्कि यह पत्र लिखते हुए अभी घेरे है कि ऐसे अवसरों पर ऐसे पत्र इसीलिए लिखे जाते हैं कि लिखने वाले का चेहरा उत्साही भीड़ में कहीं ओझल न हो जाये। पर साथ-साथ यह भी बराबर लगता रहा कि यह इस अवसर पर मैं यदि सचमुच खुश हूँ तो ऐसे संकोच क्यों होना चाहिए? आप तो मुझे अच्छे से जानते हैं और मेरे स्वभाव को भी....

सारे रास्ते खुल गये हैं अब आपके सपनों को चल पड़ने के लिए। कुछ नये सपने भी जरूर जुड़ गये होंगे। मुझे पता है, सपने आपके लिए कभी बोझ नहीं हुये। आपके पास एक कवि की उड़ान और आलोचक का विवेक दोनों ही रहे हैं तो यह यात्रा की सफल सार्थक और उपलब्धियों से भरपूर होगी। आपका कार्यकाल उपलब्धियों से भरपूर रहे और भविष्य के लिए अनुकरणीय हो, सारी गतिविधियों और व्यस्तताओं के बीच आपकी सृजनशीलता बराबर बनी रहे। आपका नया लेखन हमें पढ़ने को सतत मिलता रहे। आप में ऊर्जा बराबर बनी रहे। इन्हीं कामनाओं के साथ–

आपका

प्रमोद त्रिवेदी

(8)

5-8-13

बन्धुवर तिवारी जी,

नमस्कार। अब तो आप इतने व्यस्त हो गये हैं कि अपने घर-गोरखपुर आने के लिए कोशिश करके समय निकालना पड़ता होगा, पर गर्व है कि आपकी यह व्यस्तता बड़े लक्ष्य के लिए है।। मैं व्यक्तिगत रूप से जानता हूँ कि अपने लिए तो आप हमेशा अन्तिम कतार में रहते हैं। वह भी इस तरह की देखने वाले को नजर ही न आये।

आशा है, आप स्वस्थ-सानन्द हैं सक्रिय तो हैं ही। आज ''शिक्षक दिवस'' है। एक शिक्षक का अपने समान धर्मा (शिक्षक) को स्मरण-अभिवादन। अभिनन्दन! पुस्तक के रूप में इधर नया क्या प्रकाशित हुआ है? कृपया अवगत करवायें।

'अनुपस्थिति का राग' शीर्षक से छह कवितायें संलग्न हैं। उचित लगे तो 'दस्तावेज' में स्थान दें।

आपका

प्रमोद त्रिवेदी

प्रमोद कुमार तिवारी

21ए, चटर्जी लेन,
रोड नं.–6 गर्दनीबाग, पटना–1

15-12-2003

परमादरणीय श्री विश्वनाथ प्रसाद तिवारी जी,

नमस्कार।

आशा है कि सपरिवार सानन्द एवं स्वस्थ होंगे। इस पत्र के साथ मैं अपनी प्रथम औपन्यासिक कृति''डर हमारी जेबों में'' की एक प्रति भेज रहा हूँ। इस उपन्यास का एक अंश आदरणीय मिथिलेश्वर जी द्वारा सम्पादित पत्रिका 'मित्र' के द्वितीय अंक में प्रकाशित हुआ था। सम्भवतः आपने पढ़ा होगा। हर नये रचनाकार की यह स्वाभाविक इच्छा होती है कि तमाम वरिष्ठ रचनाकारों की महत्वपूर्ण कृतियों के बीच उसकी कृति पर भी वरिष्ठ साहित्यिक हस्ताक्षरों के द्वारा गौर किया जाय। इस इच्छा, बल्कि कह लें कि महत्वाकांक्षा से मैं भी अछूता नहीं हूँ। इस बात का अहसास मुझे है कि मेरी इस महत्वाकांक्षा के कारण आपकी व्यस्त दिनचर्या और अधिक महत्वपूर्ण रचनात्मक गतिविधियों में थोड़ा खलल अवश्य पड़ेगा, लेकिन मेरे जैसे नावगन्तुकों को ऐसी अनधिकार घुसपैठ का अधिकार तो आपने उसी दिन दे दिया, जिस दिन साहित्य-कर्म को अपनी निष्ठा एवं नेह के साथ जोड़ा।

मेरी दूसरी औपन्यासिक कृति ''अरे चांडाल'', जो मध्य बिहार के ग्रामीण अंचलों के सामाजिक-राजनीतिक परिवेश में उग्र वामपंथी आन्दोलन के कारण आये परिवर्तनों की पृष्ठभूमि पर आधारित है, के अगले वर्ष के मध्य भाग तक प्रकाशित हो जाने की सम्भावना है। फिलहाल मैं एक तीसरे उपन्यास, जो असम राज्य में आतंकवाद की समस्या की पृष्ठभूमि में नौकरशाही और राजनीतिक-प्रशासनिक तन्त्र की विफलताओं के विविध आयामों की पड़ताल करने की कोशिश है, पर कार्य कर रहा हूँ।

''डर हमारी जेबों में'' के सम्बन्ध में आपके विचारों, सुझावों एवं समीक्षात्मक टिप्पणियों से न केवल मेरे रचनात्मक उद्यम को ऊर्जा और शक्ति प्राप्त होगी, वरन् एक नये रचनाकार के लिए वे मार्गदर्शन का कार्य भी करेंगे।

सादर एवं सप्रेम!

आपका

प्रमोद कुमार तिवारी

प्रयाग शुक्ल

(1)

बी-53 ग्रेटर कैलाश-1
नयी दिल्ली-48

19-8-78

प्रिय विश्वनाथ प्रसाद जी,

आपके भेजे पत्र मिले। धन्यवाद। देरी से लिखने के लिए क्षमा करेंगे। दरअसल जब आपका पहला पत्र यहाँ पहुँचा तो मैं कलकत्ता गया हुआ था। लौटा तो दूसरा पत्र भी मिला। दस्तावेज के लिए अभी तुरन्त कुछ नहीं भेज पा रहा, क्षमा करेंगे। मैंने अपने जिम्मे यहाँ कई काम पहले ही ले रखे हैं, उन्हें ही पूरा नहीं कर पा रहा। हाँ दस्तावेज के दूसरे-तीसरे अंक के लिए कला विषयक कोई टिप्पणी जरूर भेजूँगा। अक्टूबर में यह सम्भव हो सकेगा। मुझे उम्मीद है, अन्य मेरी मजबूरी को देखते हुए अन्यथा न लेंगे।

श्रीमती अग्नेश्का सोनी का पता भेज रहा हूँ। पता है—

15-डी, रेलवे कालोनी
ग्रेटर कैलाश-2
नयी दिल्ली-48

दस्तावेज का प्रवेशांक देखने की उत्सुकता रहेगी।

आप अच्छी तरह होंगे।

आपका
प्रयाग शुक्ल

(2)

नवभारत टाइम्स

3-8-86

प्रिय विश्वनाथ प्रसाद जी,

क्षमा करेंगे कुछ देर से आपको लिख पा रहा हूँ। 'अज्ञेय' और अमृतलाल पर केन्द्रित 'दस्तावेज'

के अंक मिले हैं। आभारी हूँ।

सम्भावना प्रकाशन ने मेरा कहानी-संग्रह (जिसके बारे में आपने पूछा था) छापा है—'छायायें और अन्य कहानियाँ' नाम से। उन्हें लिख रहा हूँ कि समीक्षार्थ प्रति 'दस्तावेज' को भिजवा दें।

आप अच्छी तरह होंगे।

आपका

प्रयाग शुक्ल

पीयूष दईया

(1)

विश्राम कुटी, सहेली मार्ग,
उदयपुर -313001 (राज.)

19-12-95

आदरणीय विश्वनाथ अंकल,

सादर चरणस्पर्श, कैसे हैं आप? मैं खैरियत से हूँ। हम एक चिन्तन प्रधान साहित्यिक पत्रिका का प्रकाशन करने जा रहे है। हमारी परम इच्छा व प्रार्थना है कि पत्रिका 'पुरोवाक् में आपकी लेखकीय उपस्थिति हो। आप न केवल आधुनिक हिन्दी साहित्य के वरिष्ठ कवि आलोचक हैं बल्कि 'पुरोवाक्' जिस दृष्टि व सोच को लेकर यात्रा करने का इच्छुक है वह तभी ठोस शक्ल व मुकम्मिल आकार ग्रहण कर सकता है, जब आप 'पुरोवाक्' में लिखे। पुरोवाक् का चरित्र व व्यक्तित्व आपके अद्वितीय लेखन-कर्म पर निर्भर है। मैं आपकी कविताओं व लेखों का एक पाठक व शिष्य हूँ।

उम्मीद की लौ मेरे इस भरोसे को आलोकित कर रही है कि आप हमारी प्रार्थना को ठुकरायेगें नहीं व 'पुरोवाक्' में बराबर लिखेंगे। आपके लिखे का हर अंश 'पुरोवाक्' के लिए वरेण्य है। प्रवेशांक में आपके सह अस्तित्व में लगभग 50 कवि-लेखक चिन्तक-दार्शनिक रचनात्मक हिस्सेदारी कर रहे हैं।

आपकी वत्सल आशीष व स्नेह हमे मिलेगा-ऐसी आस है।

आपकी स्वीकृति व रचनाओं की प्रतीक्षा में,

स्नेहाधीन
पीयूष

आयु : 23 वर्ष
शिक्षा : बारहवीं उत्तीर्ण, उसके बाद से स्व-शिक्षण
सम्प्रति : किताबें पढ़ना, डायरी लिखना....

पुनश्चः अंकल, हम 'दस्तावेज' पर भी लिखवाना चाहते हैं। आपसे प्रार्थना है कि 'दस्तावेज' के पिछले 6 अंक हमें प्रेषित करवाने की व्यवस्था करवा देगे। हम 'दस्तावेज' की समीक्षा के साथ ही 'पुरोवाक्' में दस्तावेज से कुछ छोटे-छोटे अंश में प्रकाशित करने के इच्छुक है। उम्मीद है कि आप अविलम्ब ही यह व्यवस्था करवा देंगे। कृतज्ञ रहूँगा।

कृपया अपने फोन नं. भी अवश्य लिखे।

(2)

7-7-97

आदरणीय सर विश्वनाथ जी,

नमस्ते। आप कैसे है? आपको पुरोवाक् का दूसरा अंक तथा 'रंगायन' के दो अंक मिले होंगे। आपकी प्रतिक्रिया की प्रतीक्षा है।

पुरोवाक् का तीसरा अंक 30 जुलाई तक तो प्रेस में देना ही है। आपसे प्रार्थना है कि आप अपनी किसी पसन्द की किताब पर एक समीक्षात्मक लेख अथवा चिन्तनपरक लेख जरूर ही भेजें। अरुण कमल के संग्रह 'नये इलाके में' पर परमानन्द जी श्रीवास्तव लिख रहे है।

सर, पिछले डेढ़ बरस से आप मेरी प्रार्थना अनसुनी कर रहे है।

कृपया इस बार निराश मत कीजिये।

वैसे मलयज के आलोचना कर्म पर आपका लिखा पढ़ने का गहरा मन है। श्री रमेश चन्द्र शाह के आलोचना-कर्म पर भी।

'दस्तावेज' का नया अंक मुझे अनेक कारणों से बहुत अच्छा लगा।

अगला अंक कब तक आयेगा? अगर आप 'दस्तावेज' का विज्ञापन भिजवा देवें तो पुरोवाक्-3 में छप सकेगा, विनिमय में आप पुरोवाक् का विज्ञापन छाप सकते हैं।

आपके पत्र की प्रतीक्षा रहेगी।

स्नेहाधीन

पीयूष

पुनश्चः कृपया अपना फोन नं. अवश्य लिखें।

(3)

25-4-98

आदरणीय विश्वनाथ सर जी,

नमस्ते। एक अरसे के बाद वागर्थ में आपकी इतनी सुन्दर कवितायें पढ़कर अभिभूत हो उठा-वागर्थ से ईर्ष्या भी हुयी कि आपकी रचनाओं को प्रकाशित करने का सुख, सौभाग्य व गौरव हमें नहीं मिला।

सर, हम पुरोवाक् का अंक श्री कुँवरनारायण पर एकाग्र कर रहे हैं। पिछले तीन वर्ष से मैं आपसे प्रार्थना कर रहा हूँ लेकिन आपका जवाब नहीं आया।

इस बार निराश न करते हुए कुँवर नारायण जी की कविताओं पर एक लेख लिखना स्वीकार कर अनुगृहीत करें।

दस्तावेज का नया अंक कब तक छप कर आ रहा है। क्या मैं अपनी कुछ कवितायें दस्तावेज के लिए भेजूँ? मेरी कवितायें कुछ पत्रिकाओं में पहले छपी है: ''पूर्वग्रह'' विपाशा, इतवारी पत्रिका, मधुमती, अक्षर पर्व की वार्षिकी में भी कुछ छप रही हैं–

सर, आपका सहयोग हमारे लिए अपरिहार्य है। कृपया अपनी चुप्पी को बर्फ में पिघलायें। आपका नया कविता-संग्रह कब तक छपकर आ रहा है। क्या आप अपनी आलोचना-पुस्तक की दो प्रतियाँ प्रकाशक से कहकर भिजवा सकेंगे।

स्नेहाधीन

पीयूष

(4)

12-6-98

आदरणीय विश्वनाथ जी,

नमस्ते। आपका स्नेह-पत्र मिला। श्री रेवतीरमण की विस्तृत समीक्षा भी। आभारी हूँ। हम 'रंगायन' के नये अंक में यह समीक्षा प्रकाशित कर रहे है–इसे थोड़ा-सा संक्षिप्त करके कृपया रेवतीरमण जी का पता भिजवा देवें, ताकि उन्हें अंक व पारिश्रमिक भेजा जा सकें।

एक जगह पुरोवाक की बातचीत चल रही है अगर फाइनल हो जाय तो आर्थिक चिन्ताओं से मुक्ति मिलेगी।

मैं अगस्त के पहले या दूसरे सप्ताह में गोरखपुर आकर दो-तीन दिन आपसे विस्तृत साक्षात्कार लेना चाहूँगा–उस समय फोन पर आपसे आपकी सुविधा के मुताबिक तारीखें तय कर सकूँगा। आप मुझे कृपया अपनी सभी पुस्तकें भिजवा दीजिये–मैं आपको ईमानदारी से सुरक्षित लौटा दूँगा–विश्वास रखें–बल्कि अगर आपकी किताबें V.P.P के जरिये भी मिल जाय तो अच्छा है।

रंगायन का एक अंक हम डॉ. कपिला वात्स्याय पर एकाग्र कर रहे हैं। क्या आप कपिला जी के काम के किसी पक्ष पर एक सारगर्भित टिप्पणी लिख सकेंगे?

शेष खैरियत से है।

स्नेहाधीन

पीयूष

(5)

दिल्ली

27-3-2000

आदरणीय सर विश्वनाथ जी,

नमस्ते। आप कैसे है?

विश्वविद्यालय की एक मीटिंग में आपको आना थाः मैं इन्तजार करता रहा।

'बहुवचन' का दूसरा अंक आपको कैसा लगा?

'बहुवचन' के तीसरे अंक से हम हिन्दी के आलोचकों के आलोचना-कर्म पर एक खण्ड एकाग्र करने का मन बना रहे हैः इस सिलसिले में आपसे प्रार्थना है कि आप श्रीरामस्वरूप चतुर्वेदी के आलोचना-कर्म पर एक निबन्ध लिखने की अनुकम्पा करें। इस कार्य के लिए आप ही सबसे उपयुक्त हैंः आपकी आलोचनात्मक मेधा व विलक्षण अर्न्तदृष्टि का मैं कायल हूँ।

'बहुवचन' के प्रवेशांक में प्रकाशित आपके लेख पर मुझे अभी भी टिप्पणियाँ मिल रही हैंः यह सोचकर गर्व भी महसूस हो रहा है।

'दस्तावेज' का नया अंक कृपया भिजवावें।

आपके खत व स्नेहाशीष का मुंतजिर

पीयूष दईया

(6)

12-9-2000

आदरणीय विश्वनाथ सर जी,

नमस्ते। आप कैसे है?

दिल्ली में आपसे भेंट होना महज औपचारिक ही रह गया—इत्मीनान से बातचीत करना सम्भव नहीं हो सका। इसकी पीड़ा मुझे है।

दस्तावेज का नया अंक तीन चीजों के चलते मुझे बेहद पसन्द आया है :

1. अशोक जी से बातचीत 2. आपका यात्रा-संस्मरण 3. भोजपुरी-विशेष।

'बहुवचन' का तीसरा अंक आपको मिला होगा। इस अंक में आपकी अनुपस्थिति साल रही है।

आपसे प्रार्थना है कि चौथे अंक के लिए समय निकाल कर लिखने की अनुकम्पा करें।

1. किसी एक लेखक पर आपका विस्तृत संस्मरण।

2. विजय देव नारायण साही के आलोचना-कर्म पर एक निबन्ध।

विश्वास है कि आप निराश नहीं करेंगे।

शुभकामनाओं सहित,

स्नेहाधीन

पीयूष दईया

पुष्पिता अवस्थी

(1)

वाराणसी

28-12-98

परम आदरणीय विश्वनाथ जी,

सादर चरण स्पर्श

आपको सम्बोधित यह मेरा प्रथम पत्र है। जो उँगलियाँ आपके पाँव छूकर-आशीष जीकर श्री सुख से सम्पन्न और समृद्ध होती हैं वे आपको कैसे सम्बोधित करें, संरक्षक के रूप में आपको महसूसती मेरी आत्मा...उदासी के गहरे क्षणों में आपके स्मरण भर से उबर आती है।

तस्वीरें भेज रही हूँ। कुहरे ने असहयोग किया था फिर भी आपाधापी में जो सध सका आपके समक्ष है। उन कुन्डली का क्या वर्ष फल और उपाय निकला....महाविद्यालय के पते पर लिख भेजियेगा। आप श्री अनन्त जी से भी अनुरोध कर लीजियेगा कि इस जानने और होने को गोपनीय रखें। आप दोनों ही लोग मुझसे बेहतर समय समाज को अपनी रगों में महसूस करते होंगे। इसलिए संकेत भर कर रही हूँ।

आपके कथनानुसार नागार्जुन और श्रीलाल शुक्ल पर लिखने का मन बना लिया है। तीन कवितायें भी सोच रखी है जिसमें 'अजन्मे शिशु के प्रति' कविता 'तनिक लम्बी' चाहूँगी जरूर, दस्तावेज में स्थान पाये।

1999 के लिए विशेष शुभकामनाओं सहित

सादर

पुष्पिता

(2)

वाराणसी

19-4-99

परम आदरणीय विश्वनाथ जी,

सादर चरण स्पर्श

19 अप्रैल 99 को दूरदर्शन 'सरस्वती' में प्रसारित राहुल जी पर कार्यक्रम देखा। आपको देखा सुना।

अपने घर में। तीन माह से अधिक हो चले हैं और अपने आश्वासनों के बावजूद आप नहीं आये हैं। अब कब तक आने की समभावनायें है? बताइयेगा? पत्र न सध सके तो फोन से ही सही। राहुल जी के कार्यक्रम में संचालन का ही नहीं बल्कि सर्वाधिक सूचनाओं को देने का दायित्व भी आपका ही था। आपके बदौलत दर्शक-श्रोताओं को कुछ जानकारी मिल सकी हैं। इस तथ्य को अपनी विनम्रता वश आप स्वीकारेंगे नहीं लेकिन यह सत्य है।

गोरखपुर विश्वविद्यालय का चेक प्राप्त हो गया है इसके लिए हृदय से आभारी हूँ इस वर्ष के लिए भी एक पत्र (दो माह विलम्ब की तारीख से) प्राप्त हुआ था जिसमें परीक्षकत्व की स्वीकारोक्ति भेज़ दी है। पर उनकी अपेक्षानुसार मेरी संस्तुति दो माह विलम्ब से है। पता नहीं परीक्षा विभाग इसे स्वीकार करेगा या नहीं। आश्चर्य है परीक्षा विभाग का फरवरी का पत्र मुझे मार्च के अन्तिम सप्ताह में प्राप्त हुआ है। इस वर्ष की परीक्षा के सन्दर्भ में आपको सूचना भर भेज रही हूँ। स्वीकारोक्ति के सन्दर्भ में।

अत्यन्त आदरणीय हैं या यूँ कहें शिवप्रसाद जी के बाद मेरे लिए, मेरे जीवन में आप ही उस स्थान पर हैं इसलिए बहुत संकोच के साथ एक निवेदन करना चाहूँगी कि आप अपने चश्मे का फ्रेम बदल लें तो अच्छा रहेगा। आपका धोती कुर्ता का लिबास उस पर नाक के ऊपर एक सीधवाला फ्रेम आपके नयन-नक्श को दबा देता है। आपकी तस्वीरें खींचते समय भी मैंने यह अनुभव किया था और तस्वीरें देखने के बाद भी और दूरदर्शन में इस बार की प्रस्तुति में और अधिक। इसलिए वाध्य होकर, संकोच त्याग कर यह घृष्टता कर रही हूँ। हृदय से क्षमा चाहती हूँ यदि आप अधिकार देंगे तो फ्रेम मैं स्वयं भी चयन कर आपको दे सकती हूँ। फिर पावर के अनुसार या तो आप बनवालें या नम्बर दे दें तो मैं ही यहाँ बनारस में बनवा सकती हूँ। पर आप फ्रेम अवश्य बदलवा लें। सेवा का अवसर देंगे तो कृपा होगी।

राह ने अपनी राह में खींच-घसीट लिया है। पत्र में नहीं लिखूँगी...पढ़कर आप सिर्फ दुखी होगें। और बहुत अधिक...। इन्हीं परेशानियों के कारण नागार्जुन वाला लेख चाहकर भी तैयार नहीं हो सका है बौद्धिक तैयारी के बावजूद लिखने के समय के अभाव के कारण यह टल रहा है लेकिन मई प्रथम सप्ताह तक 'भारतीय संस्कृति और कवि नागार्जुन' शीर्षक से 15 पृष्ठ का लेख तैयार हो जायेगा उसकी टंकित प्रति ही आपको भेजूंगी। सुलेख तो आप देख ही रहे हैं।

'पहला घर' शीर्षक से कविता भेजी थी। 'अजन्मे शिशु के लिए का परिवर्धित संस्करण। 'कविता' कैसी लगी जानने की उत्सुकता है और इसके साथ-साथ यह भी कि कब तक 'दस्तावेज' में आ रही है। 'दस्तावेज' के कम्प्यूटर कम्पोजिंग के सन्दर्भ में गम्भीरता से विचार कीजियेगा। आपके सारे अंक फलापी में सुरक्षित होते जायेंगे। नेगेटिव प्लेट से आप कभी भी पुस्तकाकार स्वरूप दिलवा सकते हैं।

छोटे बच्चों को हार्दिक स्नेह और बेटों को शुभकामनायें। आपको पुनः चरण-स्पर्श

सादर

पुष्पिता

(3)

12-1-2001

आदरणीय और आत्मीय विश्वनाथ जी,

आपकी अनुपस्थित, उपस्थिति से कठिन समय में सार्थक शक्ति अनुभव करती हुयी किसी तरह से थोड़ा-बहुत लिख-पढ़ ले रही हूँ। लिखने-पढ़ने का कोई व्यवस्थित प्रारूप न दे पाने के कारण भी निराशाजनित तनाव उपजता है। आपके कहे को सिर माथे लगाते हुए काशी में ही रहने का निर्णय लिया है लेकिन, इस नगर में भी अब सृजनात्मक ऊर्जा प्रदान करने की ताकत नहीं रही। पैंतीस वर्षो के लम्बे प्रवास के कारण कम-से-कम मुझे यहाँ किसी तरह का रचनात्मक परितोष नहीं मिलता है।

आपसे कहकर कुछ तो मेरा मन निर्भार हुआ। सच, तो यह है अपने कंधों पर अपना जीवन जीते-जीते मैं बुरी तरह थक गयी हूँ और घबरा गयी हूँ। दुःख सुनने वाला ही जब दुःख देने वाला हो जाये तो ऐसे भोक्ताचित्त की बेचैनी और दुःख की आप कल्पना कर सकते हैं। मन का झेलना अब तन पर पड़ने लगा है। इसे बचाने के लिए और मन-तन को स्वस्थ रखने के लिए स्थान-परिवर्तन का विचार आया है। मुझे लगता है यही एकमात्र उपाय है। मैं परेशानी तो आपसे कह सकती हूँ। लेकिन उपाय और निजात के सन्दर्भ में आप ही सोच सकते हैं।

श्री अनन्त जी से परामर्श कर पत्र लिखियेगा। ज्योतिष के अनुसार भविष्य क्या है? मैं तो सब करके हार गयी हूँ। पूजा-वगैरह के द्वारा क्या हो सकता है। काशी (हमेशा के लिए) छोड़ने के आसार हैं या नहीं, जीवन में सुख है भी या नहीं.... सिर्फ दुःख जीने और जानने के लिए शरीर धारण किया है।

काशी में ली हुयी आपकी तस्वीरें भेज रही हूँ। साथ में कुछ कवितायें भी संलग्न हैं। अगर 'दस्तावेज' के लिए उपयोगी हुयीं तो कब तक इनके प्रकाशित होने की उम्मीद रखूँ।

पत्र विस्तार से लिखियेगा। शब्दों में दिलासा और उत्साहवर्धन की अद्भुत शक्ति होती है। पत्र की प्रतीक्षा में.......

पुष्पिता

(4)

आदरणीय और आत्मीय विश्वनाथ जी,

सादर चरण स्पर्श,

गहरी प्रतीक्षा के बाद आपका पत्र मिला। इस प्रतीक्षा ने मेरी परीक्षा ले ली है। मैं एकनिष्ठता और लगन के साथ अपने लक्ष्य में लगी हुयी हूँ। बहुत ही विसंवादी और प्रतिकूल परिस्थितियों में जीवन-रक्षा करते हुए हिन्दी की सेवा और काम कर रही हूँ। जिस पर उत्साहवर्धन की जगह दूतावास के लोग ऐंठते हुए कहते हैं—यह तो आपका अपना काम है। सार्वदेशिक रूप से समाज के लिए लिखना पढ़ना और भाषा के लिए काम करना यदि अपना काम है तो मुझे उस पर नाज है।

दोनों हिस्सों को एक ही अंक में देखने की उत्सुकता बनी हुयी। आपके पत्र के साथ ही तीसरी

किश्त की तैयारी में लगी हूँ। यहाँ समस्त सामग्री यदि उपलब्ध है तो डच्च भाषा में है। डच्च भाषा का मूल स्रोत जर्मन है। सीखने में लगी हुयी हूँ।

नवरात्र कल से शुरू हो रहे हैं। जब से होश सम्हाला है तब से नवरात्र का व्रत कर रही हूँ। यहाँ भी करुँगी। माँ जगदम्बा मुझे शक्ति दें कि मैं भाषा और साहित्य की लगकर सेवा कर सकूँ।

लातिन अमेरिकी और कैरेबियन देशों के महत्वपूर्ण कवियों की कविताओं पर यदि अंक केन्द्रित करने का मन बनायें तो अक्टूबर माह के अन्त तक मैं चालीस कविताओं के आसपास अनुवाद सहित एक आलेख तैयार कर भेज सकती हूँ।

और दूसरी योजना यह है कि पृथ्वी के दक्षिणी गोलार्द्ध के अधिकांश राष्ट्र जो अविकसित या विकासशील राष्ट्रों के रूप में जाने जाते हैं उनकी कविताओं को हिन्दी अनुवाद के द्वारा प्रस्तुत करते हुए यह प्रकट करना चाहिए कि साहित्य की सार्वकालिक एक विकसित अवस्था होती है। बढ़ते हुए आतंकवाद के भीषण दौर में पृथ्वी का दक्षिणी गोलार्द्ध और गरीबी जीते-भोगते प्राचीनतम देश क्या कारण है आज की भूखमरी के शिकार हों और पृथ्वी का उत्तरी गोलार्द्ध जो बाद में विकसित हुआ प्राकृतिक, ऐतिहासिक, सामाजिक, सांस्कृतिक, राजनैतिक और आर्थिक स्तर पर वह पूरी पृथ्वी और विश्व का हर दृष्टि से मुखिया बना हुआ। इन देशों की कविताओं में संघर्ष और मानवीय संस्कृति की धड़कनें सुनायी देती हैं।

मात्र शाकाहारी ही नहीं लहसून, प्याज तक की परहेज होने के कारण जीवन-शैली भी अपनी तरह से साधनी पड़ रही है। पर आप सबका आशीर्वाद, संरक्षण, मुझमें जीने-निभाने की शक्ति बनाये हुए है और यही मेरी पूँजी भी है।

इधर 'गगनाञ्चल', 'वागर्थ' और 'माध्यम' में सूरीनाम पर केन्द्रित कवितायें प्रकाशित हुयी हैं। पढ़ देखियेगा। और लिख बताइगा कैसी लगी।

शब्दों के बहाने से ही आप आते हैं। आपकी आशीषती हथेलियाँ मुझ तक पहुँचती हैं। इधर क्या लिखना पढ़ना चल रहा है। उपर्युक्त लिखी पत्रिकाओं की प्रतियाँ सहजता से उपलब्ध हो सकें तो भिजवाइगा। विदेश में हिन्दी पत्रिकाओं को पाकर लगता है जैसे हथेलियाँ स्वदेश की जीवनगंधी माटी से भर गयी है।

आपके पत्र की प्रतीक्षा बनी हुयी है। इतने अन्तराल में पत्र लिखेंगे तो जीवन बचाना मुश्किल हो जायेगा। यहाँ बहुत ही कठिन और विपरीत परिस्थितियों में एकाकी संघर्ष करते हुए कार्य कर रही हूँ। विस्तार से इसलिए नहीं लिख रही हूँ। सात समुद्र पार आप सिर्फ आहत होकर रह जायेंगे।

पत्र की प्रतीक्षा के साथ—

सामग्री अगली डाक से एक सप्ताह के भीतर भेज रही हूँ आज भी कुछ पृष्ठ रह जाने के कारण छूट गया है लेकिन तीन दिन बाद भेज रही हूँ।

पुष्पिता

(5)

5-12-2002

आदरणीय तिवारी जी,

सादर चरण-स्पर्श

दस्तावेज का 95 अंक मिला। कम्प्यूटर कम्पोजिंग की सुघड़ता के कारण छपायी की सुस्पष्टता से अंक सुन्दर बन पड़ा है। प्रेषित सामग्री से सुधी पाठकों को सूरीनाम के भारतवंशि की संघर्ष-गाथा का आभास मिलेगा। मेरा हृदय इन लोगों की पीड़ा से बहुत गहरे तक प्रभावित है कि यही कारण है सुबह 8 बजे से रात 8 बजे तक की दायित्वपूर्ण (प्रथम सचिव डिप्लोमैट) (और हिन्दी प्रोफेसरी) नौकरी करने के बाद पूजा—उपासना करके रात ग्यारह से चार बजे तक लिखने पढ़ने और अन्य सामग्री जुटाने-लिखने में लगी रहती हूँ। आपका सहयोग और अवलम्ब रातों के अँधेरे में भी शक्ति का प्रकाश मुझ तक सम्प्रेषित करता रहता है।

राजदूतावास के अधिकारी मेरी कर्मठता से ईर्ष्यादग्ध हैं। वे मुझ अकेले को तोड़ने की हर सम्भव कोशिश करते हैं। बौद्धिक और प्रशासनिक कार्यों की मानसिक थकान से अधिक इन लोगों के दुष्चक्रों की मार का आत्मसंघर्ष विशेष कष्टदायी है। नसों में तनाव के कारण दिन भर के बाद रात में सूजन और लाली देह में शुरू हो जाती है। चिकित्सकों द्वारा ऐसे में सोने की दवा दी जाती है। पर पंडित जी मेरे पास सोने का अवसर नहीं है। सुबह चार से छः जो दो घंटा सोती हूँ उसके लिए मैं चाहती हूँ कोई उपाय निकलता तो उसका भी लिखने-पढ़ने में उपयोग कर लेती दरअसल इससे पूर्व कोई काम हुआ ही नहीं है। सूरीनाम के बारे मे हिन्दी और अँग्रेजी में कोई सामग्री नहीं है। सब कुछ (जो भी है) डच में है। इसलिए डच भाषा सीखते हुए मैं दुभाषिये (जो डच और अँग्रेजी जानता है) के साथ काम में लगी रहती हूँ। लोगों से साक्षात्कार लेना। अपनी उपलब्ध जानकारियों को तीन-चार लोगों से बातचीत (क्रास-चेकिंग) करके फिर लेख तैयार करना। काम की व्यस्तता और चिन्ताओं के कारण नींद और भूख दोनों चली गयी है। शक्ति अर्जित करने के लिए कुछ भी खा लेती हूँ। स्वादेच्छा की पूर्ति की कोई लालसा नहीं है। वैसे भी अपने जीवन के प्रति कोई लालसा नहीं है। सिवाय इसके कि मातृभाषा और हिन्दी साहित्य की सेवा कर सकी तो उसी से जीवन और देह के सार्थक होने की अनुभूति होगी। माँ सरस्वती और शंकर बाबा अपने में संरक्षण दिये हुए मार्गनिर्देशन करते रहें। यहीं ईश्वर से प्रार्थना है।

आपका सम्पादकीय पढ़ा। सम्माननीय मन्नू जी की संघर्षदग्ध आत्मा को कुछ तोष मिला होगा। शुरु में पढ़ते हुए मुझे लगा आप जैसे संत व्यक्ति ने किस व्यक्ति से पंगा ले लिया। लेकिन क्रमशः आगे बढ़ते हुए महसूस हुआ कि जब उजले पन्ने राजेन्द्र यादव जैसे कितने ही साहित्यकारों की काली करतूतों के लिए स्वयं को शहीद करते रहते हैं तो फिर उस साहित्यिक अपराध शास्त्र को भी उद्घाटित होने का अवसर मिलना चाहिए। अन्ततः यह जोखिम किसी पादरी जैसे पवित्र चरित्र के नेतृत्व में ही सम्भव है। ऐसे लोगों के जीवन वृतान्त से नयी पीढ़ी के भीतर साहित्य और साहित्यकारों के प्रति सम्मानभाव कम होता है। कुछ लोगों के कारण हम सब अमानवीयता और पाप की गठरी में बँधे हुए दिखायी देते हैं। आलेख के दुस्साहस के लिए हृदय से बधाई। पढ़कर कुछ अन्य तथाकथितं साहित्यकार सचेत होगें। यदि आपके शब्दों की मार और असर को महसूस करेंगे।

सूरीनाम और कैरेबियन देशों में हिन्दी भाषा और साहित्य की स्थिति की विश्लेषणात्मक आलेखों के साथ कवियों की कविताओं सहित अंक आपके सपने के अनुसार तैयार हो सकता है। मैं मार्च तक लगातार लगकर आपको सामग्री उपलब्ध करा सकूँगी। इसके अतिरिक्त मैं कैरेबियन और लातिन अमेरिकी देशों की कवियों की (शीर्ष) कविताओं को संग्रह करने में लगी हूँ। उनका अनुवाद हो जाने पर एक वर्ष बाद 100 पृष्ठ की कवितायें अनूदित होने पर अंक निकाला जा सकता है। इस समय मैं सूरीनाम के कवियों का अनुवाद करने में लगी हूँ। साथ ही सूरीनाम देश के बारे में लिखने में लगी हूँ। इस देश के बारे में आधारभूत काम करने के बाद अगले वर्ष में दूसरे देशों को देखूँगी। वैसे सामग्री एकत्रित करनी और सम्पर्क साधना शुरु कर दिया। इस बीच ट्रिनीडाड, गयाना, वेनेजुयला जाना हुआ और भारतवंशियों की स्थिति का जायजा लिया। इन देशों में नीग्रो का वर्चस्ववाद बढ़ रहा है। और वे भारतवंशियों के प्रति हिंसक हो रहे है। अभी सूरीनाम में गनीमत है। अपने को बहुत सुरक्षित रखना पड़ता हैं पुलिस प्रोटेक्शन सुरक्षा वाले आवास में विशेष सुरक्षा के साथ सिक्युरिटी गार्ड की पहरेदारी में निवास कर रही हूँ। चिन्ता की बात नहीं है। झेलने की समझ आ गयी है। पत्र प्रतीक्षा में।

पुष्पिता

(6)

परम आदरणीय विश्वनाथ जी,

सादर नमन, आपका पत्र मिला। लेकिन बहुत पहले का लिखा हुआ। पर मिला। शब्दों में आपका विश्वास और मार्ग-निर्देशन खोजती रही। अभी तक 'दस्तावेज' (प्रकाशित कहानी वाला) का अंक नहीं मिला है लेकिन उसके पाठकों के पत्र मिले हैं जिसे मुझे बहुत सुख मिला उन्हें वह कहानी बहुत पसन्द आयी है।

अगस्त माह से मेरी कार्य्यावधि यहाँ समाप्त हो जायेगी इसके बाद एक संस्था हिन्दू यूनिवर्स कॉम्फ्रेन्स के निदेशक के रूप में हालैंड में अपनी सेवायें अर्पित करने का निर्णय लिया है। आपका आशीर्वाद रहा तो सफलता मिलेगी। इस स्तर पर काम करते हुए यूरोप में ही एक हिन्दी प्रकाशन संस्थान खोलने का निर्णय लिया है। जिससे हिन्दी भाषा और साहित्य का प्रचार-प्रसार यूरोप और कैरीबियाई देशों में हो सके।

अब, समय बहुत कम है तीन पुस्तकों को पूरा करने में लगी हूँ इसके बाद बहुत समय यहाँ विस्थापित होने की प्रक्रिया खा जायेगी कैरीबियाई देश और उनकी संस्थायें बहुत सम्मान के साथ मुझे बिदाई देने की योजना में लगी है इसमें दो माह की शामे.... राते खत्म हो जायेगी पिछले माह सूरीनाम सरकार की ओर से राष्ट्रपति स्वर्ण पदक भाषा और साहित्य की सेवाओं के लिए अलग-अलग प्रदान किये गये हैं। मेरे किये की सारी सूचनायें इन्टरनेट और टी.वी के कुछ चैनल पर विश्व स्तर पर रहती है। दूसरे देशों से प्राप्त जानकारी से ही मैं भी सूचना पाती हूँ। वरना, मैं न तो टी.वी देखती हूँ और न इन्टरनेट।

विश्व भारतीय प्रवासी दिवस 7 जनवरी को कैरीबियाई देशों पर आधारित कविताओं के संग्रह 'ईश्वराशीष' का लोकार्पण बम्बई में हुआ था। राधा कृष्ण प्रकाशन से लेकर इस पुस्तक को आप अवश्य

पढ़ें। कैरीबियाई देशों के सौन्दर्य की सोंधी सुगन्ध आप अनुभव कर सकेंगे। इस तरह सूरीनाम प्रवास में इन देशों को लेकर मैं दस पुस्तकें तैयार कर सकी हूँ। देशों को समझने की दिशा में इनके उपयोग से ही मेरे श्रम और पुस्तकों की सार्थकता होगी।

कई बार फोन किया लेकिन बात नहीं हो सकी। पुनः कोशिश करुँगी। आपका स्वास्थय कैसा है? और क्या लिखना पढ़ना हो रहा है। लगातार काम करते-करते थक गयी हूँ। लगता है, वर्षों से नींद मेरे पास नहीं है इसलिए सपने भी नहीं। पत्र प्रतीक्षा में

पुष्पिता

(7)

Postbus 1080
1810 KB Alkmaar The Netherlanods

30-12-2009

परम आदरणीय तिवारी जी,

सादर चरण-स्पर्श।

वर्ष का अन्तिम पत्र आपको अर्पित है अपने अर्जन की तरह और सृजन की तरह भी। नये वर्ष की असीम मंगलकामनाओं के साथ पुनः प्रणाम निवेदित करती हूँ।

पत्र के साथ ब्रेल्जियम देश के ब्रख शहर पर अपनी टिप्पणी के साथ वहाँ के कवि गियोडो गजाला की कविताओं का अनुवाद भी भेज रही हूँ।

हिन्दी भाषा में यह अनुवाद और इस कवि की इन कविताओं का अनुवाद पहली बार प्रकाशित हो रहा है। इसके साथ-साथ उनके शहर के इतिहास और परिचय के साथ किसी कवि के अनुवाद की सह-प्रस्तुति भी सम्भवतः प्रथम प्रयास होगा। प्रायः कविताओं का अनुवाद कवि के परिचय के साथ पढ़ने को मिल जाता है। लेकिन कवि की आँखों से देखे गये शहर का परिचय कम ही देखने को मिलता है। कविताओं के अनुवाद के साथ सम्पूर्ण गद्य विवरण का भी एक साथ प्रकाशन होगा तो मुझे बहुत खुशी होगी।

'देववृक्ष' की समीक्षा प्रकाशन की भी प्रतीक्षा है। दस्तावेज के अन्य अंकों की योजना के बारे में भी परिचित कराने की कृपा करें।

भगवान जी आपको बहुत याद करते हैं और उनकी भारतीय अवधारणा के अनुसार आप ही एकमात्र भारतीय पुरुष हैं। व्यस्तता के बावजूद कभी-कभी पत्र लिख दिया करेंगे तो आभारी रहूँगी। पत्र प्रतीक्षा में......

आपकी
पुष्पिता अवस्थी

(8)

1-5-2010

परम आदरणीय विश्वनाथ जी,

सादर चरण-स्पर्श

आप पर लिखना, अपने आपमें में एक चुनौती है आखिर जो व्यक्ति 'जल' की तरह जीवनदायी है उसके व्यक्तित्व को शब्दों में कैसे सँजोया जाये? लेकिन अपनी तरह से सध गया है और इसके लिखने की प्रक्रिया में मैंने आपके एक-दो गुणों को साधने का अभ्यास भी शुरु कर दिया है अगर यह सध गया तो आपकी और ईश्वर की कृपा मानेंगे। (भगवान को भी यह लेख पढ़कर सुना दिया है)

दस्तावेज अंक की प्रतीक्षा है जिसमें गियोडो गजाला कवि की कविताओं का हिन्दी अनुवाद प्रकाशित है। पत्र के साथ विमलेश जी का ई-मेल पत्र संलग्न कर रही हूँ जिसमें साहित्य-अकादमी द्वारा प्रकाशित पुस्तक की उत्सुकता से प्रतीक्षा है।

'मातृभूमि की यात्रा' शीर्षक से भगवान की माँ की यात्रा में संस्मरणों, स्मृतियों को दर्ज करते हुए यात्रा-वृतान्त लिखा है। जो पचासी वर्ष की ऐसी स्त्री के संस्मरण हैं जो 'माँ', होनों और मातृभूमि जीने के अलावा दूसरा सुख नहीं जानती हैं और न ही जानना चाहती हैं। पति जीवित नहीं है लेकिन वह पति की इच्छाओं को जीते हुए जीवित हैं। उसी में साँस ले रही है। सब कुछ बदल गया है उसके पैदा किये हुए सारे बच्चे बदल गये हैं लेकिन वह नहीं बदली हैं।

बहुत दिनों से, या यूँ कहें हालैंड से वापसी के बाद आपका कोई पत्र नहीं आया है जिसकी उत्सुकता से प्रतीक्षा बनी हुयी। श्री सत्यव्रत शर्मा जी की कृपा से साहित्य-अकादमी की पुस्तकें प्राप्त हो गयी हैं। आप दोनों की हृदय से आभारी हूँ।

'अर्न्तध्वनि' कविता संग्रह की समीक्षा हो जाती तो अच्छा रहता...विदेश प्रवास पर लिखी कवितायें हैं। संग्रह आपको पसन्द आयेगा। मेघा के अजय जी से पुस्तक प्राप्त हो जायेगी–

पत्र प्रतीक्षा में–

भगवान आपको सादर प्रणाम लिखा रहे हैं।

पुष्पिता अवस्थी

(9)

26-6-2010

परम आदरणीय तिवारी जी,

सादर चरण-स्पर्श,

आपकी ग्रीष्मकालीन व्यस्तता ने आपको सृजनात्मक से किंचित दूर रखा है। घर की पुताई के क्रम में आप लिखने पढ़ने में अपने मन के अनुसार नहीं रम सके लेकिन अपनी पुस्तकों की रक्षा और साज-सँभाल में जुटे रहे। दीमक के कारण आपको पुस्तकालय की कुछ पुस्तकों के निधन से हम दोनों

बहुत दुःखी हैं। पुरखों के चले जाने की तरह का दुःख है। वर्तमान समय में सबके साथ बुजुर्गो के चरित्र का भी ऐसा पतन हुआ है कि पुस्तक को ही अपने पुरखों के रूप में स्वीकार करना चाहिए। आपने साहित्य और समाज में अपने व्यक्तित्व से एक मिसाल कायम की है। सरल और सहज होना कठिन नहीं बल्कि आसान है सिर्फ सच्चे और निःस्वार्थी होने की जरूरत है। आपके पुस्तकों का परिवार चीन की आबादी की तरह बढ़ रहा है उसे एक निजी भवन की अतिशीघ्र आवश्यकता है।

आपसे हुए संवाद के अनुसार प्रकाशन के निमित्त नीदरलैंड की चर्चित परी-कथाओं में से बारह कथाओं का अनुवाद संलग्न किया हैं आठ और कहानियाँ अतिशीघ्र अनुवादित करके, आपके पास भेज दूँगी। साहित्य-अकादमी से जलपरी का मायाजाल (48 पृष्ठ 7 चित्र) जापान की कथायें (67 पृष्ठ 18 चित्र) अचरज ग्रह की दन्त कथा (64 पृष्ठ 11 चित्र) आदि बच्चों के लिए पुस्तिकायें प्रकाशित हुयी हैं जिसमें दो का अनुवाद हरीश नारंग द्वारा किया गया है प्रकाशन रमणीय है।

'दस्तावेज' के लिए 'नीदरलैंड' में हिन्दी भाषा और साहित्य का स्वरूप' आलेख संलग्न कर रही हूँ। सूरीनाम की तरह ही नीदरलैंड की हिन्दी स्थिति पर यह प्रथम दस्तावेजी आलेख है अपनी ओर से समस्त सूचनाओं के सूत्र इसमें शामिल किये हैं और 'नीदरलैंड देश की गतिविधियों को भी संक्षिप्तता के साथ उजागर किया है।

आपने मेरी कविताओं पर जो लिखा था वह अभी तक प्राप्त नहीं हो सका है। अतः उसे ओम जी से मँगाकर भिजवाने की कृपा करें। मेघा प्रकाशन के अजय जी का मोबाइल नम्बर लिखा है—किसी से फोन करवाकर 'अर्न्तध्वनि' काव्यसंग्रह मँगाकर आप देखेंगे तो प्रसन्नता होगी। आप अपना अँग्रेजी अनुवाद मूल सहित अतिशीघ्र भिजवाने का प्रयत्न करें। भगवान, आपको बहुत याद करते हैं। आपके पत्र की हम दोनों को उत्सुकता से प्रतीक्षा है—

पुष्पिता अवस्थी

(10)

परम आदरणीय और आत्मीय तिवारी जी,

सादर चरण स्पर्श,

आपके दर्शन होने पर भी जो बातें आपसे करना चाहती थी। वह कुछ न हो सकी। ओम जी ने इसका अवसर नहीं दिया। अकेले आप तक पहुँचना जब कठिन लगा तो उनसे ही आप तक पहुँचने का निवेदन किया था। इसलिए आपसे बातचीत करने का उनका अधिक हक भी बनता था और मैं शालीनता में चुप रही। लेकिन मौन में भी बहुत कुछ बोलती रही।

'दस्तावेज' के गाँधी अंक का सम्पादकीय उसी दिन पढ़ लिया था और अपने आपमें वह ऐतिहासिक और दस्तावेजी है। लेकिन दुःखद यह है कि आज लिखने वालों ने भी पढ़ना कम कर दिया है। ऐसे में इस तरह के विचारों की सामग्री का तत्काल सार्थक उपयोग नहीं हो पाता है। लेकिन मैं गाँधी और प्रेमचन्द के प्रसंगों में इनका उल्लेख अवश्य करुँगी।

'क्षमा नहीं' शीर्षक से लिखी....सूरीनाम पर पहली कहानी का प्रकाशन आप कब कर रहे हैं। उस कहानी से जुड़े ऐतिहासिक तथ्य दस्तावेज में प्रकाशित हैं इसलिए इससे सम्बन्धित पाठक ज्यादा सहजता से समझ सकेंगे।

कलकत्ता से आने वाले शोध प्रबन्ध की प्रतीक्षा कर रही हूँ। वह डिप्लोमैटिक बैग वाला पता लिखें। मैं पीछे उस पते को लिख रही हूँ जिसमें दिल्ली तक की रजिस्टरी का खर्च लगेगा और मेरे पास डिप्लोमैटिक बैग से अविलम्ब पहुँच जायेगी।

राजकमल प्रकाशन से 'कैरेबियाई देशों में हिन्दी शिक्षा' और 'जीत नाराइन' की कविताओं की

दोस्ती की चाह' इधर प्रकाशित हुयी है। सूरीनाम पर केन्द्रित उन तीनों पुस्तकों के साथ यह दो पुस्तकें भी ले लेंगे.... तो मेरा काम और स्पष्ट रूप से आपके समक्ष प्रकट होगा।

अगले पत्र में कुछ कवियों के काव्यानुवाद भेजने की कोशिश करुँगी जो उपयोगी होंगे। आप अपना ख्याल रखियेगा। पत्र लिखियेगा।

वापस आकर मैं वाराणसी छोड़ना चाहती हूँ लेकिन कहाँ और किस रूप में बसूँ। दिल्ली के आस-पास यदि कहीं हिन्दी के प्रोफेसर की जगह बनती हो तो लिख भेजें जिससे मैं निवेदन कर सकूँ।

पुष्पिता अवस्थी

(11)

Postbus 1080
1810 KB Alkmaar The Netherlanods

1-9-2013

परम आदरणीय तिवारी जी,

सादर चरण-स्पर्श,

लम्बे समय से चिर-प्रतीक्षित मेरा संग्रह आपके हाथों में है। या कि स्वप्न ही आपकी हथेलियों में है। आपकी टिप्पणी जानने की हार्दिक उत्सुकता है। लगभग सात-सौ कविताओं में से यह काव्य-स्तबक तैयार किया है। आपके गरिमा पूर्ण व्यक्तित्व के निकष पर खरा उतरे......यही एक हार्दिक कामना है। मैं पाँव छूकर आपका सम्मान करती हूँ और इतना अधिक विश्व में—अब तक इतना सम्मान किसी को दे नहीं सकी हूँ इसलिए मैं नहीं चाहती कि किसी तरह से आपके उस व्यक्तित्व को किसी तरह की रंच-मात्र भी क्षति पहुँचे। मेरे लिए वह पाप तूल्य होगा।

सम्भवतः कुछ कवितायें विशेषकर प्रकाशित यदि आपको योग्य न लगे तो उन्हें हटा सकते हैं। या जिन कविताओं में जरा भी स्तरहीनता की अनुभूति हो तो उसे आप निष्काषित भी कर सकते हैं। उस पूरे संग्रह को सम्पादित करने और इसे एक रूपाकार प्रदान करने का आपको पूर्ण अधिकार है और मेरे लिए गौरव।

विश्व के अनेकानेक देशों, द्वीपों, नदियों, पहाड़ों, आदिवासी जातियों, बच्चों, विभिन्न स्थिति और अवस्थाओं में जीती स्त्रियों, फूलों, व्यक्तित्वों संवेदनाओं पर गहरी कवितायें है भारतवंशी पुरखों के अर्पण हैं तो दासता के नये तेवर भी हैं एक ओर कलाकार हुसैन हैं तो दूसरी ओर तबलावादिकी के जाकिर हुसैन भी हैं। पेट भरों की भूख और क्यू-फीवर के परिणामों पर भी कवितायें है। संग्रह में, विश्व का पूरा जरवीरा अपनी तरह से समाहित है...पूरी विनम्रता के साथ।

पाण्डुलिपि की एक प्रति आदरणीय सत्यव्रत जी को भी प्रेषित कर दी है। आवरण के लिए—अपने द्वारा ली हुयी तस्वीर ही सुनिश्चित किया है।

पुनः बहुत आदर के साथ चरण-स्पर्श सहित।

पुष्पिता

प्रेमशंकर

(1)

ब-16, सागर—470003

वि.वि. 2-2-80

प्रियवर,

'साथ चलते हुए' से पहले भी गुजरा था। और अब फिर दूसरी बार, नये सिरे से। जिन्दगी के दबाव जिस तेजी से रचना पर छाते जा रहे हैं उससे यह बात साफ है कि वही ठहरेगा जो समय यथार्थ से संवेदना के स्तर पर मुलाकात कर सकने के माद्दा रखता हो। शुरुआत, मरते आदमी के साथ-साथ, कल की लड़ाई के लिए, लिखने का अर्थ, सोना अर्थात गोल्ड, सेहत का राज, बेड़ियों के विरुद्ध जैसी कविताओं में मैं अपने समय को पा लेता हूँ। इसलिए उन्हें वर्तमान के गलत सही दस्तावेज के रूप में देखता हूँ। चाहूँगा कि आपकी कविता-संसार वर्तमान के इस द्वन्द्व को और भी गहरे स्तरों पर उभारता चले—हर प्रकार की दार्शनिक मुद्राओं से बचता हुआ।

युवा मित्रों से मिलकर अच्छा लगता है, खासतौर, पर रचनाशील सहज बन्धुओं से। 'दस्तावेज' बन आचार्य द्विवेदी अंक भिजवा देंगे, लगता है मेरे पास से सहृदय पाठक पार कर ले गया।

शुभकामनायें।

स्नेही

प्रेमशंकर

(2)

29-7-92

प्रिय भाई,

दस्तावेज 49-50 से गुजरा और लिखने की इच्छा हुई। हिन्दी पत्रिका अर्धशती पार कर लें अंकों के रूप में तो उसे सलाम करना चाहिए। और यह प्रार्थना भी कि वह दीर्घायु हो। आपसे अधिक कौन जानेगा कि कितना कठिन है हिन्दी पत्रिका का लालन पालन। लगता है दृश्य माध्यम बार-बार शब्द-ब्रह्म को ललकार रहे हैं, जैसे। ये मेरी पाठकीय प्रतिक्रियाएँ संक्षेप में। क्रम से चलें तो विजेन्द्र ने नयी कविता के विभिन्न चरणों का तार्किक संकेत किया है, यद्यपि जयप्रकाश जी के विषय में उनकी टिप्पणी—'कुंठित

अहं को राजनीति का मुखौटा' से सहमत हो पाना कठिन। हम यों भी कह सकते हैं कि स्वप्नद्रष्टा जब यथार्थ/वास्तविकता से टकराता है, तब उसकी परिणति विचित्र होती है। विजयदेव नारायण साही विलक्षण प्रतिभासम्पन्न लेखक क्षुरस्य धार जैसी मेधा, पर उनके साथ हिन्दी समीक्षा ने पूरा न्याय नहीं किया। इस दृष्टि से पालीवाल ने चिन्तक साही का जो विचारोत्तेजक रूप उभारा है, वह प्रामाणिक। एक समग्र साही को देखने-समझने का प्रयत्न। सौन्दर्य शास्त्र के विषय में इधर काफी विचार हुआ है क्योंकि माना गया कि जहाँ तक रचना का प्रश्न है, उसका समाजशास्त्र बिना सौन्दर्य चिन्ता के अपूर्ण। पर कई बार हम पुस्तकीय होकर रह जाने के खतरे में होते हैं। अजय तिवारी ने कुछ प्रासंगिक प्रश्न उठाए हैं, इस सन्दर्भ में। विश्वनाथ जी की कविताएँ माँ को वैयक्तिक सीमाओं से बाहर ले जाकर व्यापक परिदृश्य में देखती हैं। माँ को प्रणाम करना हर कवि की अभीप्सा, पर प्रकारान्त से यह चुनौती भी कि निर्वैयक्तिक भी बनना है। कविता में गँवई गाँव का देशज, चरित्र एक ओर उसे लोकधर्मिता से जोड़ता है, दूसरी ओर समय के अमानुषीकरण का संकेत भी। संवेदन के गहरे स्तर पर रची गई कविता जो अपनी अभिव्यक्ति में विश्वसनीय, प्रभावी, कवि ऊर्जा का प्रतीक।

कविताएँ प्रभावी—ज्ञानेन्द्र पति, अनामिका, राजकुमार कुम्भज। हिन्दी कविता अब उस बिन्दु पर आ गई है जहाँ वह अतिवादों से मुक्त है और नई उठान। उड़ान ले रही है। नयी प्रतिभाएँ इसका प्रमाण। एक नया अनुभव संसार यहाँ दिखाई देता है, पर्याप्त वैविध्य के साथ अपने समय को स्वयं में समेटता और सही मुहावरे में व्यक्त करने का प्रयत्न करता। नये-नये बिम्बों की तलाश में केदारनाथ सिंह से लेकर देवीप्रसाद मिश्र तक की पीढ़ी ने जो कवि कर्म किया है, वह कविता के विकासमान व्यक्तित्व का परिचायक है। नहीं तो बार-बार गद्य युग की बात करके, कविता की अनतेष्टि कर दी जाती रही है।

मिथक चिन्तन के अन्तर्गत अजित ने नयी व्याख्या का जो प्रयास किया है, उससे दूसरी बार गुजरना होगा, ठीक समझ के लिए। पुरा प्रतीकों के नये प्रासंगिक अर्थ रचना को नयी शक्ति दे सकते हैं। बड़े रचनाकारों ने इसे सम्भव बनाया है, शेक्सपियर, गोयथे तक ने। गिरिजाकुमार हमारे बुजुर्ग कवियों में, पर ईमानदारी से कहूँ तो उन्हें अपना सही प्राप्य नहीं मिला। अरविन्द त्रिपाठी ने उनके नये काव्य संकलन को सही सन्दर्भ में देखा समझा है—गहरी जिजीविषा, आशावाद, समर्पण आदि और इसे उनका लम्बा काव्य संघर्ष कहा है, जो ठीक है।

समकालीन कवियों में देवीप्रसाद एक सम्भावनावान प्रतिभा और रेवतीरमण ने भाषा-संरचना, कथ्य की द्वन्द्वात्मकता के साथ संश्लिष्ट व्यक्तित्व की ओर सही इशारा किया है। संक्षेप में प्रभाकर श्रोत्रिय की पुस्तक पर नन्दकिशोर आचार्य की टिप्पणी विचारोत्तेजक है। विश्वम्भर उपाध्याय के उपन्यास 'जोगी मत जा' के विषय में कथा समीक्षक चन्द्रकान्त वांदिवडेकर की विस्तृत आलोचना किसी कृति को निकट से समझने का प्रयत्न और व्यावहारिक तथा सैद्धान्तिक समीक्षा का दायित्व एक साथ निभाने का मार्ग बताती। दो कहानी संकलन—मिथिलेश्वर का 'एक में अनेक' और शैलेन्द्र सागर का 'इस जश्न में' कहानी—समीक्षा की नई बानगी। कुल मिलाकर मैं इस अंक से लाभान्वित हुआ।

नया सीखा-समझा।

आपका

प्रेमशंकर

(3)

26-6-96

भाई प्रिय,

आपका लम्बा मौन। आशा है सब कुशल हैं। बधाई भेजी थी, मिली होगी। ईमानदार कर्मठता बनी रहे, यही कामना। सुना जगदीश भाई इधर आये थे, भेंट नहीं हुई, अन्यथा समाचार मिलते।

दस्तावेज 69 में आलोचना की वर्तमान स्थिति के विषय में आपकी पीड़ा एक रचनाकार की वेदना है, जिसका संकेत भाई नन्दचतुर्वेदी ने 'साहित्य और बाजार' में भी किया है। आपही की पंक्ति याद आती है कि "मनुष्यों की दुर्लभ प्रजाति गायब हो रही है।" एक जटिल सांस्कृतिक संकट से गुजरता समय जिसने शब्द को भी व्यवसाय में बदल दिया है। 'सृजन और समीक्षा' पुस्तक आपकी सेवा में भेजी थी, उसमें कुछ प्रश्नों पर विनम्रता के साथ विचार किया है।

केवल आलोचना की ही चर्चा करें तो उसे एक व्यापक अर्थ में होना उचित होगा, पर बहुआयामी आशय के साथ। तब संकुचन के लिए अवसर कम होगा। समय, विचार आलोचना दृष्टि बनाते हैं, पर बदले आस्वाद में भी कालजयी कृतियाँ अपना स्थान बनाए रखने की क्षमता रखती हैं, इतिहास के लम्बे प्रवाह में सार्थक यात्रा करती हैं। इस बिन्दु पर कालिदास और तुलसी बराबर उपस्थित हैं, अपने पार्थक्य के बावजूद। एक समय था जब यह अनुदार टिप्पणी भी की गई थी कि कालिदास भी कोई कवि हैं और उसे मल्लिनाथ की टीका। हिन्दी में कुछ समय तक तुलसी को प्रतिगामी कहकर अनदेखा किया गया। पर सब बतौर पाठक ही सही, प्रतिभाओं से सही साक्षात्कार के लिए विवश हैं। सार्थक रचना आलोचना को गति देता है, बड़े आलोचक बनते हैं।

एक पूर्वाग्रह समय जहाँ वैयक्तिक रुचियाँ प्रमुख हो जाएँ, वहाँ प्रतिमान का भी संकट होता है। इसीलिए कई बार कवि स्वयं अपने व्याख्याता बनने को विवश, विशेषतया आधुनिक समय में। 'पोयट्स डीफेन्स' में रोमांटिकों ने अपना दृष्टिकोण सामने रखा। नयी रचनाशीलता में सृजन-समीक्षा का द्वैत घटा, कवि समीक्षक हुए। एक प्रश्न मुझ में उपजता है कि श्रीकान्त वर्मा के 'अध्यापकीय आलोचना' मुहावरे को छोड़ दें, तो आलोचना हमारी अनिवार्यता है क्या? इस प्रमाणपत्र से रचना कितनी दूरी तय कर पायेगी?

पाठक हूँ, और अन्तिम समय तक वही बना रहने की कामना। मेरे विनम्र विचार से सही आलोचना का धरातल व्यापक होता है—दर्शन, विचार से लेकर सौन्दर्य की अवधारणा तक। इससे अकादमिक जड़ शास्त्र की सीमाएँ टूटती हैं। रचना जीवन की आलोचना है तो आलोचना रचना का अर्थ-विस्तार। मैं इसे कारगर सेतु के रूप में देखता हूँ, 'रचना के अभिप्राय' तक पहुँचने में सहायक। आचार्य शुक्ल सूर, तुलसी, जायसी को नयी दीप्ति देते हैं और आचार्य हजारी प्रसाद द्विवेदी कबीर को। आचार्य नन्ददुलारे वाजपेयी ने छायावाद के सन्दर्भ में ऐतिहासिक भूमिका का निर्वाह किया। इस रूप में कि उसे सही परिप्रेक्ष्य में देखा समझा। समकालीन परिदृश्य पर कोई टिप्पणी नहीं, वह हमारे सामने है। पर मुक्तिबोध ने जो सूत्र दिये हैं, वे उपयोगी हैं, नये साहित्य का सौन्दर्य शास्त्र रचते।

मैंने जानबूझ कर अन्तर्देशीय लिया था ताकि अधिक न बढ़ जाऊँ। इस संकुचित समय में भी बहुत कृपण नहीं हूँ। पर सोचता कि आपके व्यस्त जीवन के कुछ ही क्षण लूँ, किन्तु उकसाया भी तो आपने ही है।

आपका

प्रेमशंकर

फूलचन्द मानव

एच 51 सिविल स्टेशन,
भटिण्डा-151001

27-11-78

प्रिय भाई,

23 नवम्बर का आपका आग्रह पूर्ण पत्र, 'दस्तावेज' का प्रवेशांक, मेरा आभार।

भारतीय भाषाओं पर विशेष सामग्री देने की योजना मुझे पसन्द है। यह एक सराहनीय व अनुकरण ीय कार्य है, बहुत बड़ा दायित्व इस तरह निभा रहे हैं आप, एतदर्थ बधाई। आपके आग्रह के अनुसार, और मन से भी, दस्तावेज के लिए श्रेष्ठ पंजाबी कविताओं का अनुवाद भेजकर और लिखकर मुझे सन्तोष होगा। जनवरी में सामग्री आपके हाथ में होगी, यही प्रयत्न रहेगा। अगले अंक में आप भले घोषणा कर दें।

आपकी—सम्पादकीय ईमानदारी के लिए बधाई। खरी बात कड़वी जरूर लगती है, पर असरदार होती है। दलबन्दी और आदमी के असली चेहरे का सवाल आज एक अहं सवाल है, 'ढूँढ़ने' और पाने में हम सब आपके साथ हैं, 'चर्चा' का रोग ही एक दूसरा रोग है—खतरनाक। नयी पीढ़ी को इसने ग्रस-सा लिया है। नहीं? इधर मैं एक पंजाबी पत्रिका के लिए समकालीन हिन्दी कवियों की ताजा रचनायें पंजाबी में अनूदित कर रहा हूँ। अपनी कुछ प्रतिनिधि कवितायें भिजवायें तो भाषा त्रैमासिक और चर्चा पंजाबी मासिक के हिन्दी कवितांक के लिए 'चयन' करके मुझे सुख मिलेगा।

उत्तराकांक्षी
फूल चन्द मानव

(2)

बी-30 सिविल स्टेशन,
भटिण्डा-151001

23-7-80

प्रिय भाई,

रजिस्टर्ड डाक से दस्तावेज का प्रेमचन्द विशेषांक मिला, और आपका आदेश भी। धन्यवाद। अंक बहुत जोरदार निकाला है, सो बधाई। पूरी सामग्री पढ़कर फिर विस्तार से लिखूँगा।

पंजाबी नवलेखन पर आपको समय से लेख भेजने की हरचन्द कोशिश करूँगा। वैसे आप चाहें तो मोहन सपरा सं. फिर, नकोदर (पंजाब) को भी लिखो। दो टिप्पणियाँ हो जायें तो भी क्या हर्ज है।

मैं इधर हिन्दी गज़ल पर काम कर रहा हूँ। इसके उद्भव और विकास पर अथवा गज़ल के बारे में गज़ल पर कहीं आलोचनात्मक या शोध परक काम आपकी नजर में हो तो हवाला देंगे? समीक्षा (पटना) के फरवरी-अप्रैल 76 अंक में साये में धूप पर आपकी व सिद्धनाथ की समीक्षा देख चुका हूँ। देवनागरी में गज़ल के काव्यशास्त्र पर कहीं कुछ है क्या?

उत्तराकांक्षी

फूलचन्द मानव

(3)

बी-22 सिविल स्टेशन
भटिण्डा-151001

10-8-81

प्रिय भाई तिवारी जी,

दस्तावेज-11 ग्रीष्मावकाश के बाद जुलाई में भटिण्डा लौटने पर डाक में देखने को मिला था। धन्यवाद कि आपने सेवक को भुलाया नहीं है। शुभचिन्तकों ने आपके विरोध में पढ़कर 'उसके प्रति' अपना विरोध लिख भेजा था। ये वक्ती मेंढक टर्राकर खुद ही चुप कर जाते हैं। आप लगन, श्रम व ईमानदारी से इस आन्दोलन में लगे हैं, हमारा सक्रिय सहयोग आपके साथ है, निश्चित रहें आप

हाँ, आपके लिखने पर भी हजारी बाबू वाली वह किताब (विशेषांक पुस्तकाकार) मुझे प्रकाशक के यहाँ से नहीं प्राप्त हुआ। मेरी शिकायत हो तो मैं इसे भूल जाऊँगा, अन्यथा मैं अपनी दस्तावेज की फाइल में से कुछ भी 'मिस' नहीं करना चाहूँगा। सम्भव हो तो कृपया भिजवायें।

मेरे प्रकाशक प्रदीप कुमार, 'पूर्वोदय' दिल्ली ने आपको मेरे कहानी संग्रह अंजीर की प्रति सम्मानार्थ भेजी है, प्रतिक्रिया आपकी जानना चाहूँगा। दस्तावेज-13 में आप छापना चाहें तो अंजीर पर डॉ. प्रभा सक्सेना की लिखी हस्तलिखित लम्बी समीक्षा भिजवाऊँ। यह उनके खुले 6-7 पन्नों में फैली समीक्षा है।

मैं आपको प्रभा सक्सेना के उपन्यास 'टुकड़ों में बँटा इन्द्र धनुष' (राजपाल प्रकाशन) पर समीक्षा भेज सकता हूँ। डॉ. प्रभा सक्सेना ने अपना यह नया उपन्यास मुझे अभी भिजवाया है। गुंजाइश हो तो लिखें। पंजाबी लेखन पर अपना समीक्षात्मक अध्ययन जल्दी ही आपको पढ़वाऊँगा। इस दौरान कई 'दूसरे' कामों में व्यस्त रहने के कारण ही दस्तावेज के लिए कुछ भिजवा नहीं पाया।

अंक 11 की संक्षिप्ततम टिप्पणी बेहद पसन्द आयी है, सो बधाई। वाह भाई वाह! क्या तीखा लिख दिया है थोड़े में ही, "बेड़ियों के विरुद्ध ये शब्द, मेरे नहीं उनके हैं, जो मर गये और शायद मर जायेंगे, विचार और कर्म की नैतिकता के साथ" मैं इस पूरे सम्पादकीय को काव्य-फार्म में एक पंजाबी की पत्रिका में छपवा रहा हूँ। आपकी सहमति वांछनीय है।

मैंने हिन्दी गज़ल पर आपसे एक लेख की माँग की थी। संकलन के लिए सम्पादक कृति का मैं कर रहा हूँ। रायल्टी में आप भी भागीदार होंगे,। कुछ और विद्वानों के नाम पते भी, जो गज़ल का शास्त्रीय

विवेचन व हिन्दी ग़ज़ल पर सविस्तार लिख सकें।

उत्तराकांक्षी

फूलचन्द मानव

(4)

357, फेज 6, मोहाली—160055 चण्डीगढ़

28-10-91

आदरणीय तिवारी जी,

कुछ समय पूर्व आप पंजाब यूनि. चण्डीगढ़ आये थे, परेश से बाद में पता चला। आपने पूर्व सूचना दी होती तो मुलाकात, बात खुलकर हो सकती थी, बल्कि एक रात मैं अपने यहाँ आपको ठहराके गोष्ठी भी कर सकता था, अस्तु

18-10-91 के पत्र के साथ प्यारी पुस्तक की प्रति 25 अक्टूबर को रजि. डाक से मिली। आभार पूरी किताब पढ़ गया हूँ। अनेक कवितायें सहज अभिव्यक्ति और गहन अनुभूतियों के कारण पसन्द आयीं। कुछेक को पंजाबी में जरूर अनुवाद करुँगा। अमरजीत कौंके युवा पंजाबी कवि, होनहार लड़का है, माँ पर दो कवितायें महिरम के ताजा अंक में उसने छपवायी हैं। कतरन संलग्न है।

'दस्तावेज' का ताजा अंक भिजवाये। अगले अंक में मेरी संलग्न कविताओं में से कुछ देना चाहें तो रखकर शेष लौटा दें। निर्णय़ में देरी न करें, पर निर्ममता से निर्णय लें। दो टूक!

पंजाबी में अनुवाद करके छपवाने के लिए स्वीकृति पत्र अलग से, औपचारिक, सम्पादकीय फाइल को चाहिए। चित्र और Bio-data सहित भिजवा देंगे। भाषा के लिए अलग से एक और सहमति भिजवायें। ठीक है, दस्तावेज के पंजाबी साहित्य विशेषांक के लिए तीसेक कवितायें, आठ-दस कहानियाँ एक नाटक (एकांकी) पंजाबी कहानी, कविता, नाटक और लघु पत्रिकाओं पर एक-एक लेख जुटाई जा सकती है। दूसरे लोगों से अनुवाद या लेख (साग्रह लिखवाने) का काम लें तो क्या उन्हें आप मानदेय दे पायेंगे? में सारा काम मानद करुँगा, बिना पारिश्रमिक के डाक स्टेशनरी श्रम पूर्ति के नाम पर आप जो कुछ देंगे, स्वीकार कर लूँगा। सौजन्य सम्पादक के तौर पर मेरा नाम जायेगा।

आपने समकालीन भारतीय साहित्य—44 (अप्रैल-जून 91) धर्मयुग 16-4-91 बैसाखी अंक का रचना चयन, अनुवाद देखा? यदि हाँ, तो प्रतिक्रिया चाहूँगा, सीमा 31-12-91 हो सकती है। आगे आप सोचकर लिखें।

सम्भवतः कौंके ने 'भग्गिम' का अंक, फोटोस्टेट प्रति कविताओं की, या कतरन भिजवा दी होगी।

उत्तराकांक्षी

फूलचन्द मानव

संलग्न— मौलिक—अप्रकाशित 9 कवितायें।

सहयोगी पंजाबी रचनाकारों, लेखकों, अनुवादकों की सूची अगले पत्र में, आपका उत्तर आने पर, डिस्पैच करुँगा।

बच्चन सिंह

निराला निवेश
रथयात्रा वाराणसी

20-3-87

प्रिय तिवारी जी,

'दस्तावेज' बहुत दिनों से नहीं मिल रहा है। उसे पाना मेरा हक है। आपने मेरे दो लेख उसमें छापे हैं—एक मुझसे माँगकर और दूसरा बिना माँगे ही। इसके आधार पर मुझे उसे पाना चाहिए। संविधान की किसी धारा से आप इसका अर्थ बदल दें तो दूसरी बात है। यों कानून और नैतिकता एक ही नहीं होते।

पिछले अंक में नवल का एक लेख छपा है। उसमें मेरे इतिहास के सम्बन्ध में भी कुछ लिखा गया है। कृपया वह अंक भेजें। इस अंक में प्रभास झा की कुछ कवितायें छप रही हैं। उसे भी भेज दें तो अच्छा रहेगा। डाक खर्च गोरखपुर पहुँचते ही अदा कर दूँगा।

सस्नेह
बच्चन सिंह

(2)

13-11-87

प्रिय तिवारी जी,

अज्ञेय जी के सम्बन्ध में लिखा हुआ संस्मरण पढ़ गया। बहुत अच्छा लगा। आपने अज्ञेय जी के कुछ अन्य पहलुओं को उजागर किया है जिसके बारे में बहुत से लोग अनभिज्ञ होंगे। पर इसे तो मैं आपका सौभाग्य कहूँगा। उससे लोगों को ईर्ष्या हो सकती है। क्या आप नहीं सोचते हैं कि उनकी कृपा अहेतुकी नहीं थी। मैं इसकी व्याख्या नहीं करना चाहता।

सिक्के का दूसरा पहलू ज्यादा चटकीला है। एक-दो संस्मरण मेरे पास भी हैं, भाई शिवप्रसाद जी के पास भी। पर वे तो 'उघरे अंत न होंहि निबाहू, कालिनेमि जिमि रावण राहू।' का काम करेंगे। ज्यादातर लोगों के अनुभव आपके विरुद्ध हैं। यदि उनकी श्रेष्ठता की पहचान करनी हो तो स्व. पं. नन्ददुलारे वाजपेयी के निधन पर 'दिनमान' में लिखा गया उनका निबन्ध देख लीजिये। भारतीय संस्कृति की गुहार लगाने वाला व्यक्ति आश्चर्यजनक रूप से अभारतीय है। आपने नामवर सिंह के उद्धरण सन्दर्भ काटकर दिये हैं जो औचित्यपूर्ण नहीं हैं। यदि उन्हें न भी देते तो भी आपकी श्रद्धा को आँच न आती। इसके

बावजूद संस्मरण रोचक है। मैंने यों ही लिख दिया है, छापने के लिए नहीं लिखा है। हाँ आप चाहें तो उत्तर दे सकते हैं।

आपका
बच्चन सिंह

(3)

10-6-93

प्रिय भाई,

आपका पत्र मिला। मैं शिमला में कुछ दिनों तक अतीत की जुगाली कर रहा था। आप मेरी आलोचनात्मक कृतियों पर कोई ठीक-ठिकाने का लेख छापना चाहते हैं। मैं इसे आपकी सम्पादकीय पहचान और स्नेह का सूचक मानता हूँ। पर मेरे इतने सारे आयामों को कौन समेटेगा? लेख पाने में आपको कितनी कठिनाइयाँ होती होगी। यह अनुमान कर सकता हूँ। मेरा सुझाव है कि आप तीन आरदियों को पत्र लिखें–

डॉ. शुकदेव सिंह, वाराणसी, डॉ. कुमार कृष्ण, शिव कुटीर, संजोली चौक, शिमला, और डॉ. विश्वनाथ तिवारी, बेतियाता, गोरखपुर।

कोई न कोई लिख ही देगा। कुमार कृष्ण ने मेरे ऊपर काम भी किया है और सक्षम भी है।

इस बीच आपके यहाँ से, शायद आपके सहायक का पत्र आया था। वह साक्षात्कार टाइप का था। उसे पुनः भिजवा दें। मेरा सुझाव है कि आप कुछ आलोचकों से एक ही तरह के प्रश्नों पर विचार माँगे। इस तरह का एक विशेषांक ही निकाल दें। यदि एक साथ न निकाल पायें तो क्रमशः निकालें। सम्भव हो तो प्रश्नों का उत्तर प्रत्येक व्यक्ति से लिखित ले लें। आलोचना के सारे अन्तर्विरोध स्पष्ट हो जायेंगे। इस तरह आप आलोचना, इधर की आलोचना पर नया प्रकाश डाल सकेंगे। इधर मैं महाभारत के structure पर काम कर रहा हूँ। कभी कुछ अंश भेजूँगा। नई कविता के asthetics पर भी काम चल रहा है। उदाहरण के लिए कुछ आपकी कविताओं का भी चुनाव किया है। काम बहुत है और अब समय बहुत कम रह गया है। देखें क्या हो पाता है?
इधर आवें तो मिलें।

आपका
बच्चन सिंह

बलदेव वंशी

(1)

ए-3/283,
पश्चिम बिहार
नई दिल्ली 110063

7-6-83

प्रिय भाई,

'दस्तावेज' का 19 वाँ अंक मिला। आभार! श्री गिरिजा कुमार माथुर जी ने मेरे पास यह अंक देखा। बहुत प्रभावित हुए। वह चाहते हैं इसे पढ़ना। आप चाहें तो उन्हें सम्मानार्थ भेज दें या फिर अंक भेज कर चन्दा भेजने के लिए भी कह सकते हैं। वह 'दस्तावेज' में रूचि रखते हैं। आप जैसे उचित समझें करें। वह मुझे कह रहे थे कि 'मैं चन्दा भी भेज सकता हूँ।' इसलिए यह आप पर है। पत्रिका मिली होगी। कैसी लगी? कवितायें भेजो–कम से कम दो!

शेष फिर.......

तुम्हारा
बलदेव वंशी

(2)

28-1-97

बन्धुवर,

तुम्हारा 13-2-97 का पत्र तथा दो कवितायें 'वह लड़की' मैं संकलन में ले रहा हूँ। 'अचानक नहीं गयी माँ' भी तथा इस सीरीज की आप की कवितायें, बहुत मार्मिक और अन्तर्बेधी अनेक प्रसंग जिस आत्मीयता को उभारते हैं वैसी रागात्मकता इधर बहुत छीज गयी है। समकालीन कविता में। बल्कि दुर्लभ होती गयी है। अब तो एक हुआँ हूँ–बनावटी गद्यात्मक कविता– अकविताई मुहावरे वाली सम्भव हो रही है। खैर! अपनी एक लम्बी कविता भेज रहा हूँ। ''बावला चिनार झूमता है झेलम के तट पर''। 'विस्थापन' को लेकर लिखी यह कविता 'दस्तावेज' के लिए! निर्णय से अवगत करेंगे। 'तुलसी' पर जरूर लिखूँगा, भले ही संक्षिप्त रूप में। मार्च में भेज दूँगा। डॉ. कृष्णादत्त पालीवाल का

लेख हस्तलिखित पाँच पृष्ठों का है, उन्होंने एक गोष्ठी में चर्चा के अन्तर्गत पढ़ा था। उन्हें, इस लेख को मुकम्मल करने को दे रहा हूँ। ताकि मेरी शेष पुस्तकें भी सम्मिलित कर लें। आते ही आपके पास भेज दूँगा। शेष फिर.....पत्र देंगे।

भाई

बलदेव वंशी

बलराम

(1)

10 दरियागंज, नयी दिल्ली-110002

10-10-81

आदरणीय तिवारी जी,

आपसे कभी साक्षात्कार नहीं हुआ। कानपुर में था, तब 'दस्तावेज' देखा था। दिल्ली आने पर कभी कभार किसी के पास 'दस्तावेज' देख लेता रहा हूँ। प्रेमचन्द अंक मेरे पास है। ग्यारहवाँ अंक देखा था।

अपनी पत्रिका में कभी-कभार लघुपत्रिकाओं पर संक्षिप्त टिप्पणियाँ लिखता रहा हूँ। दीपावली अंक में 'पहल' और 'दस्तावेज' का उल्लेख किया है, शायद आगे थोड़ी विस्तृत टिप्पणी दे पाऊँ।

अपने प्रकाशक श्री हरीश शर्मा (प्रकाशन संस्थान) से कहा था कि मेरे संग्रह 'कलम हुए हाथ' (कहानियाँ) की एक प्रति मेरी तरफ से आपको भेंट करें। पता नहीं, प्रति अभी तक आपको मिली या नहीं? अभी अभी उसका दूसरा संस्करण आया है। प्रति न मिली हो तो लिखना, मैं खुद ही डाक से भिजवा दूँगा। आपके अस्वस्थ होने का समाचार मित्रों से मिला था और यह भी कि आप निकट भविष्य में दिल्ली आने वाले हैं, आपसे भेंट करने का इरादा है। आने पर सूचना दीजियेगा।

स्नेहाधीन

बलराम

(2)

नवभारत टाइम्स, 7 बहादुर शाह जफर मार्ग,
नयी दिल्ली-110002

91

प्रिय भाई,

आपका पत्र मिला। कोशिश करूँगा कि आपकी अपेक्षा पूरी हो सके। थोड़ी सी मेरी मदद कीजिये।

मुझे याद है कि शायद प्रवेशांक में आपने वादा किया था कि 25 अंक जरूर निकालेंगे। वह सम्पादकीय फोटो स्टेट के रूप में चाहिए। अगर वह प्रवेशांक में नहीं किसी और अंक में था तो भी भेजिये। प्रवेशांक का सम्पादकीय भी चाहिए (अगर उक्त न हो तो) सारे अंक मेरे सामनें नहीं हैं। कृपाकर प्रवेशांक से अब तक खास अंक। लोगों पर केन्द्रित, उनका एक संक्षिप्त विवरण मुझे तत्काल भेजिये और कुछ जानकारियाँ भी दें तो शायद ज्यादा ठीक रहेः कितना आर्थिक घाटा उठाया 50 अंकों में। 50वाँ निकलाते हुए कैसा लग रहा है? सन्तोष-असन्तोष। बहुत संक्षेप में 2-3 पृष्ठ का यह मैटर मुझे तुरन्त भेजें और यह भी लिखें कि किन तारीखों में आयोजन करना चाह रहे हैं ताकि उन्हीं दिनों यह सामग्री छपे। शेष फिर

आपका

बलराम

पत्र की फोटो प्रति करके एक घर के पते पर और एक दफ्तर के पते पर भेजें। कभी-कभी डाक गायब भी हो जाती है। घर नहीं तो दफ्तर, कहीं न कहीं समय से जानकारियाँ मुझे मिल जाये। मिल ही जाये, इसलिए दो जगह भेज दें।

बलराम

(3)

52 सी, ऊना एन्कलेव,
मयूर बिहार फेज-1, दिल्ली—110091

9-12-1997

आदरणीय भाई,

'दस्तावेज' का नया अंक मिला। भारतीय भाषाओं पर महेन्द्रनाथ दुबे का लेख बहुत जरूरी बातें बताता है। बधाई।

'इंडिया टुडे' के 17 सितम्बर वाले अंक में मेरे संग्रह 'रुकी हुयी हँसिनी' की समीक्षा आयी थी। उम्मीद कर रहा था कि आप भी नये अंक में दे रहे होंगे। बहरहाल, कोई वजह हो सकती है। भाई अग्रवाल की यह टिप्पणी किसी पत्र-पत्रिका में नहीं छपी है। विचार कर सकते हैं। 'रुकी हुयी हँसिनी' की प्रति आपको पिछली मुलाकात में दी थी।

इधर हमने ग्यारह हजार पृष्ठ की प्रेमचन्द रचनावली का प्रकाशन सम्भव कर लिया। शायद आपकी नजरों से गुजरी हों, जिसमें प्रेमचन्द की 225 कहानियों को अब हमने 302 तक पहुँचा दिया है। उनकी 300 कहानियाँ बतायी तो जाती थीं, लेकिन उपलब्ध सिर्फ 225 थीं। रचनावली की एक बड़ी उपलब्धि है यह। उससे पहले 4 खंडों में बृहद 'विश्व लघु कथा कोश' आया था। उसे शायद आपने देखा था।

काफी दिन हो गये आपसे मिले हुए। इस बार आयें तो दर्शन दें। मेरे योग्य कोई सेवा हो तो लिखे।

आपका

बलराम

बालशौरि रेड्डी

(1)

27, वाडिवेलुपुरम्
मद्रास—600033

19-6-1997

आदरणीय डॉ. तिवारी जी,

नमस्कार।

'दस्तावेज' 73 का अंक प्राप्त। गत 18 वर्षों से पत्रिका स्तर अविचल रखते हुए उसमें वैविद्य, व्यापकता एवं गहनता लाने का जो प्रयास कर रहे हैं, वह वास्तव में अभिनन्दनीय है। इस अंक में आपने शक्ति चट्टोपाध्याय पर जो सामग्री दी, वह निश्चय ही ज्ञानवर्द्धक होने के साथ परिचयात्मक भी है। अन्य भाषा भाषियों के लिए यह सामग्री अत्यन्त उपयोगी है। इसमें दो राय नहीं हो सकती। डॉ. रामशंकर द्विवेदी ने बड़ी निष्ठा, तप्तरता एवं परिश्रम के साथ उत्तम सामग्री का संकलन करके उसका रोचक अनुवाद प्रस्तुत किया है साथ बंगला साहित्य के महत्वपूर्ण अंश को हिन्दी के माध्यम से प्रस्तुत करने में लगे हैं। वे बधाई के पात्र हैं। वे एक अच्छे विद्वान हैं।

रामस्वरूप चतुर्वेदी की समीक्षा दृष्टि पर आदरणीय श्री रामचन्द्र तिवारी जी का लेख विद्वत्ता पूर्ण है। सर्व श्री डॉ. रमेश कुंत्तलमेघ, डॉ. बच्चन सिंह, डॉ. विश्म्भर नाथ उपाध्याय तथा डॉ. नगेन्द्र की समीक्षा दृष्टियों पर विद्वान समीक्षकों ने सन्तुलित विचार प्रस्तुत किये हैं।

हिन्दी जगत में दो-चार पत्रिकायें ही अच्छी समीक्षायें प्रकाशित करते हुए पाठक लेखक तथा प्रकाशकों के प्रति न्याय कर रही हैं। उनमें से दस्तावेज की अपनी अलग पहचान है। अतः आप पुनः पुनः मेरी बधाई व धन्यवाद स्वीकार करें। कलकत्ते के बाद बम्बई में आपके दर्शन होते-होते रह गये। अब मैं क्या मद्रास में आपके दर्शन की आशा करूँ।

आप कभी मद्रास पधारें तो पूर्व सूचना दीजिये। मैं तमिलनाडु हिन्दी अकादमी का अध्यक्ष चुना गया हूँ। अकादमी की तरफ से हम लोग आपके स्वागत सत्कार करने में अपना दायित्व मानेंगे।

मैं इस पत्र के साथ श्री विमल बाबू पर अपना साक्षात्कार प्रेषित कर रहा हूँ आशा है, यह पत्रिका के लिए रोचक प्रतीत होगा। किसी कारण वश आप इसका उपयोग न कर पायेंगे तो कृपया प्रसन्नता पूर्वक वापस कर दीजिये। मैं अपनी रचना की वापसी पर आहलाद का अनुभव करुँगा। समझूँगा—भूला-भटका आलेख अपनी जगह पहुँच गया है।

बन्धुवर, मैं अगले महीने सिंगापुर टोक्यो होते हुए सानफ्रांसिस्को (अमेरिका) जाने वाला हूँ। लौटने में थोड़ा समय लगेगा तब तक रचना छपेगी ही।

शुभकामनाओं के साथ

आपका
बालशौरि रेड्डी

पुनश्चः आप पत्रिका की नीति के अनुसार रचना का शीर्षक बदल सकते हैं। और आवश्यक संशोधन भी कर सकते हैं।

(2)

"ज्योति निकेतन"
26, वाडिवेलुपुरम्
चैन्नई—600033

16-10-2010

हिन्दी भाषा एवं साहित्य के प्रख्यात आचार्य, पत्रकार एवम् सुप्रसिद्ध आलोचक
डॉ. विश्वनाथ प्रसाद तिवारी जी,

प्रणाम।

सर्वप्रथम विजयादशमी की मंगलकामनायें स्वीकार करें। आपका मेरे प्रति जो स्नेह सद्भाव एवं सौजन्य है उसे मैं कदापि भूल नहीं सकता।

साहित्य अकादमी तथा हमारी तमिलनाडु हिन्दी अकादमी के संयुक्त तत्वावधान में शब्दकवि दिनकर की शताब्दी संगोष्ठी जो प्रायोजित थी, उसमें दो-तीन बार परिवर्तन हुआ। हमने उक्त समारोह के मुख्य अतिथि के रूप में भारत के एक विशिष्ट विद्वान को आमन्त्रित किया था किन्हीं कारणों से तिथियों में परिवर्तन हुआ। हमने मद्रास विश्व विद्यालय के प्लाटिनम जुबीली समागार को समारोह के लिए 40 हजार रुपये चुकाकर बुक किया था। दो बार समारोह की तिथियों में परिवर्तन होने के बावजूद भी वि.वि. के अधिकारियों ने स्वीकृति दी थी। डॉ. बृजेन्द्र त्रिपाठी जी ने दिसम्बर महीनें में गोष्ठी आयोजित करने की सूचना दी। सभागार दिसम्बर में शनि-रविवारों में खाली नहीं है। अतः उन अधिकारियों ने अक्तूबर महीने में आयोजन करने पर विवश किया। वरना हमारे 40 हजार रुपये वापस करने को तैयार न थे। उस समय मैं 10-12 दिनों के लिए यूरोप की यात्रा पर था। अतः हमारे प्रतिनिधियों ने 2-3 अक्तूबर को समारोह की तिथियाँ निश्चित कीं मैं समारोह के 10 दिन पूर्व लौट आया।

समारोह सफलता पूर्वक सम्पन्न हुआ। प्रथम दिन 151 तथा दूसरे दिन 123 साहित्यकार उपस्थित थे। हम अकादमी के साथ अपना कार्यक्रम सम्पन्न नहीं कर पाये। श्री बृजेन्द्र त्रिपाठी जी ने अनेक प्रकार की शर्तें रखी थीं। हमें स्थानीय स्थितियों पर भी ध्यान देना पड़ता है। खैर! जो होना था, हो गया। कृपया आप अन्यथा न लेंगे और पूर्ववत आपके स्नेह एवं सहयोग की अपेक्षा के साथ सदा-सदा आपका शुभेच्छु।

आपका
बालशौरि रेड्डी

श्रीमती बिन्दु अग्रवाल

(1)

17, लेडी श्रीराम कॉलेज
लाजपत नगर, नई दिल्ली—110024

30-8-78

बन्धु श्री विश्वनाथ जी,

दिनाँक 17-8-78 का लिखा आपका पत्र प्राप्त हुआ। भारत जी का मुक्तिबोध सम्बन्धी निबन्ध आप पूर्वग्रह में प्रकाशित टिप्पणी के साथ दे रहे हैं—य़ह जानकर सन्तोष हुआ।

आपने अपनी पत्रिका 'दस्तावेज' के प्रवेशांक के लिए भारत जी की कोई अप्रकाशित रचना माँगी है। भारत जी का स्वभाव था कि जब भ़ी वे कुछ लिखते थे किसी न किसी पत्रिका में प्रकाशनार्थ भेज देते थे अतः अप्रकाशित पूर्ण रचना नहीं के बराबर हैं। पर मैं आपको भारत जी का लिखा यह 'लक्ष्मण-चरित' नाटक का एक अ़ंश भेज रही हूँ। भारत जी ने इतना ही अंश लिखा था। पर यह अंश अपने आप में बहुत सशक्त है। भारत जी को राम-कथा बहुत आकर्षित करती थी। आपने भारत जी की 'अग्नि लीक' (काव्य नाटक, 1976) पुस्तक देखी होगी—उसमें राम-सीता के मानवीय पक्ष को गहरी संवेदना दी है और इस लक्ष्मण चरित में लक्ष्मण के चरित पर नया आलोक फेंका है। मैंने इस अधूरे नाटक को नकल ही किया था कि आपका पत्र आया—इसीलिए आपको भेज रही हूँ। आशा है आपको भी पसन्द आयेगा।

आपको शायद मालूम होगा कि भारत जी के देहावसान के बाद तीन पुस्तकें प्रकाशित हो चुकी हैं 1. अग्नि लीक, 2. उतना वह सूरज है, (कविता संग्रह) 3. कवि की दृष्टि (निबन्ध संग्रह) और एक पुस्तक 'बहुत बाकी है' इसी सप्ताह प्रकाशित हो रही है। 'बहुत बाकी है' में भारत जी के प्रारम्भिक चार कविता संग्रह जो अब अप्राप्य हैं पुनः प्रकाशित हो रहे हैं। आप चाहें तो अपनी पत्रिका में इनकी समीक्षा कर सकते हैं। यदि आप समीक्षा करने का निर्णय लेते हैं तो पुस्तकें प्रकाशकों से ही मँगानी होगीं।

आशा है आप सकुशल होंगे। पत्र का उत्तर दीजियेगा।

सस्नेह भवदीया
बिन्दु अग्रवाल

पुनश्चः नवभारत टाइम्स में आपके द्वारा सम्पादिक 'अज्ञेय' पुस्तक की समीक्षा जो नन्दकिशोर आचार्य ने की है, पढ़ी। वैसे आपके ये सम्पादन के कार्य सराहनीय हैं।

(2)

15-12-78

बन्धु श्री विश्वनाथ प्रसाद तिवारी जी,

आपके द्वारा भेजी 'दस्तावेज' पत्रिका ठीक समय पर प्राप्त हो गयी थी। उसी समय में आपको पत्र लिखना चाह रही थी, पर इधर कुछ व्यस्त होने के कारण सम्पूर्ण पत्रिका को ठीक से पढ़ा नहीं था, इसलिए पत्र नहीं लिखा। अब फिर से पूरी पत्रिका पढ़ डाली है। यह देखकर मुझे सुखद आश्चर्य हुआ कि पत्रिका के एक ही अंक में आप इतनी अधिक उपयोगी और उच्च स्तर की सामग्री दे सके हैं। मुक्त मन से लिखा गया आपका सम्पादकीय लेख भी बहुत अच्छा लगा। आपके अगले अंक में प्रकाशनार्थ सजग विद्वानों की सूची इस पत्रिका के उज्ज्वल भविष्य की सूचक है। मेरी शुभकामनायें भी आपके साथ हैं।

कृपया बतायें अगला अंक कब तक प्रकाशित होगा? आपको यह जानकर प्रसन्नता होगी कि भारत जी का नया कहानी संग्रह 'आधे-आधे जिस्म' सम्भावना प्रकाशन से प्रकाशित हो गया है। कविता संग्रह 'बहुत बाकी है' की सूचना मैंने पहले ही आपको दी थी। आशा है 'पराग प्रकाशन' से वह संग्रह भी आपने मँगा लिया होगा। इन दोनों प्रकाशकों को मैंने कह तो दिया है कि वे इन पुस्तकों की प्रतियाँ आपके पास भेज दें, पर आप स्वयं भी उन्हें अवश्य लिख दें।

आशा है आप सानन्द होंगे।

भवदीया
बिन्दु अग्रवाल

(3)

सी-4/4103, वसन्त कुन्ज
नयी दिल्ली 110070

17-6-96

प्रिय बन्धु तिवारी जी,

लगभग दो माह पूर्व आपका पत्र मिला था जिसमें आपने कहा था कि श्री ज्योतिष जोशी द्वारा की गयी 'भारतभूषण अग्रवाल रचनावली' की समीक्षा अभी तक प्राप्त ही नहीं हुयी है। जोशी जी भी हैरान थे कि छह महीने पहले भेजी गयी समीक्षा अभी तक क्यों नहीं मिली। जो हो, मैंने उन्हें पुनः रजिस्ट्री से भेजने के लिए कहा था। आज उनसे मालूम हुआ कि लगभग एक माह पूर्व ही उन्होंने पुनः वह समीक्षा रजिस्ट्री से भेज दी है। आशा है इस बार तो आपको वह अवश्य मिल गयी होगी। कृपया सूचना दें और बतायें किस अंक में प्रकाशित हो रही है? छपने पर वह अंक भी भेजने का कष्ट करें।

एक बात आपसे और पूछनी है। मैंने डॉ. नगेन्द्र का साक्षात्कार लिया है। उसको मैं आपकी पत्रिका में प्रकाशित करवाना चाहती हूँ। बतायें मैं उसे आपके पास प्रकाशनार्थ भेज दूँ? नगेन्द्र जी की रसदृष्टि, उनकी शिष्य-परम्परा उनके विश्वविद्यालय पाठ्यक्रम सम्बन्धी विचारों आदि पर प्रश्न किये गये हैं। आशा है आप उस पर विचार करेंगे। आशा है आप सानन्द होंगे। कृपया उत्तर दें।

भवदीया

बिन्दु अग्रवाल

भगवान सिंह

194 महाराणा प्रताप एन्कलेव
दिल्ली—110034

2-11-2004

प्रिय भाई,

आपका पत्र मिला। मुझे बहुत अच्छा लगा कि मेरा लिखा आपको पसन्द आया।

दस्तावेज के लिए लिखना मेरे लिए गौरव की बात होगी। वह मेरे गृहनगर का पत्र है, यह मेरी प्रेरणा के लिए पर्याप्त है।

मैं सितम्बर के पहले गाँव गया था। गोरखपुर से 3 बजे की ट्रेन पहले से रिजर्व थी। इसलिए सुबह ही निकला कि गोरखपुर में आप से और आदरणीय रामचन्द्र तिवारी से मुलाकात हो जायेगी। परन्तु उस दिन आन्दोलनकारियों ने रास्ता रोक रखा था जिससे सारी ट्रकें और गाड़ियाँ घाट की ओर बेतियाहाते से गुजर रही थीं। भीड़ और घबराहट ऐसी कि मैंने दो बार उस गली में पहुँचने का प्रयत्न किया जिसमें आपका मकान है पर गली ही तलाश नहीं कर सका। धूप, गर्द ओर थकान से पस्त डॉ. रामचन्द्र तिवारी के मकान की तलाश करने का साहस नहीं हुआ। आप लोग अधूरा पता लिखते हैं और बेतियाहाता तो इतना बदल गया है, बदलता जा रहा है कि उसमें रहे तो आपको ही पहचानना कठिन हो जायेगा।

आपका
भगवान सिंह

(2)

5-9-06

प्रिय भाई,

वैसे तो 'दस्तावेज' में बहुत स्तरीय और सुचिन्तित लेख प्रायः पढ़ने को मिलते हैं परन्तु इस बार अंक 111 में डॉ. कृपाशंकर का लेख तो बहुत अच्छा है ही, आपने प्रेमचन्द के लेख 'साम्यवाद और

साम्राज्यवाद' को देकर आँखें खोल दी। अपने समय से कितनी आगे थी समय की घटनाओं की निर्मम व्याख्या के कारण प्रेमचन्द की नजर यह देखकर आश्चर्य होता ही है, उनका कितना दुरुपयोग किया गया है यह भी इससे प्रकट है। कमलकिशोर गोयनका को बधाई।

आपका सम्पादकीय भी उसी का विस्तार है। बधाई आपको भी।

आपका

भगवान सिंह

भगवत रावत

(1)

रीजनल कॉलेज ऑफ एज्यूकेशन
भोपाल (म.प्र.) 462013

24-5-79

प्रिय भाई,

(दस्तावेज 2 और 3 दोनों अशोक वाजपेयी के घर से लाकर पढ़े। प्रशन्सा के इतने पत्र आपके पास आ चुके हैं कि अब प्रशन्सा करना बेकार है।

आप किसी एक कवि को बहुत अच्छी तरह प्रस्तुत करते हैं यह अच्छी बात हैं।) काफी कवितायें एक साथ छापते हैं। एक दो कविताओं से कुछ बनता भी नहीं। इसी बात को लेकर बहुत दिनों से मन बनाता रहा कि आपको कवितायें भेजूँ और आज हिम्मत बटोर ही ली। इन कविताओं को आप भली-भाँति देखें और यदि आपको लगे कि इन्हें छपना चाहिए तो मेरा आग्रह यही है कि ये इसी क्रम में सारी एक साथ छपें।

जानता हूँ कि इस तरह के आग्रह किसी भी सम्पादक के लिए कठिन और अग्राहृय हो सकते हैं—पर चूँकि आप इतनी जगह कवियों को देते हैं इसीलिए यह लिख रहा हूँ। यह भी जानता हूँ कि अब तक आपके पास कविताओं का ढेर लग चुका होगा। बहरहाल....किसी भी हालत में यदि आप इन कविताओं को साथ रखे हुए लिफाफे में वापस कर देंगे तो मुझें कोई आपत्ति नहीं होगी।

पत्र जरूर देंगे।

आपका
भगवत रावत

पुनश्चः अस्वीकृति की स्थिति में रचनायें वापस जरूर करदें। बार-बार कविताओं को उतार पाना बहुत कष्टकर होता है आप जानते ही होंगे।

(2)

19-8-79

प्रिय भाई तिवारी जी,

दस्तावेज-4 समय से मिल गया था। मैं तत्काल आपको पत्र नहीं दे सका। आपने मेरी सातों कवितायें प्रकाशित की उसी क्रम में जो मैं चाहता था– इसके लिए आपको कैसे धन्यवाद दूँ। मुझे बहुत अच्छा लगा–ठीक वैसा ही जैसा किसी कवि को अच्छी तरह प्रस्तुत किये जाने पर लग सकता है।

आप इस समय विशेषांकों की योजना में व्यस्त होंगे। मैं अपनी सहयोग राशि सितम्बर '79 के पहले सप्ताह में आपको निश्चित भेज दूँगा। कोशिश करूँगा कि कुछ लोग और ग्राहक बन सकें। यहाँ के मित्रों से भी आप सम्पर्क जरूर करें। यूँ आपके पास उनकी जानकारी होगी ही। भोपाल से दो पत्रिकायें निकलती हैं। 'अन्ततः और 'इसलिए' जिसे श्री नरेन्द्र जैन और श्री राजेश जोशी निकालते हैं। बेहद युवा कवियों में श्री अजीत चौधरी और श्री शरद् बिल्लौरे हैं–काफी संवेदनशील और प्रतिभावान लोग हैं।

मेरी कविताओं में 5-6 प्रिन्टिंग की त्रुटियाँ चली गयी हैं। आप वैसे बहुत ख्याल रखते ही हैं, फिर भी भविष्य में ध्यान देते रहेंगे।

उम्मीद है स्वस्थ एवं सानन्द होंगे। मेरे योग्य जब जी हो तो जरूर लिखें।

आपका
भगवत रावत

(3)

173, एम.आई.जी. ब्लॉक नं. 6,
सरस्वती नगर, भोपाल (म.प्र.)

17-12-79

प्रिय भाई तिवारी जी,

आपके भेजे हुए दस्तावेज के अंक प्राप्त हो गये थे। मैं इस बीच अपनी बीमारी से जूझता रहा। अन्त में मुझे बम्बई जाकर अपने बायीं ओर के गुर्दे का ऑपरेशन करवाना पड़ा। पिछले सप्ताह ही 20 दिन बम्बई रहकर लौटा हूँ–अभी भी पूरी तरह चल फिर पाना सम्भव नहीं होता। जनवरी के अन्त या फरवरी के पहले सप्ताह में दायीं ओर के गुर्दे का ऑपरेशन वहीं पर होगा। दोनों गुर्दों में पथरी पड़ जाने के कारण ऐसा हुआ। खैर!

आपके द्वारा भेजे गये अंक मैंने अशोक वाजपेयी को दे दिये। वे श्री रमेश चन्द्र शाह के पास भी पहुँचा देंगे। श्री प्रभाकर श्रोत्रिय मुझे इस हालत में देखने भी नहीं आये और शायद आयेंगे भी नहीं मैं उनके पास आपका भेजा हुआ अंक 5/6 जरूर भिजवा देता पर इसी बीच मेरे मित्र एवम् कवि श्री सोमदत्त इन्दौर से आये और वे दस्तावेज का 5-6 अंक ले गये। मैं अंक 4 की तीन प्रतियों एवं अंक 5/6 की एक प्रति का पैसा आपको शीघ्र भिजवा दूँगा।

आप विज्ञापन के लिए श्री अशोक वाजपेयी को अलग से लिखें वे कला-परिषद् के सचिव हैं—वहाँ से विज्ञापन आसानी से मिल सकेगा और वह धन के लिहाज से ठीक भी होगा। साहित्य-परिषद् में विज्ञापन मिलेगा भी तो वह 100/-या 150/- से अधिक का नहीं होगा—फिर भी आप प्रभाकर श्रोत्रिय को जरूर लिखें और श्री रमेश चन्द्र शाह से कहें तो वे उनसे बात भी कर सकेंगे! मैं वैसे अभी 20-25 दिन घर से बाहर निकलने की स्थिति में नहीं हूँ मैं अशोक वाजपेयी और श्री प्रभाकर श्रोत्रिय दोनों के पते आपको लिख रहा हूँ।

1. श्री अशोक वाजपेयी सचिव, कला परिषद्
ललित कला भवन टैगौर मार्ग, भोपाल(म.प्र.)

2. श्री प्रभाकर श्रोत्रिय सचिव, साहित्य परिषद्
प्रोफेसर, कॉलोनी ई-135/1 रवीन्द्र मार्ग भोपाल (म.प्र.)

श्रोत्रिय जी को इसी पत्र पर अंक उन्हें सीधे भेंजे। वे शायद इस बात को पसन्द करेंगे। मेरे मार्फत अंक पहुँचने पर सम्भवतः लाभ न हो। यह सारी बातें मैं दस्तावेज को ध्यान में रखकर ही लिख रहा हूँ।

आप विशेषांकों से निवृत हो लें तो मैं आपके पास अपनी एक लम्बी कविता पढ़ने को भेजूँ—लगभग 25 पृष्ठ की है— पर पृष्ठों की लम्बाई किसी तरह का व्यवधान शायद इस कविता में नहीं है—अपने स्वभाव से यह कविता एक संगठित छोटी कविता की तरह ही है और यह लम्बाई उसकी विवशता। खैर छोड़िये—जब भेजूँगा तब पढ़कर आप राय दीजियेगा।

उम्मीद है आप अपनी तमाम व्यस्तताओं में होंगे। मैं तो डेढ़ महीनें से हर तरह से अकेली जिन्दगी (पलंग-दवाइयों) बिता रहा हूँ—कमजोरी इतनी आ गयी है कि बहुत देर तक पढ़ना भी नहीं हो पाता—बम्बई में ही ऑपरेशन के तीन-चार दिन बाद आपकी कविता रविवार में देखी—मेरा लड़का आपकी कविता देखकर ही खरीद कर लाया था—अच्छी लगी।

भगवत रावत

(4)

9-7-80

प्रिय भाई तिवारी जी,

आपका पत्र मिला। पढ़कर बहुत अच्छा लगा। एक तो इसलिए कि आपने कविता को खूब पढ़ा और जरूरी सुझाव दिये। दरअसल मैंने कविता भेजते समय ही कहा था कि ये आपको पढ़ने के लिए भेज रहा हूँ और उसके पीछे मंशा यही था कि आप इस पर अपनी हर तरह से राय जाहिर करेंगे। इस बीच मैं स्वयं भी इस कविता पर काम करना चाहता था और किया भी था। पर आपके पत्र आजाने से मैं इसमें फिर से जुटा। नतीजा यह हुआ कि आपने जो सुझाव दिये थे वे तो अपनी जगह थे ही, साथ ही मैंने भी इस कविता के साथ काफी निर्मम सुलूक किया और अब जो कविता आपके पास भेज रहा हूँ उसमें काफी कुछ कट-पिट चुका है। यही कारण था कि मुझे उसे दुबारा लिखने पर विवश होना पड़ा।

मैं समझता हूँ, अब आप इसे पढ़कर पहले से ज्यादा कसी हुयी पायेंगे। दरअसल लिखने के एकदम बाद शायद यह सब कर पाना सम्भव नहीं होता। इतना समय गुजर चुकने के बाद इस पर काम करना सम्भव हो सका है।

जिस रूप में यह कविता अब आपके सामने है, जाहिर है आप उसे पढ़ेंगे ही, लेकिन इसके बाद भी अगर आपको लाता है कि यह कविता एक जरूरी कविता नहीं है या कि पाठक को वह अपनी पूरी तीव्रता के साथ अपने अनुभव की दुनियाँ में नहीं ले जाती है, तो मैं उसे प्रकाशित करने के मोह को भी त्याग सकता हूँ। मेरे लिए (व्यक्तिगत तौर पर) हो सकता है यह कविता महत्वपूर्ण हो (जो है भी) पर कोई जरूरी नहीं कि वह सबके लिए उतनी ही महत्वपूर्ण हो—और मैं चाहता हूँ कि यदि वह सबके लिए महत्वपूर्ण नहीं है तो उसे सबके सामने जाने का हक हासिल नहीं है।

यहाँ कई मित्रों से इन कविता पर बातचीत हुयी। पर उस बातचीत को महत्वपूर्ण मानते हुए भी इसलिए भरोसा नहीं कर पाता कि स्थानीय लोग जिस तरह एक दूसरे को जानते हैं उसके रहते बहुत कम लोग केवल कविता को सामने रखकर बात कर पाते हैं। कुछ मित्र तो इसे केवल कहानी मानते हैं कविता नहीं। जो भी हो कुछ न कुछ तो यह है पर इतना जानता कि इसे केवल कहानी कहने से काम चलेगा नहीं। कहानी अभी यह है तो वह कहानी के अलावा कुछ और जरूर है। खैर मैं कहाँ की बात में उलझ गया।

'दस्तावेज' का अंक देखकर खुशी हुयी। उसे अभी पढ़ नहीं पाया—पर आपकी मेहनत साफ दिखाई देती है। म.प्र. शासन (शिक्षा विभाग) द्वारा दस्तावेज की प्रतियाँ (शायद 600) खरीदने का आदेश आप तक पहुँचा या नहीं। ऐसा निर्णय ले लिया गया है। इससे शायद आपको जरूर कुछ आसानी होगी।

उम्मीद है आप स्वस्थ और सानन्द होंगे। आपके अपने पत्र के कारण जो आत्मीयता मुझे और मेरी कविता को दी है वह मेरे लिए महत्वपूर्ण है।

आपका अपना
भगवत रावत

(5)

19-12-80

प्रिय भाई तिवारी जी,

आशा है आपको मेरा एक पत्र मिल गया होगा। पिछले हफ्ते मैंने अपनी लम्बी कविता पर काम किया और जितना हो सका उसे और कम करने की कोशिश की। इसके पहले दुबारा जब आपके पास कविता भेजी थी उस समय भी आपके सुझावों को सामने रखकर और अपनी ओर से भी काफी काट-छाँट कर ही दी थी। इस तरह इस कविता का आपके सामने लगभग पन्द्रहवाँ ड्राफ्ट है। अब इससे ज्यादा इसे कम करना और उसमें फेर बदल करना कम से कम मेरे लिए सम्भव नहीं है। इस ड्राफ्ट को मैंने अपने कई कवि मित्रों को भी दिखाया और वे भी अब सन्तुष्ट हैं। हाँ, केवल एक बात है—वह यह कि शीर्षक को लेकर सभी यह चाहते हैं कि शीर्षक पहले वाला 'नकद-उधार' ही रखा जाय। मैंने भी सोचा और

मित्रों से सहमत होना पड़ा। विशेषकर मेरा लड़का (काफी बड़ा है MSC कर चुका है) जो मेरी कविताओं का पहला पाठक होता है और काफी संवेदनशील है, वह इस कविता का शीर्षक 'नकद-उधार' ही रखना चाहता है। अतः फाइनल ड्राफ्ट में नकद-उधार ही शीर्षक रखा है। मेरी ओर से अब यह कविता का अन्तिम है। छपने के लिए।

कविता में मैंने जो spaces जिस तरह दिये हैं वे उतने और वैसे ही रहें। उम्मीद करता हूँ कि इस ड्राफ्ट से शायद अब आप भी सन्तुष्ट होंगे।

अशोक वाजपेयी से मेरी मुलाकात हुयी थी। मैंने उसे 'दस्तावेज' की 600 प्रतियों के बारे में बताया था। उसने कहा कि शीघ्र ही होने वाली मीटिंग में यह बात उठायी जायेगी। मैं तो वह मीटिंग अटैन्ड कर नहीं पाऊँगा, क्योंकि अभी चलना-फिरना पूरी तरह सम्भव नहीं है। आशा है आपने विज्ञापन के लिए प्रकाशन विभाग, वल्लभ भवन, भोपाल को लिख ही दिया होगा। साथ में एक प्रति दस्तावेज की अवश्य भेजें।

एक प्रार्थना और है। वह यह कि इस कविता के 15-20 आफ फिन्ट्स आप छपते समय निकलवाकर यदि भेज दें तो बहुत अच्छा रहे। इसमें जो अतिरिक्त खर्च आयेगा उसे मैं आपको तुरन्त भेज दूँगा। इसमें आप जरा भी संकोच न करें और मुझे लिख दें। मैं इसी पहली तारीख को आपको पैसे भेज दूँगा।

आशा है आप सानन्द होंगे। प्रकाशन संस्थान वाले आये थे। बताया था कि आप दिल्ली तक तो जाते ही हैं। भोपाल थोड़ी ही दूर रह जाता है। कभी समय निकालकर आइये। यहाँ सभी साहित्यकार मित्रों से मिलना भी हो जायेगा।

पत्रोत्तर शीघ्र दें।

आपका

भगवत रावत

(6)

31-3-81

प्रिय भाई तिवारी जी,

मुझे पत्रिकायें मिल गयी थी समय से। आपको बहुत देर से पत्र देने के लिए बहुत-बहुत क्षमा चाहता हूँ। कारण यह कि मैं अपनी छोटी बहिन की शादी में बहुत व्यस्त था और उसके बाद कई उलझनों में फँसा रहा।

मैं अगर अपनी लम्बी कविता को प्रकाशित करने के लिए धन्यवाद दूँगा तो शायद मैं बहुत औपचारिक हो जाऊँगा। आपके और मेरे बीच जो सम्बन्ध बने हैं उन्हें मैं बहुत गहरे अनुभव कर रहा हूँ।

पत्रिका की खरीदी के बारे में बहुत मुश्किलों का सामना हमने किया और अफसोस यह है किसी नतीजे पर पहुँच पाना सम्भव नहीं हुआ। पर आपको प्रकाशन विभाग से विज्ञापन अवश्य मिल गया होगा ऐसा मैं सोचता हूँ। अशोक वाजपेयी से मैंने कह रखा था और उसने विज्ञापन देने के लिए फाइल पर ऑर्डर भी दे दिया था। कृपया बतायें कि पहुँचा या नहीं।

मैं इस पत्र के साथ आप पाँच प्रतियाँ मेरे लिए और भेज दें जिसके लिए मैं 25/- का चेक आपको अलग से भेजता हूँ। किन्तु इसके अतिरिक्त यदि आप चाहें तो तीन-चार प्रतियाँ और भेज दें क्योंकि यहाँ बहुत से लोगों के पास पत्रिका नहीं पहुँची थी। जैसे कि डॉ. कमला प्रसाद आजकल यहीं हैं। श्री धनंजय वर्मा, अजीत चौधरी और एक दो लोग ओर है। यदि आप उचित समझें तो इनके लिए भी पत्रिकायें भी मेरे पास भेज दें।

उम्मीद है इतने देर से पत्र लिखने के लिए आप मुझे क्षमा करेंगे।

स्वस्थ ओर सानन्द होंगे।

पत्र दें।

आपका

भगवत रावत

(7)

17-11-81

प्रिय भाई तिवारी जी,

आपका पहला पत्र मिला था। जब आप दिल्ली में थे उसी समय मैं भी वहीं था। दुर्योग से मुलाकात न हो सकी क्योंकि आप दूसरे दिन सुबह ही चले जाने वाले थे। इधर सारे ऑपरेशन के बाद भी ब्लड प्रेशर मेरा पीछा नहीं छोड़ रहा है—इसी कारण चेक-अप के लिए गया था। बहरहाल इन दिनों काम भी कुछ ज्यादा ही सिर पर रहे। कुछ पारिवारिक परेशानियाँ भी जो लगातार चल रही हैं—इन्हीं चक्करों में आपको उत्तर दे नहीं पाया—क्षमा चाहता हूँ।

अजित चौधरी का कवितासंग्रह—'एक रंग हम' श्री शिव कुमार सहाय-इलाहाबाद (जिन्होंने केदारनाथ अग्रवाल की पुस्तकें छापी है) ने छापा है। मेरे पास उसकी प्रति है—अतः अजित चौधरी की पुस्तक की समीक्षा मैं आपके पास भेजूँगा।

अजित चौधरी, असद जैदी, उदय प्रकाश और अरुण कमल इन चार पर मैं एक साथ लिखना चाहूँगा। ये सभी लगभग समवयस्क हैं तथा इनके पहले कविता संग्रह भी एक ही समय में प्रकाशित हुए हैं। यदि आप तत्काल मुझे सूचना भेजते हैं तो मैं यह काम प्रारम्भ कर दूँ और लगभग 15-20 दिन में इसे पूरा कर आपके पास भेज दूँगा।

भोपाल में दस्तावेज के लिए एक ही जगह उत्तम है—

Book World
T.T. Nagar, New Market
Bhopal-462013

मैं इनसे बात कर लूँगा। लेकिन आप भी पत्र-व्यवहार करें।

1. सोमदत्त का पता
93/62, 1250 क्वारटर्स
भोपाल (म०प्र०)

वे स्थानांतरित होकर यहीं आ गये हैं।

2. प्रभात कुमार त्रिपाठी
C/o श्री गोविन्द द्विवेदी
शिवभवन
5, सिविल लाइन्स
सागर (म०प्र०)

अजीत चौधरी आजकल सागर में ही Dy Suptid Polic की Training में हैं—इस समय पता मालूम नहीं है। पर मेरे मार्फत आप पत्र व्यवहार करें—उन तक चिट्ठियाँ पहुँचा दूँगा।

इसका ध्यान रखें कि मेरी पुस्तक 1977 में छपी थी जिससे भी समीक्षा लिखवायें उसके बारे में सूचित कर सकें तो बेहतर होगा। मेरी ओर से सुझाव अपनी किताब के लिए—

श्रीराम कृष्ण पाण्डेय, पूर्वांचल होस्टल, जे०एन०यू०। कमरा नं. याद नहीं। नयी दिल्ली। परकेदार जी के मार्फत भेजेंगे तो पहुँच जायेगा। यह मात्र सुझाव है—आप जो उचित समझें वह करें।

आपका
भगवत रावत

(8)

7-6-1983

प्रिय भाई तिवारी जी,

अभी हाल दस्तावेज '19 मिला। एकाध महीने पहले मालूम हुआ था कि आप बीच में बीमार थे। शायद कोई एक्सीडेन्ट किसी ने बताया था। दस्तावेज' मिलते ही यह सोचना अच्छा लगा कि आप निश्चय ही स्वस्थ हैं।

मेरे पुत्र से तो आपकी मुलाकात AIMS में हुयी थी। मुझसे ही सुयोग जुड़ नहीं रहा है।

हरीश चन्द्र शर्मा (प्रकाशन संस्थान) ने मुझे बताया था कि उसने मेरी दूसरी पुस्तक 'दी हुयी दुनिया'। आपको दे दी है। मैंने कई बार लिखकर भी उससे Conferm किया। उसने कहा कि वह पहुँच गयी है और शायद समीक्षा भी उसकी प्रकाशित होने वाली है। कृपया बतायें कि पुस्तकें आपके पास पहुँची या नहीं।

इसे प्रकाशित हुए डेढ़ वर्ष से अधिक हुआ चाहता है। आप पुस्तक अवश्य देखें। इस संकलन की कुछ महत्वपूर्ण कवितायें तो दस्तावेज में ही प्रकाशित हुयी हैं। मैं साहित्यिक राजनीति के किसी घेरे में नहीं आता इसी कारण यूँ ही अनदेखा किया ही जाता हूँ। लिखता हूँ तो यह उम्मीद तो करता ही हूँ कि कभी न कभी कोई न कोई तो देखेगा। बहरहाल अगर आपको पुस्तक मिल गयी है तो आपने उसे देखा तो होगा। अगर कोई भी कायदे से लिखने की कुछ जहमत उठाये तो अच्छा हो।

आशा है आप अब पूर्ण स्वस्थ होंगे। क्या इस तरफ कभी आना नहीं होता। आयें तो जरूर लिखें।

पत्र दें।

आपका
भगवत रावत

(9)

मध्यप्रदेश साहित्य परिषद्
मुल्ला रमूजी संस्कृति भवन,
बाणगंगा चौराहा, भोपाल–462003

24-9-2001

आदरणीय विश्वनाथ जी,

1 सितम्बर 2001 से परिषद् के सचिव पद का कार्यभार मुझे सौंपा गया है। आपको ज्ञात ही होगा कि पिछले लगभग पाँच वर्षों से श्री आग्नेय इस पद पर थे। मध्यप्रदेश साहित्य परिषद् के कार्यकलापों की सम्पूर्ण हिन्दी भाषी क्षेत्र में अपनी महत्वपूर्ण पहचान रही है। आप परिषद् के कार्यो से न केवल परिचित रहे हैं, उनसे किसी न किसी रूप में जुड़े भी रहे हैं। पिछले लगभग 30 वर्षों में परिषद् के सचिव पद पर हिन्दी के अनेक महत्वपूर्ण साहित्यकारों ने कार्य किया है और उसे अपनी तरह अलग और विशेष छवि प्रदान की है। यह परम्परा हिन्दी के अत्यन्त महत्वपूर्ण कथाकार शानी से शुरू होकर कवि श्री आग्नेय तक जाती है। इस गरिमामाय परम्परा में, अपनी उपस्थिति की भारी जिम्मेदारी और इस पद के महत्व को मैं समझता हूँ। मैं प्रयत्न करुँगा कि परिषद् हिन्दी साहित्य और उसके रचनाकारों को ही प्रमुख रूप से सामने रखकर अपने समय में अपनी कारगर साहित्यिक भूमिका का निर्वहन कर सके।

परिषद् की साहित्यिक कार्यक्रमों के अतिरिक्त साक्षात्कार नामक अपनी साहित्यिक पत्रिका भी है। आप उसके सम्बन्ध में भली-भाँति जानते हैं। उसका भी अपना इतिहास और साहित्यिक स्वरूप रहा है। जो आप तक पहुँचता रहा है। आपने इस पत्रिका के स्वरूप और महत्व को भी अपनी तरह से जाना समझा होगा। आप हमेशा की तरह परिषद को सहयोग देते रहें–इस तरह का वाक्य आपसे कहकर मैं कोरी औपचारिकता का निर्वाह नहीं करना चाहता। दरअसल मैं आपसे आग्रहपूर्वक अपनी आत्मीय आवाज में कहना चाहता हूँ कि आप परिषद् के कार्यक्रमों और साक्षात्कार पत्रिका के सम्बन्ध में, उन्हें अधिक प्रभावी, सार्थक और जनोन्मुख बनाने के लिए जो भी कहना-बताना चाहते हों वह मुझे जरूर कहें। शायद तभी मैं इस संस्था में अपनी भूमिका को सार्थकता दे सकूँगा। मुझे अपनी शक्ति का कुछ पता नहीं। अपनी सीमायें अवश्य किसी हद् तक पहचानता हूँ। आपके सहारे मैं उन्हें पार करते हुये सचमुच कुछ कर सकूँ, यही मेरी हार्दिक इच्छा है।

आशा है आप स्वस्थ और सानन्द होगें।

उत्तर की प्रतीक्षा में, सादर

आपका
भगवत रावत

भवदेव पाण्डेय

प्रेमघन मार्ग, मीरजापुर
231001 (उ.प्र.)

8-1-97

प्रिय तिवारी जी,

नया वर्ष मंगलमय हो। नमस्कार। माँ विन्ध्यवासिनी सपरिवार आपको स्वस्थ और दीर्घायु रखे।

शायद आप जानते होंगे कि निराला ज़ी सन् 1926 में किसी समय स्वास्थ्य लाभ के लिए मीरजापुर आये थे और महादेव प्रसाद सेठ के गंगा-तट वाले मकान में महिना से अधिक दिनों तक रहे थे। समीक्षकों ने उसका उल्लेख नहीं किया है। 'निराला की साहित्य-साधना में स्व. महादेव प्रसाद सेठ के लिए जो गलत फहमियाँ पैदा की गयीं उससे सेठ जी के अति वृद्ध पुत्र श्री हरगोविन्द सेठ काफी क्षुब्ध रहा करते हैं। सुनने-लिखने वाला कोई नहीं। मुझे लगता है कि उक्त पुस्तक में उग्र जी और उनके बड़े भाई त्रिंदडी जी का कम अपमान नहीं किया गया है। उग्र-परिवार के बारे में लिखी गयी बहुत सी बातें बे बुनियाद याद हैं। कई बातों में तो 'अपनी खबर' खंडित होती है। डॉ. रामविलास जी न कभी मीरजापुर आये, न मीरजापुर वालों से मिलकर कुछ जानने की कोशिश की।

आप यह भली भाँति जानते हैं कि 'आये वीरजवाहर लाल (1945) शीर्षक कजली गीत और 'नयनों के डोरे डाल गुलाब भरे खेली होली 1932, वसन्त राग (देशी), मीरजापुर के प्रभाव में लिखे गये थे। नयनों के डोरे बेलवरिया को तोड़कर देशी वसन्त राग में बना था।

निराला की तीन कवितायें 'रेखा' भी मीरजापुर के बारे में कुछ कहती हैं। निराला के विचार-भाव-प्रसंगों की कई-कई रेखायें आड़ी-तिरछी इन कविताओं में उभरी हुयी हैं। यह भी अनदेखा-अनसुना रह गया है।

उन तमाम अलिखित सन्दर्भों को उभारते हुए मैं एक पत्रिका 'निराला-शताब्दी-अंक' निकाल रहा हूँ। आपका लेखकीय सहयोग अनिवार्य-सा है, सुझाव भी।

सहयोग की प्रतीक्षा में।

आपका

भवदेव पाण्डेय

भारत भारद्वाज

(1)

बिहार शरीफ नालन्दा

20-11-78

बन्धुवर,

दस्तावेज का प्रवेशांक मिला। अंक काफी जानदार है। सचमुच 'कैफियत' के बाद अब बहस जरूरी है। सर्वेश्वर की कविता की मूल चेतना रोमांटिक ही है। यह बात अलग है कि कभी-कभार जनवादी-कवितायें भी लिखी हैं उन्होंने। डॉ. नन्दकिशोर नवल की समीक्षा से सर्वेश्वर की कविता-यात्रा को समझने में मदद मिलेगी। विजय मोहन सिंह ने समकालीन हिन्दी उपन्यास की बाबत ठीक लिखा है। कहानी के सन्दर्भ में संरचना और मूल्य का प्रश्न प्रासंगिक है।

सम्पादकीय में आपने खुलकर बातें रखी हैं।

'दस्तावेज' एक सशक्त मंच बने यही कामना है।

शुभकामनाओं सहित

आपका

भारत

(2)

8-3-79

प्रिय भाई,

पहले आपका पत्र, फिर दस्तावेज-2 मिला। धन्यवाद! पदक्षेप-2 के सम्बन्ध में अग्रज नवल भैया से मैंने बात की थी। उन्होंने लेख के लिए आपका ही नाम सुझाया। पदक्षेप-2 को मैं स्तरीय बनाना चाहता हूँ। यदि आप कोई लेख इस महीने के अन्त तक भेज सकें तो बड़ी कृपा होगी। आपकी व्यस्तता मैं जानता हूँ। फिर भी लिख रहा हूँ। आप इस पर पुनर्विचार करें। 'शोधस्वर' वाला लेख अच्छा लगा। यूँ 'लोकप्रिय कविता' पर परिचर्चा में भैया की आलोचना वाली किताब पूरी हो गयी है। प्रकाशन के सिलसिले में वे दिल्ली जायेंगे। शीघ्र ही उसका कुछ अंश आ गया है।

दस्तावेज-2 देख गया। ज्ञानेन्द्र पति की कविता आत्मीय लगी—अनुभूति की तीव्रता के

कारण। 'आदमीनामा' पर रामदेव शुक्ल की समीक्षा अच्छी है। पदक्षेप-2 में भी इसकी समीक्षा जा रही है। गुजराती कविताओं के अनुवाद छापकर आपने अच्छा किया है। दस्तावेज पर पत्र-प्रतिक्रिया पढ़कर बेहद सन्तोष हुआ। आपका श्रम सार्थक हुआ। आपके पत्र का इन्तजार करूँगा।

आपका

भारत

(3)

बिहार शरीफ नालन्दा

31-8-79

बन्धुवर,

दस्तावेज-4 यथासमय मिल गया था लेकिन शहर साम्प्रदायिक तनाव को लेकर अशान्त था इसलिए तुरन्त प्राप्ति स्वीकार नहीं भेज सका। इतने दिनों बाद उस अंक पर अपनी प्रतिक्रिया लिखते हुए शर्मिन्दा हूँ। जिस उत्साह से आप समय पर 'दस्तावेज' निकालते जा रहे हैं उससे आपके सम्पादन पर अपनी आस्था की पुष्टि तो होती है—छोटी पत्रिकाओं के सम्पादक की संघर्षशीलता देखकर बल भी मिलता है। दस्तावेज उत्तरोतर प्रगति के पथ पर है। इस अंक की रचना सामग्री पिछले अंकों की परम्परा में ही है।

भगवत रावत की कविताओं में ताजगी तो है ही समकालीन लेखन का तेवर भी। अन्य कवियों में सुलतान अहमद अब्दुल विस्मिल्लाह अनन्त-मिश्र, उल्लेखनीय हैं, विश्वम्भरनाथ उपाध्याय के लेख से शोध प्रविधि पर पुनर्विचार की जरूरत महसूस होगी। धूमिल की काव्य-भाषा पर राजेन्द्र प्रसाद पाण्डेय की स्थापनाओं से सहमत होते हुए भी कई बिन्दुओं पर असहमति की गुंजाइश है। आशा है, स्वस्थ एवं प्रसन्न हैं। पदक्षेप-2 शीघ्र प्रेस में जायेगा। दस्तावेज का विज्ञापन दे रहा हूँ। स्वातन्त्र्योत्तर तमिल साहित्य पर एस.एन. गणेशन का लेख महत्वपूर्ण है। मैं दक्षिण भारत की भाषाओं और साहित्य का विद्यार्थी रह चुका हूँ इसलिए यह लेख मेरे लिए विशेष उपयोगी है। विदेशी कविताओं के अनुवाद सहज हैं।

आशा है स्वस्थ एवम् प्रसन्न हैं।

आपका

भारत

(4)

बारामूला, कश्मीर

प्रिय भाई,

दस्तावेज (11) के प्रकाशन की खबर मुझे उदय प्रकाश के पत्र से मिली थी। आज यह अंक भी मिला। इस अंक की रचना-सामग्री पर अपनी प्रतिक्रिया लिखने के पूर्व दस्तावेज-प्रकरण पर 'साहित्यनामा' में प्रकाशित टिप्पणी पर मैं कुछ कहना चाहूँगा। मैंने इस सन्दर्भ में पक्ष-विपक्ष के तर्क पर गौर करने के बाद महसूस किया है कि इस तरह की 'थूक्कम फजीहत' मर्यादा के खिलाफ है। आज जबकि साहित्यि में कोई भी पत्रिका नियमित नहीं निकल रही है, आप 'दस्तावेज' समय पर निकालकर हिन्दी भाषा-साहित्य

की प्रतिष्ठा को एक नया गौरव-गरिमा प्रदान कर रहे हैं। मुझे आपका प्रयास बिल्कुल व्यावसायिक नहीं लगता। मैं इस बात का विरोध नहीं करता कि विरोध होना चाहिए जहाँ कहीं व्यावसायिकता हो। लेकिन आज जब हम एक ओर व्यावायिक पत्रिकाओं का ही विरोध कर रहे हैं तो हममे से ही कोई हमारे इस प्रयास का ही विरोध अमर्यादित ढंग से करे तो दुख पहुँचता है। मैंने 'साहित्यनामा' सम्पादक को भी इस मुद्दे पर लिखा है।

आपका
भारत

(5)

8-7-81

आदरणीय बन्धुवर,

आपका कृपा-पत्र। 'दस्तावेज' के पिछले अंक के साथ आपका परिपत्र मुझे मिल गया था। यूँ आपने साहित्यनामा के अंक में ही अपना पक्ष स्पष्ट कर दिया था। 'साहित्यनामा' में दस्तावेज प्रसंग को लेकर की गयी टिप्पणी किसी भी तरह मर्यादित नहीं है। शुरू में ही अपनी प्रतिक्रिया मैंने लिख दी थी। लेकिन मेरा पत्र अधूरा छपा। मैं तो यही महसूस करता हूँ कि इस तरह की बहस में आपको उलझना ही नहीं चाहिए था। बहरहाल आपने पुनः सारी बातों को पाठकों के सामने रखकर अच्छा किया है। यह एक दुखद प्रसंग है। आप दस्तावेज के जरिये जो काम कर रहे हैं उससे सारा हिन्दी साहित्य परिचित है।

आशा है, स्वस्थ एवं प्रसन्न होंगे। भाई राजेन्द्र रंजन जी से मेरा नमस्कार कहें।

आपका
भारत

(6)

5-12-81

आदरणीय भाई,

आशा है, मेरा पिछला पत्र मिला होगा।

'दस्तावेज-12' में मधुरेश के लेख कहानीकार शैलेश मटियानी पर मटियानी जी की प्रतिक्रिया पढ़कर मेरा भरपूर मनोरंजन हुआ। मटियानी जी ने मधुरेश के आलोचक व्यक्तित्व को ध्वस्त करने के लिए अपने तरकश के सारे वाण खाली कर दिये लेकिन मधुरेश अपने उसी मुकाम से अपनी आलोचकीय प्रतिबद्धता के साथ अपनी संक्षिप्त विनम्र प्रति-प्रतिक्रिया में मुस्कुरा रहे हैं। मुझे ऐसा लगता है शैलेश मटियानी ने सारी वामपन्थी पार्टियों को लेकर इस प्रतिक्रिया में अपनी भड़ास निकाली है, अन्यथा वे मसीहाई अन्दाज में भारत में लाखों वर्षों में भी क्रान्ति नहीं होने की बात इस हल्के अन्दाज में नहीं करते। उनकी यह प्रतिक्रिया देखकर मुझे श्रीपत राय की बुद्धि की दाद देनी पड़ती है कि किन कारणों से उन्होंने उनकी

प्रतिक्रिया नहीं छापी होगी। दरअसल ऐसे कहानीकार अपने लेखन के बारे में Controversy उठाकर चर्चा का सुख लूटना चाहते हैं। आपने मटियानी जी को मौका दिया उन्होंने इस मंच का उपयोग मधुरेश ही नहीं बल्कि तमाम वामपन्थी पार्टियों को गलत रूप में पेश करने में किया। यदि मधुरेश ने, उनकी कहानियों पर समीक्षात्मक ढंग से, जिसका उत्तरदायित्व वह खुद स्वीकार कर रहे हैं, लिखा तो मटियानी जी को इस तरह बौखलाने की जरूरत नहीं होनी चाहिए थी। मटियानी जी जिस सतह पर उतरकर आलोचक से, संवाद कायम करना चाहते हैं, वह सुखद स्थिति नहीं है। आलोचक से उसके हथियार को बलात् छीन लेने की प्रवृत्ति साहित्य में अराजकता की स्थिति पैदा करेगी। मधुरेश जी ने मटियानी जी की प्रतिक्रिया को अतिरिक्त महत्व न देकर ठीक ही किया है।

केदारनाथ सिंह की कविता पर आपका लेख मुझे अच्छा लगा। उनकी कविता 'धूप में घोड़े पर बहस' पर आपकी टिप्पणी कि वह बहस दरअसल है भी नहीं घोड़े पर' के सम्बन्ध में मैं विनम्रता के साथ निवेदन करना चाहूँगा कि वह बहस घोड़े पर ही है। इस सन्दर्भ में इस कविता केप्रसंग में केदार जी का इन्टरव्यू जो प्रसंग' में प्रकाशित हुआ है उसका अंश उद्धृत करना चाहूँगा 'पूरी बहस को देखे तो घोड़ा नष्ट होती हुयी वास्तविकता है जिस पर अनेक दिशाओं में प्रहार हो रहे हैं। यही नष्ट होती हुयी वास्तविकता इस कविता में मेरी चिन्ता है। मेरी परेशानी है। (प्रसंग-प्रवेशांक सम्पादक शम्भु बादल समकालीन काव्य परिदृश्य केदारनाथ सिंह से अनिल जनविजय, भारत यायावर और बृजमोहन सिंह की बातचीत)

यह जानकर खुशी हुयी कि दस्तावेज का आयामी अंक आठवें दशक की कविता पर केन्द्रित होगा। पिछले दिनों मैंने कश्मीर विश्वविद्यालय, श्रीनगर में धूमिल पर एम.फिल. के लिए प्रस्तुत एवं स्वीकृत क्षमा कौल का शोधप्रबन्ध देखा। फिर उनसे धूमिल पर एक विस्तृत इन्टरव्यू लिया। इस इन्टव्यू में धूमिल की कविता एवं हिन्दी विभाग में शोध की स्थिति तीखे ढंग से उभरी है। यदि आप इस इन्टव्यू का उपयोग कर सकेंगे, तो कृपया सूचित करें।

आशा है, स्वस्थ प्रसन्न होंगे।

आपका
भारत

(7)

1-12-82

आदरणीय भाई,

दस्तावेज-17 मिला। आभारी हूँ। 'दस्तावेज' के कविता-विशेषांक की चर्चा मैंने रेडियो कश्मीर से '1982 का हिन्दी लेखन' पर अपनी वार्ता में की है जो 4 जनवरी' 83 को प्रसारित होगी।

यह अंक मुझे अच्छा लगा। खासकर कवितायें। सर्वेश्वर और असद ज़ैदी का संग्रह अभी मैं पढ़ रहा था। आपकी समीक्षा मुझे ठीक लगी। रमेश कुंतल मेघ का निबन्ध कुछ बोझिल लगा। देशान्तर के अन्तर्गत सामग्री महत्वपूर्ण है।

आशा है, स्वस्थ एवं प्रसन्न हैं। आज सुबह से बर्फ गिर रही है।

आपका
भारत

(8)

सिकॉप बिल्डिंग
डोडासिटी (जम्मू) 182202

बन्धुवर,

आलोचना-68 में 'कसप' पर आपका पत्राचार व्यावहारिक आलोचना का मार्मिक एवं अद्‌भुत उदाहरण है। इस पत्र में 'कसप' पढ़ने की मेरी इच्छा बदलती होती है। इस पुस्तक की चर्चा तो मैंने खूब सुनी थी। अब पढूँगा। आशा है, आप प्रसन्न है।

मैं बारामूला से दिसम्बर 83 में तबादले पर यहाँ आया। अब adjust कर गया हूँ। अप्रैल के प्रथम सप्ताह में दिल्ली में छुट्टियाँ बिताकर यहाँ लौटा। 'कसप' पत्राचार में उल्लिखित बीमार ग्रस्त बच्चा क्या आपके अनुज श्री राजेन्द्र रंजन तिवारी का पुत्र तो नहीं है? कृपया सूचित करें। मैं चिंतित हूँ।

आपका
भारत

(9)

बन्धुवर,

आपका 29/3 का पत्र पाकर प्रसन्नता हुयी। आप अपनी सुविधानुसार ही मेरी कवितायें छापें। मुझे जल्दीबाजी नहीं है। कविता-प्रकाशन की स्वीकृति के लिए मैं आपका आभारी हूँ।

'दस्तावेज' की मेरी फाईल कुछ अंको—7,8,19,20 के बिना पूरी नहीं हो रही है। यदि ये अंक उपलबध हों तो कृपया भिजवायें। मैं अतिरिक्त शुल्क भेज दूँगा।

पिछले दिनों उधमपुर के साहित्यिक मित्रों से आपके कविता-संग्रह 'बेहतर दुनिया के लिए' पर सार्थक बातचीत हुयी। डॉ. संजना कौल ने अपने एक पत्र में मुझे लिखा... डॉ. वि.प्र.ति. का कविता-संग्रह 'बेहतर दुनिया के लिए पढ़ रही हूँ। बेहद सार्थक कवितायें हैं। यह पुस्तक आप भी मँगवाइये।' ओर डॉ. आदर्श की यह टिप्पणी—इन दिनों एक कविता-संग्रह बेहद पसन्द आया—बेहतर दुनिया के लिए।' कवि है श्री वि.प्र.तिवारी। एक संग्रह में एक साथ इतनी गहरी और बढ़िया कवितायें हैं कि लगा कि बहुत दिनों से मेरा खोया मुझे मिल गया है। सही कहा है—'जो लिखते हैं कवितायें और करते हैं प्यार/वो धरती को थोड़ा और चौड़ा करते हैं। थोड़ा और गहरा/थोड़ा और नम।' जम्मू-कश्मीर को समकालीन हिन्दी लेखन से परिचित कराने की मेरी कोशिश सार्थक हो रही है। आपके इस संग्रह की कवितायें—कुछ को छोड़कर पत्र-पत्रिकाओं में पढ़ी हुयी हैं। अब संग्रह देखकर ही मैं अपनी राय स्थिर करुँगा। शेष कुशल

आपका
भारत

(10)

एस-172, आराम बाग
नयी दिल्ली 110055

20-3-87

आदरणीय भाई,

'दस्तावेज' 31-32 पहले ही मिला था। प्रतिक्रिया देर से देने के लिए क्षमा चाहूँगा। 'दस्तावेज' का यह अंक स्व. श्री कान्त वर्मा पर केन्द्रित कर आपने महत्वपूर्ण काम किया है। इसके पूर्व 'आलोचना' का अंक श्रीकान्त वर्मा पर विशेष सामग्री सहित प्रकाशित हुआ था। लेकिन 'दस्तावेज' के इस अंक से श्री कान्त वर्मा का व्यक्तित्व आंशिक रूप में ही सही, एक समग्रता में लोक रूप में उभरता है, तमाम अच्छाइयों और बुराईयों सहित। सबसे ऊपर आपका सम्पादकीय। श्रीकान्त वर्मा से मेरा पत्र सम्पर्क था और मैंने उनकी पुस्तक 'मगध' की समीक्षा भी लिखी थी 'समीक्षा (पटना) के लिए। उनकी डायरी में आत्म स्वीकृतियाँ हैं समकालीन राजनीतिक जीवन की विकृतियाँ सहित। आखिर कहीं तो वे सच्चे थे। इसे तो स्वीकारना हो होगा। बहुत अच्छा अंक है यह। मेरी कविताओं को छोड़कर। वैसे इसके लिए आपको धन्यवाद देना मात्र औपचारिकता होगी। 'पूर्वग्रह', 'आलोचना' साधन-सम्पन्न पत्रिकाओं को छोड़ दें तो बस 'दस्तावेज' और 'पहल' यही दो पत्रिकायें बचती हैं। हिन्दी साहित्यिक पत्रिका के लिए लगातार शहीद होने के लिए आप बधाई लें।

आपका
भारत

(11)

7-9-90

आदरणीय भाई,

'वर्तमान साहित्य' के नये अंक में, अर्से बाद आपकी नयी कवितायें पढ़कर मैं आनंदित हो उठा। आपकी कवितायें मुझे पहले भी अच्छी लगती रही हैं। बस अपनी राय आपकी कविताओं पर प्रकट करने का मुझे मौका न ही मिला। महानगर में आने के बाद गाँव मुझे भी छूता है, संवेदनशील मैं भी होता हूँ– जब गाँव की सरहदों को छूकर वैशाली एक्सप्रेस आती है। लेकिन आपने किस तरह गाँव को देखा है, स्पर्श किया है, अद्भुत है। बिल्कुल केदार जी के आसपास मैं आपको पाता हूँ। आपकी पाँचों कवितायें बहुत अच्छी हैं।

'दस्तावेज' के इधर के अंक मैंने नहीं देखे। आप भिजवायें। चन्दा मैं भेजूँगा। शेष! कुशल आप सानन्द होंगे।

आपका
भारत

(12)

6-12-90

आदरणीय बन्धु,

आपने जिस शीघ्रता से मुझे दस्तावेज-42 भिजवाया, इसके लिए मैं सचमुच आभारी हूँ। मैं चन्दा जरूर भेजूँगा। पहले मैं 'दस्तावेज' की अपनी फाइल चेक कर लूँ—मुझे और कितने अंकों की जरूरत है। आप मुझ पर विश्वास रखें।

'दस्तावेज-46 में, जो पं. विद्या निवास मिश्र जी पर केन्द्रित है, और महत्वपूर्ण लेखों से भरपूर है, मुझे सबसे ज्यादा पसन्द आया। स्वयं उनका लेख 'रचनाकार का दायित्वः ललित निबन्ध लेखन में'। लेखन में उनकी विनम्रता हिन्दी साहित्य की नयी पीढ़ी को प्रभावित करती है।

इस अंक में आपने उनके हर पक्ष को समेटा है, उनके भौतिक अन्तर्विरोधो के साथ। यह सम्पादकीय साहस है, जिसकी सराहना होगी। 'अक्षरा', में आपकी कविता देखी। रूप कुँवरि बहुत मार्मिक है, दिल को छूती है। आप बधाई लें।

आपका

भारत

(13)

2-2-91

आदरणीय भाई,

इस बीच मैं राजकीय अतिथि-प्रिंस ऑव नीदरलैंड के साथ आगरा, भरतपुर, जयपुर, रंथभौर, उदयपुर माउंट आबू, आनन्द एवं अहमदाबाद की यात्रा पर था। यह यात्रा बहुत सुखद रही। खूब रोमाचंक। भरतपुर Bird sanchrary एवं Wild Life Sanchary Ranthambhre को मैंने खूब enjoy किया। मेरी यह यात्रा कुछ-कुछ साहित्यिक भी रही। जयपुर में 'संप्रेषण' के सम्पादक श्री चन्द्रभानु भारद्वाज एवं आनन्द में डॉ. शिवकुमार मिश्र से लम्बी बातचीत हुयी। इतिहास का विद्यार्थी होने के नाते राजस्थान के इतिहास से तो मैं परिचित था, लेकिन इतिहास के सजीव अवशेषों से गुजरते हुए सचमुच रोमांच हुआ। अतीत का गरिमापूर्ण वैभव इतिहास, आप राजस्थान के पुराने किले/राजमहलों में सुरक्षित हैं। बहरहाल।

पिछले दिनों आलोचना-91 में प्रकाशित श्री देवीप्रसाद मिश्र की 'मुसलमान' शीर्षक कविता को लेकर विवाद उठा था। नामवर जी ने मुझसे आलोचना में इस कविता पर टिप्पणी लिखने के लिए कहा था। लेकिन उनको टिप्पणी सौंपने के बाद मझे पता चला, दुर्भाग्यवश 'आलोचना' बन्द हो गयी। इस कविता पर मैंने अपने अलावा अन्य तीन लोगों से—डॉ. रामलखन शुक्ल, अध्यक्ष इतिहास विभाग, दिल्ली विश्वविद्यालय, राकेश शुक्ल तीक्ष्ण साहित्यिक बोध वाले एम.ए. (इतिहास) दि.वि. के छात्र एवं वन्दना शर्मा एम.फिल. की छात्रा से आग्रहपूर्वक समीक्षा लिखवाई थी। यह सामग्री मेरे पास पड़ी हुयी है। इस कविता पर मेरे पास पड़ी यह सामग्री यदि आपको उपयोगी लगे तो आप प्रकाशित करें। इससे कविता के तमाम पक्षों पर रोशनी पड़ेगी। और नामवर जी द्वारा प्रमुखता के साथ छापी गयी इस कविता का महत्व उजागर होगा। आप इस बारे में लिखेंगे।

मायकोवस्की का जन्म शताब्दी वर्ष अभी शायद समाप्त नहीं हुआ। उनकी बहुत प्रसिद्ध तीन कवितायें मैंने इधर इसके अलावा होचीमिन्ह की भी करीबे 20 कवितायें अनूदित की हैं। इन तमाम सामग्रियों में से 'दस्तावेज' के लिए वांछित/उपयोगी सामग्री के बारे में आप लिखें तो मैं भेजूँ।

शेष कुशल!

डॉ. शिवप्रसाद सिंह के 'नीला चाँद' पर 'जनसत्ता' में मेरी समीक्षा प्रकाशित हुयी थी। यह समीक्षा डॉ. शिवप्रसाद सिंह एवं श्री ठाकुर प्रसाद सिंह को बहुत अच्छी लगी है।

बीच में गिरिराज जी आये थे। उनके उपन्यास 'असलाह' पर श्री विश्वम्भर नाथ उपाध्याय की पाबन्दी को लेकर भी एक विवाद उठा खड़ा हुआ है।

शेष कुशल! 'दस्तावेज' के लिए शीघ्र मैं कुछ करुँगा।

आशा है, आप सानन्द है।

आपका

भारत

(14)

5-1-93

आदरणीय तिवारी जी,

नये साल पर मेरी हार्दिक शुभकामनायें लें। 'संडेमेल' के 27 दिसम्बर-2 जनवरी'93 अंक में प्रकाशित 'सर्वेक्षणः हिन्दी साहित्य वर्ष 1992 में 'दस्तावेज' का उल्लेख हुआ है। और आज प्रकाशित 'हंस' के जनवरी 93 अंक में भी। आप कृपया देख लें।

आपके कविता संग्रह 'आखर अनन्त' पर मेरी समीक्षा 'नवभारत टाइम्स' के 10 जनवरी 93 अंक में छप रही है। पुस्तक के कवर पृष्ठ पर आपके चित्र के साथ प्रमुखता से। इस पुस्तक की अच्छी समीक्षा के लिए न.भा.टा. के दफ्तर में ही आज मुझे बलराम ने बधाई दी। मेरे जानते आपकी पुस्तक की यह अच्छी समीक्षा है। अब आप इस पर अपनी प्रतिक्रिया से मुझे अवगत करायें। पुस्तक समीक्षा के विलम्ब से प्रकाशन के लिए निश्चित रूप से मैं ही दोषी हूँ। लेकिन मैं आपके कोप भाजन होने से बच गया। नये साल पर मेरी ओर से आपके प्रति—यह मेरी शुभकामनायें है। दरअसल आज मैं दफ्तर से सीधे न.भा.टा. गया था। बलराम से मुझे 'शिखर' पत्रिका के अंक लेने थे। संयोगवश मैं वहाँ पहुँच गया—जहाँ रविवार्ता का पृष्ठ बनता है। अपनी आँखों मैंने पृष्ठ बनते देखा। बलराम ने मजाक में मुझसे कहा—'भारत, इसे मत देखो। तुम्हारी समीक्षा है।' फिर रूककर बाद में कहा— 'तुमने तिवारी जी की पुस्तक पर बहुत अच्छी समीक्षा लिखी है। इसीलिए मैनें इसे उनके चित्र के साथ प्रकाशित करना उचित समझा।' यह सारा माहौल देखकर मैं गद्-गद् था। चलिए, अब तक इस पुस्तक पर न लिखने के अपने अपराध-बोध से मैं मुक्त हुआ। देर आयद, दुरुस्त आयद। ऐसे अवसर पर यही मुहावरा बार-बार सबों के काम आता है।

नवल भैया की 'मुक्तिबोध' वाली पुस्तक राजकमल से निकल गयी है। भूमिका में उन्होंने 'दस्तावेज' का आभारपूर्वक स्मरण किया है। वे शीघ्र ही पुस्तक आपको भिजवायेंगे।

अपनी रेडियो वार्ता में भी मैंने 'दस्तावेज' का उल्लेख किया था। आपकी रचनात्मकता के प्रति मैं

बराबर उत्सुक रहा हूँ। 'दस्तावेज' का नया अंक मुझे मिला है। हमारे बीच असहमति के मुद्दे हो सकते हैं, लेकिन अपने लेखन को मैं किसी पूर्वाग्रह से ग्रसित होने से बचाता रहता हूँ। बिल्कुल 'दस्तावेज' की तरह।

शेषः कुशल! आदरणीय परमानन्द जी को मेरा प्रणाम निवेदित करें। आशा है, आप लोग सानन्द होंगे।

'तनाव' ने मेरे द्वारा अनूदित होचीमिन्ह की कविताओं पर नया अंक-49 केन्द्रित किया है। क्या यह अंक आपको मिला? कृपया अपनी प्रतिक्रिया लिखें। यदि नहीं मिला हो तो मैं 'तनाव' को लिखकर भिजवा दूँगा।

शुभकामनाओं सहित, सादर

आपका

भारत

(15)

29-1-93

आदरणीय भाई,

आपका स्नेहिल पत्र पाकर सचमुच मैं कृतार्थ हुआ। 'आखर अनन्त' पर प्रकाशित मेरी समीक्षा आपको अच्छी लगी– जानकर मैं प्रसन्न हुआ। आपकी सहृदयता से ततकाल उऋण भी।

समकालीन आलोचना की अराजकता स्तब्ध करने वाली है। कभी-कभी मुझे लगता है, लिखने-पढ़ने का अब कोई अर्थ नहीं रह गया है। सब कुछ गड्मड्ड हो रहा है। अब तक 'अभिव्यक्ति' के जिस खतरे को उठाने की बात हम करते आ रहे थे, बीच में ही कहीं छूट गया, हम अब समझौता करने लगे हैं। यही नहीं, एक छद्मलेखन भी पनप रहा है। बल्कि यह कहना सही होगा कि सतह पर उभर गया है या मीडिया की कृपा से उभारा गया है। ऐसी स्थिति में सही-या गलत लेखन का भेद करना मुश्किल हो गया है। यदि आप किसी लेखन संगठन के सदस्य नहीं हुए तो अच्छा ही हुआ। यह आपका विवेक था। अब साहित्य में हम इसी विवेक की दुहाई दे रहे हैं।

मेरी दृष्टि खुली है। जो कुछ मुझे अच्छा लगता है। उस पर मैं लिखता हूँ बिना किसी पूर्वाग्रह के। सम्भव है, बहुत लोगों को मेरी बातें बुरी लगती होगी। लेकिन मैं उनकी परवाह नहीं करता।

मोहन जी को मैं फिर Remind कर कहुँगा कि आपको मुक्तिबोध वाली पुस्तक जल्दी भिजवा दें।

'दस्तावेज'-56 मुझे अब तक नहीं मिला। कृपया Check कर लें। 'तनाव' में प्रकाशित अनूदित कविताओं पर अपनी राय दें। अनुवाद पुस्तक रूप में भी प्रकाश्य है। आपके बहुमूल्य सुझाव का मैं सहर्ष स्वागत करुँगा।

'दस्तावेज' के लिए मैं अवश्य लिखूँगा। थोड़ा ठहर कर। मार्च के बाद मैं कुछ 'फ्री' होऊँगा।

आपके दिल्ली आने का मैं इन्तजार करुँगा।

शेष कुशल!

आपका

भारत

(16)

5-5-94

आदरणीय भाई,

'रचना और आलोचना' पर केन्द्रित 'दस्तावेज-62' आज ही मिला। आज मैं दफ्तर नहीं गया था, इसलिए पत्रिका मिलते ही पूरा अंक सरसरी तौर पर उलट-पुलट गया। दस्तावेज का यह आयोजन महत्वपूर्ण तो है ही, ऐतिहासिक भी कम नहीं। निश्चय ही इस अंक से रचना और आलोचना के बीच की दूरी मिटेगी। सबसे बड़ी बात, आपको इतने लेखकों का सहयोग मिला। सचमुच 'दस्तावेज' के इस नये अंक से समकालीन रचना आलोचना के महत्वपूर्ण पक्ष का उद्‌घाटन हुआ है। 'दस्तावेज' ने पत्र-पत्रिकाओं की दुनिया में अपना झंडा फिर गाड़ दिया है। मुझे पूरा विश्वास है, इस अंक की चर्चा भरपूर होगी।

इस अंक में शामिल लेखकों के वक्तव्य में कई तथ्यात्मक भूले हैं। अभी मैं मात्र एक भूल की तरफ संकेत करना चाहूँगा। श्रीमती गिरीश रस्तोगी जी ने मुझे चाँद चाहिए' को साहित्य अकादेमी से पुरस्कृत कैसे लिख दिया। इस उपन्यास पर निश्चय ही यह पुरस्कार भी मिलेगा।

लेकिन उनसे ऐसी असावधानी की अपेक्षा नहीं थी। शेषः कुशल! इस सुन्दर अंक के लिए आप मेरी हार्दिक बधाई भी लें।

आपका

भारत

(17)

3UF, टोडरमल रोड,
नई दिल्ली—110001

20-5-96

भाई साहब,

'सहचर' के परमानन्द श्री वास्तव केन्द्रित अंक में आपका संस्मरणात्मक लेख मुझे अच्छा लगा। खूब खुलकर आत्मीयता के साथ लिखा गया यह लेख अन्तिम वाक्यों में मार्मिक ही नहीं मर्म स्पर्शी भी है। आप इतनी सहजता से नाजुक रिश्तों को भी कैसे इस तरह साध लेते हैं? तब आपकी कविता याद आती है।

शेषः कुशल! आपका लेख पढ़कर अब एक बार गोरखपुर हिन्दी विभाग को आपकी नजर से देखने की इच्छा होती है। शेषः कुशल! सानन्द होंगे।

सादर,

आपका

भारत

आज हम लोगों के बीच से हार्दिकता गायब होती जा रही है। आज की मानवीयता का यह कम बड़ा संकट नहीं हैं।

पुनश्चः रमेशचन्द्र शाह की साही पर लिखी कविता याद आती है।

(18)

30-12-96

बन्धुवर,

नये वर्ष की शुभकामनायें लें।

अभी 28 दिसम्बर को दिल्ली-जयपुर यात्रा में 'वागर्थ' में प्रकाशित आपकी दोनों कवितायें—'पुस्तकें एवं 'सुख' भीतर तक छू गयी। जो कवितायें मुझे अच्छी लगती हैं उसे मित्रों को सुनाये बिना मुझे चैन नहीं होती। 29 दिसम्बर की सुबह 9 बजे चाय पीते हुए 'वागर्थ' में प्रकाशित बहुत सी कविताओं के साथ आपकी इन दोनों कविताओं का पाठ किया मेंने 'संप्रेषण' सम्पादक चन्द्रभानु भारद्वाज की उपस्थिति में। बाद में अपने नये बन रहे घर में पुस्तकों की जो जगह उन्होंने मुझे दिखाई, आपकी चिन्ता से सहमत हुआ। हैरान भी कम नहीं।

आज रात फिर राजेन्द्र यादव जी को आपकी दोनों कवितायें सुनायीं मैंने। वे भी मुग्ध हुए। इन दोनों कविताओं के लिए आप मेरी हार्दिक बधाईयाँ लें। हालाँकि पुस्तकें कविता के अन्त में सम्भवतः ब्रदीनारायण की कविता 'प्रेमपत्र' की कुछ पँक्तियों का अप्रत्यक्ष प्रभाव है। फिर भी कविता खूब सधी हुयी और प्रखर है। शेषः कुशल! सादर,

आपका

भारत

(19)

11/ए-1 हिन्दुस्तान टाइम्स अपार्टमैन्ट्स,
मयूर बिहार, फेज-1, दिल्ली—110091

22-5-07

आदरणीय भाई,

दस्तावेज-114 आज ही मिला। आपका सम्पादकीय तो लाजवाब है। किसानों की आत्महत्या के प्रश्न को आपने एक बड़े परिप्रेक्ष्य में उठाया ही नहीं, सरकारी नीतियों के प्रति हम सबों की चिन्ता भी व्यक्त की है। यह हमारे समय की कितनी बड़ी त्रासदी है कि इस नये यथार्थ ने न केवल प्रेमचन्द के विश्वास को, बल्कि हिन्दी के बौद्धिक वर्ग के विश्वास और निष्कर्ष को भी झूठा साबित किया है। भारत किसानों का गाँव है, हम अतीत के इस भ्रामक मिथक पर कब तक संभ्रम की स्थिति में बने रहेंगे। आजाद भारत ने क्रूरता से निर्ममतापूर्वक इस मिथक के साथ हमारे सपने और विश्वासों को भी तोड़ा है।

'दस्तावेज' के निकलते 29 वर्ष हो गये और इसने अपने समय की रचनाओं को प्रमुखता से रेखांकित किया है, हम सब महसूस करते हैं लेकिन पत्रिका की उपलब्धि पर चुप्पी साधे हुए हैं।

अरुणेश नीरन जी को बधाई दें कि वे हिमालय को लगभग स्पर्श करते सकुशल वापस लौटे।

उनका यात्रा-वृत्तान्त रोचक और दिलचस्प हैं। अब इन्हीं लोगों के साथ हम भी मोक्ष की कामना करेंगे। कृपा शंकर सिंह का आलेख सुचिन्तित हैं प्रो. राम शरण शर्मा, जो पटना वि.वि. में मेरे गुरु थे, की पुस्तक 'आर्य संस्कृति की खोज' की कभी मैंने इंडियाटुड़े में समीक्षा की थी। विजेन्द्र नारायण सिंह जी का आलेख ठीक-ठाक है लेकिन हिन्दी उपन्यास की आलोचना 1910-1970 तक क्यों? प्रस्थान बिन्दु और अन्त का औचित्य मेरी समझ में नहीं आया। फिर भी आलेख ठीक-ठाक लगा मुझे। वैसे शिवपूजन बाबू द्वारा लिखित गोदान की समीक्षा पर भी उनकी दृष्टि जानी चाहिए थी। शेष कुशल। सादर

आपका
भारत

भारत यायावर

(1)

कदमा, हजारी बाग, (बिहार)

7-4-84

आदरणीय तिवारी जी,

आपका 14-3-84 का पत्र मिला। शुक्ल जी वाला अंक प्रकाशित होते ही भिजवाइयेगा। उसकी प्रतीक्षा बहुत पहले से ही बनी हुयी है।

मैंने रामविलास जी की राजनीतिक कवितायें संग्रह की हैं, पत्र-पत्रिकाओं से। तीन कवितायें 'वर्तमान साहित्य के तीसरे अंक में प्रकाशित भी हुयी हैं। यदि आप प्रकाशित करें तो कुछ कवितायें भेज सकता हूँ। साथ ही उन कविताओं पर लेख भी।

रामविलास जी का पहला प्रकाशित लेख भी मेरे पास है। उसे भी चाहें तो प्रकाशित कर सकते हैं। उस लेख का शीर्षक है 'निराला जी की कविता'। यह लेख 1934 में प्रकाशित हुआ था।

रामविलास जी पर मैं क्या लिखूँ, इनकी सूचना भी देंगे।

मेरा कविता-संग्रह 'मैं हूँ, यहाँ हूँ' प्रकाशन संस्थान से प्रकाशित हुआ है। कभी हरीशचन्द्र शर्मा को पत्र लिखें, तो पुस्तक के विषय में भी लिखेंगे। मैं भी लिख रहा हूँ। तत्काल मेरे पास प्रतियाँ नहीं हैं। राजा खुगशाल वाली पुस्तक अगली डाक से भेज रहा हूँ।

अनिल को दस्तावेज का वह अंक नहीं मिला है, जिसमें उनकी पुस्तक की समीक्षा है। यदि सम्भव हो तो उसे भिजवायेंगे। वह अपने पत्रों में आपको काफी याद करता है।

शेष कुशल है। पत्र शीघ्र देंगे।

आपका

भारत यायावर

(2)

24-7-85

आदरणीय तिवारी जी,

मैं मई के मध्य से जून के मध्य तक बुरी तरह बीमार रहा। पहले से ही दुर्घटनाग्रस्त होने के बाद कमजोर था, अब और कमजोर हो गया हूँ। 'दस्तावेज' में आपने मेरे कविता-संग्रह की समीक्षा दी—अनुगृहीत हूँ। 'दस्तावेज' की राशि शीघ्र ही प्रेषित कर रहा हूँ।

दस्तावेज-25 में आपने नये रूप-रंग में 'दस्तावेज' के प्रकाशन की योजना बनायी थी—यानी कथा-साहित्य भी देने की योजना थी—पर आपने अब तक तबदीली नहीं की है। पत्रिका में रचना वैविध्य हो, तो ज्यादा अच्छा रहेगा।

'दस्तावेज' के लिए तीन कवितायें प्रेषित हैं। प्रतिक्रिया देंगे। आपके नये कविता-संग्रह 'बेहतर-दुनिया के लिए' की बेसब्री से प्रतीक्षा है। मैं एक प्रति तो अवश्य ही खरीदूँगा। 'विपक्ष' में समीक्षा भी दूँगा।

'विपक्ष' का प्रवेशांक आपको मिला होगा। अगले अंक के लिए आपकी रचना चाहिए। अंक पर प्रतिक्रिया भी देंगे। स्वप्निल श्रीवास्तव आजकल गोरखपुर आ गया है—मथुरा से स्थानांतरित होकर। आपसे भेंट हुयी होगी।

आपके पत्रोत्तर की प्रतीक्षा रहेगी। पत्र कदमा के पते पर भी लिख सकते हैं।

आपका

भारत यायावर

(3)

1-10-87

आदरणीय तिवारी जी,

आपका 5-9 का पत्र मिला। अनिल दीपावली के बाद आयेगा। मैं उसे अवश्य ही गोरखपुर भेजूँगा। अनिल ने लिखा है कि आपकी कवितायें रूसी में छपी हैं। पर आपकी कविताओं के साथ तस्वीर किसी और लेखक की छप गयी है। इससे वह दुखी है। ऐसा भूल से हो गया है। 'रचना के सरोकार' मुझे नहीं मिल पायी है। मिलने पर समीक्षा मैं अवश्य ही करवाऊँगा। इस बार 'विपक्ष' दिल्ली में अनिल ही करवायेगा।

मुझे 'दस्तावेज' का 34 वाँ अंक मिला है। 33 वाँ नहीं मिल पाया है। वे अंक भी भिजवायेंगे।

मैं स्वस्थ कुशल हूँ। आशा है आप भी होंगे।

आपका

भारत यायावर

(4)

3-099/2ए, बोकारो स्टील सिटी—827002
(बिहार)

17-8-90

आदरणीय तिवारी जी,

व.सा. में आपकी कवितायें पढ़कर मुग्ध हो गया। कई मित्रों को सुनाया। इधर बहुत दिनों के बाद इतनी अच्छी कवितायें पढ़ने को मिलीं।

'विपक्ष' के रेणु-अंक की तैयारी में लगा हूँ। आप रेणु जी की किसी नयी पुस्तक की समीक्षा या कोई स्वतन्त्र लेख रेणु पर दे सकें तो बहुत खुशी होगी। मैं इस अंक में आपका लेख अवश्य ही छापना चाहता हूँ। केदार जी वाले आपके लेख को काफी पसन्द किया गया है। रेणु-अंक अक्तूबर में प्रेस में दे देने की योजना है। आप अन्य मित्रों से भी रचनात्मक सहयोग हो सके तो दिलवायें।

इधर मेरा कविता-संग्रह वाणी से छपा है। जल्दी ही उसे भेज रहा हूँ।

आपके साथ गुजारे आत्मीय और घरेलू क्षणों को बराबर याद करता हूँ।

आपका
भारत यायावर

(5)

30-11-09

आदरणीय तिवारी जी,

आपका पत्र, कविता-पुस्तकें प्राप्त हो गयी हैं। इन्हें बार-बार पढ़ रहा हूँ। अभिभूत हूँ। आपकी कवितायें शुरु से ही अच्छी लगती रही हैं। आपकी आलोचना और कवि-कर्म दोनों में उदात्तभाव हैं एवं दोनों समगति पर चलती रही हैं। आपके पूर्व ऐसा मुक्तिबोध में है, जिनकी कवितायें और आलोचना बराबर के महत्व रखती हैं। कुछ कविताओं पर लिखने की योजना बना रहा हूँ।

जैसा कि दूरभाष पर आपसे बातें हुयी थी, 'दस्तावेज' के लिए गाँधी पर लिखे गये दो आलेख भेज रहा हूँ। इनमें यदि कुछ जोड़-घटाव की जरूरत पड़े तो कर लेंगे। ये दोनों आलेख छोटे हैं, किन्तु गाँधी के व्यक्तित्व को मैंने जैसा समझा है, व्यक्त किया है। दोनों आलेखों की मूल स्थापना भी एक ही है।

इधर मैंने नामवर सिंह पर एक पुस्तक तैयार की है। इसमें कुछ अध्याय लिखना बाकी है। 'कविता के नये प्रतिमान' पर लिखा हुआ आलेख भेज रहा हूँ। यदि 'दस्तावेज' के आगामी अंकों में इसे प्रकाशन की गरिमा मिल सके तो खुशी होगी। आलोचंना के पथ पर मेरा यह पहला कदम है। आपको अग्रज की तरह महसूस करता रहा हूँ। आप जो भी उचित हो, दिशा-निर्देश करेंगे। आपके सुझाव-सलाह की

मुझे आवश्यकता है।

आपको याद होगा मैंने म.प्र. द्विवेदी रचनावली का सम्पादन किया है। रायबरेली में स्थापित आचार्य के नाम पर एक संस्था है, जिसने 21 दिस. को उनकी पुण्यतिथि पर मुझे सम्मानित करने का निर्णय किया है। उक्त तिथि को रायबरेली जाऊँगा। 31 जन. 2010 से 6 फरवरी तक दिल्ली में रहूँगा। आपके अच्छे स्वास्थ्य की कामना करता हूँ।

आपका

भारत यायावर

भीष्म साहनी

(1)

8/30, ईस्ट पटेल नगर,
न्यू दिल्ली—110008

5-4-80

प्रिय भाई तिवारी जी,

बहुत दिन बाद खत लिख रहा हूँ। 'दस्तावेज' के लिए कुछ नहीं भेज पाया। भेज पाना असम्भव भी था। इधर दो-तीन जगह प्रेमचन्द सम्बन्धी लेख लिखे और पढ़े लेकिन सभी जगह संकलनों में प्रकाशित करने की योजना थी। मैं किसी दूसरी जगह भेजने के लिए स्वतन्त्र नहीं था। और फिर, बार-बार उसी विषय को लेकर लिख पाना बहुत कठिन होता है। प्रेमचन्द सम्बन्धी एक सेमिनार में भी उलझा रहा। क्षमा प्रार्थी हूँ।

सस्नेह
भीष्म साहनी

(2)

14-6-93

प्रिय भाई तिवारी जी,

'आखर अनन्त' की प्रति कुछ ही देर पहले राधाकृष्ण प्रकाशन से प्राप्त हुयी। पुस्तक मिलते ही मैं कुछेक कवितायें पढ़ गया। बहुत अच्छी लगीं। मुबारक हो। सम्भव है मैं आपके 'आत्मा की नई धुन' शीर्षक कविता किसी साम्प्रदायिकता विरोधी संकलन में शामिल करने के लिए माँग लूँ। ऐसी योजना मेरे मन में बहुत दिन से है और कुछेक कवितायें हाथ आयी भी हैं। आपकी नजर से भी ऐसी प्रभावशाली कवितायें गुजरें तो लिख भेजें। एक बार फिर पुस्तक, के लिए धन्यवाद।

सप्रेम
भीष्म साहनी

भोलाभाई पटेल

(1)

अहमदाबाद

4-3-87

प्रिय विश्वनाथ प्रसाद जी,

आज प्रातः आपका पत्र मिला। अत्यन्त आनन्द हुआ कि आप वल्लभ विद्यानगर आ रहे हैं और वहाँ से अहमदाबाद होकर द्वारिका जा रहे हैं। वह भी सपरिवार। अहमदाबाद में आप मेरे घर पर पधारें। आप मुझे वहाँ से या फिर विद्यानगर से सूचित करें कि किस दिन अहमदाबाद आ रहे हैं।

विद्यानगर से कोई आपके साथ अहमदाबाद तक आ सके तो अच्छा रहेगा। यदि ऐसी कोई सुविधा न हो सके तो भी कोई कठिनाई नहीं होगी, मेरे घर तक पहुँचने में।

अहमदाबाद में आप रेलवे स्टेशन या बस से आये तो अहमदाबाद के मुख्य बस स्टेशन से ऑटो रिक्शा कर लीजिये। मीटर शून्य करा देना। रिक्शायें मीटर पर चलती हैं। मेरे घर तक पहुँचने का ज्यादा से ज्यादा दस रुपये किराया होगा।

मेरा घर 32 प्रोफेसर्स कालोनी, गुजरात यूनिवर्सिटी '(विश्वविद्यालय' कहने से कोई समझ नहीं पायेगा) की उत्तर में विजय रेस्तराँ के पास है। रिक्शा वाले से या तो युनिवर्सिटी से विजय रेस्तराँ तक जाने को कहना, विजय रेस्तराँ के चौराहे से उत्तर में थोड़ा आगे जाकर पहली गली में प्रोफेसर्स कॉलोनी है (प्रोफेसर्स क्वाटर्स नहीं, या तो युनि. स्टाफ क्वाटर्स भी नहीं) कॉलोनी।

मेरे घर पर टेलीफोन है—न. 464714 अहमदाबाद से द्वारिका लक्जरी बसें भी जाती है, सोमनाथ भी। रेलगाड़ी से भी आप जा सकते हैं। अहमदाबाद द्वारिका बस 12 घण्टे लेती है। तीन-चार दिन पहले आपके प्रोग्राम का पता चले तो बस में रिजर्वेशन कराया जा सकता है।

यदि यह पत्र आपके निकलने के पहले मिल जाता है, तो आप तुरन्त लिखिये—या विद्यानगर आकर सूचित कीजिये। यदि आप विद्यानगर से सीधे द्वारिका या सोमनाथ जाते हैं, तो लौटते समय अहमदाबाद पधारें यह व्यवस्था अच्छी रहेगी। मैं रघुवीर चौधरी आरि मित्रों से भी बात करूँगा।

द्वारिका या सोमनाथ की यात्रा आप सपरिवार कर रहे हैं, यह अच्छा ही है।

अपने पत्र में आप गोरखपुर का पिन कोड अवश्य लिखिये—

प्रिय मित्र परमानन्द जी से नमस्कार कहियेगा।

आपका

भोलाभाई पटेल

पुनश्चः विद्यानगर में आप श्री नवीन भाई मेहता या स्वयं श्री शिव कुमार जी से भी मेरे घर तक आने का मार्ग दर्शन ले सकते हैं।

(2)

1-6-2003

प्रिय तिवारी जी,

'दस्तावेज' के द्वारा तथा आपकी रचनाओं के द्वारा आपका सम्पर्क बना रहता है। लेकिन बहुत समय हुआ, न आपसे मिलना हुआ, न मुझसे पत्र भी लिखा गया।

'दस्तावेज' बिना किसी घोषणा हिन्दी के वैचारिक विश्व में शान्त क्रान्ति की तरह कार्य कर रहाहै।

'आलोचना' के रामविलास शर्मा, विशेषांक में व्यक्त नामवर जी के विचारों की दस्तावेज के सम्पादकीय में चिकित्सा करके आपने सही अर्थों में एक सम्पादक का कर्त्तव्य निभाया है।

यह पत्र तो मैं आपको प्राप्त पूश्किन सम्मान के लिए हार्दिक बधाई देने के लिए लिख रहा हूँ। मुझे बहुत प्रसन्नता हुयी है। आप पूश्किन सम्मान से अलंकृत होने जा रहे हैं।

मेरे प्रवास थोड़े कम हुए हैं, इसलिए भेंट होने के अवसर कम होते जा रहे हैं।

पुनः बधाई के साथ–(देर तो हो ही गई है)

आपका

भोलाभाई पटेल

(3)

10-2-2004

प्रिय विश्वनाथ प्रसाद जी,

'दस्तावेज' का 101 अंक मिला। उसके पहले 'दस्तावेज' 100 गाँधी अंक मिला था। उस समय ही आपको बधाई का पत्र लिखने की इच्छा की थी। आपने जिस तरह से 'दस्तावेज' पत्रिका को सभी प्रकार के रचनाकारों के लिए एक 'प्लेटफार्म' के रूप में सम्पादित किया, यह अभिनन्दनीय ही नहीं अन्य सम्पादकों के लिए अनुकरणीय भी है। पत्रिका किसी सम्पादक के अपने निजी विचार का और उन विचारों के समर्थन करने वाला लेखकों का ही मुखपत्र बन जाता है, तब एकांगी हो ही जाता है। यह मैं मानता हूँ कि हरेक पत्रिका के अपने लेखकों का दल होता है, लेकिन वे एक मुख्य सम्पादक या सम्पादक की विचार सरणी के अनुकर्ता न हो, तभी तक दल की सार्थकता है।

आपकी प्रवास पुस्तक और अन्य आलोचनात्मक ग्रन्थ तथा कविता पुस्तकें देखने का अवसर मिलता ही है।

आशा है 'दस्तावेज' की यात्रा जारी रहेगी।

आपका

भोलाभाई पटेल

❑❑